中国图书文化史 主编 曹之

湖北省学术著作出版专项资金资助项目

中国秘书省藏书史

郭伟玲 著

武汉大学出版社
WUHAN UNIVERSITY PRESS

图书在版编目(CIP)数据

中国秘书省藏书史/郭伟玲著. —武汉: 武汉大学出版社,2015.4
(中国图书文化史/曹之主编)
ISBN 978-7-307-12902-3

Ⅰ.中… Ⅱ.郭… Ⅲ.藏书—图书史—中国 Ⅳ.G259.29

中国版本图书馆 CIP 数据核字(2014)第 043306 号

责任编辑:李 程 责任校对:汪欣怡 版式设计:马 佳

出版发行: **武汉大学出版社** (430072 武昌 珞珈山)
(电子邮件: cbs22@ whu. edu. cn 网址: www. wdp. com. cn)
印刷:武汉中远印务有限公司
开本: 720×1000 1/16 印张:40 字数:572 千字 插页:2
版次:2015 年 4 月第 1 版 2015 年 4 月第 1 次印刷
ISBN 978-7-307-12902-3 定价:119.00 元

总　　序

我是一个不好写序的人，尤其不喜欢写代序。鲁迅先生曾经说过："代序却一开卷就看见一大番颂扬，仿佛名角一登场，满场就大喝一声采，何等有趣。倘是戏子，就得先买许多留声机，自己将'好'叫进去，待到上台时候，一面一齐开起来。"(《准风月谈·序的解放》)为了回避"吹鼓手"、"戏子"之嫌，我决意不为"代序"，因此得罪了一大批人，包括我指导过的几位博士生。不过，经过解释，博士生们已经理解了我的初衷。导师为博士生写序，似乎成为一种"专利"，我愿意放弃这种"专利"。这篇序言是不得已而为之。因为当了"主编"，总要讲几句话。

人们常用"图书大世界"形容图书之多。的确，世界充满图书，图书充塞世界，图书无处不在，无时不有，人类生活在图书的层层包围之中。人们常用书山、书海、汗牛充栋、恒河沙数、连窗委栋、擢发难数、积如丘山等词语形容图书之多，一点儿也不过分。自古以来，我国就是一个读书的大国，众多褒贬不一的"读书迷"，有五花八门的称号，清张培仁《妙香室丛话》卷六云：

> 汉世目郑康成为“经神”；何休为“学海”；晋杜预有“左传癖”，人目之曰“武库”，言胸中无所不有也。江祏目许懋为“经史笥”；梁世目任昉为“五经笥”。褚遂良目谷那律为“九经库”；又目虞世南为“行秘书”，皆美其淹识群书也。至晋傅迪好读书而不解其义，刘柳惟读《老子》，迪每轻之，柳曰：“卿读书虽多，而无所解，可谓‘书簏’矣。”唐李善淹贯古今，不能属辞，人号“书簏”；齐陆澄世称硕学，读《易》三年，不解文义，欲撰《宋书》不就，王俭戏之曰：“陆公，‘书厨’也。”似犹有讽焉。他如宋宜黄李郛，文学浩博，人号为“书厨”；福清郑格，博闻强记，时亦号“书厨”；莆田李纲，通诸史百家，人亦目为“书厨”；通州张大中，群经百氏，一览不忘，人目为“黑漆书厨”；邛州吴时敏，于为文未尝属稿，人目之为“立地书厨”，明武进陈济，六经子史，无不究竟，时称为“两脚书厨”；南海唐奎，遍览诸书，称为“唐书柜”。或有过誉，要皆美词也。

随便打开一部词典，就会发现由“书”组成的关键词滚滚而来，如：书卷、书帙、书城、书籍、书笈、书笥、书香、书院、书袋、书钞、书桌、书台、书种、书影、书录、书虫、书囊、书楼、书厄、书跋、书口、书脊、书缝、书祸、书价、书史……由图书而命名的斋堂室名也很多，如读书堂(司马光)、细书阁(叶梦得)、万卷楼(尤袤)、野史亭(元好问)、汲古阁(毛晋)、赖古堂(周亮工)、士礼居(黄丕烈)、思适斋(顾广圻)、十驾斋(钱大昕)、积古斋(阮元)、四当斋(章钰)、双鉴楼(傅增湘)、瓜蒂庵(谢国祯)……甘桁《斋名集观》(汉语大词典出版社 2005 年版)著录的 1000 多个室名大多与图书有关。与图书有关的行业也很多，如书店、书铺、书局、书肆、书林、编撰、出版、发行、藏书、校勘、辨伪、辑佚……三百六十行生意，不少生意和图书有关。与图书有关的故事也很多，如囊萤、警枕、映雪、三余、三上、推敲、祭书、断织劝学、凿壁偷光、一字之师、著书自娱、露钞雪纂、断齑划粥、十年磨一剑、三年不窥园、头悬梁锥刺骨……詹文元等编《勤学成才故事160个》(中国青年出版社1982年版)讲的都是与图书有关的故事，该书第76则故事云：唐代武后年间，河阴有位叫郗珍的人，家贫如洗，但酷爱读书。晚上没有灯光，不能读书，非常苦闷。突然发现富户邻居的墙角有一线灯光，郗珍便仿照汉代匡衡“凿壁偷光”的故事，把透光的缝隙凿大，趴在地上读书，津津有味。后来，邻居发现了这个秘密，一纸诉状把郗珍告上官府，诬称郗珍意欲盗窃财物。郗珍实话实说，称自己为了借光读书，并无他意。县官康庭芝亲自审理此案。他经过调查研究之后，作出一审判决，在《对求邻壁光判》中说：

> 郗珍荷衣横带，缉柳编蒲，有贱嬴金，将希片玉。南都自富，北郭实贫。殊谢梁鸿，不求因热。乃如苏季，愿借余光。已接武于匡衡，方齐踪于甯越。室仞非邃，未窥夫子之墙；纺绩可兼，辄凿邻人之壁。情非窃伏，事涉穿窬。抑有前闻，宜征故实。请从按记，不合论辜。(《全唐文》卷二百六十《康庭芝》)

这个故事发生的地点就在我的家乡：河南省荥阳市广武镇。广武，因在黄河南岸，唐称河阴县。与图书有关的学问更是多如牛毛，如周易学、尚书学、诗经学、三礼学、春秋学、史记学、汉书学、尔雅学、本草学、水经学、通鉴学、文选学、四库学、红学、经学、史学、子学、编撰学、版本学、传播学、校勘学、辨伪学、辑佚学、阅读学、目录学……随着时间的流逝，科学研究向细密发展，学中有学，学又有学，子又有孙，孙又有子，子子孙孙，无穷匮矣。

历代图书知多少？至今还没有一个确切的统计数字。就拿线装古籍来说，我在《中国古籍版本学》第二版(武汉大学出版社2007年版)中曾据下列数字进行过一次粗略统计：

> (一)上海图书馆编《中国丛书综录》著录丛书2797部，子目7万种，去其重复，计有单种文献38891种；

(二)清代乾隆以前没有收入丛书的古籍单行本至少有1万种;

(三)清代乾隆以后没有收入丛书的古籍单行本，据孙殿起《贩书偶记》与《贩书偶记续编》著录，计有1.6万种;

(四)中国科学院北京天文台主编的《中国地方志联合目录》共著录方志8200种;

(五)佛经单种文献4200种;

(六)道藏单种文献1500种;

(七)据全国59个图书馆联合编制的《中医图书联合书目》著录，中医单种文献约有7661种;

(八)碑帖、舆图不少于1万种;

(九)少数民族语言图书不少于1万种;

(十)车锡伦编《中国宝卷总目》著录成代宝卷1579种;

(十一)中国社会科学院历史研究所等编《中国家谱综合目录》著录家谱14719种;

(十二)谢巍编《中国历代人物年谱考录》著录历代年谱6259种;

(十三)许保林编《中国兵书知见录》著录存世兵书2308种;

(十四)杨忠、李灵年编《清人别集总目》著录清人别集4万种;

(十五)王宝平等编《中国馆藏和刻本汉籍书目》著录和刻本3063种。

以上15个数字相加，共得线装书174380种，去其重复(还有少数现代著作、平装图书等)，加上诸目漏收的线装古籍，总数当不少于15万种。如果加上复本，单是传世至今的古代线装书，当不会少于1000万册。历时15年编撰成功的《四库全书》收书3503种、79337卷，共计9.97亿字。18世纪中叶，法人狄德罗主编的《百科全书》共计2268万字，《四库全书》是它的44倍。若把《四库全书》约4000万页逐一摊开，首尾相接，可绕地球赤道1.34周，简直是一个天文数字。可见中国古代丰富的文化遗产，是世界上任何一个国家无法比拟的。实际上，古代图书可分两个大类：亡佚图书和传世图书。二者相比，由于自然老化、天灾人祸等原因，亡佚图书的数量当远远超过传世图书的数量，传世图书只是亡佚图书的若干分之一。历代许多文献学家试图计算出比较接近实际的图书数量，但是一个个大汗淋漓，无功而返。最后只好老老实实用“浩如烟海”四个字作为结论了。

图书是一个动态的概念，是一环紧接一环的锁链式运动过程，永远不会停留在某一环节上。每个环节的发展又与社会生态文化密切相关，没有“单干户”。现在，关于图书的学科很多，出版专业有“古籍编撰史”、“古籍出版史”等；图书馆学专业有“古籍分类”、“古籍编目”等；中国语言文学专业有“古籍校勘”、“古籍辨伪”……各种学科之间判若鸿沟，壁垒分明，“鸡犬之声相闻，老死不相往来”，大有中分天下、一决雌雄之势。静言思之，这些学科局于一隅，实则专科文献学，目前尚无真正海纳百川的广义文献学。对于各个专业来说，从微观上划分“势力范围”，固然需要，但从宏观上鸟瞰天下，也不可少。只讲微观，不讲宏观，容易一叶障目，不见泰山。中国有句俗话：“当局者迷，旁观者清。”为什么会这样呢？当局者“迷”在微观，旁观者“清”在宏观。从横的方面看，“当局者”没有看到大千世界，或者没有把大千世界看做一个不可分割的整体；从纵的方面看，“当局者”没有看到悠悠岁月，或者没有把悠悠岁月看做一个承前启后的系统。“当局者”跳不出一地、一时、一人、一书的狭小范围，不能耳听六路、眼观八方，不能“会通”地研究问题，因而迷惑不解。苏轼《题西林壁》诗云：“横看成岭侧成峰，远近高低各不同。不识庐山真面目，只缘身在此山中。”这首诗是“当局者迷”的形象写照。

古代图书发展的历史就是从图书编撰出发，经由图书出版、图书传播、图书收藏、图书阅读、图书变异、图书整理，进入新一轮的图书编撰。其中，“传播”包括书业中心、畅销书、中外交流等；“收藏”包括目录、分类、保护等；“阅读”包括标点、训诂、检索、翻译等；“变异”包括伪书、散佚等；“整理”包括校勘、辨伪、辑佚等。一部图书史就是这样无限循环、环环相扣、周而复始、螺旋式上升、不断发展的历史，如下图所示：

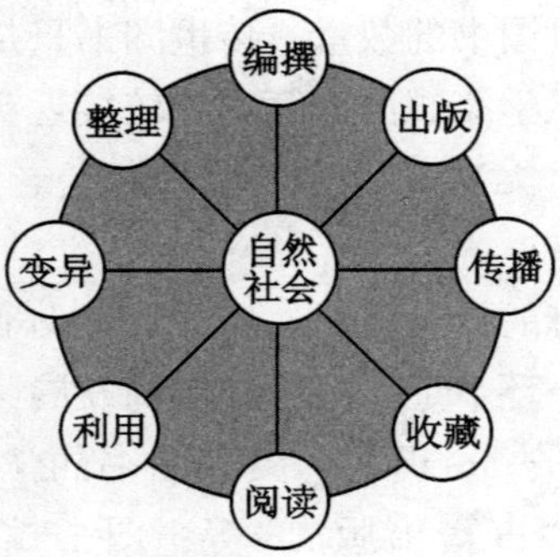

基于上述认识，我拟把中国图书文化的发展分为“中国图书编撰史”、“中国古书编例史”、“中国图书官修史”、“中国图书序跋史”、“中国图书抄写史”、“中国印刷术的起源”、“中国图书刻印史”、“中国图书版本学”、“中国图书装帧史”、“中国图书插图史”、“中国图书发行史”、“中国图书广告史”、“中国古代禁书史”、“中外图书交流史”、“中国古代聚书史”、“中国秘书省藏书史”、“中国图书散佚史”、“中国图书目录史”、“中国图书分类史”、“中国图书保护史”、“中国图书阅读史”、“中国图书训诂史”、“中国图书翻译史”、“中国图书整理史”、“中国图书校勘史”、“中国图书辨伪史”、“中国图书辑佚史”、“中国图书与生态文化史”等几十个大大小小的题目。

作为教师，我们的一生就是藏书、读书、著书、教书的一生。生活就是图书，图书就是生活。用“嗜书如命”四个字来形容，一点儿也不过分。除了文盲，每一个人都有终身难忘的与书有关的经历，每一个人都有刻骨铭心的与书有关的故事。一本书就是一位老师，一本书就是一个台阶。图书，打开了一扇透风的窗口；图书，改变了我们的命运。爱书吧，书是人类进步的阶梯。鲁迅先生也很爱书，他说：

> 该如爱打牌的一样，天天打，夜夜打，连续的去打，有时被公安局捉去了，放出来之后还是打。诸君要知道真打牌的人的目的并不在赢钱，而在有趣。牌有怎样的有趣呢，我是外行，不大明白。但听得爱赌的人说，它妙在一张一张的摸起来，永远变化无穷。我想，凡嗜好的读书，能够手不释卷的原因也就是这样。他在每一叶每一叶里，都得着深厚的趣味。(《而已集·读书杂谈》)

早就想编一套关于图书文化的丛书，表达我们对于图书的无限感激之情。由于种种原因，这次收入《中国图书文化史》的暂时只有以下 13 种著作：

(一)《中国古代图书史》 曹之著
(二)《中国古籍编撰史》 曹之著
(三)《中国古书编例史》 马刘凤、曹之著
(四)《中国图书官修史》 霍艳芳著
(五)《中国古籍序跋史》 王国强著
(六)《中国古代文献的保护》 王国强等著
(七)《中国印刷术的起源》 曹之著
(八)《中国古籍版本学》 曹之著
(九)《中国图书发行史》 孙文杰著
(十)《中国秘书省藏书史》 郭伟玲著
(十一)《中国图书散佚史》 李玉安著
(十二)《中国古代的藏书印》 吴芹芳等著
(十三)《中国古籍校勘史》 罗积勇等著

其中，《中国古籍版本学》、《中国印刷术的起源》和《中国古籍编撰史》三书已于多年前出版，社会反映尚可。武汉大学出版社坚持要把三书纳入该丛书一并出版，我也只好遵命，十分感谢出版社的美意。该丛书作者大多从事古典文献学的科研和教学工作，具有硕士、博士学位，有的已是教授(研究馆员)或博士生导师，且已出版过多种著作，具有较好的专业知识和写作经验。2007 年年底，

《中国图书文化史》初定书名、著者之后，立即投入了紧张的工作。几年来，作为主编，我做了以下事情：(一)草拟分册提纲。提交编务会议进行讨论，以期集思广益，统一认识。(二)编制《中国图书文化史资料索引》。把知见材料公布于众，按照内容发给著者参阅。(三)举办小型资料展览会。2008年3月至4月30日，在武汉大学图书馆古籍部举办了一次小型资料展览会，我把自己的部分读书笔记《目耕录》42册、剪报资料《刀耕录》40册和私人藏书97册，面向《中国图书文化史》著者公开展出，读者可以抄写、复印或拍照。资料者，天下之公器也。这样做，是为了方便大家，资源共享。(详《图书情报知识》2008年第3期卷首语)(四)互通情报。著者遇到什么问题，可随时通过各种方式向主编反映；主编如有什么新的想法，或有什么新的“发现”，可随时向著者“通气”。(五)借阅图书。《中国图书文化史》著者随时可以向主编借阅有关资料，主编藏书犹如《中国图书文化史》的“资料室”、“图书室”，全天候面向各位著者。(六)从2007年年底到2011年，先后八次召开编务会，并印发会议简报。每次会议重点强调两个问题：一是抓紧时间，时不我待。既然我们已经签订合同，作出承诺，就要做到“言必信，行必果”，“一言既出，驷马难追”。二是创新意识，宁缺毋滥。大家认为，如果没有创新之处，宁可不写，不能徒灾梨枣。大家一致表示：要学习古人的传世意识和精品意识，珍惜这次机会，精心打造传世之作。否则，无法向读者交待，无脸见“江东父老”。此外，还就书名、编例具体问题展开讨论，统一认识。不过，还要说明两个问题：一是关于时间下限问题。《中国图书文化史》的时间下限一般定在辛亥革命(1911年)清代灭亡为止，由于种种原因，个别图书的内容或超越此界。二是关于《中国图书文化史》的整合问题。由于《中国图书文化史》内容较广，涉及问题较多，加上各位著者认识水平不一，各书之间或有重复，间有不大统一的地方，敬祈读者谅解。当然，有些问题本来就是聚讼纷纭，还没有形成共识，著者各抒己见，也算是“百家争鸣、百花齐放”吧！

现在，《中国图书文化史》终于出版了。我对各位著者的辛勤劳动表示感谢，没有各位著者的密切配合，编制这套丛书是不可能的。我要感谢武汉大学人文社会科学研究院、武汉大学信息管理学院、武汉大学出版社，没有它们的鼓励和支持，编制这套丛书也是不可能的。谢谢大家！

曹　之

2012 年 3 月 10 日

自　　序

2010年9月的一个下午，我的导师曹教授在武汉大学旧图书馆门前的廊台上将本书的撰写任务交给了我，那时，书名还没有确定，但主题已经明了。2012年5月，几乎与我的博士论文同时，本书初稿完成。我一向是个懒散的人，为了每天不用早起，我咬牙考博，在过了好长一段的睡眠岁月后，我终于需要面对这项大任务。于是花了几百元钱买了最喜欢的电脑包，买了运动鞋和休闲服饰，还提前囤了五大盒"雀巢"二合一的咖啡，写书的漫漫长路开始了。在这段路程中，我与我的丈夫从认识到结婚，几乎与章节同步，在唐代的资料收集部分，我们通过他人介绍认识，在开始写作唐代秘书省职官的时候，我们确定了恋爱关系，因此可以说唐代的撰写工作充满了甜蜜。每天九点钟我背着黑色电脑包前往学院资料室，中午步行至生科院，等待少许，与他一同前往梅园吃午饭，晚饭亦是，晚上九点半，我会趁着他的导师不在，偷偷溜进他们实验室，然后他送我至樱园，天天如此。

因为唐代部分同时也是我的毕业论文，因此唐代是最先书写的章节，虽然在本书的第六章《唐代秘书省及其藏书研究》中也同其他朝代一样，设置藏书背景、秘书省职官、秘书省藏书三个部分，但实际上这个章节花费了我近一年的时间才完成，但更多的细节呈现在我的毕业论文中。唐代部分完成之后，笔者按照五代、隋朝、三国、两晋、南北朝、两宋、元代的顺序依次撰写，并将整本图书依照历史朝代分为三编，每个章节的内容基本相似，均以藏书背景为引子，以秘书省的职官介绍为框架，然后考证秘书省内的藏书聚集、范围、管理、利用等方面，虽然不能准确地将秘书省藏书与其他官方机构藏书分离，但在写作过程中，我的确有意识地互相区别。关于唐代秘书省的藏书，与其同时并列存在的依次有弘文馆、史馆、集贤院等文馆藏书，同样在中国官方藏书史上占据了很重要的位置，本书限于主题，并未对这些机构进行讨论；关于宋代秘书省藏书，由于宋神宗元丰年间的官制改革，馆阁藏书与秘书省藏书之间存在转化关系，因此在宋代部分，其史料运用较为复杂，秘书省的史料与馆阁史料存在交叉现象。

在图书撰写的过程中，我深感自己学识的欠缺，特别是在古代官制、文化的研究理论上缺口甚大，由此，本书在行文中有意无意地规避了好多问题，其中部分问题如果深入研究，会进一步提升本书的理论价值，但由于本人能力有限，只能止步于此，但也希望本书能够抛砖引玉，拓展中国机构藏书史的研究。由于时间仓促，书中难免会有不少疏误，甚至舛错，敬请各位读者批评指正。

历史图书的撰写离不开丰富的史料，在我写作的过程中，多次利用我的导师曹之教授的私人图书馆，曹老师不仅满足我的借阅要求，而且会主动打电话告诉我应该阅读哪些图书，每次去拜访曹老师，他总会笑吟吟地拿出一个书单，问我有没有读过，如果我回答没有，他就会从背后拿出一大摞图书，说："拿回去看吧。"

2012 年 3 月 1 日晚，我如平常打电话回家，在我与妈妈闲聊的时候，爸爸凑过来说："大玲，我不要你了。"我当时回答："那你是做了亏本的买卖，把我供养到博士毕业了，就要享福了，竟然不要我了。"爸爸一直在旁边嘟囔着这句话，我和妈妈都知道他在吃醋，一起嘲笑他。因为每次打电话回家，我总是和母亲有很多话，而和爸爸说话较少，即使说话，也是询问他有没有喝酒什么之类的话，有时候爸爸甚至会打电话给我，我总是问他有什么事，他就说没事就不能和女儿打电话了么？3月2日下午，我在学院询问毕业论文提交问题，就接到弟弟电话，告诉我爸爸没有了，车祸。事情过去已经两个多月，我仍然不能接受这样的现实，爸爸的身体很好，因为家族内长辈多是癌症去世，因此他经常去医院检查身体，记得一次查出来一个肾部结石，爸爸就先后去了好几家医院挂专家号，我和妹妹总是说爸爸怕死，他只是嘻嘻一笑，但仍然带着妈妈去医院做年度身体检查。以前，我看到新闻中的车祸，觉得离我好远，可是爸爸出事以后，我再也不看新闻了，我怕看到任何死亡的信息，因为这样会使我想到我的爸爸，无缘无故地丧生于他人的车轮之下，仅仅是因为司机违章驾驶。我希望所有看到这段话的读者，在将来的日子里，时刻谨慎驾驶，爱惜自己和他人的生命。

爸爸一直知道我在写书，并且老是说要看他女儿写的著作，让我无论如何都要给他一本，我总是一哂，爸爸是看书的，但他更喜欢看《聊斋志异》、《菜根谭》之类的，并不看学术图书，因此我从未把他的话当真，但是爸爸在我每次回家的时候都会问我写书怎么样了，我也会告诉他写到哪个朝代了，还有几个章节没有写什么的。现在图书的撰写终于告一段落，希望这一消息，爸爸知道后，能够欣然一笑。

谨以此书献给我的家人。

郭伟玲

2012年5月20日于武大图书馆

目　　录

第三编　宋元秘书省及其藏书研究

绪　　言

秘书省，是中国古代中央政府设立的图籍收藏、管理和发行的机构，对于中国古代文献的保存和传播，以及中国古代文化的发展和传承，发挥了巨大的作用。秘书省这一名称最早出现于南北朝时期的萧梁。然中国古代设置掌管图书收藏编校的职官——秘书监，最早可以追溯至我国东汉时期。

东汉延熹二年(159 年)，对于汉桓帝刘志的政治生涯是十分重要的一年，虽然他自 15 岁登基，在位已经十三个年头，但朝政依旧掌握在大将军梁冀手中。此年，梁冀之妹梁皇后的过世，给了汉桓帝诛灭梁氏势力的契机。八月丁丑，汉桓帝依靠宦官的支持，尽诛梁门势力，牵连三百余人，一时“朝廷为空”。

作为职官的秘书监亦在此时出现，《后汉书·桓帝纪》载：“延熹二年……初置秘书监官。《汉官仪》云：‘秘书监一人，秩六百石。’”①秘书监是专门负责经籍的职官，并且隶属于太常卿管理，“后汉图书在东观，桓帝延熹二年，始置秘书监一人，掌典图书古

① (宋)范晔：《后汉书·孝桓帝本纪》(卷 7)。

今文字，考合同异，属太常，以其掌图书秘记，故曰秘书。后省”①。当时的图书仍然收藏在东观之中，并没有专门的图书机构建立，并且秘书监的建置在不久即被废除，并没有发挥重要的作用。

东汉建安二十一年(216 年)，曹操在魏王府中设立秘书令，掌图籍职责。然此时其执掌已经与东汉桓帝的秘书监有了变化。自此掌图籍职责的秘书官职承接半个世纪以前的昙花一现，开始了中国历史上千余年的旅程。而政府图书管理机构的正式设立是在曹丕建魏以后，曹丕设秘书监掌管图籍之事，并改秘书令官名为秘书监，因此，秘书监既是官职名称，又是机构名称。本书的研究范围亦以此为上限。

政府图书收藏和管理机构自出现之后，其机构名称多次改易。西晋惠帝永平元年(291 年)诏令其从中书监剥离，另置秘书寺掌三阁图书，其机构职官为秘书监。东晋时期重设秘书监，职官同名。南朝宋齐与晋时同，机构与职官均称为秘书监，萧梁时，改监为省，将秘书省机构与尚书、中书、门下、集书四省并称，其执掌者称为秘书监。这样的设置为隋唐五代所继承。直至元朝，秘书监又同时指代机构与职官名称。明朝因元，短暂时设置秘书监，旋又废除。本书研究范围的下限即为明初废秘书监时。鉴于本书研究主题为中国古代官方机构藏书史，秘书监在一定时期内兼代机构与官职，为表区分，本书定名为《中国秘书省藏书史》，为叙述方便，以下绪言部分，作为机构名称一概用秘书省一词。

秘书省，在中国历代政治机构中，所占据的位置并不显眼，在风云诡谲的历史大事中，并没有发挥多少举足轻重的影响，这就使得部分学者对秘书省多有误解，甚至将现代的秘书职责与其相连，但是从中国图书馆史的角度去探讨，秘书省的设置、职官、职掌、地位、职能以及与历代馆阁所存在的关系等方面，都有其独特的发展脉络。

从历代正史的记载中，可以看到在我国古代中央官制中，秘书

① (唐)杜佑:《通典·职官八》(卷 26)。

省的设置已然为常制，即使在兵戎不断、政治混乱的六朝时期和唐宋五代，异旗人入主中原的辽、金、元三朝。需要指出的是，在中国古代社会，政治制度的演变，虽然有轨迹可寻，但主观因素的影响也不容小觑，而秘书省这样一个文化性质较为浓厚的机构，存在时间约1222年，说明它的作用已经得到了君臣一致的认可。另外，历代正史中的《职官志》，乃是关于各朝职官的综述，如果秘书省的设置与否微不足道，不可能在各史的职官材料中有关秘书省职官的记载位列显著位置。即使是明朝洪武十三年，秘书省被并入翰林院典籍，也是受到当时政治形势的影响，虽然秘书机构被罢，在行政体系上失去了独立的地位，但是原来的秘书省的工作，仍旧继续进行，秘书省名亡实存，更是证明了秘书省的设置乃朝政事务之所需。

秘书省的设置，已如上所述，那么，这样一个源远流长的机构职掌如何，则是我们必须要了解的重要问题。自东汉桓帝延熹二年，“秘书监”一职出现，执掌图书保管及古今图书文字勘定，因其负责的图书属于禁中图书，称“秘书”，隶属于太常之下。秘书职位再次出现的时间是汉献帝建安二十一年(216年)，大丞相曹操出任魏王，并于王府设置秘书令一职，掌国家尚书奏事，并兼掌图书秘籍。魏文帝曹丕黄初年间，改秘书监为中书监，执掌中央中枢决策文书，另外建立秘书监，属少府，掌“艺文图籍之事”，负责收集经籍、文书、奏章等文献资料，秘书省在曹魏时期开始成为专掌图书文献的机构。及西晋“武帝以秘书并中书省”①之后，晋惠帝永平元年(291年)“复置秘书监，其属官有丞，有郎，并统著作省”②，并强调了其“掌三阁图书”、“别典文籍”的图书管理职责，并脱离中书省的治辖，成为独立的图籍机构，南北朝乃因之。至隋，秘书省辖太史、著作两曹，并掌国家图籍收集、管理、校勘等活动。《晋书·荀勖列传》载：荀勖“俄领秘书监，与中书令张华依

① 《晋书·职官志》。

② 《晋书·职官志》。

刘向别录，整理记籍”①，《南齐书·百官志》载：“晋秘书监有令史，掌聚书，见晋令”②。南齐秘书监任昉，“自齐永元以来，秘阁四部，篇卷纷杂，昉手自雠校，由是篇目定焉”③。《隋书·百官志上》载：“（梁）秘书监，掌国之典籍图书。”④自此以后“掌邦国经籍图书之事”、“监掌古今经籍图书”就成为描述秘书省职掌的专用语句，而寻源于中国的官方藏书制度，秘书省的历史地位不容忽视。滥觞于商周时期的中国官府藏书制度，西汉时期逐渐成形，官府藏书具有专门的图书搜集途径，营建了功能各异的藏书处所，设置了系统的职官负责图书的校勘、编目、抄写等工作，并具有了严格的图书典藏制度。东汉末年，秘书监一职的出现，标志着中国官制中出现了专门职掌图书的官员，官府藏书进入了新的发展阶段。经过魏晋南北朝的制度涤荡，隋唐时期，伴随着官方藏书数量上的丰富，正所谓“收藏之量愈富，措理之术愈精”，秘书省所执行的官方藏书制度逐渐完善。

从藏品搜集途径上来看，自两汉时期起，官府藏书的来源主要集中于社会购募、行政文书、官方修撰、个人献书、机构抄写等途径，并未有其他显而易见的途径拓展。

从职官设置来看，自东汉以来，秘书省职官制度逐步完善，逐渐复杂，但以监、少监、郎、校正为主体的官员为主，主事、典书等下层吏员为辅，以书手等技术人员为补充的主体职官建制从未改变。从秘书省任职来看，建制初，六朝政权内秘书监多参与政事，而至中晚唐时期，虽然秘书监一职依旧保持了其清贵地位，却逐渐出现了短暂迁转、年老致仕、获罪贬斥等任职情况，秘书省长官在政局中逐渐被边缘化。

秘书省职官多属于学术官员，虽然在各个时期的官职迁转中，呈现不同的特点，但总体上保持了任命上的学术性。如在具体的职

---

① 《晋书·荀勖列传》（卷39）。
② 《南齐书·百官志》（卷44）。
③ 《梁书·任昉列传》（卷14）。
④ 《隋书·百官志上》（卷26）。

官任命中考虑个人的学识修养，在秘书省职官的迁转中，虽然中晚唐时期，秘书省高级官职与尚书省六部官员的迁转增多，但是始终存在与国子监、起居郎、起居舍人等学术官职的迁转记载。

从典藏制度来看，自西晋确立四部藏书体系以后，官府藏书绵延数千年至清末，依旧沿袭了经史子集的图书分库典藏制度；隋唐时期乃古代发展的鼎盛时期，唐代秘书省的藏书主要以卷轴装的形制出现，并在隋代三品区分图书的方法上更进一步，以图书装帧的轴、带、签、秩的颜色、材质、形状来进行图书四部、正副、年代的区分；唐秘书省内图书实行严格的贮本、正本、副本制度，分别用以收藏、进内及赏赐等用途。

从图书管理来看，秘书省藏书因官藏的身份，图书形式上十分讲究，遴选书法优秀之人采用区别社会流通的纸张、笔墨进行书写，钤盖官方藏书印，并采用特殊装帧方式，一方面区别社会图书，一方面防止藏书的流失。隋唐秘书省的制度多数为宋代所继承，但宋代秘书省留在历史上的痕迹更多的是官方藏书所依托的“馆阁”机构。

“馆阁”虽然作为宋代藏书机构的总称，其历史渊源却主要是确立于唐的秘书省与诸中央文馆制度。文馆制度开始于魏晋南北朝时期，“后汉有东观，魏有崇文馆，宋有玄、史二馆，南齐有总明馆，梁有士林馆，北齐有文林馆，后周有崇文馆，皆著撰文史，鸠聚学徒之所也”①。文馆设立之初，乃是资政问询、撰史著述、聚徒讲学之所，并不承担图籍的庋藏职能，隋代大业年间，隋炀帝将王府学士以儒林郎、文林郎的增置职官归入秘书省下，“体现出文馆与国家藏书机构之间的渗透”②。于秘书省之外另外设置宫廷藏书处所，并不起源于唐，两汉魏晋南北朝时期，已经具有内外三阁制度，但观隋代之宫廷藏书处所——观文殿，并没有设置专门的职

① 《旧唐书·职官志二》(卷43)。

② 李更著:《宋代馆阁校勘研究》，南京：凤凰出版社2006年版，第35页。

官对藏书进行管理，具体的管理措施仍旧由秘书省职官履行，但唐代弘文馆、史馆、集贤院等文馆内，不仅收藏有大量的图籍书画，更设置有完备的图书校勘、书库管理人员，并曾承担国家性的图书整理活动，成为官府藏书体系的重要组成部分。唐代的文馆职责与秘书省藏书职责的重合，藏书人员的职官设置的系统完善，以及其他众多因素的出现为五代时期馆阁制度的形成、宋代馆阁制度的完善奠定了先期基础。

第一编
三国两晋南北朝秘书省(监)研究

东汉末年，政治腐败，朝局混乱，中央外戚宦官争权夺利，地方豪族强宗霸占土地，农民失去土地，颠沛流离，生活困苦，在天灾连连的刺激下，黄巾起义爆发，虽未能颠覆东汉刘姓统治，却使得中央政权分崩离析，地方势力空前强大，最终形成了群豪逐鹿中原的混乱局面。赤壁之战以后，天下呈现三分之态，曹操、刘备、孙权各据一方，后建安二十五年(220年)正月，曹操薨，其子曹丕废帝自立，建立魏国；次年(221年)，刘备建蜀汉；又次年(222年)，孙权自立为吴国，三国分立正式出现。后曹魏灭蜀，蜀汉经二主、存四十三年；司马氏代曹，建立晋朝，魏灭，经五帝四十五年；晋武帝灭吴，吴历四帝，享国祚五十九年。自公元220年至公元280年这段历史，称三国鼎立时代。晋灭吴，南北统一，但是仅十年之后，西晋王朝因内部诸王争权，爆发了长达八年的“八王之乱”，中央政权衰弱，南迁内地的少数民族多有割据争雄之心，随之历史进入“五胡乱中华”的阶段，各少数民族政权竞相建国，干戈相向，公元316年，晋愍帝司马邺命丧匈奴政权汉赵刘曜之手，西晋灭亡。元气大伤的晋朝士族南渡长江，拥立琅邪王司马睿为帝，以江左诸郡为国土，是为东晋。而北方地区则有各少数民族纷纷登场，建立政权，如汉赵(304—329年)、成汉(304—347年)、后赵(319—351年)、前凉(314—376年)、前燕(337—370年)、秦(351—394年)、冉魏(350—352年)、前秦(357—385年)、后秦(384—417年)、后燕(384—407年)、北燕(407—436年)、南燕(398—410年)、西秦(385—431年)、后凉(386—403年)、北凉(397—439年)、南凉(397—414 年)、西凉(400—421 年)、夏国(407—431 年)等，即史家所称的“五胡十六国”，而南方则是东晋政权。

相对于北方政权的更迭变幻，在南迁士族拥立下建立的东晋(317—420 年)政权稳定，享国祚一百余年，但因统治无能，政治腐败，自建国之日起就内忧外患始终不断，终于在公元 420 年，为刘裕所灭，刘裕所建政权史称刘宋(420—479 年)，是谓南朝开始。之后萧道成灭宋建齐(479—502 年)，萧衍灭齐建梁(502—557 年)，陈霸先之后建陈(557—589 年)，与陈并行存在的尚有原梁之皇族萧督所建立的后梁，两者共同为隋所灭。罗宗强先生言：“南朝是一个朝代不断更迭的历史时期。刘宋六十年，南齐只有二十三年，梁朝五十五年，陈朝三十二年，仿佛走马灯，以相似的手段夺取政权，又以相似的手段交出政权。”①

建立于公元 386 年的拓跋鲜卑政权北魏在默默成长，北方其他少数政权相互倾轧，北魏趁机实行改革，国力大大强盛，于公元 436 年灭北燕、公元 439 年灭北凉，统一北方。从历史划分上来说，宋、齐、梁、陈乃为南朝，与之对应的北魏(386—534 年)、东魏(534—550 年)—北齐(550—577 年)、西魏(535—556 年)—北周(557—581 年)诸朝称为北朝，公元 420—589 年，史称南北朝时期。

---

① 罗宗强著：《魏晋南北朝文学思想史》，北京：中华书局 1996 年版，第 172 页。

第一章

三国秘书监及其藏书研究

汉末纷争，诸雄并起，其中曹操(曹丕)、刘备、孙权三个统治集团相继崛起，各自称帝建国，形成三国鼎立局面。

一 曹魏秘书监

曹魏秘书监脱胎于曹操的政治分权策略，首先出现在魏王府中，乃是行中书之责，魏国建立，曹丕分秘书为中书、秘书，秘书监成为专掌图书文籍的中央机构。

(一)曹魏国家藏书背景

第一，经济恢复。东汉末年，黄巾起义，军阀混战，时疫流行，导致人口流亡，户丁十不存一，曹魏虽占北方大部，但是其实际情况却是，“今虽有十二州，至于民数，不过汉时一大郡”①，因此土地荒芜，无人耕种，人民更是饥饿困苦，社会经济遭受了毁灭性打击。

---

① 《三国志·魏书·蒋济传》(卷14)。

曹操迎汉献帝于许后，建安元年即采取了羽林监颍川枣祗的建议，开始在许下屯田，次年在其势力范围内推广这一制度，此乃民屯；建安二十三年，司马懿建议开始实行军屯。“曹魏的行政区划分为司、豫、冀、竞、荆、扬、青、徐、幽、并、雍、冰十二州，在这些州内有史可证，设有民屯44处，军屯有17处。”①除了重视屯田的开发之外，曹魏同样制定措施稳定自耕农的农业生产。连续的战争，使得流民大增，曹魏地方官采取招集流民的方式，编造户籍，充实地方生产的劳动力；且规定荒地采取自耕自占的政策，由民自我开垦耕地，刺激人民从事生产的积极性；减轻对自耕农的剥削，颁布《田租户调令》；国家繁殖耕牛，兴修水利，这样的措施使得曹魏境内农业生产呈现稳定繁荣的局面。经过建安二十余年的努力，北方经济得到了恢复与发展，延康元年(220年)王朗给魏王曹丕所上疏云：“兵起已来三十余年，四海荡覆，万国殄瘁。赖先王(曹操)芟除寇贼，扶育孤弱，遂令华夏复有纲纪。鸠集兆民，于兹魏土，使封鄙之内，鸡鸣狗吠，达于四境，蒸庶欣欣，喜遇升平。”②

第二，文化教育事业。在经济发展的同时，曹操更早就认识到了人才的重要性，有“夫争天下者，必先争人”之语，连续三次发布“求贤令”，即有名的魏武三令。从长远上来看，曹武三令的意义不仅仅局限于因时而求士的阶段，而是通过诏令的方式将自己的政治意识与统治理念进行扩散，倡导全新的政治思想，通过面向社会招贤的方法，确立新旧政权更替所需要的社会舆论。因求贤令而形成的丞相谋士团，他们不仅参与军事行动的制定，同样参与国家政治的决策，如建安三年，谋士袁涣建议曹操实行与前世相异的治国方式，《三国志·魏书·袁涣传》载：

袁涣字曜卿，陈郡扶乐人也……布诛，涣得归太祖。涣言

① 郑佩鑫：《曹魏时期北方经济的恢复和发展》，载《史林探幽》2009年第2期。

② 《三国志·魏书·王朗传》(卷13)。

曰："夫兵者，凶器也，不得已而用之。鼓之以道德，征之以仁义，兼抚其民而除其害。夫然，故可与之死而可与之生。自大乱以来十数年矣，民之欲安，甚于倒悬，然而暴乱未息者，何也？意者政失其道欤！涣闻明君善于救世，故世乱则齐之以义，时伪则镇之以朴；世异事变，治国不同，不可不察也。夫制度损益，此古今之不必同者也。若夫兼爱天下而反之于正，虽以武平乱而济之以德，诚百王不易之道也。公明哲超世，古之所以得其民者，公既勤之矣，今之所以失其民者，公既戒之矣，海内赖公，得免于危亡之祸，然而民未知义，其惟公所以训之，则天下幸甚！"太祖深纳焉。①

袁涣提出了以道德仁义的抚民政策，同时也提出因"世异事变"需要对以往的治国政策进行改变，训民以达到树立曹操权力地位的目的。或是基于这样的目的，曹操在进行军事征战的同时不忘文教发展，建安七年，下令置学师以教阵亡将士之子女，建安二十二年七月，设立泮宫，此乃曹魏太学的前身机构。

曹丕建魏之后，即着手发展教育，史载："黄初元年之后，新主乃复始扫除太学之灰炭，补旧石碑之缺坏，备博士之员录，依汉甲乙以考课，申告州郡，有欲学者，皆遣诣太学。太学始开，有弟子数百人。"②曹明帝曹叡太和、青龙时期，太学规模猛然扩大，有学员千余人；齐王曹芳正始年间，于太学立《三字石经》以作标准教材，历代曹魏君主均有驾临太学的记载，说明曹魏政权对于文化教育事业的重视。

第三，纸张的应用。纸成为书写载体出现于西汉时期，《中国大百科全书》载："1986 年在甘肃天水放马滩一座文景时期(前179—前 150 年)的汉墓中，出土了西汉初期的纸质地图残片，纸薄而软，纸面光滑平整，上有用细黑线条绘制的山脉、河流、道路等

① 《三国志·魏书·袁涣传》(卷 11)。

② 《三国志·魏书·钟繇华歆王朗传》(卷 13)。

图形。这是目前所知世界上最早的纸质文献。"①东汉以来，造纸术进一步改进，三国时期出现了"左伯纸"与"谷皮纸"，作为书法、信件的书写材料开始流行，但其正式程度仍不及缣帛。东汉末，崔瑗(77—142年)著有《许子》一书，用纸抄录送给友人，《与葛元甫书》说："并送《许子》十卷。贫不及素，但以纸耳。"②曹魏时期，仍有重帛轻纸的心理，如曹丕撰《典论》时，"以素书所著《典论》及诗赋饷孙权，又以纸写一通与张昭"③。但是三国时期曹魏已经鼓励以纸作为书写载体，如，建安三年，荀悦编纂《汉纪》，《汉纪序》曰：

> 建安元年，上巡省许昌，以镇万国、外命元辅，征讨不庭，内齐七政，允亮圣业，综练典籍，兼览传记。其三年，诏给事中、秘书监荀悦抄撰《汉书》，略举其要，假以不直，尚书给纸笔，虎贲给书吏。悦于是约集旧书，撮序表志，总为帝纪……凡为三十卷，数十余万言。④

建安十一年十月，曹操下令百官进言，"主者朝常给纸函各一"⑤；建安十二年，蔡邕之女蔡文姬南归，曹操问及其家藏书，欲命写书吏从蔡文姬书写，文姬曰："妾闻男女之别，礼不亲授。乞给纸笔，真草唯命"⑥。从上可知，建安年间，纸作为书写材料已经逐渐开始流行。至曹魏时，更是设立了管理纸张的机构"诸纸

① 转引自黄权才：《记曹魏时期纸成为主要书写材料》，载《图书馆界》1995年第3期。

② (唐)欧阳询撰：《艺文类聚》，上海：上海古籍出版社1982年版，第560页。

③ 《三国志·魏书·文帝纪》(卷2)。

④ (清)严可均编：《全上古三代秦汉三国六朝文》卷67，北京：中华书局1965年版。

⑤ (唐)徐坚撰：《初学记》，北京：中华书局1962年版。

⑥ (宋)范晔：《后汉书·列女传》(卷84)。

署监”①，职为九品。董文武先生在《中国出版通史·魏晋南北朝卷》中讨论纸在三国时期的地位时说：

> 三国时期，由于汉末以来长期战乱造成社会经济的严重破坏，使造纸技术发展缓慢甚至停滞……当时用来书写图书档案的良纸仅限于少数统治阶级的上层人物使用……在曹操统一北方和三国鼎立之后，随着社会经济的恢复，造纸技术得到发展，成本降低，其代替帛素和简札是必然的，虽然基本上完成这一过程是在两晋，但应该说三国时期是起了承上启下的作用。②

第四，曹魏统治者的个人意愿。曹氏均有高超的文化修养，《三国志·魏书·武帝纪》引《魏书》曰：曹操“文武并施，御军三十余年，手不舍书，昼则讲武策，夜则思经传，登高必赋，及造新诗，被之管弦，皆成乐章”③；曹操《观沧海》、《蒿里行》、《短歌行》、《龟虽寿》等诗歌气魄雄伟、慷慨悲凉，散文亦清峻整洁，并有《魏武帝集》30卷和《武皇帝逸集》10卷、《魏武帝集新撰》10卷三种著作。魏文帝曹丕同样嗜好读书，自谓：“少诵诗、论，及长而备历五经、四部，史、汉、诸子百家之言，靡不毕览”，一度“以著述为务，自所勒成垂百篇”，并认为“年寿有时而尽，荣乐止乎其身，二者必至之常期，未若文章之无穷”，《魏书》载，建安末，曹丕在东宫时，疫疠大起，建安名士多殒身于此疫，曹丕感慨，“与素所敬者大理王朗书曰：‘生有七尺之形，死唯一棺之土，唯立德扬名，可以不朽，其次莫如著篇籍……’故论撰所著典论、诗赋，盖百余篇，集诸儒于肃城门内，讲论大义，侃侃无倦”④。

---

① （清）钱仪吉撰：《三国会要》，上海：上海古籍出版社1991年版，第462页。

② 周少川等著：《中国出版通史·魏晋南北朝卷》，北京：中国书籍出版社2008年版，第331页。

③ 《三国志·魏书·武帝纪》（卷1）。

④ 《三国志·魏书·文帝纪》（卷2）。

南朝时，曹丕尚有《魏文帝集》23卷流传，其诗语言平易，描写细腻，后人辑佚诗歌40首、辞赋30首流传至今，《三国志·魏书·文帝纪》史评曰："文帝天资文藻，下笔成章，博闻强识，才艺兼该。"①曹明帝曹叡，"帝容止可观，望之俨然。自在东宫，不交朝臣，不问政事，唯潜思书籍而已"②。

(二)曹魏秘书监职官

秘书监一职最早出现于东汉灵桓帝延熹二年(159年)，掌国家经籍，但寻又被废，直到建安二十一年(216年)，再次出现于曹操的魏王府内，其主要职责是负责机要文件的草拟，与尚书类似，图书职责只是其附属，很明显，此时的秘书监具有浓厚的政治色彩，此后随着曹魏的建立，其执掌与机构设置几经改易，考证其原因，主要在于曹魏前期的官制多随政机改易，秘书、中书的设立与分离的措施，俱印有深深的权力分割的痕迹。分割以后的中书、秘书两个机构，一个逐渐成为政治决策机构，一个逐渐从政局中退离，转化为文化机构，其职责更加清晰独立，同样也使得曹魏时期秘书监的建制、职掌、官制逐步成型，成为古代专掌图籍的国家文化机构，绵延千年之久。

1. 曹魏秘书监机构沿革

汉献帝建安二十一年二月，曹操征张鲁凯旋，五月，进位魏王，立府建衙，于王府内设置秘书监机构，其中设置秘书令一人，"典尚书奏事，即中书令之任"③，秘书丞一人，秘书郎二人，掌机要命令的撰拟，意图剥夺汉献帝中央朝廷尚书台的出令权，以期更全面地掌握建安时期政治决策中枢。

建安二十五年(220年)正月庚子，曹操殂，魏封国太子曹丕继位为魏王。黄初元年(220年)冬十月辛未，汉献帝禅让与曹丕，魏

① 《三国志·魏书·文帝纪》(卷2)。

② 《三国志·魏书·明帝纪》(卷3)裴松之注。

③ (唐)杜佑：《通典·职官八》(卷26)。

国建立。曹丕称帝之后，旧有的封国体制下的职官已经不能适应君主中央集权的需要，因此中央权力机构的调整迫在眉睫。魏文帝将秘书监所掌拟诏、奏事等职责分离，设立中书省，置令、监，原秘书监机构内职官，改令为监，仍统御丞、郎等官员，职掌国家艺文图书，至此，秘书监作为后世图籍机构初步成型。

2. 曹魏秘书监职官沿革

建安末，魏王府内设置的秘书监，机构内设置秘书令一人，作为秘书监的长官，《唐六典》载："魏武为魏王，置秘书令，典尚书奏事，即中书之任也，兼掌图书秘记。"①秘书丞一人，为秘书监副手，秩四百石，同掌奏事机要；秘书郎两人，"魏武置秘书郎，秩四百石"。

黄初年间，曹丕将原魏王府秘书监职权分割为中书省、秘书监两个机构，中书省掌参与机要、撰拟诏令，而秘书监掌图籍之事。魏文帝并改秘书令官名为秘书监，"掌艺文图籍之事"，分秘书丞为左右丞，《通典·职官八》载：

> 文帝黄初中，欲以何祯为秘书丞，而秘书先自有丞，乃以祯为秘书右丞。文帝征何祯，至为秘书郎，月余，祯因事，帝令问外曰："吾本用祯为丞，何故为郎？"按主者罪，遂改为丞。时秘书旧丞尚未转，乃以祯为右丞。其后遂有左右二丞，刘放为左丞，孙资为右丞，后省。②

可见黄初初年，秘书监内原设置丞一人，后文帝征何祯为秘书丞，但原秘书丞尚在任上，因此一分为二，设置左右丞，以为何祯职位。除监、丞外，秘书监内尚设置有秘书郎、秘书校书、秘书令史等职，秘书郎的设置延续了魏王府的格局；秘书校书的记载见于

① （唐）李林甫等撰，陈仲夫点校：《唐六典》，北京：中华书局1992年版，第298页。

② （唐）杜佑：《通典·职官八》（卷26）。

《三国志》引《文章叙录》曰:“(河东杜)挚字德鲁。初上笳赋,署司徒军谋吏。后举孝廉,除郎中,转补校书……挚竟不得迁,卒于秘书”①。秘书令史的设置最早出现在魏《甲辰仪》中:“秘书令史品第八。”

3. 曹魏秘书监地位

曹魏时期的秘书监机构应政治需要而生,其产生的原因在于曹操夺权分权的意愿,因此虽然魏文帝黄初年间将秘书监单独设置,但是秘书监并未远离曹魏的政治权力中枢,与政治现实紧密相连,如黄初中,魏文帝讨论军国大事时,即不避秘书丞薛夏,“征东将军曹休来朝,时帝方与夏有所咨论,而外启休到,帝引入。坐定,帝顾夏言之于休曰:‘此君,秘书丞天水薛宣声也,宜共谈’”②。曹魏时期秘书监的地位相对较高,其原因如下:

其一,秘书监内任职者多博学多识之才,为曹魏统治者所赏识。如曹魏秘书监的任职者刘放、孙资、王肃、薛夏、何祯等人,刘放、孙资在黄初年间被任命为中书令、监,掌国家机要;何祯因献《许都赋》,文识得魏文帝赏识而入秘书监内,且因他而分秘书丞为左右丞,可见曹丕对其重视;王肃本人学识亦超人,“肃善贾、马之学,而不好郑氏,采会同异,为尚书、诗、论语、三礼、左氏解,及撰定父朗所作易传,皆列于学官。其所论驳朝廷典制、郊祀、宗庙、丧纪、轻重,凡百余篇。时乐安孙叔然,受学郑玄之门,人称东州大儒。征为秘书监,不就”③;薛夏,曹魏时期与董遇及贾洪、邯郸淳、隗禧、苏林、乐详等七人为儒宗,其才学为文帝所尊重。

其二,曹魏时期,秘书监内藏品不仅有图书,还兼收国家诏令副本,以作为后世典章的参考。据《三国志》载:

---

① 《三国志·魏书·王卫二刘傅传》(卷21)。

② 《三国志·魏书·钟繇华歆王朗传》(卷13)。

③ 《三国志·魏书·钟繇华歆王朗传》(卷13)。

(黄初三年)冬十月甲子，表首阳山东为寿陵，作终制曰："礼，国君即位为椑……其以此诏藏之宗庙，副在尚书、秘书、三府。"①

其三，曹魏秘书监隶属关系与官员政治地位的变化，显示了曹魏时期秘书监的地位。东汉秘书监一职设置时，原隶属于太常，秩六百石，魏武时期为王府官署。魏文帝初，秘书监分设，本隶属于少府，后王肃以常侍领秘书监，上《论秘书不应属少府表》：

魏之秘书即汉之东观，郡国称敢言之上东观，且自大魏分秘书而为中书以来，传绪相继，于今三监未有隶名于少府者也。今欲使臣编名于驺隶，言事于外府，不亦驟朝章而辱国典乎？太和中，兰台、秘书争议，三府奏议秘书司先王之载籍，掌制书之典谟，与中书相亚，宜与中书为官联。②

自此曹魏秘书监机构独立，不再隶属于少府。原曹魏图书分为兰台、秘书两处收藏，兰台原为外台，属御史中丞管辖，而秘书属内阁，属秘书监治下，且兰台官员以为其地位高于秘书，后秘书丞薛夏，将兰台、秘书两个藏书机构的地位进行了重新的定位，《三国志》引魏略言：

太和中，(秘书丞薛夏)尝以公事移兰台。兰台自以台也，而秘书署耳，谓夏为不得移也，推使当有坐者。夏报之曰："兰台为外台，秘书为内阁，台、阁，一也，何不相移之有？"兰台屈无以折。自是之后，遂以为常。③

另，青龙中，秘书监王肃作《论秘书丞郎表》，要求提高秘书

① 《三国志·魏书·文帝纪》(卷2)。
② 《太平御览·职官部三十一·秘书监》(卷233)。
③ 《三国志·魏书·钟繇华歆王朗传》(卷13)。

监内丞、郎的待遇:

> 臣以为秘书职与三台为近密，中书郎在尚书丞、郎上，秘书丞、郎宜次尚书郎下，不然则宜次侍御史下。秘书丞、郎俱四百石，迁宜比尚书郎，出亦宜为郡，此陛下崇儒术之盛旨也。尚书郎、侍御史皆乘犊车，而秘书丞、郎独乘鹿车，不得朝服，又恐非陛下转台郎以为秘书丞、郎之本意也。①

另外魏太和三年十月，魏明帝令陈群等人定《尚书官令》，其中秘书与门下散骑、中书、尚书、三台相继，说明了魏时期，虽然秘书监掌图书之职，但是其地位仍然崇高。

4. 曹魏秘书监任职者考

曹魏秘书监任职多为国家争辟，或者秘书监遴选，《太平御览》载秘书监王肃表曰:“青龙之末，主者启选秘书监，诏秘书驺吏以上三百余人，非但学问义理，当闻有威严能检下者，诏肃以常侍领焉。”②

秘书监(令)，设一人，为秘书监长官。

荀悦，任职时间:建安初至建安五年。

《后汉书·荀悦传》:“献帝颇好文学，悦与彧及侍中孔融旦夕侍讲于宫中，累迁至秘书监、侍中。”

刘放，任职时间:建安末至黄初初。

《三国志·魏书·刘放传》:“刘放字子弃，涿郡人……魏国既建，与太原孙资俱为秘书郎……文帝即位，放、资转为左右丞。数月，放徙为令。”③

王象，任职时间:黄初年间。

《唐六典》:“文帝黄初中，分秘书立中书，因置监令，乃以散

---

① (唐)杜佑:《通典·职官八》(卷26)。

② 《太平御览·职官部三十一·秘书监》(卷233)。

③ 《三国志·魏书·程郭董刘蒋刘传》(卷14)。

骑常侍王象领秘书监，撰《皇览》。”①

王肃，任职时间：太和中至正始元年(230—240 年)

《三国志·魏书·王肃传》：肃字子雍……太和三年，拜散骑常侍……后肃以常侍领秘书监，兼崇文观祭酒……正始元年，出为广平太守。

董绥，任职时间：当在明帝时期。

《三国志·魏书·王肃传》引《世说新语》曰：董遇子绥，位至秘书监，亦有才学。

王沈，任职时间：嘉平年间至正元中。

《晋书·王沈列传》：“王沈，字处道……及爽诛，以故吏免。后起为治书侍御史，转秘书监。正元中，迁散骑常侍、侍中，典著作。”②

司马瑰，任职时间：常贵乡公年间。

《晋书·司马瑰列传》：太原烈王瑰，字子泉，魏长乐亭侯，改封贵寿乡侯。历振威将军，秘书监，封固始子。武帝受禅，封太原王，邑五千四百九十六户，泰始二年就国。③

羊祐，任职时间：陈留王景元、咸熙年间。

《太平御览·职官部三一·秘书监》：“羊祐为黄门郎，陈留王立，以少帝，不愿为侍臣，徙为秘书监。”

秘书丞，或一人，或设左右两人，秘书监副职。

刘放、孙资，任职时间：建安末，见前所引《三国志·魏书·刘放传》。

刘劭，任职时间：建安末至黄初中。

《唐六典》引《魏书》曰：“刘劭，建安末，自秘书郎转秘书丞。”④

---

① (唐)李林甫等撰，陈仲夫点校：《唐六典》，北京：中华书局 1992 年版，第 298 页。

② 《晋书·王沈列传》(卷 39)。

③ 《晋书·司马瑰列传》(卷 37)。

④ (唐)李林甫等撰，陈仲夫点校：《唐六典》，北京：中华书局 1992 年版，第 300 页。

贾洪，任职时间：黄初中。

《三国志·魏书·王肃传》裴注："贾洪字叔业，京兆新丰人也……黄初中，以高才入为秘书丞，数奏文赋，文帝异之。"①

严苞，任职时间：黄初中。

《太平御览·职官部三一·秘书丞》："严苞以高才，黄初中入为秘书丞，数奏文赋，帝甚异之。"②

何祯，任职时间：黄初年间至魏明帝时期。

> 《通典·职官八》"秘书丞"条："文帝黄初中，欲以何祯为秘书丞，而秘书先自有丞，乃以祯为秘书右丞。文帝征何祯，至为秘书郎，月余，祯因事，帝令问外曰：'吾本用祯为丞，何故为郎？'按主者罪，遂改为丞。时秘书旧丞尚未转，乃以祯为右丞。"③

薛夏，任职时间：黄初年间至太和。

《三国志·魏书·王肃传》裴注：

> 薛夏字宣声，天水人也。博学有才……文帝又嘉其才，黄初中为秘书丞，帝每与夏推论书传，未尝不终日也。每呼之不名，而谓之薛君……其见遇如此。寻欲用之，会文帝崩。至太和中，尝以公事移兰台。兰台自以台也，而秘书署耳，谓夏为不得移也，推使当有坐者。夏报之曰："兰台为外台，秘书为内阁，台、阁，一也，何不相移之有？"兰台屈无以折。自是之后，遂以为常。④

秘书郎，秘书监内实际管理人员，或设二员。

---

① 《三国志·魏书·钟繇华歆王朗传》(卷13)。

② 《太平御览·职官部三十一·秘书丞》(卷233)。

③ (唐)杜佑：《通典·职官八》(卷26)。

④ 《三国志·魏书·钟繇华歆王朗传》(卷13)。

刘放、孙资，任职时间：建安二十二年至建安二十四年。

刘劭，任职时间：建安中至黄初中(?)。

钟会，任职时间：正始中。

《三国志·魏书·钟会传》：(钟)会字士季，颍川长社人……正始中，以为秘书郎，迁尚书中书侍郎。①

王基(字伯舆)、何祯，任职时间：黄初年间。

《唐六典》引魏书云："王伯舆、钟会、何祯、郑默，并起家拜秘书郎中。"②

郑默，任职时间：正始中。

《唐六典》引魏书："王伯舆、钟会、何祯、郑默，并起家拜秘书郎中，而默在秘书掌中外三阁，删省繁文，除其浮秽，始制《中经》。时虞松为中书令，谓默曰：'而今以后，朱紫别矣。'"③

秘书校书，仅见一人任职记录，即杜挚，任职时间：黄初年间，《三国志》引《文章叙录》曰："(河东杜)挚字德鲁。初上笳赋，署司徒军谋吏。后举孝廉，除郎中，转补校书……挚竟不得迁，卒于秘书。"④

(三)曹魏秘书监藏书

曹魏藏书分为中外三阁，秘书、兰台乃是其中两个，《隋书·经籍志》言："董卓之乱，献帝西迁。图书缣帛，军人皆取为帷囊。所收而西，犹七十余载。两京大乱，扫地皆尽。魏氏代汉，采掇遗亡，藏在秘书中、外三阁。"⑤曹魏建国四十六年，在这段时间内，虽有对外征讨，但内事安稳，因此其藏书的保存、管理具有一定的制度。

---

① 《三国志·魏书·王毌丘诸葛邓钟传》(卷28)。

② (唐)李林甫等撰，陈仲夫点校：《唐六典》，北京：中华书局1992年版，第297页。

③ (唐)李林甫等撰，陈仲夫点校：《唐六典》，北京：中华书局1992年版，第297页。

④ 《三国志·魏书·王卫二刘傅传》(卷21)。

⑤ 《隋书·经籍志一》(卷32)。

1. 藏书聚集途径

从历史记载来看，曹魏秘书三阁的藏品有以下来源：

其一，战乱之余的收集。建安三年(198年)，曹操破吕布，众官军收战利品，袁涣取图书数百卷，可知虽然汉末董卓之乱对东汉藏书损坏甚重，但是仍然有部分图书为曹军所得；建安五年(200年)，曹操在官渡之战中大败袁绍，“尽收其辎重图书珍宝”，其中图书即指地图、书信等类，同样指代典籍。《三国志·魏书·袁涣传》载：

> 魏国初建，为郎中令，行御史大夫事。涣言于太祖曰：“今天下大难已除，文武并用，长久之道也。以为可大收篇籍，明先圣之教，以易民视听，使海内斐然向风，则远人不服可以文德来之。”太祖善其言。①

《三国志》内所提的魏国初建，多将时间限定在建安二十一年(216年)，曹操进位魏王，享魏之封国，时袁涣行御史大夫，掌兰台藏书，此时提出搜括图书的要求，合情合理。

其二，魏国诏令的副本收藏。曹魏秘书监的建立源自于魏王曹操为夺汉献帝朝廷内的尚书台的职权，虽然魏文帝黄初年间分秘书为中书，但是曹魏秘书监仍然与政治相联系，收藏曹魏的重要诏令。据《三国志》载：

> (黄初三年)冬十月甲子，表首阳山东为寿陵，作终制曰：“礼，国君即位为椑……其以此诏藏之宗庙，副在尚书、秘书、三府。”②
>
> 黄初中，文帝欲追封太后父母，尚书陈群奏曰：“陛下以圣德应运受命，创业革制，当永为后式。案典籍之文，无妇人

---

① 《三国志·魏书·袁张凉国田王邴管传》(卷11)。

② 《三国志·魏书·文帝纪》(卷2)。

> 分土命爵之制。在礼典，妇因夫爵。秦违古法，汉氏因之，非先王之令典也。”帝曰：“此议是也，其勿施行。以作著诏下藏之台阁，永为后式。”①

其三，收录臣下著作或藏书。《三国志·魏书·司马朗传》载司马朗曾上书请复五爵等，裴注引《魏书》曰：“文帝善朗论，命秘书录其文。”②

《三国志·魏书·任昭先传》裴注引别传曰：“昭先名嘏。别传曰：嘏，乐安博昌人——著书三十八篇，凡四万余言。嘏卒后，故吏东郡程威、赵国刘固、河东上官崇等，录其事行及所著书奏之。诏下秘书，以贯群言。”③

《晋书·郑冲列传》载：“郑冲，字文和，荥阳开封人也……初，冲与孙邕、曹羲、荀顗、何晏共集《论语》诸家训注之善者……名曰《论语集解》。成，奏之魏朝，于今传焉。”④

东汉末，著名学者蔡邕家富藏书，但多散亡于战乱中，曹操曾请其女默写之，《后汉书·列女传·董祀妻》：

> （蔡邕）其女蔡琰，字文姬……操因问曰：“闻夫人家先多坟籍，犹能忆识之不?”文姬曰：“昔亡父赐书四千许卷，流离涂炭，罔有存者。今所诵忆，裁四百余篇耳。”操曰：“今当使十吏就夫人写之。”文姬曰：“妾闻男女之别，礼不亲授。乞给纸笔，真草唯命。”于是缮书送之，文无遗误。⑤

2. 藏书利用与管理

承东汉官方丰富的图书收藏的余音，短暂的曹魏政权对于国家

---

① 《三国志·魏书·后妃传》(卷5)。
② 《三国志·魏书·刘司马梁张温贾传》(卷15)。
③ 《三国志·魏书·徐胡二王传》(卷27)。
④ 《晋书·郑冲列传》(卷33)。
⑤ (宋)范晔：《后汉书·列女传》(卷84)。

藏书的利用与管理同样充分，主要表现在：

其一，君主阅读。曹氏父子均雅好读书，曹操号称“御军三十余年，手不舍书”，曹丕同样爱好读书，《三国志·魏书·文帝纪》言文帝“雅好诗书文籍，虽在军旅，手不释卷，每每定省从容，常言人少好学则思专，长则善忘，长大而能勤学者，唯吾与袁伯业耳。余是以少诵诗、论，及长而备历五经、四部，史、汉、诸子百家之言，靡不毕览”①。

其二，图书编撰。魏文帝即位之始，“使诸儒，撰集经传，随类相从，凡千余篇，号曰《皇览》”。其中由秘书监王象领衔，羽林监桓范、尚书郎刘劭等人参与，其编撰的地点或依仗的文献资料当在秘书监，《三国志》载：“刘劭字孔才，广平邯郸人也……黄初中，为尚书郎、散骑侍郎。受诏集五经群书，以类相从，作皇览。”②“桓范字元则，世为冠族。建安末，入丞相府。延康中，为羽林左监。以有文学，与王象等典集皇览。”③

其三，引社会人士入阁读书。《三国志》引庐江何氏家传曰：“明帝时，有谯人胡康，年十五，以异才见送，又陈损益，求试剧县。诏特引见。众论翕然，号为神童。诏付秘书，使博览典籍。”④

其四，曹魏秘书监内图书目录《中经》的编撰。齐王曹芳正始中，郑默为秘书郎，掌秘书中外三阁图书，对秘书监所掌管的三阁图书进行了整理，工作，“删省繁文，除其浮秽，始制《中经》。时虞松为中书令，谓默曰：‘而今以后，朱紫别矣。’”⑤郑默所著《中经》乃是依据秘阁藏书，删减除秽而成，时评甚高，认为该图书对秘书监内图书进行了分类，区分了各自的类别，因图书散佚，不知郑默所采用的分类法是否为七分或者四分，但是晋秘书监荀勖因《中经》而成的《中经新簿》则是按照四部分类的，因此郑默所编撰

① 《三国志·魏书·文帝纪》(卷2)。

② 《三国志·魏书·王卫二刘傅传》(卷21)。

③ 《三国志·魏书·诸夏侯曹传》(卷9)。

④ 《三国志·魏书·王卫二刘傅传》(卷21)。

⑤ (唐)李林甫等撰，陈仲夫点校：《唐六典》，北京：中华书局1992年版，第297页。

的《中经》很可能是四部分类法。

二 蜀汉秘书监

蜀汉图书建设远逊于曹魏，其原因是多方面的，但最主要是因为蜀汉的战时政权特点。

(一)蜀汉的政权特点

自蜀汉立国，刘氏以汉室自诩，因此其政权政治体制基本沿袭汉制，实行中央、州、郡、县的四层行政建制，其政权具有严重的军政合一的性质，一方面军事职官侵入朝廷建制中，实行都督制度，军事长官与行政长官同时兼任，军政事务一肩挑；另外一个方面后主刘禅与丞相诸葛亮之间形成蜀汉君主复合体制，朝内三公、丞相等职均出现依附于丞相府的现象，诸葛亮作为蜀汉宰相成为了政权内的实际领袖。

在诸葛亮的领导下，蜀汉政权从内至外呈现出战时的特点，根据《三国志·蜀书》记载，自刘备立国，至后主刘禅降魏的42年的时间内，其中26年的时间内处于内外战争状态，蜀汉以一州之力平服国内，征战曹魏，曾有七擒孟获、六出祁山之说，因此可以说蜀汉这一政权存在的重要内容就是战争。那么这样一来，蜀汉政权内所充斥的将军、校尉等职官名称，地方以军事长官统民事等现象就不难理解，其中政权内纯粹文官生存空间的减少同样有了确切的解释，因此可以说蜀汉政权内虽然有类似于秘书监的职官建制，但是其作用却难以论述。

刘备虽言出身汉室，但是祖父辈均无官爵，刘备自小不爱图书，“不甚乐读书，喜狗马、音乐、美衣服”，与曹操形成鲜明对比；后主刘禅性格孱弱，朝廷大事无论大小悉决于宰相诸葛亮，对于国家图书建设同样不甚在意；宰相诸葛亮虽重视文化教育，主持建立了完善的制度与职官，并延引儒者，但是其执政重点更多的是征伐，对于图书建设这样的非军国事务多有忽视也情有可原，即使对诸葛亮倍加推崇的陈寿在《三国志》中同样言：“诸葛亮虽达于刑政，凡此之类，犹有未周焉。”因此虽然蜀汉多俊才，且自汉末起，中原纷扰多事，蜀中、关中多为学者避难之地，但是蜀汉的文化建设仍然远逊于曹魏。

(二)蜀汉内图书事宜

从职官上来看，蜀汉沿袭汉制，设置有类似秘书监的机构，内设秘书令、秘书郎、秘书令史、秘书吏四种官职，其中秘书令，秩六百石，郤正担任此职至蜀亡，百官随后主至洛阳，景元五年(264年)三月，原蜀汉“尚书令樊建、侍中张绍、光禄大夫谯周、秘书令郤正、殿中督张通并封列侯”①。

从藏书建设来看，蜀汉在政权平稳之时，也曾进行图书的收集、校勘工作，但却因为用人不当，无果而终，《三国志·蜀书·许慈传》载：

> 许慈字仁笃，南阳人也……先主定蜀，承丧乱历纪，学业衰废，乃鸠合典籍，沙汰众学，慈、潜并为学士，与孟光、来敏等典掌旧文。值庶事草创，动多疑议，慈、潜更相克伐，谤讟忿争，形于声色；书籍有无，不相通借，时寻楚挞，以相震撼。②

从秘书机构任职者来考察，见于记载者，仅郤正一人，自秘书吏起家，转秘书令史，迁秘书郎，为秘书令，《三国志·蜀书·郤正传》载：

> 郤正字令先，河南偃师人也……弱冠能属文，入为秘书吏，转为令史，迁郎，至令。③

---

① 《三国志·蜀书·后主传》(卷33)。
② 《三国志·蜀书·杜周杜许孟来尹李谯郤传》(卷42)。
③ 《三国志·蜀书·杜周杜许孟来尹李谯郤传》(卷42)。

从秘书机构的职责来分析，从《三国志·蜀书·孟光传》与《三国志·蜀书·郤正传》的记载分析，蜀汉的秘书职官的工作地点是在宫廷内部，属于皇宫侍从官员，或从事图书的收集、整理与典藏工作，因此《三国志·蜀书·郤正传》中记载郤正“自在内职，与宦人黄皓比屋周旋，经三十年，皓从微至贵，操弄威权，正既不为皓所爱，亦不为皓所憎，是以官不过六百石，而免于忧患”。从郤正的生平来分析，起家秘书吏，然后经秘书令史、秘书郎、秘书令一路前行，其任职机构始终是在秘书机构，《三国志》中言，郤正与宦官黄皓比邻而居30年，因此可以说蜀汉秘书机构的位置在宫廷内部，与服侍皇室成员的宦官居所相邻，同样具有服务皇室的职责，因此才有孟光与郤正关于太子读书的谈话，《三国志·蜀书·孟光传》载：

> 孟光字孝裕，河南洛阳人，汉太尉孟郁之族……先主定益州，拜为议郎，与许慈等并掌制度。后主践阼，为符节令、屯骑校尉、长乐少府，迁大司农。
>
> 后进文士秘书郎郤正数从光咨访，光问正太子所习读并其情性好尚，正答曰：“奉亲虔恭，夙夜匪懈，有古世子之风；接待群僚，举动出于仁恕。”光曰：“如君所道，皆家户所有耳；吾今所问，欲知其权略智调何如也。”正曰：“世子之道，在于承志竭欢，既不得妄有所施为，且智调藏于胸怀，权略应时而发，此之有无，焉可豫设也?”光解正慎宜，不为放谈，乃曰：“吾好直言，无所回避，每弹射利病，为世人所讥嫌；省君意亦不甚好吾言，然语有次。今天下未定，智意为先，智意虽有自然，然亦可力强致也。此储君读书，宁当效吾等竭力博识以待访问，如傅士探策讲试以求爵位邪！当务其急者。”正深谓光言为然。

从两人的谈话中，大司农孟光问秘书郎郤正关于太子的读书与为人，可知此乃秘书郎郤正的职责所在，由此可知，蜀汉的秘书机构沿袭了汉制，主要掌管宫内书籍，服务皇室成员，与东汉桓帝延熹二年所设立的秘书监一职存在相承的关系，这也同样验证了蜀汉职官制度多沿袭汉制的研究结论。

三 东吴秘书监

三国虽然都壮大于军事斗争中，但是其政治体制各有不同，曹操挟天子以令诸侯，占据正统；刘备以汉室后代自居，沿袭汉制；但是东吴却是以汉室臣子起家，构建自己的势力范围，因此建国之前，孙权依托汉献帝所封的将军职位为依托，以将军幕府的形式来组织势力范围，其体制并不完善，主要由幕府机构、地方机构、武官机构三部分组成，“而武官系统是其中的核心部分，也是真正的决策中枢”①，在地方任用武将担任郡县长官，以应付内部少数民族与民众叛乱。东吴的政治体制表现为幕府性质，以幕职的形式招募了一大批文人志士，这一政治体制在早期扩张吴国势力时发挥了巨大作用，但至东吴建国之后，其政治体制的弊端逐渐呈现。

在幕职有限的情况下，限制了孙权招揽人才的国策，且限制了投奔者的奋斗热情，其在东吴势力范围内，因孙权采取了向汉称臣的措施，其属官的阶品普遍偏低，其中长史、司马等职虽行宰相事务，但仅秩千石，如吴尚书令顾雍，担任幕府长史多年而家人不知，至孙权封王后才开始闻名，“顾雍字元叹，吴郡吴人也……权为吴王，累迁大理奉常，领尚书令，封阳遂乡侯，拜侯还寺，而家人不知，后闻乃惊”②。这一事件从侧面反映了幕府内任职者无显赫官名可依仗，减少了孙氏政权的吸引力，同时也限制了建国后官制的完善，毕竟从一个将军幕府的建制拓展至一个国家的政治职官体系，其困难较大，必然造成少数部门的不完善。如图书、教育等非关系重大的机构，在东吴的政权内其建制呈现不完整的状态。

征之史籍，东吴的图书机构并未形成系统的职官建设，其涉及

---

① 石冬梅：《东吴早期官制初探》，载《保定师范专科学校学报》2004年第1期。

② 《三国志・吴书・张顾诸葛步传》(卷52)。

图书典籍的职官主要有东观令、东观左右丞、秘府中书郎等职务，且东观令、丞为同一序列，而秘府中书郎则与中书机构相联系，以东吴政权内担任过秘府中书郎的官职迁转为例，《三国志·吴书·华覈传》载，华覈始为上虞尉、典农都尉，“以文学入为秘府郎，迁中书丞……后迁东观令，领右国史”①；《三国志·吴书·薛综传》载：“(子)莹，字道言，初为秘府中书郎，孙休即位，为散骑中常侍。数年，以病去官。”②华覈以秘府郎迁转中书丞，薛莹迁转散骑中常侍，俱中书台官，因此可以说东吴政权内秘府中书郎的主要职责并不掌图书，而是参与中书政事，东吴主掌图书的官职乃是继承汉制而命名的东观令、东观左右丞。

孙氏家族多人雅好读书，孙权曾自言少时读《诗》、《书》、《礼记》、《左传》、《国语》等书，统事之后则多读三史与兵法图书；太子孙登、孙和同样有读书好学的记载，景帝孙休更是“锐意于典籍，欲毕览百家之言”，并命中书郎、博士祭酒“依刘向故事，校定众书”，但这一行动却因权臣反对而作罢。东吴政权内，以武职为中心，因此史书中多见武官读书事例，但是其目的多为裨益兵事，如孙权劝将军吕蒙读书时曰：“孤岂欲卿治经为博士邪？但当涉猎见在事耳……宜急读《孙子》、《六韬》、《左传》、《国语》及三史……”因此可知孙权要求诸将读书，是为了他们通晓历史、兵法，更好地解决军政大事，乃是出于“资政”的目的，在这种思想的统御下，东吴图书机构建制残缺，且少有典籍收藏的记载就可以理解了。

---

① 《三国志·吴书·吴范刘惇赵达传》(卷63)。

② 《三国志·吴书·张严程阚薛传》(卷53)。

第二章

两晋秘书监及其藏书研究

在魏晋时期，历史往往呈现相似性，如魏代汉，晋代魏，曹丕在逼迫汉献帝实行禅让之时，万万没有料到半个世纪之后，自己的后代也在受着权臣司马氏的逼迫，一个命丧其手，一位被迫让位，曹魏政权享国四十六年，却为司马氏把权二十六年，历司马懿、司马师、司马昭三世，终于咸熙二年十二月十三日，魏帝曹奂禅让，司马炎称帝，改元泰始，史称西晋(266—316 年)。

西晋建都洛阳，历四帝五十二年，在中国历史上，西晋被称为“季世”或是“叔世”，用以显示其短暂而又惨烈的政权存在模式。以发展的角度来看西晋的建立，它通过长期缓慢的内部权力的交替而建立，虽然有流血事件，但总体上不失为和平的过渡，因此自东汉以来所形成的矛盾并未通过社会交锋而改变，而是全盘为晋朝所接受，晋朝从某种意义上并不是新兴力量的代表，而是势力之间斗争的胜利者，确如陈寅恪先生所言：“魏为东汉内廷阉宦阶级之代表，晋则外廷士大夫阶级之代表。故魏晋之兴亡递嬗乃东汉晚年两统治阶级之竞争胜败问题。"①"西晋政权的出现，表明儒家贵族最终战胜了非儒家的寒族。西晋政权是儒家豪族的政权。"②

永嘉初年，琅邪王司马睿听从其司马王导的谋划，放弃封地，南下渡江，镇守建康。此时，洛阳沦陷，晋世家大族纷纷南下，投靠司马睿。建兴四年(316年)十一月，匈奴刘曜攻破长安，晋愍帝降，西晋灭亡。次年，司马睿于建康称王，改元建武，又次年，晋愍帝为刘曜所杀，司马睿称帝，是为晋元帝，东晋开始。

东晋偏安东南一隅，定都建康，历十一帝，自司马睿称王开始，于晋恭帝禅位结束，共一百零四年国祚。两汉以来，在政治力与社会势力的互相角力下，形成了一个新的社会阶层——士族，这一阶层经由曹魏"九品官人法"与西晋的"九品中正制"的强化，虽然经历了永嘉之乱的冲击，反而因为其具有"超地区的想法与行为法则"③，成为东晋政治的主要力量。东晋有语曰："王与马，共天下。"一语道破东晋的国家权力结构，是由司马皇室与贵族集团共同构建，呈现贵族制社会的显著特征，在某种意义上，贵族集团内部的权力变更决定了皇帝的命运。东晋一百余年的历史，就是这种共同体关系的不断失衡、不断修正的过程，皇室的执政代表着权威力量，而贵族集团则占有着国家权力，两者相互制衡，维持着东晋的平衡与秩序；帝权不再是凌驾于贵族之上的特权阶级，而是贵族政治共同体中的一部分，传统的皇权思想保卫着司马氏的皇帝位置，但是高门士族依据所掌握的政治、经济特权而掌握着国家王权，两者之间互相制衡，当两者之间出现冲突时，则会出现叛乱或者废帝事件，如东晋先后发生了王敦之乱、苏峻之乱、桓玄掌权、桓玄称帝等事件，司马皇室中有元帝司马睿、康帝司马岳、废帝司马奕等由当政集团决定了其废立。在东晋政权内，司马氏更多地体

① 陈寅恪：《书〈世说新语文学类钟会撰四本论始毕条〉后》，载《中山大学学报》1956年第3期。

② 万绳楠整理：《陈寅恪魏晋南北朝史讲演录》，合肥：黄山书社1987年版。

③ 毛汉光著：《中国中古社会史论》，上海：上海书店出版社2002年版，第87页。

现出一种皇权的正统，拥有国家的精神主权，因此其力量虽然薄弱，仍然影响着东晋的国运。东晋后期，皇室失德，贵族与皇族之间的平衡开始被打破。出身寒门的刘裕在这场政治社会的变动中，获得了显赫的军功，并凭借强有力的手段，相继进行了北伐战争，获得了众人支持，元熙二年(420年)四月，得晋恭帝禅位诏书，登上皇位，东晋灭亡。

一 两晋国家藏书的社会背景

虽然史书对晋朝的评价并不高，但是司马氏代魏之时，的确代表了一种势力的胜利，司马家族在一定程度上反映了当时的情势所向，其建立的两晋政权，在一定程度上也促进了社会的发展，在政治、经济、思想、文化等方面留下了历史的印迹。

(一)政治制度

魏晋两代的政权和平演变，保证了其政治制度之间的延续性，尤其是九品官人法的延续，更是保障了魏晋之间贵族制社会性质的延续。两汉时期，官吏主要通过"乡举里选"的途径来筛选，曹丕首先确定了九品中正法来评定官吏，之后推而广之，成为曹魏主要的选官方法，两晋则是延续了这一制度，虽然西晋建国初有卫瓘、司马亮、刘毅、段灼、王沈等人对九品中正制进行了彻底的批判，但是仍然没有动摇这一制度在两晋选官体系中所处的主流位置。对于众人抨击这一制度的言论，晋武帝虽表示认可，但是仍然下"癸酉诏书"，明确九品中正制在任官中的执行方法。

> 晋武帝的态度涉及西晋初年中央和地方的官吏来源。史称："泰始之初，陛下践阼，其所服乘皆先代功臣之胤，非其子孙，则其曾玄。"晋武帝正是依靠这批已在曹魏政权中担任各级显职的门阀士族的支持和辅佐，以不流血的方式夺得了帝位，完成了魏晋更替。作为政治回报，晋武帝必须满足这批有功新贵全面进入政权的要求，于是便继续袭用九品中正制，并

侧重强调其中的门资因素。可见，西晋初期的选官方式取决于魏晋更替前后的官吏来源现实。①

(二)经济发展

相对于日益腐化的曹魏统治集团，司马家族的表现可以说是非常务实，《三国志》卷四八《吴书·三嗣主传》注引《襄阳记》载张悌之言曰："司马懿父子，自握其柄，累有大功，除其烦苛而布其平惠，为之谋主而救其疾，民心归之，亦已久矣"。

司马炎即位之后，重视农业生产，《晋书·食货志》载："是时江南未平，朝廷厉精于稼穑。四年正月丁亥，帝亲耕藉田……是岁，乃立常平仓，丰则籴，俭则粜，以利百姓"②。太康年间，晋平吴以后，国家呈现统一状态，朝廷颁布了占田令，这一诏令对晋朝各社会阶层的占田与课田进行了具体的规定：

> 男子一人占田七十亩，女子三十亩；其中丁男有五十亩、次丁男有二十五亩、丁女有二十亩；
>
> 品第一者占五十顷，第二品四十五顷，第三品四十顷，第四品三十五顷，第五品三十顷，第六品二十五顷，第七品二十顷，第八品十五项，第九品十顷。③

这一制度的实行，一方面保障了耕者有其田，能够更好地完成国家所规定的赋税徭役，保障国家收入；另外一个方面规定了官员占田的份额，保证其特权的同时，又以法令限制了其无限制地兼并耕者的土地。这一制度取得了很好的效果，西晋经济在太康年间因无战事得到了恢复和发展。

---

① 赵昆生：《九品中正制与西晋初期政治》，载《重庆师院学报(哲社版)》1999年第1期。

② 《晋书·食货志》(卷26)。

③ 《晋书·食货志》(卷26)。

晋朝南渡之后，锐意经营南方，安抚南下的流民，实行黄籍、白籍制度，建立侨乡安置，使得南北方实现了一次生产方式、生产力的交融，造成了江南社会经济的繁荣。

西晋末年，北方战乱连连，《资治通鉴》卷87“怀帝永嘉五年”曰：“时海内大乱，独江东差安，中国士民避乱者多南渡江”，士族与普通民众开始大规模的南迁，“据不完全统计，南下的流民约占当时北方总人口的八分之一，同时又占南方人口的六分之一”①。

人口数量巨大的南下侨民不仅给南方社会经济带来了丰富的生产力，支撑起东晋所实行的大庄园经济，而且还带来的先进的生产技术，改变了南方粗放的耕种方式，并发展了农业水利灌溉方法，从南方一年一获的单纯水田种植方式，转变为水、旱两种耕种方法，旱地的区种法开始在南方流行，大大提高了南方土地的亩产量，客观上促进了南方经济的发展。

(三)文化思想

李泽厚先生认为：“魏晋在中国历史上是一个重大变化时期……这个时代是一个突破数百年的统治意识，重新寻找和建立理论思维的解放历程。”②两晋的文化思想的活跃与其动荡不安的社会状况形成了一种依附的关系，形成了以风流、隐逸等为特点的文化思想，区别于两汉时期的儒学名教，自成体系。

晋朝由于特殊的建国方式，新的王朝确立并没有打破以往的旧有的思想樊篱，反而受到其限制，使得国家文化政策难以成效。东晋著作郎干宝上书论及此事曰：

> 二祖逼禅代之期，不暇待参分八百之会也。是其创基立本，异于先代者也。加以朝寡纯德之人，乡乏不贰之老，风俗

---

① 张帆著：《中国古代简史》，北京：北京大学出版社2001年版，第130页。

② 李泽厚著：《美的历程》，天津：天津社会科学出版社2002年版，第112~113页。

> 淫僻，耻尚失所，学者以老庄为宗而黜六经，谈者以虚荡为辨而贱名检，行身者以放浊为通而狭节信，进仕者以苟得为贵而鄙居正，当官者以望空为高而笑勤恪。是以刘颂屡言治道，傅咸每纠邪正，皆谓之俗吏；其倚杖虚旷，依阿无心者皆名重海内……选者为人择官，官者为身择利，而执钧当轴之士，身兼官以十数。大极其尊，小录其要，而世族贵戚之子弟，陵迈超越，不拘资次。悠悠风尘，皆奔竞之士，列官千百，无让贤之举。①

自汉末以来，军阀纷争，现实的残酷往往打击了士子入仕的积极性与生死观，因此多数人往往功名不遂，转而追求精神上的超越与解脱，与两汉儒学思想观点迥异的玄学开始流行。西晋建立之后，从制度上保障了高门士族的利益，而相对地，士族掌握政权力量之后，努力弱化儒学所强调的君权神授观点，转而立论玄学，强调“天地万物皆以无为本”，门阀士族要求统治者以“无为”作为统治思想，削弱君主权力，容忍士族无限制地发展他们的力量；要求社会各阶层在各自的领域中，形成“自得之场”，安于现状，其本质在于教化寒门庶族，维持高门士族的优越地位。这样的崇玄思想最终导致了西晋士人行为上荒诞违礼，政治与社会秩序的混乱，最终葬送了西晋政权。

永嘉之乱使得西晋士族南下渡江，远离家乡，成为寄居之人，这一现状促使士族反思，逐渐形成了“清谈亡国”的感慨，开始批判西晋所崇尚的风俗，东晋初，著作郎干宝在《晋纪总论》曰：

> 风俗淫僻，耻尚失所，学者以庄老为宗，而黜六经，谈者以虚荡为辨，而贱名俭，行身者以放浊为通，而狭节信，进仕者以苟得为贵，而鄙居正，当官者以望空为高，而笑勤恪。②

---

① 《晋书·孝愍帝纪》(卷5)。

② (梁)萧统编：《文选》第49卷《史论》，北京：中华书局1977年版。

在这种反思中，东晋又时时面对胡马临江的政治军事危机，南下北人又心怀故土，具有一种寄人篱下的羞愧感，这样复杂的思想最终融合成东晋的名士政治理念，执政者不再以“玄虚”为指导思想，而是更加现实，强调允文允武的执政方式，更加接近于传统文人向往的修身治天下的终极理念，因此对事功的重新重视成为东晋政治思想的重要特征，进而影响到整个社会思想，开始对西晋时期崇玄的社会思潮进行反思，“南方关心伦理秩序的人，无论其思想为儒家或道家，一时都以纠矫任诞之风为当务之急。因而在思想上，也出现了比较广泛的法、儒、道等思想潮流”①。儒学的重新回归，东晋朝野内外开始呼吁积极入世的现实精神，对原来的“达”的士风进行批判，个人关怀天下的儒学情怀重新被推崇。东晋时期强烈的个人主义与国家执政方式相结合，出现了名士政治这一形态，表现在文化上，主要是更加关注学术文化，诞生了大量的经史注疏之作，士人从单纯的言语清谈转变为以文献为载体的学术思想的追求，进而影响了官方的图书政策。

(四)科技进步

西晋太康年间，晋武帝灭吴，结束了汉末以来的分裂局面，中国出现了疆域统一的状况，四海无事，经济得到了和平的发展环境，西晋的这些前提促进了科学技术的进步，表现在图书制作上，主要是纸、笔、墨等制作工艺愈发精湛，使得中国图书由简帛时期进入了纸本时期。

两晋时期，造纸技术出现了纸帘抄纸、涂布、染色防蛀等工艺流程，晋纸质量大幅度提高。纸帘，是手工造纸时代的抄纸器具，很早就应用于造纸工艺中，但是至两晋时期，纸帘的制造和使用达到了一定的工艺高度，出现了可拆合的帘床纸模，使得晋纸坚实轻薄，帘纹明显，不仅加快了手工造纸的速度，更是提高了纸的质量与劳动生产率。涂布技术，“就是将白色矿物细粉用胶粘剂或淀粉

---

①　陈群：《东晋文人的历史特征及其演变》，载《常德师范学院学报(社会科学版)》2002年第1期。

糊刷在纸面上，再予以研光”①。这种工艺增加了纸的洁白度与平滑度，减少透光度，使得纸张表面易于运笔吸墨。潘吉星先生通过现代科技手段对出土的汉纸与晋纸进行了比较，认为：“后一时期的造纸术有明显的进步……魏晋南北朝时的纸则白度增加，表面较平滑，结构较紧凑，纤维束较少，有明显的帘纹，纸质较细薄，有的晋纸纤维帚化度达到70%，接近机制纸。”②纸的染色最早出现在汉代，魏晋风流却将这一技术赋予了更多风雅色彩，两晋时期纸张的颜色出现许多变化，如文献中所提到的西晋的青纸诏书、王羲之酷爱的紫纸、石虎的五色纸、简文帝的红笺及四色笺。桓玄篡位后，更是“令平准作青、赤、缥、绿桃花纸”③，满足了文人雅士的不同需要。从造纸原料上来看，西晋时期多是以麻植物纤维为主要造纸材料，南渡以后，南方的楮、藤、桑等植物成为新的造纸材料，甚至还有水草苔、发菜等非常规材料所制成的青绿色的侧理纸。

造纸技术的提高，纸张品种的丰富，造纸原料的扩充，众多因素使得纸张在两晋时期迅速取代简帛，成为新的主流书写材料，甚至有学者专门写赋夸赞纸张，如晋代傅咸《纸赋》；亦有因优秀作品的出现，造成“洛阳纸贵”现象的出现，纸张已经广泛为社会各阶层接受，简帛之类的书写材料仅仅出现在官府之中，如诏令等，甚至东晋末，简版类诏令也有废除的可能。纸张的社会认可度的提高，方便了图书的抄写与携带，促进了图书的传播，使两晋时期书籍文献资料猛增，图书事业出现了繁荣景象。

书写材料的变更同样伴随着书写工具笔墨的改变，原来适合在简帛上书写的工具不适合在纸张上使用，因此两晋时期笔墨的制作技术同样有了改变与提高。

---

① 潘吉星著：《中国造纸技术史稿》，北京：文物出版社1979年版，第64页。

② 潘吉星著：《中国造纸技术史稿》，北京：文物出版社1979年版，第52～53页。

③ 周少川等著：《中国出版通史·魏晋南北朝卷》，北京：中国书籍出版社2008年版，第356页。

如王羲之有《笔经》:“制笔之法,桀者居前,毳者居后,强者为刃,要者为辅,参之以麻,束之经管,固以漆液,泽以海藻,濡墨而试,直中绳,勾中构,方圆中规矩,终日握而不散,故曰笔妙。”①两晋时期,见于文献记载的笔毫的材质有各种禽兽的毛羽,除了常规的羊、兔之外,甚至有虎、狼、鼠、猪等毛,鹅、鸡、雉等羽,甚至人之胡须、胎发都被纳入制笔材料之中,可见两晋时期,书写材料的转变使得当时文人雅士在笔的制作上做了许多冒险而又新奇的尝试。随着纸笔的改变,两晋时期松烟墨开始逐步成为主要的书写材料,1958 年在南京老虎山晋墓中出土的晋墨,其长度为 6 厘米,宽度为 2. 5 厘米,根据技术手段化验,其成分与现代墨相近,说明两晋时期的制墨技术有了大幅度的提高。

(五)图书形制的变革

两晋时期,图书的形制开始发生变化,以纸为主要载体的图书形制开始吸取了帛书与简册两种图书形态的特点,形成了新的图书形式——卷子装。

关于简册的形制,“用竹片写书,一根竹片称简,把若干根简用丝绳或麻绳编起来即为册,也称策”②。帛书,已出土的文物说明古代的帛书有两种形态,主要是随缣帛折叠或者随图书成卷两种,《后汉书·襄楷列传》载:“初,顺帝时……于曲阳泉水上所得神书百七十卷,皆缥白素、朱介、青首、朱目,号《太平清领书》”③。朱介即帛书上或织或画有红色的界栏,以分别所书内容的行列。两晋时期的图书形制卷子装则集中了简帛两种图书形制的优点,以卷轴的形制出现。

从已出土的晋代纸本图书来看,当时卷轴装帧形式比较简单,

---

① 周少川等著:《中国出版通史·魏晋南北朝卷》,北京:中国书籍出版社 2008 年版,第 364 页。

② 肖东发等著:《中国出版通史·先秦两汉卷》,北京:中国书籍出版社 2008 年版,第 289 页。

③ (宋)范晔:《后汉书·襄楷列传》(卷 269)。

纸面上或有浅浅的天地线与界栏，每一行或与一根竹片的宽度相当，或是朱色，或是墨色，然后将幅度相等的几张纸用黏合剂粘连在一起，在最左侧以木质或是其他材质的轴装物卷裹，卷子前签标明书写内容，由后向前，由左至右卷成一卷，形成一个卷状物，即两晋时期图书的基本形态，可以说是写本书时代卷轴装的简装本，随着书写者的越来越讲究，南北朝时期则形成了最终以缥、带、签、轴等部分组成的卷轴装。

二　两晋秘书监官制研究

禅代的形式虽然保证了政权的平稳过渡，却也给新王朝制度上的束缚，因此晋代曹魏之后数年后，对中央职官机构进行了大规模的省并，根据《晋书·武帝纪》载：泰始九年(273 年)七月，晋武帝“罢五官左右中郎、弘训太仆、卫尉、大长秋等官”；惠帝即位后，又根据新的形式进行了一些微调，恰秘书监机构在两次调整中都被波及，在西晋时期，最终独立，其官制、职能与后世相差无几，标志着成熟的秘书监由此出现。

(一)官制建立

曹魏黄初年间，秘书监自中书独立，成为专掌艺文经籍的国家机构。晋朝禅代之后，晋武帝将秘书监再次并入中书省，受中书省辖制，《晋书·职官志》云：“及晋受命，武帝以秘书并中书省，其秘书著作之局不废。”①晋惠帝践祚之初，即重新对中书、秘书进行分置，《晋书·惠帝纪》载：“(永平元年二月)戊寅，复置秘书监官。”秘书监这次独立，比以往更加彻底，不仅从名称上改变，甚至办公地点也有改变，设立秘书寺，别立于中书省之外，特别设立独立的机构廨署，并明确提出了秘书与中书职责之间的巨大区别，《唐六典》引惠帝永平元年(291 年)诏：“秘书典综经籍，考校古今，中书自有职务，远相统摄，于事不专。宜令复别置秘书寺，掌

---

① 《晋书·职官志》(卷 24)。

中外三阁图书”①。《太平御览》亦载有惠帝诏令曰：“秘书监综理经籍，考校古今，课试署吏，领有四百人，宜专其事。”

正是这次复置，使得秘书监这一国家图籍机构走向了独立成熟的发展道路，它不仅成为一个独立于政治决策机构中书省之外的机构，而且还统御了原中书著作，其官制基本成形，成为两晋南北朝所遵从的秘书省制度的雏形，后世的秘书省机构设置也多以此为基础进行修补。著作官隶属于西晋秘书寺的时间，是在其独立一年以后的元康二年(292 年)。《晋书·职官志》云：“著作郎，周左史之任也。汉东京图籍在东观，故使名儒著作东观，有其名，尚未有官。魏明帝太和中，诏置著作郎，于此始有其官，隶中书省。”②著作官在曹魏及晋初，又称“中书著作”，曹魏太和时有著作官一人，后又增加佐著作郎八人，《初学记》卷十二“著作郎”条云：“著作佐郎，魏置，常贰著作，佐郎修国史，(与著作郎)初俱隶中书，谓之中书著作佐郎”③。著作官专掌史任，且“佐郎职知博采，正郎资以草传”，两官职责明确。晋惠帝元康二年，诏曰：“著作旧属中书，而秘书既典文籍，今改中书著作为秘书著作。”著作官归属秘书寺管辖，后单独设著作省，而隶属关系不变。

(二)秘书监任职者考证

1. 秘书监

两晋秘书监内设一人，《晋令》云：品第五，绛朝服，铜印、墨绶，进贤两梁冠，配水苍玉。由于晋武帝时，秘书并入中书省，中书监负责中书内诏书的保管和借阅，《通典·职官三》“中书省”

① (唐)李林甫等撰，陈仲夫点校：《唐六典》，北京：中华书局 1992 年版，第 296 页。

② 《晋书·职官志》(卷 24)。

③ (唐)徐坚撰：《初学记·卷十二》，中华书局 1962 年版。考《史通·史官建制》曰，晋又置佐著作郎八人。宋、齐以来，以“佐”名施于“作”下。《唐六典》引《宋百官春秋》曰：常道乡公咸熙百官名优著作佐郎三人，晋定员八人。

条中说："魏晋以来，中书监令掌赞诏命，记会时事，典作文书"①。因此晋武帝时期自泰始末至太熙年间，中书省内中书监兼领秘书监机构，秘书监的职掌则由中书监令承担，如荀勖是以中书监领秘书监机构，并负责了秘书监内的图书的勘校编目工作。因此晋初，秘书监的任职与中书监相互重合。列表如表2-1、表2-2所示：

表2-1　**两晋秘书监任职表**

姓名	时间	任职	资料来源
羊祜	景元年间至泰始初	秘书监	《晋书》卷三十四
庾峻	泰始初	秘书监	《晋书》卷五十
荀勖	泰始年间至太康年间	中书监	《晋书》卷三十九
司马略	晋惠帝元康年间	秘书监	《晋书》卷三十七
贾谧	元康年间	领秘书监	《晋书》卷四十
华廙	太康末	中书监	《晋书》卷四十四
华峤	元康初至元康三年	秘书监	《晋书》卷四十四
何劭	元康三年—?	秘书监	《晋书》卷四十四
缪徵(世征)	元康之后	秘书监	《晋书》卷八十六
挚虞	永康年间至永宁年间	秘书监	《晋书》卷五十一
潘尼	永宁至永兴年间	秘书监	《晋书》卷五十五
王敦	晋怀帝之时	秘书监	《晋书》卷七十六
司马纮	晋元帝至晋明帝期间	秘书监	《晋书》卷三十七
华谭	晋元帝大兴年间	秘书监	《晋书》卷五十一
司马统	晋成帝年间	秘书监	《晋书》卷五十九
司马遵	晋安帝时期	秘书监	《晋书》卷六十四
王珣	?—太元十年八月	秘书监	《晋书》卷六十五
周闵	?	领秘书监	《晋书》卷六十九
庾条	东晋末	秘书监	《晋书》卷七十三
桓胤	晋安帝	秘书监	《晋书》卷七十四

① (唐)杜佑:《通典·职官三》(卷21)。

续表

姓名	时间	任职	资料来源
王峤	晋明帝太宁年间	秘书监	《晋书》卷七十五
荀崧	太宁至咸和三年	领秘书监	《晋书》卷七十五
蔡谟	明帝以后?	领秘书监	《晋书》卷七十七
孙盛	晋成帝时期	秘书监	《晋书》卷八十二
江灌	晋穆帝永和年间	秘书监	《晋书》卷八十三
华歆	东晋成帝年间?	秘书监	《晋书》卷九十三
何澄	晋废帝与晋简文帝之间	秘书监	《晋书》卷九十三
滕演	晋安帝义熙年间	秘书监	宋书·卷四十三
徐广	义熙十二年—南朝宋	秘书监	《晋书》卷八十二

表 2-2 **两晋秘书监任职者各朝分布略表**

在位皇帝	在位时间	秘书监任职人员
晋武帝司马炎	二十五年	羊祐、庾峻、荀勖、华廙
晋惠帝司马衷	十七年	司马略、贾谧、华峤、何劭、缪世征、挚虞、潘尼
晋怀帝司马炽	六年	王敦
晋愍帝司马邺	四年	?
晋元帝司马睿	六年	司马纮、华谭
晋明帝司马绍	四年	王峤、荀崧
晋成帝司马衍	十七年	荀崧、司马统、孙盛、华歆
晋康帝司马岳	二年	蔡谟?江灌
晋穆帝司马聃	十七年	?
晋哀帝司马丕	四年	?
晋废帝司马奕	六年	何澄
晋简文帝司马昱	二年	?
晋孝武帝司马曜	二十四年	王珣?
晋安帝司马德宗	二十二年	司马遵、庾条、桓胤、滕演、徐广
晋恭帝司马德文	二年	徐广

两晋时期，从秘书监职位本身来说，是与中书监相并行的一个政府高级职位，据《晋书·舆服志》载中朝官职行走序列，“……次相风，中道。次中书监骑左，秘书监骑右”，秘书监在朝班站位与中书监平行，说明当时秘书监一职虽然列品第五，但是由于其职掌诏令、礼制等文书资料，且领修国史职，因此两晋时期秘书监乃属于中央政府内重要任官，但由于两晋政治、军事、任官、世风等诸多因素，造成了两晋时期秘书监任职条件的混乱。

晋朝对于秘书监一职的任命，并没有规律可循，或是有慎重对待，推举有才华者居之，如华峤，“后以峤博闻多识，属书典实，有良史之志，转秘书监，加散骑常侍，班同中书”①；如荀崧，《太平御览》收温峤《举荀崧为秘书监表》曰：“夫国史之兴，将以明得失之迹，谓之实录，使一代之典，焕然可观。散骑常侍崧文质彬彬，思义通博，历位先朝，莅事以穆，宜掌秘奥，宣明史籍。”②或是任命宗室人员担任，其学识无可称之处，如司马略、司马纮、司马统、司马遵等；或是以权臣居之，如贾谧、王敦两人。

从任职者角度来说，兢兢业业于经籍者有之，如荀勖，《太平御览》引《晋诸公赞》曰：“荀勖领秘书监。太康二年，汲郡冢中得竹书，勖躬自撰次注写，以为中经，列于秘书，经传阙文多所证明。”③蹉跎度日者有之，如晋元帝时期，“华谭为秘书，自负宿名，意每怏怏”④。诚惶诚恐者亦有，晋秘书监华峤有载：

> 诏曰：“尚书峤体素弘简，文雅该通，经览古今，博闻多识，属书实录，有良史之志，故转为秘书监，其加散骑常侍。使中书、散骑、著作及治礼音律，天文，数术，南省文章，门下撰集，皆典领之。”峤表曰：“伏见诏书以臣为秘书监，加位常伯。昔刘向父子，世典史籍；马融通博，三入东观，非臣肤

---

① 《晋书·华峤列传》(卷44)。

② 《太平御览·职官部三十一·秘书监》(卷233)。

③ 《太平御览·职官部三十一·秘书监》(卷233)。

④ 《太平御览·职官部三十一·秘书监》(卷233)。

浅所敢投迹。”①

也有因秘书监非心中理想职位，再三推辞者，如华谭，“建武初，授秘书监，固让不拜。太兴初，拜前军，以疾复转秘书监。自负宿名，恒怏怏不得志”②。朝廷以秘书监征辟，亦有人辞而不就，如西晋末孙惠，“(司马)越迁太傅，以惠为军咨祭酒，数咨访得失。每造书檄，越或驿马催之，应命立成，皆有文采。除秘书监，不拜”③；如东晋时期卢浮，因身体残缺，虽“朝廷器重之，以为国子博士、祭酒、秘书监，皆不就”④。

2. 秘书丞任职者

秘书丞为秘书监机构副长官，晋武帝时期并秘书入中书，后惠帝即位，复设秘书监，秘书丞依旧，《唐六典》曰：“惠帝又置秘书丞二人。”但考《晋书·职官志》、《通典》、《太平御览》等，均无惠帝设秘书丞两员的记载，因此两晋时期秘书丞暂可定为一人。《晋令》：“秘书丞品第六，铜印、墨绶，进贤一梁冠，绛朝服。”⑤

魏晋之际，秘书丞的任职出现了一些改变，曹魏时期，秘书丞多以才高者征任，如魏文帝曹丕时期，贾洪、严苞、何祯、薛夏等人，或以高才就任秘书丞，或是文赋出众而被任命，甚至司马氏掌权时期的高贵乡公时期，庾峻尚以精通《尚书》而被任命为秘书丞。至魏晋禅代，秘书丞的任职条件发生巨大变化，以才学就任此官的比例越来越小，多以家世就任，如司马彪虽有史才，著《九国春秋》与《续汉书》，但其就任秘书丞的契机却因身为晋朝宗室。这一变化至东晋时期更加明显，秘书丞的任职者多出身于高门世家，如王谧、王国宝、王献之出身王氏；谢琰为谢安之子；何澄、王恭以

---

① 《太平御览·职官部三十一·秘书监》(卷233)。
② 《晋书·华谭列传》(卷51)。
③ 《晋书·孙惠列传》(卷71)。
④ 《晋书·卢浮列传》(卷44)。
⑤ (唐)李林甫等撰，陈仲夫点校：《唐六典》，北京：中华书局1992年版，第296页。

外戚身份入仕；桓胤乃是桓家子弟，且上位于桓玄掌权之际，秘书丞的任职成为高门子弟出仕的选择，这与东晋当时门阀政治的社会背景相关，秘书监内除秘书监之外，秘书丞、秘书郎、著作郎官等官职均位列清官，乃士族子弟均以此起家入仕，这就导致了东晋时期，秘书丞作为秘书监的副官，于经籍一道少有建设（详见表2-3）。

表2-3　**两晋时期秘书丞任职表**

姓名	时　间	资料来源
嵇绍	晋武帝时期	《晋书》卷八十九
成公绥	晋武帝泰始初	《晋书》卷九十二
司马彪	晋武帝泰始中	《晋书》卷八十二
桓石绥	晋武帝太康年间	《太平御览》卷二百三十三
卫恒	晋惠帝永平年间	《晋书》卷三十六
傅宣	晋惠帝末	《晋书》卷四十七
傅畅	晋惠帝元康年间	《晋书》卷四十七
王恭	晋简文帝与孝武帝之世	《晋书》卷八十四
王谧	东晋孝武帝时太元年间	《晋书》卷六十五
桓胤	东晋中期	《晋书》卷七十四
王国宝	晋安帝隆安元年—?	《晋书》卷七十五
荀羡	晋穆帝时期	《晋书》卷七十五
何澄	晋孝武帝时期	《晋书》卷八十六
谢琰	晋简文帝与晋孝武帝太元初之间	《晋书》卷七十九
王献之	晋孝武帝宁康年间	《晋书》卷八十
虞预	太兴二年至咸和初	《晋书》卷八十二
刘湛	晋安帝义熙末	《宋书》卷六十九

3. 秘书郎

《太平御览》引《晋令》云："秘书郎掌外三阁经书，覆省校阅。正定脱误。"又曰："秘书郎中品第六，进贤一梁冠，绛朝服。"①秘书郎职掌图书，员额四人，乃是晋代秘书监内主要的事务官，分别负责四部图书的典藏，包括图书数量的核查校阅，图书文字勘误，图书版本对比，补充图书遗漏内容等，晋代秘书郎虽然开始成为高门士族子弟起家入仕之官，但仍然有承担秘书监内图书覆省校阅职责的记载，如《太平御览》"秘书郎"条载：

> 《晋起居注》云："武帝遣秘书，图书分为甲、乙、景、丁四部，使秘书郎各掌其一焉。"
>
> 《晋太康起居注》曰："秘书丞桓石绥启校定四部书，诏郎中四人各掌一部。"②

晋代秘书郎任职者众，限于篇幅，仅列表2-4如下：

表2-4　　两晋秘书郎任职表

姓名	任职时间	籍贯	附注	史料来源
司马彪	晋武帝泰始中		宗室高阳王睦之长子	《晋书》卷八十二
成公绥	晋武帝泰始年间	东郡白马	中书令张华荐之	《晋书》卷九十一
左思	晋惠帝初	齐国临淄	其妹左芬为嫔	《晋书》卷九十二
司马尚之	东晋安帝时?		宗室	《晋书》卷三十七

① (唐)李林甫等撰，陈仲夫点校：《唐六典》，北京：中华书局1992年版，第297页。

② 《太平御览·职官部三十一·秘书郎》(卷233)。

续表

姓名	任职时间	籍贯	附注	史料来源
郭汤	太熙年间	北海	尚书吏部郎李重征拔①	《晋书》卷四十六
刘珩	太熙年间	琅邪	尚书吏部郎李重征拔	《晋书》卷四十六
霍原	太熙年间	燕国	尚书吏部郎李重征拔	《晋书》卷四十六
吉谋	太熙年间	冯翊	尚书吏部郎李重征拔	《晋书》卷四十六
王导	晋惠帝末	太原	光禄大夫览之孙也	《晋书》卷六十五
王谧	东晋安帝时	太原	王导之孙	《晋书》卷六十五
刘隗	西晋怀帝、愍帝	彭城	楚元王交之后	《晋书》卷六十九
庾冰	西晋末	颍川鄢陵	庾亮之弟	《晋书》卷七十三
温昙	东晋	太原祁人	温峤之次子	《晋书》卷六十七
庾希	东晋初	颍川鄢陵	庾冰之子	《晋书》卷七十三
荀蕤	东晋简文帝时	颍川临颍	荀崧之子	《晋书》卷七十五
范启	东晋初	南阳顺阳	范坚之子	《晋书》卷七十五
谢琰	东晋	陈国阳夏	谢玄之长子	《晋书》卷七十九
谢石	东晋	陈国阳夏	谢玄之次子	《晋书》卷七十九
王羲之	东晋	太原	王导之从子	《晋书》卷八十
王献之	东晋孝武帝时	太原	王羲之之少子，尚新安公主	《晋书》卷八十
徐广	东晋孝武帝时	东莞姑幕	东晋侍中徐邈之弟	《晋书》卷八十二
江绩	东晋孝武帝时	陈留		《晋书》卷八十三

① 《晋书·李重列传》载：李重，字茂曾，江夏钟武人也……太熙初，迁廷尉平……迁尚书吏部郎，务抑华竞，不通私谒，特留心隐逸，由是群才毕举。拔用北海西郭汤、琅邪刘珩、燕国霍原、冯翊吉谋等为秘书郎及诸王文学，故海内莫不归心。

续表

姓名	任职时间	籍贯	附注	史料来源
王和	东晋太元中	太原	中书令王恭之侄	《晋书》卷八十四
徐豁	东晋安帝时	东莞姑幕	骁骑将军徐邈之子	《晋书》卷九十一
谢瞻	东晋安帝时	陈郡阳夏	卫将军晦第三兄	《宋书》卷五十六
傅亮	安帝元兴	北地灵州	桓玄篡位，选为秘书郎	《宋书》卷四十三
何澄	东晋孝武帝?	庐江灊人	外戚何准之子	《晋书》卷九十三

表中统计表明，两晋时期秘书郎任职者虽不能说完全出自高门，但却已经成为士族子弟起家任职的良选，乃蝴蝶效应之反映，门阀政治在两晋秘书监这一艺文图籍机构内的影响，秘书监辖下的著作郎官同样受此影响，据《初学记》卷十二“秘书郎”条载：“此职(秘书郎)与著作郎，自置以来，多起家之选，在中朝或以才授，历江左多仕贵游。”①

4. 著作郎官

著作郎官掌史任，自曹魏明帝时期置于中书省下，后晋惠帝元康二年，诏：“著作郎旧隶中书，而秘书既典司文籍，今改中书著作郎为秘书著作郎。”②著作郎官自此属秘书监管辖，并独立建省，称之为著作省，掌图籍修史，著作郎一人，“进贤两梁冠，介帻，绛朝服”，另有佐著作郎八人，“进贤两梁冠，绛朝服”，其主要职责为修国史，并有明确分工，佐著作郎负责收集史料工作，博采广闻；而著作郎的职责则是对佐郎所收集的文献进行筛选与加工，以形成国史初稿。

两晋时期，著作郎官与秘书官之间关系密切，在一般情况下，

---

① (唐)徐坚撰：《初学记》卷12，北京：中华书局1962年版。

② 《太平御览·职官部三十一·著作郎》(卷233)。

著作郎官由秘书监自由选取，终晋之世，皆是如此，如晋惠帝太康年间，“陆士衡以文学为秘书监虞濬所请为著作郎，议《晋书》限断”①；东晋孝武帝太元四年诏：“秘书无监，使吏部选佐著作郎，有监复旧。”②可见秘书监内著作郎官多由秘书监任命或者荐征，如秘书监一职空缺，则由吏部负责选任。另外，著作官多由他职兼任，或是秘书官，《史通》有言：“旧事，佐郎职知博采，正郎资以草传，如正、佐有失，则秘监职思其忧。其有才堪撰述，学综文史，虽居他官，或兼领著作。亦有虽为秘书监，而仍领著作郎者。若中朝曹魏、西晋之华峤、陈寿、陆机、束皙，江左之王隐、虞预、干宝、孙盛……斯并史官之尤美，著作之妙选也。”③或是他官，如华峤，泰始年间“拜散骑常侍、典中书著作”；晋惠帝时期张华以司空领著作；东晋元帝时，张亢以散骑常侍领佐著作；晋明帝太宁年间，王峤以中书侍郎领大著作；等等。两晋之世，著作郎官逐渐为高门士族子弟所占据，秘书监华峤在他人荐举阎纂才堪著作时，直言拒绝曰：“此职(著作郎官)闲重，势贵多争，不暇求才。”④虽然如此，两晋时期，仍然有众多才高者就任著作官，且佐著作郎上任之前，须撰写名臣传一篇，以验其才能是否堪任史职，因此晋时，华峤、陈寿、陆机、李充、束皙、虞预、干宝、孙盛、王隐、郭璞等人均就任著作职。其中陈寿撰《三国志》，陆机因文学晋位，李充更因任著作官，整理东晋秘书图书，东晋政府初建，“于时典籍混乱，充删除烦重，以类分作四部，秘阁以为永制”，成《晋元帝四部书目》，载东晋永和年间，秘书监内图书共3014卷；东晋孝武帝宁康元年，“诏著作郎徐广，校秘阁四部见书，凡三万六千卷”。

两晋时期，著作官任职情况如表2-5。

从表中可以看出，相对于秘书郎仅以家世就任，晋代著作郎任

① 《太平御览·职官部三十一·著作郎》(卷233)。

② (唐)杜佑：《通典·职官八》(卷26)。

③ (唐)刘知幾：《史通·外篇·史官建置》(卷11)。

④ (唐)杜佑：《通典·职官八》(卷26)。

表 2-5 两晋著作官任职表

姓名	任职时间	职官	家世	附注	来源
缪徵	武帝泰始	中书著作	?	?	《晋书》卷二十四
荀勖	武帝泰始	领著作	汉司空爽曾孙	拜中书监,加侍中,领著作	《晋书》卷三十九
华峤	武帝泰始	领著作	赐爵关内侯	拜散骑常侍,典中书著作 博闻多识,有良史之志	《晋书》卷四十四
陈寿	武帝泰始	著作作郎		司空张华爱其才,荐之	《晋书》卷八十二
	泰始至元康七年	兼著作郎		时人称其善叙事,有良史之才,撰《三国志》	《晋书》卷八十二
孙楚	武帝太康	著作郎	太原中都		《晋书》卷五十六
鲁胜	武帝时	佐著作郎	代郡人	少有才操	《晋书》卷九十四
郭琦	武帝时	佐著作郎	太原晋阳	少方直,有雅量,博学,善五行,作《天文志》、《五行传》,注《穀梁》、《京氏易》百卷	《晋书》卷九十四
华彻	惠帝元康	佐著作郎	华峤之中子		《晋书》卷四十四
华畅	惠帝元康	佐著作郎	华峤之少子		《晋书》卷四十四
陆机	惠帝元康	著作郎	吴陆逊之孙	陆士衡(机)以文学为秘书监虞濬所请为著作郎	《太平御览》卷二百三十四

续表

姓名	任职时间	职官	家世	附注	来源
刘琨	惠帝元康	著作郎	汉中山靖王胜之后	文咏颇为当时所许,以文才降节事(贾)谧	《晋书》卷六十二
张载	惠帝元康	著作佐郎	安平灌津,父收,蜀郡太守	博学有文章	《晋书》卷五十五
	领著作	惠帝末		拜中书侍郎,领著作	《晋书》卷五十五
何嵩	惠帝时期	著作郎	何劭之子	博观坟籍,尤善《史》、《汉》	《晋书》卷三十三
张华	惠帝时期	领著作		以司空兼领;博物洽闻,世无与比	《晋书》卷三十六
王瓒	泰始至太康	著作郎	?	?	《晋书》卷四十
傅玄	泰始年间	著作郎	父干,魏扶风太守	以时誉选入著作,撰集魏书 博学善属文,解钟律	《晋书》卷四十七
缪施	泰始年间	著作郎	东海人	以时誉选入著作,撰集魏书	《晋书》卷四十七
皇甫谧	武帝咸宁初年	著作郎	汉太尉嵩之曾孙	沈静履素,守学好古,	《晋书》卷五十一
束皙	武帝时	佐著作郎	阳平元城	撰《晋书书·帝纪》、十《志》	《晋书》卷五十一
孙楚	武帝初	著作郎	?	?	《晋书》卷九十四
	惠帝太康	著作郎	汉太子太傅疏广之后也	转博士,领著作,校汲冢竹书	《晋书》卷五十一
潘岳	惠帝元康七年	著作郎	世代仕宦,	文思敏捷,擒藻清艳,文清旨诣	《晋书》卷五十五

续表

姓名	任职时间	职官	家世	附注	来源
卞壸	怀帝	著作郎	袭父爵	弱冠有名誉	《晋书》卷七十
范坚	怀帝永嘉	著作佐郎		博学善属文	《晋书》卷七十五
朱凤	元帝建武	著作佐郎	晋陵	学行清修,老而未调	《晋书》卷五十一
吴震	元帝建武	著作佐郎	吴郡	学行清修,老而未调	《晋书》卷五十一
干宝	元帝大兴初	著作郎	新蔡人	宝少勤学,博览书记,以才器召为著作郎	《晋书》卷八十二
张亢	元帝大兴	著作佐郎	张载之弟	才藻不逮二昆,解音乐伎术	《晋书》卷五十五
郭璞	元帝大兴初	著作佐郎		著《江赋》,其辞甚伟,为世所称。作《南郊赋》,帝见而嘉之	《晋书》卷七十二
王隐	元帝大兴	著作郎	陈郡陈人	乃召为著作郎,令撰晋史	《晋书》卷八十二
虞预	大兴至咸和年间	著作郎		诏求谠言直谏之士,预上书	《晋书》卷八十二
王涛	元帝时	著作郎	驸马都尉之弟	有才笔	《晋书》卷七十一
李充	元帝时	大著作	父矩,江州刺史	善楷书,妙参钟索	《晋书》卷九十二
王峤	明帝	兼大著作	王氏	除中书侍郎,兼大著作	《晋书》卷七十五

续表

姓名	任职时间	职官	家世	附注	来源
王彪之	明帝？	佐著作郎	王导之从子		《晋书》卷七十六
孙盛	成帝？	著作作郎	太原中都人	词直而理正，咸称良史焉	《晋书》卷八十二
王戭	成帝？	著作郎	王涛之子	有才笔	《晋书》卷七十一
孙绰	成帝	著作佐郎	袭爵长乐侯	博学善属文	《晋书》卷五十六
	成帝	著作郎		迁散骑常侍，领著作郎	《晋书》卷五十六
庾阐	成帝咸和	领大著作	颍川鄢陵	寻召为散骑侍郎，领大著作	《晋书》卷九十二
曹毗	成帝咸康	著作郎	?	著作郎曹毗上《玉鼎颂》	《宋书》卷二十九
谢沈	康帝	著作郎		何充、庾冰并称沉有史才，迁著作郎，撰《晋书》	《晋书》卷八十二
王朔之	永和年间	著作郎	琅邪	造《通历》	《晋书》卷十八
袁乔	穆帝	著作佐郎	袁瑰之子	起家之官	《晋书》卷八十三
何修	哀帝？	著作郎	何准之子	明秀有美称，善隶书	《晋书》卷九十三
王蕴	废帝？	佐著作郎	孝武定皇后父，司徒左长史濛之子	性平和，不抑寒素	《晋书》卷九十三
王珉	孝武帝	著作郎	王导之孙	少有才艺，善行书	《晋书》卷六十五
谢琰	孝武帝	著作郎	谢安之子	以贞干称，美风姿	《晋书》卷七十九

续表

姓名	任职时间	职官	家世	附注	来源
王恭	孝武帝	佐著作郎	定皇后之兄	少有美誉,清操过人	《晋书》卷八十四
伏滔	孝武帝太元中	著作郎	平昌安丘	有才学,少知名	《晋书》卷九十二
孔靖	孝武帝	著作佐郎	会稽山阴人	孝廉	《宋书》卷五十四
谢景仁	安帝	著作佐郎	谢晦从叔父		《宋书》卷五十二
谢方明	安帝	著作佐郎	尚书仆射景仁从祖弟	桓玄闻而赏之	《宋书》卷五十三
袁豹	安帝	著作佐郎	陈郡阳夏	为谢安所知,好学博闻,多览典籍	《宋书》卷五十二
蔡廓	安帝	著作佐郎	济阳考城人	博涉群书,言行以礼	《宋书》卷五十七
徐广	安帝义熙十二年	著作郎	侍中徐邈之弟也	世好学,至广尤为精纯,百家数术无不研览	《晋书》卷八十二
荀伯子	义熙年间	著作佐郎	颍川颍阴人	著作郎徐广重其才学,举伯子及王韶之并为佐郎,助撰晋史及著桓玄等传	《宋书》卷六十
王韶之	安帝义熙	著作佐郎	琅邪临沂人	时人谓宜居史职,善叙事,辞论可观,为后代佳史	《宋书》卷六十
	恭帝	著作郎			
褚寂之	安帝	著作佐郎	河南阳翟人	?	《宋书》卷五十二
张璠	?	著作郎	?	注《周易》八卷	《隋书》卷三十二

职者多有才学，且时人多以就任著作郎官为美，《通典》引应亨祖嘉让著作表曰：“自司隶校尉奉至臣父，五代著作不绝，邦族以为美谈。”①但著作官阶品较低，且报酬低廉，晋时有人因其家求为外官者，如《晋书》载：

> 孙盛，字安国，太原中都人……起家佐著作郎，以家贫亲老，求为小邑，出补浏阳令。
>
> 干宝，字令升，新蔡人也……以才器召为著作郎，宝于是始领国史。以家贫，求补山阴令，迁始安太守。②

三　两晋秘书监藏书研究

魏晋禅让，曹魏图书尽为司马氏所得，其图书收藏制度同样得到延续，本部分就两晋时期官方图书收藏范围、收藏途径、典藏制度、图书整理情况等方面进行简单的分析。

（一）秘书监图书收藏范围

曹魏文帝虽然分中书，设立秘书监负责图书、秘记的保管，但是秘书监一职仍然带有浓郁的政治色彩，因此才有了后来魏晋禅代之后，晋武帝泰始末，并秘书入中书，使得中书令重新执掌国家的艺文图籍，后晋惠帝时期复置秘书监，但这时的秘书监仅仅表现为机构的独立，其收藏范围并不局限于图书经籍，而是包罗众多。

1. 图书

晋武帝泰始十年，中书监荀勖领秘书监事，与中书令张华共同依照汉刘向《别录》，整理秘书监“记籍”，《晋书·荀勖列传》中描述秘书监的藏品时选用的是“记籍”一词，说明当时秘书监内所收

---

① （唐）杜佑：《通典·职官八》（卷26）。

② 《晋书·陈寿等列传》（卷82）。

藏的不仅仅是图书经籍，还包括部分国家秘记档案，如重要诏令等。按《隋书·经籍志》的记载，荀勖此次编目按照曹魏秘书郎郑默所撰的秘书监藏品目录《中经》，更制《中经新簿》，收录了晋武帝一朝秘书监收藏情况。《中经新簿》将秘书监内藏品“分为四部，总括群书。一曰甲部，纪六艺及小学等书；二曰乙部，有古诸子家、近世子家、兵书、兵家、术数；三曰丙部，有史记、旧事、皇览簿、杂事；四曰丁部，有诗赋、图赞、汲冢书。大凡四部合二万九千九百四十五卷”①。由此目可以看出，秘书监内图书收藏包罗经史子集四部，且收藏数量巨大，将近三万卷。

2. 档案

除了图书之外，晋朝秘书监同样收藏国家重要诏令，《晋书·杨骏列传》载：

> 杨骏，字文长，弘农华阴人也……帝自太康以后，天下无事，不复留心万机，惟耽酒色，始宠后党，请谒公行。而骏及珧、济势倾天下，时人有“三杨”之号。及帝疾笃，未有顾命，佐命功臣，皆已没矣……会帝小间……乃诏中书，以汝南王亮与骏夹辅王室。骏恐失权宠，从中书借诏观之，得便藏匿。中书监华廙恐惧，自往索之，终不肯与。②

杨骏恐晋武帝遗诏不利于己，权势丧失，因此从中书省借出诏令验看，时中书省属下尚领秘书监这一记籍收藏机构，按惯例由中书监执掌，因此杨骏这次借阅行为当发生在秘书监这一机构中，后隐匿不还，秘书监的实际负责人中书监华廙前去讨要，同样符合逻辑思维。

至晋惠帝元康年间，华峤因有良史之志迁转秘书监，时华峤爵封乐乡侯，加官散骑常侍，因此其朝班序列位同中书，领秘书寺，

---

① 《隋书·经籍志一》(卷32)。

② 《晋书·杨骏列传》(卷40)。

"寺为内台，中书、散骑、著作及治礼音律，天文数术，南省文章，门下撰集，皆典统之。初，峤以《汉纪》烦秽，慨然有改作之意。会为台郎，典官制事，由是得遍观秘籍，遂就其绪，起于光武，终于孝献，一百九十五年，为帝纪十二卷、皇后纪二卷、十典十卷、传七十卷及三谱、序传、目录，凡九十七卷"。从华峤的仕宦生涯来看，曹魏时期任尚书郎，晋武帝泰始年间领中书著作，有机会进入秘书监内阅读藏书，因此成书《汉纪》，晋惠帝时期华峤领秘书监事，掌中书、著作、门下、南省诸事，秘书寺时为大内台阁，收藏了中书、门下撰集的诏令文章，国家典章所需的礼制、音律、天文、历法，以及著作省内撰写的诸多政治档案与国史著作。

另外，泰始初，原秘书内并无地图之类收藏，河东闻喜人裴秀作《禹贡地域图》十八篇，奏之，藏于秘府，其书有序，记载了秘书监内地图的收藏情况：

> 今秘书既无古之地图，又无萧何所得，惟有汉氏《舆地》及《括地》诸杂图。各不设分率，又不考正准望，亦不备载名山大川。虽有粗形，皆不精审，不可依据。或荒外迂诞之言，不合事实，于义无取。
>
> 大晋龙兴，混一六合，以清宇宙，始于庸蜀，采入其岨。文皇帝乃命有司，撰访吴蜀地图。蜀土既定，六军所经，地域远近，山川险易，征路迂直，校验图记，罔或有差。今上考《禹贡》山海川流，原隰陂泽，古之九州，及今之十六州，郡国县邑，疆界乡陬，及古国盟会旧名，水陆径路，为地图十八篇。①

自此后，晋朝秘书监内始有地图藏品，后中书监荀勖整理秘书监藏书，于丁部图书中专门设置"图赞"这一图谱子类，说明自晋武帝泰始初即开始了图谱类图书的收藏，于太康年间平吴之时，更是收吴国图籍以充实秘书。

---

① 《晋书·裴秀列传》(卷35)。

(二)晋秘书监藏书来源

虽然晋建立之时，其过程属于逐渐演变状过渡，但是西晋与东晋之间则是经历了血和泪的洗礼，而东晋政府统治力微弱，更有王敦之乱、苏峻之乱、桓玄篡位等军事动乱，东晋首都数遭兵火侵害，这就导致了两晋时期图书收藏呈现波浪式的发展曲线。同时两晋时期，廉价而易携带的纸张逐渐开始代替贵重的缣帛和不易携带的简版，成为图书的主要载体，这就使两晋时期社会上图书流通量增多，晋政府藏书有了充足的来源供应，虽然两晋国家藏书数次遭受兵火焚毁，但至东晋孝武帝宁康元年，秘书郎徐广统计秘书监藏书，其数量仍然达到了三万六千余卷，两晋的藏书自西晋建国初至东晋末，依然呈现微弱的上升趋势。这样的状况一方面来源于社会上经籍总量的增多，另外也离不开两晋政府的多途径搜集。

纵观两晋近一个半世纪的历史中，忽略国家政治活动中所产生的诏令、制书等档案资料收藏，其国家藏书主要来源有以下途径：

1. 继承魏吴藏书

西晋建立之后，仅晋武帝一朝保持着国内局势大致安稳，后晋惠帝后期、晋怀帝、晋愍帝多动乱，洛阳、长安数次陷于胡兵铁骑之下，焚烧宫庙，“长安城中户不盈百，墙宇颓毁，蒿棘成林。朝廷无车马章服，唯桑版署号而已”①。尽管如此，元康之前，晋朝尚且可保持海内晏然近四十余年，在这段时间内，晋朝一方面继承了曹魏藏书，同时发动了国内统一战争，灭吴，将其图书作为战利品运往都城洛阳，充实国家收藏。

西晋禅代曹魏，直接继承了其官府藏书，隋秘书监牛弘总结其为：“魏文代汉，更集经典，皆藏在秘书、内外三阁……晋氏承之，文籍尤广”②。

西晋太康元年，出兵灭吴，大将王濬攻入吴都城建业，“收其

---

① 《晋书·孝愍帝纪》(卷5)。

② 《隋书·牛弘列传》(卷49)。

图籍，封其府库”①，并把图籍等战利品运往洛阳。《晋书·王濬列传》载，吴平之后，王濬为扬州刺史周浚所弹劾，举报其隐匿吴朝宝物，并焚烧吴宫室，王濬上表自陈，其中提到了着力保护书籍的过程：

> 前伪中郎将孔摅说，去（太康元年）二月武昌失守……（孙）皓惧，乃图降首。降使适去，左右劫夺财物……放火烧宫……臣至，遣参军主者救断其火耳。周浚以十六日前入皓宫，臣时遣记室吏往视书籍，浚使收缚。②

2. 汲冢竹书及其衍生图书

晋武帝咸宁五年（279 年），有汲郡人不准发掘魏襄王墓冢，或是安釐王冢，“得竹简小篆古书十余万言”，装载数十车，“初发冢者烧策照取宝物，及官收之，多烬简断札，文既残缺，不复诠次。武帝以其书付秘书校缀次第，寻考指归，而以今文写之”③。西晋政府组织学者于秘书监内对出土竹书进行整理、校订，并以西晋通行文字翻译竹书所采用的小篆、科斗字，重新抄写并整理成书，编撰图书目录，使得汲冢竹书及其衍生物纳入晋朝国家藏书体系之中。

按照朱希祖先生所撰的《汲冢书考·校理年月考》一文，汲冢竹书的整理活动持续了近二十余年，自晋武帝太康二年（281 年）始，迄于晋惠帝永康元年（300 年），先后参加整理工作的学者有中书监荀勖、秘书监华峤、秘书监挚虞、秘书丞卫恒、著作郎束皙等人。竹书经历了多位学者的翻译、勘定、辑佚、整理，直接辑佚出 16 部 75 篇文献，按《晋书·束皙列传》载：

---

① 《晋书·王濬列传》（卷 42）。
② 《晋书·王濬列传》（卷 42）。
③ 《晋书·束皙列传》（卷 51）。

> 其《纪年》十三篇，记夏以来至周幽王为犬戎所灭，以事接之，三家分，仍述魏事至安釐王之二十年。盖魏国之史书，大略与《春秋》皆多相应。其中经传大异，则云夏年多殷；益干启位，启杀之；太甲杀伊尹；文丁杀季历；自周受命，至穆王百年，非穆王寿百岁也；幽王既亡，有共伯和者摄行天子事，非二相共和也。其《易经》二篇，与《周易》上下经同。《易繇阴阳卦》二篇，与《周易》略同，《繇辞》则异。《卦下易经》一篇，似《说卦》而异。《公孙段》二篇，公孙段与邵陟论《易》。《国语》三篇，言楚、晋事。《名》三篇，似《礼记》，又似《尔雅》、《论语》。《师春》一篇，书《左传》诸卜筮，"师春"似是造书者姓名也。《琐语》十一篇，诸国卜梦妖怪相书也。《梁丘藏》一篇，先叙魏之世数，次言丘藏金玉事。《缴书》二篇，论弋射法。《生封》一篇，帝王所封。《大历》二篇，邹子谈天类也。《穆天子传》五篇，言周穆王游行四海，见帝台、西王母。《图诗》一篇，画赞之属也。又杂书十九篇：《周食田法》，《周书》，《论楚事》，《周穆王美人盛姬死事》。大凡七十五篇，七篇简书折坏，不识名题。①

其中《竹书纪年》、《穆天子传》由中书监荀勖、秘书监华峤负责整理呈上，后卫恒、束皙整理翻译出其余诸书。晋惠帝元康年间，荀勖上《穆天子传》，其序曰："汲郡收书不谨，多毁落残缺，虽其言不典，皆是古书，颇可观览，谨以二尺黄纸写上，请事平(平定八王之乱)以本简书及所新写，并付秘书缮写，藏之中经，副在三阁。"②

因汲冢竹书乃是先秦古文献，对于秦汉时期所言的历史记载多有补充，当时学者围绕着此次图书整理，从中衍生出众多图书，如秘书丞卫恒著《诏定古文官书》，续咸著《汲冢古文释》；另外还有

---

① 《晋书·束皙列传》(卷51)。

② (清)严可均编：《全上古三代秦汉三国六朝文》，北京：中华书局1965年版，第1637页。

社会学者就已整理出来的图书所进行的论辩，如束皙、王庭坚、王接三人之间的学术讨论：

> 时秘书丞卫恒考正汲冢书，未讫而遭难。佐著作郎束皙述而成之，事多证异义。时东莱太守陈留王庭坚难之，亦有证据。皙又释难，而庭坚已亡。散骑侍郎潘滔谓(王)接曰："卿才学理议，足解二子之纷，可试论之。"接遂详其得失。挚虞、谢衡皆博物多闻，咸以为允当。①

汲冢竹书的出土，对于西晋国家藏书具有很重要的意义，首先直接补充了晋秘阁藏书，并成为国家藏书的重要组成部分，以至于荀勖等人在编撰《中经新簿》时于丁部专门设置"汲冢书"条目，其中收录了汲冢直接整理翻译而出的图书，另外尚有晋朝学者围绕汲冢书这一专题而研究编撰的其他图书。

3. 社会搜集

西晋时期，史籍中鲜有社会征集图书的记载，仅在泰始初，裴秀记载了司马氏为了征伐蜀、吴两国，于社会上征集两国地图的图书征集行为：

> 大晋龙兴，混一六合，以清宇宙，始于庸蜀，采入其岨。文皇帝乃命有司，撰访吴蜀地图。②

但是从图书数量上看，晋武帝时期，秘书图书收藏单本至20935卷，副本更是有十万余卷，东汉末，汉献帝孑身无依，仓皇四逃，为曹操迎于许，至晋武帝末，其中近一个世纪的历史，在这段时间内，仅仅依靠官方图书修撰、图书抄写等行为，并不能形成图书单本量的大量增加，因此可以推测，除却曹魏政权的图书征集

① 《晋书·王接列传》(卷51)。
② 《晋书·裴秀列传》(卷35)。

行为之外，司马氏同样有进行社会图书的搜括行为，以至于泰始末，左思“以所见不博，求为秘书郎”①，可见当时国家藏书之丰富为世人所公认，这一共识的取得不能缺少政府大规模的图书征集，借助图书征集的有效性，才能使学者认为国家藏书收容之广博。

西晋末年，“八王之乱”、“永嘉之乱”接踵而至，对西晋国家藏书造成了毁灭性打击，“惠、怀之乱，京华荡覆，渠阁文籍，靡有孑遗”②。永嘉末，琅邪王司马睿镇建业，后西晋怀帝、愍帝相继罹难，司马睿以建业、扬州等地为地理基点，以其晋王藩邸幕僚为政治班底，建立东晋王朝。王朝成立之初，百官多由原王府幕僚充任，除了司马睿宗室的身份之外，于西晋王朝并无继承关系，因此其官方藏书的经营乃是从零开始，随着西晋北方士族的南迁，“衣冠轨物，图画记注，播迁之余，皆归江左”③，东晋政府逐渐开始步入正轨，秘书监内官员亦得以任命，并履行职责。

《隋书·经籍志》曰：“东晋之初，渐更鸠聚。著作郎李充以勖旧簿校之，其见存者，但有三千一十四卷。充遂总没众篇之名，但以甲乙为次。自尔因循，无所变革。其后中朝遗书，稍流江左。”④东晋元帝时期，著作郎李充整理国家藏书，以西晋中书监荀勖所著《中经新簿》为底本，校验秘书收藏情况，得国家单本藏书三千零一十四卷，相对于西晋藏书，十不存一，损失惨重。此后，东晋政府继续进行图书的搜集活动，至东晋孝武帝宁康元年(373 年)，著作郎徐广校秘书监见在图书，其数量已经达到三万六千卷，从单纯的数量增长来看，东晋政府图书搜集成绩显著，显然，其社会搜集行为持续不断地进行，才能在短短几十年的时间内，图书数量增加了近十七倍。《晋书·孙盛列传》载：

---

① 《晋书·文苑列传》(卷 92)。
② 《隋书·经籍志一》(卷 32)。
③ 《隋书·牛弘列传》(卷 49)。
④ 《隋书·经籍志一》(卷 32)。

《晋阳秋》词直而理正，咸称良史焉……太元中，孝武帝博求异闻，始于辽东得之，以相考校，多有不同，书遂两存。①

可见东晋孝武帝时期，官方图书搜集的触角已经到达了北方的辽东地区，其搜集可谓着力，因此才能使得东晋官方图书十数倍的增长。

4. 国家编撰和抄写

两晋时期，国家编撰图书多集中在史书、图书目录与国家典章制度方面，如：

文帝为晋王，患前代律令本注烦杂……于是令贾充定法律，令与太傅郑冲、司徒荀顗、中书监荀勖、中军将军羊祜、中护军王业、廷尉杜友、守河南尹杜预、散骑侍郎裴楷、颍川太守周雄、齐相郭颀、骑都尉成公绥、尚书郎柳轨及吏部令史荣邵等十四人典其事……改旧律为《刑名》、《法例》，辨《囚律》为《告劾》、《系讯》、《断狱》，分《盗律》为《请赇》、《诈伪》、《水火》、《毁亡》，因事类为《卫宫》、《违制》，撰《周官》为《诸侯律》，合二十篇，六百二十条，二万七千六百五十七言。②

泰始十年……时（尚书杜）预亦不自解说，退使博士段畅博采典籍，为之证据，令大义著明，足以垂示将来。畅承预旨，遂撰集书传旧文，条诸实事成言，以为定证，以弘指趣。其传记有与今议同者，亦具列之，博举二隅，明其会归，以证斯事。③

荀顗，字景倩，颍川人，魏太尉彧之第六子也……顗上请

---

① 《晋书·孙盛列传》（卷82）。
② 《晋书·刑法志》（卷30）。
③ 《晋书·礼志中》（卷20）。

羊祜、任恺、庾峻、应贞、孔颢共删改旧文，撰定晋礼。①

晋秘书监荀勖定魏《内经》，更著《新簿》。②

傅玄，字休奕，北地泥阳人也……与东海缪施俱以时誉选入著作，撰集魏书。③

王隐，字处叔，陈郡陈人也。太兴初，典章稍备，乃召隐及郭璞俱为著作郎，令撰晋史。④

干宝，字令升，新蔡人也……以才器召为著作郎……著《晋纪》……凡二十卷，奏之。⑤

李充，“删除烦重，以类相从，分作四部”，撰《晋元帝四部书目》。⑥

西晋武帝时期，中书令张华与中书监荀勖依照汉刘向《别录》编撰体系，整理秘书藏书，得图书 1885 部、29935 卷，分为四部，著录成书《中经新簿》，并对图书进行了重新的抄写和装订，“盛以缥囊，书用缃素”⑦。为了更好地抄写图书，中书监荀勖于秘书监内设立“书博士，置弟子教习，以钟、胡为法”⑧，规范两晋秘书监内抄书行为。

持续二十年的汲冢竹书的整理活动，同样伴随着图书抄写行为，且主要由秘书负责，荀勖上《穆天子传》序曰：“谨以二尺黄纸写上，请事平(平定八王之乱)以本简书及所新写，并付秘书缮写，藏之中经，副在三阁”⑨。

---

① 《晋书·荀顗列传》(卷 39)。
② 《隋书·牛弘列传》(卷 49)。
③ 《晋书·傅玄列传》(卷 47)。
④ 《晋书·王隐列传》(卷 82)。
⑤ 《晋书·干宝列传》(卷 82)。
⑥ 《晋书·李充列传》(卷 92)。
⑦ 《隋书·经籍志一》(卷 32)。
⑧ 《晋书·荀勖列传》(卷 39)。
⑨ (清)严可均编：《全上古三代秦汉三国六朝文》，北京：中华书局 1965 年版，第 1637 页。

东晋时期，秘书监内存有大量纸张用于图书的抄写，秘书监著作郎虞预有《请秘府纸表》："秘府中有布纸三万余枚，不任写御书而无所给，愚欲请四百枚，付著作史，书写起居注"①。

5. 臣下献书

两晋时期，臣下献书行为已经出现，其著作在经历了朝臣会议讨论后，均入藏秘书，成为国家藏书，如：

晋武帝泰始初，裴秀"作《禹贡地域图》十八篇，奏之，藏于秘府"②。

晋武帝太康年间，陈寿为佐著作郎"撰《蜀相诸葛亮集》，奏之。除著作郎，领本郡中正"③。

晋惠帝元康年间，秘书监华峤参阅秘书，作"《汉后书》奏之。诏朝臣会议。时中书监荀勖、令和峤、太常张华、侍中王济咸以峤文质事核，有迁固之规，实录之风，藏之秘府"④。

东晋时，著作郎王隐被罢免，著《晋书》，"贫无资用，书遂不就，乃依征西将军庾亮于武昌。亮供其纸笔，书乃得成，诣阙上之"⑤。

东晋义熙十二年，正员常侍、大司家领大著作徐广"勒成《晋纪》，凡四十六卷，表上之"⑥。

6. 朝廷令人前往学者家中抄录、借书

此类图书搜集行为，晋朝见于史籍者有三：

陈寿，字承祚，巴西安汉人也……元康七年，病卒，时年六十五。梁州大中正、尚书郎范頵等上表曰："昔汉武帝诏曰：'司马

---

① (唐)徐坚撰：《初学记》卷21引何法盛《中兴书》，北京：中华书局1962年版。

② 《晋书·裴秀列传》(卷35)。

③ 《晋书·陈寿列传》(卷82)。

④ 《晋书·华峤列传》(卷44)。

⑤ 《晋书·王隐列传》(卷82)。

⑥ 《晋书·徐广列传》(卷82)。

相如病甚，可遣悉取其书。'使者得其遗书，言封禅事，天子异焉。臣等案：故治书侍御史陈寿作《三国志》，辞多劝诫，明乎得失，有益风化，虽文艳不若相如，而质直过之，愿垂采录。"于是诏下河南尹、洛阳令，就家写其书。①

东晋武帝太元中，当时藏书家贾弼之"广集百氏谱记"，于是"朝廷给弼之令史书吏，撰定缮写，藏秘阁及左民曹"②，此次抄写图书共数百卷。

《太平御览》引檀道论《晋阳秋》曰："太元十八年，王谧为秘书丞，乃表前尚书殷允、中书郎张敞、太子后率郄俭之、故太常桓石秀是多书之家，请秘书郎分局采借。"③

7. 地方官员献书

晋武帝咸宁五年(279 年)，汲郡县民不准挖掘古墓，得竹书数十车，为官府所获，地方官府将此书献与中央，晋武帝令收于秘书监内，并召集学者于秘书进行典校整理。

晋愍帝时期，凉州刺史张寔"遣都护王该送诸郡贡计，献名马方珍、经史图籍于京师"④。

(三)晋秘书监典藏制度

中国古代官府藏书自先秦时期发展至两晋，其典藏制度逐渐成熟，出现了专门负责国家藏书的专职机构和职官序列——秘书监，且形成了台阁分藏、正副本、四部典藏等具体的收藏方法。

1. 藏书机构设置

西晋继承了汉魏以来官方藏书制度的旧制，设立兰台、秘阁两个藏书地点，并以兰台为外台，秘书为内台(参见《晋书·华峤列

---

① 《晋书·陈寿列传》(卷 82)。
② 《南齐书·文学》(卷 52)。
③ 《太平御览·职官部三十一·秘书郎》(卷 233)。
④ 《晋书·张寔列传》(卷 86)。

传》中“寺为内台”语），另外又建立了崇文院、石渠阁等机构共同典藏国家藏书，因此有了《隋书·经籍志》中所谓的“渠阁文籍”之说，说明西晋设置了台、阁多处藏书机构，分别位于宫廷内外，总称“中外三阁”。

2. 正副本制度

西晋武帝时期，中书省并领秘书监，其中书监荀勖与中书令张华在典校图书之后，令秘书以湘素为载体重新抄写了图书，并进行了装订，至此开始，秘书监内藏书因载体形式的不同开始区分了正副本，后中书监荀勖负责汲冢竹书的整理活动，引入了以纸张为载体的藏书，至此，西晋秘书省内图书载体，竹简、缣帛、纸张三种材料并存。按照历史的发展规律，纸张逐渐代替了简帛，成为两晋时期主流的图书载体，那么这一发展潮流势必影响国家藏书机构，除去已经形成的缣帛载体的图书不论，后来的纸本图书会逐渐取代竹简图书，成为国家藏书的主流，与此同时，以往的竹简藏书逐渐被边缘化，这样正副本制度益加巩固。从晋代所设立的多个藏书机构来说，国家藏书必定会制作多个副本，分别收藏于各处。藏书机构的地理位置存在内外之分，其中秘书为内台，所收藏的图籍因供皇帝、朝臣参阅，是为正本，其余均为副本，因此晋惠帝时期，中书监荀勖上《穆天子传》时，建议国家安定之后，将图书的纸本和竹简本交付秘书抄写，形成正副本，“藏之中经，副在三阁”①。

3. 分类典藏制度

曹魏明帝时期，秘书郎郑默撰《中经》以记载秘书监藏书情况，西晋中书监荀勖依照《中经》，更撰《新簿》，记录了西晋武帝一朝国家藏书情况，采用了四部分类的方法，并且各部之下分别包含数个子类，使得晋时国家藏书有了合理的分类体系。晋室南渡之后，国家藏书数量骤减，著作郎李充以《中经新簿》为底本，对照秘书

① （清）严可均编：《全上古三代秦汉三国六朝文》，北京：中华书局1965年版，第1637页。

监见在藏书，得东晋初国家藏书总量为三千零一十四卷，由于数量较少，李充对其进行了重新的分类，只设四部，而削减了其下位类目，其中五经为甲部，史记为乙部，诸子为丙部，诗赋为丁部，至此，影响中国古代图书分类的经史子集四部分类法定型，《晋书》曰：李充这次图书整理，“以类相从，分作四部，甚有条贯，秘阁以为永制”，将国家图书编目与典藏制度相结合，晋朝国家藏书自此确定了以类相从的四部典藏法。

4. 职官管理

从职官设置来说，《太平御览》引《晋起居注》云：“武帝遣秘书，图书分为甲、乙、景、丁四部，使秘书郎各掌其一焉。”又《晋令》云：“秘书郎掌外三阁经书，覆省校阅。正定脱误。”由此可知，晋秘书监内秘书郎各掌国家藏书机构内一部图书，并负责图书数量核定、对外借阅、文字勘误等业务，终晋一代，皆是如此，如东晋孝武帝宁康年间，有史料证明秘书监内四位秘书郎分别负责四部图书的校勘、补充、抄写等活动。

《初学记》引《晋宁康起居注》曰：“秘书丞桓石绥启校定四部书，诏郎中四人各掌一部。”①

《太平御览》引檀道论《晋阳秋》曰：“太元十八年，王谧为秘书丞，乃表前尚书殷允、中书郎张敞、太子后率郄俭之、故太常桓石秀是多书之家，请秘书郎分局采借。”②

可以说两晋时期，秘书郎的职责设置更加具体，分工更加细致，更加有利于权责明晰的图书典藏制度。

(四)晋秘书监图书整理活动

晋朝国家藏书，经过政府多途径的搜集，加上纸的普及导致社会上图书复制量的剧增，使得晋朝藏书达到了一个历史高度，以

① (唐)徐坚撰：《初学记》卷21引《晋宁康起居注》，北京：中华书局1962年版。

② 《太平御览·职官部三十一·秘书郎》(卷233)。

《汉书·艺文志》著录图书来看，共有596家著作，共13269卷，而西晋武帝时期，国家藏书已经有1885部著作，共20935卷，其图书数量大大增加，图书的整理编目迫在眉睫。西晋政府载于史籍的国家图书整理活动有三次：

第一次，晋武帝泰始年间，中书省内中书令张华、中书监荀勖开始依汉刘向编撰《别录》的体例，整理国家藏书。这次图书整理活动准备充分，首先，为了更好地了解图书情况，荀勖首先请人核对了藏书的数量，得国家藏书共有十万余卷，因此上《让乐事表》，请求辞去其他执掌，更加专注于图书的典校，言："臣掌著作，又知秘书，今复校错误，十万余卷书，不可仓卒；复兼他职，必有废顿。"①其次，荀勖虽然依照汉刘向整理藏书的步骤，但是却放弃了《别录》所使用的图书七分法，而使用曹魏秘书郎郑默所撰的《中经》为编目底本，启用了图书四分法。最后，荀勖广采众本，确定各书书名，审定篇章，校勘文字，然后以湘素抄写，缥囊盛放。这次图书整理活动历时约五年，最终形成了《中经新簿》，正文十六卷，并附佛经二卷。《中经新簿》虽然编撰于西晋时，但确实反映了汉魏三百年之间图书事业的发展情况，记录了由于时代变迁、学术发展而造成的图书编撰方面的变化，注意到了魏晋之际史学这一学科的发展，历史著作的体裁开始多样化，出现了纪传体、编年体史书，还有起居注、地方志、谱牒等，因此荀勖变革了刘向所采用的七分法，将史学著作从经部春秋类分离，单设一部，顺应了当时的学术发展和典籍收藏情况。此外，"《中经新簿》还开辟了目录书著录存亡之先例，在目录学史上起到了一个承上启下的作用，对后来的目录学发展起到了一定的推动作用"②。《中经新簿》的体例较为简单，"但录题及言……至于作者之意，无所论辩"，仅仅著录图书的书名、卷数、作者，而省略了对作者编撰思想的论辩，从国

① (清)严可均编：《全上古三代秦汉三国六朝文》，北京：中华书局1965年版，第1634页。

② 周少川等著：《中国出版通史·魏晋南北朝卷》，北京：中国书籍出版社2008年版，第129页。

家藏书整理的角度来说，这样做有一定的合理性，且开创了登记式的书目体裁，但就辨析学术发展源流角度来看，这一书目失之简略。最后值得指出的是，《中书新簿》将佛经著作以附录形式著录其中，使得佛教典籍首次进入了国家藏书著录体系之中。

第二次，西晋政府对汲冢竹书的整理，这一整理活动或与上次交叉，其原因在于《中经新簿》于丁部设立了"汲冢书"子目，且这次整理活动的先期仍然由中书监荀勖负责。太康二年，汲冢图书运至京都，藏于秘书。这批图书保存状况十分糟糕，第一，因为其图书形制乃是竹简编成，随葬时间过长，造成了编丝朽烂，图书顺序错落；第二，盗墓者在进入墓穴后，以竹简作为照明工具，等到官府接收之后，"多烬简断札，文既残缺"，文字湮灭，竹简残缺，难以辨认，因此晋武帝组织学者于秘书内进行整理。这一图书整理活动持续了近二十余年，按照朱希祖《汲冢书考·校理年月考》所载，西晋汲冢书的编校、抄写，始于晋武帝太康二年(281 年)，迄于晋惠帝永康元年(300 年)，可分为三个阶段，各个阶段的负责人、整理方法、整理成果均有不同：

第一阶段，晋武帝太康年间，由中书监荀勖、和峤负责，整理出《穆天子传》、《竹书纪年》等书，共 15 部 87 篇。这次图书整理，荀勖的基本原则是忠于竹书的记载，"校勘时采用相当于原简长度——长约二尺的黄纸抄写竹简上的文字，既容易发现和改正错简，又可以大致算出残简所缺漏的字数，用□□代替。为了辨认这些古文字，他们还把简文与正始三体石经核对，最后用晋代通行的文字——隶书抄写成定本"①。

第二阶段，晋惠帝永平元年，为秘书丞卫恒考订、厘正文字阶段。卫恒作为古文字学家和书法家，著有《诏定古文官书》一卷，这次短暂的考证当然会从文字学的角度来研究，可惜不久，卫恒就丧生于"八王之乱"。

第三阶段，晋惠帝元康六年(296 年)至永康元年(300 年)，主

---

① 周少川等著：《中国出版通史·魏晋南北朝卷》，北京：中国书籍出版社 2008 年版，第 130 页。

要由佐著作郎束皙负责，共整理出图书16种、75篇，另有七篇因简书损坏情况严重，无法辨认，略去不整。束皙这次图书整理主要从图书的内容出发，依据荀勖所整理出的新写图书为依据，“随疑分释，皆有义证”，重新考订了《竹书纪年》等图书。

第三次：西晋政府第三次图书整理活动，发生于晋惠帝永宁至太安年间，由秘书监挚虞负责，此次校勘因正处国家多事之秋，“八王之乱”刚刚平息，诸胡开始对晋室虎视眈眈，因此这次图书校勘规模较小，主要参与人员是秘书监内工作人员，采取了对校的方法，《晋书·张华列传》对此事略有记载：

> (张华)雅爱书籍，身死之日，家无余财，惟有文史溢于机箧。尝徙居，载书三十乘。秘书监挚虞撰定官书，皆资华之本以取正焉。①

晋室南渡，西晋官方图书典籍在战乱中毁于一旦，东晋政府白手起家，自南迁士族中逐渐收集，国家藏书初具规模，但图书质量参差不齐，亟须整理。

第一次：东晋穆帝永和年间(345—361年)时，李充为著作郎，“于时典籍混乱，充删除烦重，以类相从，分作四部，甚有条贯，秘阁以为永制”，李充以西晋《中经新簿》为核查底本，确认东晋秘阁藏书数量，删除重复，以图书种类为依据，将藏书分为四类。按《文选》任彦升《王文宪集序》注引臧荣绪所撰《晋书》载，晋著作郎李充著有《晋元帝四部书目》，其中以“五经为甲部，史记为乙部，诸子为丙部，诗赋为丁部”，并且因当时藏书量少，书中只列甲乙次序，而无小类。《隋书·经籍志》载：“东晋之初，渐更鸠聚。著作郎李充，以勖旧簿校之，其见存者，但有三千一十四卷。”②姑且不论这次图书数量来源于《晋元帝四部书目》著录图书，或是穆帝永和年间李充的秘阁典籍整理，总而言之，东晋著作郎李充所确立

---

① 《晋书·张华列传》(卷36)。
② 《隋书·经籍志一》(卷32)。

的甲乙丙丁的图书分类顺序，确定了四部分类的先后顺序，成为后世官方藏书所依据的分类体系的基础。

第二次：东晋孝武帝时，“秘书丞桓石绥启校定四部书，诏郎中四人各掌一部”①。考，桓石绥为东晋权臣桓温之弟，晋安帝隆安年间，桓玄当政，任黄门郎、左卫将军，因此其就任秘书丞的时间当在东晋孝武帝之时，奏请校订秘阁图书同样发生在东晋孝武帝时。由于史籍缺少，此次校勘图书活动是否进行，其成果如何等，均无从得知。

第三次：《玉海》引《续晋阳秋》载：东晋宁康元年(373 年)，孝武帝“诏著作郎徐广校秘阁四部见书，凡三万六千卷”②。考徐广任官履历，“徐广，字野民，东莞姑幕人，侍中邈之弟也。世好学，至广尤为精纯，百家数术无不研览……孝武世，除秘书郎，典校秘书省。增置省职，转员外散骑侍郎，仍领校书……义熙初……领著作。十二年……迁秘书监”③。徐广自孝武帝任职秘书郎后，至晋安帝义熙十二年，秘书监内任职时间近二十年，在这么长的任职时间内，参与并主持官方图书整理活动极有可能。考《古今书最》，东晋义熙四年(408 年)，秘书编制《晋义熙四年秘阁四部目录》，而此时徐广以员外散骑常侍领著作，此次目录的编撰或是在其参与主持下进行的。

(五)晋秘书监图书利用

晋代官方秘书监藏书除了满足皇帝御览之外，尚且开放给朝内官员借阅，如晋武帝末，大臣杨峻自中书秘书内借阅诏书，但是相对于曹魏，晋朝国家藏书封闭性更强，少有对白衣开放的记载，如需入阁阅览，必须入朝做官，如左思，“字太冲，齐国临淄人也。造《齐都赋》，一年乃成。复欲赋三都……自以所见不博，求为秘

① (唐)徐坚撰：《初学记》卷 21 引《晋宁康起居注》，北京：中华书局 1962 年版。

② (宋)王应麟：《玉海·圣文部》(卷 50)。

③ 《晋书·徐广列传》(卷 82)。

书郎”①。

两晋时期，可观秘书者多属于台郎、秘书监官员，以及中书、尚书、九卿等高级官员，其中尤其以秘书监任职者多：

> (华)峤字叔骏，才学深博，少有令闻。元康初……转秘书监，加散骑常侍，班同中书。寺为内台，中书、散骑、著作及治礼音律，天文数术，南省文章，门下撰集，皆典统之。初，峤以《汉纪》烦秽，慨然有改作之意。会为台郎，典官制事，由是得遍观秘籍，遂就其绪，起于光武，终于孝献，一百九十五年，为帝纪十二卷、皇后纪二卷、十典十卷、传七十卷及三谱、序传、目录，凡九十七卷。②
>
> (束)皙在著作，得观竹书，随疑分释，皆有义证。迁尚书郎。③
>
> 司马彪，字绍统，高阳王睦之长子也……泰始中，为秘书郎，转丞……彪乃讨论众书，缀其所闻，起于世祖，终于孝献，编年二百，录世十二，通综上下，旁贯庶事，为纪、志、传凡八十篇，号曰《续汉书》。④

魏晋之间，安定朝那人皇甫谧，“自表就帝借书，帝送一车书与之”⑤，时大约在曹魏陈留王景元咸熙年间，司马炎执政期间，此次图书出借无法考证属于司马炎的私人行为，或借私藏与皇甫谧，或借国家藏书，难以确定，姑且罗列于此，以资参考。

---

① 《晋书·文苑列传》(卷92)。
② 《晋书·华峤列传》(卷44)。
③ 《晋书·束皙列传》(卷51)。
④ 《晋书·司马彪列传》(卷82)。
⑤ 《晋书·皇甫谧列传》(卷51)。

第三章

南朝秘书省及其藏书研究

东晋末年，宗室司马道子父子专权乱政，朝臣多以宠幸任命，均无吏干，地方官吏横征暴敛，造成了东晋朝政紊乱，国力空虚。东晋安帝元兴元年(402年)，桓玄乘机起兵，攻入建康，次年(403年)十一月称帝，改国号为楚。出身寒微的刘裕，依靠北府兵的强大军事战斗力以及京口政治集团，在公元420年，即东晋元熙二年六月，接受晋恭帝司马德文的禅让，即皇帝位，改国号宋，年号永初，史称刘宋。刘宋的建立，开启了一段新的历史，自此之后的一个半世纪中，经历了刘宋、萧齐、萧梁、陈四个朝代，这些朝代具有一定的共同点，其一，政权以相似方法获得，以相似原因灭亡；其二，社会出现间歇性的动荡，多是因为前朝统治者无道，造成了臣下的反叛，扶植傀儡，接受禅让，建立新朝；其三，其国土疆域出现重合，自宋至陈，江淮地区逐渐失守，至陈朝时，已经偏安于长江以南，与北方政权呈对峙局面，且四朝均定都建康，因此历史上将其合并，称“南朝”。

一　南朝国家藏书的社会背景

（一）经济因素

南朝时期，经济重心逐渐南移，长江以南地区在三国孙吴、东晋开拓的基础上，经济继续发展，宋齐梁陈朝代的更迭交替，建国初期往往会实行积极的休养生息的安民政策，南朝百年发展历史中，曾出现了刘宋初期宋文帝刘义隆的“元嘉之治”、南齐初期武帝萧赜的永明之治以及梁朝武帝萧衍三个时期的安稳统治，尤其以梁朝时期为盛，唐魏徵称赞梁武帝的统治时，曰：“（梁武帝）凡数十年。济济焉，洋洋焉，魏晋已来，未有若斯之盛。”①

刘宋建国之时，从东晋手中所继承的是满目疮痍的经济状况，国家财富多集中于豪门，而民生凋敝，国家的统治基本动摇，南朝史学家沈约总结：“晋纲弛紊，其渐有由。孝武守文于上，化不下及；道子昏德居宗，宪章坠矣。重之以国宝启乱，加之以元显嗣虐……主威不树，臣道专行……编户之命，竭于豪门；王府之蓄，变为私藏”②。因此刘裕经济上实行土断法，限制高门经济特权，力图改变晋朝时期国敝家丰的国家财政状况。在这些政策的刺激下，刘宋经济从晋末的凋敝中复苏，开始有所发展，如《宋书》言：

> 自义熙十一年……至于元嘉末，三十有九载，兵车勿用，民不外劳，役宽务简，氓庶繁息，至余粮栖亩，户不夜扃，盖东西之极盛也。③

齐高帝萧道成虽以军功起家，但同样关注民生，限制宗室的经济特权，检定黄籍，整顿户口。继任的齐武帝萧赜屡次劝课农桑，

---

① 《梁书·敬帝本纪》（卷6）。
② 《宋书·王弘列传》（卷42）。
③ 《宋书·孔季恭等列传》（卷54）。

减免赋役，故曰："永明之世，十许年中，百姓无鸡鸣犬吠之警。都邑之盛，士女富逸，歌声舞节，袨服华妆，桃花绿水之间，秋月春风之下，盖以百数"①。

梁齐禅代，梁武帝萧衍重视发农业生产，大力提倡节俭，减轻人民赋役。建国之初，萧衍即下诏"诸流徙之家，并听还本"，招抚流亡人口，鼓励生育，释放奴婢，增加国内劳动力；多次下诏兴修水利，开垦荒地，贷与百姓粮种，分给土地，克制豪族占地的欲望；梁武帝身体力行，倡导节俭，自上而下改变南朝奢靡习气，取得了一定的进步。刘磬修先生认为："梁武帝时期无论各地区各行业，其经济发展的规模与水平都超过了前朝各代，南方经济于此时达到了六朝时期的顶点。"②正是因为南朝梁时堪称盛世的经济实力，支持了梁朝文化建设的繁荣景象，使得梁朝成为南朝官方图书收藏建设之冠。

(二)文化因素

南朝开始于刘宋，而刘氏取代司马氏，其意义远远大于政权的建立，表现在文化上，则是儒学逐渐复兴，开始代替玄学成为社会主流文化，这一替代过程时间漫长，可以说至隋唐时期，仍然有此类思想的意绪。

出身寒微的刘裕以军功起家，刘宋政权则建立在部分高门士族与寒门士族妥协之上，其统治阶级内部矛盾更加纷繁复杂，因此，重新树立中央集权的统治局面，是刘裕所面临的重要问题，在这样的社会背景中，自汉末以来的非主流思想——儒学开始逐渐复兴。在统治者的倡导下，"自黄初至于晋末，百余年中，儒教尽矣。高祖受命，议创国学，宫车早晏，道未及行。迄于元嘉，甫获克就，雅风盛烈，未及曩时，而济济焉，颇有前王之遗典。天子鸾旗警跸，清道而临学馆，储后冕旒黼黻，北面而礼先师，后生所不尝

① 《南齐书·良政傅琰等列传》(卷53)。

② 刘磬修：《梁武帝与南方经济的发展》，载《徐州师范学院学报(哲学社会科学版)》1991年第4期。

闻，黄发未之前睹，亦一代之盛也”①。

至南齐时期，萧道成虽出身行伍，但“博涉经史，善属文，工草隶书，弈棋第二品，虽经纶夷险，不废素业”②，南齐建国后，萧道成重视宗室教育，并聘请名师对其子弟进行儒学教育，齐武帝萧赜更是禁止诸王读异书，专门研习儒家五经，据《南史·齐高帝诸子下·江夏王萧锋列传》载：“武帝时，藩邸严急，诸王不得读异书，《五经》之外，唯得看《孝子图》而已。”③齐武帝重视国子学的建立，鼓励诸王臣子参与儒家经义的讨论，重视国家文化建设，虽然南齐王朝短祚，但是其文化政策仍然在南朝文化的树立进程中占据重要位置，诚如刘跃进先生所说：“南齐文化上承刘宋余绪，下启梁陈先河，是南朝文化发展变化的关键时期。其中最显著的标志是，以南齐为轴心，在宋齐之际以及齐梁之间曾有众多带有总结式的巨著相继问世。”④

南朝之中，文化事业最为发达的属于萧梁，在梁武帝萧衍统治的四十余年时间内，国家出台了多种措施促进儒学在南朝社会上的传播，“梁武帝开五馆，建国学，总以《五经》教授，经各置助教云。武帝或纡銮驾，临幸庠序，释奠先师，躬亲试胄，申之醲语，劳之束帛，济济焉斯盖一代之盛矣”⑤。梁时，五馆生多引寒门俊才，国子生则以高门贵胄子弟为主，梁武帝以国家教育为契机促进儒学思想的社会普及，并且从制度上以经学为依据进行取士工作，试图打破当时的门第观念，给予寒门子弟以经学仕进的机会。梁武帝时期，佛学思想同样开始兴起。佛学与儒学的结合，使得梁时文化思想呈现出一种经学玄化的倾向，与清谈的形式相结合，形成了儒家为核心，佛家哲学为思辨方法，道家玄宗为表现形式的社会意识形态，这一思想构成了南朝文化思想的根本，清人赵翼曾详细考

---

① 《宋书·臧焘等列传》(卷55)。

② 《南齐书·高帝本纪下》(卷2)。

③ 《南史·江夏王萧锋列传》(卷43)。

④ 刘跃进著：《门阀士族与永明文学》，北京：三联书店1996年版，第61页。

⑤ 《陈书·儒林列传》(卷33)。

证之:

> 至梁武帝始崇尚经学，儒术由之稍振，然谈义之习已成，所谓经学者，亦皆以为谈辩之资……是当时虽从事于经义，亦皆口耳之学，开堂升座，以才辩相争胜，与晋人清谈无异，特所谈者不同耳。况梁时所谈，亦不专讲五经……则梁时五经之外，仍不废《老》、《庄》，且又增佛义，晋人虚伪之习依然未改，且又甚焉。①

(三)社会阶层——士族

东晋由士族拥护而建立，因此“晋主虽有南面之尊，无总御之实，宰辅执政，政出多门，权去公家，遂成习俗”②；公元420年，刘裕建宋，从此打破了高门士族对政权的垄断。但是这一时期，虽然士族开始丧失了政治军事上的绝对优势，但是由于长时期的根深蒂固的门第观念，寒门尚需借助于士族深厚的社会基础、广泛的思想文化影响来维持政权的长治久安，因此虽然刘氏致力于皇权的伸张，但是在一定程度上仍然尊重士族的超然地位，寒门与士族之间的关系更多的是相互的试探与妥协。

萧齐的建立者萧道成出身于次等士族，上位以后同样采取了打压士族特权的措施，一方面继承刘宋以来的官制改革，架空高级官员的权力，扩大中下层官吏的权力，使得“南朝官制名实不符，高官如宰相、领军，有名而无实权，低官如舍人、制局监无名而有重权。文官如中书令、监有宰相权，这包含了社会变动的意义”③。陈寅恪先生所谓的社会变动即包括了寒门人士任职的官吏权力上升，士族所就任的官职权力下降，以及相对应的两方力量的此消彼

---

① (清)赵翼:《廿二史劄记·六朝清谈之习》(卷8)。

② 《晋书·姚兴载记上》(卷117)。

③ 陈寅恪著:《魏晋南北朝史讲演录》，合肥：黄山书社1987年版，第224页。

长。另外继续实行限制士族经济特权的措施，逐渐取消了士族的免役、免税、占地等特权，实行土断政策，从各个方面荡涤士族的经济实力，从而达到削弱士族的目的。

南朝梁政权中，更多地表现在对寒门子弟入仕的宽容，设立五馆招引寒门，且不受人数限制，并确定了五馆生策试入仕的制度，扩大了寒门子弟在官宦中的比例。萧梁后期的“侯景之乱”与“江陵之变”对士族阶层打击巨大，基本上以杀戮的形式将建康士族、萧梁士族两大统治阶层消灭殆尽，其中侨姓士族更是损失巨大，这就造成了得到南方豪族支持的陈霸先的上位。

陈朝建立之后，其统治阶级内部的矛盾已经不是以寒门与士族为中心，而是主要集中于地方豪族势力与朝廷之间，这就说明，经过南朝宋、齐、梁三代的演变，士族阶层已经完全失去了其政治、军事上的控制力，陈朝时期，拥兵自重的南方豪族替代士族阶层，成为新兴力量。

二　南朝秘书省官制研究

自东晋与刘宋之间的政权过渡，采取了禅代的形式，这一政权的更替使得刘宋的职官设置与晋相承接，大体上无甚变化。之后，宋、齐、梁、陈四朝俱以前朝禅让的形式建立政权，因此官制上南朝与晋之间并没有根本上的改变，这一点表现在秘书省上尤其明显。从职官数量上来说，晋时，秘书监（或称秘书寺）内设秘书监一人、丞一人、郎四人，著作郎一人、佐郎八人，南朝因之①；在机构名称上，宋齐与晋时同，称为秘书监，梁朝建立，该监为省，将秘书省与尚书、中书、门下、集书四省并称；在官品上，宋齐与晋同，梁朝则规范了秘书省官员的品秩，尤其对著作郎官进行了品级上的区分，陈朝均沿袭梁朝，详细如表3-1：

---

① 两晋时期，著作佐郎初设八人，晋哀帝兴宁二人，大司马桓温表省四人，宋承之，后孝武帝宁康元年复置八人，齐、梁、陈三朝因之。

表 3-1 南朝秘书监(省)职官设置表

官职 朝代	秘书监		秘书丞		秘书郎		著作郎		著作佐郎	
	品	秩	品	秩	品	秩	品	秩	品	秩
宋齐	第五	六百	第六		第六		第六		第六	
梁陈	第三	二千	第五	六百	第六	六百	第六	六百	第七	四百

(一)秘书监任职者考

南朝秘书省内秘书监，定员一人，其任职情况考证如下，以列表形式展现，包括任职时间、籍贯、迁转官职、备注等信息，分为四个朝代区别论述，如表 3-2、表 3-3、表 3-4、表 3-5 所示。

从表格中可以看出，刘宋时期秘书监任职者呈现以下特点：

第一，宗室就任秘书监者多，主要任职特点表现为：年少任职，刘义庆 22 岁任职，刘义宾 20 岁任职，晋熙王刘昶 22 岁，始安王刘休仁 14 岁，平剌王刘休祐 14 岁；且在职时间短暂，多以他官兼任，或领他官，并不实际任职秘书省内，负责具体的职责；

第二，除宗室成员外，其余秘书监任职者多为高门士族、外戚，如琅邪临沂王氏、陈郡阳夏谢氏、外戚徐氏兄弟，说明刘宋时期秘书监官品较高，乃属清要职位，为高门士族所占据；

第三，从刘宋秘书监的迁转来看，秘书监可作为宗室、高门士族名士的起家官职，亦可作为中央官职与地方官职之间的过渡官。

南齐秘书监任职者特点显著：

第一，宗室继续秘书监任职者主力，南齐可考秘书监共十三人，宗室身份者七人，占据半数以上；

第二，南齐政权内秘书监任职时间短，宗室任职者只是将秘书监作为其由地方迁入中央官职的过渡官职，且多顷刻丧命于争权斗争中，其余就任秘书监一职者迁转亦迅速，秘书监王奂更是一年之内三次官职迁转，陆澄更是先后三次就任秘书监一职，均时间短暂，还未来得及履行任何秘书职责，即已经迁任他官。秘书监江淹虽然就任时间长达二年，但当时政局动荡，秘书监任职只能空有名

表 3-2 **刘宋秘书监任职表**

任职者	任职时间	籍贯	迁入官职	迁出官职	备注	资料来源
徐广	宋武帝永初元年	东莞姑幕		致仕	晋官	《宋书》卷五十五
王敬弘	宋武帝永初三年	琅邪临沂	吏部尚书	江夏王师		《宋书》卷六十六
徐钦之	宋武帝至少帝	东海郯人	?	?		《南史》卷十五
刘义庆	宋文帝元嘉元年	彭城	侍中	度支尚书	宗室	《宋书》卷五十一
谢灵运	宋文帝元嘉三年至五年		免官	免官		《宋书》卷六十七
刘义宾	宋文帝元嘉六年	彭城	黄门郎	左卫将军	宗室	《宋书》卷五十一
徐湛之	宋文帝？—元嘉十七年前	东海郯人	黄门侍郎	太子詹事	外戚	《宋书》卷七十一
颜延之	宋文帝？—元嘉三十年	琅邪临沂	司徒左长史	致仕		《宋书》卷七十三
孟灵休	?	平昌安丘	?	?	临汝公	《宋书》卷七十一
丘继祖	?	吴兴乌程	?	?		《宋书》卷九十一
丘系	?	吴兴乌程	?	?		《南齐书》卷五十二
刘彧	元嘉三十年四月至孝建元年	彭城		彭城、东海二郡太守	宋明帝	《宋书》卷八

续表

任职者	任职时间	籍贯	迁入官职	迁出官职	备注	资料来源
刘祎	孝建元年十月	彭城		江州刺史	宗室	《宋书》卷六
刘休仁	宋孝武帝孝建三年	彭城		都督南兖、徐二州	宗室	《宋书》卷七十二
刘昶	宋孝武帝大明元年	彭城		中军将军	宗室	《宋书》卷七十二
刘休祐	宋孝武帝大明三年	彭城	湘州刺史	侍中	宗室	《宋书》卷七十二
孔觊	宋孝武帝大明年间	会稽山阴	太子中庶子	御史中丞		《南史》卷二十七
刘秉	宋明帝泰始五年	彭城	吏部尚书	侍中	宗室	《宋书》卷五十一
王延之	宋明帝？至宋顺帝升明二年	琅邪临沂	会稽太守	右仆射		《南齐书》卷三十二
沈文季	后废帝元徽元年	吴兴武康	散骑常侍	吴兴太守		《南齐书》卷四十四
何戢	宋顺帝升明年间	庐江灊人	侍中	中书令	尚山阴公主	《南齐书》卷三十二
谢朏	宋顺帝升明三年	陈郡阳夏	左长史	被南齐免官		《梁书》卷十五
王普曜	？	琅邪临沂	？	？		《南齐书》卷四十二

表 3-3 **南齐秘书监任职表**

任职者	任职时间	籍贯	迁入官职	迁出官职	备注	资料来源
沈文季	齐高帝建元元年	吴兴武康	宋吴兴太守	太子右卫率		《南齐书》卷四十四
王奂	齐高帝建元二年	琅邪临沂	太常卿	骁骑将军	一岁三迁	《南齐书》卷四十九
陆澄	齐高帝建元二年、建元四年、齐武帝永明间	吴郡吴人	给事中	都官尚书	三次就任秘书监	《南齐书》卷三十九
王份	齐高帝永明年间	琅邪				《梁书》卷二十一
谢朏	齐高帝永明中	陈郡阳夏	免官			《隋书》卷三十二
徐荣祖	齐武帝时	高平	?	?		《南史》卷五十九
萧暠	齐武帝永明九年	南兰陵	南徐州刺史	薨	宗室	《南齐书》卷三十五
萧鉴	齐武帝永明九年	南兰陵	益州刺史	薨	宗室	《南齐书》卷三十五
萧钧	齐武帝永明十年至延兴元年	南兰陵	中书令	薨	宗室	《南齐书》卷四十五
萧锋	隆昌、延兴元年	南兰陵	徐州刺史	薨	宗室	《南齐书》卷三十五
江斅	齐明帝建武元年至二年	济阳考城	吏部郎	卒		《南齐书》卷四十三
萧子晋	齐明帝时期	南兰陵	郡太守	侍中	宗室	《南齐书》卷三十五
萧子恪	东昏永元初	南兰陵	?	侍中	宗室	《梁书》卷三十五
江淹	明帝末、东昏侯永元年间至中兴元年	济阳考城	黄门侍郎	吏部尚书		《梁书》卷十四
萧宝攸	和帝中兴元年至二年	南兰陵	江州刺史	赐死	宗室	《南齐书》卷五十

（注：资料来源一栏所依据《南齐书》、《梁书》等均为中华书局 1975 年版）

表 3-4 南朝梁秘书监任职表

任职者	任职时间	籍贯	迁入官职	迁出官职	备注	来源
谢征	天监初	陈郡阳夏	司农卿	左民尚书		《梁书》卷五十
萧业	天监二年至四年	南兰陵	冠军将军	侍中	宗室	《梁书》卷二十三
任昉	天监四年至六年	乐安博昌	御史中丞	宁朔将军、新安太守		《梁书》卷十四
陆杲	天监六年—?	吴郡吴		太子中庶子		《梁书》卷二十六
王亮	天监八年	琅邪临沂	起官	太常卿	数日迁	《梁书》卷十六
柳惔	天监八年	河东解人	免官	卒		《梁书》卷十二
蔡撙	天监九年	济阳考城	侍中	中书令		《梁书》卷二十一
柳恽	天监十年	河东解人	广州刺史	吴兴太守		《梁书》卷二十一
傅昭	天监十二年至十四年	北地灵州	郡守	太常卿		《梁书》卷二十六
孔休源	天监中	会稽山阴	通直散骑常侍	明威将军		《梁书》卷三十六
萧子恪	天监中	南兰陵	光禄卿	零陵太守	宗室旁支	《梁书》卷三十五

续表

任职者	任职时间	籍贯	迁入官职	迁出官职	备注	来源
刘之遴	天监中	南阳涅阳	丁忧	免官		《梁书》卷四十
王彬	天监中	琅邪临沂	吏部尚书	卒		《南史》卷二十二
傅昭	普通二年至五年	北地灵州	临海太守	散骑常侍		《梁书》卷二十六
殷芸	普通初	陈郡长平	通直散骑常侍	司徒左长史		《梁书》卷四十一
萧琛	普通末？—大通二年	南兰陵	度支尚书	金紫光禄大夫	宗室旁支	《梁书》卷二十六
萧象	大同初至二年	南兰陵	太常卿	薨	宗室	《梁书》卷二十三
王筠	大同二年？至五年	琅邪临沂	云麾豫章王长史	太府卿		《梁书》卷三十三
刘孝绰	大同年间	彭城安上里	信威临贺王长史	卒		《南史》卷四十
褚球	中大同中	河南阳翟	太府卿	司徒左长史		《梁书》卷四十一
萧子范	梁武帝末至大宝元年	南兰陵		光禄大夫	宗室旁支	《梁书》卷三十五
徐陵	梁敬帝绍泰二年至太平二年	东海郯人	给事黄门侍郎	陈官		《陈书》卷二十六

表 3-5 南朝陈秘书监任职表

任职者	任职时间	籍贯	迁入官职	迁出官职	资料
蔡景历	陈武帝永定元年至二年	济阳考城	梁黄门侍郎	降为中书侍郎	《陈书》卷十六
江德藻	陈武帝时期	济阳考城	梁官	太子中庶子	《陈书》卷三十四
庾持	陈废帝光大元年	颍川鄢陵		少府卿	《陈书》卷三十四
蔡景历	陈文帝天嘉元年至三年	济阳考城	中书侍郎	太子左卫率	《陈书》卷十六
周弘直	陈文帝天嘉中	汝南安城	尚书左丞	太常卿	《陈书》卷二十四
傅縡	后主至德元年	北地灵州	太子庶子、仆	赐死	《陈书》卷三十
姚察	后主	吴兴武康	丁忧	度支尚书	《陈书》卷二十七

号，《梁书·江淹列传》载：

> 江淹，字文通，济阳考城人也……寻为秘书监。永元中，崔慧景举兵围京城，衣冠悉投名刺，淹称疾不往。及事平，世服其先见。
>
> 东昏末，淹以秘书监兼卫尉，固辞不获免，遂亲职。谓人曰："此非吾任，路人所知，正取吾空名耳。且天时人事，寻当翻覆。孔子曰：'有文事者必有武备。'临事图之，何忧之有?"顷之，又副领军王莹。及义师至新林，淹微服来奔，高祖板为冠军将军，秘书监如故，寻兼司徒左长史。中兴元年，迁吏部尚书。①

较之刘宋、南齐，萧梁秘书监任职者多名副其实，主要原因如下：

第一，宗室任职者比例下降，即使有就任秘书监的宗室子弟，亦以才显，如：

"长沙嗣王业字静旷，高祖长兄懿之子也……业幼而明敏，识度过人"②；

"(萧)子恪，字景冲，永明中，以王子封南康县侯。年十二，和从兄司徒竟陵王子良《高松赋》，卫军王俭见而奇之……子恪兄弟十六人并入梁，有文学者子恪、子质、子显、子云、子晖……子恪亦涉学，颇属文，随弃其本，故不传文集。"③

第二，秘书监任职者时间延长至年，职官的迁转逐渐正常，因此梁时秘书监有履行职责的记载，如秘书监任昉，"字彦升，乐安博昌人……寻转御史中丞，秘书监，领前军将军。自齐永元以来，秘阁四部，篇卷纷杂，昉手自雠校，由是篇目定焉"④。

---

① 《梁书·江淹列传》(卷14)。

② 《梁书·长沙嗣王业列传》(卷23)。

③ 《南史·齐高帝诸子列传上》(卷42)。

④ 《梁书·任昉列传》(卷14)。

第三，梁时秘书监任职者不再局限于高门士族，逐渐由才学者充任，如殷芸、刘之遴、褚球、徐陵等出身次等士族者，这与当时的社会阶层的变化有着深刻的联系。

陈朝秘书监任职更为简单，其门第观念更为淡薄，尤其在后主时期，傅縡、姚察两人均以才学著称，尤其是姚察，后主称赞："姚察达学洽闻，手笔典裁，求之于古，犹难辈匹，在于今世，足为师范"①。其余等人皆有才名，江德藻"好学，善属文"，著有文集五十五卷；庾持"笃志好学，尤善书记，以才艺闻"；周弘直"方雅敦厚，气调高于次昆"，有文集二十卷流传。

(二)秘书丞任职人员考

南朝初期，秘书监因性质"清要"多由宗室或高门士族充任，因此秘书丞成为秘书省机构的负责者，其任职者多进行具体的典籍工作，皆以才学就任，具有实际的任职意义。按典制，南朝设丞一人三，宋齐时期依照两晋，品第六；梁朝升为品第五，秩六百石，陈朝因之。

从下表3-6中可以看出，南朝秘书丞的任职较之秘书监，较为复杂，总体来说，具有以下特点：

第一，从南朝四代的秘书丞任职人数来看，宋18人，齐7人，梁14人，陈无考，按照各朝延绵年代平均，人均任职年限不足四年，实际任职时间更为短暂，更有顷刻即迁转他官者。

第二，从秘书丞职责履行来看，秘书丞虽然是南朝秘书省的实际事务负责者，但多数任职者并无实际贡献。其中可称为恪守职责者，有刘宋秘书丞殷淳、王俭，梁秘书丞王泰、殷钧四人：

> 殷淳，字粹远，陈郡长平人也……淳少好学，有美名。少帝景平初，为秘书郎，衡阳王文学，秘书丞，中书黄门侍郎。

---

① 《陈书·姚察列传》(卷27)。

表 3-6 **南朝秘书丞任职表**

任职者	任职时间	籍贯	备注	资料来源
谢皭	宋武帝永初年间	陈郡阳夏	幼有殊行,谢瞻居权贵	《宋书》卷五十六
谢灵运	宋武帝永初年间	陈郡阳夏	少好学,博览群书,文章之美,江左莫逮	《宋书》卷六十七
范晔	宋武帝永初年间	顺阳	少好学,博涉经史,善为文章,能隶书,晓音律	《宋书》卷六十九
张敷	宋文帝元嘉初	吴郡	性整贵,风韵甚高,好读玄书,兼属文论,少有盛名	《宋书》卷六十二
王僧绰	宋文帝元嘉初	琅邪临沂	尚太祖长女东阳献公主	《宋书》卷七十一
殷淳	宋文帝元嘉十三年卒于官	陈郡长平	高简寡欲,早有清尚,爱好文义,未尝违舍。在秘书阁撰《四部书目》凡四十卷,行于世	《宋书》卷五十九
褚渊	宋文帝元嘉末	河南阳翟	少有世誉,尚宋文帝女南郡献公主	《南齐书》卷二十三
孔觊	宋文帝元嘉末	会稽山阴	口吃,好读书,早知名	《宋书》卷八十四

续表

任职者	任职时间	籍贯	备注	资料来源
王绚	宋孝武帝时	琅邪临沂	少以敏惠见知,笃志好学	《宋书》卷八十五
王延之	宋孝武帝时	琅邪临沂		《南齐书》卷三十二
袁戬	宋前废帝景和末	陈郡阳夏		《南史》卷二十六
江敩	宋明帝时	济阳考城		《南齐书》卷四十三
何戢	宋明帝时	庐江灊人	选戢尚山阴公主,拜驸马都尉	《南齐书》卷三十二
王缋	宋明帝时	琅邪临沂	外戚	《南齐书》卷四十九
王慈	刘宋末	琅邪临沂	外祖为宋太宰江夏王刘义恭	《南齐书》卷四十六
王俭	刘后废帝元徽初	琅邪临沂	专心笃学,手不释卷,上表求校坟籍,依《七略》撰《七志》四十卷,上表献之,表辞甚典。又撰定《元徽四部书目》	《南齐书》卷二十三
袁彖	刘宋末	陈郡阳夏		《南齐书》卷四十八
王亮	刘宋末	琅邪临沂	以名家子,宋末选尚公主	《梁书》卷十六
江祀	南齐高祖时	济阳考城		《南齐书》卷四十二

续表

任职者	任职时间	籍贯	备注	资料来源
王融	南齐武帝永明年间	琅邪临沂	博涉有文才,启世祖求自试,迁秘书丞	《南齐书》卷四十七
王肃	南齐武帝永明末	琅邪临沂	少而聪辩,涉猎经史,奔魏	《魏书》卷六十三
萧遥昌	南齐隆昌、延兴年间	南兰陵	宗室	《南齐书》卷四十五
王暕	南齐明帝建武初	琅邪临沂	弱冠,选尚淮南长公主,	《梁书》卷二十一
江蒨	南齐明帝时	济阳考城	幼聪警,读书过目便能讽诵	《梁书》卷二十一
袁昂	南齐末	陈郡阳夏		《梁书》卷三十一
王泰	梁武帝天监元年	琅邪临沂	齐永元末,后宫火,延烧秘书,图书散乱殆尽。泰为丞,表校定缮写,高祖从之	《梁书》卷二十一
王训	梁武帝天监初	琅邪临沂	补国子生,射策高第	《梁书》卷二十一
殷钧	梁武帝天监中	陈郡长平	尚永兴公主,钧在职,启校定秘阁四部书,更为目录。又受诏料检西省法书古迹,别为品目	《梁书》卷二十七
张率	梁武帝天监初？至四年	吴郡吴	率为《待诏赋》奏之,甚见称赏	《梁书》卷三十三

续表

任职者	任职时间	籍贯	备注	资料来源
刘孝绰	梁天监中	彭城人	两次就任	《梁书》卷三十三
王规	梁天监十二年至大同二年	琅邪临沂	献《新殿赋》,其辞甚工。拜秘书丞	《梁书》卷四十一
何敬容	梁天监年间	庐江人		《梁书》卷三十七
谢举	梁武帝中	陈郡阳夏	中书令览之弟也。幼好学,能清言,与览齐名	《梁书》卷三十七
何穀	梁武帝时	庐江人	何敬容之子,早卒	《梁书》卷三十七
萧推	梁武帝中大通	南兰陵	宗室	《梁书》卷二十二
王褒	梁武帝中大同	琅邪临沂	王规之子	《梁书》卷四十一
萧恭	梁武帝中	南兰陵	宗室	《梁书》卷二十二
萧确	梁武帝末	南兰陵	宗室,少骁勇,有文才	《梁书》卷二十九
张交	梁孝元帝承圣二年	范阳方城	颇涉文学,选尚太宗第十一女安阳公主	《梁书》卷三十四

(注:资料来源一栏所依据《南齐书》、《梁书》等均为中华书局1975年版)

在秘书阁撰《四部书目》凡四十卷，行于世。①

王俭，字仲宝，琅邪临沂人也……幼有神彩，专心笃学，手不释卷……解褐秘书郎，太子舍人，超迁秘书丞。上表求校坟籍，依《七略》撰《七志》四十卷，上表献之，表辞甚典。又撰定《元徽四部书目》。②

王泰，字仲通，志长兄慈之子也……天监元年，迁秘书丞。齐永元末，后宫火，延烧秘书，图书散乱殆尽。泰为丞，表校定缮写，高祖从之。③

殷钧，字季和，陈郡长平人也……天监初，拜驸马都尉，起家秘书郎、太子舍人、司徒主簿、秘书丞。钧在职，启校定秘阁四部书，更为目录。又受诏料检西省法书古迹，别为品目。④

第三，从秘书丞的任职条件来看，一言以蔽之，讲究人地兼美。南朝秘书丞多数由高门士族子弟充任，且琅邪临沂王氏占据南朝秘书丞任职者三分之一，在宋、齐、梁三朝中可考者 14 人，另外兰陵萧氏以宗室充任者四人，陈郡谢氏、陈郡阳夏袁氏、济阳考城江氏各占三人。秘书丞任职，除却门第因素之外，尚讲究任职者本人的文化修养，以刘宋秘书丞王俭任职为例，“元徽初，东宫罢，选曹拟舍人王俭格外记室，绪以俭人地兼美，宜转秘书丞，从之”⑤。从这个角度考虑，南朝秘书丞任职者宗室人员减少就可以理解，而至梁朝时期，宗室萧推、萧恭、萧确三人就任秘书丞，其原因在于萧梁宗室多以文采卓著见称，就任秘书丞一职亦可理解。

第四，从秘书丞的地位来说，南朝至为清要，甚至出现天下第一官的称呼，这一官职的名望同时也决定了帝王任命的慎重，以梁

---

① 《宋书·殷淳列传》(卷 59)。

② 《南齐书·王俭列传》(卷 23)。

③ 《梁书·王泰列传》(卷 21)。

④ 《梁书·殷钧列传》(卷 27)。

⑤ 《南齐书·王俭列传》(卷 23)。

时张率、刘孝绰两人的任命来看：

张率，字士简，吴郡吴人……迁秘书丞，引见玉衡殿。高祖曰："秘书丞天下清官，东南胄望未有为之者，今以相处，足为卿誉。"其恩遇如此。①

刘孝绰，字孝绰，彭城人……迁除秘书丞。高祖谓舍人周舍曰："第一官当用第一人。"故以孝绰居此职。公事免。寻复除秘书丞，出为镇南安成王咨议，入以事免。②

通过分析梁武帝对张率的任命，可以推测在其就任之前，秘书丞多有侨姓士族居之，少有南方士族的身影，因张率文采为梁武帝所赏，才得此任命，且秘书丞的任职本身即是一种荣誉，可称"天下清要第一官"。

(三)秘书郎任职者考

南朝秘书省内设秘书郎四人，品第六，分掌四部秘书。但是南朝秘书郎任职更多地关注其清要性质，成为高门士族子弟起家之良选。考南朝秘书郎任职者如下表3-7所示。

从表格中的统计数据可以看出，南朝秘书郎多以高门士族子弟、宗室子弟居之，正如《梁书·张缵列传》所言："秘书郎有四员，宋、齐以来，为甲族起家之选，待次入补，其居职，例数十百日便迁任。"③史料中所言"待次入补"，说明南朝秘书郎以其清要受到士族青睐，均有意以此官作为仕宦生涯的起点，因此秘书郎的任职需要排队任命。刘宋时期散骑常侍、金紫光禄大夫、领江夏王师王敬弘，"子恢之被召为秘书郎，敬弘为求奉朝请，与恢之书曰：'秘书有限，故有竞。朝请无限，故无竞。吾欲使汝处于不竞之地。'

① 《梁书·张率列传》(卷33)。
② 《梁书·刘孝绰列传》(卷33)。
③ 《梁书·张缵列传》(卷34)。

表 3-7 南朝秘书郎任职表

任职者	任职时间	籍贯	备注	资料来源
傅演	宋武帝时	北地灵州	中书令、建城县公傅亮之子	《宋书》卷四十三
庾炳之	宋武帝时	颍川鄢陵	庾登之之弟	《宋书》卷五十三
张敷	宋武帝永初初	吴郡	吴兴太守张邵子	《宋书》卷六十二
殷淳	宋少帝景平初	陈郡长平		《宋书》卷五十九
刘彪	宋文帝元嘉初	彭城	宗室	《宋书》卷五十一
谢世休	宋文帝元嘉三年	陈郡阳夏	谢晦之子	《宋书》卷四十四
檀遵	宋文帝元嘉十三年	高平金乡	檀道济之子	《宋书》卷四十三
刘楷	宋文帝元嘉三十年	彭城	宗室	《宋书》卷五十一
王僧虔	宋文帝元嘉年间	琅邪临沂		《南齐书》卷三十三
沈文季	宋孝武帝孝建二年	吴兴武康	宋司空沈庆之之子	《南齐书》卷四十四
王志	宋孝武帝时	琅邪临沂	尚孝武安固公主	《梁书》卷二十一
刘铣	宋明帝泰始三年	彭城	宗室	《宋书》卷六十一
何戢	宋明帝时	庐江灊人	尚山阴公主	《南齐书》卷三十二
王缋	宋明帝时	琅邪临沂	外戚	《南齐书》卷四十九

续表

任职者	任职时间	籍贯	备注	资料来源
王俭	宋明帝末	琅邪临沂	王僧绰之子	《南齐书》卷二十三
萧惠开	宋末	南兰陵	外戚	《宋书》卷八十七
萧缅	宋末	南兰陵	萧氏子弟	《南齐书》卷四十五
刘瓛	宋末	沛国相人	少笃学,博通《五经》	《南齐书》卷三十九
谢鹏	宋末	陈郡阳夏		《南齐书》卷四十三
谢瀹	宋末	陈郡阳夏		《南齐书》卷四十三
王慈	宋末	琅邪临沂	江夏王刘义恭之外孙	《南齐书》卷四十六
王亮	宋末	琅邪临沂	以名家子,宋末选尚公主	《梁书》卷十六
褚贲	宋顺帝升明中	河南阳翟	外戚	《南齐书》卷二十三
萧颖胄	南齐太祖建元初	南兰陵	宗室旁支	《南齐书》卷三十八
萧遥欣	南齐武帝永明年间	南兰陵	宗室	《南齐书》卷四十五
萧遥昌	南齐武帝永明年间	南兰陵	宗室	《南齐书》卷四十五
萧赏	南齐明帝建武初	南兰陵	宗室	《南齐书》卷四十二
王寂	南齐明帝建武初	琅邪临沂	王僧虔之九子	《南齐书》卷三十三

续表

任职者	任职时间	籍贯	备注	资料来源
谢览	南齐明帝时	陈郡阳夏	尚齐钱唐公主	《梁书》卷十五
江蒨	南齐明帝时	济阳考城		《梁书》卷二十一
王泰	南齐末	琅邪临沂		《梁书》卷二十一
何胤	南齐末	庐江灊人		《梁书》卷五十一
萧范	梁武帝初	南兰陵	宗室	《梁书》卷二十二
谢举	梁武帝初	陈郡阳夏	中书令览之弟也	《梁书》卷三十七
徐僧权	梁武帝初	东海人	领秘书	《陈书》卷三十四
褚翔	梁武帝天监初	河南阳翟	选补国子生	《梁书》卷四十一
王训	梁武帝天监初	琅邪临沂	补国子生,射策高第	《梁书》卷二十一
王锡	梁武帝天监初	琅邪临沂	十四,举清茂,除秘书郎	《梁书》卷二十一
王规	梁武帝天监初	琅邪临沂		《梁书》卷四十一
萧昱	梁武帝天监初	南兰陵	宗室	《梁书》卷二十四
殷钧	梁武帝天监初	陈郡长平	尚永兴公主	《梁书》卷二十七
何敬容	梁武帝天监初	庐江人		《梁书》卷三十七

续表

任职者	任职时间	籍贯	备注	资料来源
张缅	梁武帝天监七年	范阳方城	外戚	《梁书》卷三十四
萧子云	梁武帝天监十七年	南兰陵	宗室旁支,年三十,方起家	《梁书》卷三十五
张缵	梁武帝天监年间	范阳方城	外戚,任职数年不迁	《梁书》卷三十四
萧序	梁武帝天监年间	南兰陵	宗室旁支	《梁书》卷三十五
张绾	梁武帝天监年间	范阳方城	外戚,射策高第,起家官	《梁书》卷三十四
王佥	梁武帝天监年间	琅邪临沂	策高第,除长史兼秘书郎中	《梁书》卷二十一
萧孝俨	梁武帝天监年间	南兰陵	宗室,射策甲科,除秘书郎	《梁书》卷二十三
王褒	梁武帝中	琅邪临沂		《梁书》卷四十一
王承	梁武帝中	琅邪临沂	年十五,射策高第	《梁书》卷四十一
袁宪	梁武帝大同元年	陈郡阳夏	袁枢之弟	《陈书》卷二十四
王玚	梁武帝大同中	琅邪临沂	司空王冲之第十二子	《陈书》卷二十三
张嵊	梁武帝时	吴郡	镇北将军稷之子	《梁书》卷四十三
褚向	梁武帝时	河南阳翟		《梁书》卷四十一
王冲	梁武帝时	琅邪临沂	梁武帝之外甥	《陈书》卷十七

续表

任职者	任职时间	籍贯	备注	资料来源
王通	梁武帝时	琅邪临沂	梁武帝之外甥	《陈书》卷十七
王劢	梁武帝时	琅邪临沂	梁武帝之外甥	《陈书》卷十七
王质	梁武帝时	琅邪临沂	梁武帝之外甥	《陈书》卷十八
王固	梁武帝时	琅邪临沂	梁武帝之外甥	《陈书》卷二十一
袁敬	梁武帝时	陈郡阳夏		《陈书》卷十七
袁枢	梁武帝时	陈郡阳夏		《陈书》卷十七
王实	梁武帝时	琅邪临沂	尚梁武帝女安吉公主	《南史》卷二十三
谢哲	梁武帝末	陈郡阳夏		《陈书》卷二十一
谢嘏	梁武帝末	陈郡阳夏		《陈书》卷二十一
萧济	梁武帝末	东海兰陵		《陈书》卷三十
蔡凝	陈文帝天嘉四年	济阳考城		《陈书》卷三十四
徐份	陈文帝天嘉年间	东海郯人	徐陵之子	《陈书》卷二十六
徐仪	陈后主至德年间	东海郯人	《周易》生举高第为秘书郎	《陈书》卷二十六
江漼	陈后主	济阳考城	驸马都尉	《陈书》卷二十七

（注：资料来源一栏所依据《南齐书》、《梁书》等均为中华书局 1975 年版）

太祖嘉而许之"①。这一事件透露出南朝高门士族对秘书郎一职竞争的激烈程度，身为琅邪临沂王氏子弟，王敬弘尚生退让之心，以秘书郎员额有限，朝奉无限额这样的理由进行避让，说明了当时士族子弟因秘书郎的清要性质而求任命，之后顷刻即迁他官，从而忽视了秘书郎本身所承担的图书职责，《通典》曰："自齐、梁之末，多以贵游子弟为之，无其才实。当时谚曰：'上车不落则著作，体中何如则秘书。'"②当然亦有特例，如宋末萧惠开秘书郎任职三年，梁朝张缵欲遍观群书固求不迁，其弟张绾同样长期担任秘书郎一职：

> 萧惠开虽贵戚而车服简素，初为秘书郎，秘书、著作并名家年少，惠开意趣与之多不同，比肩或三年不共语。③
>
> (张)缵字伯绪……起家秘书郎，时年十七……缵固求不徙，欲遍观阁内图籍。尝执四部书目曰："若读此毕，乃可言优仕矣。"如此数载，方迁太子舍人，转洗马、中舍人，并掌管记。④
>
> (张)绾字孝卿，缵第四弟也。初为国子生，射策高第。起家长兼秘书郎，迁太子舍人，洗马，中舍人，并掌管记。⑤

南朝秘书郎多作为士族子弟的起家官，因此多人以弱冠之年就任，其中亦有特例，如梁朝时期，南齐宗室子弟萧子云三十岁才得以就任，"子云字景乔，子恪第九弟也。至年二十六，书成，表奏之，诏付秘阁。子云性沈静，不乐仕进。年三十，方起家为秘书郎。迁太子舍人，撰《东宫新记》，奏之，敕赐束帛"⑥。

---

① 《宋书·王敬弘列传》(卷66)。
② (唐)杜佑：《通典·职官八》(卷26)。
③ 《太平御览·职官部三十一·秘书郎》(卷233)。
④ 《梁书·张缵列传》(卷34)。
⑤ 《梁书·张绾列传》(卷34)。
⑥ 《梁书·萧子云列传》(卷35)。

(四)著作郎官任职者考

南朝秘书省辖著作省，掌国史修撰，下设著作郎一人，著作佐郎八人，著作令史若干，著作治书若干，其中著作郎品第六，史称“大著作”，著作佐郎同样品第六，辅佐著作郎修国史。但是南朝著作郎官任职更多地关注其清要性质，而忽视其修撰性质，更多作为高门子弟起家之官，顷刻即转。考南朝著作郎官任职者如下表3-8所示。

由表中统计可知：

第一，自刘宋至陈朝，秘书省内著作郎官的任职者的出身变化明显，刘宋时期，著作郎官多由琅邪临沂王氏、河南阳翟褚氏、济阳考城江氏等高门士族以及宗室、外戚子弟担任，多注重门第，至南齐时期，王氏与萧氏皇族任职者众，这一情况至梁朝开始有所变化，著作郎官的任职者不再集中于某些家族，而是来历、籍贯更加广泛，陈朝时期的著作郎官就任多以南方士族为主要力量，可考九人著作官仅吴郡人士就占四人。

第二，与秘书官相比，南朝著作郎官地位开始逐渐下降，以至于有名家子不就著作官而应秘书官的现象，如：

> 徐湛之，字孝源，东海郯人。父逵之，尚高祖长女会稽公主……元嘉二年，除著作佐郎，员外散骑侍郎，并不就。①
>
> 王泰，字仲通……起家为著作郎，不拜，改除秘书郎，迁前将军、法曹行参军、司徒东阁祭酒、车骑主簿。②

结合第一项所分析的南朝著作官籍贯出身，即可看出，著作官虽亦属清要官制，但其地位却低于秘书官，至陈朝时期，甚至已经没有门第的限制，而是以父辈的官职为依据，“次令仆子起家著作

---

① 《宋书·徐湛之列传》(卷71)。

② 《梁书·王泰列传》(卷21)。

表 3-8 南朝著作郎官任职表

任职者	任职时间	籍贯	备注	资料来源
褚寂之	宋武帝时	河南阳翟	佐	《宋书》卷五十二
王秀之	宋武帝时	琅邪临沂	佐	《南齐书》卷四十六
王韶之	宋武帝永初元年	琅邪临沂	黄门侍郎,领著作郎	《宋书》卷六十
褚渊	宋文帝时	河南阳翟	佐,尚文帝女南郡献公主	《南齐书》卷二十三
褚湛之	宋文帝时	河南阳翟	尚高祖第七女始安哀公主	《宋书》卷五十二
江智渊	宋文帝时	济阳考城		《宋书》卷五十九
江湛	宋文帝时	济阳考城	佐,外戚	《宋书》卷七十一
萧惠基	宋文帝时	南兰陵	佐,尚江夏王刘义恭女	《南齐书》卷四十六
顾愿	宋文帝时	吴郡	佐	《宋书》卷八十一
江教	宋文帝时	济阳考城		《南齐书》卷四十三
谢绍	宋文帝元嘉三年	陈郡阳夏	佐	《宋书》卷四十四
何承天	宋文帝元嘉十六年	东海郯人	佐,撰国史	《宋书》卷六十四
江恁	宋文帝元嘉三十年	济阳考城	佐,尚淮阳公主	《宋书》卷七十一
徐聿之	宋文帝元嘉三十年	东海郯人		《南齐书》卷四十四
何求	宋文帝元嘉末	庐江灊人		《南齐书》卷五十五

续表

任职者	任职时间	籍贯	备注	资料来源
刘秉	宋孝武帝时	彭城	宗室	《宋书》卷五十一
刘绘	宋孝武帝时	彭城	宗室	《南齐书》卷四十八
王奂	宋孝武帝时	琅邪临沂	佐	《南齐书》卷四十九
孔灵运	宋孝武帝时	会稽山阴		《南史》卷二十七
徐孝嗣	宋孝武帝泰始年间	东海郯人	尚主	《南齐书》卷四十四
沈统	宋孝武帝大明中	吴兴武康	佐	《宋书》卷六十三
徐爰	宋孝武帝大明六年	南琅邪	领著作	《宋书》卷九十四
萧映	宋后废帝元徽四年	南兰陵	佐,南齐太祖第三子	《南齐书》卷三十五
王逡之	宋顺帝升明末	琅邪临沂	著作郎兼尚书左丞	《南齐书》卷五十二
王莹	宋末	琅邪临沂	佐,选尚宋临淮公主	《梁书》卷十六
许珪	宋时	高阳新城		《梁书》卷四十
王逡之	南齐建元初至三年	琅邪临沂	著作郎兼尚书左丞	《南齐书》卷五十二
周颙	南齐建元年间	汝南安城	兼著作,撰起居注	《南齐书》卷四十一
王僧祐	南齐建元年间	琅邪临沂	佐	《南史》卷二十一
王肃	南齐永明初	琅邪临沂		《魏书》卷六十三

续表

任职者	任职时间	籍贯	备注	资料来源
萧洽	南齐永明中	南兰陵	佐,宗室旁支	《梁书》卷四十一
王瞻	南齐永明年间	琅邪临沂	佐	《梁书》卷二十一
沈约	南齐永明年间	吴兴武康	兼著作郎	《梁书》卷十二
王嵩之	南齐隆昌初年	琅邪临沂	兼著作	《南齐书》卷四十三
王长玄	南齐建武年间	琅邪临沂	佐	《梁书》卷二十一
萧业	南齐永泰永元年间	南兰陵	宗室旁支	《梁书》卷二十三
萧藻	南齐永元初	南兰陵	佐,宗室旁支	《梁书》卷二十三
萧介	南齐永元末	兰陵人	佐,宗室旁支	《梁书》卷四十一
傅昭	南齐中兴年间	北地灵州	领著作	《梁书》卷二十六
沈顗	南齐时	吴兴武康		《南齐书》卷五十四
萧秀	南齐时	南兰陵	佐,宗室旁支	《梁书》卷二十二
萧眎素	南齐时	南兰陵	佐,宗室旁支	《梁书》卷五十二
裴子野	梁武帝天监初	河东闻喜	著作郎,掌国史及起居注	《梁书》卷三十
王僧孺	梁武帝天监初	东海郯人	领著作	《梁书》卷三十三
刘孝绰	梁武帝天监初	彭城人	佐	《梁书》卷三十三

续表

任职者	任职时间	籍贯	备注	资料来源
许懋	梁武帝天监初	高阳新城	兼著作郎,待诏文德省	《梁书》卷四十
傅昭	梁天监元年至三年	北地灵州	领著作	《梁书》卷二十六
刘显	梁天监元年至三年	沛国相人	傅昭引之为佐	《梁书》卷四十
陆襄	梁天监三年	吴郡吴人		《梁书》卷二十七
萧几	梁武帝天监年间	南兰陵	佐,齐曲江公遥欣子	《梁书》卷四十一
张悱	梁武帝普通年间	东海郯人	佐	《梁书》卷二十五
刘谅	梁武帝普通年间	彭城人	佐	《梁书》卷三十三
萧特	梁武帝普通年间	南兰陵	佐	《梁书》卷三十五
刘杳	梁武帝大通元年	平原郡	知著作郎事	《梁书》卷五十
刘遵	梁武帝大通年间	彭城安上里		《梁书》卷四十一
陆云公	梁武帝中大通年间	吴郡人	知著作、除著作、掌著作	《梁书》卷五十
刘刍	梁武帝中	彭城安上里		《梁书》卷四十一
柳敬礼	梁武帝太清年间	河东解人		《梁书》卷四十三
萧引	梁武帝太清年间	南兰陵	佐	《陈书》卷二十一
到荩	梁武帝末	彭城彭原	佐	《梁书》卷四十

续表

任职者	任职时间	籍贯	备注	资料来源
谢绥	梁武帝末	陈郡阳夏	佐	《陈书》卷三十二
虞荔	梁武帝末	会稽余姚	领著作郎	《陈书》卷十九
杜之伟	梁敬帝绍泰元年	吴郡钱塘	中书侍郎领著作	《陈书》卷三十四
姚察	梁敬帝绍泰元年	吴兴武康	佐	《陈书》卷二十七
杜之伟	陈武帝永定初	吴郡钱塘	领著作	《陈书》卷三十四
虞荔	陈武帝永定初	会稽余姚	领著作郎	《陈书》卷十九
许亨	陈武帝永定初	高阳新城	领大著作,知梁史事	《陈书》卷三十四
徐陵	陈文帝天嘉四年至天康元年	东海郯人	领大著作	《陈书》卷二十六
陆琼	陈孝宣帝太建年间	吴郡吴人	领大著作	《陈书》卷三十
顾野王	陈孝宣帝太建六年	吴郡吴人	领大著作	《陈书》卷三十
陆从典	陈孝宣帝太建八年	吴郡吴人	佐	《陈书》卷三十
姚察	陈孝宣帝太建年间至后主祯明三年	吴兴武康	领大著作	《陈书》卷二十七
江溢	陈后主	济阳考城	佐	《陈书》卷二十七

(注:资料来源一栏所依据《南齐书》、《梁书》等均为中华书局1975年版)

作郎”①，而南朝秘书官则是严格门第，甚至需要竞争排队上岗。

第三，南朝著作郎官多作为起家官为士族、宗室子弟所占据，因此其任职平均年龄偏低，所讲究的是名家年少，因此《太平御览·职官三十二》引《宋书》载刘宋著作佐郎何承天典故：

> 沈约《宋书》曰：何承天除著作郎，撰国史。丞天时年已老，而著作郎并名家年少，荀伯子嘲之，常呼为奶母。承天曰：“卿当云凤皇将九子，奶母何言耶！”②

第四，从著作郎官掌国史修撰的职责来说，南朝著作郎多以他官兼任，可考者有二十人，占据著作郎任职者三分之二的名额，因此其主要修国史的职责则是出于兼职状态，加上佐郎是作为名家子弟起家官而存在，几乎不能履职，导致南朝时期修国史的任务虽名义上属于著作郎官，但多以他官行，且需要另引辅佐之人，如梁五兵尚书傅邵掌著作，修国史，另外引刘显为佐。另外著作官尚且掌修起居注，这一职责于南朝开始由著作官承担，至南齐时期已成常态，因此崔祖思在南齐武帝萧道成即位之后，上书论政曰：

> 古者左史记言，右史记事。故君举必书，尽直笔而不污；上无妄动，知如丝之成纶。今者著作之官，起居而已；述事之徒，褒谀为体。世无董狐，书法必隐；时阙南史，直笔未闻。③

可知南齐初，著作官已经丧失修国史任，而专掌起居注。其原因在于刘宋以来，著作郎官任职条件放松，对于其史才不再要求，“晋制，著作佐郎始到职，必撰名臣传一人。宋氏初，国朝始建，

① 《隋书·百官志上》(卷26)。

② 《太平御览·职官部三十二·著作佐郎》(卷234)。

③ 《南齐书·崔祖思列传》(卷28)。

未有合撰者，此制遂替矣”①。

第五，南朝时期，由于著作郎多由他官兼任，佐郎成为起家良选，因此自宋时期，著作省内设置了著作令史、著作治书、撰史学士、撰史著士、史学生等职位，专门从事史书的撰写，在职责上替代著作郎官。

三 秘书省藏书研究

与战乱不已的局面相比，南朝虽经历了四次朝代更替，但总体上社会较为安定，且其武力冲突多围绕都城建康、南北政权对立的边境地区。同时伴随着南方地区经济的开发、发展，加上西晋末北方衣冠人士的大量南迁，以及北方少数民族对中原地区文明的破坏与重构，使得南朝成为文化的避难地，《隋书·牛弘列传》言：“永嘉之后，寇窃竞兴。因河据洛，跨秦带赵。论其建国立家，虽传名号，宪章礼乐，寂灭无闻……故知衣冠轨物，图画记注，播迁之余，皆归江左。”②加上东晋以后南朝宋、齐、梁统治者均注重国家文化建设，统治者的大力倡导加上南朝人士的各自努力，南朝文化成为当时社会文化的主流所在，即使北方统治者同样承认南方文化上的优势，东魏高欢曾愤愤而言：“江东复有一吴儿老翁萧衍者，专事衣冠礼乐，中原士大夫望之以为正朔所在。”③这样的文化优势有利于促进南方学术研究的发展，进而有了南朝丰富的图书编撰活动，图书的体裁、卷帙、种类较之前代，俱有所进步，这同样为官私藏书提供了丰富的图书来源。在众多因素的促进下，南朝官方图书事业成为植根于丰厚沃土的参天大树，恣意伸展。

(一)南朝官方图书聚散历史背景

南朝宋、齐、梁、陈四代虽然更替频繁，但是国家图书建设工

① 《宋书·百官志下》(卷40)。

② 《隋书·牛弘列传》(卷49)。

③ 《北齐书·杜弼列传》(卷24)。

作却一直是各朝代所持续进行的事情，从制度上来说，南朝承接了两晋的制度，建立了专掌图籍的秘书省机构，且设置了秘书监、秘书丞、秘书郎等秘书官掌管典籍，从制度上保证了各代官方图书事业进行，另外，南朝各代前期统治者多重视搜求图书，将丰富国家藏书这一活动纳入重要事务之中，通过各种途径扩充国家图书收藏，使得南朝国家藏书呈现良好的发展势头，但是由于官方藏书的收藏地点在宫城与皇城内，南朝四代的更替过程更是充满了杀掠，这造成了南朝官方藏书的数次聚散，姑且以历史发展为序，说明南朝四代官方藏书的收聚与亡佚。

在探讨其图书聚散之前，我们必须首先了解南朝藏书数量的变化，根据周少川先生的统计，晋末与南朝四代官方藏书数量如表3-9所示，并以此表为基础，勾画出南朝官方图书聚散图(见图3-1)。

结合上文图表，考之史籍，可以看出，南朝图书主要经历了比较大的四次聚散：

其一，东晋安帝桓玄之乱。

东晋元兴元年(402年)，荆、江两州刺史桓玄反，攻入建康，于次年称帝，后刘裕领兵讨伐，于元兴三年(404年)二月重新迎立东晋安帝司马德宗。数年围绕都城建康的兵火战乱，使得晋室图书遭受了巨大的损失，东晋武帝宁康初，国家藏书尚有三万六千余卷，经历了近半个世纪的发展，宋文帝时期官方藏书却仅有一万五千余卷，而义熙年间、元熙年间，建康在刘裕的统治下，少有兵火延及，因此可以推测晋安帝元兴年间这次叛乱对于晋朝藏书的损害程度极大。

其二，齐末永元宫廷火灾。

刘裕虽出身寒微，文化修养不高，但同样重视图书的搜集，于四方征伐时，尚重视图籍的搜括，包括讨伐桓玄、踏平姚秦，均有收图书经籍的记载，因此自晋末以来，官方图书在缓慢中增长，这一数据至宋文帝元嘉八年(431年)时，达到15020卷，之后刘宋政权内部腐化堕落，皇帝荒诞不经，在政治风波之余，图书几经散佚、收聚，导致虽有近半个世纪的时间，官方藏书却没有任何扩充，至刘宋后废帝刘昱元徽元年(473年)时图书总量仍然是15704

表 3-9 南朝官方藏书数量表

朝代	记事	藏书数量	史料来源	备注
东晋孝武帝宁康元年(373 年)	著作郎徐广主持秘书省藏书典校	36000 卷	《玉海》卷 50 引《续晋阳秋》	
宋文帝元嘉八年(431 年)	秘书监谢灵运撰《元嘉八年四部书目》	四部图书 1564 帙,14582 卷;另有佛经 55 帙,438 卷	《宋书·谢灵运列传》,《隋书·经籍志》,《古今书最》	
宋后废帝元徽元年(473 年)	秘书丞王俭上《宋元徽元年四部书目》	2020 帙,15704 卷	《南齐书·王俭列传》,《隋书·经籍志》,《古今书最》	《古今书最》载 15074 卷
南齐武帝永明元年(483 年)	秘书监谢朏、秘书丞王亮撰《齐永明元年秘阁四部书目》	2332 帙,18010 卷	《隋书·经籍志》,《古今书最》	
梁武帝天监四年(505 年)	秘书监任昉撰《梁天监四年文德殿正御四部及术数书目录》、秘书丞殷钧于秘阁撰《四部书目》	2968 帙,23106 卷	《隋书·经籍志》,《古今书最》	

续表

朝代	记事	藏书数量	史料来源	备注
梁武帝普通年间(520—526年)	处士阮孝绪撰《七录》	49926卷(包括佛法图书5400卷)	《梁书·阮孝绪列传》,《隋书·经籍志》,《古今书最》	宋齐已来王公之家公私藏书
梁武帝太清三年(549年)三月之前	侯景叛军进入建康之前	约210000卷(以文德殿图书数量推测秘阁、华林、东宫等地官方藏书总量)	《南史·侯景列传》	文德殿收书八万卷,而秘阁、华林园图书尽毁
梁元帝承圣年间(552—554年)	平侯景,收文德之书及公私经籍	70000余卷	《隋书·经籍志》	
梁元帝承圣二年(553年)	王僧辩等攻克建康,收图籍归江陵	80000卷	《南史·侯景列传》	延阁、秘署皆焚,莫有孑遗
梁元帝承圣三年十一月甲寅	西魏攻克江陵,元帝焚书	140000余卷	《资治通鉴》卷165承圣三年	存疑
陈后主祯明二年(588年)	隋平陈,收图籍	30000余卷	《隋书·经籍志》	

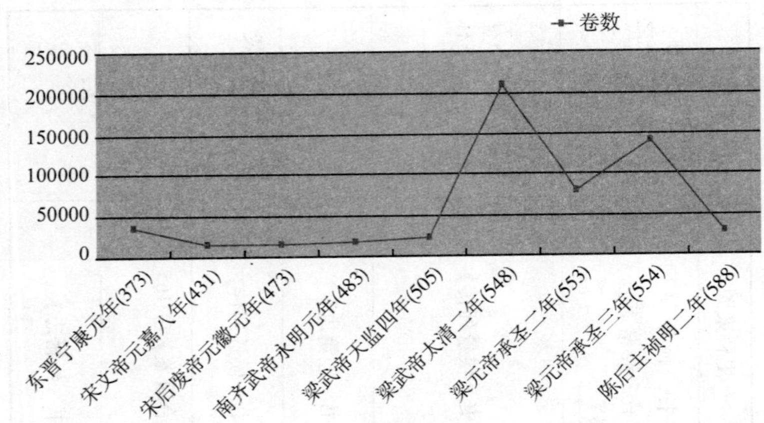

图 3-1 南朝官方图书聚散图

卷，增长可忽略不计。南齐萧氏通过宫廷政变，杀死废帝，扶植傀儡，获得禅让，这一过程中，并未借助大规模的武力进攻，因此刘宋图书可以说完全由南齐政权获得。兰陵萧氏出身次等士族，重视文化，因此在其统治下，官方图书经历了数次整理，数量上逐渐增加，至南齐武帝永明元年(483 年)，秘阁图书达到 18010 卷。南齐政权在武帝萧赜之后陷入混乱，至东昏侯萧宝卷永元二年，萧衍反叛，带兵攻入建康，国家藏书再次受到战火荼毒，《梁书·王泰列传》载："齐永元末，后宫火，延烧秘书，图书散乱殆尽。"①

其三，侯景之乱。

梁朝的创建者萧衍雅好文集，勤于著述，在位四十七年，推动了南朝图书事业的发展，亲自或下诏编撰了众多图书，并积极进行官方图书的搜括、抄写、校勘、编撰等工作，使得梁代官方藏书成为南朝图书事业发展的顶峰。梁建国初期，在南齐图书被焚烧殆尽的情况下，从零开始，下诏于社会上广泛搜集图书，其成果显著，天监四年，不算华林园所藏的佛经，文德殿四部藏书已达到 23106

① 《梁书·王泰列传》(卷 21)。

卷，而秘书省内藏书数量，更是远远超过此数。经历了半个世纪的发展，梁太清初，官府图书分别收藏于文德殿、尚书阁、秘阁、华林园等诸处，数量应逾二十万卷。太清二年(548年)，降将侯景起兵叛乱，攻入建康，纵容部下烧杀抢掠，秘阁图籍法书散佚，甚至流向北方，如北齐颜之推《颜氏家训·杂艺篇》中载："梁氏秘阁散逸以来，吾见二王真草多矣，家中尝得十卷。"①另外侯景尚有焚书行为，《历代名画记》载："侯景之乱，太子(萧)纲数梦秦皇更欲焚天下书，既而内府书画数百函，果为(侯)景所焚也。"②太清三年(549年)十一月，梁师重新夺回建康城，进攻之时，武帝之子萧纲、侯景放火纵烧宫城，导致东宫、秘署、延阁等地图书文物损失殆尽，东宫内"所聚图籍数百橱，一皆灰烬"③，仅余文德殿内图书，后大将王僧辩搜集建康剩余公私藏书八万余卷，启送至江陵。经此一役，梁朝官府藏书受到了巨大的打击，其数量呈直线式下降，致使梁武帝数十年收聚图书的努力毁于一旦。

其四，梁元帝焚书。

梁末，宗室内乱严重，祸起萧墙，镇守襄阳的梁宗室萧訾投靠西魏，引外敌联合进攻梁元帝萧绎，承圣三年(554年)，江陵城破。梁元帝萧绎性嗜书籍，即位后，着力进行图书建设，对图书进行校勘、抄写、购买等整理、扩充，加上王僧辩所搜集的战余图书，短短三年的时间内，梁朝图书增加了将近一倍，达到十四万卷，可以说"故江表图书，因斯尽萃于绎矣"。城破国亡之际，梁元帝认为图书不能落于他人之手，因此决定焚书，唐张怀瓘《二王书录》记录详尽：

> 其夜，乃集古今图书十四万卷，并大小二王迹，遣后阁舍人高善宝焚之。吴越宝剑，并将作斫柱，乃叹曰："萧世诚遂至于此，文武之道，今夜穷乎！"历代秘宝，并为煨烬矣。周

① (北齐)颜之推：《颜氏家训·杂艺篇》(卷9)。

② (唐)张彦远：《历代名画记·叙画之兴废》(卷1)。

③ 《梁书·侯景列传》(卷56)。

将于谨、普六、茹忠等，并摭拾遗逸，凡四千卷，将归长安。①

这就是历史上著名的“梁元帝焚书”事件。这次焚书彻底终结了南朝发达的官方藏书事业，在一定程度上打击了南朝文化的发展，至陈朝，其文化的衰弱实源于此。颜之推《观我生赋》云：“人民百万而囚虏，书史千两而烟飏，史籍已来，未之有也，溥天下之斯文尽丧!”西魏军从灰烬中得书四千余卷，运往北方，梁朝盛极一时的官府藏书至此，已经完全毁灭，之后的陈朝的图书建设，再次从零开始。

(二)南朝官方图书聚集

在大致了解南朝图书聚散脉络之后，我们需要详细讨论南朝各代诸帝在图书聚集上的努力和作为，以历史发展为序：

1. 刘宋时期

晋末桓玄叛乱称帝，《历代名画记》载：“桓玄性贪好奇，天下法书名画必使归己。及玄篡逆，晋府真迹，玄尽得之。”②后刘裕率军戡乱，“进至京邑，桓玄奔走，高祖使(臧)熹入宫收图书器物，封闭府库”③，尽收晋朝旧藏。义熙年间，刘裕四处征伐平乱之时，尚且重视图书字画的收藏，如义熙八年(412 年)，刘裕对豫州刺史刘毅进行突然袭击，诏书罪状刘毅，灭其势力，其战利品中就包括刘毅所收聚图书字画藏品，《法书要录》载：“刘毅颇尚风流，亦甚爱书，倾意搜求，及将败，大有所得”④；义熙十三年(417 年)，刘裕率军讨平关中姚秦政权，“收其图籍，五经子史，才四千卷，

---

① (清)董诰等编：《全唐文》卷 432，上海：上海古籍出版社 1990 年版。

② 《历代名画记·叙画之兴废》(卷 1)。

③ 《宋书·臧熹列传》(卷 74)。

④ (唐)张彦远：《法书要录·梁中书侍郎虞龢论书表》(卷 2)。

皆赤轴青纸，文字古拙”①，及刘宋建国之初，国家藏书已经有了一定的基础。

宋文帝在位三十年，更着力于图书搜集工作，御府之中颇存佳品，以至于太子刘劭将败之时，欲烧御府以泄愤，左右苦劝乃止。至孝武帝刘骏，“亦纂集佳书，都鄙士人，多有奉献，真伪混杂”，但是图书并非孝武帝所好，“于时圣意未存……未遑研习”。前废帝刘子业在位期间，忙于荒唐，国家图书管理松弛，秘书机构名存实亡，宋明帝刘彧曾羁押于秘书省宫殿内数月，国家藏书或有遗失。因此宋明帝刘彧泰始三年下诏搜求，一方面核查秘书收藏，搜购景和年间所散失的御府藏品，更是派使者深入三吴之地求访新书，《论书表》载：“及三年之初，(宋明帝刘彧)始玩宝迹，即科简旧秘，再诏求景和时所散失……皆原往罪，兼赐其直……乃使使三吴、荆湘诸境，穷幽测远，鸠集散逸，及群臣所上，数月之内，奇迹云萃”，之后并命虞龢、巢尚之、徐希秀、孙奉伯等人科简法书，虞龢总结刘宋御府经过此次搜括，仅法书一项就有 96 帙 974 卷，在这次搜括活动中，明帝下诏“庞沈搜索”，以至于原高祖时被盗法书的出现，可见其搜括力度。

2. 南齐时期

宋末政局混乱，御府管理不善，图书继续流失，原有的近千卷法书至南齐高帝时，不足百卷，《二王书录》载：

> (宋御府法书)既经丧乱，各所遗失，齐高帝朝书府古迹，唯有十二帙，以示王僧虔。仍更就求散逸，僧虔以帙中所无者，得张芝、索靖、卫伯儒、吴大皇帝、景帝、归命侯、王导、王洽、王珉、张翼、桓元等十卷，其与帙中所同者，王恬、王珣、王凝之、王徽之、王允之，并奏入秘阁。②

---

① 《隋书·牛弘列传》(卷 49)。

② (清)董诰等编：《全唐文》卷 432，上海：上海古籍出版社 1990 年版。

从王僧虔的献书中，可以看出，高门士族的图书字画收藏丰富，甚至远远高于国家收藏。南齐武帝永明中，秘阁图书略有增加，因此秘书监谢朏、秘书丞王亮整理秘书省藏书，根据旧目，“并有新进，更撰目录”①。

3. 梁朝时期

齐东昏侯永元末，萧衍兵临建康城下时，冠军将军柳恽上书“请城平之日，先收图籍，及遵汉祖宽大爱民之义”②，高祖听从，城破之日，便“命吕僧珍勒兵封府库及图籍”③，但是这时齐秘府收藏图籍已经在战火中散亡大半。因此梁武帝即位后，即采纳秘书丞王泰的建议，对国家藏书进行校定缮写，并令秘书监任昉撰《集坟集令》，诏示天下：“宜选陈农之才，采河间之网。怀铅握素，汉简杀青，依秘阁旧录，速加缮写”④，表达朝廷搜访、抄写图书之意；除图书经籍之外，对于字画古迹，“梁武帝尤加宝异，仍更搜葺”⑤，《二王法录》同样记载了梁武帝对法书的搜求：

> 梁武帝尤好图书，搜访天下，大有所获。以旧装坚强，字有损坏。天监中，敕朱异、徐僧权、唐怀允、姚怀珍、沈炽文等拆而装之，更加题检。二王书大凡七十八帙七百六十七卷，并珊瑚轴织成帙，金题玉变。⑥

秘书监任昉更是在广括异本的基础上，带领秘书丞殷钧等人，

---

① 阮孝绪：《七录序》，载严可均编：《全上古三代秦汉三国六朝文》，北京：中华书局 1965 年版。

② 《梁书·柳恽列传》(卷 21)。

③ 《梁书·武帝本纪上》(卷 1)。

④ (清)严可均编：《全上古三代秦汉三国六朝文》，北京：中华书局 1965 年版，第 3192 页。

⑤ 《历代名画记·叙画之兴废》(卷 1)。

⑥ (清)董诰等编：《全唐文》卷 432，上海：上海古籍出版社 1990 年版。

对秘书省、文德殿、西省等各藏书处的图书字画进行雠校整理，编撰了《梁天监四年文德殿正御及术数书目录》、《四部书目》等官藏目录。梁武帝有感于齐末战火将国家藏书毁于一旦的教训，极其重视图书的复制抄写，并创立了正副本制度，将国家藏书分散于文德待诏省、寿光省、华林省、西省等地，并实行区分内容的收藏，如文德殿陈列众书，华林园总集佛经，秘阁兼顾各处。

侯景之乱平定后，梁元帝建都江陵，大将王僧辩搜集战余公私图书八万卷，送往江陵，梁元帝着人点校抄写，“僧辩启送秘书图籍，敕(周)弘正雠校”①，并以此为基础更加搜括，“元帝雅有才艺，自善丹青，古之珍奇，充牣内府”②，短短三年时间图书古迹数量达到十四万余卷。

4．陈朝时期

陈朝建立之后，由于梁末的侯景之乱与元帝焚书，图书遭受了很大的损失，陈朝官府藏书建立于一穷二白的基础上。陈天嘉年间(560—565年)，文帝陈蒨下诏进行图书的搜括，但成效并不明显，《隋志》曰：“陈天嘉中，又更鸠集，考其篇目，遗阙尚多。”③

(三)南朝官方图书聚集途径

南朝官方藏书聚集途径主要有以下四种：

其一，收得旧朝藏品。

南朝四个政权的获得与失去具有惊人的相似性，均由前朝末帝立诏禅让而得，因此前代的国家收藏均由新朝所继承，东晋传之刘宋，刘宋传之南齐，南齐图籍虽大部分散亡，但梁朝多少会有一些继承，在图籍传承的链条中，稍有例外的即陈朝，虽然陈朝陈霸先同样从梁敬帝接过退位禅让诏书，但是梁朝图籍均由梁元帝焚毁于江陵，剩余部分则由西魏大将运往北方，陈朝从梁朝手中并未继承

① 《陈书·周弘正列传》(卷24)。

② 《历代名画记·论鉴识收藏购求阅玩》(卷2)。

③ 《隋书·经籍志一》(卷32)。

分毫。

南朝与北朝持续了近两个世纪的对立与冲突，南朝政权大多数处于一种消极防御的状态，虽有数次北伐战争，均无果而终。唯一值得赞赏的是东晋义熙年间刘裕所进行的北伐，灭后燕与姚秦，更是将姚秦的官方藏书作为战利品运回建康，“刘裕平姚，收其图籍，五经子史，才四千卷，皆赤轴青纸，文字古拙”①。

其二，臣下献书。

南朝虽有朝代更替，且其充满了血雨腥风，但多波及宗室与参与大臣，多数官员并不受朝代更替的影响，东晋南朝时期，士族入仕主要依靠门第高低，“平流进取，坐至公卿”，因此朝代的更替，并不影响士族的仕途，反而新的王朝建立需要依靠他们的学识与名望去治理，这就是所谓的“江左无忠臣”现象，因此在这样的政治现实中，整个南朝基本上为文学、史学等领域的创作提供了良好的社会条件，至少朝代的更替不会中断众人的编撰活动，反而会获得一定的鼓励，《梁书·文学列传》曰：“群士值文明之运，摛艳藻之辞，无郁抑之虞，不遭向时之患，美矣。”因此南朝一个半世纪的时间内，著作颇丰，以刘宋、南齐两朝为例，后世学者所辑佚编撰的艺文志内，共收录刘宋著作660部、6519卷，南齐著作232部、3638卷，如果算上文化更为发达的梁朝，以及陈朝，那么整个南朝的社会编撰活动可以说非常繁荣。再者，这一时期南北文化随着政治、军事活动的交锋与和谈逐渐开始交流、交融，为私人编撰活动提供了更广阔的领域和题材，同样成为南朝编撰活动丰富的要素。

南朝学者在著作完成之时，同样有流传和保存的念头，因此上呈帝王，入藏国家藏书机构成为其中的一项选择，或是有其他所图，同样进行献书活动。献书活动或是编撰者本人为朝官，亲自呈上，这一活动在史籍中记录颇多，撷取数例以说明：

《宋书·后废帝本纪》：(元徽元年)秋七月丁丑，散骑常

① 《隋书·牛弘列传》(卷49)。

侍顾长康、长水校尉何翌之表上所撰《谏林》……凡十二卷。八月辛亥……秘书丞王俭表上所撰《七志》三十卷。

《宋书·刘义庆列传》：（临川王刘）义庆留心抚物……在州八年，为西土所安。撰《徐州先贤传》十卷，奏上之。

《宋书·刘义恭列传》：江夏文献王义恭……撰《要记》五卷……表上之，诏付秘阁。

《宋书·裴松之列传》：裴松之，字世期，河东闻喜人也……上使注陈寿《三国志》……既成奏上。

《南齐书·苏侃列传》：苏侃，字休烈，武邑人也……上即位，侃撰《圣皇瑞命记》一卷奏之。

《南齐书·萧子懋列传》：晋安王子懋，字云昌，世祖第七子也……撰《春秋例苑》三十卷奏之，世祖嘉之，敕付秘阁。

《梁书·萧子恪附诸弟列传》：子显字景阳，子恪第八弟也……又启撰《齐史》，书成，表奏之，诏付秘阁。子云字景乔，子恪第九弟也。至年二十六，书成，表奏之，诏付秘阁。

《梁书·刘之遴列传》：刘之遴，字思贞，南阳涅阳人也……之遴乃著《春秋大意》十科，《左氏》十科，《三传同异》十科，合三十事以上之。

《梁书·儒林列传》：皇侃，吴郡人，青州刺史皇象九世孙也……撰《礼记讲疏》五十卷，书成奏上，诏付秘阁。

另外尚有后人、好友奏上图书的情形：

《南齐书》云：（王）圭之，有史学，撰《齐职仪》。永明九年，其子中军参军颢上启曰："臣亡父故长水校尉圭之，籍素为基，依儒习性。以宋元徽二年，被敕使纂集古设官历代分职，凡在坟策，必尽详究……刊定未毕，臣私门凶祸。不揆庸微，谨冒启上。凡五十卷，谓之《齐职仪》。仰希永升天阁，长铭秘府。"诏付秘阁。①

① 《南齐书·文学列传》（卷52）。

> 臧荣绪，东莞莒人也……司徒褚渊建元中启太祖曰："荣绪，朱方隐者……撰《晋史》十帙，赞论虽无逸才，亦足弥纶一代。臣岁时往京口，早与之遇。近报其取书，始方送出，庶得备录渠阁，采异甄善。"上答曰："公所道臧荣绪者，吾甚志之。其有史翰，欲令入天禄，甚佳。"①

其三，图书抄写。

南朝处于古代写本发展的时代，纸张成为图书主流载体，更有抄撰这一新式编撰的出现，且出现专门的拥书人员，以抄书为营，因此可以说抄写活动成为图书收藏数量迅速增加的主要途径。

南朝官府同样如此，图书抄写作为其官府藏书的主要补充手段，多次出现于史籍，尤其在梁朝，巨大的官府藏书除了图书单本的增长之外，图书复制抄写是最主要的手段，梁武帝更是专派负责图书抄写的官员与书手，进行官藏的抄写扩充。见于史籍的官方图书抄写活动有：

刘宋文帝元嘉初，诏令秘书监谢灵运编撰秘阁藏书目录，并抄写图书以补阙，《宋书·谢灵运列传》载：

> 谢灵运，陈郡阳夏人也……太祖登祚，诛徐羡之等，征为秘书监……使整理秘阁书，补足阙文。

梁武帝天监元年，秘书丞王泰表请缮写秘阁图书，《梁书·王泰列传》：

> 王泰，字仲通……天监元年，迁秘书丞。齐永元末，后宫火，延烧秘书，图书散乱殆尽。泰为丞，表校定缮写，高祖从之。

① 《南齐书·高逸列传》(卷54)。

梁武帝天监年间持续的官方图书抄写行为，几乎将各藏书处的官藏四部图书抄写一遍，且均有专人负责，并配备抄书手。《梁书》记载了到洽、张率二人负责图书抄写的史实：

到洽……(天监)二年，迁司徒主簿，直待诏省，敕使抄甲部书。①

张率，字士简，吴郡吴人。天监初……迁司徒谢朏掾，直文德待诏省。敕使抄乙部书，又使撰妇人事二十余条，勒成百卷。使工书人琅邪王深、吴郡范怀约、褚洵等缮写，以给后宫。七年，敕召出……俄有敕直寿光省，治丙丁部书抄。②

梁武帝普通六年，徐勉上修五礼表中，说明抄写图书情况：

五礼之职，事有繁简，及其列毕，不得同时。《嘉礼仪注》以天监六年五月七日上尚书，合十有二秩，一百一十六卷，五百三十六条；《宾礼仪注》以天监六年五月二十日上尚书，合十有七秩，一百三十三卷，五百四十五条；《军礼仪注》以天监九年十月二十九日上尚书，合十有八秩，一百八十九卷，二百四十条；《吉礼仪注》以天监十一年十一月十日上尚书，合二十有六秩，二百二十四卷，一千五条；《凶礼仪注》以天监十一年十一月十七日上尚书，合四十有七秩，五百一十四卷，五千六百九十三条：大凡一百二十秩，一千一百七十六卷，八千一十九条。又列副秘阁及《五经》典书各一通，缮写校定，以普通五年二月始获洗毕。③

陈孝宣帝陈顼太建年间，同样进行了图书抄写行为，但质量不精，隋平陈之后，为隋秘书省所得，审核其书，《隋志》载：“检其

① 《梁书·到洽列传》(卷27)。

② 《梁书·张率列传》(卷33)。

③ 《梁书·徐勉列传》(卷25)。

所得，多太建时书，纸墨不精，书亦拙恶”①。

其四，官方修撰。

南朝诸代官方修撰活动频繁，各朝均有官修记图书录，其中以梁朝为首，史籍记载官方修撰活动最为频繁，简要列举如下：

> 《南齐书》载：永明二年，太子步兵校尉伏曼容表定礼乐。于是诏尚书令王俭制定新礼，立治礼乐学士及职局，置旧学四人，新学六人，正书令史各一人，干一人，秘书省差能书弟子二人。因集前代，撰治五礼，吉、凶、宾、军、嘉也。②
>
> 《南齐书》：孔稚珪，字德璋，会稽山阴人也……先是七年，尚书删定郎王植撰定律章表奏之……至九年，稚珪上表曰：“……伏惟陛下……使兼监臣宋躬、兼平臣王植等抄撰同异，定其去取……始就成立《律文》二十卷，《录叙》一卷，凡二十一卷。”③
>
> 《南齐书》载：王智深，字云才，琅邪临沂人也……(世祖)敕智深撰《宋纪》……书成三十卷，世祖后召见智深于鸝明殿，令拜表奏上。表未奏而世祖崩。隆昌元年，敕索其书……④

梁朝由于统治者重视文化建设，朝中官员多有任学士者，学者俞绍初考证南朝梁时，学士的作用有二，一为太子、宗室诸王侍读侍讲；二是专司编撰撰述，如文德殿、寿光殿等地学士，多负责或参与官方修撰活动，因此梁朝一代官修活动特别活跃，见于史籍者众。首先需要说明的萧梁皇族在文化上无不积极上进，用心典籍，著述丰富，《建康实录》载：

---

① 《隋书·经籍志一》(卷32)。
② 《南齐书·礼志上》(卷9)。
③ 《南齐书·孔稚珪列传》(卷48)。
④ 《南齐书·文学列传》(卷52)。

（梁武帝）先著《孝经义》、《周易》、六十四《卦》、二《系》、《文言》、《序卦》等义，《毛诗问答》、《尚书大义》、《中庸讲论》、《老子疏》，凡二百卷……又制《涅磐》、《大明》、《三净》等经义疏数百卷。又撰《通史》，聘赞序，凡六百卷……又著文集一百卷，又撰《金策》三十卷。①

何佟之、贺玚、严植之、明山宾等复述制旨，并撰吉凶军宾嘉五礼，凡一千余卷，高祖称制断疑。（《梁书·梁武帝本纪》）

此外，见诸史籍的梁武帝时期官修图书的活动十分频繁。

梁武帝以裴子野博识，"敕仍使撰《方国使图》"，"又敕撰《众僧传》二十卷，《百官九品》二卷，《附益谥法》一卷"。（《梁书·裴子野列传》）

梁武帝"又使（张率）撰妇人事二十余条，勒成百卷"（《梁书·张率列传》）。

（王筠）奉敕制《开善寺宝志大师碑文》，词甚丽逸。又敕撰《中书表奏》三十卷，及所上赋颂，都为一集。（《梁书·王筠列传》）

天监七年，（梁武）帝以法海浩瀚，浅识难寻，敕庄严僧旻，于定林寺缵《众经要抄》八十卷。（《续高僧传·宝唱传》）

天监十五年，敕太子詹事徐勉举学士入华林撰遍略，勉举思澄、顾协、刘杳、王子云、钟屿等五人以应选。八年乃书成，合七百卷。（《南史·文学列传》）

中大通元年，梁武帝幸同泰寺舍身，救（徐）勉撰定仪注，勉以台阁先无此礼，召（杜）之伟草具其仪。乃启补东宫学士，与学士刘陆等抄撰群书，各为题目。（《陈书·文学列传》）

太学博士顾野王奉（萧纲）令撰《玉篇》，太宗嫌其书详略未当，以（萧）恺博学，于文字尤善，使更与学士删改。（《梁

① （唐）许嵩：《建康实录·梁》（卷17）。

书·萧恺列传》)

梁武帝"诏(萧)琛撰《新谥法》"。(《梁书·萧琛列传》)

时中书舍人贺深奉敕撰《梁官》,乃启峻及孔子袪补西省学士,助撰录。(《梁书·儒林列传》)

(梁武帝)使(吴均)撰《通史》,起三皇,讫齐代,均草本纪、世家功已毕,唯列传未就。(《梁书·文学列传上》)

有敕(刘勰)与慧震沙门于定林寺撰经证。(《梁书·文学列传下》)

《小说》十卷,梁武帝敕安右长史殷芸撰。(《隋书·经籍志》)

梁武大崇佛法,于华林园中,总集释氏经典,凡五千四百卷。(《隋书·经籍志》)

这些官修图书均可成为国家藏书的重要组成部分。

其五,借抄于私家。

两晋以来,私人藏书者逐渐增多,且由于藏书者学识、财力等因素,部分藏书家或是所收藏图书的数量、质量可与国家比肩,或是在某个领域有深入研究收藏,这就促使了国家为了扩充藏书,借抄于私人的现象,如贾渊曾两次借书与国家抄写:

《南齐书·文学列传》载:贾渊,字希镜,平阳襄陵人也……先是谱学未有名家,渊祖弼之广集百氏谱记,专心治业。晋太元中,朝廷给弼之令史书吏,撰定缮写,藏秘阁及左民曹。渊父及渊三世传学,凡十八州士族谱,合百帙七百余卷,该究精悉,当世莫比。永明中,卫军王俭抄次《百家谱》,与渊参怀撰定。

天监中,原秘书监任昉卒,其家富有藏书,梁武帝为了扩充国家藏书,便有了借书于臣的行为,只是有借无还占为已有而已,《梁书·任昉列传》载:"昉坟籍无所不见,家虽贫,聚书至万余卷,率多异本。昉卒后,高祖使学士贺纵共沈约勘其书目,官所无者,就昉家取之”。

梁元帝萧绎更是将这一行为发挥至极致，其中一是在梁承圣年间，侯景之乱的兵火中，梁朝国家藏书遭遇灾难性损失，秘阁、延阁、东宫等地图书付之一炬，仅余文德殿、华林园、尚书省三地藏书，大将王僧辩“收文德之书及公私经籍，归于江陵，大凡七万余卷”，其中所谓的私，乃是零落于战乱中的士族私人藏书，据丁红旗先生考证，这些私人藏书数量同样巨大，“孔休源的七千卷书，或者再加上沈约传至王绮的两万卷(当时二人都在建康城)”①，再加上零散性的其他官宦藏书，构成了运往江陵的七万卷藏书。另外则是体现在萧绎撰写的《金楼子·聚书》中，详细说明了萧绎利用各种手段自他人手中，或是暗抢，或是抄写，获得的八万余卷私人藏书，而这部分藏书在其称帝后，自然转化为梁国家藏书，这也就是其焚毁的十四万卷书重要组成部分，这些图书包含了萧绎四十余年的心力，从其私人考虑来看，宁愿焚毁也不愿落于贼寇之手的心理就可以说通了。那么《金楼子·聚书》中提到哪些私人藏书为萧绎所得呢？且节录其文如下，详细分析之。

> 初出卜在西省，蒙敕旨赉五经正副本。为琅邪郡时，蒙敕给书，并私有缮写。为东州时，写得《史》、《汉》、《三国志》、《晋书》，又写刘选部孺家谢通直彦远家书，又遣人至吴兴郡，就夏侯亶写得书，又写得虞太中阐家书。为丹阳时，启请先宫书，又就新渝上黄新吴，写格五戏得少许。为扬州时，就吴中诸士大夫写得《起居注》，又得徐简肃勉《起居注》。前在荆州时，晋安王子时镇雍州，启请书写，比应入蜀，又写得书，又遣州民宗孟坚下都市得书。又得鲍中记泉上书，安成炀王于湘州薨，又遣人就写得书。刘大南郡之遴，小南郡之亨，江夏乐法才别驾，庾乔宗仲回主簿，庾格僧正法持经书，是其家者皆写得。又得招提琰法师众义疏，及众经序。又得头陀

① 丁红旗：《〈金楼子·聚书〉所反映萧绎藏书及齐梁间书籍流通》，载《文献》2010年第3期。

寺昙智法师阴阳、卜祝、冢宅等书。又得州民朱澹远送异书。又于长沙寺经藏，就京公写得四部。又于江州江革家，得元嘉前后书五帙。又就姚凯处得三帙。又就江录处得四帙，足为一部。合二十帙，一百一十五卷，并是元嘉书，纸墨极精奇。又聚得元嘉后汉并《史记》、《续汉春秋》、《周官》、《尚书》及诸子集等可一千余卷。又聚得细书《周易》、《尚书》、《周官》、《仪礼》、《礼记》、《毛诗》、《春秋》各一部。又使孔昂写得《前汉》、《后汉》、《史记》、《三国志》、《晋阳秋》、《庄子》、《老子》、《肘后方》、《离骚》等，合六百三十四卷，悉在一巾箱中，书极精细。还石城为戍军时，写得《元儒众家义疏》。为江州时，又写萧咨议贲、刘中纪缓、周录事宏直等书。时罗乡侯萧说于安成失守，又遣王咨议僧辨取得说书。又值吴平光侯广州下，遣何集曹沔写得书。又值衡山侯雍州下，又写得书。又兰左卫钦从南郑还，又写得兰书。往往未渡江时书，或是此间制作，甚新奇。张湘州缵经饷书，如樊光注《尔雅》之例是也。张豫章绾经饷书，如《高僧传》之例是也。范鄱阳胥经饷书，如高诱注《战国策》之例是也。隐士王缜之经饷书，如《童子传》之例是也。又就东林寺智表法师写得书法书，初得韦护军溟饷数卷，次又殷贞子钧饷，尔后又遣范普市得法书，又使潘菩提市得法书，并是二王书也。郡五官虞灵爵大有古迹，可五百许卷，并留之伏事客房。篆又有三百许卷，并留之，因尔遂蓄诸迹。又就会稽宏普惠皎道人搜聚之。及临汝灵侯益州还，遂巨有所办。后又有乐彦春刘之遴等书，将五千卷。又得南平嗣王书，又得张雍州书，又得桂阳藩王书，又得留之远书。吾今年四十六岁，自聚书来四十年，得书八万卷，河间之侔汉室，颇谓过之矣。①

该篇记载了萧绎自梁武帝天监十四年(514 年)至太清三年(549 年)近三十五年的聚书经过，并详细说明了其藏书的来源：

① (南朝梁)萧绎：《金楼子·聚书》。

其中有来自梁武帝所赠，“五经正副本。为琅邪郡时，蒙敕给书”。

或是抄公私藏书，萧绎文中多采用“写得”字眼，貌似其收藏的大部分是通过抄写而来，其实不然，萧绎至梁武帝太清年间，都督中外诸军事，大权在握，在这段时间内，为了聚书更是多有不光彩之举，但萧绎均以写书为己遮羞，萧绎真正的写书行为发生在梁武帝天监年间至大同年间，之后多是直接掠夺他人藏书，甚至为了获得藏书害人性命。

或是直接获得他人藏书，萧绎在文中轻描淡写，“后又有乐彦春刘之遴等书，将五千卷。又得南平嗣王书，又得张雍州书，又得桂阳藩王书，又得留之远书”，似乎这些图书是自然获得，但丁红旗先生利用诸多史料详细考辨，认为萧绎的手段并不光彩，有趁火打劫之嫌，如南平嗣王萧静、张缵、桂阳藩王萧慥，其中萧静，其本人“笃志好学，既内足于财，多聚经史，散书满席，手自讎校”，但却丧命于侯景之乱中，其藏书应该为萧绎所得；张缵于承圣年间为萧詧所杀，之后萧绎派人收其家财，其万卷藏书更是归于萧绎；桂阳藩王萧慥更是被萧绎赐死于狱中，图书理所当然归国有。关于刘之遴，才学称誉当时，家富有藏书，因避难路过，被萧绎鸩杀，其书遂为萧绎所得，《通志》卷一百四十一《刘之遴列传》载：“寻避难还乡，湘东王绎尝嫉其才学，闻其西上至夏口，乃密送药杀之，不欲使人知，乃自制墓志铭，厚其赠。”①

或是搜括于社会，“就会稽宏普惠皎道人搜聚之。及临汝灵侯益州还，遂巨有所办”。

或是直接购买，“次又殷贞子钧饷，尔后又遣范普市得法书，又使潘菩提市得法书”。

或是他人所献，“得头陀寺昙智法师阴阳、卜祝、家宅等书。又得州民朱澹远送异书……又于江州江革家，得元嘉前后书五帙。又就姚凯处得三帙。又就江录处得四帙，足为一部。合二十帙，一百一十五卷，并是元嘉书，纸墨极精奇”。

---

① （宋）郑樵：《通志·刘之遴列传》（卷141）。

梁元帝萧绎所撰《金楼子·聚书》中所描绘的图书搜集行为，可以说是梁朝官方图书聚集的缩影，萧绎在洋洋得意之余，也透露了其聚书行为的多样性和掠夺性，国家藏书聚集途径同样具有这两种特性，政府行为本身就不具备温情，更何况君主集权下的国家行为，且属于帝王雅好之事，因此南朝聚书行为虽然见于史书的文字轻描淡写，但当是时，应该更加立体复杂。

(四)南朝秘书省任职人员职责

秘书省作为掌艺文典籍的国家机构，其职责在南朝时期已经逐渐明朗，主要涉及图书的收藏、抄写、整理、官方编撰等方面，接下来主要涉及秘书省任职人员围绕图书这一中心所履行的抄写、校勘编目、管理等职责的讨论。

1. 抄写

在上文中，笔者已经提到图书抄写是秘书省藏书增长的主要手段，南朝政府在秘书省任职人员在指定官员的领导下，进行了多次图书抄写行为，关于这方面的史料，上文中已经详细列举，此处不再赘述，因此在这一部分，笔者将讨论南朝秘书省图书抄写的具体操作，或者说施行方式。

《南齐书·百官志》载："晋秘书阁有令史，掌众书，见《晋令》。令亦置令史、正书及弟子，皆典教书画。"①宋齐秘书阁的职官制度，多沿袭两晋，因此在秘书内同样设置有令史、正书、弟子等职位，其中弟子多具有一定的书画技艺，如晋时弟子专习书法，进行图书的抄写工作，宋齐秘书内弟子同样具备这样的功能，称为"能书弟子"，或者"书吏"，专掌图书诏令的缮写。

> 永明二年，太子步兵校尉伏曼容表定礼乐。于是诏尚书令王俭制定新礼，立治礼乐学士及职局，置旧学四人，新学六人，正书令史各一人，干一人，秘书省差能书弟子二人。因集

---

① 《南齐书·百官志》(卷16)。

前代，撰治五礼，吉、凶、宾、军、嘉也。(《南齐书·礼志》)

刘系宗，丹阳人也……太祖废苍梧明旦……使写诸处分敕令及四方书疏。使主书十人书吏二十人配之，事皆称旨。永明中，虏使书常令系宗题答，秘书书局皆隶之。(《南齐书·刘系宗列传》)

至梁，秘书省抄写任务日益繁重，专门负责抄写的人员设置同样增多，并被称为"工书人"，《梁书·张率列传》："张率，字士简，吴郡吴人。天监初……直文德待诏省。敕使抄乙部书，又使撰妇人事二十余条，勒成百卷。使工书人琅邪王深、吴郡范怀约、褚洵等缮写，以给后宫"。

由此可知，自两晋至南朝，秘书省内设置专门负责抄写的弟子或者吏员，或是指派，或是跟随官员进行图书的抄写，在他们的一笔一画中构建了整个南朝丰富的藏书，尤其是梁朝藏书分散于各处，且副本众多，设置了正御、副御、重杂三个图书登记，料想是按照图书的书法品相而进行的分类，之后更是按照等级用不同的材质进行装裱。

2. 校勘编目

随着秘书省机构的逐渐完善，国家藏书校勘与编目形成了一种延续性的职责与任务，南朝国家藏书在秘书官员的领导下，进行了多次编目，而这些目录又在图书散佚之后充当了重要的角色，后人多依照目录的记载对图书进行针对性的搜括和抄写，以助恢复官藏旧日面貌，因此虽然南朝经历四代，且在朝代更替时，国家藏书或多或少受到冲击，但具因校勘编目工作的完善与持续，使得藏书有迹可察。因此，南朝官方图书校勘编目活动众多，且产生了不少目录图书，现按朝代时间分述如下：

其一，刘宋政权内的图书校勘编目活动。

刘宋政权建立时，获得了东晋、姚秦的官藏，其图书建设位于一个较高的起点上，随着统治的延续，国家藏书日益增长，图书整理工作也随之展开。根据史籍记载，刘宋政权秘书省较大规模的图书校勘编目工作有两次：

第一次开始于宋文帝元嘉三年(426 年)，这次的图书校勘编目工作起因在于谢灵运就任秘书监，实际负责人却是秘书丞殷淳，其成果为《元嘉八年秘阁四部目录》，或曰《四部书目》四十卷。谢灵运，陈郡阳夏人，南朝著名学者诗人，《宋书·谢灵运列传》载，"太祖登祚……征为秘书监……使整理秘阁书，补足阙文"，同时负责《晋史》的编撰工作，谢灵运"自以名辈，才能应参时政"，对秘书省校勘典籍并不上心，因此采取了消极对抗的方式，"多称疾不朝直"，或是沉湎于园林之乐，出游不归，如此两年，导致御史弹劾，元嘉五年托疾东归，秘书图书校勘与修史两事均中途而废。真正促成此事的是时任秘书丞的殷淳，《宋书·殷淳列传》曰："殷淳，字粹远，陈郡长平人也……淳少好学，有美名。少帝景平初，为秘书郎，衡阳王文学，秘书丞，中书黄门侍郎……高简寡欲，早有清尚，爱好文义，未尝违舍。在秘书阁撰《四部书目》凡四十卷，行于世"。《元嘉八年秘阁四部目录》四十卷，共著录图书 1564 帙，14582 卷，另外收佛经 438 卷，基本上反映了刘宋元嘉年间秘阁图书收藏情况。

第二次图书整理活动开始于刘宋后废帝元徽元年(473 年)，由秘书丞王俭(452—487 年)主持，成果是《七志》、《宋元徽元年四部书目》。《南齐书》有《王俭列传》曰："王俭，字仲宝，琅邪临沂人也……幼有神彩，专心笃学，手不释卷……解褐秘书郎，太子舍人，超迁秘书丞。上表求校坟籍，依《七略》撰《七志》四十卷，上表献之，表辞甚典。又撰定《元徽四部书目》"①。王俭所撰《七志》，或曰四十卷，或曰三十卷，于元徽元年八月辛亥献上，《宋书·后废帝本纪》："(元徽元年)八月辛亥……秘书丞王俭表上所撰《七志》三十卷。"②此目属于王俭的个人著述，独自采用了图书

---

① 《南齐书·王俭列传》(卷 23)。

② 《宋书·后废帝本纪》(卷 9)。

七分法，其分类体系如下：

> 一曰《经典志》，纪六艺、小学、史记、杂传；二曰《诸子志》，纪今古诸子，三曰《文翰志》，纪诗赋；四曰《军书志》，纪兵书；五曰《阴阳志》，纪阴阳图纬；六曰《术艺志》，纪方技；七曰《图谱志》，纪地域及图书。其道、佛附见，合九条。然亦不述作者之意，但于书名之下，每立一传，而又作九篇条例，编乎首卷之中。①

另《宋元徽元年四部书目》作为记载秘阁藏书情况的官方目录，乃是延续了自东晋以来的四部分类法，收录图书 2020 帙，15704 卷，准确反映了宋末官方藏书数目。

其二，南齐图书校勘编目活动。

南齐政权在南朝中，统治时间仅 23 年，其国家藏书虽在萧氏的重视下略有发展，但总体来说，成效并不显著。南齐秘书省仅有的图书整理活动发生在南齐武帝永明元年(483 年)，秘书监谢朏、秘书丞王亮负责，撰《齐永明元年秘阁四部书目》，见于《隋志》、梁《七录序》的记载，该目著录图书 2332 帙、18010 卷，相对于宋末元徽初，整十年的时间内，官藏图书增加了 312 帙、2306 卷。

其三，梁政权内的图书校勘编目活动。

梁虽国祚短暂，但其文化事业呈现历史上少有的繁荣发达，史称“四境之内，家有文史，江左文献，于斯为极盛”，尤其是其官藏图书，在数量、质量两方面均可称为南朝之冠，梁朝的图书事业可分为两个阶段：

梁武帝在位期间：

天监元年(502 年)，秘书丞王泰因齐末兵火，延烧秘阁图书，导致梁初图书收藏零落，因此上“表校定缮写”，所采用的方式是依据原秘阁旧目，按目缮写，梁武帝批准这一建议，并同时开展了大范围的图书搜括行为。天监二年，秘书监任昉，因“秘阁四部，

① 《隋书·经籍志一》(卷 32)。

篇卷纷杂”，再加上新进图书亟须整理编目，因此同秘书丞殷钧，在广括异本的基础上，亲自校雠藏书，由此秘阁图书篇目清晰。与此同时尚有丘宾卿、贺纵、刘孝标等人参与秘阁、文德殿等地图书校勘。天监四年，众人编撰了《梁天监四年文德殿正御四部及术数书目录》、《梁天监四年四部书目》两部官修目录。目录收录了梁官藏图书2968帙、23106卷，相对于齐永明年间增加了图书636帙、5096卷，相对于齐末被焚毁的图书，四年的时间内，每年增幅五千余卷，从这一数量即可推测梁初图书搜括的力度与广度了。

天监六年，秘书监任昉出外就任新安太守，秘书丞殷钧继续整理秘阁图书及西省法书古籍，均有目录产生，流传后世者有《梁天监六年四部目录》，“殷钧，字季和，陈郡长平人也……天监初，拜驸马都尉，起家秘书郎、太子舍人、司徒主簿、秘书丞。钧在职，启校定秘阁四部书，更为目录。又受诏料检西省法书古迹，别为品目”①。

天监中，原秘书监任昉过世，其家藏图书丰富，梁武帝因此命沈约、贺纵两人依据秘阁旧目，对比图书，并取官中所无者充实官藏，《梁书·任昉列传》载：“昉坟籍无所不见，家虽贫，聚书至万余卷，率多异本。昉卒后，高祖使学士贺纵共沈约勘其书目，官所无者，就昉家取之”②。

梁元帝在位期间：

侯景之乱，烧毁了梁武帝大部分收藏，攻城大将收集焚余，并当时建康城内私人藏书，共八万余卷图书，运送至江陵，在爱书如命的梁元帝萧绎的主持下，梁末开始了一次大规模的图书校勘活动，参与者众，且分工明确，当时的参与者吏部员外郎颜之推在其《观我生赋》中自注中，详细说明了这一校书过程：

> 王司徒表送秘阁旧事八万卷，乃诏比较，部分为正御、副御、重杂三本。左民尚书周弘正、黄门郎彭僧朗、直省学士王

---

① 《梁书·殷钧列传》(卷27)。

② 《梁书·任昉列传》(卷14)。

> 珪、戴陵校经部；左仆射王褒、吏部尚书宗怀正、员外郎颜之推、直学士刘仁英校史部；廷尉殷不害、御史中丞王孝纪、中书侍郎邓荩、金部郎中徐报校子部；右卫将军庾信、中书郎王固、晋安王文学宗善业、直省学士周确校集部也。①

其四，陈政权内的图书校勘编目活动。

陈朝官方图书建设并不出色，究其原因，一方面由于梁末战乱，焚毁了南朝图书搜集的基础，社会上私人藏书减少，由于侯景对士族大规模的杀戮，可以进行图书聚集者的阶层覆灭，使得陈文帝搜集图书成效甚微；另外一方面陈朝国力衰竭，国家政权不稳，统治者无暇顾及官府藏书，导致其图书的校勘编目工作流于表面，仅对陈朝藏书机构秘阁、寿安殿、德教殿、承香殿的图书作了简单的书目登记，流传于隋唐时期的书目有四部：

《陈秘阁图书法书目录》一卷，撰者不详，记录了陈秘阁图书、书法作品的收藏情况；

《陈天嘉六年寿安殿四部目录》四卷，撰者不详，当诞生于陈文帝图书搜集之后，记录了陈天嘉年间图书收集的成果；

《陈德教殿四部目录》四卷，撰者不详，记录了陈德教殿内藏书；

《陈承香殿五经史记目录》二卷，撰者不详，记录了陈承香殿内经、史两部的藏书状况。

3. 国家图书管理

秘书省作为国家机构行使图书管理职责，见于史籍中二，皆发生于梁朝：

其一，焚吴均所撰《齐春秋》。

《梁书·吴均列传》载："吴均，字叔庠，吴兴故鄣人也……均文体清拔有古气，好事者或敩之，谓为'吴均体'……先是，均表求撰《齐春秋》。书成奏之，高祖以其书不实，使中书舍人刘之遴

---

① 《北齐书·文苑列传》(卷45)。

诘问数条，竟支离无对，敕付省焚之。”①

《南史·吴均列传》载：“均将著史以自名，欲撰齐书，求借齐起居注及群臣行状，武帝不许。”

其二，禁谶纬图书。

谶纬之说自东汉兴起之后，至两晋时期，世人更加确信这一学说，并加以发挥，反映在文学领域，就表现为东晋以来出现了名目繁多的志怪小说，最为著名的当属干宝《搜神记》。加之三吴之地，巫风盛行，南朝时期谶纬之言尤其风行，甚至影响到了政治的稳定。南朝梁武帝禅代之际，多利用图谶之言，但在其统治中期，地理灾难频发，导致社会上谶语传播，甚至指向了梁武帝信奉佛教之事，因此梁武于普通年间至大同年间，下诏禁止收藏谶纬图书。国家禁书政策的具体施行，当由当时主管图籍的秘书省负责，可以推测梁朝的禁书政策的执行者多与秘书省官员有关，且执行力度较大，时阮孝绪为避祸，焚毁自家已收藏谶纬图书，即使他人求与，阮孝绪为了避免祸及他人，并未答应，《南史·阮孝绪列传》载：

> 武帝禁畜谶纬，孝绪兼有其书，或劝藏之。答曰：“昔刘德重《淮南秘要》，适为更生之祸，杜琼所谓不如不知，此言美矣。”客有求之，答曰：“己所不欲，岂可嫁祸于人?”乃焚之。②

(五)南朝秘书省图书利用

1. 赐书

图书作为一种君主赏赐的物品，既风雅又表达了对臣子的勉励与赞赏，南朝时期，家有赐书乃彰示一种荣耀，例如南齐明帝下诏求异士，始安王萧遥光推荐秘书丞王暕，理由之一就是“居无尘

① 《梁书·文学列传上》(卷49)。

② 《南史·隐逸列传下》(卷76)。

杂，家有赐书”。整个南朝，朝廷赐书虽不常见，但也有几例记录，列举如下：

（南齐时）柳世隆，字彦绪，河东解人也……建元二年，进号安南将军……世隆性爱涉猎，启太祖借秘阁书，上给二千卷。①

（陈朝江总）家传赐书数千卷②。

2. 就阁观书

南朝请求入秘阁观书且获批准者，见于记载仅一人，“江子一，字元贞，济阳考城人，晋散骑常侍统之七世孙也。父法成，天监中奉朝请。子一少好学，有志操，以家贫阙养，因蔬食终身。起家王国侍郎、朝请。启求观书秘阁，高祖许之，有敕直华林省”③。

3. 编撰

南朝官藏图书的利用，主要体现在图书编撰一途，且集中在史书与类书两类图书。

其一，史书的修撰。

两晋以来，官私修史蔚然成风，南朝政府更是严格控制史书的编撰，多实行敕撰的方式，必要时，甚至会焚毁私人修撰的史书，如梁武帝焚毁吴均所撰《齐春秋》一书。如何判定某史书的修撰利用了国家藏书，或是看是否受诏修史，或者看其担任的职务，是否属于秘书省内职官序列，满足以上其中一点，其撰写者多可名正言顺地利用国家藏书，用以编撰史书。根据傅璇琮先生的统计，南朝利用官藏撰修的图书有：

---

① 《南齐书·柳世隆列传》（卷24）。

② 《陈书·江总列传》（卷27）。

③ 《梁书·江子一列传》（卷43）。

宋秘书监谢灵运受诏撰《晋书》；
宋裴松之受诏撰《三国志注》；
宋著作郎何承天等受诏撰《宋书》；
齐王圭之奉敕撰《齐职仪》；
齐王智深奉敕撰《宋纪》；
齐著作郎王逡之撰《永明起居注》；
梁著作郎沈约奉敕撰《宋书》、《齐纪》；
梁吴均奉敕撰《齐春秋》、《通史》；
梁萧子显撰《后汉书》、《齐书》；
陈著作郎许亨受诏撰《齐书》、《梁史》；
陈著作郎顾野王受诏撰《通史要略》、《国史纪传》。①

其二，类书的编撰。

曹魏时期，曹丕诏命秘书监王象编撰《皇览》，成为中国利用官藏文献所编撰的第一部大型类书，南朝梁则更加重视类书的编撰，且多利用梁朝丰富的官藏而成。

梁朝《寿光书苑》：根据《隋志》著录，此书由梁尚书左丞刘杳领衔编撰，成书二百卷，或是利用梁寿光省内藏书编撰而成，成书时间约在梁武帝天监年间。

梁朝《华林遍略》：按《南史·刘峻列传》载："及峻《类苑》成，凡一百二十卷。帝即命诸学士撰《华林遍略》以高之。"《华林遍略》成书七百卷，成于徐勉、何思澄、刘杳、王子云、钟屿、顾协等人之手，开始于天监十五年，乃是利用华林园等地藏书编撰而成。《华林遍略》囊括众书，成书后，影响极大，北齐《修文殿御览》、隋《长洲玉镜》均参考此书而成。

4．对外交流

南北朝时期，南北政权虽有对立亦有交往，在这种国家之间的

① 傅璇琮、谢灼华主编：《中国藏书通史》，宁波：宁波出版社2002年版，第112页。

往来中，图书往往成为一种媒介被双方所使用；另外南朝时期，对外文化交流更加密集，纸的出现与航海技术的发展，使得图书的流通更加便利。

南朝初期，刘宋与北凉政权和睦相处，因此双方往来较为密切，在这种密切的交往中，图书的流通成为其中重要部分。《宋书·氐胡列传》记载了数次图书赠与行为：

> 宋元嘉三年(426年)，“(北凉)世子兴国遣使奉表，请《周易》及子集诸书，太祖并赐之，合四百七十五卷”。

又载：

> (宋元嘉)十四年(437年)，(北凉王沮渠)茂虔奉表献方物，并献《周生子》十三卷，《时务论》十二卷，《三国总略》二十卷，《俗问》十一卷，《十三州志》十卷，《文检》六卷，《四科传》四卷，《敦煌实录》十卷，《凉书》十卷，《汉皇德传》二十五卷，《亡典》七卷，《魏驳》九卷，《谢艾集》八卷，《古今字》二卷，《乘丘先生》三卷，《周髀》一卷，《皇帝王历三合纪》一卷，《赵䵢传》并《甲寅元历》一卷，《孔子赞》一卷，合一百五十四卷。茂虔又求晋、赵《起居注》诸杂书数十件，太祖赐之。①

梁武帝后期，北魏分裂为东、西魏，梁与东魏通和，开始互派使者，文化交流也随之发生，《北齐书·崔暹列传》载：“魏、梁通和，要贵皆遣人随聘使交易，暹惟寄求佛经。梁武帝闻之，为缮写，以幡花宝盖赞呗送至馆焉”②。

梁武帝笃信佛教，在与少数民族政权交往时，往往赠与佛经之类，如大同六年(540年)，梁武帝还赠与西部少数民族吐谷浑政权

---

① 《宋书·氐胡列传》(卷98)。

② 《北齐书·崔暹列传》(卷30)。

一百零三卷佛经。

魏晋以来，中国地区与周边政权的来往逐渐发展，其中尤其以朝鲜半岛、日本等地区政权来往密切，且这一地区深受中国文化的影响，许多当地人能讲解诵读中国书籍。

宋元嘉二十七年，百济王余毗"表求《易林》、《式占》、腰弩，太祖并与之"①；梁大同七年(541 年)，百济王"累遣使献方物，并请《涅盘》等经义、《毛诗》博士，并工匠、画师等，敕并给之"②；陈天嘉六年(565 年)，陈文帝派遣使者至新罗，并带去佛经一千七百多卷。

---

① 《宋书·夷蛮列传》(卷 97)。

② 《梁书·诸夷列传》(卷 54)。

第四章

北朝秘书省及其藏书研究

北朝的建立者，鲜卑族拓跋部，起源于今内蒙古呼伦贝尔鄂伦春地区，在兼并了众多游牧部落之后，称雄于北方草原；之后又趁淝水之战后前秦衰落之际，以河套地区为据点，迅速南下，于登国元年(386年)建立北魏王朝。经过北魏先期统治者的辛苦征战，北魏于公元439年统一了北方，结束了北方十六国割据局面，北朝开始。

北魏王朝自孝文皇帝起，北魏皇帝姓氏自拓跋改为"元"，这是源于历史上有名的"孝文帝迁都"事件，北魏政权自平城，即今天的山西大同市，迁都至洛阳，之后进行了一系列针对鲜卑旧俗的改革，包括语言、姓氏、服饰、婚姻、礼仪、官制等诸多方面，因此历史研究者多以平城时代(398—494年)、洛阳时代(495—534年)来对北魏进行区分。

迁都以后，孝文帝去世，继承其遗志的宣武帝采取"宽以治下"的统治方针，魏收言其统治为"太和之替"，进一步巩固了孝文帝的改革。但是宣武帝之后，北魏政局日益衰乱，北魏孝明帝时期，胡太后等试图实行改革以挽救北魏，却适得其反，引发了社会上不断的动乱。风起云涌的动乱，为契胡酋长尔朱荣提供了崛起的机会，尔朱荣趁着胡太后毒杀孝明帝之际，率部南下，攻入洛阳，发动“河阴之变”，沉太后于黄河，诛杀前来迎接的百官、王公等两千余人，一举消灭了北魏百年统治基础，由此把持了朝政。尔朱氏实行暴虐的军事统治，引发内部分裂，高欢趁机倒戈，剿灭尔朱势力，成为北魏朝政新的把持者。随后，北魏孝武帝与坐镇晋阳的高欢之间矛盾逐渐严重，于公元534年西奔投靠盘踞关中的宇文泰集团，高欢另立孝静帝元善见，北魏分裂，史称东、西魏时期。十数年之后，元氏统治结束，高氏与宇文氏分别建立了齐、周两个政权，史称北齐、北周。

西魏北周时期，国内动乱较少，局面稳定，为其国力发展创造了良好的社会环境。宇文集团采纳大臣苏绰的“六条诏书”，实行了一系列的改革，改变了西魏北周的国力衰微的局面，一举击败了东魏北齐，实现了北方的统一。

一 北朝官府藏书背景

西晋永嘉年间，宗室构难，中原大乱，内迁诸族趁机各霸一方，建立王国，彼此之间兵戎相见，形成了五胡十六国的分裂局面。自秦汉以来形成的以长安、洛阳为中心的昌盛地区，在连绵不断的战争与政权更替中，其经济、文化受到严重的破坏，中原文明饱受摧残。与此同时，由战争而引起的社会动荡，引发了中原与边疆地区之间频繁的民族迁徙，造成了多次大规模的人口流动，流入的各族人民携带着各自的文化思想，冲击着中州大地，至此形成了民族之间的大融合、文化之间的大交流，这种融合与交流伴随着社会的动荡与裂变，对于中原文明本身是一个痛苦的涅槃过程，历经三百余年的漫长岁月，中原文明与外族文明相激荡，既有继承，又有超越，升华为中华文明，汇总在北朝，成就了北魏洛阳时代的繁荣，成为北朝昌盛的根本，促使了隋唐盛世的出现。

从历史发展的角度来说，虽然北朝总体上动荡多变，但是却暗含着统一的发展潮流，作为中古史上“变秦汉而启隋唐”的历史阶段，北朝是中国文化史上需要重点关注的时期，这一时期的制度转型成为历史发展的主旋律，其政治、经济、文化、思想等方面的变迁，为发展至此时的中华文明打开了另外的新天地，使得注入了新元素的文明能够不为历史洪流所淘汰，为隋唐时期多民族大一统局面的出现铺设了基石。在这样的社会大环境下，虽然北朝多为外族统治，其藏书事业一样得到了发展，自有其经济、文化、思想等因素之推动。

（一）经济因素

鲜卑族自东北迁入蒙古之后，伴随着游牧民族发展阶段自部落、酋邦、国家三个阶段的演进，其经济结构亦随之转变，且因为所处社会环境的改变，造成了鲜卑在漫长的南迁过程中呈现异常复杂的经济结构形态，从而影响到其社会发展轨迹。

在北魏平城时代前期，其经济形态仍然具有浓郁的游牧民族色彩，军事掠夺与畜牧业是其国家主要财政来源，根据王万盈教授统计，“从拓跋珪登国三年(388 年)至拓跋焘正平二年(452 年)的 65 年中，鲜卑大规模对外军事活动有 102 次，出于掠夺目的者就达 85 次。有数字可考的掠夺所得，有马 200 余万匹，牛羊杂畜 2000 多万头，掠夺‘生口’有数字可考者 10 余万，徙民近 200 万，军资杂财、器甲辎重、珍宝库藏不计其数。军事掠夺成为支撑北魏早期国家机器的主要手段之一”①。北魏统治者延续“畜牧迁徙，射猎为业”的生活方式，建立多个“国营牧场”。但是随着北魏国家版图的扩大，军事掠夺与畜牧业难以维持逐渐封建化的北魏国家机器的运转，北魏统治者开始意识到农业经济的重要性，自北魏太武皇帝拓跋焘开始，北魏政府开始采取鼓励农桑的措施，沿用汉魏的赋税制度，下诏宽徭役，减轻小农负担；同时还将劝课农桑纳入地方官员的考课体系中，促使地方政府重视农业生产。这些措施标志着北魏经济结构在拓跋氏的引导下，开始进行经济转型，自具有浓厚的

① 王万盈：《北魏制度转型论析》，载《西北师大学报(社会科学版)》2006 年第 5 期。

民族成分的掠夺性的奴隶制经济向分土定居的封建经济转变，而从根本上完成这一转变的时间区间，限定在北魏孝文帝太和年间。

太和九年(485 年)十月，北魏发布均田诏令，这一制度的推行不仅仅保证了农业在国家经济中的主导地位，更是将擅长征战和畜牧的鲜卑族人纳入到封建农业经济之中，也就是说，“均田制既是封建性质的土地制，而它的更重要的意义在于在汉族已有的土地制度的基础上对全部土地用国家的权力进行了一次再分配，从而使游牧民族贵族得到了同汉族土地所有者同样的特权”①。

此后，北朝进入了以农业为主体的封建经济时代，北朝国家财政的主要收入是建立在以均田制为基础的租调制之上，农业主导地位从国家制度上得到了根本的保障，其国家经济进入有序的持续的发展轨道。

北魏末年，由于政治的腐败与战乱的打击，小农大量流失，沦为豪族的荫户，东魏北齐时期，豪族的大土地所有制成为国家主要经济体制，国家财政失去了最基本的收入来源，这就造成了高氏政权内国家财政困难，官员俸禄难以发放，更加促使了北齐官僚体系内部的贪污腐败之风，使得北齐政府在占尽先机的情况下，短暂而亡。与之相对立的西魏北周，却推行了均田制度，成功地维持了小农经济、豪族大土地所有制、国家利益之间的平衡。西魏北周建国之初，经济基础薄弱，因此采取了严格措施保证农业劳动力的数量和农时，以“尽地利”，将小农经济纳入到国家严格控制之下，一方面加大对小农在租调徭役方面的盘剥，尽可能地挖掘国内经济潜力，壮大国家力量；另一方面为了保持国家财政收入具有稳定的来源，西魏北周运用国家行政力量对小农加以扶植，同时限制大土地所有制的发展，利用国家赐予满足胡汉豪族的经济利益，使得豪族利益与国家利益相统一，国家财政收入有了充足的赋税来源，北周由弱转强灭掉北齐，其经济因素的作用绝对重要。

---

① 李书吉：《北魏前期的经济形态和社会性质——兼论北魏模式》，载《中国经济史研究》2002 年第 2 期。

（二）文化因素

公元3世纪时，汉族已经处于高度发展的农业文明之中，拓跋部仍然以部落形式在草原上进行游牧。伴随着力量的逐渐强大，文化上的巨大差距成为拓跋氏所必须解决的问题之一，鉴于这样的因素，拓跋部贵族积极接触中原文化，但是由于根深蒂固的民族狭隘心理，惧怕因改变而导致的利益丧失，鲜卑拓跋部文化仍然未得到丝毫的发展，相反鲜卑贵族对先进的中原文化却表现出排斥心理，正如叶適所分析拓跋部与其他民族不同之处："刘、石、苻、姚与夫慕容，虽曰种类不同，然皆久居中国，其豪杰好恶之情，犹与中国不甚相异。独拓跋氏，则以真胡入主中原，纯用胡俗，以变华人"①。正是因为存在这样的文化冲突，导致北魏初期，其境内汉人内敛自守，史称"高才有德之流，自强蓬荜；鸿生硕儒之辈，抱器晦已"②，文学创作行为几乎灭绝，其文化建设一片萧条。即使北魏南下中原之际，与其强大的军事力量不相称的是其文化上仍然处于原始的图腾时期，北魏太祖拓跋珪认识到了这一点，着力进行文化建设。定都平城之后，拓跋珪"便以经术为先"③，建立太学，置《五经》及群书博士，广招生员；定礼乐百官制度，尊崇孔儒；吸收汉人参与政权建设，由此开始，北魏政权开始了汉化历程。北魏太和之前，鲜卑拓跋氏出于维护其统治的需要，实行积极的文化政策，向先进的中原文化学习，任用汉人，使其参与到国家典章制度的建设之中，但是由于两种文化之间存在巨大的发展鸿沟，导致北魏这一时期的文化政策呈现典型的两面性，以北魏太武帝拓跋焘的文化政策为例，"北魏太武帝汲取汉族传统的统治经验，偃武修文、遵太平之化，正定文字规范、优礼儒士、发展官学教育、整理儒家经籍、继承修史传统，无不体现了其文化政策的宽明。但为维护统治阶级的利益，推行文化专制主义，禁止私立学校、毁灭佛

① 叶適著：《习学纪言序目》，北京：中华书局1978年版，第153页。
② 《魏书·儒林列传》（卷84）。
③ 《魏书·儒林列传》（卷84）。

教、兴国史冤狱诛史官，又显现了其文化政策严酷的一面"①。这种两面性的出现，其根本的原因在于北魏政权由鲜卑贵族建立，其文化政策的目的在于维护本民族本阶级的基本利益，两个民族之间的猜忌与怀疑足以成为文化杀戮的"潘多拉盒子"。钱志熙先生说："在北魏孝文帝提倡汉化、发动改制之前，北朝的汉文学，是称不上正常的存在与发展的。"②

太和十九年(495 年)九月，北魏迁都洛阳之后，孝文帝实行了全盘汉化的改革，借助国家权力对汉族与鲜卑之间的利益进行重新的规定，并对社会关系进行调整，陈寅恪先生言："须知鲜卑本无文化可言，要有学术文化，非一朝一夕所能达到。孝文帝断北语，一从正音，只是为鲜卑贵族进入文化士族开了一扇门户而已。鲜卑贵族自不能等到懂得儒学或有了'隽才'之后，才取得与汉人士族同等的社会地位。崔浩因为在'分明姓族'之外，又强调'齐整人伦'强调儒学才能，从而遭到鲜卑贵族的反对，招致了灭门之祸。孝文帝不讲人伦，只讲姓族，不问个人如何，只问门第高低，正是从鲜卑贵族尚无文化的实际情况出发的。目的在使鲜卑贵族的政治社会地位，能与北方汉人崔、卢、李、郑等大姓迅速一致起来……"③

孝文帝改革作为北朝史上著名论题，众多学者已多次进行了深广的研究，谈及其影响，从积极方面来看，孝文帝改革加快了鲜卑族的封建化进程，成就了北魏洛阳时代的繁荣；而其过于绝对的汉化措施却使得鲜卑贵族失去了传统的武力优势，经济上的优待滋生了其腐化堕落的生活作风，最终导致北魏在迁都三十余年之后，内乱连连，国土分裂。

北魏分裂之后，形成了两个序列的政权：东魏北齐的高氏政权

① 李相宁：《析北魏太武帝的文化政策》，载《鲁东大学学报(哲学社会科学版)》2010 年第 3 期。

② 钱志熙著：《魏晋南北朝诗歌史述》，北京：北京大学出版社 2005 年版，第 196 页。

③ 陈寅恪著：《魏晋南北朝史讲演录》，合肥：黄山书社 1999 年版，第 266 页。

与西魏北周的宇文氏政权，北魏孝昌年间的“河阴之变”，北魏朝官千人被屠杀，其所坚持的汉化遭到了严重的打击，加上北齐政权的主体——北镇鲜卑勋贵，对汉化持有严重的排斥心理，导致整个北齐王朝出现胡化倾向，但是黄永年先生通过考察《隋书·地理志》，并结合颜之推的个案进行深入分析，认为“北齐统治区内多数是务农桑而尚儒学，也就是在封建农业经济健康发展的基础之上，形成了当时较为先进的文化。至于少数民族问题一处也没有提到，可见鲜卑化的影响主要是在军事系统上，在整个社会的经济文化上则并未产生消极破坏作用”①，从历史的发展来看，由于高欢所领导的六镇鲜卑对汉人的歧视，以及对汉化的排斥，导致东魏北齐王朝出现了退步，“如果将东魏及后来的北齐的汉化与北魏的汉化相比较，应该说是倒退；而从高欢及其鲜卑化武夫集团的出身而言，高欢确有汉化的进步。东魏经过高欢、高澄父子的经营，汉化的力量在缓慢地发展，汉化的过程虽时有波折，但总的来说是向前发展的”②。从文化学术的发展来看，北齐政权内出现了文林馆，专掌图书整理与编撰工作，这一机构的设置具有重要的历史意义，表明了“北朝文学正在迎头赶上南朝文学”③之势，文林馆内多由北地士人与从南朝入北的作家构成，主要是汉族士人，这也说明了学术文化通过北齐政权内的汉人，发挥着潜移默化的温和作用，使得北齐胡风昌盛的同时，汉化仍然有所发展。

宇文氏本北魏六镇军人，地位低下，后因战乱建国关中，西魏北周政权相对高氏，在经济、政治、文化等方面均处于劣势，因此国家前途，必然确定一种文化政策，用以平衡鲜卑、汉人之间的矛盾，陈寅恪先生对此有着深入分析：

---

①　黄永年：《论北齐的文化》，载《陕西师范大学学报（哲学社会科学版）》1994 年第 4 期。

②　江中柱：《高欢、高澄父子对东魏的汉化》，载《福州大学学报（哲学社会科学版）》2002 年第 4 期。

③　周建江著：《北朝文学史》，北京：中国社会科学出版社 1997 年版，第 117 页。

> 宇文泰凭藉六镇一小部分之武力，割据关陇，与山东、江左鼎足而三，然以物质论，其人力财富远不及高欢所辖之境域，固不待言；以文化言，则魏孝文以来之洛阳至继承者邺都之典章制度，亦岂荒残僻陋之关陇所可相比……故宇文苟欲抗衡高氏及萧梁，除整军务农、力图富强等充实物质之政策外，必应别有精神上独立有自成一系统之文化政策，其作用既能文饰辅助其物质即整军务农政策之进行，更可以维系其关陇辖境以内之胡汉诸族之人心，使其融合成为一家，以关陇地域为本位之坚强团体。此种关陇文化本位之政策，范围颇广，包括甚众，要言之，即阳傅(附)周礼经典制度之文，阴适关陇胡汉现状之实而已。①

从北齐与北周两个政权内统治集团的构成来看，北齐内鲜卑勋贵数量较多，却统治着汉族士人聚集的东部地区，胡汉矛盾明显；北周本军事实力微弱，鲜卑军人数量少于北齐，又实行关陇文化本位，拉拢关陇地区士族，以北魏正统招揽“山东士人”，并在政治上依照《周礼》变革官制，获得汉族士人的认可，因此西魏北周的文化建设，虽在建国之初，出现鲜卑化倾向，但其总体发展态势仍然以汉化为主，更是将北魏时期未汉化的代北六镇，通过军事、政治、文化等政策的实施，拉入民族大融合的洪流之中，进一步调和了胡汉，合六镇、关陇、山东诸势力为一体，形成了影响隋唐的关陇集团，更是借助此，统一了北方，然后由杨隋结束了分裂，统一南北，完成了胡汉文化的最终融合，成就灿烂夺目的隋唐文化，诚如陈寅恪先生所言：“(隋唐)盖取域外野蛮精悍之血，注入中原颓废之躯，旧染既除，新机重启，扩大恢张，遂创空前之局”②。

---

① 陈寅恪著：《隋唐制度渊源略论稿》，北京：中华书局1963年版，第60~61页。

② 陈寅恪著：《金明馆丛稿二编》，上海：上海古籍出版社1980年版，第134页。

（三）社会阶层

北朝时期的社会始终处于动荡多变的状态，它终结了五胡十六国的混乱纷争，却又在多形式的民族迁徙和交流中，形成了民族文化思想的大融合，进而确定了多民族共同发展的社会模式。

东汉末期的社会动荡为周边民族的迁徙与发展创造了条件，西晋末年的内乱，使得朝廷对少数民族实行了拉拢政策，少数民族的实力再次获得增长，并以西晋中央统治力衰弱之机，匈奴刘渊起兵建国，国号为汉，自此，中国的中原与西南地区先后出现了多个少数民族建立的政权，民族之间通过战争这种激烈的方式开始交融。北朝时期，民族之间的交流方式开始多样化，各少数民族因北魏国家政策的强制、鼓励所进行的迁徙逐渐增多，根据操晓理先生统计，“在拓跋珪建国到北魏分裂，时间跨度为150年，移民次数为200次……规模最大者达几百万之众在其奠都平城前后形成空前的移民高潮，先后移至京师地区的人口约有150万 ~200万”①。这些迁徙活动造成了多民族混居的状况，一方面少数民族受到先进的汉文化的吸引，在混居的过程中，多数民族逐渐汉化，甚至泯灭了其自身的民族特性，一些在历史上非常显赫的少数民族，在融合过程中消失，如匈奴、巴、东羌、氐、羯等，另外尚有部分少数民族，努力保持民族特色，存在至今；另外汉族文化同样吸收了少数民族文化中值得称赞的因素，如雕塑、舞蹈、音乐、诗歌等方面，均有浓郁的民族特色在隋唐时期展现。

西晋灭亡之后，中原地区进入了“五胡十六国”的混战阶段，许多士族为躲避战乱纷纷南下，但是也有家族因种种原因，放弃南下，停留北方，成为了少数民族政权内汉族重要力量，“这些士族主要有清河崔氏、博陵崔氏、范阳卢氏、赵郡李氏、陇西李氏、荥阳郑氏、范阳祖氏、渤海高氏、渤海封氏、清河张氏、钜鹿魏氏、高阳许氏、太山羊氏、彭城刘氏、河间邢氏、右北平阳氏、河东裴氏、京兆韦氏、京兆杜氏、琅邪颜氏、兰陵萧氏、弘农杨氏、陈郡

① 操晓理：《北魏移民新论》，载《首都师范大学学报》1998年第6期。

袁氏、太原王氏、河东薛氏、颍川荀氏、渤海刁氏”①等。这些汉族势力存在于更迭频繁的少数民族政权内，或是与这些政权合作，依靠本身所具备的封建统治经验和才能，帮助少数民族建立短暂稳定的封建统治政权；或是韬光养晦，在乡间建立稳定的宗族组织，并依托自给自足的自然经济、坚固的坞壁、招募的私人军事力量，形成区域性的民间势力组织，维护自己的利益。从文化学术角度来看，伴随西晋王朝的覆灭、少数民族政权的建立，中原地区陷入了百年的纷争之中，在上，没有一个持续的统一的国家政权，自秦汉以来中原地区所形成的中央集权遭到了极大的破坏；在下，地方基层行政机构消失，代替它的是以宗族为凝聚力的坞壁。在这样的情况下，文化学术的传播与发展途径发生了变化，原本属于国家控制下的教育组织零散，其掌握的文化学术与典章制度也随之进入了地方家族之中，文化不再通过国家教育官员和机构来传播，而是在地方家族内通过血缘关系世代传播，形成了“学归私门”的现象，自魏晋之后，文化被少数大家族所掌握，这些“掌握文化的家族既可以得到当地民众的顶礼膜拜，又可以用其身份对所在地域的民众进行一种非政治强权和法律的以宗法和乡俗为准则的自然统治……士族以经济和文化的方式获得社会的认同，在获得社会的认同后他们便努力获得政治地位和权益，从而反过来保护原有的经济利益和文化垄断地位”②。

北魏鲜卑初入中原之地，依靠强大的军事力量，实行武力征服与野蛮掠夺的政策，通过强迫的手段迁移占领地区的各族民众，借以打击盘踞当地的强宗大族。北魏道武帝拓跋珪定都平城之后，虽然数次吸纳汉族士族参与政权建设，但是对汉族士人以及其背后的家族势力仍然采用提防与威慑的方式，《魏书》载：“自太祖平中

---

① 黄寿成：《论北朝后期区域文化趋同及比较——东魏北齐与西魏北周之比较》，陕西师范大学博士论文，2005 年，第 161 页。

② 卢朝：《北朝后期次等士族研究》，西北师范大学硕士论文，2010 年，第 5 ~ 6 页。

山，多置军府，以相威慑”①。北魏初期的野蛮征服政策遭到了中原地区的普遍反抗，北魏明元帝拓跋嗣听取朝臣建议，实行安民政策，承认高门大族在地方的政治与经济特权，实行宗主督护制。这一制度的实行缓和了汉人士族与鲜卑拓跋部之间的矛盾，两者之间冲突减少，各家族内部的士人也逐渐改变了消极抵抗的态度，接受北魏征召，成为北魏国家文化政策的主要推动者和制定者。北魏太武皇帝拓跋焘围绕人才征集多次下诏，这些诏书标志着北魏政府改变了对汉策略，从猜忌与防备转向合作与利用，汉族士人与北魏政府之间建立了完全的合作关系。参与到北魏政权内的汉族士人从自身的政治与文化理想出发，结合北魏政府的实际，努力促进符合自己价值标准的文化政策出台，并通过言传身教，培养和树立鲜卑贵族的儒学思想，进而促使少数民族统治者在思想上向传统的汉族价值观靠拢，进而实现“用夏变夷”的根本目标。陈寅恪先生曾评价汉族与外族政权之间的合作：北朝“当时中国北部之统治权虽在胡人之手，而其地之汉族实远较胡人为众多，不独汉族之文化高于胡人，经济力量亦远胜于胡人。故胡人之欲统治中国，必不得不借助于此种汉人之大族，而汉人大族亦欲藉统治之胡人以实现其家世传统之政治理想，而巩固其社会地位。此北朝数百年间胡族与汉族互相利用之关键，虽成功失败其事非一，然北朝史中政治社会之大变动莫不与此点即胡人统治者与汉人大族之关系有关是也”②。

二　北朝秘书省官制研究

北朝的建立者鲜卑拓跋部，伴随着其南下中原的脚步，在数百年时间内，其社会性质在众多因素的推动下，发生了一次又一次的突变，自原始部落逐渐演变成封建性质的国家。在社会性质变化的过程中，拓跋氏与汉族政权的交流逐渐密切，受到封建性的统治方

① 《魏书·杨播列传》(卷58)。

② 陈寅恪著：《金明馆丛稿初编》，上海：上海古籍出版社1980年版。

式和生产方式的吸引，自身逐渐从原始部落转变成国家性质；与此同时，吸引汉族士人进入政权，利用他们的完善国家典章制度建设，设百官爵位，因此至北魏道武皇帝拓跋珪统治时期，北魏基本完成了国家政治体制的建设。

(一)北魏官制建设

于国家体制之中，北魏的官制建设经历了数个阶段：

第一阶段，酋邦阶段：这一阶段鲜卑拓跋部的经济、政治形态均处于一个复杂的状态，但是，随着其军事力量的强大，统治疆域和人口也逐渐增多，拓跋统治者开始注重进行官制的建设，这种建设具有原始的巫神色彩，其名称的制定也较为随意，《魏书·官氏志》载其"制定官号，多不依周汉旧名，或取诸身，或取诸物，或以民事，皆拟远古云鸟之义"①。

第二阶段，演变阶段：这一时期，拓跋部的势力范围逐渐南下，与魏晋政权之间的联系与交往增多，其官职中逐渐开始出现与汉政权相似的官名与职责，但是这一时期的北魏官职仍然夹杂着浓郁的部落制度，如《魏书·官氏志》中载："魏氏世君玄朔，远统□臣，掌事立司，各有号秩。及交好南夏，颇亦改创。昭成之即王位，已命燕凤为右长史，许谦为郎中令矣。余官杂号，多同于晋朝。建国二年，初置左右近侍之职……侍直禁中，传宣诏命。皆取诸部大人及豪族良家子弟仪貌端严，机辩才干者应选。又置内侍长四人，主顾问，拾遗应对，若今之侍中、散骑常侍也。其诸方杂人来附者，总谓之'乌丸'，各以多少称酋、庶长，分为南北部，复置二部大人以统摄之。时帝弟孤监北部，子实君监南部，分民而治，若古之二伯焉"。

第三阶段，封建官制建设：国家官制建设开始于拓跋珪即位之后，引汉族士人入政权内，讨论国家典章，如登国十年参合陂战役后，俘获北燕大量军民俘虏，拓跋珪"于俘虏之中擢其才识者贾

---

① 《魏书·官氏志》(卷113)。

彝、贾闺、晁崇等与参谋议，宪章故实”①。皇始元年(396 年)，北魏“始建曹省，备置百官，封拜五等，外职则刺史、太守、令长已下有未备者，随而置之”②，并规定中央官员“尚书郎以下悉用文人”③，为此，拓跋珪大量起用北燕、前秦政权内的汉族官员，皇始二年十月，北燕为北魏所灭，北魏“共所署公卿、尚书、将吏、士卒降者二万余人”，其中北燕官员就有数人重新任职于北魏朝内，最著名者有崔玄伯，史称其“立身雅正，与世不群，虽在兵乱，犹励志笃学”，先后仕前秦、北燕，入北魏后，“与张衮对总机要，草创制度”④，帮助北魏于朝廷官制、朝仪、音乐、律令、科禁等多个方面进行制度完善，对北魏国家官制的建设贡献颇大。天兴元年十二月，拓跋珪定都平城，称帝建立魏国，在此之前一个月，即“天兴元年十一月，诏吏部郎邓渊典官制，立爵品”⑤；天兴“二年三月，分尚书三十六曹及诸外署，凡置三百六十曹，令大夫主之”；天兴三年十二月，下《官号诏》，定百官名称；天赐元年，确定官品等级制度。至此，北魏国家官制基本建立。

(二)北魏秘书省官制特点

在北魏确定国家官制的过程中，秘书省作为魏晋以来掌国家图书经籍的机构，北魏定国伊始，已经有资料表明存在“秘书”机构，并有秘书官员的存在，如《魏书·崔浩列传》有言：“天兴中，给事秘书，转著作郎”，说明在北魏道武帝天兴年间，伴随着其他国家机构和官职的设立，秘书省这一机构同样被设立，但是北魏的秘书省因胡人政权的性质，官制虽效仿汉魏，借鉴南朝，但与汉魏六朝的秘书省官制仍然存在一些差别，如：

第一，北魏存在内外秘书之分。

---

① 《魏书·太祖道武帝纪》(卷 2)。

② 《魏书·官氏志》(卷 113)。

③ 《魏书·太祖道武帝纪》(卷 2)。

④ 《魏书·崔玄伯列传》(卷 24)。

⑤ 《魏书·官氏志》(卷 113)。

虽然北魏政权在道武皇帝在位期间完成了国家官制的建设，但是由于其胡人政权的性质，弱势的汉族官员不可能完全摒弃其原有的官制形式，《隋书 · 经籍志》评北魏道武皇帝官制制定时，仍然认为这一时期的北魏官制具有浓郁的胡风，“后魏以来，制度咸缺，天兴之岁，草创缮修，所造制度，多参胡制”①。这一状况存在于整个北魏前夕，因此《南齐书 · 魏虏列传》言太武皇帝拓跋焘的国家状况时，仍然曰：“佛狸已来，稍僭华典，胡风国俗，杂相糅乱”②。这一胡汉杂糅的政权主要表现之一就是北魏初期所推行的内外官制，秘书省存在内外秘书之分则是内外二元制的具体体现。北魏内秘书的主要职能是负责皇帝御览图书与撰写诏敕，如《魏书 · 崔玄伯列传》载：“长子崔衡，字伯玉，少以孝行著称……天安九年，报为内秘书中散，班下诏命及御所览书，多其迹也”。北魏内秘书的长官或由他官兼领，或是由内秘书中散、内秘书令总掌：

> 《魏书 · 许彦列传》载：“子宗之，初入为中散，领内秘书。”
>
> 《魏书 · 李冲列传》载：“李冲……高祖初，以例迁秘书中散，典禁中文事，以修整敏惠，渐见宠待。迁内秘书令、南部给事中。”

主要统辖众多年轻的秘书中散官员，“中散”是北魏内侍机构诸官之一，多以其职掌命名，秘书中散是其中一种官职，或以父荫就任，或是征辟任职，但以中书学生升迁是北魏重要的任职的方式③，且已成北魏官职升迁定例。秘书中散职掌不明，或曰职掌秘阁，如：

---

① 《隋书 · 礼仪志五》亦云：“后魏天兴初，诏仪曹郎董谧撰朝飨仪，始制轩冕，未知古式，多违旧章。”

② 《南齐书 · 魏虏列传》(卷 57)。

③ 曹刚华：《北魏中央图书机构秘书省略述》，载《图书馆杂志》2002 年第 2 期。

> 《魏书·高湖列传》载："第三子谧，字安平，有文武才度。天安中，以功臣子召入禁中，除中散，专典秘阁。"

或曰侍从之职，如：

> 《魏书·韦阆列传》："长子缵，字遵彦。年十三，补中书学生，聪敏明辩，为博士李彪所称。除秘书中散，迁侍御中散。高祖每与名德沙门谈论往复，缵掌缀录，无所遗漏，颇见知赏。"

或曰典禁中文事，名曰"秘书主文中散"，李冲、李凭、郑道昭均曾任此职。

关于内秘书机构存在的时间，以其主要官职秘书中散存在时间考证，《魏书》中明确记载"秘书中散"一职是在北魏明元皇帝初，说明这一官职在北魏道武皇帝时期已经出现，而最后出现的时间是北魏宣武皇帝元恪时，说明随着太和改制，北魏内外官制逐渐消失，秘书中散与内秘书这一机构亦相应消失。

第二，北魏设置了汉魏秘书官员之外的官职。

魏晋六朝秘书省内主要设立秘书监、秘书丞、秘书郎、著作郎官等职，另外还有令史、弟子、工书人等一些吏员，而北魏时期，除了这些官吏，秘书省内尚设置有秘书令一职，并开始出现校书郎一职。北魏的秘书令官阶在秘书丞之上，却低于秘书监。

《后魏文》载孝文皇帝特诏秘书丞李彪升秘书令："历观古事，求能非一。或承藉微荫，著德当时；或见拔幽陋，流名后叶。故毛遂起贱，奋抗楚之辩，苟有才能，何必拘族也？彪虽宿非清第，本阙华资，然识性严聪，学博坟籍，刚辩之才，颇堪时用；兼忧吏若家，载宣朝美，若不赏庸叙绩，将何以劝奖勤能？可特迁秘书令，以酬厥款。"①

---

① （清）严可均辑：《全后魏文》，北京：商务印书馆1999年版，第46页。

《魏书·卢玄列传》载：“渊，字伯源……迁秘书令、始平王师……给事黄门侍郎，迁兼散骑常侍、秘书监、本州大中正。”

相当于隋唐时期的秘书少监，其职责却模糊不清，导致秘书令少有作为，如太和年间，秘书令高祐与秘书丞李彪共任职秘书省内，却无实际作为，“时李彪专统著作，祐为令，时相关豫而已”①。

关于秘书省内校书郎的设置，《通典》曰：“至魏，始置秘书校书郎。晋、宋以下无闻。至后魏，有秘书校书郎。北齐亦有校书郎”②，将校书郎的始设时间归为曹魏时期，而《唐六典》“校书郎”一条则曰：“自汉、魏历宋、齐、梁、陈，博学之士往往以它官典校秘书。至后魏，秘书省始置校书郎，正九品上”③，认为秘书省内校书郎的出现时间是在北魏时期，考之史籍，后者较为可信。最早出现的校书郎为长乐信都刘模，为北魏文成皇帝时期领秘书事的高允所任命，其职责类似于高允的私人秘书，帮助年迈的高允记录文字，《魏书》载：“允领秘书、典著作，选为校书郎。允修撰《国记》，与俱缉著。常令模持管龠，每日同入史阁，接膝对筵，属述时事。允年已九十，目手稍衰，多遣模执笔而指授裁断之。如此者五六岁。允所成篇卷，著论上下，模预有功焉”④。后又有上党长子李业兴于宣武皇帝延昌年间任职，“李业兴，上党长子人也……举孝廉，为校书郎……延昌中，业兴乃为《戊子元历》上之”⑤。北魏孝武皇帝太昌年间，裴伯茂亦曾任校书郎，与邢昕等人参与释奠

① 《魏书·高祐列传》(卷57)。

② (唐)杜佑：《通典·职官八》(卷26)。

③ (唐)李林甫等撰，陈仲夫点校：《唐六典》，北京：中华书局1992年版，第298页。

④ 《魏书·高允列传》(卷48)。

⑤ 《魏书·儒林列传》(卷84)。

礼的制定①。综合史料可知，虽然北魏时期，秘书省出现了校书郎一职，虽有校勘图书之责，如宣武皇帝初，秘书丞孙惠蔚上书曰："经记浩博，诸子纷纶，部帙既多，章篇纰缪，当非一二校书，岁月可了"②，明确提出秘书省校书人员较少，不能完成图书校勘的任务，这就说明了北魏校书郎的职责已经被限定为图书校勘，但是由于未著于法令，其职责尚未分明，与隋唐时期校书郎职掌"详定典籍，正其文字"的专任具有一定的差距，校书郎一职的设置在北魏时期仍属起步阶段。

后北齐秘书省制度多承北魏，设监、丞、郎、著作等官，另外还增加了正字四人，职责与校书郎相似，掌典籍文字的勘校，《通典·职官八》载秘书正字"历代无闻。齐集书省有正书。北齐秘书省有正字"③。

北朝的秘书省职官设置，在魏晋秘书监的基础上，完善了图书文字校勘官员的设置，使得分秘书郎校勘职责与校书郎、正字，使其成为专掌图书的收藏的官员，进而使得秘书省的职官设置更加合理，分工更加明确专一，更有利于管理国家经籍之事，这同样是北朝对秘书省制度的巨大贡献。

第三，北魏秘阁图籍管理权限不明。

北魏道武帝建国初，秘书省制度并不完善，加上拓跋珪忙于征战四方，其国家官制处于战争状态，对于图书经籍之事虽有关心，但并无常任，如中山卢努李先原任后燕秘书监，于皇始初归顺北魏，历任北魏七兵郎、博士、定州大中正，首先建议北魏道武帝进行国家图籍建设。后至文成皇帝太安安年间，高谧自秘书中散迁秘书郎，掌秘阁之书，"（高）谧以坟典残缺，奏请广访群书，大加缮写。由是代京图籍，莫不审正"④。高谧就任秘书郎之前，官秘书中散，北魏内侍官员之一，却掌秘阁之书，任秘书郎之后，奏请国

① 《魏书·儒林列传》（卷84）。

② 《魏书·儒林列传》（卷84）。

③ （唐）杜佑：《通典·职官八》（卷26）。

④ 《魏书·高谧列传》（卷32）。

家搜访、缮写、校勘图书，已属于履行秘书省外官职责，北魏前期所实行的内外官制使得秘书省这一图书经籍机构的职掌并不分明，同时由于胡人政权这一特殊国情，导致北魏前期官员的名称与职责并不相符，道武帝曾下诏曰："夫此职司，在人主之所任耳，用之则重，舍之则轻。然则官无常名，而任有定分，是则所贵者至矣，何取于鼎司之虚称也?"①后孝文帝实行改革，明确规定国家官职的官品和权责，《魏书·官氏志》曰："太和中高祖诏群僚议定百官，著于令。"使得国家官制更加规范，权责合一，如宣武皇帝初，秘书丞孙惠蔚因秘书典籍未备，上书提出搜求、典校图书，则是履行图书管理的职责。《魏书·崔光列传》又曰："永平四年，以黄门郎孙惠蔚代光领著作。惠蔚首尾五载，无所厝意。至是三月，尚书令、任城王澄表光宜还史任，于是诏光还领著作。"这次因孙惠蔚不能很好地履行著作史任，而被官员弹劾失官，说明北魏宣武皇帝时期，其官员的职责结合逐渐紧密，围绕官员的履职而进行的考课制度更是给予这一趋势制度保障。

(三)北朝秘书省官任职分析

北朝秘书省的建制沿袭魏晋传统，并且参考了同时期的南朝政权，其具体官职设置如表4-1所示。

表4-1 北朝秘书省职官设置标准

官职 朝代	秘书监		秘书丞		秘书郎		著作郎		著作佐郎		校书郎		正字	
	员	品	员	品	员	品	员	品	员	品	员	品	员	品
北魏	1	第二中	1	正五上	4	正七上	2	正五上	4	正七上	2	正九上		
北齐	1	正三	1	正五上	4	正七下	2	从五上	8	正七下	14	正九上	4	从九上

---

① (清)严可均辑：《全后魏文》，北京：商务印书馆1999年版，第2页。

1. 北朝秘书监任职情况

北魏秘书省内设置秘书监一人，孝文帝太和之前品秩第二中，太和改制之后，定正三品；令一人，品秩不明，当在秘书监与秘书丞之间，职掌与汉魏六朝同，掌邦国经籍之事(见表4-2)。

根据表内数据可知：

第一，北魏秘书监令任职者出身复杂，有北魏宗室任职者，但却仅有两例，且并不履行秘书之职，如安乐王元鉴于北魏孝明皇帝正光末至孝昌年间任秘书监，却以此身份领兵御敌，《魏书·肃宗纪》载："正光五年九月……是月，萧衍遣将裴邃、虞鸿袭据寿春外城……衍又遣将寇淮阳，诏秘书监、安乐王鉴率众讨之……孝昌元年春正月庚申，徐州刺史元法僧据城反，诏秘书监、安乐王鉴回师以讨之"①。亦有北魏鲜卑贵勋如伊馛、穆绍者就任，同样未能在经籍之事上有所贡献，尤其以伊馛的任职最为随意：

> 伊馛，代人也。少而勇健，走及奔马，善射，多力，曳牛却行……真君初，世祖欲拜馛为尚书，封郡公。馛辞曰："尚书务殷，公爵至重，非臣年少愚近所宜荷任，请收过恩。"世祖问其欲，馛曰："中、秘二省多诸文士，若恩矜不已，请参其次。"世祖贤之，遂拜为中护将军、秘书监。②

亦有汉族高门，如渤海高氏、陇西李氏、琅邪王氏、河东裴氏；亦有出身较为低微者，如孝文帝太和十五年，为了任命出身不高的李彪就任秘书令，孝文帝专下特诏说明：

> 历观古事，求能非一。或承藉微荫，著德当时；或见拔幽陋，流名后叶。故毛遂起贱，奋抗楚之辩，苟有才能，何必拘族也？彪虽宿非清第，本阙华资，然识性严聪，学博坟籍，刚

① 《魏书·肃宗纪》(卷9)。

② 《魏书·伊馛列传》(卷44)。

表 4-2 北朝秘书监令任职表

任职者	任职时间	籍贯	迁入官职	迁出官职	备注	史料来源
窦瑾	北魏明元皇帝	顿丘卫国	中书侍郎	西部尚书	屡有军功	《魏书》卷四十六
卢鲁元	北魏太武皇帝	昌黎徒河	中书侍郎	中书监	领秘书事	《魏书》卷三十四
游雅	北魏太武皇帝末—和平二年	广平任	东雍州刺史		兼国史	《魏书》卷五十四
伊馛	北魏太武皇帝太平真君初	代	中书侍郎	东雍州刺史	宗族十姓	《魏书》卷四十四
梁祚	北魏太武皇帝	北地泥阳	秘书中散	中书博士	秘书令	《魏书》卷八十四
高允	北魏文成皇帝即位	渤海	中书侍郎	太常卿	领秘书监	《魏书》卷四十八
冯熙	北魏孝文皇帝即位	长乐信都	中书监	洛州刺史	领秘书事	《魏书》卷八十三
程骏	北魏孝文皇帝延兴元年—太和九年	广平曲安	高密太守	卒官	秘书令	《魏书》卷六十
李冲	北魏孝文帝初	陇西	秘书中散	给事中	内秘书令	《魏书》卷五十三
元太兴	北魏孝文帝时	代	以罪削官	夏州刺史	宗室	《魏书》卷十九
李预	北魏孝文皇帝太和初	中山庐奴	中书学生?	征西大将军长史	秘书令	《魏书》卷三十三

续表

任职者	任职时间	籍贯	迁入官职	迁出官职	备注	史料来源
高祐	北魏孝文帝太和初	渤海	中书侍郎	西兖州刺史	秘书令	《全后魏文》卷二十九
游肇	北魏孝文帝太和中	广平任	通直郎	散骑侍郎	秘阁令	《魏书》卷五十五
郑羲	北魏孝文帝太和初	荥阳开封		卒官	外戚	《魏书》卷五十六
平恒	北魏孝文帝太和十年	燕国蓟	秘书丞	卒		《魏书》卷八十四
李彪	北魏孝武帝太和十四年—太和二十年	顿丘卫国	秘书丞	东道副将	特诏为秘书令	《魏书》卷六十
卢渊	北魏孝文帝时	范阳涿	主客令	黄门侍郎	秘书令	《魏书》卷四十七
	北魏孝文帝时		黄门侍郎		秘书监	
	北魏宣武皇帝景明元年至二年			卒官	秘书监	
穆绍	北魏宣武帝初	代	丁父忧	侍中	勋臣八姓	《魏书》卷二十七
郑道昭	北魏宣武皇帝永平—熙平元年	荥阳开封	司州州都	光州刺史	两次就任秘书监	《全后魏文》卷三十九
孙惠蔚	北魏宣武皇帝延昌年间—孝明初	武邑武遂	黄门侍郎	济州刺史		《魏书》卷八十四

续表

任职者	任职时间	籍贯	迁入官职	迁出官职	备注	史料来源
裴询	北魏孝明皇帝	河东闻喜	平昌太守		尚太原长公主	《魏书》卷四十五
张耀	北魏孝明皇帝	上谷昌平	秘书丞			《北齐书》卷二十五
王诵	北魏孝明皇帝神龟中	琅邪临沂	幽州刺史	黄门侍郎	征为长兼秘书监	《魏书》卷六十三
李琰之	北魏孝明皇帝时	陇西狄道	国子祭酒	太常卿		《魏书》卷八十二
李凯	北魏孝明皇帝正光年间				秘书官	《魏书》卷五十五
元鉴	北魏孝明皇帝正光五年—孝昌元年	代	安乐王	安乐王	宗室	《魏书》卷九
王峻	北魏孝明皇帝武泰年间	灵丘		洛州刺史		《北齐书》卷二十五
祖莹	北魏孝庄皇帝永安二年五月	范阳遒	免官	廷尉		《魏书》卷八十二
李凯	北魏孝庄皇帝永安中				秘书监	《魏书》卷六十九
李季凯	北魏孝庄皇帝建义—普泰元年七月	陇西狄道	给事黄门侍郎	死	博平县开国侯	《魏书》卷三十八

续表

任职者	任职时间	籍贯	迁入官职	迁出官职	备注	史料来源
山伟	北魏前废帝建明年间	河南洛阳	著作郎	侍中		《魏书》卷八十一
常景	北魏节闵皇帝普泰初—永熙二年	河内	黄门		濮阳县子	《魏书》卷八十二
李谐	东魏孝静皇帝兴和至武定二年	顿丘卫国	大司农卿	卒		《魏书》卷六十五
徐之才	东魏孝静皇帝武定四年—五年	丹阳人	散骑常侍	金紫光禄大夫		《北齐书》卷三十三
魏收	东魏孝静皇帝武定五年—六年	巨鹿下曲阳	著作郎	中书令		《北齐书》卷三十七
王元景	东魏孝静皇帝武定六年					《魏书》卷一百八十二
寇俊	西魏文帝大统五年—十四年	上谷昌平	东魏官	车骑大将军		《周书》卷三十七
苏亮	西魏文帝大统十四年—十六年	武功人	中书监	岐州刺史		《周书》卷三十八
柳虬	西魏废帝初—恭帝元年		中书侍郎			《周书》卷三十八

续表

任职者	任职时间	籍贯	迁入官职	迁出官职	备注	史料来源
辛庆之	西魏废帝二年	陇西狄道		卒官		《周书》卷三十九
卢诞	西魏废帝二年	范阳涿人	国子祭酒	卒官		《周书》卷四十五
赵彦深	北齐文宣皇帝天保年间	平原人				《北齐书》卷三十八
尉瑾	北齐文宣皇帝天保七年	?				《北齐书》卷四十五
王昕	北齐文宣皇帝时	北海剧				《北齐书》卷三十一
崔劼	北齐孝昭化皇帝皇建年间	清河	南青州刺史	鸿胪卿		《北齐书》卷四十二
袁聿修	北齐武成皇帝时—天统中	陈郡阳夏	御史中丞	信州刺史		《北齐书》卷四十二
祖珽	北齐武成皇帝时	范阳狄道	著作郎	流配	两次为秘书监	《北齐书》卷三十九
王晞	北齐后主天统年间	北海剧	徐州刺史	大鸿胪	监修起居注，待诏文林馆	《北齐书》卷三十一
祖珽	北齐后主武平年间	范阳狄道	海州刺史	侍中		《北齐书》卷三十九
源彪	北齐后主武平三年—承光元年	西平乐都	国子祭酒		国破入北周	《北齐书》卷四十三

> 辩之才，颇堪时用；兼忧吏若家，载宣朝美，若不赏庸叙绩，将何以劝奖勤能？可特迁秘书令，以酬厥款。①

但李彪仅是特例，北魏任秘书监者多属高门，孝文帝太和末，侍中李冲、著作郎韩显宗、秘书令李彪与孝文帝之间曾就门第之高下与朝廷任官之间的关系进行讨论，摘录如下：

> 高祖曾诏诸官曰："自近代已来，高卑出身，恒有常分。朕意一以为可，复以为不可。宜相与量之。"李冲对曰："未审上古已来，置官列位，为欲为膏粱儿地，为欲益治赞时？"高祖曰："俱欲为治。"冲曰："若欲为治，陛下今日何为专崇门品，不有拔才之诏？"高祖曰："苟有殊人之伎，不患不知。然君子之门，假使无当世之用者，要自德行纯笃，朕是以用之。"冲曰："傅岩、吕望，岂可以门见举？"高祖曰："如此济世者希，旷代有一两人耳。"冲谓诸卿士曰："适欲请诸贤救之。"秘书令李彪曰："师旅寡少，未足为援，意有所怀，不敢尽言于圣日。陛下若专以门地，不审鲁之三卿，孰若四科？"高祖曰："犹如向解。"显宗进曰："陛下光宅洛邑，百礼唯新，国之兴否，指此一选。臣既学识浮浅，不能援引古今，以证此议，且以国事论之。不审中、秘书监令之子，必为秘书郎；顷来为监、令者，子皆可为不？"高祖曰："卿何不论当世膏腴为监、令者？"显宗曰："陛下以物不可类，不应以贵承贵，以贱袭贱。"高祖曰："若有高明卓尔、才具隽出者，朕亦不拘此例。"②

北魏官职的任免沿袭了魏晋以来的门第之说，认为人之高贵以门第高下之分，贵承贵，贱袭贱，有专崇门第的倾向，秘书监令作为南朝所推崇清要官职，北朝在进行任免时，门第同样是重要的考虑因素。

---

① (清)严可均辑：《全后魏文》，北京：商务印书馆1999年版，第46页。

② 《魏书·韩显宗列传》(卷60)。

从这个方面考虑，孝文帝改鲜卑贵勋姓氏的作为就可以理解了。

北齐秘书监的任职出身，相对于北魏，就简单了许多，多以文人充任，如魏收以史才任职，王晞、崔劼两人俱待诏文林馆，监修图书。

第二，北魏秘书监任职情况复杂。从就职原因来看，秘书监一职或因监修国史、起居注而任职，如高允、裴询、游雅等人；或是以其他非文化因素就任，如上所引伊馛以尚书多政务，不能胜任，要求就任中书、秘书两省，因此得授秘书监；顿丘窦瑾本“以文学知名”，历任中书博士、中书侍郎，因参与军国大事，“屡有军功”，而升任秘书监一职；穆绍则是因为“高祖以其贵臣世胄”，从而升任秘书监。从任职方式来看，北魏秘书监任职者大部分是专职就任，之后升迁他官，但同时也存在其他方式，如以他官兼领，如高允以中书侍郎“本官领秘书监”，王诵自幽州刺史为孝明皇帝所征，为“长兼秘书监”；或是以他官领秘书之事，如卢鲁元、冯熙二人俱以中书监“领秘书事”。

第三，东西魏、北齐时期秘书监任职较为单一，均为专职，没有兼任或他官领事的情况出现。

第四，北朝时期的官职迁转路线中，与南朝相似，秘书监同样作为地方官与中央官的过渡官职而存在，或是自地方刺史任职中央；或是中央出镇地方，秘书监一职在这一过程中起到了承接的作用。另外值得关注的是，秘书监与其他官职的迁转情况，秘书省内官职，如秘书中散、秘书丞、著作郎、秘书令等职升任秘书监的情况亦是普遍：梁祚、李冲自秘书中散升任秘书监，平恒、李彪、张耀自秘书丞迁秘书监令，山伟、魏收、祖珽自秘书著作郎为秘书监；秘书省外官职，由中书侍郎、黄门侍郎、国子祭酒三者升任秘书监者就有十四人，占到北朝全部任职者的约30%。

2. 北朝秘书丞任职情况

北魏因魏晋旧制，秘书省内设秘书丞一人，正第五品上，辅助秘书监处理国家经籍之事，且在秘书监缺员的情况下处理省内事务，东西魏、北齐均因之。(见表4-3)

表 4-3 北朝秘书丞任职表

任职者	任职时间	籍贯	备　　注	史料来源
卢昶	北魏孝文帝太和年间	范阳涿人	学涉经史,早有时誉,有《甲乙新录》	《魏书》卷四十七
郑道昭	北魏孝文帝太和年间	荥阳开封	少而好学,综览群言	《魏书》卷五十六
李彪	北魏文帝太和十一年—十四年	顿丘卫国	参著作事	《魏书》卷六十二
李伯尚	北魏孝文帝太和末—景明二年	陇西狄道	敕撰《太和起居注》	《魏书》卷三十九
孙惠蔚	北魏宣武皇帝景明初	武邑武遂	以儒学相知	《魏书》卷八十四
卢道将	北魏宣武皇帝时	范阳涿人	涉猎经史,颇有文才	《魏书》卷四十七
卢道裕	北魏宣武皇帝时	范阳涿人	尚显祖女乐浪长公主	《魏书》卷四十七
元梵	北魏宣武皇帝时	代	宗室	《魏书》卷六十五

续表

任职者	任职时间	籍贯	备　注	史料来源
元晏	北魏宣明皇帝时	代	宗室	《魏书》卷十九
刘筠	北魏末	彭城人		《魏书》卷五十五
崔劼	东魏孝静皇帝时	清河	清虚寡欲,好学有家风	《北齐书》卷四十二
祖珽	东魏时	范阳狄道	词藻遒逸,为世所推	《北齐书》卷三十九
柳虯	西魏大统十四年—十六年		博涉子史,雅好属文	《周书》卷三十八
李祖勋	北齐文宣皇帝天保元年	赵国平棘	外戚,无才干,自少及长,居官皆因内宠,无可称述	《北齐书》卷四十八
张耀	北齐文宣皇帝天保初	上谷昌平	少而贞谨,颇晓史职	《北齐书》卷二十五
封孝琰	北齐孝昭皇帝皇建初	渤海蓚人	少修饰学尚,有风仪	《北齐书》卷二十一

从表中数据可以看出：

第一，北魏秘书丞设置时间不会早于孝文帝时，明确提出秘书丞就任时间的是顿丘卫国李彪，他在上书宣武皇帝的表中言：

> 至于太和之十一年，先帝、先后远惟景业，绵绵休烈，若不恢史阐录，惧上业茂功始有缺矣。于是召名儒之士，充麟阁之选。于时忘臣众短，采臣片志，令臣出纳，授臣丞职，猥属斯事，无所与让。①

引文中可知，李彪于太和十一年就任秘书丞一职，太和十五年升任秘书令，之后李伯尚、郑道昭、卢昶、孙惠蔚接踵就任。

第二，北魏秘书丞官员多以文史才干就任，且在经籍之上多有作为，如李伯尚负责《太和起居注》的编撰；卢昶编撰专题目录《甲乙新录》著录经部、史部图书，以对比秘书省多缺遗图书；孙惠蔚就任秘书丞之后，对秘书省见在图书进行摸底勘点，对北魏国家藏书有了大致的把握，之后上书宣武皇帝，建议对秘书省图书进行校勘、抄写，同时大范围搜括图书以充秘府，并引博士、儒生数十人，入省校勘图书，《魏书·孙惠蔚列传》载：

> 惠蔚既入东观，见典籍未周，乃上疏曰："……臣学阙通儒，思不及远，徒循章句，片义无立，而兹造曲覃，厕班秘省，忝官承乏，唯书是司。而观、阁旧典，先无定目，新故杂糅，首尾不全。有者累帙数十，无者旷年不写。或篇第褫落，始末沦残；或文坏字误，谬烂相属。篇目虽多，全定者少。臣今依前丞臣卢昶所撰《甲乙新录》，欲裨残补阙，损并有无，校练句读，以为定本，次第均写永为常式。其省先无本者，广加推寻，搜求令足……今求令四门博士及在京儒生四十人，在秘书省专精校考，参定字义。如蒙听许，则典文允正，群书大

① 《魏书·李彪列传》(卷62)。

集。"诏许之。①

第三，根据史籍记载，东西魏、北齐秘书丞任职者相对来说，于经籍一事并无贡献。

3. 北朝秘书郎(中散)任职情况考

北朝承魏晋，秘书省内设秘书郎四人掌四部经籍，官正七品上。北魏时期，秘书郎或被称为"秘书郎中"，北齐时期亦有此称呼。另外，北魏秘书有内外之分，其中内秘书、内秘书中散之职与秘书郎职责存在部分交错，因此在统计北朝秘书郎任职情况时，秘书郎、秘书郎中、秘书中散，一并统计入表(见表4-4)。

从表中数据可以看出：

第一，以《魏书》、《北齐书》、《周书》为史料进行统计，可以看出北朝秘书郎的任职多集中在北魏、东魏两朝，西魏、北齐、北周三朝鲜有秘书郎任职者的记载。

第二，魏秘书郎、秘书中散任职者多为高门贵胄，如宗室、勋臣八姓、外戚、高官子弟、汉族高门，鲜有寒门者就任，正如太和年间著作郎韩显宗所言的"中、秘书监令之子，必为秘书郎"现象普遍存在，仅有太和初清河绎幕房坚者，为平齐民，因少有才名，为孝文帝所特擢为秘书郎。

第三，北魏孝文帝之前，秘书郎多作为迁转官职而存在，多自内秘书中散迁转而来；而宣武帝以后，秘书郎成为高门贵族起家官职，且成为当时共识，引孝明皇帝时清河王元怿《官人失序表》说明这一社会共识："秘著本为起家之官，今或迁转以至，斯皆仰失先准，有违明令"②，可见秘书郎作为起家官在孝明皇帝时期已经成为准则明令。

① 《魏书·孙惠蔚列传》(卷84)。

② (清)严可均辑：《全后魏文》，北京：商务印书馆1999年版，第194页。

表 4-4 北朝秘书郎(郎中)、秘书中散任职表

任职者	任职时间	籍贯	备注	史料来源
贾俊	北魏明元皇帝初	武威姑臧	秘书中散	《魏书》卷三十三
梁祚	北魏明元皇帝时	北地泥阳	秘书中散	《魏书》卷八十四
谷季孙	北魏太武皇帝时	昌黎人	秘书中散	《魏书》卷三十三
王道雅	北魏太武皇帝时	雁门	征召	《魏书》卷四十八
闵弼	北魏太武皇帝时	雁门	征召	《魏书》卷四十八
李凭	北魏太武皇帝时	赵郡人	秘书主文中散	《魏书》卷四十九
胡丑孙	北魏太武皇帝时	安定临泾	秘书郎、中散	《魏书》卷五十二
李孝伯	北魏太武皇帝时	赵郡人	博综群言。美风仪,动有法度……征为中散	《魏书》卷五十三
张绍兴	北魏太武皇帝时	凉土	掌国史二十余年	《魏书》卷九十一
许宗之	北魏太武皇帝末	高阳新城	初入为中散,领内秘书	《魏书》卷四十六
李欣	北魏文成皇帝初	范阳人	领中秘书	《魏书》卷四十六

续表

任职者	任职时间	籍贯	备注	来源
李璨	北魏文成皇帝兴安二年	赵郡人	秘书中散	《魏书》卷四十九
高谧	北魏文成皇帝兴安年间	渤海蓚人	以功臣子召入禁中，除中散，专典秘阁……拜秘书郎	《魏书》卷三十二
裴修	北魏文成皇帝兴光年间	河东闻喜	年十三，补中书学生，迁秘书中散	《魏书》卷四十五
崔衡	北魏献文皇帝天安九年	清河	内秘书中散	《魏书》卷二十四
李冲	北魏孝文帝初	赵郡人	例迁秘书、中散，典禁中文事……迁内秘书令……	《全后魏文》卷三十六
游肇	北魏孝文帝初	广平任人	内秘书侍御中散	《魏书》卷五十五
元融	北魏孝文帝时	代	宗室	《魏书》卷十九下
李蕴	北魏孝文帝时	范阳人	秘书中散	《魏书》卷四十六
李德明	北魏孝文帝时	陇西狄道		《魏书》卷三十九
李虔	北魏孝文帝时	陇西狄道		《魏书》卷三十九

续表

任职者	任职时间	籍贯	备注	来源
高钦	北魏孝文帝时	渤海人	为中书学生，迁秘书中散	《魏书》卷五十七
李宪	北魏孝文帝初	赵郡人	秘书中散	《全后魏文》卷三十三
房坚	北魏孝文帝太和初	清河绎幕	少有才名。亦内徙为平齐民。太和初，高祖擢为秘书郎	《魏书》卷四十三
韦缵	北魏孝文帝太和初	京兆杜陵	补中书学生，聪敏明辩，为博士李彪所称。除秘书中散	《魏书》卷四十五
韦朏	北魏孝文帝太和初	京兆杜陵	解褐太学博士，迁秘书郎中	《魏书》卷四十五
房亮	北魏孝文帝太和中	清河	太和中，举秀才，为奉朝请	《魏书》卷七十二
张明豫	北魏孝文帝太和中	上谷	秘书钟律郎	《魏书》卷一百七
李恺	北魏孝文帝太和十五年		秘书中散	《魏书》卷一百八
李伯尚	北魏孝文帝太和十八年	陇西狄道	少有重名，敕撰《太和起居注》	《魏书》卷三十九
崔光韶	北魏孝文帝太和二十年	清河东武城人	兼秘书郎，掌校华林御书	《魏书》卷六十六

续表

任职者	任职时间	籍贯	备注	来源
刁献	北魏孝文帝太和年间	渤海饶安		《魏书》卷三十八
郑道昭	北魏孝文帝太和年间	荥阳开封	综览群言,初为中书学生,迁秘书郎,拜主文中散	《魏书》卷五十六
尉羽	北魏孝文帝太和年间	代	秘书中散	《魏书》卷五十
韩兴宗	北魏孝文帝太和年间	昌黎棘城	参著作事	《魏书》卷六十
王椿	北魏宣武皇帝初	太原晋阳	秘书中散	《全后魏文》卷五十八
源子雍	北魏宣武皇帝时	河西	河西秃发氏	《魏书》卷四十一
崔孝忠	北魏宣武皇帝时	博陵安平		《魏书》卷五十七
甄侃	北魏宣武皇帝永平年间	中山毋极	上《高祖颂》十二篇	《魏书》卷六十八
高贞	北魏宣武皇帝永平年间	渤海蓚人	弱冠以外戚令望,除秘书郎	《全后魏文》卷五十八
元熙	北魏宣武皇帝永平年间	代	宗室,起家官	《魏书》卷十九下
元爽	北魏孝明皇帝时	代	宗室,起家官	《魏书》卷十六
游祥	北魏孝明皇帝时	广平任人		《魏书》卷五十五

续表

任职者	任职时间	籍贯	备注	来源
元湛	北魏孝明皇帝时	代	宗室,起家官	《魏书》卷十九下
穆建	北魏孝明皇帝时	代	勋臣八姓,起家官	《魏书》卷二十七
高长云	北魏孝明皇帝时	渤海蓚人	起家官	《魏书》卷六十八
元稚舒	北魏孝明皇帝时	代	宗室	《魏书》卷六十九
卢义僖	北魏孝明皇帝初	范阳涿人	起家官	《魏书》卷四十七
皇甫长卿	北魏孝明皇帝初	安定朝那	秘书郎中	《魏书》卷七十一
元稚	北魏孝明皇帝正光年间	代	宗室,秘书郎中	《魏书》卷十六
元晔	北魏孝明皇帝武泰元年	代	宗室,秘书郎中,起家官	《魏书》卷九
魏相如	北魏孝明皇帝末—建义初	巨鹿下曲阳	秘书郎中	《北齐书》卷二十三
崔子元	北魏孝庄皇帝时	清河		《魏书》卷六十七
刘箄	北魏孝庄皇帝永安中	彭城	起家官	《魏书》卷五十五
杨师冲	北魏孝庄皇帝永安中	恒农华阴	以父爵	《魏书》卷五十八
毕哲	北魏孝庄皇帝永安中	东平安昌		《魏书》卷六十一

续表

任职者	任职时间	籍贯	备注	来源
宇文深	北魏孝庄皇帝永安中	鲜卑	起家官	《周书》卷二十七
封子绘	北魏孝庄皇帝永安末—中兴元年	渤海蓨人		《北齐书》卷二十一
辛庆之	北魏前废帝时	陇西狄道	以文学征诣洛阳,对策第一,除秘书郎	《周书》卷三十九
王盱	北魏末	北海剧人		《魏书》卷三十三
卢元缉	北魏末	范阳涿人	起家官	《魏书》卷四十七
郑遵祖	北魏末	荥阳开封		《魏书》卷五十六
郑敬宾	北魏末	荥阳开封		《魏书》卷五十六
祖珽	北魏末	范阳狄道	起家官	《北齐书》卷三十九
穆铁槌	东魏孝静皇帝时	代	勋臣八姓,起家官	《魏书》卷二十七
穆金宝	东魏孝静皇帝时	代	勋臣八姓,起家官	《魏书》卷二十七
封孝琰	东魏孝静皇帝时	渤海蓨人		《魏书》卷三十二
贾罗侯	东魏孝静皇帝时	中山无极		《魏书》卷八十
羊烈	东魏孝静皇帝时	太山巨平		《北齐书》卷四十三
封孝琰	东魏孝静皇帝末	渤海蓨人		《北齐书》卷二十一

4. 北朝著作郎官任职情况考

《史通》曰："元魏初称制，即有史臣，杂取他官，不恒厥职，故如崔浩、高闾之徒，唯知著述，而未列名号。其后始于秘书置著作局，正郎二人，佐郎四人。"①由此可知北魏建国之初，即由他官兼任著作，而无著作局，之后才于秘书省内设立著作局，设官职专掌史任，根据牛润珍教授考证，北魏设置著作局的时间大概是"和平元年(460 年)以后，皇兴五年(471 年)之前"②。北魏时期著作郎二人，官正五品上，北齐改为从五品上；著作佐郎，北魏正七品上，北齐改为着正七品下，北魏设佐郎四人，而北齐增为八人。(见表 4-5)

分析表中内容可知：

第一，著作郎官的任职情况与秘书官有着很大区别：学界一般认为北魏的秘书著作局建立时间当在文成帝和平元年(460 年)与皇兴五年(471 年)之间，在此之前，著作郎官并不常设，而是根据修撰任务的设置，有事则设，无事则免，且主要由中书、秘书两省官员兼任，这种任职方式在《魏书》中被称为"参著作"或"参著作事"，如《魏书·崔浩列传》载：

> 初，太祖诏尚书郎邓渊著国记十余卷，编年次事，体例未成。逊于太宗，废而不述。神䴥二年，诏集诸文人撰录国书，(崔)浩及弟览、高谠、邓颖、晁继、范亨、黄辅等共参著作，叙成《国书》三十卷……(太延五年)浩于是监秘书事，以中书侍郎高允、散骑侍郎张伟参著作，续成前纪。③

著作局设立之后，至北魏末，以他官兼领著作的情况，十分常

---

① (唐)刘知幾：《史通·外篇·史官建置第一》(卷 11)。

② 牛润珍：《北魏史官制度与国史纂修》，载《史学史研究》2009 年第 2 期。

③ 《魏书·崔浩列传》(卷 35)。

表 4-5　　北朝著作郎官任职表

任职者	任职时间	籍贯	备注	史料来源
邓渊	北魏道武皇帝时	安定		《魏书》卷二十四
王宜弟	北魏道武皇帝天赐二年		(奉敕)造《兵法孤虚立成图》三百六十时	《魏书》卷二
崔浩	北魏道武皇帝天兴中	清河	给事秘书,转著作郎	《魏书》卷三十五
高谠	北魏太武皇帝初	勃海人	与崔浩共参著作	《魏书》卷五十七
高允	北魏太武皇帝	勃海蓨人	与司徒崔浩述成《国记》,以本官领著作郎	《魏书》卷四十八
宗钦	北魏太武皇帝	金城		《魏书》卷五十二
段承根	北魏太武皇帝时	武威姑臧	好学机辩,有文思,性行疏薄	《魏书》卷五十二
阴仲达	北魏太武皇帝时	武威姑臧	修国史	《魏书》卷五十二
裴定宗	北魏太武皇帝时	河东闻喜		《魏书》卷五十二
游雅	北魏太武皇帝时	广平任人	少好学,有高才	《魏书》卷五十四
赵柔	北魏文成皇帝即位初	金城人		《魏书》卷五十二
程骏	北魏文成皇帝时—献文皇帝皇兴中	广平曲安	高宗践阼,拜著作佐郎;未几,迁著作郎	《魏书》卷六十
平恒	北魏文成皇帝时	燕国蓟人	佐	《魏书》卷八十四

续表

任职者	任职时间	籍贯	备注	史料来源
阳椴	北魏文成皇帝时	北平	佐	《魏书》卷八十四
赵元顺	北魏文成皇帝时	金城	佐	《魏书》卷八十四
裴定	北魏文成皇帝时	河东	佐	《魏书》卷八十四
邢祐	北魏献文皇帝	河间鄚人	少有学尚,知名于时	《魏书》卷六十五
成淹	北魏献文皇帝皇兴中	上谷居庸	兼著作郎	《魏书》卷七十九
郭庆礼	北魏孝文皇帝时	太原晋阳	佐	《魏书》卷六十四
孟威	北魏孝文帝时	河南洛阳	明解北人之语,敕在著作,以备推访	《魏书》卷四十四
裴延儁	北魏孝文帝时	河东闻喜	佐,举秀才,射策高第	《魏书》卷六十九
裴聿	北魏孝文帝时	河东闻喜	佐,以操尚贞立,为高祖所知	《魏书》卷六十九
许赤虎	北魏孝文帝延兴中	博陵	佐	《魏书》卷四十六
韩显宗	北魏孝文帝太和初	昌黎棘城	举秀才,对策甲科,除著作佐郎	《魏书》卷六十
封轨	北魏孝文帝太和中	勃海蓨人	佐	《魏书》卷三十二
房景先	北魏孝文帝太和中	清河绎幕	兼著作佐郎,修国史	《魏书》卷四十三

续表

任职者	任职时间	籍贯	备注	史料来源
李叔胤	北魏孝文帝太和中	赵郡人	佐	《魏书》卷四十九
成淹	北魏孝文帝太和中		佐	《魏书》卷五十
邢产	北魏孝文帝太和中	河间鄚人	举秀才,除著作佐郎	《魏书》卷六十五
阳尼	北魏孝文帝太和中	北平无终	博通群籍	《魏书》卷七十二
崔光	北魏太和六年—十四年	清河	著作郎,参撰国书	《魏书》卷六十七
	北魏孝文帝太和莫—永平四年		领著作	
	北魏宣武延昌四年—孝明正光四年		领著作	
傅思益	北魏孝文帝太和九年			《魏书》卷五十三
程灵虬	北魏太和九年	广平曲安	骏临终启请,擢为著作佐郎	《魏书》卷六十
	宣武帝时		仆射高肇领选,还申为著作郎	
李彪	北魏孝文帝太和十一年	顿丘卫国	领著作郎	《魏书》卷六十二
宋弁	北魏孝文帝太和十一年	广平列人	佐	《魏书》卷六十三
傅毗	北魏孝文帝太和十五年	渔阳	以文才见举,注述是同	《魏书》卷六十二

续表

任职者	任职时间	籍贯	备注	史料来源
韩显宗	北魏孝文帝太和十八年		博闻强识,颇有史才,参订音律	《魏书》卷一百七
韩兴宗	北魏孝文皇帝太和末		参定朝仪	《魏书》卷五十六
谷纂	北魏宣武皇帝时	昌黎人	颇有学涉,监国史,无所成	《魏书》卷三十三
崔孝芬	北魏宣武皇帝时	博陵安平	除著作郎,袭父爵	《魏书》卷五十七
张始均	北魏宣武皇帝时	清河东武城	端洁好学,有文才	《魏书》卷六十四
张珉	北魏宣武皇帝时	清河东武城		《魏书》卷六十四
张始均	北魏宣武皇帝时		佐	《魏书》卷七十七
李琰之	北魏宣武皇帝时	陇西狄道	兼著作郎,修撰国史	《魏书》卷八十二
袁翻	北魏宣武皇帝景明初	陈郡项人	佐,以才学擅美一时,参史任	《魏书》卷六十九
张洪	北魏宣武皇帝景明初		佐,参与造历	《魏书》卷一百七
孙惠蔚	北魏宣武皇帝永平四年—延昌三年	武邑武遂	领著作郎,才非文史,无所撰著,唯自披其传注数行而已	《魏书》卷八十四
卢观	北魏宣武皇帝末	范阳涿人	佐,举秀才,射策甲科	《魏书》卷八十五
元庆智	北魏孝明皇帝时	代	宗室,佐,美容貌,有几案才	《魏书》卷十六

续表

任职者	任职时间	籍贯	备注	史料来源
王遵业	北魏孝明皇帝时	太原晋阳	佐,同撰《起居注》	《魏书》卷三十八
李郁	北魏孝明皇帝时	赵郡人	佐,好学沉静,博通经史	《魏书》卷五十三
李谐	北魏孝明皇帝时	顿丘人	兼著作郎	《魏书》卷六十五
邢邵	北魏孝明皇帝时	河间鄚人	佐	《北齐书》卷三十六
李同轨	北魏孝明皇帝孝昌年间	赵郡高邑	举秀才,射策,转著作郎,典仪注,修国史	《魏书》卷八十四
崔谦	北魏孝明皇帝孝昌年间	博陵安平	佐	《周书》卷三十五
江式	北魏孝明皇帝正光中	陈留济阳	兼著作佐郎	《魏书》卷九十一
韩子熙	北魏孝明皇帝时	昌黎棘城	著作郎	《魏书》卷六十
	出帝初		领著作郎	
李瑾	北魏孝明皇帝末	陇西狄道	佐,美容貌,颇有才学	《魏书》卷三十九
陆恭之	北魏孝明皇帝末	代	著作佐郎	《魏书》卷四十
	孝庄皇帝建义初		领著作郎	
裴谐	北魏孝明皇帝末—孝庄皇帝建义初	河东闻喜	颇有文学。善鼓琴	《魏书》卷七十一

续表

任职者	任职时间	籍贯	备注	史料来源
王延业	北魏孝明皇帝末—孝庄皇帝建义初	太原人	佐,监典校书	《全后魏文》卷五十二
李业兴	北魏孝庄皇帝建义初—永安二年	上党长子	佐	《魏书》卷八十四
裴景融	北魏孝庄皇帝永安年间—东魏元象中	河东闻喜	佐,后领著作	《魏书》卷六十九
山伟	北魏孝庄皇帝永安—东魏孝静皇帝	河南洛阳	领著作郎,二十许载,时事荡然,万不记一……史之遗阙,伟之由也	《魏书》卷八十一
刘仁之	北魏出帝初	河南洛阳	既非其才,在史未尝执笔	《魏书》卷八十一
姚幼瑜	北魏孝武皇帝永熙三年		劳军	《周书》卷一
王衍	北魏孝武皇帝末	琅邪临沂	佐	《魏书》卷六十三
卢辩	北魏孝武皇帝永熙四年—西魏文帝时	范阳涿人	领著作	《周书》卷二十四
张轨	北魏孝武皇帝永熙四年—西魏文帝时	济北临邑	兼著作佐郎,修起居注	《周书》卷三十七

续表

任职者	任职时间	籍贯	备注	史料来源
李彦	北魏孝武皇帝永熙四年—西魏文帝初	梁郡下邑	兼著作佐郎,修起居注	《周书》卷三十七
李燮	北魏末	陇西狄道	佐,少有风望	《魏书》卷三十九
崔季良	北魏末	博陵安平	佐	《魏书》卷四十九
李邕	北魏末	顿丘人	佐	《魏书》卷六十五
崔敬祖	东魏孝静皇帝时	荥阳开封	佐	《魏书》卷五十六
王理	东魏孝静皇帝武定末	琅邪临沂	佐	《魏书》卷六十三
吕思礼	西魏文帝大统元年	东平寿张	领著作郎	《周书》卷三十八
苏绰	西魏文帝大统年间	武功人	佐	《周书》卷二十三
	大统十年—十二年		领著作	
卢柔	西魏文帝大统年间	范阳涿人	兼著作,撰起居注	《周书》卷三十二
赵善	西魏文帝大统三年		监著作	《周书》卷三十四
苏亮	西魏文帝大统八年	武功人	领著作,修国史	《周书》卷三十八
裴文举	西魏文帝大统十年—魏恭帝时	河东闻喜	著作郎	《周书》卷三十七

续表

任职者	任职时间	籍贯	备注	史料来源
黎景熙	西魏文帝大统末—北周天和三年	河间鄚人	勤于所职,著述不怠。然性尤专固,不合于时。是以一为史官,遂十年不调	《周书》卷四十七
柳庆	西魏恭帝初	解人	领著作	《周书》卷二十二
薛寘	西魏恭帝元年	河东汾阴	领著作佐郎,修国史	《周书》卷三十八
李昶	西魏末—北周初	顿丘临黄	著作郎,修国史	《周书》卷三十八
权会	东魏孝静皇帝武定年间—北齐皇建中	河间鄚人	修国史,监知太史局事	《北齐书》卷四十四
魏收	东魏孝静皇帝武定四年—北齐天保四年	巨鹿下曲阳	兼著作郎	《北齐书》卷三十七
司马消难	北齐文宣天保年间	河内温人	当朝贵盛,尚齐公主,起家官	《周书》卷二十一
祖珽	北齐孝昭皇帝皇建元年	范阳狄道	著作郎	《北齐书》卷三十九
杜台卿	北齐天统、武平初	中山曲阳	兼大著作、修国史	《北齐书》卷二十四
萧慨	北齐武平中	南兰陵	佐,待诏文林馆	《北齐书》卷三十三
元文遥	北齐武平末	河南洛阳	佐,北魏宗室	《北齐书》卷三十八

见，如成淹、房景先、崔光、李彪、李琰之、孙惠蔚、李谐、江式、韩子熙、裴景融、卢辩、张轨等人，皆以他官或兼任，或领著作参与国史的撰修，其中崔光兼领著作近二十余年，李彪先后以秘书丞、御史中尉等身份领著作，“彪寻以罪废……彪遂以白衣于秘书省著述”①。

北魏分裂之后，他官兼领著作郎官的情形依然普遍，如西魏吕思礼、苏绰、卢柔、赵善、苏亮、柳庆，东魏魏收，北齐杜台卿等人，均以他官兼领著作，占到《北齐书》、《周书》内可考著作郎官十九人内的42%。

北朝著作郎官兼任情况的普遍造成了其国史修撰的间断性，如宣武皇帝初，李彪上书请求修史，就提到了这种任官方式造成的严重后果：

> 今大魏之史，职则身贵，禄则亲荣，优哉游哉，式谷尔休矣；而典谟弗恢者，其有以也。而故著作渔阳傅毗、北平阳尼、河间邢产、广平宋弁、昌黎韩显宗等，并以文才见举，注述是同，皆登年不永，弗终茂绩。前著作程灵虬同时应举，共掌此务，今从他职，官非所司。唯崔光一人，虽不移任，然侍官两兼，故载述致阙。②

第二，著作郎官的任职条件：北朝著作郎官的任命，多以才学为重要考量，门第因素的重要性相对下降，如上表中所统计的“备注”一栏中，北魏著作郎官的就任者或是以才学就任，或是通过“举秀才，射策”的途径任著作郎。就任著作郎之后，由于其职责的可见性，史书中多记载其成就，因此《魏书》、《北齐书》等书中留下了“颇有史才”、“勤于所职，著述不怠”、“监国史，无所成”、“才非文史，无所撰著”、“在史未尝执笔”等褒贬之词，除了这些短暂的评价，《魏书》中还记载了对修史、史官的众多评价，

① 《魏书·崔光列传》(卷67)。

② 《魏书·李彪列传》(卷62)。

皆犀利直接：

> 高祖曾谓显宗及程灵虬曰："著作之任，国书是司。卿等之文，朕自委悉，中省之品，卿等所闻。若欲取况古人，班马之徒，固自辽阔。若求之当世，文学之能，卿等应推崔孝伯。"又谓显宗曰："见卿所撰《燕志》及在齐诗咏，大胜比来之文。然著述之功，我所不见，当更访之监、令。校卿才能，可居中第。"又谓程灵虬曰："卿比显宗，复有差降，可居下上。"显宗对曰："……臣学微才短，诚不敢仰希古人，然遭圣明之世，睹惟新之礼，染翰勤素，实录时事，亦未惭于后人……"……高祖曰："卿为著作，仅名奉职，未是良史也。"显宗曰："臣仰遭明时，直笔而无惧，又不受金，安眠美食，此臣优于迁固也。"高祖哂之。①

第三，北魏时期，著作郎官的迁转情况前后迥异：北魏前期，著作官多作为他官迁转之职，或是兼领。孝明皇帝时清河王元怿上《官人失序表》批评这一现象："秘著本为起家之官，今或迁转以至，斯皆仰失先准，有违明令"②，因此北魏后期，著作佐郎作为起家之官的现象逐渐普遍。

三　北朝秘书省藏书考

鲜卑拓跋部依靠强大的军事力量，先后与后燕、后秦、柔然、高车、北燕、北凉、吐谷浑等政权或势力交战，在5世纪中叶统一北方，之后，北方进入近一个世纪的安稳统治期。社会局面基本稳定，为其经济、文化等领域的发展提供了合适的环境。另外值得指出的是鲜卑拓跋部的角色成功转化，这一转变虽然曲折、漫长，但

---

① 《魏书·韩显宗列传》(卷60)。

② (清)严可均辑：《全后魏文》，北京：商务印书馆1999年版，第194页。

是由于君主的倡导注重、汉士人的推动努力，使得北魏后期，元氏与代北勋贵的文化取向逐渐与汉人趋于一致，形成了以汉文化为主体的新文化，并为之后的隋唐盛世奠定了文化基础。在文化趋同这种历史潮流的引导下，北朝统治者逐渐摆脱其民族旧有思维，开始站在多民族统治者的角度来重视国家文化建设，重视教育，推行鲜卑汉化，重视文化典籍的搜集、整理、庋藏，使得北朝典籍在经历了西晋十六国的破坏之后，再次发展。从汉族士人角度来看，伴随政权的稳定，少数民族的逐渐汉化，汉人图书编撰心态逐渐从守道的自我封闭状态转向渐进式的改良参与，文学创作与经学诠释逐渐增多，图书编撰活动开始活跃，臣民献书活动频繁，北魏中后期，文人接触南朝文化的机会增加，双方的文化交融更是促使士人创作多样化，南朝陈庆之甚至有言："昨至洛阳，始知衣冠士族并在中原，礼仪富盛，人物殷阜，目所不识，口不能传"①。除去这些因素，北方政权的"拿来主义"同样促进了其图书事业的发展，北朝统治者通过征战、掠夺、征辟等手段，吸收汉族人士参与国家文化建设，并利用他们的才能、技术直接跨越了历史鸿沟，自原始部落状态进入封建统治阶段，其图书形制、载体，书写工具，文字等与典籍相关的因素，直接为其所用，跳跃式地拉近了与南朝政权之间的文化差距，这些因素同样促进了北朝国家藏书事业的发展。在众多因素的促进下，北朝官方图书事业自萌芽状态开始成长，逐渐自成规模。

(一)北朝国家藏书建设

1. 北魏国家图书建设

北魏之前身代国建立之初，由于其游牧文化的根本，统治者对于文化建设少有关注，甚至出现了因畏惧先进文化而导致的杀戮事件，这时的鲜卑仍然处于"牧迁徙，射猎为业，淳朴为俗，简易为

---

① (北魏)杨衒之撰，周祖谟校释:《洛阳伽蓝记校释》，北京：中华书局2009年版，第108页。

化，不为文字”的部落联盟时期，武力是其全部的生存内容。北魏初建，道武帝拓跋珪作为受到汉文化影响的鲜卑统治者，在固守鲜卑原有文化的情况下，借助汉文化和汉族士人，对国家典章制度进行创建，巩固并加强王权统治，在这样的指导思想下，北魏统治者对图书典籍的态度发生了转变，《魏书·太祖纪》载：皇始二年(397年)十月，北魏大破后燕，“获其所传皇帝玺绶、图书、府库、珍宝，簿列数万。班赐功臣及将士各有差”①。此时，图书典籍之类仍然属于战利品，被颁赐予功臣将士，后随着汉族人士的归顺，拓跋珪表现出“不耻下问”的学习劲头，与汉臣讨论起图书典籍之用，并下令征集经籍图书，开始有意识地利用图书典籍中的一些知识为政权服务，《魏书·李先列传》：

> 太祖问先曰：“天下何书最善，可以益人神智?”先对曰：“唯有经书。三皇五帝治化之典，可以补王者神智。”又问曰：“天下书籍，凡有几何?朕欲集之，如何可备?”对曰：“伏羲创制，帝王相承，以至于今，世传国记、天文秘纬不可计数。陛下诚欲集之，严制天下诸州郡县搜索备送，主之所好，集亦不难。”太祖于是班制天下，经籍稍集。

北魏还参考《汉书》记载汉朝和亲措施，利用婚嫁巩固北魏与其他少数民族政权的关系。拓跋珪对图书的态度从随意转变到有意识地利用搜集，并进一步招集儒士，对儒家经典进行了整理注疏工作，并开始了国家修史行为：

> 《魏书·太祖纪》载：“(天兴)四年冬十二月……集博士儒生，比众经文字，义类相从，凡四万余字，号曰《众文经》。”

《魏书·崔浩列传》：“太祖诏尚书郎邓渊著国记十余卷，编年次事，体例末成。”

---

① 《魏书·太祖纪》(卷2)。

接踵而至的明元皇帝深化了图书典籍的整理活动，将图书整理活动自经典扩展至天文、星历等领域，崔浩在其《上〈五寅元历〉表》中曰：

> 太宗即位元年，敕臣解《急就章》、《孝经》、《论语》、《诗》、《尚书》、《春秋》、《礼记》、《周易》。三年成讫。复诏臣学天文、星历、易式、九宫，无不尽看。①

太武皇帝拓跋焘在位期间，以太平真君年间为界，北魏的文化建设经历了先扬后抑的发展历程。拓跋焘即位之初，就下诏制定文字，整理汉魏流传过程中失真的各种字体，并“初造新字千余”，为文化的传播，典籍的编撰、整理制定了统一的文字规范；并继续道武皇帝未完成的魏史编撰工作，令崔浩领秘书事，兼掌史任，采集图书，编撰国史，“诏集诸文人撰录国书，浩及弟览、高谠、邓颖、晃继、范亨、黄辅等共参著作，叙成《国书》三十卷”。② 并重视国家图书的收聚，甚至出现献书授官的事例，以凉州江强“上书三十余法，各有体例，又献经史诸子千余卷，由是擢拜中书博士”③。但是太平真君七年三月，在崔浩和道士寇谦之推动下，并考虑经济因素、政治因素，发布《灭佛法诏》，对佛学经典进行焚毁：

> 自今以后，敢有事胡神及造形像泥人、铜人者，门诛……有司宣告征镇诸军、刺史，诸有佛图形像及胡经，尽皆击破焚烧，沙门无少长悉坑之。④

太平真君十一年六月，因崔浩在撰修国史的过程中，秉承直笔

① (清)严可均辑：《全后魏文》，北京：商务印书馆 1999 年版，第 220 页。
② 《魏书·崔浩列传》(卷 35)。
③ 《魏书·术艺列传》(卷 91)。
④ (清)严可均辑：《全后魏文》，北京：商务印书馆 1999 年版，第 11 页。

理念，“尽述国事，备而不典”，并且在书成之后，“石铭显在衢路，往来行者咸以为言”，触碰了鲜卑勋贵的敏感神经，杀参与修史者“自浩已下、僮吏已上百二十八人”，并株连族杀与崔氏联姻的范阳卢氏、太原郭氏、河东柳氏等大族。这次惨案的发生，固然与崔浩个人理想主义及激进的改革措施动摇了鲜卑勋贵的利益有关①，但根本原因还在于鲜卑统治者对汉文化的疏离，北魏前期的文化建设的根本目的在于“为其所用”，是以维护鲜卑统治者的地位为核心的文化借鉴行为，鲜卑上层统治者对于汉文化的态度仍然是以排斥和恐惧为主流，因此才以崔浩等人修撰魏史“暴扬国恶”为由，发动了这次“文化搭台，政治唱戏”的杀戮活动。“国史之狱”是北魏文化建设进程中一次巨大的倒退，一方面打击了北魏官方修撰行为，使得专掌修撰的著作郎官空置数十年；另一方面亦震撼了北朝文人，大范围的屠杀所造成的恐怖气氛，禁锢了其创作心理，造成了图书编撰行为的锐减。

文成皇帝拓跋濬、献文皇帝拓跋弘两位君王在位期间，于文化建设上极力挽回太武皇帝所推行的文化专制所造成的严重后果，如文成皇帝即位之初的兴安元年(452 年)十二月，即颁布了《修复佛法诏》，下令重修佛寺，佛经因此再次现世流传，“天下承风，朝不及夕，往时所毁图寺，仍还修矣。佛像经论，皆复得显”。在修复佛学的同时，文成皇帝听取秘书郎高谧的建议，积极搜括、缮写图书，用以扩充国家藏书，据《魏书·高谧列传》载：高谧“肃勤不倦，高宗深重之，拜秘书郎。谧以坟典残缺，奏请广访群书，大加缮写。由是代京图籍，莫不审正”。

北魏延兴四年，献文帝被迫禅位于四岁的幼子拓跋宏，政权操纵在文明太后冯氏手中，冯太后为北燕王冯弘的后代，受到其家族的影响，汉化程度较高，具有一定的学识，推崇儒学。在其当政期间，重用汉族文士高允、李冲，推行文治政策。冯太后设立学馆，

---

① 《魏书·卢玄列传》云：浩大欲齐整人伦，分明姓族。玄劝之曰：“夫创制立事，各有其时，乐为此者，讵几人也？宜其三思。”浩当时虽无异言，竟不纳，浩败颇亦由此。

"选忠信博学之士"，对皇子皇孙进行教育，并颁布《焚图谶诏》，对境内谶纬之书进行禁绝：

图谶之兴，起于三季。既非经国之典，徒为妖邪所凭。自今图谶、秘纬及名为《孔子闭房记》者，一皆焚之。留者以大辟论。又诸巫觋假称神鬼，妄说吉凶，及委巷诸卜非坟典所载者，严加禁断。①

孝文帝作为一名精通汉文化的少数民族皇帝，重视文化立国，在其规劝皇室和鲜卑贵勋实行迁都时，曾表达了其为文主的意愿：

北人每言北人何用知书，朕闻此，深用怃然。今知书者甚众，岂皆圣人。朕自行礼九年，置官三载，正欲开导兆人，致之礼教。朕为天子，何假中原，欲令卿等子孙，博见多知。若永居恒北，值不好文主，抑等子孙，不免面墙也。②

孝文帝十分重视图籍的编撰和聚集。在其亲政之后，鼓励图书编撰，发动多途径搜求图书行为。《魏书・李修列传》载："太和中，常在禁内。高祖、文明太后时有不豫，修侍针药，治多有效……集诸学士及工书者百余人，在东宫撰诸药方百余卷，皆行于世。"太和十九年六月癸丑，孝文帝"诏求天下遗书，秘阁所无、有裨益时用者加以优赏"③，同时派遣使臣前往各地搜括图书，如薛昙宝就曾为使臣，"采遗书于天下"④；九月洛阳城营建完毕，孝文帝编订《魏阙书目录》，并"借书于齐，秘府之中，稍以充实"⑤。

宣武皇帝元恪即位之后继续发扬了其父的文治政策，即位之

---

① (清)严可均辑：《全后魏文》，北京：商务印书馆 1999 年版，第 36 页。

② 《魏书・广陵王羽列传》(卷 21)。

③ 《魏书・高祖纪下》(卷 7 下)。

④ 《魏书・薛昙宝列传》(卷 44)。

⑤ 《隋书・经籍志一》(卷 32)。

初，听从秘书丞孙惠蔚的建议，搜求秘阁阙书，并令博士、儒生四十人入秘书省，进行图书的校勘、整理、抄写工作，《魏书·孙惠蔚列传》载：

> 惠蔚既入东观，见典籍未周，乃上疏曰："臣闻圣皇之御世也，必幽赞人经，参天二地，宪章典故，述遵鸿猷……故大训炳于东序，艺文光于麟阁。斯实太平之枢宗，胜残之要道，有国之灵基，帝王之盛业。安上靖民，敦风美俗，其在兹乎？……臣学阙通儒，思不及远，徒循章句，片义无立，而兹造曲覃，厕班秘省，忝官承乏，唯书是司。而观、阁旧典，先无定目，新故杂糅，首尾不全。有者累帙数十，无者旷年不写。或篇第褫落，始末沦残；或文坏字误，谬烂相属。篇目虽多，全定者少。臣今依前丞臣卢昶所撰《甲乙新录》，欲裨残补阙，损并有无，校练句读，以为定本，次第均写永为常式。其省先无本者，广加推寻，搜求令足。然经记浩博，诸子纷纶，部帙既多，章篇纰缪，当非一二校书，岁月可了。今求令四门博士及在京儒生四十人，在秘书省专精校考，参定字义。如蒙听许，则典文允正，群书大集。"诏许之。①

在这次大规模的图书整理之后，宣武皇帝极端崇奉佛教，着意搜括佛学图书，"每以佛经为游心之场，释典为栖照之囿。搜逸访缺……无籍不备"②，而忽视了儒学典籍的搜括与整理。永平二年，中书侍郎裴延俊上表规劝："陛下道悟自开，渊鉴独得……然五经治世之模，六籍轨俗之本……伏愿经书互览，孔释兼存，则内外俱周，真俗斯畅"③。宣武皇帝虚心纳谏，于次年再次下诏搜括图书

① 《魏书·儒林列传》(卷84)。

② (清)严可均辑：《全后魏文》，北京：商务印书馆1999年版，第241页。

③ (清)严可均辑：《全后魏文》，北京：商务印书馆1999年版，第89页。

于天下。

北魏自宣武之后，政治混乱，统治腐朽，六镇军人叛乱，契胡尔朱氏趁机攻入洛阳，纵容其部下烧杀抢掠，北魏图籍遭受巨大损坏，《隋书·经籍志》有言北魏官藏："暨于尔朱之乱，散落人间"①。永安二年(529年)闰月，孝庄皇帝元子攸重入洛阳，诏令御史中尉高道穆整理秘书省图书：

> 秘书图籍所在，内典□书，又加缮写，缃素委积，盖有年载。出内繁芜，多致零落，可令御史中尉、兼给事黄门侍郎道穆总集帐目，并牒儒学之士，编比次第。②

随后，孝庄帝为尔朱兆所弑，图书整理缮写活动无果而终。孝武帝即位后，朝局为高欢所把握，但是其图书典校工作并未停止，《魏书·术艺列传》载：

> 永熙中，诏通直散骑常侍孙僧化与太史令胡世荣、张龙、赵洪庆及中书舍人孙子良等，在门下外省校比天文书。集甘、石二家《星经》及汉魏以来二十三家经占，集为五十五卷。后集诸家撮要，前后所上杂占，以类相从，日月五星、二十八宿、中外官图，合为七十五卷。③

2. 东魏—北齐国家藏书建设

永熙三年八月，孝武帝西入长安，北魏分裂为东魏、西魏，分别为高氏、宇文氏所把握。高氏继承了全部北魏官方遗留图书，并迁都邺城，专令学者负责图书经籍的转移，《北齐书·慕容绍宗列

---

① 《隋书·经籍志一》(卷32)。

② (清)严可均辑：《全后魏文》，北京：商务印书馆1999年版，第123页。

③ 《魏书·术艺列传》(卷91)。

传》载："天平初，迁都邺，庶事未周，乃令绍宗与高隆之共知府库图籍诸事。"①东魏在邺都对图书进行了重新整理，设立四库以藏之，如东魏孝静皇帝曾"乃引（杜弼）入经书库，赐《地持经》一部，帛一百匹"②。北齐建国之后，继承东魏藏书的基础上，继续搜聚、抄写图书，官藏有所扩充，《隋书·经籍志》曰："后齐迁邺，颇更搜聚，迄于天统、武平，校写不辍"。北齐天保七年（556年），文宣帝为了供太子读书，诏令樊逊等十二人校订群书，樊逊"即欲刊定，必藉众本"，因此建议向朝内多书之家进行图书的借阅，"秘书监尉瑾移尚书都坐，凡得别本三千余卷，《五经》诸史，殆无遗阙"③。依照隋代秘书监牛弘的说法：

> 高氏据有山东，初亦采访，验其本目，残缺犹多。及东夏初平，获其经史，四部重杂，三万余卷。所益旧书，五千而已。④

由此可知，北齐末年，官方图书收藏总量三万余卷，并曾编制过国家书目，隋朝时尚存于世。

3. 西魏—北周国家藏书建设

北周政权所盘踞在关中地区，自汉末以来失去了其政治文化地位，纷争扰扰，胡汉混杂，导致这一地区的文化发展远远落后于东魏—北齐所依据的山东地区，且西魏—北周的统治阶层主要组成部分以鲜卑六镇军官为主，皆不知书，甚至这部分的子弟文化修养亦十分低下，《周书·樊深列传》载：

> 太祖置学东馆，教诸将子弟，以（樊）深为博士。深经学

① 《北齐书·慕容绍宗列传》（卷20）。
② 《北齐书·杜弼列传》（卷24）。
③ 《北齐书·文苑列传》（卷45）。
④ 《隋书·牛弘列传》（卷49）。

通赡，每解书，尝多引汉、魏以来诸家义而说之。故后生听其言者，不能晓悟。皆背而讥之曰："樊生讲书多门户，不可解。"然儒者推其博物。

西魏—北周一系具有浓郁的崇武风尚，导致政权内图书建设十分艰难缓慢。永熙三年(534年)八月，北魏孝武皇帝元修率众西奔长安，一批山东士人也随之入关，为文化贫瘠的关中地区注入了新鲜血液。这部分士人在西魏建立初期主持制定了王朝的典制文化，如范阳涿人卢辩仓促追随孝武帝入关，因其儒学修养为宇文泰所重，"甚礼之，朝廷大议，常召顾问……自魏末离乱，孝武西迁，朝章礼度，湮坠咸尽。辩因时制宜，皆合轨度"①。宇文氏虽为军人世家，却重视文化建设，西魏大统十年，"太祖(宇文泰)以隶书纰缪，命文渊与黎季明、沈遐等依《说文》及《字林》刊定六体，成一万余言，行于世"②。这一举措统一了关中地区的文字，奠定了关中政权图书事业的发展基础。西魏大统年间，原东魏洛州刺史寇俊西奔，被任命为秘书监，"时军国草创，坟典散逸，俊始选置令史，抄集经籍，四部群书，稍得周备"③。西魏恭帝元年，即南朝梁承圣三年(554年)，梁宗室内讧，镇守襄阳的梁宗室萧詧投靠西魏，引外敌联合进攻江陵。城破国亡之际，梁元帝萧绎焚书，西魏将领于谨等人于灰烬中捡得图书四千卷，运归长安，充实国藏。唐张怀瓘《二王书录》记录详尽：

其夜，乃集古今图书十四万卷，并大小二王迹，遣后阁舍人高善宝焚之。吴越宝剑，并将作斫柱，乃叹曰："萧世诚遂至于此，文武之道，今夜穷乎！"历代秘宝，并为煨烬矣。周将于谨、普六、茹忠等，并摭拾遗逸，凡四千卷，将归长安。④

---

① (唐)令狐德棻：《周书·卢辩列传》(卷24)。
② 《周书·艺术列传》(卷47)。
③ 《周书·寇俊列传》(卷37)。
④ (清)董诰等编：《全唐文》卷432，上海：上海古籍出版社1990年版。

北周图书基础薄弱，“保定之始，书止八千，后稍加增，方盈万卷”①。这一数字与北齐总量三万余卷的图书收藏相差巨大，且自西魏建国至北周武帝保定元年，时间跨度长达二十余年，减去自南朝梁所掠夺的四千卷，西魏搜括图书不满四千卷，其图书建设力度十分薄弱。北周建国之后，史料中少有其图书搜括行为的记载，因此《隋志》采用“稍”字来形容北周国家藏书增长的缓慢。北周时期，国家图书整理活动也主要集中在北周明帝即位之初，“集公卿已下有文学者八十余人于麟趾殿，刊校经史”②。

北周武帝即位之后，围绕着“天下一统”的宏伟志愿，“乃苦心焦思，克己励精，劳役为士卒之先，居处同匹夫之俭。修富民之政，务强兵之术”，出于经济、思想等因素下令灭佛，《历代三宝记》称：“周武帝邕世……毁破前代关山西东数百年来官私所造一切佛塔，扫地悉尽。融括圣容，焚烧经典”。这次灭佛在一定程度上增加了北周的土地、军民、财力，为其统一北方增强了实力，但是对于佛经图书来说，却遭受了巨大损失。建德六年（577 年）正月，北周武帝灭齐，入邺城，“先封书府”③，全盘接收了北齐国家藏书，北周国家藏书单本增加了五千卷，至此，北周国家藏书单本数量达到了一万五千余卷，总体上来看，“部帙之间，仍有残缺。比梁之旧目，止有其半。至于阴阳河洛之篇，医方图谱之说，弥复为少”④。其国家藏书建设由于军事为先的基本国策，成绩并不突出。

（二）北朝藏书聚集途径

考之史籍，北朝官方藏书聚集途径主要有以下几种：

1. 战利品

北魏鲜卑拓跋部发源于原始的白山黑水之间，兴起于辽阔的草

---

① 《隋书·经籍志一》（卷 32）。

② 《周书·明帝纪》（卷 4）。

③ 《隋书·经籍志一》（卷 32）。

④ 《隋书·牛弘列传》（卷 49）。

原之上，先期并无图书文字记载，甚至还采用刻木记事的原始手段，因此北魏的图书先期积累，主要依靠征伐作战，俘获他国而得。北魏所征服的国家中，后燕乃鲜卑慕容氏政权，其汉化历程自4世纪中叶开始，前燕、后燕一脉相承，汉化程度较高；北燕本是由胡化数代的汉人冯跋建立，推行崇儒重教的文化政策，其汉化与封建化程度远远高于同期北魏；北凉由匈奴的分支卢水胡沮渠蒙逊所建，本身是以汉族与卢水胡共同组成的民族混合政权，其朝内文官多由汉人担任，且沮渠蒙逊博涉群史，喜好儒学，于国内提倡儒学教育，其国家图书事业亦有开展，《魏书·阚骃列传》载：

> 阚骃，字玄阴，敦煌人也……蒙逊甚重之，常侍左右，访以政治损益。拜秘书考课郎中，给文吏三十人，典校经籍，刊定诸子三千余卷。①

北魏从这些战争征服中，直接或间接地获得了图书实物、博学士子，如道武帝拓跋珪皇始二年(397年)十月，攻打中山，“甲申，共所署公卿、尚书、将吏、士卒降者二万余人……获其所传皇帝玺绶、图书、府库、珍宝，簿列数万。班赐功臣及将士各有差”②。说明鲜卑拓跋部在早期征战中，所俘获的战利品中存在大量的图书，这些文化战利品均保证了北魏国家图书建设的进行。图书实物成为北魏国家图书的前期积累，其作用是直接而明显的。

东魏—北齐一脉由于全部继承了原北魏的图书，起点较高，在军事方面与西魏—北周处于胶着状态，鲜有对外征战。

西魏—北周利用南朝梁后期的宗室争斗，接受萧詧的邀请，出兵攻梁。战胜后，直接得书四千余卷运往长安，另外尚俘获梁臣民数万人北上，《南史·梁本纪》载：“汝南王大封、尚书左仆射王褒以下，并为俘以归长安。乃选百姓男女数万口，分为奴脾，小弱者

---

① 《魏书·阚骃列传》(卷52)。

② 《魏书·太祖纪》(卷2)。

皆杀之”①。这次战争不仅为北周带来了数千卷的图书，还带来了梁朝丰富的人力资源，其中就有南朝著名文人颜之推、庾信、王褒、沈炯、徐陵等人，不仅丰富了北周的文学创作，更间接地促进了北周文化事业的发展。

2. 国家图书搜访

在汉化的历史潮流中，北朝统治者对图书事业的态度逐渐改变，从愚昧，到好奇，到参与，到积极推进，甚至孝文帝达到了“尽信书”的境地，《魏书·高祖纪下》载孝文帝有“诸有禁忌禳厌之方非典籍所载者，一皆除罢”②的行为，并在这种态度的驱使下，进行了多次图书搜访活动。考之史籍，北朝国家图书搜括活动主要有：

北魏道武皇帝皇始天兴年间：《魏书·李先列传》曾详细地记载了道武帝问道于先的过程，在李先的建议下，道武帝严令制下的诸州郡县长官在辖区内，进行图书搜索，并报送京师，由此北魏“经籍稍集”，尽管这次图书搜访主要集中在经部、史部图书，其目的在于资政，《隋书·经籍志》序称“粗收经史，未能全具”，但毕竟使北魏的国家图书事业拥有了一个良好的开端。

北魏太武皇帝太延年间：太延五年(439年)，太武帝灭北凉，统一北方，为了记载功绩，下令崔浩等人修国史。“是时，著作令史闵湛、郄欅性巧佞，为浩信待。见浩所注《诗》、《论语》、《尚书》、《易》，遂上疏，言马、郑、王、贾虽注述《六经》，并多疏谬，不如浩之精微。乞收境内诸书，藏之秘府。班浩所注，命天下习业。”③太武皇帝在位期间，崔浩颇受恩宠，因此著作令史闵湛、郄欅两人出于溜须拍马之心，上书请求收天下六经归于秘阁，而推行崔浩所注疏的版本。太武帝虽未明确表态进行搜书活动，但是根据之后的事态发展，这次图书搜寻活动一定存在。

---

① 《南史·梁本纪下·元帝》(卷8)。
② 《魏书·高祖纪下》(卷7下)。
③ 《魏书·高允列传》(卷48)。

北魏文成皇帝兴安年间:《魏书·高谧列传》载:

> 谧，字安平，有文武才度。天安①中，以功臣子召入禁中，除中散，专典秘阁。肃勤不倦，高宗深重之，拜秘书郎。谧以坟典残缺，奏请广访群书，大加缮写。由是代京图籍，莫不审正。

北魏孝文帝太和年间：太和十九年六月癸丑，孝文帝“诏求天下遗书，秘阁所无、有裨益时用者加以优赏”②，同时派遣使臣前往各地搜括图书，如薛昙宝就曾为使臣，“采遗书于天下”③。

北魏宣武皇帝景明年间：宣武帝听从秘书丞孙惠蔚的建议，搜求秘阁阙书，《魏书·孙惠蔚列传》载：

> 惠蔚既入东观，见典籍未周，乃上疏曰：“……其省先无本者，广加推寻，搜求令足……”诏许之。

宣武帝这次图书搜集活动，采取的是派使前往各地进行搜括的方式，如右军将军王遵业曾前往代京，进行图书的搜括，《魏书·王遵业列传》：

> (王)遵业，风仪清秀，涉历经史。位著作佐郎，与司徒左长史崔鸿同撰《起居注》。迁右军将军，兼散骑常侍，慰劳蠕蠕。乃诣代京，采拾遗文，以补《起居》所缺。

---

① 应为文成皇帝“兴安中”，天安(466—467年)乃献文皇帝年号。考高谧延兴二年(472年)九月卒，时年45岁，那么在天安中，高谧因功臣子得秘书中散，年纪已经40岁，不合情理，因此“天”乃“兴”字之误，高谧于文成皇帝兴安中就任秘书中散，年纪26~28岁，符合以门荫入仕做官的惯例。

② 《魏书·高祖纪下》(卷7下)。

③ 《魏书·薛昙宝列传》(卷44)。

宣武皇帝永平三年：《魏书·世宗纪》载："（永平三年）六月壬寅，诏重求遗书于天下。"①史料中的"重"字，说明此次图书搜括乃是宣武帝在听从了大臣裴延俊的进谏后，所发布的第二次搜书诏令。

东魏—北齐政权天统、武平年间：《隋书·经籍志》曰："后齐迁邺，颇更搜聚，迄于天统、武平，校写不辍。"

北齐文宣帝天保七年(256年)：文宣帝诏令樊逊等十二人校订群书，樊逊建议向朝内多书之家进行图书的借阅，"秘书监尉瑾移尚书都坐，凡得别本三千余卷，《五经》诸史，殆无遗阙"②。

西魏—北周政权的图书搜括：隋朝秘书监牛弘说言："周氏创基关右，戎车未息。保定之始，书止八千，后加收集，方盈万卷。"从图书数量的增长来看，西魏—北周政权的图书从无到有，忽略其战争所得，尚有国家图书搜集行为。

3. 图书缮写

北朝的图书缮写活动往往伴随着图书的搜括行为，如北魏文成皇帝兴安年间，秘书郎高谧所领导的图书搜括和缮写行为，宣武皇帝景明年间秘书丞孙惠蔚所建议的图书搜括、典校、缮写行为，以及北齐天统、武平年间的图书校勘抄写。可以肯定的是，北朝仍然处于抄本时代，其秘书省内一定会设置数名书手进行图书的复制抄写，以增加国家的藏书数量，《魏书·江式列传》曾记载延昌三年，江式请求宣武皇帝允许其使用国家藏书进行编撰活动，同时还请求配备适当的辅助和抄写人员："学士五人尝习文字者，助臣披览；书生五人专令抄写。"③其中"书生"，即所谓的图书抄写人员，与工书人、书手职责相同，即负责国家诏令、图书等文字材料的抄写。

---

① 《魏书·世宗纪》(卷8)。
② 《北齐书·文苑列传》(卷45)。
③ 《魏书·江式列传》(卷91)。

北齐政权内同样设置文件的抄写人员，《北齐·祖珽列传》载：

> 州客至，请卖《华林遍略》。文襄多集书人，一日一夜写毕，退其本曰："不须也。"

史料中所提到的"书人"，即专业抄写人员。北齐官方抄写人员为"书手"，《北齐书·张景仁列传》载："张景仁者，济北人也。幼孤家贫，以学书为业，遂工草隶，选补内书生。"北齐末，颜之推待诏文林馆，因"善于文字，监校缮写"①，总掌文林馆内的图书抄写事宜。

西魏政权草建之时，官制未备，以秘书省为例，设置抄写人员则是在大统二年，由秘书监寇俊所置，随后进行了四部图书的抄写，以充官藏。《周书·寇俊列传》载："时军国草创，坟典散逸，(秘书监寇)俊始选置令史，抄集经籍，四部群书，稍得周备。"

4. 臣民献书与官修图书

北魏建立初期，拥有传统文化的文人面对游牧文化色彩浓郁的北魏拓跋部，其间的文化鸿沟导致沟通困难，与此同时，北魏统治者对于汉人也停留在简单的利用和防备阶段，这些因素导致北魏初期文人的心理处于守道的自我封闭状态，更遑论进行创作活动，学者们或投身于地方讲学活动，或埋首儒学经典，"述而不作"，北魏初期，汉族文人谨慎审视的态度导致献书行为的稀少。随着北魏政权汉化的深入，汉族士人开始逐渐敞开心扉，参与到国家建设之中，其创作行为也逐渐丰富，图书编撰活动活跃，献书事件开始成为普遍现象。考整个北魏的臣民献书，采撷史料列表4-6如下：

---

① 《北齐书·文苑列传》(卷45)。

表 4-6 北魏臣民献书表

献书人	献书时间	献书详情	史料来源
公孙表	道武皇帝时	《韩非书》二十卷	《魏书》卷三十三
崔浩	明元永兴年间	解《急就章》、《孝经》、《论语》、《诗》、《尚书》、《春秋》、《礼记》、《周易》	《魏书》卷三十五
崔浩	太武太平真君十年	《五寅元历》	《魏书》卷三十五
甄楷	太武太平真君中	上《高祖颂》十二篇	《魏书》卷六十八
高允	太武皇帝正平年间	《天文灾异》八篇	《魏书》卷四十八
殷绍	文成皇帝太安四年	《四序堪舆》一卷	《魏书》卷九十一
成淹	献文皇兴中	《接舆释游论》	《魏书》卷七十九
元澄	孝文皇帝	上《皇诰宗制》并《训诂》各一卷	《魏书》卷十九上

续表

献书人	献书时间	献书详情	史料来源
张彝	宣武皇帝景明四年	《历帝图》五卷	《全后魏文》卷三十七
	宣武皇帝永平四年	《采诗》七卷	
李业兴	宣武皇帝延昌中	《戊子元历》	《魏书》卷八十四
崔鸿	宣武皇帝永平时	《十六国春秋》九十七卷	《魏书》卷六十七
封轨	孝明皇帝初	《明堂图说》六卷	《魏书》卷三十二
董绍	孝明皇帝初	《御天马颂》	《魏书》卷七十九
崔光	孝明皇帝神龟初	《神龟历》	《魏书》卷一百七
崔鸿	孝庄永安中	其子献父著作《十六国春秋》一百二卷	《魏书》卷六十七
房景先	节愍皇帝	《五经疑问》百余篇	《魏书》卷四十三
王神贵	节愍皇帝	《辩疑》十卷	《魏书》卷四十三

除了这些献自己撰述的图书，北魏江强因献藏书数千家得官，《魏书·江式列传》载：祖强“献经史诸子千余卷，由是擢拜中书博士”①。魏尚有官修图书活动，同样是国家藏书的来源之一，《隋书·经籍志》史部《霸史序》称：“后魏克平诸国，据有嵩、华，始命司徒崔浩，博采旧闻，缀述国史。诸国记注，尽集秘阁。”②如：

太武帝“神䴥二年，诏集诸文人撰录国书，浩及弟览、高谠、邓颖、晁继、范亨、黄辅等共参著作，叙成《国书》三十卷”③。

宣武帝时，王遵业“位著作佐郎，与司徒左长史崔鸿同撰《起居注》”④。

孝文帝太和初，秘书令高祐、秘书丞李彪撰《国书》；李伯尚“迁通直散骑侍郎，敕撰《太和起居注》”⑤；李修“集诸学士及工书者百余人，在东宫撰诸药方百余卷，皆行于世”⑥。

宣武皇帝即位初，“(李)彪上表求成《魏书》，诏许之，彪遂以白衣于秘书省著述”⑦。

宣武皇帝沉迷佛学，“以永平元年岁次玄枵四月上日，命三藏法师北天竺菩提留支魏云道希、中天竺勒那摩提魏云宝意，及传译沙门北天竺伏陀扇多，并义学缁儒一十余人在太极紫庭，译出新论，十有余卷”⑧，是为《十地经论》。

崔鸿“景明三年，迁员外郎、兼尚书虞曹郎中。敕撰《起居注》……正光元年，加前将军。修高祖、世宗《起居注》……五年

---

① 《魏书·江式列传》(卷91)。

② 《隋书·经籍志二》(卷33)。

③ 《魏书·崔浩列传》(卷35)。

④ 《魏书·王遵业列传》(卷38)。

⑤ 《魏书·李伯尚列传》(卷39)。

⑥ 《魏书·李修列传》(卷91)。

⑦ 《魏书·崔光列传》(卷67)。

⑧ (清)严可均辑：《全后魏文》，北京：商务印书馆1999年版，第241～242页。

正月，诏鸿以本官修缉国史”①。

“宣武时，命邢峦追撰《孝文起居注》，书至太和十四年，又命崔鸿、王遵业补续焉。下讫孝明，事甚委悉。”②

宣武皇帝延昌三年至孝明皇帝正光四年，“(江)式于是撰集字书，号曰《古今文字》，凡四十卷，大体依许氏《说文》为本，上篆下隶”③。

节愍皇帝初，“敕(祖)莹与录尚书事长孙稚、侍中元孚典造金石雅乐，三载乃就”④。

孝武皇帝“永熙中，诏通直散骑常侍孙僧化与太史令胡世荣、张龙、赵洪庆及中书舍人孙子良等，在门下外省校比天文书。集甘、石二家《星经》及汉魏以来二十三家经占，集为五十五卷。后集诸家撮要，前后所上杂占，以类相从，日月五星、二十八宿、中外官图，合为七十五卷”⑤。

东魏—北齐与西魏—北周处于武力对峙时期，臣民献书与国家编撰行为虽然有所减少，但仍然存在，《北齐书·杜弼列传》载：

> (东魏孝静皇帝武定三年)杜弼注老子《道德经》二卷，表上之曰：“……臣少览经书，偏所笃好，虽从役军府，而不舍游息……今上所注《老子》，谨冒封呈，并序如别。”诏答云：“……卿才思优洽，业尚通远，息栖儒门，驰骋玄肆，既启专家之学，且畅释老之言……朕有味二经，倦于旧说，历览新注，所得已多，嘉尚之来，良非一绪。已敕杀青编，藏之延阁。”又上一本于高祖，一本于世宗。

相对于献书行为的稀少，北齐的国家编撰活动较为频繁，甚至

① 《魏书·崔光列传》(卷67)。
② 《北齐书·魏收列传》(卷37)。
③ 《魏书·江式列传》(卷91)。
④ 《魏书·祖莹列传》(卷82)。
⑤ 《魏书·术艺列传》(卷91)。

成立文林馆，其中多充以文人学士，专掌著述，《北齐书·文苑列传》序曰：

> （武平）三年，祖珽奏立文林馆，于是更召引文学士，谓之待诏文林馆焉。珽又奏撰《御览》，诏珽及特进魏收、太子太师徐之才、中书令崔劼、散骑常侍张雕、中书监阳休之监撰。珽等奏追通直散骑侍郎韦道逊、陆乂、太子舍人王劭、卫尉丞李孝基、殿中侍御史魏澹、中散大夫刘仲威、袁奭、国子博士朱才、奉车都尉眭道闲、考功郎中崔子枢、左外兵郎薛道衡、并省主客郎中卢思道、司空东阁祭酒崔德、太学博士诸葛汉、奉朝请郑公超、殿中侍御史郑子信等入馆撰书，并敕放、悫、之推等同入撰例。复令散骑常侍封孝琰、前乐陵太守郑元礼、卫尉少卿杜台卿、通直散骑常侍王训、前南兖州长史羊肃、通直散骑常侍马元熙、并省三公郎中刘珉、开府行参军李师上、温君悠入馆，亦令撰书。复命特进崔季舒、前仁州刺史刘逖、散骑常侍李孝贞、中书侍郎李德林续入待诏。寻又诏诸人各举所知，又有前济州长史李翥、前广武太守魏骞、前西兖州司马萧溉、前幽州长史陆仁惠、郑州司马江旰、前通直散骑侍郎辛德源、陆开明、通直郎封孝骞、太尉掾张德冲、并省右民郎高行恭、司徒户曹参军古道子、前司空功曹参军刘顗、获嘉令崔德儒、给事中李元楷、晋州治中阳师孝、太尉中兵参军刘儒行、司空祭酒阳辟疆、司空士曹参军卢公顺、司徒中兵参军周子深、开府参军王友伯、崔君洽、魏师謇并入馆待诏又敕右仆射段孝言亦入焉。《御览》成后，所撰录人亦有不时待诏，付所司处分者。

文林馆学士的主要职责是负责编撰新书，如《北齐书·崔劼列传》载其“待诏文林馆，监撰新书”，从《北齐书》、《隋书·经籍志》、《旧唐书·经籍志》的记载中，可以看出北齐文林馆的编撰成果共有《修文殿御览》、《续文章流别》、《文林馆诗府》八卷、《文林馆记》十卷，俱存入史阁，即秘书省书库内，《北齐书·后主纪》

于武平三年八月条下云："是月，《圣寿堂御览》成，敕付史阁。后改为《修文殿御览》。"①

东魏—北齐除了文林馆的编撰之外，尚有以下官修图书行为：

东魏静帝时，"敕侍中西河王、秘书监常景选儒学十人缉撰五礼，(李)绘与太原王又同掌军礼"②。又北平渔阳人阳斐"历侍御史，兼都官郎中、广平王开府中郎，修《起居注》"③。

北齐文宣皇帝天保"二年，诏(魏收)撰魏史"。五年十一月完成，"凡十二纪，九十二列传，合一百一十卷。五年三月奏上之……合一百三十卷，分为十二帙。其史三十五例，二十五序，九十四论，前后二表一启焉"。之后，魏收为了扩大《魏书》的流通范围，"送一本付并省，一本付邺下，任人写之"④。

由于诸多原因，西魏—北周的献书活动、图书编撰较为罕见，仅有"大统十年……太祖以隶书纰缪，命(赵)文渊与黎季明、沈遐等依《说文》及《字林》刊定六体，成一万余言，行于世"⑤。

(三)北朝秘书省藏书管理与利用

北朝秘书省制度虽承自汉魏一脉，但是由于建立于胡人政权内，其职责与南朝秘书省相比，有一定的拓展，且其藏书利用较之南朝，更为广泛。

1. 北朝秘书省职责

(1)藏书职责

北朝秘书省作为职掌国家经籍的机构，负责图书的典藏、抄写、校勘编目等工作。总结北朝秘书省的图书整理活动，罗列如下：

---

① 《北齐书·后主纪》(卷8)。
② 《北齐书·李绘列传》(卷29)。
③ 《北齐书·阳斐列传》(卷42)。
④ 《北齐书·魏收列传》(卷37)。
⑤ 《周书·艺术列传》(卷47)。

北魏道武皇帝整理经书："(天兴)四年冬十二月……(道武帝)集博士儒生，比众经文字，义类相从，凡四万余字，号曰《众文经》。"①

北魏文成皇帝审正秘书："天(兴)安中，以功臣子召入禁中，除中散，专典秘阁。肃勤不倦，高宗深重之，拜秘书郎。(高)谧以坟典残缺，奏请广访群书，大加缮写。由是代京图籍，莫不审正。"

北魏孝文皇帝校华林御书："太和二十年……(孝文帝)寻敕(崔)光韶兼秘书郎，掌校华林御书。"②

北魏宣武皇帝精校秘书：在秘书丞孙惠蔚的建议下，北魏秘书省展开了一次规模最大、参与人数最多的图书整理活动，首先孙惠蔚建议引非秘书官，如博士、在京儒生四十人入秘书省进行图书整理，如《魏书·宋道屿列传》载："世宗初，以才学被召，与秘书丞孙惠蔚典校群书，考正同异。"这次图书整理的主要内容在于确定图书的篇章、补充图书的残缺、校补图书的句读、整理图书内的字义等工作，属于学术型的图书整理，并根据前秘书丞卢昶所编撰的经史目录《甲乙新录》，对照秘书省见在图书，确定秘书所无，面向社会进行搜括，以补充国家藏书。

北魏孝明皇帝校补石经：《魏书·崔光列传》载：

> 神龟元年夏，(崔)光表曰："……皇都始迁，尚可补复，军国务殷，遂不存检。官私显隐，渐加剥撤。播麦纳菽，秋春相因，□生蒿杞，时致火燎，由是经石弥减，文字增缺。职忝胄教，参掌经训，不能缮修颓坠，兴复生业，倍深惭耻。今求遣国子博士一人，堪任干事者，专主周视，驱禁田牧，制其践秽，料阅碑牒所失次第，量厥补缀。"诏曰："此乃学者之根源，不朽之永格，垂范将来，宪章之本，便可一依公表。"光乃令国子博士李郁与助教韩神固、刘燮等勘校石经，其残缺

---

① 《魏书·太祖纪》(卷2)。

② 《魏书·李崇列传》(卷66)。

者，计料石功，并字多少，欲补治之。

北魏孝明末王延业校书秘书：《全后魏文》卷五十二载：“(王)延业，太原人……孝明末迁著作佐郎监典校书”①。

北魏孝庄皇帝秘书编目：永安二年，孝庄帝重返洛阳，观秘书图籍在兵乱中零落残破，诏令御史中尉高道穆整理秘书省图书。

秘书图籍所在，内典□书，又加缮写，缃素委积，盖有年载。出内繁芜，多致零落，可令御史中尉、兼给事黄门侍郎道穆总集帐目，并牒儒学之士，编比次第。②

孝武皇帝天文图书整理：孝武皇帝在位期间，朝局为高欢所把握，但是仍然存在其图书典校行为，《魏书·张渊列传》载：

永熙中，诏通直散骑常侍孙僧化与太史令胡世荣、张龙、赵洪庆及中书舍人孙子良等，在门下外省校比天文书。集甘、石二家《星经》及汉魏以来二十三家经占，集为五十五卷。后集诸家撮要，前后所上杂占，以类相从，日月五星、二十八宿、中外官图，合为七十五卷。③

北魏分裂以后，形成了东魏—北齐、西魏—北周两个政权形式。其中东魏—北齐由于继承了原北魏残留官方藏书，且统治期间国家图书搜括、编撰、缮写活动不断，加上其统治范围为文化色彩浓郁的山东地区，属多士之地，图书事业繁盛，因此秘书省内藏书丰富，其图书整理活动相对记载较详：

---

① (清)严可均辑：《全后魏文》，北京：商务印书馆1999年版，第506页。

② (清)严可均辑：《全后魏文》，北京：商务印书馆1999年版，第123页。

③ 《魏书·张渊列传》(卷91)。

东魏孝静皇帝图书整理活动：《隋书·李德林列传》载："魏孝静帝时，命当世通人正定文籍。"

北齐文宣皇帝图书校勘活动，《北齐书·樊逊列传》载：

> (天保)七年，诏令校定群书，供皇太子。逊与冀州秀才高乾和、瀛州秀才马敬德、许散愁、韩同宝、洛州秀才傅怀德、怀州秀才古道子、广平郡孝廉李汉子、渤海郡孝廉鲍长暄、阳平郡孝廉景孙、前梁州府主簿王九元、前开府水曹参军周子深等十一人同被尚书召共刊定。时秘府书籍纰缪者多，逊乃议曰："按汉中垒校尉刘向受诏校书，每一书竟表上，辄言：臣向书、长水校尉臣参书，太史公、太常博士书、中外书合若干本以相比校，然后杀青。今所雠校，供拟极重，出自兰台，御诸甲馆。向之故事，见存府阁，即欲刊定，必藉众本。太常卿邢子才、太子少傅魏收、吏部尚书辛术、司农少卿穆子容、前黄门郎司马子瑞、故国子祭酒李业兴并是多书之家，请牒借本参校得失。"秘书监尉瑾移尚书都坐，凡得别本三千余卷，《五经》诸史，殆无遗阙。

这次群书勘校活动由秘书监尉瑾整理负责，樊逊与诸州秀才、孝廉、前任官员等非官身儒士十一人参与，仿汉代刘向校书事宜，首先广收众本，借书与朝内藏书丰富的大臣，采取"对校法"，勘定秘书省内图书。这次图书勘校活动一举数得，一方面增加了北齐秘书省藏书，另外一方面勘定了秘书省内收藏的经史图书，使得省内的儒家经典、历史著作，收藏完备，且版本精良。

北齐后主文林馆图书校勘：文林馆虽然主掌图书编撰，但其中仍然存在图书校勘工作，如《北齐书·颜之推列传》载：

> 颜之推，字介，琅邪临沂人也……河清末，被举为赵州功曹参军，寻待诏文林馆，除司徒录事参军。之推聪颖机悟，博识有才辩，工尺牍，应对闲明，大为祖珽所重，令掌知馆事，判署文书……帝时有取索，恒令中使传旨，之推禀承宣告，馆

中皆受进止。所进文章，皆是其封署，于进贤门奏之，待报方出。兼善于文字，监校缮写，处事勤敏，号为称职。

与东魏—北齐相比，西魏—北周的图书整理活动相对较少，且规模不大，见于《周书》者有：

西魏文帝刊定文字：大统十年，“太祖(宇文泰)以隶书纰缪，命文渊与黎季明、沈遐等依《说文》及《字林》刊定六体，成一万余言，行于世”①。此次刊正文字的地点在东阁。

北周明帝麟趾殿图书勘校活动：《周书·明帝纪》载：“及(明帝)即位，集公卿已下有文学者八十余人于麟趾殿，刊校经史。”明帝即位之后，令朝臣入麟趾殿校勘图书，所校之书乃是秘阁藏书，《周书·萧大圜列传》载：“《梁武帝集》四十卷，《简文集》九十卷，各止一本，江陵平后，并藏秘阁。(萧)大圜既入麟趾，方得见之。”这次校书的原因同样与南朝梁之旧藏有关，西魏末年，出兵江陵，得梁焚余藏书四千余卷，入藏秘阁。由于这部分藏书由西魏将士从梁元帝焚书的灰烬中抢救而来，并成为北周秘阁藏书的重要组成部分，因此亟须对其进行勘定校对，以充国家藏书。

(2)其他职责

除了图书的典藏等职能，北朝秘书省还具有改订历法、编撰史书、图书出版管理等职能。

第一，改订历法。

北魏作为一个胡人政权，在逐渐汉化的前期，对于中原的天文历法等知识十分着迷，因此在建国初就设置了天文机构，并制造了大量的天文仪器，征辟民间天文人才以充太史，重视天文图籍的注释与编撰，明元皇帝还令崔浩“学天文、星历、易式、九宫”等知识，以备咨询。在这样的背景中，北魏的历法编撰工作继续进行，作为国家图籍的典藏机构，秘书省在历法的修订中发挥了重要作用。《魏书·律历志》载：

① 《周书·艺术列传》(卷47)。

世宗景明中，诏太乐令公孙崇、太乐令赵樊生等同共考验。正始四年冬，崇表曰："臣顷自太乐，详理金石，及在秘省，考步三光，稽览古今，祥其得失……世祖应期，辑宁诸夏，乃命故司徒、东郡公崔浩错综其数。浩博涉渊通，更修历术，兼著《五行论》。是时故司空、咸阳公高允该览群籍，赞明五《纬》，并述洪范。然浩等考察未及周密，高宗践祚，乃用敦煌赵𢾺《甲寅》之历，然其星度，稍为差远。臣辄鸠集异同，研其损益，更造新历……起自景明，因名《景明历》……太史令辛宝贵职司玄象，颇闲秘数；秘书监郑道昭才学优赡，识览该密；长兼国子博士高僧裕乃故司空允之孙，世综文业；尚书祠部郎中宗景博涉经史；前兼尚书郎中崔彬微晓法术；请此数人在秘省参候……"诏曰："测度晷象，考步宜审，可令太常卿芳率太学、四门博士等依所启者，悉集详察。"

延昌四年冬，侍中、国子祭酒领著作郎崔光表曰："……太和十一年，臣自博士迁著作，忝司载述，时旧钟律郎张明豫推步历法，治己丑元，草创未备。及迁中京，转为太史令，未几丧亡，所造致废。臣中修史，景明初奏求奉车都尉、领太史令赵樊生，著作佐郎张洪，给事中、领太乐令公孙崇等造历，功未及讫……暨永平初……又奏令重修前事，更取太史令赵胜、太庙令庞灵扶、明豫子龙祥共集秘书，与崇等详验，推建密历……兼校书郎李业兴本虽不预，亦和造历，为戊子元……臣以仰测晷度，实难审正，又求更取诸能算术兼解经义者前司徒司马高绰、驸马都尉卢道虔、前冀州镇东长史祖莹、前并州秀才王延业、谒者仆射常景等日集秘书，与史官同检疏密……"

神龟初，光复表曰："……延昌四年冬，中坚将军、屯骑校尉张洪，故太史令张明豫息荡寇将军龙祥，校书郎李业兴等三家并上新历，各求申用。臣学缺章程，艺谢筹运，而窃职观阁，谬忝厥司，奏请广访诸儒，更取通数兼通经义者及太史，并集秘书，与史官同验疏密，并请宰辅群官临检得失，至于岁终，密者施用。奉诏听可……于是洪等与前镇东府长史祖莹等研穷其事，尔来三年，再历寒暑，积勤构思，大功获成……请定名为《神龟历》。今封以上呈，乞付有司重加考议。事可施用，并藏秘府，附于典志。”肃宗以历就，大赦改元，因名《正光历》，班于天下。

从引用史料可知，秘书省为北魏的历法修订工作提供了场地、图籍参考和编撰人员，并典藏了历次历法修撰的成果，参与了北魏数次历法修撰的各个步骤环节，因此可以说，修订历法成为北魏秘书省所需要履行的重要职责之一。

第二，编撰史书。

北魏负责史书修撰的著作郎官，多以兼任的形式出现，因此北魏时期虽然秘书省并不职掌史任，但是众多秘书省官员多以兼、领的形式就任著作郎官，参与到史书编撰之中。且北魏的史官多取自中书、秘书两省，北魏孝文帝太和年间，韩显宗任著作佐郎，负责史书编撰，可能因为其文采斐然，却无史才，因此孝文帝曾点名批评，甚至威胁说要换人：

见卿所撰《燕志》及在齐诗咏，大胜比来之文。然著述之功，我所不见，当更访之监、令。①

史料中所提到的监、令则主要指中书监、中书令，秘书监、秘书令等官，说明北魏时期，这些官职成为兼领著作官的重要来源，以秘书监、令本官兼任者，北魏时期见之史籍者有崔浩、高允、游雅、高祐、李彪、山伟、孙惠蔚等人，说明史书编撰已经成为秘书长官的重要任务之一。

北魏分裂之后，东西魏之间的职官设置存在差别，表现在史书的修撰上，东魏—北齐于秘书省设置史馆以专掌史任，而西魏—北周则是由秘书省长官监掌史任，秘书与著作之间明确成为上下隶属关系，《周书·柳虬列传》载：

① 《魏书·韩显宗列传》(卷60)。

(大统)十四年，除秘书丞。秘书虽领著作，不参史事，自虬为丞，始令监掌焉。十六年，迁中书侍郎，修起居注，仍领丞事……魏废帝初，迁秘书监，加车骑大将军、仪同三司。

第三，图书出版管理。

北朝时期，国家数次发布图书政策，或是对佛法书籍进行禁断，或是禁止收藏流通谶纬之书，或是整理刊正古今文字，这些诏令的具体执行，当由图籍机构——秘书省来负责。如北魏时期，太武皇帝分别于太平真君五年禁民众"挟藏谶记、阴阳、图纬、方伎之书"，于太平真君七年三月发布《灭佛法诏》，对佛学经典进行焚毁；孝文皇帝于太和九年正月则下令焚毁图谶之作，"图谶、秘纬及名为《孔子闭房记》者，一皆焚之。留者以大辟论。又诸巫觋假称神鬼，妄说吉凶，及委巷诸卜非坟典所载者，严加禁断"①。北周武帝时期，所发布的灭佛废道政策，其中就包括对佛经道书的焚毁与禁绝。如北魏道武帝、太武帝两次下诏整理文字，并下令推广，西魏文帝大统年间对古今文字的考订与推行。

东魏末年，秘书丞祖珽盗官书一部，事发后伺机逃跑，主审官员为了将其捉拿归案，利用计谋，假传命令说"奉并州约束颁《五经》三部，仰丞(即指祖珽)亲检校催遣"，打消祖珽的警惕心理，最终将祖珽擒获。从这一事件中可以看出，东魏秘书省尚负责图书的颁布推广，具体由秘书长官负责图书版本的检查、校勘与派遣。

除了大规模的图书禁毁与推广，秘书省同样参与单本图书流通情况的讨论：

《魏书·高允列传》载：太平真君年间，"著作令史闵湛、郄檦性巧佞，为浩信待。见浩所注《诗》、《论语》、《尚书》、《易》，遂上疏，言马、郑、王、贾虽注述《六经》，并多疏谬，不如浩之精微。乞收境内诸书，藏之秘府。班浩所注，命天下

---

① 《魏书·高祖纪上》(卷7上)。

习业。并求敕浩注《礼传》，令后生得观正义”。

《魏书·殷绍列传》载：“殷绍，长乐人也……太安四年夏，上《四序堪舆》，表曰：‘……臣前在东宫，以状奏闻，奉被景穆皇帝圣诏，敕臣撰录，集其要最。仰奉明旨，谨审先所见《四序经》文，抄撮要略，当世所须吉凶举动，集成一卷……依先撰录奏，谨以上闻。请付中秘通儒达士，定其得失。事若可施，乞即班用。’其《四序堪舆》遂大行于世。”

第四，参议国政事务。

北魏时期，秘书省内官员除了图籍职责之外，尚参与国家政务的讨论，如天安元年，献文皇帝下诏高允，令中书、秘书两省讨论地方学官的设置，《魏书·高允列传》载：

(献文帝)诏允曰：“自顷以来，庠序不建，为日久矣。道肆陵迟，学业遂废，子衿之叹，复见于今。朕既纂统大业，八表晏宁，稽之旧典，欲置学官于郡国，使进修之业，有所津寄。卿儒宗元老，朝望旧德，宜与中、秘二省参议以闻。”

献文帝时期，秘书省官员还扮演了侍从官员的角色，“时显祖于苑内立殿，敕中秘群官制名”①。

2. 北朝秘书省藏书管理与利用

正如前文所论述的那样，北朝统治者对于国家图书建设的接受，经历了一段曲折的历程，他们并没有如汉族统治者那样，产生封闭式、自我欣赏、占有性的图书收藏观念，因此导致了北朝秘书省藏书管理的松懈，以及利用范围的广泛。

(1)北朝秘书省藏书管理

北魏秘书省内，承魏晋制度，设置秘书郎四人，掌管藏书，但是却无分掌四部的规定，这就造成了秘书省内图书管理松懈。宣武

① 《魏书·谷睿列传》(卷33)。

皇帝初，秘书丞孙惠蔚描述了北魏秘书省藏书管理情况：

> 观、阁旧典，先无定目，新故杂糅，首尾不全。有者累帙数十，无者旷年不写。或篇第褫落，始末沦残；或文坏字误，谬烂相属。篇目虽多，全定者少。①

在孙惠蔚的笔下，详细地叙述了北魏秘书省藏书杂乱破旧的情况，总结起来，主要有：秘书省没有目录记录图书的进出情况；排架顺序混乱，新旧图书交错杂放，无规律可查；图书典藏混乱，部分图书副本过多，部分图书没有抄写副本；图书品相残破，卷轴头尾破损，缺少维护；图书内容残缺，篇章次序混乱；图书文字错误，不能阅读；图书虽然数量大，但可阅读的定本不多。这些问题全面地反映了北魏秘书省图书管理的混乱和松懈，自道武皇帝皇始年间设曹省，立百官，至宣武皇帝初，北魏秘书省经历了百年的发展，但是其管理制度尚不完善，这与北魏的政权性质有着紧密的联系。北魏孝庄皇帝永安年间，曾经有整理秘省图书，令御史中尉高道穆带领儒学之士对图书进行编目整架，却因混乱的政治环境未能落实。东魏末年，秘书省藏书管理仍然松懈，虽然秘书省图书"外人无由得见"②，仍然发生了秘书丞祖珽利用职务之便盗书的事件：

> 珽性疏率，不能廉慎守道……后为秘书丞……盗官《遍略》一部。事发，文宣付从事中郎王士雅推检，并书与平阳公淹，令录珽付禁，勿令越逸。淹遣田曹参军孙子宽往唤，珽受命，便尔私逃。黄门郎高德正副留台事，谋云："珽自知有犯，惊窜是常，但宣一命向秘书，称'奉并州约束颁《五经》三部，仰丞亲检校催遣'，如此则珽意安，夜当还宅，然后掩取。"珽果如德正图，遂还宅。薄晚，就家掩之，缚珽送廷尉。据犯枉法处绞刑。文宣以珽伏事先世，讽所司命特宽其罚，遂

① 《魏书·儒林列传》(卷84)。

② 《北齐书·魏收列传》(卷37)。

奏免死除名。①

相对于北齐秘书省所发生的盗窃事件，北周秘书省管理就比较严格，非秘书官难以阅读秘阁藏书，《周书·萧大圜列传》载："《梁武帝集》四十卷，《简文集》九十卷，各止一本，江陵平后，并藏秘阁。(萧)大圜既入麟趾，方得见之。"

(2)北朝秘书省藏书利用

北魏是由游牧部落鲜卑拓跋部建立的国家，拓跋氏仗恃强大的骑兵长驱南下，征服了封建制度充分发展、文化、经济较为发达中原汉族地区。恩格斯在《反杜林论》中指出："在长期的征服中，比较野蛮的征服者，在绝大多数情况下，都不得不适应征服后存在的比较高的'经济情况'，他们为被征服者所同化，而且大部分甚至还不得不采用被征服者的语言。"②北魏的历史发展同样遵循了这一社会发展规律，北魏初期数位君主，重视与汉族知识分子的合作，听取他们的建议，借用汉族士人的学识，建立起完备的封建统治。北魏逐渐汉化与封建化的历史进程决定了汉族典籍应用范围的广泛，秘书省所收藏的图书不仅仅成为国家编撰活动资料参考，更是制定国家典章制度的重要依据。总结起来，北魏官藏图书的利用主要存在以下情况：

第一，制定国家典章制度。

北魏时期，秘书省官员多利用国家藏书，对国家典章制度的制定提出建议，或亲自参与国家制度的制定，如著作郎韩显宗太和年间参知音律，秘书监郑道昭、领著作郎崔光、著作佐郎张洪、校书郎李业兴等人参与历法制定，秘书丞李彪主持北魏五德行次的确定，秘书丞孙惠蔚参与仪注的集定，秘书监王元景、秘书丞崔劼，参与北魏宗庙形制的讨论；亦有大臣在上书奏请制定的典章时，明确指出要参考古今图书者，如《魏书·律历志》中多次提及北魏历法的考校修订地点在秘书省内，通过"稽览古今"书籍来确定历法

① 《北齐书·祖珽列传》(卷39)。

② 恩格斯：《反杜林论》，北京：人民出版社1970年版，第180页。

的正确性。或是皇帝直接将典章的制定交于中书、秘书两省进行探讨，如献文帝在制定郡国学官典制时，明确诏令高允“宜与中、秘二省参议以闻”，宣武皇帝景明元年改订礼制时，提出“礼祭之议，国之至重，先代硕儒，论或不一。可付八坐、五省、太常、国子参定以闻”①。众多史实均表明，北魏期间，秘书省藏书在国家典章制度的制定中，发挥了巨大的作用，那么众人对于秘书省参与政务讨论的态度如何呢？以太和十五年，关于北魏五德行次的讨论为例，秘书丞李彪、著作郎崔光等反对中书监高闾将北魏定为土德的建议，李彪上书曰：“尚书闾议，继近秦氏。臣职掌国籍，颇览前书，惜此正次，慨彼非绪。”②那么对于李彪等人的反对，众人态度如何呢？《魏书·礼志》记载了这次争论的结果：

> （太和）十五年正月，侍中、司空、长乐王穆亮，侍中、尚书左仆射、平原王陆叡，侍中、吏部尚书、中山王王元孙，侍中、尚书、驸马都尉、南平王冯诞，散骑常侍、都曹尚书、新泰侯游明根，散骑常侍、南部令邓侍祖，秘书中散李恺，尚书左丞郭祚，右丞、霸城子卫庆，中书侍郎封琳，中书郎、泰昌子崔挺，中书侍郎贾元寿等言：“臣等受敕共议中书监高闾、秘书丞李彪等二人所议皇魏行次……彪等职主东观，详究图史，所据之理，其致难夺。今欲从彪等所议，宜承晋为水德。”

众人皆以李彪等人职掌秘书，引证古今图书丰富，所采证据难以反驳为由，赞成秘书省秘书丞李彪、著作郎崔光的建议，说明秘书省的藏书在国家典章的制定中具有很强的说服力。

第二，官修图书的编撰。

北魏立国之初，道武帝在李先的引导下，“以经术为先”，搜

---

①　《魏书·礼志二》（卷115）。

②　（清）严可均辑：《全后魏文》，北京：商务印书馆1999年版，第422页。

集经史图籍，并令博士儒生对其进行整理，成《众文经》四万余字。

北魏太延二年，太武帝灭北凉，统一北方，为了彰显功绩，太武帝下诏命崔浩领秘书事，综理史书编撰事务，太武帝明确指令崔浩“留台”如实编撰国书，此中的“台”即指秘书台。之所以这样判断，是因为太平真君十一年，北魏太武帝因国史“备而不典”诛杀参与修史者，多为秘书省及著作官吏，《魏书·崔浩列传》载：“有司按验浩，取秘书郎吏及长历生数百人意状。浩伏受赇，其秘书郎吏已下尽死”。

北魏献文皇帝至孝文皇帝初，高允领秘书典著作，“修撰《国记》，与俱缉著。常令(校书郎刘)模持管龠，每日同入史阁，接膝对筵，属述时事。允年已九十，目手稍衰，多遣模执笔而指授裁断之”①。

北魏孝文帝太和十一年，秘书丞李彪与秘书令高祐上书奏请修国史曰：“臣等闻典谟兴，话言所以光著；载籍作，成事所以昭扬……加太和以降，年未一纪……而秘府策勋，述美未尽。将令皇风大猷，或阙而不载；功臣懿绩，或遗而弗传。著作郎已下，请取有才用者，参造国书，如得其人，三年有成矣……”②后李彪得罪被免职，宣武皇帝即位之初，重新上书奏请修史曰：

> 至于太和之十一年，先帝、先后……召名儒之士，充麟阁之选。于时忘臣众短，采臣片志，令臣出纳，授臣丞职，猥属斯事，无所与让……臣奉以周旋，不敢失坠，与著作等鸠集遗文，并取前记，撰为国书……今求都下乞一静处，综理国籍，以终前志，官给事力，以充所须。虽不能光启大录，庶不为饱食终日耳。近则期月可就，远也三年有成。正本蕴之麟阁，副贰藏之名山。③

---

① 《魏书·高允列传》(卷48)。

② 《魏书·高祐列传》(卷57)。

③ (清)严可均辑：《全后魏文》，北京：商务印书馆1999年版，第420～422页。

宣武皇帝因此令李彪以白衣身份于秘书省修撰，史载："彪在秘书岁余，史业竟未及就，然区分书体，皆彪之功。"①

北魏宣武皇帝初至孝明皇帝时，崔光领著作二十余年，《魏书·崔光列传》载："光年耆多务，疾病稍增，而自强不已，常在著作，疾笃不归"。

北魏的秘书省藏书除了面向皇室与官员，同时还对朝内其他官员开放。北魏朝内其他官员通过上书请求，或者私下借阅的形式，利用北魏秘书省藏书。如员外郎、兼尚书虞曹郎中崔鸿为了编撰《十六国春秋》，搜集史料，其中就有借于北魏官藏，其上书表中言："始自景明之初，搜集诸国旧史，属迁京甫尔，率多分散，求之公私，驱驰数岁……至三年之末，草成九十五卷"②。宣武皇帝延昌三年三月，奉朝请江式上表《求撰集古今文字表》：

> 脱蒙遂许，冀省百氏之观，而同文字之域，典书秘书。所须之书，乞垂敕给；并学士五人尝习文字者，助臣披览；书生五人专令抄写。侍中、黄门、国子祭酒一月一监，评议疑隐，庶无纰缪。所撰名目，伏听明旨。③

宣武皇帝准其所请，令江式以他官入秘书省内观书，江式于是撰《古今文字》四十卷。

东魏—北齐的秘书省图书利用，除了供国家编撰的作用之外，如魏收编撰《魏书》，文林馆"采摭群书"的三百六十家《修文殿御览》；另外增加了赏赐的作用，如东魏孝静皇帝因杜弼佛道论点，"乃引入经书库，赐《地持经》一部"④；北齐后主时，"命（刘）世

① 《魏书·李彪列传》（卷62）。

② 《魏书·崔光列传》（卷67）。

③ （清）严可均辑：《全后魏文》，北京：商务印书馆1999年版，第440页。

④ 《北齐书·杜弼列传》（卷24）。

清作突厥语翻《涅槃经》，以遗突厥可汗”①。

西魏—北周的秘书省图书管理较为严格，但由于秘书省长官自西魏大统年间兼掌史任，且于秘书省内设置了固定的修史场所②，因此西魏—北周图书多被史官参考以修史。

---

① 《北齐书·刘世清列传》(卷20)。

② 《周书·黎景熙列传》载著作佐郎黎景熙上书言：“外史之职，汉之东观，仪等石渠，司同天禄。是乃广内秘府，藏言之奥。帝王所宝，此焉攸在。自魏及周，公馆不立。臣虽愚瞽，犹知其非，是以去年十一月中，敢冒陈奏。特降中旨，即遣修营。荏苒一周，未加功力。臣职思其忧，敢不重请。”可知自北魏至北周，朝廷并未设置固定的修史场所，因此北朝的修史活动场所多在秘书省内，但亦有他处，自北周初，才于秘书省内设置了固定的修史廨宇。

第二编
隋唐五代秘书省及其藏书研究

第五章

隋朝秘书省及其藏书研究

隋上承南北朝，结束了自西晋以来近三个世纪的分裂局面，下启李唐，连接着唐三百年所成就的气势恢弘的盛事伟业；作为上接六朝下启唐朝的隋代在中国历史长河中具有重要的特殊地位，它承接了六朝三百年的南北地域、汉胡民族的融合，创造了历史上少有的繁盛国力，却又是极其短命，自开皇元年(581 年)至唐武德元年(618 年)，享 37 年统治时间，历三位君王，颇有朝花夕拾之态。这样一个矛盾的政权，其官方藏书一样呈现出短暂的绚烂，隋代北周经禅让而立，继承原北周藏书仅万余卷，经开皇、仁寿、大业年间，国家藏书因社会购募、战争获得、机构抄写等多种增长途径，发展迅速，尤其至大业年间，其国家藏书更是有三十七万卷的数量，达到了空前的繁荣，陈登原先生则感叹："如以典籍聚散而言，则流离于南北朝乱世之典籍，至是有所归宿矣！"①藏书量作为官方藏书收集建设的最明显的评价指标，隋代的中央藏书仅以数量

---

① 陈登原著：《古今典籍聚散考》，上海：上海书店 1983 年版，第 179 页。

来评价，达到了一个难以企及的高度，这一收藏数量自雕版印刷发明后，图书大盛的两宋时期才有企及的可能。

一 隋朝官府藏书的背景

公元581年，北周大定元年二月壬子，隋朝开皇元年，九岁的北周静帝下诏“依唐虞、汉魏故事”，禅让与周大丞相杨坚，“开皇元年二月甲子，上自相府常服入宫，备礼即皇帝位于临光殿。设坛于南郊，遣使柴燎告天。是日，告庙，大赦，改元”①。隋朝建立，并于开皇九年(589年)，平定南朝陈国，结束了中国自两汉以来的分裂割据局面，完成了自秦统一六国之后的又一统一壮举，中国再次进入“四海一统”的中央集权统治时代。

(一)疆域统一

对于隋朝的建立，赵翼曾言“古来得天下之易，未有如隋文帝者”，隋文帝以外戚的身份，矫诏辅国，进而携军事政治之威，逼迫年幼的北周静帝禅让，建成隋朝，并在短期内克定三边，统一南北。

西晋灭亡以后，中国疆域内出现了南北对峙的局面，北周建德六年(577年)正月癸巳，北周武帝宇文邕领兵进入北齐国都，统一了北方。北周武帝在位期间，为了统一大业，改革军制，鼓励农桑，澄清吏治，使得北周的国力大大增强。而与此同时南朝陈国统治者却面对国内地方割据势力纷争的局面，其发展力量有限。南北国力差距进一步拉大，南北对峙局面开始呈现不平衡，统一的契机到来。西魏大统年间所形成的府兵制度，来源于鲜卑部落的部落兵制，但却是吸收了汉族统治形式的汉化军事措施，一方面军队内大量吸收汉族强宗大族的势力，另外一个方面，府兵制的建立逐渐走向兵农合一，与均田制相结合，成为基于农业生产的军事组织，强化了中央军事力量，因此北周借此统一了北方。隋朝完全继承了北

① 《隋书·高祖纪上》(卷1)。

周的军事制度，并对其进行了初步的改组，进一步加强了中央对军队的控制，隋朝军事力量进一步加强，加上隋文帝采取了正确的军事策略，因此得以数月之间平定陈国，南北一统。

(二)国家殷富

隋代的殷富是历史学者公认的，马端临指出："按古今称国计之富者，莫如隋。"①从根本上来讲，国家殷富的原因无外乎开源节流，隋朝一方面因为各种原因国家财政收入增加，另外国家支出减少，故而国家殷富。

根据《通典》卷七《食货七·历代盛衰户口》的记载，隋文帝即位前一年，即北周静帝大象二年(580 年)北周的户数 3590000，人口 9009644，另外加上其军户，以及北齐的户民，"总起来说，隋开皇元年的在册民户近四百万，军户三十万，两项总计四百三十万户左右"②。至大业五年，隋朝的户数达到 8907536，人数至 46019956，隋朝建国二十年，人口翻倍。由于隋代的赋税是按照人口来征收的，因此编户的增加，就意味着国家赋税的增加。北朝虽经历了连番战乱，但是自北魏统一以来，北方的农业生产技术有了很大的提高，耕种技术大有进步，并使用先进的农具，注重精耕细作，如北齐贾思勰的《齐民要术》中就记载了多种农作物的耕作和施肥方法，还出现了以水力驱动的碾磨，丝织业有了长足的进步，畜牧业、各类经济作物同样有发展。国家重视兴修水利，于地方修建堤坝、水渠等灌溉农田，这些生产技术的进步同样促进了隋朝经济的繁荣。运河的开凿促进了隋代手工业、商业的高速发展，使得粮食等物质的运输更加畅通无阻。

隋初，隋文帝在减少国家支出方面运作十分出色：隋文帝不仅自律，对于宗室朝内的奢侈之风同样大加惩罚，时常告诫太子杨勇曰："自古帝王未有好奢侈而能长久者。汝为储后，当以俭约为

① (宋元)马端临：《文献通考·国用一》(卷 23)。

② 王洪军：《隋代人口状况与人口地理配置》，载《聊城师范学院学报(哲学社会科学版)》1999 年第 3 期。

先，乃能奉承宗庙。”①同时对“渐好奢侈”的秦王杨俊严厉处置，废除其爵位，焚毁侈丽之物；严格惩罚贪官污吏、盗窃等罪行，甚至有“盗一钱已上皆弃市”、“行署取一钱已上，闻见不告言者，坐至死”之类的严酷规定，因此开皇仁寿年间，因为严格的刑罚，吏治比较清明，国家财富得以收集和守护。另外在平陈之后，军队进行了压缩精简，并实行中央和地方的官制改革，“隋代每郡从太守至佐史共146人，精减五百郡就免去郡一级官吏73000人。即按每郡辖两县计，共省去1000个县，隋代每县从令至曹佐合99人，共减去县级任职官吏99000人，总共省郡县官吏172000人。隋代规定官吏俸禄，郡太守三百四十石，每郡太守约3人，共1500人，节省粟510000石。县令俸禄为140石，每县约两名，共2000名，计粟280000石。这次共减少俸禄790000石。可见隋代吏制改革，对官费的降低实不是少数”②。

(三)文化融合

隋代作为魏晋南北朝分裂局面的终结者，所面对的是一个具有多元文化氛围的帝国，表现为南北文化、胡汉文化之间的对立和交织，“文化的多样化及地区的和种族的差异和不相容性”是隋朝所面对的文化困境，这样的多元文化并不利于高度中央集权的帝国。如何培养并最终形成大一统的政权服务的新文化体系，巩固地域上的统一，是隋代统治者所面临的难题之一。国家主流文化作为一种意识形态，比其他国家统治手段更加全面地渗透影响到其他措施，“国家的意识形态给予其他一切措施以特色和微妙的影响，但在已知的任何结果中却很少表现为决定的因素，它既是决策者的设想和心理倾向的组成部分，也是他们操纵的舆论的组成部分”③。

南北朝的分裂局面使得统一以后的隋帝国面临南北文化的冲突

---

① 《资治通鉴·隋纪三》(卷179)。

② 赵云旗：《隋代殷富原因》，载《江汉论坛》1984年第12期。

③ [英]崔瑞德编，中国社会科学历史研究所西方汉学研究课题组译：《剑桥中国隋唐史》，北京：中国社会科学出版社1990年版，第74页。

和融合，西晋灭亡以后，大量士族南迁，汉文化的核心主体转移至以东晋首都建康为中心的南方，并且在政治虚弱的情况下，坚持自己是汉代的正统，于意识文化和制度文化层面上表现出超越北方的优越感。滞留北方的汉族知识分子及其承载的文化，由于异族统治、战争频繁，“中国的士绅门第由于它们能以擅长的政治和文学艺术向一个所谓的征服者效劳而得以幸存；它们往往通过与异族统治精英通婚，学习他们的语言和采用他们的某些生活方式来维系自己的脆弱的地位”①。因此地理区域上的北方文化吸收了一部分胡族文化，生成了新型的北方文化，与南方形成了对立。

在谈及隋朝的文化融合时，李建国曾论述：“隋唐文化的整合涉及两个相互交织的二元文化系统：一个是南北文化，一个是汉族文化与异族文化，其中又以北方异族为主，姑且称之为胡汉文化。两个文化系统的交织主要表现为：西晋覆亡后，胡族占据北方，所谓北朝文化中潺入了许多胡族文化的异质成分。北朝文化是北方汉文化与胡族文化之混合产物，南北文化的差异中包含胡汉文化的区别。”②因此本节在论述南北文化融合时，包含了胡汉文化之间的对立和融合，两者虽有空间和时间上的巨大差别，但是在本书的论述之外。

隋统一以后，文化的融合，其历史发展趋势在于“南朝化”，陈寅恪、唐长孺先生对此论述深刻，但是以隋朝而言，隋文帝一朝，主要体现在制度文化上的“北朝化”，比如经济制度实行的是北魏以来的均田制，军事制度实行了北周所确立的府兵制，这些“北朝化”的措施更加巩固了隋朝的统治，并帮助隋实现了经济上的繁荣和军事的胜利。开皇九年平陈之后，隋文帝继续在南方推广北朝文化，由于其手段过于强硬，导致了大规模的南方叛乱，因此任命杨广为扬州总管，总持南方事务。杨广所施行的则是南北融合及以南方文化为中心的怀柔政策，并取得良好的成效。因此隋炀帝

---

① ［英］崔瑞德编，中国社会科学历史研究所西方汉学研究课题组译：《剑桥中国隋唐史》，北京：中国社会科学出版社 1990 年版，第 52 页。

② 李建国：《隋代文学研究》，武汉大学博士论文，2006 年，第 10 页。

即位以后逐渐体现在南北融通的文化政策上，在宗教、学术、文学、艺术等方面逐渐推行南北融合的措施，使得南北文化在对立之后开始尝试接受。但是由于隋炀帝的好大喜功，急于求成，即位之后，明显在官员任命上偏向江左人士，引起了关陇集团的不满，并且忽视了北方士族势力的消极情绪，过于执著高丽战争等帝国的构建和扩张，导致了其政治上的覆灭。但是需要指出的是，之后的唐朝，仍然延续了隋炀帝以急政方法构建的融合多种文化因素的文化模式，并将其发扬光大，形成了气势恢弘、有容乃大的盛唐文化，可以说这样的文化模式，乃是李唐继承自隋炀帝，并且享用了隋炀帝的努力成果。

（四）社会阶层

魏晋南北朝时期的分裂对立局面，使得中古社会的士族阶层具有了很大的地域性，北方士族在永嘉之乱后变动剧烈，一部分滞留北方地区，在少数民族的统治下，士族依靠强大的家族根基和文化优越性，与统治者相互合作，逐渐出现了以北魏改革后产生的关陇集团为核心的高等士族和以中原大姓为组成的部分的次等士族；另外一部分随晋室南迁，与原来三吴地区的土著大姓形成了隋唐时期所谓的"江东士族"或"江左士族"，在经历了门阀政治、皇权政治阶段，由军功而起的下层寒族成为政权中的主要力量，原来左右政局的南迁士族逐渐在战乱和政权变更中衰落凋敝，而原来的土著大族依托原有的宗族根基，绵延于隋唐时期。

在隋朝的政治中，关陇集团、江左士族、山东大姓三大政治势力各有依仗，但是从根本上来看，关陇士族所依据的是原有的政治根基，而江左主要凭借个人的文化底蕴，山东著姓则依仗数百年的宗族传承，这三种势力构成了隋朝的上层阶层。另外尚有"士"这一阶层，这一阶层来源于社会的中下层，借助于选官制度得以从政入仕，既具有了一定的文学才识，又精通政事的处理，成为连结皇室贵族的统治阶级和人民大众的被统治阶级之间的阶层，进而形成了一种新的阶级，即"士"，隋代开始改变了魏晋南北朝以来的选官制度，开始小规模地施行科举制度，引导下层知识分子通过自身的知识考核进入政权，并逐渐成为引导社会审美倾向的重要阶层。

隋代政坛中活跃的四种势力对于隋代的官方藏书各有推动作用。如素来尚武力、贵戚的关陇士族，其中也有以文章立世的家族，如安定牛氏家族“积累至北魏、北周，已由武质团体而进入文章世家”①，陈寅恪先生在《隋唐制度渊源略论稿》中同样提及了关陇地区士族中的家学尚有绵延，并对隋代制度建设多有补益：

> 关陇之区，既承姚秦之文化，复享受北魏长期之治安，其士族家世相传之学术必未尽沦废，故西北一隅偏塞之区，值周隋两朝开创之际，终有苏氏父子及牛辛诸贤者，以其旧学，出佐兴王，卒能再传而成杨隋一代之制，以传之有唐，颇与北魏河西学者及南朝旧族俱以其乡土家世之学术助长北魏之文化凝铸混和，而成高齐一代之制度，为北朝最美备之结果以传于隋唐者，甚相类也。②

隋朝建立后，不少原本齐亡后不愿出仕或欲仕无门之人开始进入隋政权，如杜台卿、王劭、马光等，“开皇初，高祖征山东义学之士，光与张仲让、孔笼、窦士荣、张黑奴、刘祖仁等俱至，并授太学博士，时人号为六儒”③。从士族延续的根本来讲，“夫士族之特点既在其门风之优美，不同于凡庶，而优美之门风，实基于学业之因袭，故士族家世相传之学业乃与当时之政治社会有极重要之影响……”④因此山东士族进入隋朝政局，必定以其学识为隋朝的文化、制度建设提出有益的建议。

隋文帝时期，江左士族在陈朝覆亡后大量迁徙关内，其政治诉

---

① 焦海民：《牛弘研究——隋唐士族个案研究》，西北大学专业硕士论文，2009 年，第 29 页。

② 陈寅恪著：《隋唐制度渊源略论稿(外二种)》，石家庄：河北教育出版社 2002 年版，第 43 ~ 44 页。

③ 《隋书·马光列传》(卷 75)。

④ 唐长孺著：《魏晋南北朝隋唐史三论》，武汉：武汉大学出版社 1993 年版，第 233 页。

求遭到了关陇和山东势力的压制和排斥。隋炀帝即位后，“在用人政策上，炀帝突破了关陇本位的局限，废除了魏、周勋爵荫及后代的旧制，一再下诏选拔新锐官僚，从年龄、地域、阶层等方面改变官僚队伍的构成。在这一历史性变革中，关陇集团受损最大，而江南士人得益最多”①，江左士族开始具有了政治发言权，虽然江南士族中有来护儿、沈光、麦铁杖等人以军功显，但在隋代的文化建设上江南士族起到的作用更大，尤其是大业年间图书编撰、图书出版、图书收藏等方面，江南士族居功甚伟。

隋炀帝大业三年四月诏令文武职事官按照孝悌有闻、德行敦厚、节义可称等十科举人，开创了取士的新方式，之后大业五年，设立进士科，以“试策”取士，开创了中国政治史上的新篇章。从历史意义上来说，科举制度与其说是取士的一种制度，不如说它彰显了新王朝统治者的理念，以科举取士的制度推动社会流动，从而打破自魏晋以来所形成的封闭式贵族阶层，科举制度以公开考试为选官依据，增强了选举的公平性和可观性，进而改变了因家世血统等不可变更因素在取士上的比重，使得原有的封闭的等级社会，成为一种与庶民之间可以产生流动的社会，通过科举的示范作用，鼓励士子研习儒学，顺应了隋开皇年间天下游学的儒家学习高潮，进而鼓励以文入仕，为隋代宏大的官方图书建设奠定了广泛的社会思想基础。

二 隋代秘书省官制研究

隋代作为南北朝分裂局面的终结，其制度的建立既有历史的延续性，又根据时代特色进行了变革，陈寅恪先生曾以“不今不古”一语来总结南北朝与隋代之间的渊源，从立法者来看，隋文帝信仰历史的演进，曾鼓吹“帝王做法，沿革不同，取适于时，故有损益”，并且杨氏家族本来即原北周高级将领，属于关陇集团中的重要力量，其任何决策均受到北方集团政治纠葛的影响，加上杨隋统

① 王永平：《隋代江南士人的浮沉》，载《历史研究》1995 年第 1 期。

治者信仰佛教，推行法家治国思想，因此其制度的建立具有鲜明的时代特色，即继续了南北朝时期的政治思想，又在大一统的帝国疆域内有所改进创新。陈寅恪先生在其著作《隋唐制度渊源略论稿》一书中从政治集团、士族、门阀等兴衰中认识制度的变革，提出：

> 隋唐之制度虽极广博纷复，然究析其因素，不出三源：一曰(北)魏、(北)齐，二曰梁、陈，三曰(西)魏、周。①
>
> 所谓北魏、北齐之源者，凡江左承袭汉、魏、西晋之礼乐政刑典章文物，自东晋至南齐其间所发展变迁，而为北魏孝文帝及其子孙摹仿采用，传至北齐成一大结集者是也。
>
> 所谓梁陈之源者，凡梁代继承创作，陈氏因袭无改之制度，讫杨隋统一中国吸收采用，而传之于李唐者。②

对于隋朝建立的母体——西魏—北周一系，陈寅恪先生认为其“影响及于隋唐制度者，实较微末”，陈先生关于隋唐社会政治史的研究方法，作为断代史的研究范式为国内众多历史学者所接受，但是，从实际上来看，北周政治制度在隋代所改革确立的政治体制中，仍然扮演了重要角色，尤其表现在政治美学方面，隋代的尚书省的众多官制设置，职掌分工分明均衡，正是吸取了北周六官的基本形式理念所建立起来的。“况且，南北朝期间门阀政治趋于衰灭，帝制集权日益高涨，已经成为基本的历史走向”③，在所谓的历史衍变的推动下，隋代的官制于隋文帝、隋炀帝两朝经历了数次剧变，秘书省作为隋初五省之一，同样经历了诸多改变，尤其表现在职官的设置和官品的升降方面。

---

① 陈寅恪著:《隋唐制度渊源略论稿》，北京：三联书店 2001 年版，第 3 ~ 4 页。

② 陈寅恪著:《隋唐制度渊源略论稿》，北京：三联书店 2001 年版，第 5 ~ 6 页。

③ 陈灵海著:《唐代刑部研究》，北京：法律出版社 2010 年版，第 21 页。

(一)机构沿革

隋朝建立，改北周官制，《隋书·百官志》载："高祖……置三师、三公及尚书、门下、内史、秘书、内侍等省……秘书省……领著作、太史二曹。"①另外，隋代的秘书省尚有秘书省与秘书内省之别，因此隋代的秘书省下辖机构，包括具有明确职官设置的著作曹、太史曹，以及没有明确职官区别的秘书内省三个部门。

1. 秘书内省

伴随着历史上国家机构的出现，正式的都城开始出现，夏商周时期，都城的空间形态开始确定，宫殿与礼制建筑作为都城的核心区域开始被确定，宫殿作为天子所居之地，在其建立之初就具有强烈的军事防御色彩，因此与市民生活的地理空间具有鲜明的界限。由于中国文化具有明显的传承性，因此在历代都城的建设中，宫城与其他活动空间均有严格的界限，周代时期形成的都城建设制度，经过了春秋战国、秦汉的更新衍变，获得了新的内容，儒家思想和封建皇权的发展，使得都城空间布局严谨封闭，宫城、皇城与外城组成了都城的三重结构，并且以宫殿占据中心，作为皇帝所居。那么这样的都城空间建设，同样影响了中国古代官府藏书的地理布局。自商周起，其主要藏书处为宗庙、宫城以及各官府机构内，至西汉时期，更是设立内外藏书处，"武帝置太史公，命天下计书，先上太史，副上丞相，开献书之路，置写书之官，外有太常、太史、博士之藏，内有延阁、广内、秘室之府"②。其中内外乃是指宫城地理空间的内外，西汉时期基本奠定了中国古代官府藏书制度的框架。东汉桓帝设秘书监，《唐六典》言："至桓帝延熹二年，始置秘书监，属太常，掌禁中图书秘记，故曰秘书。"③可见秘书监作

---

① 《隋书·百官志下》(卷28)。

② 《隋书·牛弘列传》(卷49)。

③ (唐)李林甫等撰，陈仲夫点校：《唐六典》，北京：中华书局1992年版，第296页。

为专职国家典籍官职，其最初的职责限于掌宫内所藏图书，对于东汉其他藏书处所并不涉及，因此，秘书省在东汉末至三国曹魏，虽隶属关系几经变化，但所职掌均为内阁图书，《唐六典》引《魏略》："薛夏云：兰台为外台，秘书为内阁。"曹魏时期兰台图书由御史职掌，一直至晋惠帝永平元年(291 年)诏："秘书典综经籍，考校古今，中书自有职务，远相统摄，于事不专。宜令复别置秘书寺，掌中外三阁图书。"自此后，秘书之府在宫城之外设立机构，职掌却为内外三阁的图书，在地理空间上横跨宫城内外，因此晋代秘书寺(省)在官衙搬离禁中之后，为了管理宫内图书，在宫城内尚有机构遗绪，即后世所谓的秘书内省来具体职掌禁中图书。南朝宋时，前废帝刘子业拘禁诸王，"景和末，太宗(宋明帝)被拘于殿内，住在秘书省……景和元年十一月二十九日晡时，帝(前废帝刘子业)幸华林园……太宗犹在秘书省，不被召……"①可知宋时，秘书省尚在殿内(宫内)，宋多承晋制，此时禁中的秘书省当是位于禁外的秘书省在宫内所设置的分支机构。梁朝建立，多承宋齐之旧，陈又承梁，因此对于秘书内省的存在，在南朝宋、齐、梁、陈政权中应该是相承的关系。

隋秘书省继承了南北朝制度设计，设置有秘书内省，掌图书勘校典藏，《资治通鉴》曰："隋氏开献书之路，召天下工书之士补续残缺，为正副二本，藏于宫中，其余以实秘书内外之阁，故置秘书内省之官。"②

秘书内省多位于宫城之内，英国学者杜希德认为："秘书省自隋代以来就已有一'内省'……就像中书省与门下省及其他内阁部门，秘书省在宫城内及皇城中都有其衙署。后者被称为其'外省'，其衙址被标识于吕大防所制的残缺的长安地图上……秘书省当然在宫内有它自己的官署，正如我们所知，这是其职司所在。"③隋代西

---

① 《宋书·阮佃夫列传》(卷 94)。

② 《资治通鉴·陈纪十》(卷 176)。

③ [英]杜希德著，黄宝华译：《唐代官修史籍考》，上海：上海古籍出版社 2010 年版，第 18 页。

京长安宫城内秘书内省地点不明，但《隋书·经籍志》载："魏正始中，又立一字石经，相承以为七经正字。后魏之末，齐神武执政，自洛阳徙于邺都，行至河阳，值岸崩，遂没于水。其得至邺者，不盈太半。至隋开皇六年，又自邺京载入长安，置于秘书内省，议欲补缉，立于国学。寻属隋乱，事遂寝废，营造之司，因用为柱础。"①明确指出长安存在秘书内省，地点不明。关于洛阳的秘书内省的地理位置，元人编撰的《河南志》记载了大业年间东都洛阳宫城内秘书内省的位置，杜宝《大业杂记》同样有相应的记载："入景运门内，道左有内史内省、秘书内省、学士馆、左监门内府、右六卫内府、鹰坊、内甲库，道右命妇朝堂，惠日、法云二道场，通真、玉清二玄坛，接西马坊。"②

吴炯炯、王瑞芳认为："秘书内省则如外省设有官职，可能是因为地处于禁中大内，所以加'内'字以区别于外省……隋代秘书内省当是西晋永平元年(291 年)秘书外置后，秘书在禁中之遗绪，而其职掌似乎更接近于典掌图书秘籍的宫中藏书机构。"③两位博士在经过详细的考证后，将秘书内省定义为与秘书省相区别的藏书机构，笔者同意这一论断，但需要指出的是，秘书省作为隋代唯一的负责典籍的机构，对于秘书内省的图书勘校工作有着具体的指导作用，《隋书·许善心列传》载：

> 许善心，字务本，高阳北新城人也……(开皇)十七年，除秘书丞。于时秘藏图籍尚多淆乱，善心放阮孝绪《七录》，更制《七林》，各为总叙，冠于篇首。又于部录之下，明作者之意，区分其类例焉。又奏追李文博、陆从典等学者十许人，正定经史错谬。④

---

① 《隋书·经籍志一》(卷 32)。

② (唐)杜宝撰，辛德勇辑校：《大业杂记辑校》，西安：三秦出版社 2006 年版，第 8 页。

③ 吴炯炯、王瑞芳：《隋代秘书省相关问题考论》，载《图书与情报》2010 年第 1 期。

④ 《隋书·许善心列传》(卷 58)。

另《隋书·李文博列传》：

> 博陵李文博……开皇中，为羽骑尉，特为吏部侍郎薛道衡所知，恒令在听事帷中披检书史……后直秘书内省，典校坟籍，守道居贫，晏如也……稍迁校书郎。后出为县丞，遂得下考，数岁不调……初，文博在内校书，虞世基子亦在其内，盛饰容服，而未有所却。文博因从容问之年纪，答云："十八。"文博乃谓之曰："昔贾谊当此之年，议论何事？君今徒事仪容，故何为者！"①

可以了解，李文博开皇中为羽骑尉，为吏部侍郎薛道衡披检文书，后被许善心奏校经史图书。时李文博与虞世基子同在秘书内省进行校书。考虞世基生平，虞世基的仕途转折期在隋炀帝即位之后，因此其子以门荫进入秘书内省进行图书校勘工作，那么李文博任职秘书内省的时间当为开皇末年至大业初年，而这段时间许善心一直担任秘书省秘书丞一职，应一直负责秘书省的管理工作，作为秘书省官员的许善心奏请李文博进行图书校勘工作地点在秘书内省，因此可以说秘书省与秘书内省之间存在业务联系。

秘书内省的任官与秘书省存在很大差别，秘书省的官制在《隋书·百官志》中有着详细记载，但却没有秘书内省的职官记载，除了上文所引的《隋书·李文博列传》的记载，《新唐书·王珪列传》中亦有反映王珪以他官在秘书内省进行校勘的活动：

> 王珪字叔玠……隋开皇十三年，召入秘书内省，雠定群书，为太常治礼郎。②

从史料可知，秘书内省中职官多为直官，以他官兼任，且俸禄

---

① 《隋书·李文博列传》(卷58)。

② 《新唐书·王珪列传》(卷98)。

较低，但不失为一种清闲官职，可迁转秘书省郎官，进而进入仕途。

2. 著作曹

《宋书·百官志下》载："汉东京图籍在东观，故使名儒硕学，著作东观，撰述国史。著作之名，自此始也。"①曹魏明帝太和中，置著作郎，隶属于中书省。晋惠帝元康二年(292年)，诏曰："著作旧属中书，而秘书即别典文籍，今改中书著作为秘书著作。"著作官自此后属于秘书省，几无改变。北周承西魏而建立，《周书》曰："初，太祖欲行《周官》，命苏绰专掌其事。未几而绰卒，乃令辩成之。于是依《周礼》建六官……太祖以魏恭帝三年始命行之。"②之后北周实行六官制，于"春官府置著作中士四人，即著作佐郎之任也"③。隋朝建立后，改北周官制，依照汉魏之法，著作官重新由秘书省统摄。

3. 太史曹

太史掌观察天文，稽定历数，中国封建社会以农业经济为支柱，历来重视天文历法的观测与修撰，《唐六典》引《左传》云："昔少昊氏以乌纪官，历正也。"④自周以后，各朝明确设置太史一职，掌天地四时。"后汉太史令一人，秩六百石，掌天时、星历、祥瑞、妖灾，凡岁将终，奏新年历而已。魏因之……宋、齐、梁、陈并同晋氏，后魏、北齐亦然。"可见后汉至曹魏设立秘书监以来，太史一职因职责相差甚远，两者之间并无交叉。至后周改革官职，设六官制，太史与著作被统一设置与春官府内，为太史中大夫，掌历法之职，太史机构第一次与著作、秘书图籍机构相联系，至隋朝

① 《宋书·百官志下》(卷40)。

② 《周书·卢辩列传》(卷24)。

③ (唐)李林甫等撰，陈仲夫点校：《唐六典》，北京：中华书局1992年版，第301页。

④ (唐)李林甫等撰，陈仲夫点校：《唐六典》，北京：中华书局1992年版，第302页。

建立，虽然尽废后周六官制，但是从太史曹与秘书省、著作曹之间的关系来看，隋代的官职还是在某种程度上延续了一些后周的做法，因此隋代的秘书省统著作、太史两曹。

隋代秘书省太史曹在隋文帝、隋炀帝时期有了很大的变化，如表5-1、表5-2所示：

表5-1　**隋文帝时期太史曹官制表**

官名	太史令	太史丞	司历	监侯
品级	从七品下	正九品下	从九品下	从九品下
员额	2	2	2	4

表5-2　**隋炀帝大业年间太史监官制表**

官名	太史监(令)	太史丞	司历	监侯	司辰师
品级	从五品	正九品下	从九品下	从九品下	从九品下
员额	2	1	2	10	8

(二)职官沿革

1. 隋代秘书省职官渊源

隋代秘书省的设置与北魏、南朝相联系，其原因在前文制度渊源中已经略有提及，那么具体的建制的继承细节，则主要通过以下方面来表现：

其一，具体的职官设置上，北周自建立之初，实行《周官》制度，设立天、地、春、夏、秋、冬六府，北周太祖宇文泰令苏绰、卢辩“依《周礼》建六官，置公、卿、大夫、士”，六府是北周官制的顶层建制，在各自的职掌下，建立了数百个曹司，分掌各种琐碎职能，因此原北魏秘书省及太史令等机构，多为春官府所辖，虽职责没有剧烈变化，但官职名称面目全非，根据《唐六典》卷九记载，北周春官府下设置外史下大夫，掌书籍，职同秘书监，“有校书郎下士十二人，属春官之外史”①；设立著作上士两人，掌修史，职同著作郎官；设置太史中大夫一人，掌历家之法，职同太史令。而与之相对立的梁朝、陈朝，则设立秘书省，梁制：“秘书省置监、丞各一人，郎四人，掌国之典籍图书。著作郎一人，佐郎八人，掌国史，集注起居”②。陈承梁制，同样设立秘书监、秘书郎、著作郎官三种职位。《唐六典》曰：“至后魏，秘书省始置校书郎，正九品上。北齐置十二人。”③

其二，从秘书省辖令的机构上来看，隋朝秘书省领太史曹、著作曹，一方面著作曹自晋朝开始隶属秘书省，南北朝各政权，除北周之外，均如此；另外一个方面，北周的六官制度建立，打破了原来的北魏所沿袭的汉魏官制，太史、著作、秘书三个机构统一归属于春官府，隋朝建立，加强了三者的联系，将掌天文历法的太史曹归入秘书省所领导。

其三，从秘书省本身的地位来看，隋文帝将秘书省作为与尚书、门下、内史、内侍并列的五省之一，乃承南朝梁陈，北朝北魏、北齐，《唐六典》载：“梁改为省，与尚书、中书、门下、集书为五省，秘书监增秩中两千石，品第三……陈依梁。后魏亦以秘书为五省之数。监，初从第二品中；太和末，正第三品。北齐依魏。”④

2. 隋秘书省职官的改制

隋炀帝即位后，出于加强中央集权的考虑，进行了大规模的官制改革，主要表现在对于中央三省六部制的完善与官勋爵制度的改易。就具体的官制改革而言，具体包括众多职官的增删，官品的升降，职责的具体等众多方面，隋炀帝官制改革的原因在于，隋文帝

---

① (唐)杜佑：《通典·职官八》(卷26)。

② 《隋书·百官志上》(卷26)。

③ (唐)李林甫等撰，陈仲夫点校：《唐六典》，北京：中华书局1992年版，第298页。

④ (唐)李林甫等撰，陈仲夫点校：《唐六典》，北京：中华书局1992年版，第296页。

建制仓促，“是对魏晋以来数百年职官制度的初步整顿，其渊源亦呈多样化，在职官制度的各个部分都程度不同地保留了魏晋以来历朝制度的痕迹，真正属于隋朝自创的并不多见。因此，隋文帝时期的职官制度仍存在着许多弊病”①。隋炀帝即位后，调整了中央机构，对中央机构三省的职责进行明晰分割，如设置专门负责天子事务的殿内省；一方面降低了九卿(除太常卿)与秘书监的品级，突出了三省的政治地位，另一方面提高尚书左右丞的品级，使左右丞主判省事，并在其下增设“都司郎中”进行权力的分散与监督，并且省略尚书令、仆射等职的任命，通过提高中层官职的品级，对帝国高层官吏的权力进行限制。且这种改革在大业年间一直持续，“帝自三年定令之后，骤有制置，制置未久，随复改易。其余不可备知者，盖史之阙文云”②。在这样的改革洪流中，秘书省同样是隋炀帝改革变动最大的机构之一。

大业年间，隋代秘书省的改革主要表现在职官的增删、官名的改易、新设官职三个方面，《隋书·百官志下》载：

> 秘书省降监为从三品，增置少监一人，从四品。增著作郎阶为正五品，减校书郎为十人。改太史局为监，进令阶为从五品，又减丞为一人。置司辰师八人，增置监候为十人。其后又改监、少监为令、少令。增秘书郎为从五品，加置佐郎四人，从六品。以贰郎之职。降著作郎阶为从五品。又置儒林郎十人，正七品。掌明经待问，唯诏所使。文林郎二十人，从八品。掌撰录文史，检讨旧事。此二郎皆上在藩已来直司学士。增校书郎员四十人，加置楷书郎员二十人，从九品。掌抄写御书。③

① 吴洪琳：《评隋炀帝官制改革》，载《陕西师范大学学报(哲学社会科学版)》2001年第2期。

② 《隋书·百官志下》(卷28)。

③ 《隋书·百官志下》(卷28)。

值得指出的是隋炀帝对秘书省职员的增加，总共包括增加少监一人，增校书郎至五十人(注：隋文帝时期秘书省原有校书郎十四员，秘书省十二员，著作曹两员，后大业初，隋炀帝减少四人，至十人)，加著作佐郎四人，增儒林郎十人、文林郎二十人、楷书郎二十人，相对于隋文帝时期的秘书省，大业年间，隋炀帝增加秘书省人数共有91人①，而此时秘书省内定员如表5-3、表5-4、表5-5：

表5-3　**隋大业末秘书省官员构成**

官职	秘书令	少令	秘书丞	秘书郎	儒林郎	文林郎	校书郎	正字	楷书郎
品级	从三品	从四品	正五品	从五品	正七品	从八品	九品上	从九品上	从九品
人数	1	1	1	4	10	20	48	4	20

表5-4　**隋大业末著作曹官员构成**

官职	著作郎	著作佐郎	校书郎	正字
品级	从五品	从六品	九品上	从九品上
人数	2	12	2	2

表5-5　**隋大业末太史监官员构成**

官职	太史令	太史丞	司辰师	司历	历博士	监侯
品级	从五品	正九品下	从九品下	从九品下	正九品上	从九品下
人数	2	1	8	2	1	10

(三)隋朝秘书省任职考证

隋朝国祚短暂，且资料散失严重，因此对于详细的秘书省任职人

① 根据胡三省在《资治通鉴》“大业三年条”注：“隋制：秘书省，监、丞各一人，郎四人，校书郎十二人，正字四人，著作郎二人，佐郎八人，校书郎、正字各二人。帝增少监一人，减校(秘)书郎为十人，加置佐郎四人，又置儒林郎十人，文林郎二十人，增校书郎员四十人，加置楷书郎员二十人，凡百一十七人。”

员考证，因无文献可征，成为空想，但是《隋书》零散记载了关于秘书省官员的任职情况，我们仍可以按官职的不同，引用史料说明隋秘书省官员的任职情况，进而考证短暂的隋朝如何创造了繁盛的官方藏书。

1. 秘书监（为隋秘书省最高长官，一人，开皇仁寿年间为正三品，大业三年降为从三品，大业十一年改名称为秘书令）

牛弘（545—610 年），任职时间：开皇元年至开皇三年。

《隋书》本传载："牛弘，字里仁，安定鹑觚人也，本姓裛氏……开皇初，迁授散骑常侍、秘书监。"牛弘其人，出身关陇集团，"荣宠当世，而车服卑俭，事上尽礼，待下以仁，讷于言而敏于行"，嗜好读书，虽然权高职重，但依然手不释卷，读书不辍，因此牛弘对于经籍一道理解颇深，才有了流传千古的《上表请开献书之路》一文。

萧球，任职时间：开皇中？

《隋深泽县令萧球墓志》："君讳球，字文预，南兰陵人……高祖梁武皇帝；曾祖昭明皇太子；祖梁孝宣皇帝；父梁太宰吴郡王，入朝授大将军怀义公。君……解褐给事中、仁化县开国侯……入朝授博陵所部深泽县令……以大业八年七月十六日卒于官舍，春秋四十矣……"①

《大周故银青光禄大夫衢州刺史兰陵公墓志并序》可知：萧缮，生于隋大业五年（609 年），薨于唐圣历二年（699 年），春秋九十，父隋秘书监、仁化侯球，子思让，思谦等，历仕巴渝、沅湘诸地，终牧于衢州，天子称良，武则天万岁登封元年（696 年），制授银青光禄大夫。

《□□萧公墓志铭》："君姓萧氏，兰陵兰陵人也。曾祖岑，梁吴王；祖球，隋秘书监、□化侯……父缮，银青光禄大夫、衢州刺史、兰陵县开国男……"②

---

① 毛汉光著：《中国中古社会史论》，上海：上海书店出版社 2002 年版，第 419 页。

② 毛汉光著：《中国中古社会史论》，上海：上海书店出版社 2002 年版，第 419 页。

《衢州萧使君男墓志并序》："君姓萧氏，兰陵兰陵人也。曾祖岑，梁吴王；祖球，隋秘书监；父缮，皇朝衢州刺史……"①

柳辩(542—610年)，任职时间：仁寿四年至大业六年。

《隋书》本传载：柳辩，字顾言，本河东人也……炀帝嗣位，拜秘书监，封汉南县公。帝退朝之后，便命入阁，言宴讽读，终日而罢……从幸扬州，遇疾卒，年六十九。②

在柳辩担任秘书监的六年时间内，正是秘书省图书抄写、图书编撰等图书建设繁盛的时期，"初，(隋炀帝)欲迁都洛阳，移京师嘉则殿书三十七万卷，大业元年，敕柳顾言等入嘉则殿简次"③。另，隋炀帝即位之后，诏令秘阁图书抄写五十副本，并分为上中下三品，分别装裱，收藏于西京长安、东都洛阳的宫内书库、秘书省书库以及各官府内书库，仅以柳辩所整理的三万七千卷正本图书作为抄写对象，大业年间的抄写量应该达到1850000卷，大业初，柳辩秘书监任职期间，秘书省内图书抄写人员应该不得闲暇，且隋炀帝对于图书抄写的质量要求较高，尤其是入藏观文殿的御览图书，更是要求"抄写真正，文字之间无点窜之误"，由此可知秘书监柳辩所领导下的图书抄写工作的庞大和艰难。《资治通鉴》言："帝好读书著述，自为扬州总管，置正府学士至百人，常令修撰，以至为帝，前后近二十载，修撰未尝暂停"，尤其是刚刚即位之后，官修著作更是达到重量级，如三次重修的卷数达到一千二百卷的《区宇图志》，柳辩主持、众多秘书省官员参与编撰的四百卷的类书《长洲玉镜》，等等，根据曹之先生统计，隋代官修书后世著录140部，而大业年间的官方修书频率、修书规模都远远强于隋文帝在位期间，并多由秘书学士参与的身影。以《长洲玉镜》为例，是由秘书监柳辩带领、秘书学士著作佐郎王曹、著作郎庾自直、秘书郎虞

---

① 毛汉光著：《中国中古社会史论》，上海：上海书店出版社2002年版，第419页。

② 《隋书·柳辩列传》(卷58)。

③ (唐)杜宝撰，辛德勇辑校：《大业杂记辑校》，西安：三秦出版社2006年版，第46页。

世南、秘书学士虞绰等人修撰，用时一年余，《大业杂记》记载了隋炀帝与柳辩关于此书的讨论：

> （大业二年）六月，学士秘书监柳顾言、学士著作佐郎王曹等撰《长洲玉镜》一部，四百卷。帝谓顾言曰："此书源本出自《华林遍略》，然无复可加，事当典要。其卷虽少，其事乃多于《遍略》。"对曰："梁主以隐士刘孝标撰《类苑》一百二十卷，自言天下之事毕尽此书，无一物遗漏，梁武心不伏，即敕华林园学士七百余人，人撰一卷，其事数倍多于《类苑》。今文籍又富梁朝，是以取事多于《遍略》。然梁朝学士取事，意各不同，至如'宝剑出自昆吾溪，照人如照水，切玉如切泥'，序剑者尽录为剑事，序溪者亦取为溪事，撰玉者亦编为玉事，以此重出，是以卷多。至于《玉镜》则不然。"帝曰："诚如卿说。"①

萧玚：秘书监，任职时间：大业五年至大业七年十二月二十七日。《隋故秘书监左光禄大夫陶丘简侯萧君墓志铭并序》："君讳玚，字同文，兰陵人……开皇七年从梁主入朝京师……四年守秘书监，五年即真秘书监，六年封陶丘侯，七年行幸幽燕有事辽碣，诏检校左骁卫将军，余并如故，以其年十二月十七日遘疾薨于涿都蓟县之燕夏乡归善里，春秋三十有九……"②

2. 秘书少监（《唐六典》载："隋炀帝（大业）三年，置秘书少监一人，从四品，掌贰秘书监之职，其后又改为少令。"③）

袁充，秘书少监，秘书监，任职时间：大业六年？—大业十一

① （唐）杜宝撰，辛德勇辑校：《大业杂记辑校》，西安：三秦出版社2006年版，第23页。

② 毛汉光著：《中国中古社会史论》，上海：上海书店出版社2002年版，第417页。

③ （唐）李林甫等撰，陈仲夫点校：《唐六典》，北京：中华书局1992年版，第296页。

年—大业十三年。

《隋书》本传载：

> 袁充，字德符，本陈郡阳夏人也。仕陈，年十七，为秘书郎……大业六年，迁内史舍人。从征辽东，拜朝请大夫、秘书少监。其后天下乱，帝初罹雁门之厄，又盗贼益起，帝心不自安。充复假托天文，上表陈嘉瑞，以媚于上曰：……书奏，帝大悦，超拜秘书令，亲待逾昵。帝每欲征讨，充皆预知之，乃假托星象，奖成帝意，在位者皆切患之。①

袁崇原为陈国高级官僚，入隋后，因其通相术占侯，被任命为秘书省太史令，掌天文历法。之后大业年间，袁充的职官更是在秘书省内迁转，大业末，隋炀帝逃亡江都时，袁充仍就任秘书令一职，《隋书·赵才列传》载："时江都粮尽，将士离心，内史侍郎虞世基、秘书监袁充等多劝帝幸丹阳。"②

王劭，著作佐郎—著作郎—秘书少监，任职时间：开皇元年—开皇十四年—大业中。

《隋书》本传载：

> 王劭，字君懋，太原晋阳人也……高祖受禅，授著作佐郎……劭又言上有龙颜戴干之表，指示群臣。上大悦，赐物数百段。拜著作郎……炀帝嗣位，汉王谅作乱，帝不忍加诛……迁秘书少监，数载，卒官。③

诸葛颍，著作郎—秘书少监，任职时间：仁寿四年—大业三年—大业五年后。

《隋书》本传载：

---

① 《隋书·袁充列传》(卷69)。
② 《隋书·赵才列传》(卷65)。
③ 《隋书·王劭列传》(卷69)。

> 诸葛颍，字汉，丹阳建康人也……炀帝即位，迁著作郎，甚见亲幸。①

《大业杂记》载："(大业五年)帝宴秘书少监诸葛颍于观文殿，帝分御杯以赐颍。"②可见诸葛颍作为晋王府旧僚，以文采口辩侍君，颇得隋炀帝宠信。

3．秘书丞(隋朝秘书省设丞一人，正五品)

姚察，吴兴武康人，陈时历任中书侍郎、秘书监、吏部尚书。开皇九年陈灭入隋，隋文帝赞其学识："闻姚察学行当今无比，我平陈唯得此一人。"③开皇九年正月，授秘书丞，十三年袭封北绛郡公，后丁母忧去职。于隋曾参与编撰梁、陈两代史，参与了开皇中的隋朝乐制的制定。

许善心，任职时间：开皇十七年—仁寿四年。

《隋书》本传载：

> 许善心，字务本，高阳北新城人也……十七年，除秘书丞。于时秘藏图籍尚多淆乱，善心放阮孝绪《七录》，更制《七林》，各为总叙，冠于篇首。又于部录之下，明作者之意，区分其类例焉。又奏追李文博、陆从典等学者十许人，正定经史错谬。仁寿元年，摄黄门侍郎。二年，加摄太常少卿，与牛弘等议定礼乐，秘书丞、黄门，并如故。四年，留守京师。高祖崩于仁寿宫，炀帝秘丧不发，先易留守官人，出除岩州刺史。④

---

① 《隋书·诸葛颍列传》(卷76)。

② (唐)杜宝撰，辛德勇辑校：《大业杂记辑校》，西安：三秦出版社2006年版，第30页。

③ 《陈书·姚察列传》(卷27)。

④ 《隋书·许善心列传》(卷58)。

韦万顷，任职时间，大业元年—？杜宝《大业杂记》载："初，卫尉卿刘权、秘书丞韦万顷总监筑宫城，一时布兵夫周匝四面，有七十万人。"①

4. 秘书郎(隋制四人，正七品上，隋炀帝三年，升官品为从五品。隋文帝时期，秘书郎曾作为释褐官职而存在)

《牛方大墓志》载：

> 公讳方大，安定人也……父弘，光禄大夫、开府仪同三司、吏部尚书、文安侯。公资善为心，体和成性，文宗义府，标冠一时。开皇十七年，起家任秘书郎……②

牛方大为曾任秘书监一职的牛弘之子，秘书郎是其初仕职位，另外何妥之子何蔚同样起家秘书郎一职，《隋书·何妥列传》载："何妥，字栖凤，西城人也……俄而妥子蔚为秘书郎，有罪当刑，上哀之，减死论。是后恩礼渐薄。六年，出为龙州刺史。"

隋炀帝即位后，多以原晋王府充任秘书郎一职，如袁庆隆、王瑽均大业元年就任秘书郎一职，大业年间就任秘书郎一职者尚有秘书郎柳调、崔君儒、明余庆、窦威、长孙威德等人③，其中在隋任秘书郎时间较长者有窦威(开皇末年至大业四年)、虞世南(大业年间)，最著名者当属于虞世南。

虞世南在大业二年初授秘书郎，"炀帝虽爱其才，然疾峭正，弗甚用，为七品十年不徙"④。而虞世南凭借秘书郎的职责便利，

---

① (唐)杜宝撰，辛德勇辑校：《大业杂记辑校》，西安：三秦出版社2006年版，第15页。

② 韩理洲主编：《全隋文补遗·隋故内史舍人牛府君墓记》，西安：三秦出版社2004年版，第363页。

③ 《职官分纪》卷十五引《集贤注记》曰：隋代旧书，最为丽好。率用广陵麻纸缮写，皆作萧子云书，书体妍妙可爱。有秘书郎柳调、崔君儒、明余庆、窦威、长孙威德等署记，学士孔德绍、彭季彰、李文博、袁公直等勘校。

④ 《新唐书·虞世南列传》(卷102)。

依据隋朝秘书省丰富的图书收藏，自行编撰了《北堂书钞》一百七十三卷，“世南仕隋为秘书郎时，钞经史百家之事以备用。分八十部，八百一类。北堂者，省中虞世南钞书之所也”①。《北堂书钞》是我国现存最早的一部类书，全书分为80部，801类，引用文献丰富，除文集外，约八百种隋之前图书，具有很高的文献参考价值。

5．著作郎官

隋文帝时期秘书省定制著作郎二人，从五品上，佐郎八人，正七品下；隋炀帝大业初升著作郎阶品为正五品，后又改旧，增佐郎至十二人，增品为从六品。隋著作曹掌撰修国史，隋朝任著作郎官者如表5-6所示：

表5-6　**隋代秘书省著作郎官任职表**

姓名	任职	时间	出处
魏澹	著作郎	开皇中	《隋书·魏澹列传》
魏彦深	著作郎	开皇年间	《隋书·经籍志》
杜台卿	著作郎	开皇元年至十四年	《隋书·杜台卿列传》
王劭	著作佐郎	开皇元年——开皇十四年	《隋书·王劭列传》
王劭	著作郎	开皇十四年——仁寿四年	《隋书·王劭列传》
诸葛颍	著作郎	仁寿四年——大业三年	《隋书·诸葛颍列传》
虞绰	著作佐郎	大业中——大业九年	《隋书·虞绰列传》
王胄	著作佐郎	大业元年——大业九年	《隋书·王胄列传》
王曹	著作佐郎	？大业二年——	《大业杂记》
庾自直	著作佐郎	大业元年——？	《隋书·庾自直列传》
陆从典	著作佐郎	大业元年——？	《隋书·潘徽列传》

6．秘书学士

隋炀帝即位之后，大量扩充秘书省建制，“置儒林郎十人，正七品。掌明经待问，唯诏所使。文林郎二十人，从八品。掌撰录文

① （宋）晁公武：《郡斋读书志》（卷14）。

史，检讨旧事。此二郎皆上在藩已来直司学士"①。原隋炀帝杨广为扬州总管，建晋王府，引文学之士，"置正府学士至百人，常令修撰"，即位后，以原王府学士充秘书省学士，仍然行文籍之事，负责图书的编撰、抄写、咨询等工作。秘书学士是否是一种官职名称，因史料缺少，难以定论，但可以了解的是，隋代大业年间，秘书学士的任职方式不一。有单纯自王府学士就任秘书学士者，主要活动范围在于秘书省内，或者陪伴君侧，如虞绰，"及陈亡，晋王广引为学士。大业初，转为秘书学士，奉诏与秘书郎虞世南、著作佐郎庾自直等撰《长洲玉镜》等书十余部"②，秘书学士此时作为一种迁转的官职而存在，考虞绰生平，后升为校书郎，加宣惠尉，转著作佐郎；或是以他官兼任秘书学士，如秘书省内儒林郎、文林郎，如《隋书·百官志下》曰：隋炀帝大业年间在秘书省所增设的文林郎、儒林郎，"此二郎皆上在藩已来直司学士"，或是以其他原有的秘书省官，如"(大业二年)六月，学士秘书监柳顾言、学士著作佐郎王曹等撰《长洲玉镜》一部，四百卷"③，在这种情况下，秘书学士是一种兼任官职，同文馆学士之类；或是以其他文散官、武散官，如学士宣惠尉凌敬、学士宣德郎杜宝等，其中宣德郎、宣惠尉乃隋朝文武散官名称，这种情况下，散官用以定品，学士乃为正职。在隋朝大业年间，秘书学士大多由通经饱学之士担任，而主要出自隋炀帝杨广的晋王府，职责主要在于著述，奉敕参与官修书，也参与乐章的修订，《隋书·音乐志下》载：

> 大业元年，炀帝又诏修高庙乐……又遣秘书省学士定殿前乐工歌十四首，终大业世，每举用焉。

秘书学士设置并无常员，根据官方修撰活动的繁忙程度而或有

---

① 《隋书·百官志下》(卷28)。

② 《隋书·虞绰列传》(卷76)。

③ (唐)杜宝撰，辛德勇辑校：《大业杂记辑校》，西安：三秦出版社2006年版，第23页。

增减。据史料记载，大业年间就任秘书学士者有：

“余杭顾彪，字仲文，明《尚书》、《春秋》。炀帝时为秘书学士，撰《古文尚书疏》二十卷。”①

“虞绰，字士裕，会稽余姚人也……及陈亡，晋王广引为学士。大业初，转为秘书学士，奉诏与秘书郎虞世南、著作佐郎庾自直等撰《长洲玉镜》等书十余部。”②

“褚晖（辉），吴郡人，以三礼学称于江南。曾任秘书学士，著有《礼记文外大义》2 卷。”③

朱子奢，苏州吴人，“少从乡人顾彪习春秋左氏传，后博观子史，善属文”，大业中“直秘书学士”。④

“鲁世达，余杭人，炀帝时为国字助教，曾任秘书学士，撰有《毛诗并注音》8 卷、《毛诗章句义疏》40 卷等。”⑤

陆德明，苏州吴人，精训诂之学，明《易》，“炀帝嗣位，以为秘书学士”⑥，著作有《周易并注音》7 卷等。

曹宪，扬州江都人，精通“诸家文字之学”，仕隋为秘书学士，大业中炀帝令曹宪“与诸学者撰《桂苑珠丛》一百卷”⑦及《广雅音》4 卷、《古今字图杂录》1 卷等。

江灌，济阳考城人，江左名士江总之子，陈灭仕隋“直秘书省学士”⑧，有《尔雅音》8 卷等。

另外还有孔德绍、彭季彰、李文博、袁公直等人⑨，均在大业

---

① 《隋书·顾彪列传》（卷 75）。

② 《隋书·虞绰列传》（卷 76）。

③ 吴炯炯、王瑞芳：《隋代秘书省相关问题考论》，载《图书与情报》2010 年第 1 期。

④ 《旧唐书·朱子奢列传》（卷 189 上）。

⑤ 《隋书·鲁世达列传》（卷 75）。

⑥ 《旧唐书·陆德明列传》（卷 189 上）。

⑦ 《旧唐书·曹宪列传》（卷 189 上）。

⑧ 《陈书·江灌列传》（卷 27）。

⑨ 《职官分纪》卷十五引《集贤注记》曰：隋代旧书，最为丽好。率用广陵麻纸缮写，皆作萧子云书，书体妍妙可爱。有秘书郎柳调、崔君儒、明余庆、窦威、长孙威德等署记，学士孔德绍、彭季彰、李文博、袁公直等勘校。

年间任秘书学士。《资治通鉴·隋纪六》“大业十一年”条的记载：“春，正月，增秘书省官百二十员，并以学士补之。”①众多学者依据这条记载认为，隋代大业年间秘书学士的任职可以追溯至隋开皇中，晋王杨广于扬州招揽才学之士百余人，以充王府学士，从事图书的编撰与整理工作。开皇末，杨广晋封皇太子，开始了长达四年的东宫生涯，在这段时间内，百数名王府学士不可能再次追随左右，杨广也说其太子生涯惶恐寂寥，“所望故人，匡其不逮。比监国多暇，养疾闲宫……博望之苑，既乏名贤，飞盖之园，理乖终宴。亲朋远矣，琴书寂然，想望吾贤，疹如疾首”②，时陪伴左右的有任东宫学士的柳辩，其余学士不能再环绕其周围，进行图书的创作活动，仅令柳辩编撰了二十卷的《法华玄宗》佛学经籍以遣怀。这种抑郁的倾向至即位后，扩充秘书省官员设置，以原晋王府幕僚充秘书学士，继续进行隋炀帝所钟爱的图书事业，因此不可否认，在晋王府学士与秘书学士之间存在十数年的时间间隔，两者之间虽有密切关联，但并不能说秘书学士均由原晋王府人员充任，隋炀帝即位后，也进行了多次纳贤活动，因此只能认为，秘书学士的任职者多以才学著称，并主要任务在于修撰，与原晋王府招纳的人才存在部分重合。秘书学士修撰任务繁重，隋炀帝对于修撰要求严格，以《区宇图志》的修撰为例，曾进行了三次修撰，每次均有秘书学士参与，秘书学士阶品低微，但隋炀帝对其管理严格，甚至用行事暴虐的武将来管理秘书学士，《隋书·段文振列传》载：“文振弟文操，大业中，为武贲郎将，性甚刚严。帝令督秘书省学士。时学士颇存儒雅，文操辄鞭挞之，前后或至千数，时议者鄙之。”

隋朝秘书省虽然是唯一的图籍管理机构，且隋文帝父子重视国家藏书的建设，秘书监多由皇帝信任之人担任，但是秘书省下层官吏的生活却往往失于困窘，秘书郎虞世南大业年间官居正七品，“炀帝虽爱其才，然疾峭正，弗甚用，为七品十年不徙”③。生活

① 《资治通鉴·隋纪六》(卷182)。
② 《隋书·史祥列传》(卷63)。
③ 《新唐书·虞世南列传》(卷102)。

俭朴，“时世基当朝贵盛，妻子被服拟于王者，世南虽同居，而躬履勤俭，不失素业”①。如直秘书内省李文博，“直秘书内省，典校坟籍，守道居贫，晏如也。虽衣食乏绝，而清操逾厉，不妄通宾客，恒以礼法自处，侪辈莫不敬惮焉。道衡知其贫，每延于家，给以资费”②。历任内史省、门下省、秘书省三省直官的隋朝著名学者刘炫，“竟不得官，为县司责其赋役。炫自陈于内史”，后得殿内将军一职，却因开皇年间造伪书求赏，被人告发失官，“时牛弘奏请购求天下遗逸之书，炫遂伪造书百余卷，题为《连山易》、《鲁史记》等，录上送官，取赏而去。后有人讼之，经赦免死，坐除名，归于家，以教授为务”③。大业末年，饥寒交迫而死，其命运令人唏嘘。秘书省内任职，已然清贫，但下层官吏尚要面对地方赋税的压迫，如“平原王孝籍，少好学，博览群言，遍治五经，颇有文干。与河间刘炫同志友善。开皇中，召入秘书，助王劭修国史。劭不之礼，在省多年，而不免输税。孝籍郁郁不得志”④。生活困窘如此，尚要面对繁重的图书校勘任务，尤其是大业年间，庞大繁复的抄写、编撰任务压榨秘书省底层任职者，严酷的管理手段使得秘书省任职缺少了书香意味，秘书省官吏在隋朝并非后人所言“秘书省较优闲”的评语所能概括，隋炀帝时期，虽然秘书省成为中国历史上机构建制最庞大、权责最全面重要的时期，但是秘书省中下层官员所面对的环境却最为残酷。

三 隋朝秘书省藏书研究

(一)图书聚散

隋代后周的过程中，虽然经历了地方势力的军事动乱，但是从

① 《旧唐书·虞世南列传》(卷72)。
② 《隋书·李文博列传》(卷58)。
③ 《隋书·刘炫列传》(卷75)。
④ 《隋书·王孝籍列传》(卷75)。

整体上来说，其政权的过渡尚算平稳，因此隋代的官方图书收藏并没有受到朝代更替的影响，且继承了原北周的国家收藏，所以可以说隋代官方图书收藏具有一定的基础。

从隋代图书收藏的背景来看，其一，隋朝具有强大的军事力量足以统一南北，结束中国历史上长达三百年的分裂局面，通过中央与地方的官制改革，加强了中央对地方的控制，使得隋朝廷律令在更大范围内有效率地执行，保证隋朝以自上而下的方式进行图书搜集活动，使其行为效力最大化；其二，隋朝国家殷富，远超前代，人口、田地的增加与生产技术的提高，最终中央财政收入殷足，使得图书搜括行为有足够的财力来购募社会藏书，其“糖果与大棒”的政策，使得隋朝国家图书搜括行为更具有实效；其三，在疆域统一之后，隋朝统治者致力于融合南北文化差异，儒学、佛学在隋文帝的激励与倡导下，大力发展，社会上所流通的儒学经典与佛经数量惊人，为隋代创造了广泛的图书收藏基础；开皇中，隋朝灭陈，使得国家统一，江左士人入关，为崇尚贵戚的关陇集团带来了文化上的交融与冲突，隋炀帝南北融合的用人政策，更加促进了这种融合的进程，隋朝开始实施以文取士的科举制度，鼓励中下层士子以才能获得参与政事的资格，社会阶层的流动，为图书的编撰、出版、流传等过程创造了广泛的图书消费者。

隋朝自开皇元年(581 年)建国，至义宁二年(618 年)禅让于唐，享三十七年国祚，虽有三帝，但实际上历二世而亡，但这两位隋朝统治者都重视国家藏书的建设，使得隋朝官方图书收藏呈现出短暂的极度绚烂，而其图书收藏的变化曲线也呈现一种戏剧性，以隋炀帝的死亡为转折点，开皇元年(581 年)至大业十三年(617 年)，图书呈现持续的增长，尤其是大业初年，图书增加的数量呈现一种井喷式的发展状态；后隋炀帝面对国内蜂起的叛乱，前往江都而选择滞留南方，隋朝西京长安、东都洛阳的丰富藏书则面临着各种叛乱势力的军事损坏，西京由太原李渊攻入，洛阳则是王世充占据，图书在军事行动中的损失不可估量。另外隋炀帝前往江都之时，其随驾携带的图书字画，同样散佚于宇文化及与窦建德的军事冲突中，后李唐王朝在武力平定诸多割据势力的过程中，脆弱的图书仍然是冲击对象，加上武德五年的沉船事件，“大唐武德五年，克平伪郑，尽收其图书及古迹焉。命司农少卿宋遵贵载之以船，溯河西上，将致京师。行经底柱，多被漂没，其所存者，十不一二”①。数百万的隋朝官方藏书在两年间损失殆尽，有天灾，有人祸，至唐初仅存八万九千六百六十六卷，隋朝官府藏书的命运，令人扼腕叹息。如图5-1、图5-2所示：

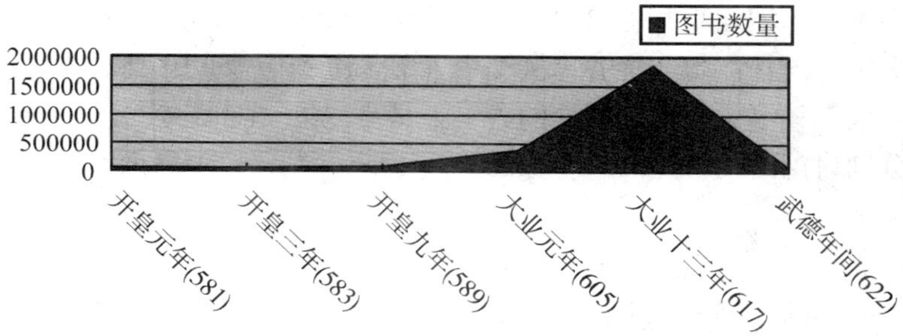

图5-1　隋代官方图书收藏聚散图

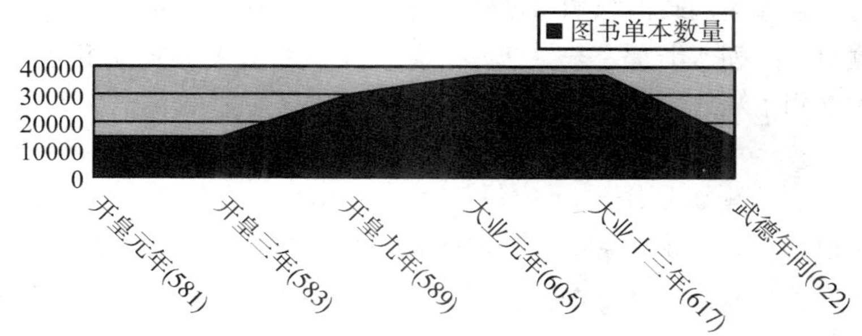

图5-2　隋代官方图书单本收藏聚散图

从图中可以看出，整个隋朝，官方图书收藏，无论是单本数量，还是收藏总体数量，俱呈现单纯的上升趋势，因此对于其聚散情况可略去不表，仅从分析图书来源方面，即可了解整个隋代秘书省管辖

① 《隋书·经籍志一》(卷32)。

下的图书收藏情况。

（二）藏书聚集途径

隋朝作为一个短暂的统治王朝，却创造了绚丽的图书收藏文化，其原因是多种多样的，多样化的图书来源是其中之一。隋朝官方图书自开皇元年所收藏的一万五千余卷，经过二十余年的聚集扩充，至大业末达到近两百万卷的巨大收藏，其中图书种类的增加与图书副本的增加是其重要原因，隋朝图书种类增加的主要方式有社会募集、继承前朝、官方修撰、个人著作等，而庞大的数量增加则主要依靠秘书省内数以百计的抄书人员夜以继日的辛劳工作，下文将分别讨论隋朝官方图书增长的途径。

1. 前朝继承

隋朝的图书来源中，从其他王朝中继承是隋朝图书单本量快速增长的重要途径，其中以北周、梁、陈国为继承主体。

众多史学家俱言隋文帝建国之易，以外戚的身份矫诏取得辅国权力，以强大的政治影响迫使幼帝退位禅让，因此北周的官方图书收藏俱由隋朝所继承。开皇三年，秘书监牛弘上表请开献书之路，其中提到了从北周继承而来的图书单本量和总量：

> 后魏爰自幽方，迁宅伊、洛，日不暇给，经籍阙如。周氏创基关右，戎车未息。保定之始，书止八千，后加收集，方盈万卷。高氏据有山东，初亦采访，验其本目，残缺犹多。及东夏初平，获其经史，四部重杂，三万余卷。所益旧书，五千而已。今御书单本，合一万五千余卷，部帙之间，仍有残缺。比梁之旧目，止有其半。至于阴阳河洛之篇，医方图谱之说，弥复为少。

北周的图书从后魏继承较少，仅有八千余卷图书，或是图书总量，或是图书单本，牛弘并未指明。北周的官藏更大一部分来源于军事胜利，平定北齐、江陵一带势力后，得书三万余卷，单本五千余卷，再加上北周政权安定后的图书搜集行为，因此隋朝自北周政权所继承的图书总量达四万余卷，单本则是一万五千余卷，相对于原南朝梁时期书目著录图书，北周官藏仅有其著录图书的半数，其余均未收录。在北周的官藏中，多经史图书，而子部图书尤为缺少，就是牛弘所言的“阴阳河洛之篇，医方图谱之说”。

后梁建立于西魏恭帝二年(555 年)，时宇文泰兴兵攻破梁元帝所依据的江陵，驻守在襄阳一带的萧詧出兵辅助，并在宇文氏的默许下称帝，定都江陵，改元大定，史称后梁，经孝明帝萧岿、后主萧琮，于开皇七年向隋朝称臣国灭。梁元帝萧绎是历史上有名的文治皇帝，于图书聚集一道多有关注，梁朝的官方收藏丰富，堪称南朝之冠，“元帝克平侯景，收文德之书及公私经籍，归于江陵，大凡七万余卷”①。但同时梁元帝也做出了让后人叹息的焚书之举，“周师入郢，咸自焚之”。后梁建立时，并未从梁朝获得多少图书，其梁朝的焚余之书，多由北周获得，但后梁经历了三十二年的发展，其官方藏书应该具有了一定的规模，从后梁孝明帝本身的文化修养来看，后梁应该在投降隋朝之前积聚了不少图书，因此梁朝萧姓多出文士，《隋书·萧岿列传》载：“岿来朝，上甚敬焉，诏岿位在王公之上。岿被服端丽，进退闲雅，天子瞩目，百僚倾慕。赏赐以亿计。”②杨广之妻萧后“性婉顺，有智识，好学解属文，颇知占候”，因此后梁在称臣隋朝时，同样会有一部分图书进献。

开皇八年，隋朝兵五十余万，进攻陈国，陈灭。当时任行军大元帅的杨广在攻破陈国首都建康之后，命高颎、裴矩收陈朝内府图籍；令韦师接收陈国府藏，并命封存府库，金银财物一无所取，尽收陈国官府藏书。陈国图书与陈后主、宗室大臣一起被押往关中，开皇九年四月乙巳，隋朝君臣举行了太庙献俘仪式，陈国图籍赫然在战利品之列，《资治通鉴·隋纪一》载：

(开皇九年)三月，己巳，陈叔宝与其王公百司发建康，

① 《隋书·经籍志一》(卷 32)。

② 《隋书·萧岿列传》(卷 79)。

> 诣长安，大小在路，五百里累累不绝。帝命权分长安士民宅以俟之，内外修整，遣使迎劳；陈人至者如归。夏，四月，辛亥，帝幸骊山，亲劳旋师。乙巳，诸军凯入，献俘于太庙，陈叔宝及诸王侯将相并乘舆服御、天文图籍等以次行列，仍以铁骑围之，从晋王广、秦王俊入，列于庙廷。①

自梁元帝江陵焚书之后，南方文化受到了很大的破坏，尤其是图书散佚情况严重，陈国建立后，虽有搜集措施，但对比梁朝目录，遗缺尚多，且陈国统治者或忙于军事，或荒于政务，对于图书事业的建设不够重视，导致陈国图书的质量不高，虽然数量上对隋朝的官方藏书有所补充，但隋朝在获得陈国图书之后，召集学者，对其进行了图书的校勘、编次与抄写装订，《隋书·经籍志》曰："及平陈已后，经籍渐备。捡其所得，多太建时书，纸墨不精，书亦拙恶。于是总集编次，存为古本。"②

2. 社会募集

开皇三年，时任秘书监的牛弘上表《请开献书之路》，总结了自先秦至隋朝数千年的图书聚散史，提出"经邦立政，在于典谟矣。为国之本，莫此攸先"的邦国经籍之论点，认为当下隋朝应天而建，正是重新收聚图籍、弘扬文化的好时节，牛弘曰：

> 臣以经书自仲尼已后，迄于当今，年逾千载，数遭五厄，兴集之期，属膺圣世。伏惟陛下受天明命，君临区宇，功无与二，德冠往初。自华夏分离，彝伦攸斁，其间虽霸王递起，而世难未夷，欲崇儒业，时或未可。今土宇迈于三王，民黎盛于两汉，有人有时，正在今日。方当大弘文教，纳俗升平，而天下图书，尚有遗逸，非所以仰协圣情，流训无穷者也。臣史籍是司，寝兴怀惧。昔陆贾奏汉祖云"天下不可马上治之"，故

① 《资治通鉴·隋纪一》(卷177)。

② 《隋书·经籍志一》(卷32)。

知经邦立政，在于典谟矣。为国之本，莫此攸先。今秘藏见书，亦足披览，但一时载籍，须令大备。不可王府所无，私家乃有。然士民殷杂，求访难知，纵有知者，多怀吝惜，必须勒之以天威，引之以微利。若猥发明诏，兼开购赏，则异典必臻，观阁斯积，重道之风，超于前世，不亦善乎！伏愿天鉴，少垂照察。

在这段奏章中，牛弘思维严密，首先利用大量的史实列举说明了数千年官方图书的兴废，从而得出“兴集之期，属膺圣世”的结论，使得图书的搜集与成就圣世相联系，然后对隋文帝进行奉承，认为其统一华夏的历史功业，足可以超越三王，休养生息的安民政策可比拟两汉之时，有天时、地利、人和之势，足以进行弘扬文教的政策，而弘扬文教当从图书的收集开始。牛弘言，如果不能对天下的文籍进行搜罗，那么民众便不能体会到隋文帝崇儒弘文的文化政策，因此为了保证天下都知晓圣上之心思，更是需要大张旗鼓地进行图书的搜括工作。牛弘提出经籍典章乃经济邦国、立政为国之根本，虽然当下隋朝中央秘书省内所收藏的图书足够阅读，但是如果要真正进行文教，国家收藏的图书，需要充足，而自己身为秘书省长官，寝食难安，认为隋朝此时国家图书收藏情况不容乐观，许多图书多收藏于私人之手，而国家却没有收藏，这样的情况不利于国家实行弘文政策，因此建议隋文帝进行国家性的图书搜括行为。同时牛弘还指出了政府性图书搜集所遇到的困难，即社会阶层对于图书的认识不同，导致图书的搜求存在难度，而文士阶层又多爱惜图书，并不情愿献书于国家，因此必须“勒之以天威，引之以微利”，对寻常庶民以利益诱使其呈献图书，对士子阶层则以国家机器进行威胁，迫使其献书以自保，并且建议隋文帝明发搜括图书的诏书，并且明确规定献书的奖赏数额，其搜书的效果会事半功倍，“若猥发明诏，兼开购赏，则异典必臻，观阁斯积，重道之风，超于前世，不亦善乎”。

隋文帝听取了牛弘的建议，于开皇三年春正月“丁巳，诏购求遗书于天下”，并且执行了更加彻底的图书搜括措施，其一，“分遣使人，搜访异本”，于全国各地派出专使，负责图书的搜括工作，并且将搜括的范围限定在“异本”，即国家藏书中没有的图书；另外还规定了明确的奖赏措施，“每书一卷，赏绢一匹”，其赏赐力度可谓巨大，时一卷图书得一匹绢的丰厚赏赐甚至吸引学者做伪书以领赏，隋代学者刘炫即因此事而被罢官：

> 时牛弘奏请购求天下遗逸之书，炫遂伪造书百余卷，题为《连山易》、《鲁史记》等，录上送官，取赏而去。后有人讼之，经赦免死，坐除名，归于家，以教授为务。①

除了丰厚的赏赐以吸引民众献书之外，隋文帝还顾及了文人中的爱书之人，提出“校写既定，本即归主”的搜集措施，即所献图书经国家点校、抄写副本后，原本可由原来主人取还，这样就保证了私人藏书不损坏的前提下，充实了国家的图书收藏。隋文帝图书搜括的效果显著，“民间异书，往往间出”，以至于秘书省在“一二年间，篇籍稍备”，国家藏书的规模大大扩充，实现了最初的目的。

隋文帝这次图书搜括的时间并不能局限于《隋书·牛弘列传》所记载的一二年时间，应该推广至开皇九年之后，经历了数年的图书社会搜括，秘书省图书有了大幅度的增加。

开皇八年至九年间，隋朝举兵进攻南朝陈国，晋王杨广为行军元帅。破陈之后，“使高颎与元帅府记室裴矩收图籍，封府库，资财一无所取，天下皆称广，以为贤”，杨广可谓历史上少有的爱护图籍之人，《全隋文》载隋炀帝《宝台经藏愿文》，其中记载了隋炀帝杨广带兵平陈之时，对佛经的保护：

> 平陈之日，道俗无高，而东南愚民，余熸相煽，爰及庙略，重清海滨，役不劳师。以时宁复，深虑灵象尊经，多同煨烬；结鬘绳墨，湮灭沟渠。是以远命众军，随方收聚，多得本

---

① 《隋书·刘炫列传》(卷75)。

> 类，庄严修葺，其旧惟新。宝台四藏，将十万轴，因发弘誓，永事流通。仍书愿文，悉连卷后。①

开皇九年隋朝灭陈之后，杨广驻扎江都十数年，深受江南文化的浸淫，延请江南学者为王府幕僚，进行图书的编撰、点校、收藏工作，江南学者潘徽等人编撰了《江都集礼》，其序言曰：

> 上柱国、太尉、扬州总管、晋王握硅璋之宝，履神明之德，隆化赞杰，藏用显仁。地居周邵，业冠河楚，允文允武，多才多艺。戎衣而笼关塞，朝服而扫江湖，收杞梓之才，辟康庄之馆。加以佃渔六学，网罗百氏，继稷下之绝轨，弘泗上之沦风，赜无隐而不探，事有难而必综。至于采标绿错，华垂丹篆，刑名长短，儒、墨是非，书圃翰林之域，理窟谈丛之内，谒者所求之余，侍医所校之逸，莫不澄泾辨渭，拾珠弃蚌。②

序文中详细地说明了杨广在江都驻扎期间收罗人才，编纂各种图书，并进行深入的学术探讨活动，同时收集了绘画、书法、刑律、儒家、墨家等诸多方面的图书，对于图书的搜集实行了广撒网细挑选的原则，对于一些鱼目混珠的伪书进行舍弃，对于中央政府搜集图书所产生的遗漏，进行了充分的补搜，再加上百余名王府学士十数年不间断的图书编撰活动，可知杨广在江都的时间内，以文化底蕴丰富的江南诸地为营养体，广泛征集，认真甄别，用心保护，积聚了一定规模的图书，因此才有了大业年间隋朝图书的快速增长，因为这样的增长速度开始于开皇中至开皇末，十数年不断搜求的基础上。这些图书在隋炀帝即位后，即大批量地运往了新都洛阳，以至于隋大业年间图书单本的数量出现了一次明显的增长，先前亦有学者关注了仁寿大业之际，随着政治地位的变化而产生的图书的转

---

① （清）严可均编：《全上古三代秦汉三国六朝文》，北京：中华书局1965年版。

② 《隋书·潘徽列传》（卷76）。

移，王光照先生认为："江都晋邸王府学士所有的旧籍整理，应是南方文化典籍无疑；其所有的新书编纂，集中反映的应是所谓的'南学'的成就，亦无疑。那么，在杨广撤府之后，这旧籍整理新书编纂所结晶的'南学'成果亦当随运北土，更属无疑。"①

隋炀帝即位后，图书搜括并未停止，但缺少相应的记载，但是却有相应的书画作品搜括的记载，唐张彦远《法书要录》录武平一《徐氏法书记》载："大业之始，后主颇求其(王羲之)书，往往有献之者。"②《历代名画记》中同样记载了大业年间众人奉敕装的字画押署，这说明隋炀帝在位期间陆续有新的字画入藏。依照隋炀帝爱书的性格，虽然大业年间，他更加重视新书的编撰活动与原有图书的抄写，但应该不会停止图书的搜括活动。同时，考虑到图书流传量是一定的，其社会流传图书经过了开皇年间的大力搜括，因其征集措施得当，社会上图书应该大部分聚集到了中央政府之内，因此隋炀帝一朝的图书重点在于图书的编撰与抄写。

3. 官方修撰

隋文帝、隋炀帝两朝均有官方修书行为，但是开皇仁寿年间的修书更具有政治和实用色彩，多集中在历史、礼制、乐制、军事以及国家书目等方面。

历史图书：著作郎魏澹居史职后，"高祖以魏收所撰书褒贬失实，平绘为《中兴书》事不伦序，诏澹别成《魏史》。澹自道武下及恭帝，为十二纪，七十八传，别为史论及例一卷，并《目录》合九十二卷"③。

礼乐图书："(开皇)三年，(牛弘)拜礼部尚书，奉敕修撰《五礼》，勒成百卷，行于当世"。参与者有辛彦之、刘焯、刘炫、崔赜、明克让等人。

---

① 王光照：《隋杨广晋邸王府学士及其与政治、文化之关系》，载《江海学刊》2002 年第 4 期。

② (唐)张彦远：《法书要录·徐氏法书录》(卷 3)。

③ 《隋书·魏澹列传》(卷 58)。

仁寿二年闰十月，隋文帝令杨素、苏威、牛弘、薛道衡、许善心、虞世基、王劭等人，重新修订五礼，事见《隋书·高祖本纪下》。

开皇初，郑译、牛弘、姚察、何妥、刘臻、许善心、辛彦之、房晖远、崔赜、明克让等人参与乐章的修订，事见《隋书·音乐志下》，《隋书·经籍志》著录郑译撰《乐府声调》六卷，何妥撰《乐要》一卷。

大业元年，隋炀帝又诏修高庙乐，“帝又以礼乐之事，总付秘书监柳顾言、少府副监何稠、著作郎诸葛颍、秘书郎袁庆隆等，增多开皇乐器，大益乐员，郊庙乐悬，并令新制。顾言等后亲，帝复难于改作，其议竟寝。诸郊庙歌辞，亦并依旧制，唯新造《高祖庙歌》九首。今亡。又遣秘书省学士定殿前乐工歌十四首”①，《隋志》著录《大隋总曲簿》一卷、《太常寺曲名》一卷、《太常寺曲簿》十一卷。

律历图书：隋禅代北周之时，杨坚令华州刺史张宾“与仪同刘晖，骠骑将军董琳，索卢县公祐，前太史上士马显，太学博士郑元伟，前保章上士任悦，开府掾张撤，前荡边将军张膺之，校书郎衡洪建，太史监候粟相，太史司历郭翟、刘宜，兼算学博士张乾叙，门下参人王君瑞、荀隆伯等，议造新历，仍令太常卿卢贲监之。宾等依何承天法，微加增损，四年二月撰成奏上”。

开皇元年，隋文帝令高颎、杨素、常明等人定新律，成《隋律》十二卷。

开皇年间，隋文帝令苏威、房晖远等人厘改旧法，成《隋开皇令》三十卷。

其他图书：开皇初，隋文帝令刘佑撰兵书《金韬》十卷；开皇五年，令李德林撰录旧时文集，成五卷《霸朝杂集》；开皇十四年，王劭“采民间歌谣，引图书谶纬，捃摭佛经，回易文字，曲加诬饰，撰《皇隋灵感志》三十卷奏之，上令宣示天下”②。

---

① 《隋书·音乐志下》(卷15)。

② 《资治通鉴·隋纪二》(卷178)。

隋炀帝重视图书的编撰工作，自驻守扬州起，即招引江南学士从事编撰，称帝之后，编纂也未曾停止，反而规模更加庞大，根据曹之先生的统计，计有："《江都集礼》一百二十卷、《法华玄宗》二十卷、《长洲玉镜》四百卷、《魏书》、《北堂书钞》一百七十四卷、《区宇图志》一百二十九卷、《诸郡物产土俗记》一百五十一卷、《诸州图经集》一百卷、《灵异记》十卷、《东征记》、《水饰图经》、《玄门宝海》一百二十卷、《宝台四法藏目录》一百卷、《隋大业律》十一卷、《隋大业令》三十卷、《淮南王食经并目》一百六十五卷、《相马经》六十卷、《种植法》七十七卷、《桂苑珠丛》一百卷、《四海类聚方》二千六百卷、《四海类聚单要方》三百卷，等等"①。其中《江都集礼》、《宝台四法藏目录》成书于开皇年间晋王府众人之手；《法华玄宗》于仁寿年间杨广为太子时，东宫学士柳顾言编纂；《北堂书钞》由秘书郎虞世南于职责之余依托秘书省藏书所编撰；《区宇图志》成书于众人之手，多为秘书省学士参与编撰，据王培华教授考证，参与者达 30 人次，最后成书一千二百卷。

隋文帝父子不仅重视图书的收聚，同时还注重图书的整理和保存工作，因此隋代的官修图书中，存有多部官修目录，有国家书目记载，有机构图书记载，有专类图书记载，如《开皇四年四部目录》、《开皇八年四部书目录》、《开皇二十年书目》、《大业正御书目录》均属于国家图书总体目录，记载了不同时期隋代的国家藏书现状；《七林》、《香橱四部目录》则是机构藏书的目录，《七林》由秘书丞许善心个人编撰，记载了隋开皇十七年至大业元年之间秘书省图书收藏情况，《香橱四部目录》则是大业年间观文殿宝橱内藏书的真实著录；另外《法书目录》、《杂仪注目录》、《历代三宝记》、《众经目录》、《宝台四法藏目录》等隋代目录均属于专类目录，或在官府的支持下进行了图书的编撰，如费长房的《历代三宝记》则是开皇年间被召入大兴善寺进行译经之余，所编撰的佛经目录，记载了隋代现存佛经，后于开皇十七年十二月二十三日呈上。

隋朝虽然享国短暂，但是官方修书活动频繁，且这些官修书多

① 曹之：《隋炀帝与图书事业》，载《图书情报知识》2002 年第 6 期。

收藏于秘书省管辖下的各藏书机构，如大业年间所编撰的一万七千余卷新书，均入藏东都洛阳观文殿内。官修书成为隋朝藏书扩充的重要来源之一。

4. 隋代的官方抄书事业

隋代官方藏书一方面从各种途径扩充图书的单本数量，与此同时，还进行了多次大规模的图书复制抄写，以扩充藏书的绝对数量。隋代秘书省则是图书抄写的主力，不仅抄写搜括而来的秘书省藏书，还负责佛经、官修书等图书的抄写，有隋一代，虽然仅有三十余年的时间，却进行了多次集中性的、大规模的突击抄写活动，并且还伴随着秘书省抄书人员日常职责的履行，这些辛苦的笔耕者以其一笔一笔的勾画，构建了隋代庞大的官藏数字，并且按照史料记载，他们的辛勤劳动不限于此，隋代书手所承担的抄写任务可谓是“前无古人，后无来者”的庞大，具体而言，隋代有据可依的官方抄书活动有：

《隋书·经籍志》言：“开皇元年，高祖晋诏天下，任听出家，仍令计口出钱，营造经像。而京师及并州、相州、洛州等诸大都邑之处，并官写一切经，置于寺内；而又别写，藏于秘阁。天下之人，从风而靡，竞相景慕，民间佛经，多于六经数十百倍。”①所谓的《一切经》乃指后世的《大藏经》，乃是隋开皇年间所有流传佛经的总称，数量有数千卷之多。从官方书手的抄写任务来查看，天下大都邑均要收藏有佛教《一切经》，隋初全国有两百个州，之后经过改革隋有 190 个郡、1252 个县，其中所谓大城市应该有百数以上。根据唐初僧人法琳在其宣扬佛家的著作《辨正论》内统计，至开皇三年，隋朝官方已经写经 46 部、132086 卷(平均 2871 卷)，整理故经 3853 部②，那么可以估计开皇年间官方年度抄写佛经的数量达到约 44028 卷，整个隋文帝在位二十四年的时间内，其官方

① 《隋书·经籍志一》(卷 32)。

② 转引自曹之著：《中国出版通史·隋唐五代卷》，北京：中国书籍出版社 2008 年版，第 48 页。

佛经抄写的数量达到1056688卷，收藏于全国各城邑的寺院中，并且有正副两本收藏于秘书省内，约有四千部佛经。

开皇三年正月，隋文帝听取秘书监牛弘的奏请，下令于国内购求图书，并采取任命专使进行各地的图书搜括，或是购买，或是抄录，用以增加国家图书的收藏。在此图书搜括的过程中，伴随着大量的图书抄写活动，其原因在于隋文帝所采取的图书搜括方式中，有“校写既定，本即归主”的官藏扩充方式，这一措施主要针对牛弘在《请开献书之路表》中所提出的“士民殷杂，求访难知，纵有知者，多怀吝惜”的搜括困难而制定的应对之策。

开皇九年，陈国覆灭，时行兵元帅杨广采取了得力的措施对原陈国藏书进行了保护，并将其随着陈国君臣运至长安，因此原陈国旧藏为隋朝尽得。对于这部分增加出来的藏书，隋朝采取了得力措施对其进行处理，《隋书·经籍志》载：“及平陈已后，经籍渐备。检其所得，多太建时书，纸墨不精，书亦拙恶。于是总集编次，存为古本。召天下工书之士，京兆韦霈、南阳杜頵等，于秘书内补续残缺，为正副二本，藏于宫中，其余以实秘书内、外之阁，凡三万余卷。”从史料中可以看出，陈国图书的装帧并不符合隋文帝的审美观，其用纸、用墨、书法等诸多形式因素亟须改变，但这并不意味着要否认这些图书所记载的内容，因此隋文帝将其作为古本，用以校勘其他图书，同时招募天下书法良好之人，如《隋志》中所提到的京兆韦霈、南阳杜頵等人，在秘书省进行图书的补充续写图书内的残缺部分，并且对校订好的定本进行抄写，分为正副两本，分别收藏在秘书省与秘书内省两个地方，经此工作，隋朝秘书省的单本量达到三万余卷，较开皇三年增长了近一倍，并且可以根据这个数字，推测出这次图书抄写量至少达到六万卷。这次的图书抄写，从分工上来看，由秘书省内官员负责，京兆韦霈、南阳杜頵等书法家指导，天下书法良好之人执笔。

开皇十七年，许善心就任秘书丞，掌秘书省具体事务。这时候的秘书省书籍经过开皇九年的重新抄写，于形式上已经初步过关，但是内容上，以许善心这样的学者看来，远远难以达到收藏的水准，因此许善心鉴于“于时秘藏图籍尚多淆乱，善心放阮孝绪《七录》，更制《七林》，各为总叙，冠于篇首。又于部录之下，明作者之意，区分其类例焉。又奏追李文博、陆从典等学者十许人，正定经史错谬"①。按照汉朝所确定的图书校勘流程，在对一本图书进行内容上的典校之后，必须进行重新抄写，以取代错误的版本，因此伴随着这次秘书省校勘活动的，还有大量的图书抄写。

开皇二十年，著作郎王劭所编写的《开皇二十年书目》四卷，为《旧唐书·经籍志》所著录，说明了开皇末，秘书省进行了一次图书的盘查工作，并整理成目录以呈上。在隋代秘书省的管辖下，图书分为正副两本，分别收藏于不同的藏书地点，这次盘查有利于摸清开皇年间图书搜集与抄写的成果，同时也在一定程度上刺激了图书抄写工作的速度，毕竟，从管理学角度来讲，严格的管理手段有利于保障工作的顺利进行，这一点同样适用于隋朝秘书省内的图书抄写工作。以史料中关于隋朝官府藏书数量记载，大业初，西京嘉则殿内图书有三十七万卷，而开皇初秘阁藏书仅有单本一万五千卷，加上副本亦不过四万余卷，在短短的二十余年时间内，隋朝仅宫内藏书数量就绝对增长了三十余万卷，更遑论加上位于宫城之外的秘书省藏书的增加量，至少不下于六十余万卷，年度增长近三万卷藏书，其图书抄写速度，号称"开元盛世"的盛唐也难以比肩，图书抄写量的巨大一方面说明了隋朝强大的经济实力，可以支撑抄写图书所需的巨额的人力与物力耗费，另一方面也说明了开皇年间秘书省作为隋朝唯一的图书管理机构，其管理效能的卓越性，从开皇年间数次国家书目的编撰，就可以了解秘书省对于国家藏书的管理已经形成了制度，并且被严格执行。

大业年间，隋炀帝即位，秘书省逐渐增加了郎官的编制，其职官达到历史上难以企及的一百一十七员，其中儒林郎、文林郎、校书郎、楷书郎、正字等下层文官占一百余人，成为秘书省的主要组成部分。这一官制上的改革乃是为了配合隋炀帝所进行的大规模的图书抄写活动，隋炀帝即位之后，命秘书监柳顾言于西京长安大兴宫内嘉则殿，简次图书，对其中重复猥杂的图书进行剔除，最后得

① 《隋书·许善心列传》(卷58)。

正御本三万七千余卷，运往东都洛阳观文殿收藏。在这一图书选择的过程中，已经有了一次图书的抄写活动，隋炀帝作为一个喜爱美好事物的欣赏家，对于图书的装帧有着自己独特的要求，用以提供御览的观文殿的图书多“装剪华净，宝轴锦褾”，以盛唐时期韦述所亲见的隋代官藏的图书形制而言，其规格远远高于前代，“隋代旧书，最为丽好。率用广陵麻纸缮写，皆代萧子云书，书体妍妙可爱……青赤二色琉璃轴，五色绮带，织竹帙，紫玄黄表上，织成有御正、御副等字。但年代渐久，纸色稍黑，赤轴变为黄矣”①。虽然史料中鲜有对隋文帝时期图书装裱形式的记载，但是从隋文帝尚简朴的性格来看，虽然隋文帝亦对图书形制上有所要求，但决不会以贵重的琉璃、锦缎来装饰图书，因此隋炀帝即位后，多半会对开皇年间的图书进行重新装订。从书法角度来看，隋炀帝倾向于“江左风流，疏放妍妙”的书法形式，比较认同南朝萧子云、欧阳询长子欧阳肃的书法，字体形式主要是行草、楷书，而隋文帝出身关中，以北方文化为依托，喜好北方一系的具有遒劲沉雄特色的正书，这是一种楷隶错变的字体，因此单从书法角度来看，隋炀帝即位之后，进行图书的抄写完全符合其性格。隋炀帝不仅对书法字体有所偏好，对图书的抄写质量要求亦颇高，要求文字之间无点窜之误，综上，隋炀帝作为一个偏执的审美家，定会重新招募书手对观文殿所收藏的图书重新抄写。

隋炀帝即位之后，一方面通过频繁高效的官方修撰来增加国家藏书的单本，另一方面进行了规模巨大的国家图书抄写活动以增加国家藏书的总量，并且将这些图书划分为不同的等级，按照不同等级、正副本进行图书的装帧，并分别放置于西京长安、东都洛阳的皇宫、秘书省、各官府内，以扩大国家藏书的影响力。根据《隋书·经籍志》载：“炀帝即位，秘阁之书，限写五十副本，分为三品：上品红琉璃轴，中品绀琉璃轴，下品漆轴。”简单计算，仅以隋大业初三万七千卷正御本为图书抄写底本，每本图书有五十副

① （宋）孙逢吉撰：《职官分纪》，北京：中华书局1988年版，第378页。

本，那么隋大业年间图书的抄写量需要达到185万卷，更何况隋大业年间的图书抄写是以图书收藏更为丰富的秘书省藏书为底本，因此其抄写数量远远大于这个数字，秘书省内书手抄写任务繁重，以至于隋炀帝以武官对秘书省进行监督管理，并且有一定的惩罚措施，“段文振，北海期原人也……文振弟文操，大业中，为武贲郎将，性甚刚严。帝令督秘书省学士。时学士颇存儒雅，文操辄鞭挞之，前后或至千数，时议者鄙之”。这些高压手段虽然使得文人斯文颜面受损，但不可否认，以武力对秘书省进行管理，在一定程度上会提高众人的工作效率，以助于完成大业年间惊人的图书抄写数量。

除了国家藏书的抄写，隋炀帝还进行了大量的佛经抄写工作，根据唐道世《法苑珠林》记载，隋炀帝大业年间，共“修故经六百一十二藏，两万九千一百七十二部”①，与抄经事业同时进行的是佛经的编目工作，隋炀帝“又令沙门智果，于东都内道场，撰诸经目，分别条贯”，编撰成《众经目录》，此书著录图书1950部、6198卷，平均算来隋代佛经每部包含大约三卷，以此为约数来计算大业年间隋炀帝的佛经抄写量，大约有九万两千七百二十二卷（计算公式：$6198 \div 1950 \times 29172 \approx 92722$，以大业年间所编撰的佛经目录图书《众经目录》为依据，计算出大约佛经每部包含的卷，然后与隋炀帝所抄写的佛经部数相乘，用以计算隋炀帝大业年间的佛经抄写数量）。且隋炀帝本人笃信佛教，与众多高僧保持了频繁的书信来往，在佛教史中，隋炀帝的地位远远高于历史上其他帝王，甚至有被称为“总持菩萨”，寓意功德圆满（另：佛教中将众多供佛之事名曰功德，梁元帝曾询问其功德是否圆满，佛教达摩祖师认为其无功德，梁元帝与隋炀帝对国家藏书均有偏好，且有大量抄写佛经的行为，却具有了浓重的功利心，被高僧漠视，在这一点上，隋炀帝远远超过了梁元帝），这一评价与隋炀帝的大力抄写佛经，互成因果。

综合计算整个隋代的图书抄写数量，所得出的数字十分惊人，撇开佛经著作的抄写，隋代官方图书抄写量至少达到了两百五十万

① （唐）道世：《法苑珠林》（卷100）。

卷，平均每年抄写七万卷的图书，而唐从隋朝所继承的图书有九万余卷，正是魏徵《隋志》中所言的“十存一二”的流传状态。

(三)图书校勘

隋时，校勘已经成为秘书省所必须履行的职责之一，且秘书省内设置了校书郎十四员、正字四员，以担任文字校勘之职，但是这些阶品低微的官员多数由刚入仕的勋贵子弟充任，并不能胜任深层次的图书校勘活动，因此隋代多采用延引社会上知名学者进行集中校勘活动。从这一层面上来看，隋代秘书省的图书校勘活动将分为两种类型：一种是常规式的，由秘书省内校书郎、正字等官员承担，对秘书省内藏书进行文字的校对与勘误，属于简单性质的校勘活动；另外一种，由社会知名学者充任，以他官的形式或者其他方式进入秘书省，对分散于各处的隋代官藏图书进行内容上的勘校，属于深层次的学术校勘，这两种校勘形式在隋代秘书省职责行为中交织存在，构成了整个隋代的图书校勘行为。

开皇三年正月，隋文帝下令在全国范围内进行图书购求活动，《隋志》曰：“校写既定，本即归主”，其中提到了这次图书搜寻行为中包括了校写图书的环节，这就标志着伴随着国家搜寻图书行为，以秘书省为主导的图书勘校活动也同时开始。开皇四年，前秘书监牛弘领衔编撰了四卷《开皇四年书目》，记录了国家藏书在经历了一年的图书搜集之后的成果。自西汉末刘向父子编撰国家藏书目录《七略》以来，各代依据故事，国家书目的编撰形成了图书搜集—图书校勘—图书抄写—图书分类—图书编目等诸多步骤，由开皇三年的图书搜集开始，隋秘书省的编目工作也就拉开了序幕。之后所进行的简单的图书去重、文字勘校、图书抄写等活动即编目前所必需的步骤，可以说这次秘书省所进行的图书勘校活动，是完全以内部人员为主导所进行的一次比较简单的从形式上完善藏书的活动。

开皇三年简单的图书校写后，隋文帝开始延引学者进行图书的校勘活动，《隋书》列传中对此多有记载：

兰陵萧该者，梁鄱阳王恢之孙也……开皇初，赐爵山阴县公，拜国子博士。奉诏书与妥正定经史，然各执所见，递相是非，久而不能就，上谴而罢之。①

刘焯，字士元，信都昌亭人也……后与诸儒于秘书省考定群言。因假还乡里，县令韦之业引为功曹。寻复入京，与左仆射杨素，吏部尚书牛弘，国子祭酒苏威，国子祭酒元善，博士萧该、何妥，太学博士房晖远、崔宗德，晋王文学崔赜等于国子共论古今滞义前贤所不通者。每升座，论难锋起，皆不能屈，杨素等莫不服其精博。六年，运洛阳《石经》至京师，文字磨灭，莫能知者，奉敕与刘炫等考定。后因国子释奠，与炫二人论义，深挫诸儒，咸怀妒恨，遂为飞章所谤，除名为民。②

刘炫，字光伯，河间景城人也……岁余，奉敕与著作郎王劭同修国史。俄直门下省，以待顾问。又与诸术者修天文律历，兼于内史省考定群言，内史令博陵李德林甚礼之。炫虽遍直三省，竟不得官，为县司责其赋役。③

崔廓，字士玄，博陵安平人也……(子)赜字祖浚，七岁能属文，容貌短小，有口才。开皇初，秦孝王荐之，射策高第，诏与诸儒定礼乐，授校书郎。④

萧吉，字文休，梁武帝兄长沙宣武王懿之孙也。博学多通，尤精阴阳算术……及隋受禅，进上仪同，以本官太常考定古今阴阳书。吉性孤峭，不与公卿相沉浮，又与杨素不协，由是摈落于世，郁郁不得志。⑤

临孝恭，京兆人也。明天文算术，高祖甚亲遇之。每言灾祥之事，未尝不中，上因令考定阴阳。⑥

---

① 《隋书·儒林列传》(卷75)。
② 《隋书·儒林列传》(卷75)。
③ 《隋书·儒林列传》(卷75)。
④ 《隋书·崔廓列传》(卷77)。
⑤ 《隋书·艺术列传》(卷78)。
⑥ 《隋书·艺术列传》(卷78)。

从时间上推算，隋文帝时期这次图书校勘活动开始于开皇初，结束于开皇六年，因《隋书·何妥列传》载开皇六年何妥出任地方官龙州刺史，不可能于中央机构内再进行图书的校勘活动，因此将时间下限定在开皇六年。从参与校勘的机构来看，这次图书的校勘分别处于不同的地点，史料中记载了这次校正图书的地点分别在国子监、门下省、秘书省、内史省、太常寺等诸多机构，但是由于秘书省乃当时唯一的图书管理机构，因此国家藏书的校勘活动当主要由其统筹规划。这次经史图书的校勘活动可以说是不成功的，隋文帝因这次经史校勘活动，大家各执一词，意见不统一，耗费时间长久不见成效，并且导致了诸多学术纷争，于是下令终止此次经史的校勘活动。这次经史校勘的主要参与者有左仆射杨素，吏部尚书牛弘，国子祭酒苏威，国子祭酒元善，博士萧该、何妥，太学博士房晖远、崔宗德，晋王文学崔赜，直门下省刘炫，员外将军刘焯等人，众人出身复杂，有关陇勋贵，有地方寒族，有南方士族，在南北朝分裂的局面下，受到南北不同经史学派的熏陶，所持观点多有不同，因此导致了这次经史校勘活动的失败。除了校勘经史之外，隋文帝还任命了上仪同萧吉、上仪同临孝恭、直门下省刘炫对古今阴阳图书进行考证校勘。由此可知，隋文帝时期的图书校勘工作仍然采用了分类分人进行图书整理的方法，以善史者治史，善经者治经，充分发挥每个人的学术专长，但是由于南北经学差异过大，正处于思想的对立与融合时期，其图书的校勘工作遇到了困难，不得已而停止，因此开皇初这次图书校勘工作，并没有显著性的成果，只有《开皇四年书目》一书成为这次图书校勘活动的历史见证。

开皇九年，秘书省接收了大量陈国的官方藏书，多为陈宣帝陈顼太建年间所征集，其装帧材料粗劣，书法不精，但其内容完整，颇有可取之处。因此在秘书丞姚察的带领下，秘书省官员以陈国旧藏为古本，对秘书省内图书进行了简单的文字校勘，原有的残缺、衍脱等行文抄写上所造成的图书谬误，予以补续、勘正。在勘正图书的同时，姚察等秘书省官员还编著了《开皇九年四部目录》，记录了秘书省接收陈国官藏之后，其藏书的变化情况，乃是这次图书整理的总结之作。

开皇十七年，许善心接任姚察任秘书丞，“于时秘藏图籍尚多淆乱”，其混乱状态一方面表现在藏书的分类与收藏上，另一方面表现在图书内容上的舛误。针对秘书省藏书情况，许善心一方面带领秘书省官员为藏书撰写叙录，以明作者的编撰思想，并按照南朝梁处士阮孝绪《七录》，另外编制秘书省藏书目录《七林》。按照《广弘明集》内所记录的《七录名录》，可以推测许善心《七林》按照秘书省图书的内容将其分为内外两篇，外篇图书著录秘书省内所收藏的佛道用书，内篇分为五个大类，除了术技类收天文、历算、谶纬、五行、医经、杂艺等书之外，其余四个大类，基本上按照秘书省内四部藏书进行著录，以经典代经部，以经传代史部，以子兵言子部，以文集表集部，虽然从名义上《七林》延续了中国图书的七分法，但是从实际上来看，却是以图书四部分类法为核心的图书目录，只是将术技类、佛法录、仙道录另外设立三个部类，这与隋朝秘书省内大量收藏佛经著作的史实相符合，这样的七分法更加能够全面地反映当时秘书省的所有藏书著录情况。针对秘书省藏书内容上的讹误，许善心“奏追李文博、陆从典等学者十许人，正定经史错谬”①。以李文博为例，《隋书》本传言：

> 博陵李文博……后直秘书内省，典校坟籍，守道居贫，晏如也。虽衣食乏绝，而清操逾厉，不妄通宾客，恒以礼法自处，侪辈莫不敬惮焉……稍迁校书郎。②

《资治通鉴·陈纪十》载至德四年(586年)，即开皇六年冬十月，“俊妃崔氏生男，隋主喜，颁赐群官。直秘书内省博陵李文博，家素贫，人往贺之，文博曰：‘赏罚之设，功过所存。今王妃生男，于群官何事，乃妄受赏也！’闻者愧之”。③ 可知此时李文博自开皇六年已经开始任职秘书内省，典校图书，后开皇十七年，大

① 《隋书·许善心列传》(卷58)。
② 《隋书·李文博列传》(卷58)。
③ 《资治通鉴·陈纪十》(卷176)。

概已经出为县丞，因其学识堪任图书点校工作，被秘书丞许善心重新奏追入秘书省，进行经史图书的校勘，以完成上次因南北经学对立而停止的经史图书的校勘。这一次的校勘活动在许善心任职秘书丞期间，一直持续至大业元年，许善心仁寿末年出为地方刺史，大业元年转为礼部侍郎，其官职的变化导致了其一直支持的图书校勘活动或许停止，但是李文博却持续任职秘书省，后还与大业权臣虞世基子一同校正图书。

开皇二十年，著作郎王劭编撰了四卷《开皇二十年书目》，成为开皇年间第四部反映国家藏书情况的官修目录。根据《隋书·经籍志》的著录，可知这一次的编目工作由著作郎王劭主持，之所以王劭以职掌史职的著作郎主持秘书省内的图书整理活动，其原因主要在于开皇末，秘书丞许善心的活动范围已经不再局限于秘书省内，多参与政务的处理，并于仁寿元年摄黄门侍郎，相对来说，王劭一直任职秘书省，且是除去许善心之外，秘书省官阶最高者，因此这次图书整理活动由王劭主持，参与者多为秘书省官员。王劭依据这次图书整理活动，“采擿经史谬误，为《读书记》三十卷，时人服其精博”①。

仁寿四年，隋炀帝登基后，立即谋划迁都洛阳，并命令秘书监柳顾言整理西京图书，对原有藏书进行挑拣。《资治通鉴》曰：“初，西京嘉则殿有书三十七万卷，帝命秘书监柳顾言等诠次，除其复重猥杂，得正御本三万七千余卷，纳于东都修文殿。”②这次图书挑拣的过程同样是图书校勘的过程，于西京超过三十七万卷图书中，对重复图书、内容猥杂的图书进行删除，得正御本三千一百二十七部，三万七千余卷，《隋书·经籍志四》载：“凡四部经传三千一百二十七部，三万六千七百八卷。”③十存其一，作为提供御览的观文殿藏书，并对其进行四部甲乙丙丁的分类，实行分部庋藏的图书管理制度。

---

① 《隋书·王劭列传》(卷69)。

② 《资治通鉴·隋纪六》(卷182)。

③ 《隋书·经籍志四》(卷35)。

汪受宽先生总结了隋代的图书校勘工作：

> 和隋代存世的年代相比，其搜集和整理古籍的成绩是突出的。但是……隋代校勘古籍的传世作品毕竟不多，究其原因，以下几点值得注意：一、隋朝虽然实现了天下一统，但中后期政治局势不稳定。开皇时文化发展很盛，仁寿间因文帝废学校斥儒生受到打击，炀帝即位后又阿意兴工，对外征战，忌贤妒能，而且以武夫督察学士，使学者无法一以贯之地钻研学术。二、缺乏很好的组织来协调各种学术思想流派，阻碍了学者们更好地取长补短，发挥才能。一些学者积不相能，而使一些校勘工作不了了之。三、秘书省官员待遇太低，从事古籍整理的学者贫困不堪，不得不另谋他职。正如李延寿所指出的那样，"古之学者，禄在其中，今之学者，困于贫贱。明达之人，志识之士，安肯滞于所习，以求贫贱者哉！此所以儒罕通人，学多鄙俗者也"。①

（四）图书管理职责

隋朝通过图书搜括、图书抄写等手段，丰富了官府藏书，其图书单本量与复本量达到了前所未有的高度，并继承前代，建立了完善的官方图书收藏体系，主要体现在以下方面：

1. 制定了图书的正副本政策

开皇中，在经历了近十年的图书搜括，秘书省藏书初具规模，因此隋文帝下令招募国内书法良好者，将秘书省藏书抄写正、副两本，分别收藏于秘书省的内外两阁。隋炀帝即位之后，更是强调了隋朝官藏的正副本政策，将秘书省藏书"又写五十副本，简为三品，分置西京、东都宫、省、官府，其正御书皆装剪华净，宝轴锦

---

① 汪受宽：《隋代的古籍整理》，载《文献》1987年第2期。

褾”,① 从装帧方式上对图书副本上中下三品进行区分，“上品红琉璃轴，中品绀琉璃轴，下品漆轴”②，并且将图书分散收藏于西京长安、东都洛阳的皇宫、秘书省、官府衙司之中。

2. 实行了完善的图书排架制度

隋炀帝时期，营建洛阳紫微宫，其中设立观文殿以藏御览图书，“东都观文殿东西厢构屋以贮之，东屋藏甲乙，西屋藏景丁。又聚魏已来古迹名画，于殿后起二台，东曰妙楷台，藏古迹；西曰宝台，藏古画”③。隋炀帝所建立的观文殿藏书处所，按照藏品的内容、形式进行典藏，对书法、绘画、图书进行区别放置，并按照经史子集的四部分类方法，对图书进行分类典藏。同时，观文殿图书实施了完善的保护政策，以雕刻华美的宝橱为图书的收藏器具，并与殿内机关相联系，按照季节的不同，宝橱内设置不同的材质用以保护藏书，其图书排架与典藏制度逐渐趋于正规。

3. 采取了内外区分的图书收藏方式

隋朝继承了魏晋以来内外藏书处所的方式，设置秘书内外省用以藏书。隋文帝时期，秘书内省位于大兴宫内，管理宫内藏书；秘书省位于皇城之内，掌管整个国家的经籍之事，而这既具有业务上的联系，又相对独立。但是从藏书上来分析，隋文帝时期秘书内外阁的藏书基本相同，只是正本与副本的区分。隋炀帝大业年间，秘书省图书抄写五十副本，分别放置于东西两都的宫、省、官府内，且内外藏书内容有所区别，因此才有了隋炀帝忌讳他人随意出借禁内图书之说：“虞绰，字士裕，会稽余姚人也……大业初，转为秘书学士……迁著作佐郎，与虞世南、庾自直、蔡允恭等四人常居禁中，以文翰待诏，恩盼隆洽……寻有告绰以禁内兵书借玄感，帝甚衔之”。另外大业年间隋炀帝大力禁谶纬之书，手段极为严厉，

---

① 《资治通鉴・隋纪六》(卷182)。
② 《隋书・经籍志一》(卷32)。
③ 《隋书・经籍志一》(卷32)。

“发使四出，搜天下书籍与谶纬相涉者，皆焚之，为吏所纠者至死。自是无复其学，秘府之内，亦多散亡”。但是开皇年间著作郎王劭所撰的谶纬图书《皇隋灵感志》十卷却被《旧唐书·经籍志》著录，说明唐开元年间尚有流传，大业年间礼部侍郎许善心曾受命编撰谶纬之书，“帝尝言及高祖受命之符，因问鬼神之事，敕善心与崔祖濬撰《灵异记》十卷”①。可见隋朝的谶纬之书，虽然在秘省内不见踪影，但却收藏于宫内藏书处。兵书在古代寓意敏感，因此秘书省、诸官府内不能随意收藏，但禁中图籍因作御览之用，即可收藏兵书，虞绰利用职务之便，徇私情将禁中兵书借与杨玄感，终于招致隋炀帝忌讳，惹来杀身之祸。这两个事例说明了隋炀帝时期，观文殿所收藏的图书乃是经过秘书监柳顾言精心挑选的正御本，与秘书省、诸官司所收藏的图书副本在图书内容上存在差别，实行了内外有别的收藏方式。

4. 完善的编目工作

有隋一代，虽然短暂，但是却产生了多部国家藏书目录，如先秘书监牛弘编撰的《开皇四年四部目录》四卷、《开皇八(九)年四部书目录》四卷、著作郎王劭编撰的《开皇二十年书目》四卷、《香橱四部目录》四卷、秘书监柳顾言编撰的《大业正御书目录》九卷，这些书目按照时间的先后分别记载了隋代秘书省管辖下的国家藏书变化情况，更加有利于国家藏书的管理。

(五)图书的利用

隋代官方藏书丰富，因此对于藏书的利用方式也多种多样，除了提供皇帝御览之外，秘书省藏书的作用主要表现在以下几个方面：

1. 官修书

隋代官修书事业发达，后世书目中著录有隋代著作 140 余种，

---

① 《隋书·许善心列传》(卷 58)。

其中百卷以上的图书均由官府组织修撰，且数量上超过了隋著录图书的三分之一以上，“这与皇帝重视有关。隋文帝早期重视文化教育，注意网罗各种人才。隋炀帝本人有较高的文化修养……其可考著作有《炀帝集》五十五卷、《四海类聚单方》十六卷、《二仪簿经》一卷……隋炀帝重视各类人才……众多贤才协助隋炀帝为图书编撰做出了重要贡献”①。隋代的官修书内容全面，涵盖经史子集四部图书，其中地理类、类书类图书较为瞩目。

大业年间，隋炀帝普诏天下诸郡编撰志书，且令崔赜与众人编撰《区宇图志》，《隋书·崔赜列传》载：“五年，（崔赜）受诏与诸儒撰《区宇图志》二百五十卷，奏之。帝不善之，更令虞世基、许善心衍为六百卷。”②《区宇图志》首次编撰参与者有三十余人，其中内史舍人窦威，龙川赞治侯伟，起居舍人崔祖濬、姚思廉等人，但是这次修撰被隋炀帝评为“属辞比事，全失修撰之意，于著述之体，又无次序”，下令虞世南、许善心重新修撰，隋炀帝并令秘书学士虞绰、凌敬、袁朗、杜宝等十八人配合编撰，“于是世基先令学士各序一郡风俗，拟奏请体式……及《图志》第一副本新成，八百卷。奏之，帝以部秩太少，更遣仔细重修，成一千二百卷，卷头有图”③。可见于修撰一途上，隋炀帝对秘书学士的修撰风格多有赞赏，因此大业年间的众多修撰任务多由学士承担。

自隋炀帝在藩邸之时，即广招才学之士百余人充实王府，从事图书的编撰，为帝以后，括容秘书省，以王府学士充秘书学士，继续进行图书的编撰，“前后近二十载，修撰未尝暂停；自经术、文章、兵、农、地理、医、卜、释、道乃至蒱博、鹰狗，皆为新书，无不精洽，共成三十一部，万七千余卷”④。之所以完成如此规模巨大的官修图书事业，一方面由于隋炀帝的重视与众学者的参与，

---

① 曹之著：《中国出版通史·隋唐五代卷》，北京：中国书籍出版社2008年版，第40～41页。

② 《隋书·崔赜列传》（卷77）。

③ （唐）杜宝撰，辛德勇辑校：《大业杂记辑校》，西安：三秦出版社2006年版，第37页。

④ 《资治通鉴·隋纪六》（卷182）。

在隋炀帝的坚持下，秘书学士“其所撰之书，属辞此事，修贯有序，文略理畅，互相明发乃抄写真正，文字之间无点窜之误，装翦华净，可谓冠绝今古，旷世之名宝，自汉已来讫乎梁，文人才子诸所撰著无能及者。其新书之名，多是帝自制，每进一书，必加赏赐”①。另一方面，隋朝的官方图书编撰依仗隋文帝、隋炀帝数十年坚持的图书搜寻、聚集、抄写工作所形成的丰富的官方收藏，为官方修书提供丰富的资料参考，大业二年六月，秘书监柳顾言与秘书学士、著作佐郎王曹等撰修《长洲玉镜》成，四百卷，呈上，与隋炀帝讨论与梁元帝《华林遍略》七百卷的区别，柳顾言曰：“今文籍又富梁朝，是以取事多于《遍略》。”②可见《长洲玉镜》的优势之一就在于丰富的文籍来源，这与杨氏锐意进行国家图书建设的作为分不开，因此可以说隋代丰富的官修书事业不能缺少丰富的图书支持，而隋代的官修书又充实了秘书省的收藏，二者相辅相成，共同促进。

2．朝廷典章

《左传》云：“礼，经国家，定社稷，序民人，利后嗣者也。”礼制作为古代政治文化制度的重要环节，成为朝代更替后所必须展开的一项工作。作为结束南北分裂局面的朝代，隋代礼制典章的制定尤为复杂，余英时先生曾论及南北朝的礼乐制度：

> 在魏晋这一大变乱的时代中，尤其是晋室南渡以后，士大夫阶层在政治、社会以及家族秩序各方面遭遇到许多特殊而复杂的问题。维持秩序离不开礼制，而问题的特殊性和复杂性又远非汉代以来的传统礼学所能应付得了的。在礼文不完备和条例的解释不统一的双重困难之下，礼学专家只斟酌个别的情况

---

① （唐）杜宝撰，辛德勇辑校：《大业杂记辑校》，西安：三秦出版社2006年版，第46页。

② （唐）杜宝撰，辛德勇辑校：《大业杂记辑校》，西安：三秦出版社2006年版，第23页。

> 随时制订新礼，或赋予旧礼乐以新的意义。因此，“变通”成为这个时代礼学方法论上的一个最重要的原则。①

面对数百年分裂局面所造成的纷繁复杂的礼制典章，隋朝君臣在制定具体的朝廷典制之时，采取了“尊古原则”，并实行了兼采众源、融合差异的具体方法，因此就形成了这样的现象，在制定礼乐时，朝臣大量引用文献记载，以期从汉魏制度中寻找合适的制度以效仿。

以明堂制度确立为例，《隋书·牛弘列传》记载了牛弘议论明堂制度的奏议，其中引用文献著作有《孝经》、《祭义》、《周官·考工记》、汉司徒马宫议、郑注《玉藻》、《王制》、《燕礼》、《燕义》、《别录》、《古文明堂礼》、《王居明堂礼》、《明堂图》、《明堂大图》、《明堂阴阳》、《太山通义》、《魏文侯孝经传》、《明堂月令》、《尚书帝命验》、《孝经援神契》、《大戴礼记·盛德篇》、《五经异义》、《礼记·明堂位》、《礼图》、《春秋》、《五行志》、《周书·作洛篇》、《郊祀志》、《五经通义》、《明堂铭》、《太山盛德记》、《觐礼经》等三十一篇，可见隋代典制的讨论、制定不可能缺少丰富的文献支撑。大业初，隋炀帝令太府少卿何稠制定朝廷服章制度，明确指示“讨阅图籍”：

> 何稠，字桂林，国子祭酒妥之兄子也……大业初，炀帝将幸扬州，谓稠曰：“今天下大定，朕承洪业，服章文物，阙略犹多。卿可讨阅图籍，营造舆服羽仪，送至江都也。”②

3. 个人修撰

隋代的私人修撰，整体上而言，成绩并不显著，但是一部分隋

① 余英时著：《士与中国文化》，上海：上海人民出版社 1987 年版，第 432 页。

② 《隋书·何稠列传》(卷 68)。

朝官员利用身份的便利，凭借丰富的国家藏书，撰写了令人称赞的著作，如：

> 魏澹，字彦深，钜鹿下曲阳人也……除太子舍人。废太子勇深礼遇之，屡加优锡，令注《庾信集》，复撰《笑苑》、《词林集》，世称其博物。数年，迁著作郎，仍为太子学士。高祖……诏澹别成《魏史》。①
>
> 陆爽，字开明，魏郡临漳人也……迁太子洗马。与左庶子宇文恺等撰《东宫典记》七十卷。②
>
> 爽同郡侯白，字君素，好学有捷才，性滑稽，尤辩俊……高祖闻其名，召与语，甚悦之，令于秘书修国史……著《旌异记》十五卷，行于世。③
>
> 杜台卿，字少山，博陵曲阳人也……开皇初，被征入朝。台卿尝采《月令》，触类而广之，为书名《玉烛宝典》十二卷。至是奏之，赐绢二百匹。台卿患聋，不堪吏职，请修国史。上许之，拜著作郎。④
>
> 辛德源，字孝基，陇西狄道人也……秘书监牛弘以德源才学显著，奏与著作郎王劭同修国史。德源每于务隙撰《集注春秋三传》三十卷，注扬子《法言》二十三卷。⑤
>
> 许善心，字务本，高阳北新城人也……十七年，除秘书丞。于时秘藏图籍尚多淆乱，善心放阮孝绪《七录》，更制《七林》……(隋炀)帝尝言及高祖受命之符，因问鬼神之事，敕善心与崔祖濬撰《灵异记》十卷。⑥
>
> 博陵李文博……后直秘书内省，典校坟籍，守道居贫，晏

---

① 《隋书·魏澹列传》(卷58)。
② 《隋书·陆爽列传》(卷58)。
③ 《隋书·侯白列传》(卷58)。
④ 《隋书·杜台卿列传》(卷58)。
⑤ 《隋书·辛德源列传》(卷58)。
⑥ 《隋书·许善心列传》(卷58)。

如也……稍迁校书郎……著《治道集》十卷，大行于世。①

王劭，字君懋，太原晋阳人也……劭在著作将二十年，专典国史，撰《隋书》八十卷……初撰《齐志》为编年体，二十卷，复为《齐书》纪传一百卷，及《平贼记》三卷……采擿经史谬误，为《读书记》三十卷，时人服其精博。②

吴郡褚辉，字高明，以《三礼》学称于江南。炀帝时，征天下儒术之士，悉集内史省，相次讲论，辉博辩，无能屈者，由是擢为太学博士。撰《礼疏》一百卷。③

余杭顾彪，字仲文，明《尚书》、《春秋》。炀帝时为秘书学士，撰《古文尚书疏》二十卷。④

(崔)赜……所著词赋碑志十余万言，撰《洽闻志》七卷，《八代四科志》三十卷……⑤

虞世南《北堂书钞》："世南仕隋为秘书郎时，钞经史百家之事以备用。分八十部，八百一类。北堂者，省中虞世南钞书之所也"⑥。

(六)出版管理职能

隋代秘书省是历史上职责管理最为全面的机构，它不仅是官方的图书收藏机构，还是官方的修书机构，也是官方的出版机构，承担着国家出版管理的工作。

1. 对违禁图书进行管理

隋朝为了巩固杨氏统治，掌握历史话语权，严禁私人撰修国史与收藏谶纬著作。开皇十三年(593 年)二月丁酉，隋文帝下诏：

---

① 《隋书·李文博列传》(卷 58)。
② 《隋书·王劭列传》(卷 69)。
③ 《隋书·褚辉列传》(卷 75)。
④ 《隋书·顾彪列传》(卷 75)。
⑤ 《隋书·崔赜列传》(卷 77)。
⑥ (宋)晁公武：《郡斋读书志》(卷 14)。

“私家不得隐藏纬候、图谶。”①谶纬之学，兴起于两汉之际，往往被改朝换代者所利用，成为一种较为矛盾的学说，统治者建立新的朝代之时，往往会假托天意，利用谶纬之说进行思想上的宣传，而等政权稳固之后，却对社会上流传的谶纬图书进行禁绝，防止他人利用此类学说进行相似宣传，隋炀帝同样如此，杨广即位以后，禁纬的措施更加严厉，“发使四出，搜天下书籍与谶纬相涉者，皆焚之，为吏所纠者至死。自是无复其学，秘府之内，亦多散亡”②。

开皇十三年五月癸亥，“诏人间有撰集国史、臧否人物者，皆令禁绝”③。著作佐郎王劭因母忧去职，在家撰修《齐书》，“为内史侍郎李元操所奏。上怒，遣使收其书”④，实际上隋朝秘书省著作郎官，职掌国史著述，但王劭却因丁忧在家私下撰修，而遭人弹劾，而隋文帝的反应则是非常愤怒，立刻派人前去没收图书，恐其流传，可见隋文帝对于臣子私自撰修历史著作，颇为忌讳。

2. 规范图书编撰行为

隋代开皇年间进行了大规模的图书搜括活动，制定了相应的图书奖励价格，规定臣民献书，“每书一卷，赏绢一匹”，并严厉打击伪书编撰，学者刘炫因造伪书而被免官判刑，以致后来生活窘迫，饥寒而死，“时牛弘奏请购求天下遗逸之书，炫遂伪造书百余卷，题为《连山易》、《鲁史记》等，录上送官，取赏而去。后有人讼之，经赦免死，坐除名，归于家，以教授为务”⑤。可见隋朝关于伪书出版，刑法严厉，以至于免官判死刑，而确定刘炫所献图书是伪作的机构，应该是具有图书校勘职责的秘书省。

---

① 《资治通鉴·隋纪二》(卷178)。
② 《隋书·经籍志一》(卷32)。
③ 《隋书·高祖纪下》(卷2)。
④ 《隋书·王劭列传》(卷69)。
⑤ 《隋书·刘炫列传》(卷75)。

第六章

唐代秘书省及其藏书研究

唐承隋制，在秘书省的建制和管理上，唐初的诸多方面都与隋炀帝大业中对秘书省的改革措施有着继承关系，一方面由于唐高祖李渊的登基是借口由隋恭帝杨侑逊位而来的，所以对于隋朝的朝廷百官、典章制度、礼仪规范等一系列格局在短期内不会实行大规模的调整；另外一方面隋末军阀割据混战，李渊为了统一全国，采取了比较保守的战略，对于朝廷内部的典制采取了取之用之的方法，把重点放在了国内统一战争中。唐初建立时所处的内外环境导致了唐初朝廷机构的构建不能采用雷厉风行的改革之法，只能采用细风微雨的逐步调整之法。因此在武德年间、贞观年间、龙朔年间，唐代统治者对朝廷建制采取了数次微调，使得整个朝局的运作更加契合当时的统治。

一　唐代官府藏书的背景

在史学研究中，通常将隋唐两朝并提，其原因在于唐代对于隋朝存在众多沿袭，或者说在统治制度上的全盘继承，思想上的批判性的扬弃，这样的继承涉及政治体制、经济发展、人才制度、文化融合等诸多方面，对于这样的继承，《剑桥中国隋唐史》一书内言之凿凿：

> 人们通常认为太宗之治(626—649 年)是唐代“理想制度”的形成时期，是一个以良好和井井有条的施政著称的统治期。八世纪后期和九世纪的作者在怀旧时当然把它说成是黄金时代。但事实上太宗在执政时并没有制定新制度，政府的政策也没有大变化。政府的基本结构、行政的细节以及政府干预的限度这一十分重要的问题早在隋代已被建立和解决，只是在高祖时稍加修改之后又被采用……①

基于这样的思路，在探讨唐初统治政策时，有必要将隋大业年间的众多方面进行联系，并寻找二者先后的传承性，进而说明历史发展的必然性，唐朝文化的勃兴和图书事业的发展并不是一件单一的历史事件，而是经过了南北朝的分裂、隋朝的统一、隋炀帝的改革等历史发展时期，在唐朝统治者的大力倡导下而形成的一种现象。

(一)经济背景

经过了隋末各地起义军的混战，唐初的社会经济遭到了严重的破坏，相对于隋朝大业初年的经济状况，唐初的经济形势异常严峻，往日繁盛的中原之地，成为千里荒废的无人区：

> 自伊洛之东，暨乎海岱，萑莽巨泽，茫茫千里，人烟断绝，鸡犬不闻，道路萧条，进退艰阻。②

唐朝统治者进行了一系列鼓励生产的休养生息政策，通过种种

---

① [英]崔瑞德编，中国社会科学历史研究所西方汉学研究课题组译：《剑桥中国隋唐史》，北京：中国社会科学出版社 1990 年版，第 13 页。

② (唐)吴兢：《贞观政要·论纳谏》(卷 2)。

的政治努力，力图恢复社会生产，维护社会稳定，进而增加国家财政收入，使得国家有足够的经费去实行“修文偃武”的统治思想，进而为国家的文化事业建设提供经济基础。当然这样的安民生息政策起到了重要的作用，杜佑《通典》载：“自贞观以后，太宗励精为理，至八年、九年，频至丰稔，米斗四五钱。马牛布野，外户动则数月不闭。十五年，米每斗值两钱。”①唐高祖、唐太宗两任帝王鼓励生产恢复经济的政治举措产生效果，唐这一新生王朝逐渐开启国家经济发展动力，国家统治进入正轨。至唐高宗时，唐朝经济仍然处于复苏阶段，虽然经过了唐初三十多年的休养生息，但是唐朝的人口仍少于隋初：

> 永徽三年七月二十二日……(唐高宗)因问：“隋有几户？今见在几户？”(户部尚书高履行)又奏：“隋开皇中有八百七十万，即今现户三百八十五万。”上曰：“自隋末乱离，户口减耗，近来虽复苏息，犹大少于隋初。”②

而后又经历了百余年的修养安民政策，唐朝的人口在盛唐开元天宝年间才达到隋大业年间的水平，并有了一定的提高，“天宝元年，计户八百五十三万五千七百六十三……天宝十三载，计户九百六万九千一百五十四”③。

(二)统治理念

一个强大的帝国，除却完备的经济、军事、政治体制之外，尚需要一个统一的执政理念，这样才能够保持国运昌久，因此如何确立合理的统治思想，则成为李唐王朝需要考虑的问题。在经历了数年的探索之后，至唐太宗贞观年间，具有唐代特色的统治思想已经形成，主要表现为，以经学统一、官方教育、科举取士等为政方式

---

① (唐)杜佑：《通典·食货七》(卷7)。
② 《唐会要·户口数》(卷84)。
③ 《唐会要·户口数》(卷84)。

为思想的承载体，利用国家权力来促使统治思想成为社会共识，从而在思想上巩固政权的稳定。

在国家的信仰领域，唐代推行以政治儒学为核心，辅之以道教、佛教的官方思想意识。唐代处于中国中古与近世的转折点，其儒学同样出现总结和创新的两重特征，上承南北朝的儒学合流，下启宋代儒学的学术走向，呈现一种时代特色，进而影响到唐代整个意识形态的形成，而促使国家统一的意识形态形成的手段则在于教育和科举两途。

科举制度与教育在唐代的兴盛，在一定程度上也促进了唐代社会图书事业的发展，为唐代的官方藏书提供了思想认可。科举制度的一个重要功能，即扩大了士这样一个阶层的人数，并使得社会阶层呈现一种流动性，庶民可以通过研读图籍、提升自身修养，从而通过国家科举的选官制度，进入士的阶层；而教育制度则是保障科举制度持续进行的人才保障机制，自上而下完备的教育制度为科举提供了人才的来源，使得科举制度有着源源不断地应试者，并且教育制度教授科举所规定的知识，两者相结合更加促进士这一阶层的意识的同一性，而士同样是古代社会思想的重心所在，维系着统治阶层与被统治者之间的沟通和交流，集朝堂参议和朝野议政于一身，因此士以及可能成为士的广大唐朝学子成为了社会需求和社会风尚的主要引导者，那么这种引导作用发挥在图书事业上，效果亦是巨大的。曹之先生认为：

> 到了唐代，科举制度日趋完善，规模越来越大……考生主要有生徒、乡贡两个来源：所谓“生徒”即各级学校的学生；所谓“乡贡”即自学考试者。二者相比，生徒是考生的主要来源。为了适应科举制度的需要，各级学校都制定了对应的课程。这样科举制度就把读书、考试、做官三件事情紧密地联系在一起。读书可以做官，做官必须读书。上学读书成为封建知识分子跻身官场、取得高官厚禄的必由之路。①

① 曹之著：《中国印刷术的起源》，武汉：武汉大学出版社 1994 年版，第 57 页。

在这样的读书入仕的思想指导下，唐朝完备的科举制度和教育制度保障了这种思想成为社会意识的主流，图书在这一思潮内扮演了重要的角色，唐朝民众对于图书的重视达到了一种前所未有的高度，这样的形势促使广大士子阅读大量的书籍，占有更多的图书，以求知识的渊博，通过学识上的精益求精来获得优先入仕的资格，这样的内在精神动力进而推动了社会上图书的流通和传播，可以说唐朝的图书流通速度远远高于前代。图书在唐朝的广泛传播以及唐人对于读书的实用主义思考，在一定程度上支持了唐朝官方藏书的昌盛，藏书的巨大作用为唐朝社会意识普遍接受，这样的社会基础给予了唐代官方图书搜集、整理等活动以莫大的思想支持。

(三)文士阶层

唐高祖时期继续排斥文学之士，而更多地关注政事和勇武之士，而此时的文士的情形如隋开皇年间一样，进入诸王的藩邸充当文学侍从，以精神风尚来影响下一任统治者的选择，及李世民登基后，大阐文教，设立弘文馆学士以备咨询，进一步提拔文士在官僚体系中的位置。

中国典籍文化源远流长，伴随着典籍的扩充，藏书也随之出现，而在其中充当主要角色的当属于“士”的阶级，一方面有藏书的需要，通过图书来学习知识，另外也有能力进行私人藏书，其学识、财力等因素都足以支撑藏书的进行。此外，士的风尚一方面可以影响统治阶层的决策，另外一个方面可以影响社会的风尚，科举制度的勃兴使得文士阶层进一步壮大，并为社会树立了通过读书而晋升仕途的理念，更多的读书人倾向于收藏图书和研习经典，试图通过苦读借由科举一途而入仕，提高自己的社会地位，这样的话，科举的选官制度与文士阶层形成了一种相互的作用关系，而这种关系更加促使了社会上重视学问的风尚，进而提高了整个社会的图书收藏和阅读的意识。以对待图书的态度来判定人的品德学识，这样的观念在唐代已经形成了惯例，如唐高宗时期故秘书少监刘应道，为官三蜀，所得官俸，皆用来写书，此举获得后人众人一致赞叹：

> 所受官俸，悉缮写经书。三蜀多珍产，竟不以豪縻润屋，罢官东归，得书六七千。①

通过士的示范作用，隋唐一代，社会上私人藏书风气渐浓，为官方的数次图书搜集活动奠定了来源基础。

二 秘书省官制

隋唐官制，“多依前代之法”②，王寿南先生认为：“隋唐政治制度是混合的南北朝的制度，主要来源有三：一是北魏、北齐，二是梁陈，三是西魏、北周。”唐朝建立之初，继承了隋朝官制的形式，“高祖发迹太原，官名称位，皆依隋旧。及登极之初，未遑改作，随时署置，务从简便”③。唐自武德年间至天宝年间，唐朝的政治体制一直处于一种调整的状态，以便适应王朝统治的需要，同样作为唐朝图籍管理机构的秘书省亦在调整变化的范围之中。

(一)秘书监

秘书监，设一人，品秩为从三品上，属清望官。唐朝从三品的官员班位，秘书监位列第一，开元天宝之后，秘书监的地位逐渐下降，如御史大夫“旧班在秘书监九卿下，《开元令》移在上”，“太常卿、宗正卿，天宝初升入正三品也；太子詹事、左右散骑常侍，旧班从三品，广德年升”④。

唐朝可以获知出身的秘书监任职者有 71 人，按照唐朝前期(唐高祖至玄宗，武德元年至天宝十四载，619—755 年，共 136 年)、中期(肃宗至敬宗，天宝十五载至宝历三年，756—826 年，

① 周绍良、赵超主编：《唐代墓志汇编续集》，上海：上海古籍出版社 2001 年版，第 250 页。

② 《隋书·百官志下》(卷 28)。

③ 《旧唐书·职官志一》(卷 42)。

④ 《旧唐书·职官志一》(卷 42)。

共70年)、后期(文宗至哀帝，大和元年至天祐七年，827—907年，共80年)进行分类统计，得秘书监出身表如表6-1所示：

表6-1 **唐秘书监出身统计表**

出身＼时期		前期	中期	晚期	总计
进士	人数	13	11	19	43
	比例	39.09%	73.33%	82.61%	60.56%
明经	人数	1	0	1	2
	比例	3.33%	0	4.35%	2.82%
门荫	人数	11	4	3	18
	比例	33.33%	26.67%	13.04%	25.35%
杂项①	人数	8	0	0	8
	比例	24.24%	0	0	11.27%

首先，唐代秘书监任职人员的出身多为进士科，占可统计人数的一半以上，尤其是唐肃宗以后的中晚唐时期，进士出身的秘书监任职者占据着绝对优势，这与整个唐朝社会的仕进途经有关。其一，进士出身的人员占到唐朝官吏的比例在中晚唐时期直线上升，呈现绝对优势，据吴宗国先生在其《唐代科举制度研究》一书内统计，唐玄宗开元年间(713—734年)，共任命宰相27人，其中科举进士出身的宰相共18人，占宰相总数的三分之二。而唐宪宗至唐懿宗七朝(806—874年)，共有宰相123人，其中进士出身者104人，占总数的85%；同时期，在六部尚书正三品的高官中，进士出身者也占据了多数。② 其二，唐中后期的官员迁转多不注意其所任官职性质，秘书监与六部官员、大理卿、御史大夫等宪官相互迁

① 包括隋官、征辟、荐举、方士等出身。

② 吴宗国著：《唐代科举制度研究》，沈阳：辽宁大学出版社1992年版，第174～182页。

转，成为普通的高层清望官的职位，而忽视其学术性质，因此其进士出身的人当然亦同其他部门官员一样占到绝大多数。

其次，虽然纵观整个唐代，门荫出身的人员得授秘书监的数量逐渐减少，但仍然占据了四分之一的名额。唐代前期，由于其建国的基础为陇右贵族体系，当时的门阀政治体系仍然占据着主要位置，而科举取士的制度尚未完全发展，虽然出现了“贵族政治的式微和君主独裁”的政治苗头，但是维护世族大家的利益亦是唐初的重要政治取向之一，门荫出身在唐初秘书监的任命者中占很大的比例。

再者，唐初的杂项出身就任秘书监的人，除去郑普思的方士身份之外，其他多为隋朝旧官。

(二)秘书少监

秘书少监，设两人，从四品上，为秘书监之副职，列于从四品上官职序列内的第一位，属清望官。两《唐书》所能考得少监任职者的出身来历者有49人，分别以唐前期、中期、后期来进行统计，可以得到以下的分析数据，如列表6-2所示：

表6-2 **唐秘书少监出身表**

出身＼时期		前期	中期	晚期	总计
科举	人数	15	13	5	33
	比例	71.43%	61.9%	71.43%	67.35%
门荫	人数	4	4	1	9
	比例	19.05%	19.05%	14.29%	18.37%
杂项	人数	2	3+1(流外)	1	7
	比例	9.52%	19.05%	14.29%	14.28%

唐朝科举出身得任秘书少监者占到五分之三以上，而其他出身不到五分之一，说明唐代科举出身者多以学识得以中举，之后在仕

途上亦具有鲜明的学术特色，其任职多占据着学术官员的大部分。这一点自唐初以来没有太多改变，科举出身的官员在得授学术官员时，相较于其他出身更加容易，这与唐朝科举的形式有关，与其“行卷”的制度有关，往往以科举入仕的士子在其登第之前，已有多人扬名于社会者，因此在其中第之后，更容易以文学知名，得任学术性质较浓的秘书省、国子监等机构的官职。与秘书监的任职出身变化较大不同，唐朝秘书少监任官者的出身相对稳定，五分天下，科举者占三分以上，而其余两分分别由门荫者、杂项(征官、荐举等)充任。

(三)秘书郎

秘书郎，从六品上，唐初定员四人，开元末减为三人，为六品清官，秘书郎作为从六品的官职，属于吏部铨选的范围，唐朝众多选人只要具有相应的出身，比如进士、明经、制科、门荫等，任官满一定的年限和资历，并且其任官属于清官序列，均可迁入秘书郎。权德舆《秘书郎厅壁记》载：“今年春，荥阳郑君具瞻，自泾阳尉承诏授任，郑君质重而有敏行，坦夷而含明识，且今中书相君之令弟也。方以结绶满岁，调于选部，言吏资者，积三迁而后至。今超居之，有以见择贤审官，与怡怡绰绰之道，为尽美矣。”①秘书郎的任命经由吏部的铨选导致其任职条件的不易总结，但是秘书郎成为由普通文官转入重要文官②的途径之一，根据孙国栋先生研究则确定无疑：

---

① (清)董诰等编：《全唐文》卷494，上海：上海古籍出版社1990年版，第2232页。

② 孙国栋先生将唐代中央官按照地位、职权、性质分为三级：第一级清望官，第二级清官，第三级普通官，除去前面两种官员之外的其他中央官员。在孙先生《唐代中央重要文官迁转途径研究》一书内，按照官员的分级和官员的任命方式，设定了重要文官的认定的标准：凡清望官及由宰相(中书门下)任命的台省清官都应列为重要官员，其他俱视为非重要官、普通官，按照孙先生的分类方式，秘书郎、著作郎、佐郎均属于非重要官，即普通文官。

> 秘书省管图籍……属官多清而不要的，但是唐代迁官，颇重视“清浊分途”。清官迁转多如清官。中书、门下、尚书三省和御史台的主要干部都是清官，所以国子监、秘书省的清官迁入台省要官的应该不少，但是有关秘书省和国子监属官的资料不多，不能有确实证据，唯秘书郎在两《唐书》列传中见十六人，其中载明迁官情形十三人，而迁入台省要官的六人，占百分之四十五。虽然资料仍嫌不足，但与清浊分途的原则吻合，所以认为秘书郎为迁入重要职官的途径之一大致不误。①

唐初，唐高祖一句“清而不要”限定了秘书郎的地位，《唐会要》载：

> 武德四年，李素立为监察御史，丁忧。高祖令所司夺情，授一七品清要官。所司拟雍州司录参军，上曰：“此官要而不清。”又拟秘书郎，上曰：“此官清而不要。”遂授侍御史。②

中唐时期权德舆在《秘书郎厅壁记》中曾谈及唐朝秘书郎任官的条件，曰：“国初思汉廷延阁之制，薄江左贵游之选，始以岑江陵、虞永兴、褚河南迭为之，厥后彬彬多文学之士。然则先王之法制，官师之训典，九流百氏，如贯珠然。学与仕皆优，而旋相为用者，其在兹乎！”③可见就任秘书郎需“学与仕皆优”，检索唐朝曾任秘书郎的人员，可以发现唐朝秘书郎的任职条件倾向于“文学和政务向统一”原则。

---

① 孙国栋著：《唐代中央重要文官迁转途径研究》，上海：上海古籍出版社2009年版，第9页。

② 《唐会要·御史台上》（卷60）。

③ （清）董诰等编：《全唐文》卷494，上海：上海古籍出版社1990年版，第2232页。

(四)校书郎 正字

《唐六典》卷十："校书郎、正字掌雠校典籍，刊正文字，皆辨其纰缪，以正四库之四库焉"，① 秘书省校书郎正九品上，正字正九品下，虽然官阶相差，但"(正字)官资轻重与校书郎同"②，在唐人的论述中，亦常常将校书郎、正字并称为校正。

唐人多看重校正官员的任职。杜佑《通典》载："大唐置八人，掌雠校典籍，为文士起家之良选。其弘文、崇文馆，著作、司经局，并有校书之官，皆为美职，而秘书省为最。"③唐人释褐就任校正官员为荣，《兵部尚书代国公赠少保郭公行状》一文内即言"时辈皆以校书、正字为荣"④，权德舆在《送许校书赴江西使府序》亦说明了唐朝士人对于进士出身、授官校正的追逐："绅冕之士角逐于名声者，必以射策东堂，校交石渠为称首。"⑤而天宝中封演的《封氏闻见记》更是将进士、制策出身，后起家校书郎、正字，迁畿尉、赤尉，入监察御史、殿中侍御史等一系列的迁官佳境列出，言："仕宦自进士而历清贯，有八儁者……言此八者尤加儁捷，直登宰相，不要历绾余官也。朋僚迁拜，或以此更相讥弄。"⑥中晚唐时期诗人符载在《送袁校书归秘书省序》："国朝以进士擢第为入官者千仞之梯，以兰台校书为黄绶者九品之英。其有折桂枝，坐芸阁，非声名衰落，体名轗轲，不十数岁，公卿之府，缓步而登之。"⑦这

---

① (唐)李林甫等撰，陈仲夫点校：《唐六典》，北京：中华书局 1992 年版，第 300 页。

② (唐)杜佑：《通典·职官八》(卷 26)。

③ (唐)杜佑：《通典·职官八》(卷 26)。

④ (清)董诰等编：《全唐文》卷 233，上海：上海古籍出版社 1990 年版，第 1039 页。

⑤ (唐)权德舆撰，郭广伟点校：《权德舆诗文集》卷 39，上海：上海古籍出版社 2008 年版。

⑥ (唐)封演撰：《封氏闻见记校注》，北京：中华书局 2005 年版，第 18 ~ 19 页。

⑦ (清)董诰等编：《全唐文》卷 690，上海：上海古籍出版社 1990 年版，第 3132 页。

样的仕途生涯与天宝年间封演所描写的为官八隽之一的起家校书郎、正字相契合，说明秘书省内的校书郎、正字的官职“乃丞郎之椎轮，公卿之滥觞”，孙国栋先生在《从〈梦游录〉看唐代文人迁官的最优途径》中论及校书郎(正字)释褐的益处，相对于其他释褐官职，“唐人如果由普通县尉入仕，常常经历多任，然后得为畿尉。惟由校书郎(正字)入仕的，有成绩多出为畿尉，复入即拾遗或监察御史，如刘丛一、崔偃、卫次公、范传正、柳宗元、白居易、裴佶、李绛、裴度、韦温、韦处厚、孔戢、陆扆等俱是”①，如果在校书郎任内没有多少成绩，亦可通过应诸使的征辟，再借助幕主的声望，得到推荐入朝得任拾遗或者御史。可见校书郎、正字成为唐朝仕途良好的开端，赖瑞和先生以唐朝的张九龄、元稹、李德裕三人的升官经历为例，说明唐人经由校书郎起家，然后拜相约需二十年的时间②，同时以孙国栋先生对于唐人由出任至各重要官职年数的统计(见表6-3)表明③：唐人自初次任官至宰相的时间平均为二十六年，而由秘书省校书郎起家的三位宰相所花费的时间

表6-3　　　**唐人出任重要官员年限表**

分期	初唐前期	初唐后期	中唐期	晚唐期	平均
年数	25.9	31.7	20.9	23.6	25.8

① 孙国栋著：《从〈梦游录〉看唐代文人迁官的最优途径》，载《唐宋史论丛》，上海：上海古籍出版社2010年版，第77页。

② 张九龄(678—740年)三十岁自景龙元年(707年)为秘书省校书郎，开元二十一年十二月(733年)五十六岁时任中书侍郎，同中书门下平章事即宰相，总共二十六年时间；元稹(779—831年)贞元十九年(803年)二十五岁任秘书省校书郎，长庆二年(822年)二月四十四岁时，以工部侍郎同中书门下平章事，约十九年；李德裕(787—850年)元和八年(813年)以荫补校书郎，于大和七年(833年)二月四十七岁时，以兵部尚书守本官同中书门下平章事入相位，时间为二十年。

③ 孙国栋著：《唐代中央重要文官迁转时间与任期的探讨》，载《唐宋史论丛》，上海：上海古籍出版社2010年版，第413页。

少于唐人的平均数，可见校书郎的任职可以缩短唐朝官员的官职迂回。

三 唐代秘书省藏书研究

一个朝代藏书的兴盛受到诸多原因的影响，官方藏书的衰落同样有诸多因素在起作用，唐代纵横三百年历史，唐秘书省藏书几经兴衰，与政治动向、战争爆发有着莫大的关系，藏书之兴盛，在于数年间的坚持，经历了一卷又一卷的搜访、抄写、典校，微小的积累成就藏书的丰富，而图书的散佚则是一种快速的过程，或是管理松散，被人盗取，或是兵燹，辛苦收集的藏书的毁灭则是顷刻间，陈登原先生认为：

> 以此研究之结果，吾深信凡书之聚，必在承平之世；及其乱世，则又举昔日所聚者尽散之。此正如祖宗积蓄于累世，子孙倾覆于一时。①

因此研究唐代秘书省藏书的聚散，可以勾勒出一幅有唐一代官方图书聚散图，明了图书的收聚之不易，散佚之顷刻，从而明了古代图书的循环淘汰，以及这样的聚散对于古代典籍的散佚所扮演的角色，进而说明官方藏书的收集并不意味着对古代图书的保存，而是另外一种形式的禁锢，从而破坏了图书在社会上的自然流通，使得本来就稀少的图书数量更加可怜，增加了单本图书的散佚几率。

(一)唐官方藏书聚散分析

正如《中国文化通志·典籍志》中所指出的那样：“我国典籍的生聚和流散，与政治动向有着十分密切的关系。政治稳定，经

---

① 陈登原著：《古今典籍聚散考》，上海：华东师范大学出版社 2010 年版，第 122 页。

济繁荣，政策开明，文化发达，典籍就生就聚；相反，政治动荡，经济萧条，政策褊狭，文化萎顿，典籍就流散就消亡。”①这众多亡佚因素中，政治因素始终扮演着明确的损坏者角色，无论是政治手段的搜括还是焚书活动，其结果总是最终造成了图书的愈加亡佚。

> 大抵新朝之兴，必承兵燹以后。其时为粉饰升平计，乃广开献书之路，盛置中秘之藏。然一至王朝颠覆，乱者四起，兵戈水火之余，中秘所藏，民间所庋，必又大受损害。必至继此而起之新朝，始为收罗，以为缀点升平之计。如此循环淘汰，而典籍之受灾日甚，其失传也亦愈速。②

之所以会形成这样的收藏破坏的局面，与中国古代图书收藏所涉及的文化价值思想有着莫大的关联，“我国几千年的封建专制统治，加上分散落后的小农经济体制，导致了政治上的专制，因此体现在文化上必然是专制，因此会形成小农经济的思想意识文化形态。这种专制政治和封建的文化价值观必然导致我国文献收藏活动的重藏轻用。图书深藏在宫中，除管理人员和极少数官员能看到外，几乎他人不能问津，即使是私人藏书，基本上也秘不外传。每一朝代的统治者为了维护其作为文化统治的垄断地位，都会努力搜集各种典籍文献，并将其视为秘藏之宝物”③。这样的封闭式的藏书活动其意义仅仅在于保存了图书的单个载体，却从根本上禁锢了图书所承载的文化知识的传播，从而使得载体的消失，导致知识的消失这样的典藏悲剧的出现，其根本原因在于古代藏书的文化价值取向在于藏，而不是藏用结合的合理循环，官方的大力搜括对于图

---

① 李致忠、周少川、张木早著：《中华文化通志·典籍志》，上海：上海人民出版社 1998 年版，第 443 页。

② 陈登原著：《古今典籍聚散考》，上海：华东师范大学出版社 2010 年版，第 122 页。

③ 孙玲玲、刘丽斌：《我国文献收藏活动与文化价值观的关系》，载《兰台世界》2009 年第 18 期。

书的传播并不是起促进作用，而是彰显了一种占有关系，这样的专制思想更加限制了知识的传播，减少了单个图书的流传速度和范围，因此在官方收藏一旦受损的情况下，图书的再次搜括就会面临相当的困难，无法回归其顶峰状态。唐代藏书的聚集经历了几代帝王的努力，其散佚却总是在顷刻之间毁于战火中，因此其图书聚散呈现多次的缓慢升高之后的骤然降落，然后重新集聚，又重新消散于战火中，这样的藏书曲线呈现一种无奈的绝望，唐朝的藏书以隋朝旧藏八万卷为增长基础，至唐昭宗迁都之时，仅剩下一万八千卷的收藏，三百年的数次增长都没有留下任何积淀，最后落了个“平时载籍，世莫得闻”的下场。

纵观整个唐代官方图书聚散的情况，可大致形成一条发展曲线，如图 6-1。

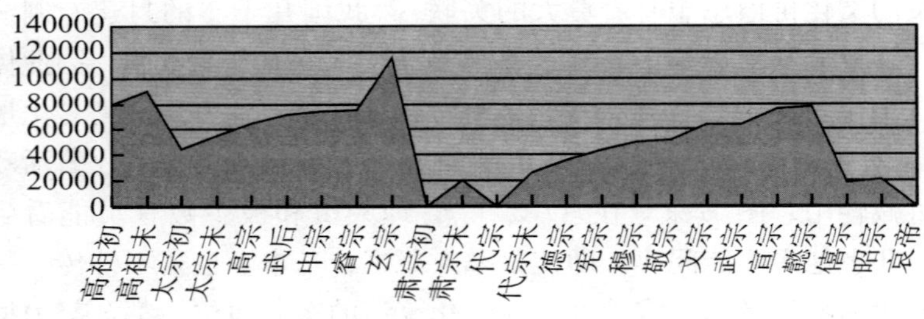

图 6-1 唐代秘书省图书收藏规模图

关于上图需要说明的是：

第一，图书数据计算方法：根据《新唐书·艺文志》载唐武德初年从隋朝继承图书近八万卷，当时唐朝秘书省是唯一的图籍机构，因此全部图书归入秘书省，《唐六典》载：“大唐平王充，收其图书，泝河西上，多有漂没，存者犹八万余卷，自是图籍在秘书。”①在八万卷的基础上，按《旧唐书·令狐德棻列传》载武德年

① (唐)李林甫等撰，陈仲夫点校：《唐六典》，北京：中华书局 1992 年版，第 280 页。

间曾专门增置秘书省楷书手进行图书抄写工作，因此其数量增长明确；之后秘书省内图书抄写人员成为常设职位，按照机构的正常运转，除非发生战争等剧烈影响图籍收藏的事件，秘书省图书在秘书省官吏职责履行下，始终处于一种增加或者保持的状态。初唐时期，国力并不发达，因此在物资供应上并不充分，但胜在社会安定，陈登原先生曾言：“太宗、高宗以后，虽有武氏之祸，然与其谓为军事的变动，毋宁谓为政治的变动，故自贞观元年(627 年)讫于玄宗天宝之十三年(755 年)此一百三十年中，对外虽有讨伐高丽、突厥等之军事行动，然以国中论之，无大兵祸也。此时殆书之黄金时代欤。”因此唐太宗至唐睿宗时期，秘书省图书的增长速度按照每年 500 卷左右递增，按照各皇帝在位时间进行乘积，得到图书的大致增长概念；唐玄宗、唐文宗时期，锐意发展图书，因此图书年增长量远远高于其他朝代，根据《玉海》、《职官分纪》、《唐会要》、《南部新书》、《旧唐书》、《新唐书》等诸多图书的记载，大略计算出两个朝代的图书增长量为每年一千卷以上；中唐、晚唐时期，按照唐宣宗大中年间秘书省申台年度工作量，秘书省每年的典校、抄写量在四百卷左右，再乘以各帝王在位时间，得到该帝王在位时间的增长量。

第二，太宗即位伊始，即建立弘文馆，并于馆内聚书二十余万卷，图书来源当为图书收藏机构秘书省，因此武德九年图书呈现一次剧烈的下降过程；之后高宗、武后、中宗、睿宗四朝在已有的基础上，逐年增加图书收藏数量。

第三，肃宗、代宗朝秘书省呈现两次归零的状态，一次为玄宗末肃宗初的安史之乱，一次为代宗初年的吐蕃入侵。

第四，唐僖宗的图书在中和五年时应该出现过一次图书归零的情况，之后经过图书搜括，至两万卷，后再次损坏，《旧唐书·经籍志》载唐昭宗在位期间，秘书省官员的奏章：“常省元掌四部御书十二库，共七万余卷。广明之乱，一时散失。后来省司购募，尚及二万余卷。及先朝再幸山南，尚存一万八千卷。”因此唐僖宗在位期间呈现一次直线升降的过程(见图 6-2)：

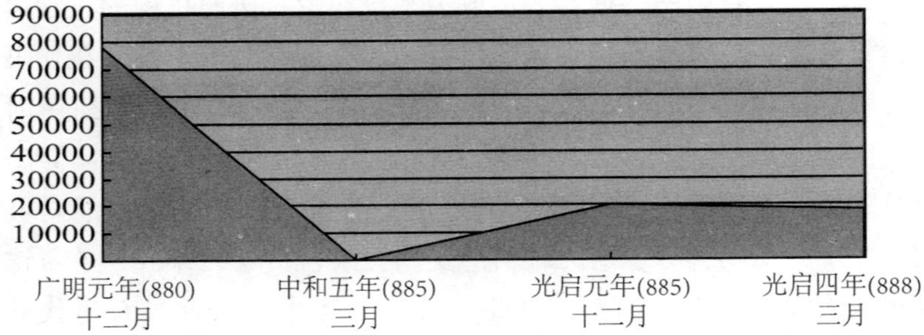

图 6-2　唐僖宗在位期间秘书省图书收藏变化图

第五，需要再次强调的是，列图的目的在于更加直观地反映唐代秘书省图书收藏规模的大致变化曲线，所采用的数据多为估计数据，无实际史料价值。

(二)藏书管理

中国的藏书活动始于先秦时期的夏商周，如《春秋左氏传》言："夫赏，国之典也，藏书盟府，不可费也"，有学者认为周朝已经出现专门的图书收藏设施，"周代的藏书设施，据史书记载主要用'匮'(柜)。《商书·金縢》有'武王有疾，周公作金縢'之说，而'金縢'即'匮'。又《孔子传》云'为清命之书，藏之于匮，缄之以途，不欲人开之'。匮作为藏书工具的出现，是藏书管理设施的一大进步"①。至秦朝时，官方出台专门的图书管理政策，《史记·李斯列传》载："始皇三十四年，李斯曰：'……天下敢有藏诗书百家语者，悉诣守尉杂烧之……'"《秦会要》言："秦律，有敢挟书者，族。"②至汉朝，律令中已经明确规定官方藏书的管理条例，

---

① 郑国：《略谈先秦时期的图书管理和特点》，载《阴山学刊》1999 年第 1 期。

② (清)孙楷撰，徐复订补：《秦会要订补》，北京：中华书局 1959 年版，第 316 页。

《汉律类纂》言："私写秘书者论死，借与者免。"①可知汉古代官方藏书在建立之初就形成了严格出入的管理特点，隋炀帝时期，虞绰因为"私以禁内兵书借杨玄感"，隋炀帝甚为恼怒；杜宝《大业杂记》亦言隋炀帝"平存之日，爱惜书史，虽积如山丘，然一字不许外出"②。那么衔接于隋朝而建立的唐代官方藏书，其图书管理制度应该相当严格，虽无因私自借出官方藏书而获罪的记载，但亦有诏令言秘书省图书禁止任意借阅，并建立专门的检校制度来管理书库的图书，因此唐代的官方图书的管理承接了先秦以来的"秘而不宣"的保藏理念，这样的理念成为唐代图书管理内种种措施的主题思想，本章节将从书库管理、图书管理两个方面对唐代图书管理制度进行细致论述。

1. 书库管理

入库缮写装订：图书经历了诸多途径汇集到秘书省之后，首先由主事对入省图书进行初步的造册、登记，《唐六典》载：秘书省"主事一人，从九品上；皇朝置，掌印，并句检稽失"③。主事的职责之一就在于对图书进行初步的句检，之后根据簿册对图书进行稽查和保管，直至入库。在初步的登记之后，确认了秘书省的新到图书，完成图书由外进省的初次交接，然后开始由秘书省官员进行内容和形式上的处理。例如对图书进行初步的典校，以不同的版本进行对校，勘正文字的舛误，这部分工作由秘书省内专职文字勘校的校书郎、正字来负责，并且由一名秘书少监所领导，如颜师古"贞观七年，拜秘书少监，专典刊正。所有奇书难字，众所共惑

---

① 郭锡龙主编：《图书馆暨有关书刊管理法规汇览》，北京：中国政法大学出版社 1995 年版，第 25 页。

② （唐）杜宝撰，辛德勇辑校：《大业杂记辑校》，西安：三秦出版社 2006 年版，第 57 页。

③ （唐）李林甫等撰，陈仲夫点校：《唐六典》，北京：中华书局 1992 年版，第 298 页。

者，随疑剖析，曲尽其源”①。这一阶段校订工作主要内容在于修订图书流通、传抄过程中，因种种因素而导致的图书文字的差错。另外，文字本身亦会随着时代的变化，而产生形体、字义的差别，如假借、通假等形式，在正字的过程中，就需要参酌古今，采取折中通变的方式对文字进行典校，因此在唐代产生了许多用于指导文字的勘校工作的字样书，如颜师古《颜氏字样》、杜延业《群书新定字样》、颜元孙《干禄字书》、玄宗时期的《开元文字音义》、文宗时期张参《五经文字》和唐元度《新加九经字样》，这些字样图书与时俱进，随时保持修订和改正，以便能够更好地指导图书文字的勘校，这类图书的发展也说明了唐代正字学发展是伴随着图书勘校工作的进行而深入发展的，而字样的出现则是总结了具体工作中多次出现的文字变异的主要例证，以指导后来工作，从一个侧面也说明了秘书省在有唐三百年的各个时期，在对不同时期所搜集而来的图书进行文字勘校时，其有识之士面对在社会流传过程中所产生的文字的异体进行总结，形成图书，用以指导后来的文字校勘工作，文字勘校的具体工作和正字学的发展处于一种相辅相成的关系，二者相互促进螺旋上升。秘书省校正人员除了修正文字正俗之外，尚需改变图书字体，以便于秘书省内楷书手进行图书的抄写。《唐六典》载：

> 字体有五：一曰古文，废而不用；二曰大篆，惟于《石经》载之；三曰小篆，谓印玺、旛旐、碑碣所用；四曰八分，谓《石经》、碑碣所用；五曰隶书，谓典籍、表奏及公私文疏所用。②

当时楷书手在抄写以其他字体所表达的图书内容时期，首先经由校

① 《旧唐书·颜师古列传》卷73。

② （唐）李林甫等撰，陈仲夫点校：《唐六典》，北京：中华书局1992年版，第300页。

书郎、正字的刊正，然后抄写，以便入库。① 在图书形式方面，秘书省对搜集而来的图书同样有相应的处理措施，秘书省内的楷书手采用秘书省内的专供纸张、笔墨，以通行的楷书对校订图书进行抄写之后，交由装潢匠进行装裱，唐代秘阁图书装轴之法有着详细的规则，宋人周密曾言："唐四库装轴之法，极其瑰致。"②工匠装潢，选择不同质地、颜色的轴、缥、带、帙，以便区分此书在书库中排架的位置，之后由掌印主事出具秘书省图书印，加盖唐秘书省印章，秘书省图书入库前的流程完毕，图书正式被秘书省所收藏，然后图书将交由书库管理人员——秘书郎完成入库工作。

图书管理官吏设置：唐制，"秘书郎掌四部之图籍，分库以藏之，以甲、乙、景、丁为之部目"③。省内设秘书郎四人，品秩从六品上；典书八人，为流外官员，每个书库配备二人，协助秘书郎进行书库的管理。唐秘书省内书库管理实行"秘书郎—典书"官吏设置结构，每库一名秘书郎领两名典书管理库内图书，掌图书的抄写、出纳、名目、排架次序等具体的图书管理。"典"，《说文解字》言："典，五帝之书也，从册在几上，尊阁之也。"那么"典书"的职责，顾名思义，即依照一定的规则对图书进行具体的处理，因为典书一职在唐代属于流外官员，低于从六品上的秘书郎，按照古代官吏分途的规则，秘书郎的职责在于统筹管理，而典书的职责属于具体执行层次。

书库出纳管理：唐秘书省图书收藏分为经史子集四库，每一书库配一员秘书郎和两员典书，掌图书的出纳、检校，以记录书库的实际存储情况，新书的不断充实、帝王的图书宣索、官方修书的参考、临时性的图书出库、持续的图书抄写等措施，使得唐秘书省的书库始终处于变化之中，而负责记载这些变化的则是秘书郎以及典

---

① 曹之著：《中国出版通史·隋唐五代卷》，北京：中国书籍出版社2008年版，第209页。

② （宋）周密著，高心露、高虎子点校：《齐东野语》，济南：齐鲁书社2007年版，第66页。

③ （唐）李林甫等撰，陈仲夫点校：《唐六典》，北京：中华书局1992年版，第298～299页。

书，其职责要求他们记载图书的进出，包括出入图书的具体名目、出入时间、缘由、经手人等信息，这些时刻记载的信息成为书库现状的最佳反映。

> 文明元年十月，敕两京四库书，每年正月据旧书闻奏；每三年比部勾覆具官典；及摄官替代之日，据数交领，如有欠少，即征后人。①
>
> (天宝)十一载十月，敕秘书省检覆四库书，与集贤院计会填写。②
>
> 大历十四年九月二十七日敕：秘书省书阁内书，自今后不得辄供诸司及官人等，每月两衙及雨风，委秘书郎典书等同检校，递相搜出，仍旧封闭。③

从上述史料的分析中，我们可以得出这样的结论，有唐一代，除去战争因素的影响，秘书省书库管理人员始终在忠实地执行书库内图书检校的工作，对秘书省收藏的数量和单本进行着详细的连续的登记，以至形成了数次目录，虽然现在目录亡佚，但《开元四库图书》、《唐秘阁四库图书》两种目录的登记则说明了唐代秘书省书库管理的规范性。

秘书郎与典书的职责除了记录在库图书的数量之外，另外同样负责图书的出纳，正如上文中所提到的图书利用、副本的抄写、新书的入库，书库的细微变动都需要记录在案，包括图书入藏数量、图书抄写数量、图书典校数量、图书御览宣索数量、诸修书机构图书利用数量等诸多数字记载。图书的出纳除了常规的利用记载之外，尚有临时性的利用，如开元十八年(730 年)，“吐蕃使奏云：‘公主请《毛诗》、《礼记》、《左传》、《文选》各一部’，④ 制令秘书

---

① 《唐会要·经籍》(卷 35)。

② 《唐会要·经籍》(卷 35)。

③ 《唐会要·秘书省》(卷 65)。

④ 《旧唐书·吐蕃列传上》(卷 196 上)。

省写与之”。秘书省书库在唐代呈现出一种动态的发展，虽诏令封闭书库进行保藏，但始终有图书利用行为，进而产生了书库图书的内外流动，而秘书郎则是负责记录书库图书的动态流动，以便掌握真正的库藏。

图书排架顺序：《唐六典》详细地记载了秘书省书库排架的顺序，并统计了唐开元年间，秘书省在每个部类所收录的图书单本量和卷数，因此摘录如表6-3：

表6-3　　**唐开元年间秘阁图书分类统计表**

四部	小　类	图书单本量、图书卷数
甲部为经，其类有十	一曰《易》，以纪阴阳变化	《归藏》等六十九部，五百五十一卷
	二曰《书》，以纪帝王遗范	《古文尚书》等三十二，二百三十七卷
	三曰《诗》，以纪兴衰诵叹	《韩诗》等三十九部，四百三十二卷
	四曰《礼》，以纪文物体制	《周官》等一百三十六部，一千六百二十二卷
	五曰《乐》，以纪声容律度	《乐社大义》等三十二部，一百四十三卷
	六曰《春秋》，以纪行事褒贬	《春秋经》等三传九十七部，九百八十三卷
	七曰《孝经》，以纪天经地义	《古文孝经》等十八部，六十三卷
	八曰《论语》，以纪先圣微言	《论语》等并《五经异义》七十二部，七百八十一卷
	九曰图纬，以纪六经谶侯	《河图》等十三部，九十二卷
	十曰小学，以纪字体声韵	《说文》等三部，四十六卷

续表

四部	小 类	图书单本量、图书卷数
乙部为史，其类一十有三	一曰正史，以纪纪传表志	《史记》等六十七部，三千八十三卷
	二曰古史，以纪编年系事	《纪年》等四十四部，六百六十六卷
	三曰杂史，以纪异体杂记	《周书》等七十部，九百一十七卷
	四曰霸史，以纪伪朝国史	《赵书》等二十七部，三百三十五卷
	五曰起居注，以纪人君动止	《穆天子传》等四十一部，一千一百八十九卷
	六曰旧事，以纪朝廷政令	《汉武故事》等二十部，四百四卷
	七曰职官，以纪班叙品秩	《汉官解话》等二十部，三百三十六卷
	八曰仪注，以纪吉凶行事	《汉旧仪》等五十九部，二千二十九卷
	九曰刑法，以纪律令格式	《律本》等三十五部，七百一十二卷
	十曰杂传，以纪先贤人物	《三辅决录》等二百一十七部，一千二百八十六卷
	十一曰地理，以纪山川郡国	《山海经》等一百三十九部，一千四百三十三卷
	十二曰谱系，以纪氏族继序	《世本》等四十一部，三百六十卷
	十三曰略录，以纪史策条目	《七略》等三十部，二百一十四卷
景部为子，其类一十有四	一曰儒家，以纪仁义教化	《晏子》等三十五部，三百三十六卷
	二曰道家，以纪清静无为	《介子》等四十二部，三百三十一卷
	三曰法家，以纪刑法典制	《申子》等四部，凡六十卷
	四曰名家，以纪循名责实	《管子》等六部，七十二卷
	五曰墨家，以纪强本节用	《墨子》等三部，七十卷
	六曰纵横家，以纪辩说谲诈	《鬼谷子》等二部，六卷

续表

四部	小 类	图书单本量、图书卷数
景部为子，其类一十有四	七曰杂家，以纪兼叙众说	《尉缭子》等九十七部。二千七百二十卷
	八曰农家，以纪播植种艺	《汜胜之书》等五部，一十九卷
	九白小说家，以纪刍辞舆诵	《燕丹子》等二十五部，一百二十二卷
	十曰兵法，以纪权谋制变	《司马兵法》等一百四部，四百四十六卷
	十一曰天文，以纪星辰象纬	《周髀》等九十七部，六百七十卷
	十二曰历数，以纪推步气朔	《四分历》等一百部，二百六十三卷
	十三曰五行，以纪卜筮占候	《风角占》等二百七十二部，一千二十二卷
	十四曰医方，以纪药饵针灸	《黄帝素问》等五十六部，四百一十卷
丁部为集，其类有三	一曰《楚词》，以纪骚人怨刺	《楚词》等十部，二十九卷
	二曰别集，以纪词赋杂论	《荀况集》等四百三十七部，四千三百八十一卷
	三曰总集，以纪类分文章	《文章流别集》等一百七部，二千二百一十三卷

在每个小类之下，尚有多种图书，那么小类下的图书按照何种方式进行排列呢？

开元六年玄宗下诏："比来书籍缺亡后多错乱者，良由籍

> 历不明，纲维失序，或须披阅，难可简寻。今丽正殿写四库书，各于本库每部，别为目录。其与四库目不类者，依刘歆《七略》排为《七志》。其经史子集及天文，以时代为先后，以品秩为次第。”①
>
> 中唐诗人王建《宫词》：“集贤殿里图书满，点勘头边御印同。真迹进来依数字，别收锁在玉函中。”②

两则史料均记载集贤院图书排架方式，但是秘书省同样作为图书管理机构，其图书的排列方式，当与集贤院相差不大，并且在中唐、晚唐时期，集贤院、秘书省内管理、校勘人员尚有互相借调的记载，更加证明了两者藏书管理制度之间存在相通之处。推测唐秘书省图书小类的排列方式分为三种：

其一，可以明确归入四部图书之中，在小类下面首先按照时代先后排列，其次按照著者官品的高低来排列；

其二，对于不能归入四分法的藏品，首先可以依照七分法进行单独排列，之后再按照时代、著作进行排列；

其三，对于秘书省所珍藏的书法、绘画真品，别有书架进行收藏，并且收藏在专门的函匣中，加锁进行保护。

图书装订形式：中国古代自两晋时期进入了纸本时代，而纸的广泛应用催生了图书的装帧形式的变革，卷轴装成为两晋南北朝隋唐时期主要的图书形制。

> 卷轴装书，由四个主要部分组成，即卷、轴、褾、带。卷是卷的本身，即以纸或者缣帛作成的；轴是用以旋转便利舒卷的，木质的轴，两端镶以各种材料的轴头；褾是保护卷子免于破裂的，俗称“包首”；带是用作缚扎，有分色

---

① (清)董诰等编：《全唐文》卷28，上海：上海古籍出版社1990年版，第134页。

② (清)彭定求编：《全唐诗》卷302，北京：中华书局1960年版，第3440页。

的，有定织成的。①

卷轴装这样的图书形制决定了其安放收藏方式，在对卷轴装图书“排架时，卷子书的轴头部分对外对着读者平放，眼前的轴头系着称为签的木片，起着醒目、便于识别提取的作用”②。韩愈《送诸葛觉往随州读书诗》：“邺侯家多书，插架三万卷。一一悬牙签，新若手未触。”描写的正是卷轴装图书的书架摆放方式，“插”表明了卷轴图书的叠加，“悬”表明牙签突出于书籍之外，正因为这样的图书装帧和放置方式催生了唐代特有的四库图书区分方法，以颜色和质地对四库图书进行区别。

卷轴装发展至唐代以后，图书的各个部分被充分重视，尤其是拓展了以其颜色、材质的不同来区分不同的图书，其中最易辨别的当属于轴、带、帙、签四种，唐集贤院明确记载图书四部图书、正副本用颜色材质以区分，“两都各聚书四部，以甲、乙、丙、丁为次，列经、史、子、集四库。其本有正有副，轴带帙签皆异色以别之”③。作为开元年间兴起的御书院，虽然装帧、用纸更加讲究，但是其典藏制度多从秘书省，其排架也与秘书省相同，因此可以说集贤院图书的分辨方式，多可反映秘书省四库图书的分别方式，可以推断唐秘书省同样采用卷轴装的特性，以颜色来区分四部书、正副本，秘书省区分方式文献无征，因此采用集贤院的分类以言大致面貌，按照日本学者池田温先生的总结列表，唐代藏书的颜色区别方式见表6-4：④

---

① 邱陵编著：《书籍装帧艺术简史》，哈尔滨：黑龙江人民出版社1984年版，第21页。

② ［日］松见弘道著，黄宗种等译：《中国图书与图书馆》，北京：书目文献出版社1995年版，第202页。

③ 《新唐书·艺文志一》（卷57）。

④ ［日］池田温撰：《盛唐之集贤院》，载《唐研究论文集》，北京：中国社会科学出版社1999年版，第201页。

表 6-4 **唐集贤院图书装潢表**

部类	集贤注记				《唐六典》卷9 《旧唐书》卷47
	轴	带	帙	签	
经库 副本	白牙木书轴 紫轴	赤黄晕带	黄牙锦花织竹书帙 绫绿草绿方丈绫为里	脱文	钿白牙轴，黄缥带，红牙签
史库	碧牙木书轴	青晕带	红晕锦花织竹帙	绿碧牙签	钿青牙轴、缥带，绿牙签
子库	紫檀木书轴	紫晕带	脱文		雕紫檀轴、紫带，碧牙签
集库 缺本	绿牙木书轴 红色绿牙轴 白牙黄花轴	绯晕带 绿装	绯晕锦花织竹帙	白牙签	绿牙轴 朱带 白牙签
图书	紫檀木书大轴	绿晕交心带			

表格中所提到的“帙”指代书衣，在卷子产生的汉朝，为了更好地保护和聚集卷子，将一定数量的卷子用布料或者竹帘进行包裹，称为“袠”，与“帙”相通。

> 古书的一袠，大概是五卷或者十卷，《北堂书钞》引阮孝绪《七录》言：“大抵五卷以上为一袠”，《隋书·经籍志》载：“《周易》一袠十卷。”……不过《法书要录》载梁虞和《论书表》言：“二王缣素珊瑚轴，二帙二十四卷，又纸书《飞白章草》二帙十五卷。”那是从本子的厚薄多少来随便斟酌了。①

帙的材质多以细帘一般的斑竹，再把薄薄的布料衬在里面，晋朝傅玄采用多种布料以衬书衣，《北堂书钞》引《晋中兴书》：“傅玄盛书，有素缣袠、布袠、绢袠。”唐集贤院所采用的多数为锦、绫为里，并且有颜色的区别，因此书衣同样成为图书区别的一项指

① 陈彬龢、查猛济著：《中国书史》，上海：商务印书馆 1935 年版。

标。在不同颜色、不同质地的签、带、帙、轴的区别下，唐代书库图书泾渭分明、一目了然，以经库图书为例，图书的正本是白轴、赤黄带、黄锦帙、红签，而其副本则是紫轴、赤黄带、绿绫帙，通过占领管理者目光最大面积的轴、帙的材质、颜色进行区别，并以白—紫、黄—绿两组对比明显的颜色进行区别，其正、副本区别明显，便于更好地进行图书的管理；对于书库的管理者来说，明确了解图书正副本的抄写情况为最基本的业务基础，因此集库图书就采用区别于其他图书的轴、带的颜色标明，以便于图书抄写工作的顺利进行。唐代所推行的以颜色区别四部图书的方法一直影响深远，直至千年后的清代《四库全书》同样采用颜色区别的方式来分辨图书，经部草绿，史部深红，子部空青，集部紫褐，其四库图书经由这样颜色的区别，显目明晰。此外由于唐代书库在各年间都持续不断地进行着图书的抄写工作，为了进行区别，书库尚采用同一颜色体系下，轴头形制进行区别的方法方便管理者辨识。

> 贞观时，紫白二檀木轴；咸亨年，平头漆书轴、紫檀云花轴、紫檀杵头轴、白檀通身轴、仰心轴，轴一十七种；带则兼有红、紫、绿、绀肃、缝帛五色，凡十八种。①

说明唐代的书库管理者有意识地在颜色分类下采用轴头形制的不同，对图书抄写年代进行细分，从而显示书库的生长周期。正是由于这样的图书形式，在开元年间进行秘书省图书编目时，参编者明确辨识图书的产生年代，以确定是否进行收录，毋煚《古今书录》就提出了《群书四部录》的收录范围不周，“又新集记贞观之前，永徽已来不取；近书采长安之上，神龙已来未录”，对这些未收图书全部以年号进行分类，可以说当时书库内图书因其产生年代的不同有着相应的轴头形制，以方便辨认。

书库日常维护：如同现代图书馆的书库工作一样，对书库的日

---

① （宋）孙逢吉撰：《职官分纪》，北京：中华书局1988年版，第378页。

常维护也是其管理的一部分，这些维护工作包括微尘的打扫、书架的保护等行为，缺少了这些日常工作，书库就不能保持良好的保藏条件，催生书虫，损坏图书，因此唐代秘书省书库除了对图书本身进行防蠹处理之外，尚有措施防止库内图书的损坏。

古代图书收纳器具分为柜、架两种。贾思勰《齐民要术》载："橱中安麝香、木瓜，令蠹鱼不生。"①隋炀帝时，东都观文殿的图书则是采用书橱收藏："每一间十二宝厨，前后方五香重床，并装以金玉，春夏铺九曲象簟，秋设凤纹绫花褥，冬则加绵须弥氈"②。至唐朝以后，官方藏书的器具主要使用书架，唐开元六年东都乾元殿修书工作告一段落，"至六年，分部上架毕，制文武百官入乾元殿东廊观察，移时乃出。于是赐无量等束帛有差"③。可以说唐代官方书库的图书摆放多采用书架，但是对于珍贵的图书，也有书柜收储的记载："唐武宗会昌初，渤海贡玛瑙柜，方三尺深，色如茜，所制工巧无比，用贮神仙之书置之帐侧。"④

唐代为了更好保护图书，防止图书受潮文字变形，对于书架亦有相应地处理措施，按照韦述所记载集贤院书库内书架采用"朱蜡染架"方法，对书架进行防水的涂蜡处理，保持木制书架的干燥，防止书架因天气的变化有返潮行为，对图书造成损坏。唐制："凡五署所修之物须金石、齿革、羽毛、竹木而成者，则上尚书省，尚书省下所由司以供给焉。"⑤唐代官司器具营造多由少府监所负责，秘书省与集贤院的书架统一由少府监营造提供，具有相似的架构，

---

① （北齐）贾思勰著：《齐民要术》，南京：江苏古籍出版社2001年版，第111页。

② （唐）杜宝撰，辛德勇辑校：《大业杂记辑校》，西安：三秦出版社2006年版，第46页。

③ （唐）刘肃撰：《大唐新语》卷11，北京：中华书局1984年版，第165页。

④ （唐）苏鹗撰：《杜阳杂编》，载《唐五代笔记小说大观》，上海：古籍出版社2000年版，第1390页。

⑤ （唐）李林甫等撰，陈仲夫点校：《唐六典》，北京：中华书局1992年版，第572页。

因此可以推知秘书省的书架应该也进行了防水防潮的处理。

另外，为了防止图书受到灰尘的侵袭，韦述记载集贤院书库图书“皆以油帕覆之。每朝去帕拂尘，灿然锦绣，夺人目矣”①。同样的防护措施在秘书省书库也存在，韦述《两京新记》卷一“秘书省”载：“秘阁图书，皆表以牙签，覆以锦帕。”②可见唐代图籍机构对安放在书架上的图书覆盖丝帕进行防尘，并且每天要去除覆帕用相应的工具拂拭浮尘，进行保洁工作。而负责这些日常保洁工作的则是秘书省内的四员掌固。掌固为流外吏员，“主守当仓库及厅事铺设”③，具体来说就是负责仓库、厅院的摆设及清洁，秘书省所设置的掌固当负责书库清洁和书架的摆放，因此每天书库的清洁工作，将覆帕揭开的除尘工作也应由掌固完成。

（三）藏书校勘

唐秘书省，由省内校正执行文字刊正工作持续不断，并有数次引学者入省勘校的记载。

唐太宗贞观三年，魏徵任秘书监，奏请对秘书省内图书进行校勘工作，“贞观三年，迁秘书监，参预朝政。徵以丧乱之后，典章纷杂，奏引学者校定四部书。数年之间，秘府图籍，粲然毕备”④。唐太宗于秘书省内另设雠校人员二十余员，颜师古、虞世南等人相继就任秘书少监负责图书校勘工作。

贞观四年，虞世南为秘书少监，贞观七年正月，接替魏徵成为秘书监，同时继续唐秘书省图书抄写校勘的活动，“初，太宗命秘书监魏徵写四部群书，将藏内府，置雠正二十员，书工百员。徵徙

---

① （宋）孙逢吉撰：《职官分纪》，北京：中华书局1988年版，第378页。

② （唐）韦述撰，辛德勇辑校：《两京新记辑校》，西安：三秦出版社2006年版，第4页。

③ （唐）李林甫等撰，陈仲夫点校：《唐六典》，北京：中华书局1992年版，第13页。

④ 《旧唐书·魏徵列传》（卷71）。

职，又诏虞世南、颜师古踵领，功不就”①。

唐高宗显庆中，罢免秘书省内额外的雠校与抄写人员，“令工书人善写，计直酬佣，择散官随番雠校”。乾封元年，唐高宗下令引学者于秘书省内进行校勘抄写工作。《唐会要》载：“乾封元年十月十四日，上以四部群书传写讹谬，并亦缺少，乃诏东台侍郎赵仁本、兼兰台侍郎李怀俨、兼东台舍人张文瓘等，集儒学之士，刊正然后缮写。”②之后李怀俨因检图书进内，图书有汗渍，做罪贬郢州刺史，崔行功接任兰台侍郎，继续参与图书的勘校工作，《旧唐书·崔行功列传》记载：“……诏东台侍郎赵仁本、东台舍人张文瓘及行功、怀俨等相次充使检校。又置详正学士以校理之，行功仍专知御集。”③乾封年间，武后“乃以韩国夫人之子敏之为士彟嗣，改姓武氏，累拜左侍极、兰台太史，袭爵周国公。仍令鸠集学士李嗣真、吴兢之徒，于兰台刊正经史，并著撰传记”④。

仪凤年间，秘书少监刘应道奉敕召儒学之士，校勘门下省崇文馆四部书。《大唐故秘书少监》刘府君墓志：

> 府君讳应道……上元三年，迁秘书少监，又奉敕兼知国史事……寻又奉敕掌御集……仪凤中……俄又奉敕于门下省检校四部群书，广召四方硕学之士，刊定讹舛而进御焉……调露二年……七月四日奄垂孤放，春秋六十八。⑤

武后圣历年间，引朝内诸司官员，入秘书省内进行图书的校勘，徐坚位列其中。“（徐坚）俄迁太子文学，时秘阁群籍，大抵讹谬，有敕召学士详定，公实在焉，为之刊缉，卷盈二万，时辈绝

---

① 《新唐书·文艺列传上》（卷201）。

② 《唐会要·经籍》（卷35）。

③ 《旧唐书·文苑列传上》（卷190）。

④ 《旧唐书·外戚列传》（卷183）。

⑤ 吴刚主编：《全唐文补遗·第三辑》，西安：三秦出版社1994年版，第21～22页。

倒，服其博达。"①徐坚在秘书省内的图书校勘活动中负责某一部图书，刊缉图书共两万卷，校勘质量和速度，反映了徐坚的博闻达学，众人皆叹服。

唐中宗李显于国家经籍颇有建设。权德舆《唐故通议大夫梓州诸军事刺史上柱国权公文集序》：

> 公讳若纳，字某，天水略阳人……拜起居郎。在中宗时，尝以禁中书籍编脱缪，诏朝廷文学大官十人绪正之，而公以秩卑名重，特居其选。②

唐玄宗开元五年十二月，时马怀素任左散骑常侍，并入内侍讲，当时秘书省内图书散落，缺乏条例，因此马怀素上书自荐："愿下紫微、黄门，召宿学巨儒，就校缪缺。"玄宗因此拜马怀素为秘书监，负责图书校勘整理，并由其推荐人选进入秘书省进行图籍的校勘，马怀素言："省中书散乱讹缺，请选学术之士二十人整比校补。"唐玄宗"乃诏国子博士尹知章，四门助教王直，直国子监赵玄默，陆浑丞吴绰，桑泉尉韦述，扶风丞马利征，湖州司功参军刘彦直，临汝丞宋辞玉，恭陵丞陆绍伯，新郑尉李子钊，杭州参军殷践猷，梓潼尉解崇质，四门直讲余钦，进士王惬、刘仲丘，右威卫参军侯行果，邢州司户参军袁晖，海州录事参军晁良，右率府胄曹参军毋煚，荥阳主簿王湾及太常寺太祝郑良金等人分部撰次，践猷从弟秘书丞承业、武陟尉徐楚璧为正文字。怀素奏秘书少监卢俌、崔沔为修图书副使，秘书郎田可封、康子元为判官"③。这二十七人在马怀素的领导下，首先进行图书的整理、清理、统计、校正、缉补等工作。唐玄宗十分看重这次图籍整理活动，并有诏《赐褚无量马怀素诏》："朕于百事，考之无如文籍，先王要道，尽在于斯。

---

① （清）董诰等编：《全唐文》卷291，上海：上海古籍出版社1990年版，第1306页。

② （唐）权德舆撰，郭广伟点校：《权德舆诗文集》，上海：上海古籍出版社2008年版，第517～518页。

③ 《新唐书·儒学列传中》（卷199）。

是欲令经史详备，听政之暇，游心观览。"①后马怀素有上言："南齐已前坟籍，旧编王俭《七志》，已后著述，其数盈多，《隋志》所书，亦未详悉。或古书近出，前志阙而未编；或近人相传，浮词鄙而犹记。若无编录，难辨淄渑。望括检近书篇目，并前志所遗者，续王俭《七志》，藏之秘府。"②秘书省的校勘工作进入了编目时期。

开元六年七月二十七日，马怀素去世，玄宗诏大理卿元行冲接替马怀素继续图书的整理编目工作，时秘书省的编目工作陷入僵局，"人人意自出，无所统一，逾年不成。有司疲于供拟，太仆卿王毛仲奏罢内料"③。元行冲接手后，改变了秘书省编目的凡例，按照秘书省四库藏书采用四分法进行编撰，改变了马怀素所提倡的七分著录方法，并采用魏徵《隋书·经籍志》中类目，确定了目录的编撰体例；重新分配了秘书省内众人的分工："令煚、述、钦总缉部分，践猷、惬治经，述、钦治史，煚、彦直治子，湾、仲丘治集。"④

开元八年，褚无量去世，元行冲总领秘书省、丽正修书院，合并两处图书校勘工作，并从秘书省图书校勘二十六人中选取四门助教王直、直国子监赵玄默、桑泉尉韦述、扶风丞马利征、湖州司功参军刘彦直、恭陵丞陆绍伯、新郑尉李子钊、杭州参军殷践猷、四门直讲余钦、右威卫参军侯行果、右率府胄曹参军毋煚、荥阳主簿王湾、太常寺太祝郑良金等十三人进入丽正院进行校书活动，并另外奏请六人入院勘校：

> 朝邑丞冯朝隐、冠氏尉权寅献、秘书省校书郎孟晓、扬州兵曹参军韩覃王嗣琳、福昌令张悱、进士崔藏之入校丽正书。

---

① （清）董诰等编：《全唐文》卷28，上海：上海古籍出版社1990年版，第133页。

② （清）董诰等编：《全唐文》卷296，上海：上海古籍出版社1990年版，第1324页。

③ 《新唐书·儒学列传中》（卷199）。

④ 《新唐书·儒学列传中》（卷199）。

由是秘书省罢撰缉，而学士皆在丽正矣。①

唐德宗贞元初，秘书监刘太真奏请学者入省校勘九经：

贞元二年(786年)七月，秘书监刘太真上言："请择儒者详校九经于秘书省，令所司陈设，及供奉食物，宰臣录其课效。"从之。②

(贞元)三年八月，秘书监刘太真奏："准贞元元年八月二日敕，当司权宜停减诸色粮外，纸数内停减四万六千张。续准去年八月十四日敕，修写经书，令诸道供写书功粮钱。已有到日，见欲就功，伏请于停减四万六千张内，却供麻纸及书状、藤纸一万张，添写经籍，其纸写书足日，即请停。又当司准格，楷书八年试优，今所补召，皆不情愿。又准今年正月十八日敕，诸道供送当省写经书，及校勘五经学士等粮食钱，今缘召补楷书，未得解书人，元写经书，其历代史所有欠阙，写经书毕日余钱，请添写史书。"从之。③

贞元六年至八年，包佶任秘书监。《唐会要·论经义》载："贞元七年十二月，秘书监包佶奏：开元删定《礼记·月令》为《时令》，其音及义疏，并未刊正，其开元所补与《月令》相涉者，请选通儒详定。从之。"④但是《册府元龟》载此事时言："会佶卒，其事不行。"⑤

贞元末，陈京任秘书少监，贞元二十一年以秘书少监致仕。其在秘书省期间，"刊校益理……求遗书，凡增缮者，乃作艺文新志，制为之名《贞元御府群书新录》。始御府有食本钱，月权其赢

① 《新唐书·儒学列传中》(卷199)。

② 《唐会要·秘书省》(卷65)。

③ 《唐会要·秘书省》(卷65)。

④ 《唐会要·贡举下》(卷77)。

⑤ (宋)王钦若等编：《册府元龟》卷608，北京：中华书局1960年版，第7304页。

以为膳，有余，则学士与校理官分之，学士常受三倍，由公而杀其二”①。

唐文宗大和年间，国家藏书机构开始活跃起来，唐文宗分别于太和二年、太和四年，增修了集贤院廨舍三十九间、秘书省增加八间书库，由原来的四库增至十二库；积极进行了图书的搜括，并进行了经典书籍的校勘。

> 《旧唐书·郑覃列传》：“（大和）四年四月，拜工部侍郎。覃长于经学，稽古守正，帝尤重之。覃从容奏曰：‘经籍讹谬，博士相沿，难为改正。请召宿儒奥学，校定六籍，准后汉故事，勒石于太学，永代作则，以正其阙。’从之。”②

唐昭宗时期，国家图籍经过广明之乱和诸次藩镇军事冲突的破坏，散佚严重，甚至连秘书省的廨司中都驻扎着藩镇兵，《旧唐书·经籍志》载：

> 秘书省奏曰：“当省元掌四部御书十二库，共七万余卷。广明之乱，一时散失。后来省司购募，尚及二万余卷。及先朝再幸山南，尚存一万八千卷。窃知京城制置使孙惟晟收在本军，其御书秘阁见充教坊及诸军人占住。伏以典籍国之大经，秘府校雠之地，其书籍并望付当省校其残缺，渐令补辑。乐人乞移他所。”并从之。③

这次的秘书省申奏点校图书，其校雠人员仍然由秘书省内官员充任，当属于图书修补和文字刊正工作，但是这样的努力也伴随着唐昭宗被迫迁都洛阳而付之东流。

---

① （唐）柳宗元著：《柳河东全集》卷 8，北京：燕山出版社 2009 年版，第 151 页。

② 《旧唐书·郑覃列传》（卷 173）。

③ 《旧唐书·经籍志上》（卷 46）。

（四）出版管理职能

秘书省作为唐朝图书保藏、出版机构，掌邦国经籍图书之事，唐代图书出版业已经呈现出兴盛的局面，因此秘书省在其中扮演了重要的出版管理角色，主要表现在三个方面：

第一，引导社会出版，唐代的文化政策兼容宽松，鼓励出版儒、道、释著作，并且以官方出版来引导社会意识。唐朝通过建立众多修书机构，征集大批儒、道、释三教人员，对各教经典进行校勘，形成定本，然后通过秘书省、集贤院等图籍机构的抄写传播，引导社会树立主流的意识，推行唐代的文化政策。对于官方所确定的定本，通过选官制度加以强化推行，如唐代先后将《五经》、《五经正义》、《孝经》、《道德经》等官方校勘定本纳入国家科举考试的指定用书，拓展了国家版本的图书需求，引导商业出版为了盈利而出版国家定本，从而对社会出版形成牵引效果。

第二，销毁违禁图籍，唐廷虽然文化政策宽松，允许社会上出现参议朝政的著作和诗篇，但是对于妖书、天文、谶纬、兵书、占卜等类图书却严禁出版和传播，唐初禁书除却法律明文规定类别外，政府还颁布了多个诏令，明令禁止下列图书或者说图书出版发行行为，如《老子化胡经》、《三皇经》的出版；禁止民间出版佛经；禁止记载风闻访闻之事的无名文书出版；禁止私自编撰出版国史；禁止私自出版历书等。

而在这些禁止出版的事件中，秘书省曾扮演了重要的角色，负责销毁违禁出版图籍。贞观二十年，吉州司法参军吉辨偶然在犯人处翻出一本《三皇经》，书中涉及谋乱字眼，有关方面火速上报。五月十五日，太宗作出裁决："《三皇经》文字既不可传，又语妖妄，宜并除之。即以老子《道德经》替处。有诸道观及百姓人间有此文者，并勒送省除毁。"①唐太宗诏令中所提及的负责《三皇经》销毁行动的即秘书省，明令各地全力搜寻《三皇经》，并于年终随着年贡的队伍列送至京城，于秘书省内当众销毁。

① （唐）道世：《法苑珠林》（卷69）。

第三，审核部分图书出版，献书作为一种古代图书流通方式，在唐代尤其流行，甚至有鬼怪介入献书事，唐宰相牛僧孺《玄怪录》载：

> 开元中有崔尚者，著《无鬼论》，词甚有理。既成，将进之。忽有道士诣门，求见其论。读竟……道士曰：“我则鬼也，岂可谓无？君若进本，当为诸鬼神所杀，不如焚之。”因而不见。
>
> 大历九年春，中书侍郎平章事元载早入朝，有献文章者，令左右收之……人言：“若不能读，请自诵一首。”诵毕不见，方知非人耳。①

唐朝对于臣下所献图书具有一定的程序，所献图书经由专家、学士认可后，才能入藏秘书省等机构，在这一过程中，秘书省作为图籍管理机构，当数次参与其中，并发表自己的看法，因此这一过程可以认为秘书省作为一个图籍管理机构，通过对他人献书的审核，表达认可与否的态度，间接地对他人的图书出版流通形成干预和管理。

（五）藏书利用

1. 外借

外借，顾名思义，即经过一定的手续将图书从收藏地点借至读者手中，强调的是图书地理位置的转移，唐代官方藏书并不面向臣民开放，因此从制度上来讲唐朝任何外借活动都是非法的，但是这种现象的确是存在的，为了防止国家藏书机构的官员利用职务之便，外借图书，唐朝曾多次出台措施禁止外借活动：

武后时期加强对四部图书管理，严格书库图书清点工作，每年

---

① （唐）牛僧孺撰：《玄怪录》，北京：中华书局2006年版，第123、125页。

据已有图书记录图书的增长数额，每三年进行书库图书与目录的大清点，并且在管理书库的秘书郎等职官卸任之际，统计其在任期间秘书省图书的管理情况，如有欠缺，将追究责任，并将在库图书情况与新官进行职责的交接。《唐会要》载：

> 文明元年十月敕，两京四库书，每年正月据旧书闻奏；每三年比部勾覆具官典；及摄官替代之日，据数交领，如有欠少，即征后人。①

唐玄宗于天宝十二载十二月二十二日，亲自写诏任命陈希烈为秘书省图书使，对秘书省图书进行整理，诏曰：

> 如闻顷者以来，不存勾当。或诠次失序，或钩校涉疏，或擅取借人，或潜将入己。因循斯久，散失遂多。思革前弊，允资盛德。宜令左相兼武部尚书陈希烈充监秘书，令省图书。②

其中玄宗提到秘书省管理失当的原因就是秘书省官员将图书私自借人，或利用职务之便据为己有，导致图书散失颇多，任命左相陈希烈为专使，对秘书省的图书管理进行督察，并严格书库的管理，可见唐玄宗时期并不允许图书外借。

唐德宗即位之初，同样严格了秘书省书库的管理。

> 大历十四年九月二十七日敕，秘书省书阁内书，自今后不得辄供诸司及官人等，每月两衙及雨风，委秘书郎典书等同检校，递相搜出，仍旧封闭。③

---

① 《唐会要·经籍》(卷35)。

② (清)董诰等编:《全唐文》卷33，上海：上海古籍出版社1990年版，第157页。

③ 《唐会要·秘书省》(卷65)。

利用反向思维，唐德宗之所以下敕禁止秘书省图书外借活动，说明唐代宗在位期间，虽然秘书省经过了图书搜括，收藏开始恢复规模，但是管理并不严格，动辄将图书借与其他官司和官员，导致书库管理失当，因此唐德宗下令禁止秘书省无故将图书借与其他官司和官员，并严格书库的管理，规范图书数量的检校，规定每月或者风雨季节，对书库内图书进行图书的勘查，检查图书的收藏情况，其余时间书库封闭。

李敬玄，亳州谯人。贞观末，高宗在东宫，马周启荐之，召入崇贤馆，兼预侍读，“借御书读之”①。所谓御书此处有两种解释：一为新设立的太子东宫内崇贤馆内图书以及设在皇宫内府的图书；一为秘书省内御本，因为在唐代秘书省内正本图书可称为御本。

> 长庆三年四月，秘书少监李随奏：“当省请置秘书阁图书印一面，伏以当省御书正本，开元天宝以前，并有小印印缝。自兵难以来，书印失坠。今所写经史，都无记坠，伏请铸造。”敕旨依奏。②

因史料中记载为“借”，说明有图书转移的活动，而非直接在崇贤馆阅读，内府图书专供御用，因此可以推测李敬玄当时所借阅的图书，当为秘书省正本藏书。

唐著名史学家刘知幾(661—721年)在其著作《史通》中回忆早年读书生涯时言：

> 其所读书，多因假赁，虽部帙残缺，篇第有遗，至于叙事之纪纲，立言之梗概，亦粗知之矣。

并谈及其游学京洛之间，经常借阅官私图书以阅读，“游京洛，颇

① 《旧唐书·李敬玄列传》(卷81)。

② 《唐会要·秘书省》(卷65)。

积公岁，公私借书，恣情披阅”①。据统计，“刘知幾在《史通》中，共列举了史家265人、史书249部，其中先秦两汉史家43人、史部60部；魏晋十六国史家94人、史书87部；南北朝史家79人、史书80部；隋唐史家49人、史书22部”②。刘知幾研究了自远古至开元年间上下三千年的史学史，博览群书，已非个人收藏力所能及，这固然与其“三为史臣，再入东观”的任职经历有关，刘知幾自圣历二年(699年)起，任职京城，先后参与众多图书撰写工作，曾任著作佐郎、左史、凤阁舍人、著作郎、秘书少监，兼任修文馆学士，并兼修国史十余年，在这段时间他利用职务之便，纵览史馆、修文馆、秘书省三大藏书机构的藏书，为《史通》的撰写提供了扎实的资料基础，但是不能否认的是，青少年时期的“恣意披阅”图书的行为，也为刘知幾一生的史学追求奠定了学术基础。

2. 阅览

唐代多有人利用任官秘书省，以求阅览图书，如裴孝源、李邕、韦述、段成式等人。

贞观十三年八月，裴孝源在汉王李元昌的支持下编撰了《贞观公私画史》，其序文中言：“起于高贵乡公，终于大唐贞观十三年，秘府及佛寺并私家所蓄，共二百九十八卷，屋壁四十七所，目为《贞观公私画录》。”③书中详细罗列了贞观十三年以前，唐秘书省内所收录的书画，并说明其来源，如非亲自前往秘阁察看检验，不能撰成此书，而此时裴孝源历任中书舍人、吏部员外郎、度支郎中，并无省官任职，其能进入秘书省查阅绘画作品，编撰画史，是得到了汉王李元昌的支持，得以进入秘书省，当然，这是非正常途径进入秘书省。唐初秘书省门禁并不严格，甚至有外人游览秘书省

---

① (唐)刘知幾撰，(清)浦起龙通释：《史通通释》卷10，上海：上海古籍出版社2009年版，第268页。

② 曹之著：《中国出版通史·隋唐五代卷》，北京：中国书籍出版社2008年版，第129页。

③ (清)董诰等编：《全唐文》卷159，上海：上海古籍出版社1990年版，第717页。

的记载。唐高宗咸亨四年，卢照邻有《同崔少监作双槿树赋》，其序文中叙说了其游览秘书省并参与著作局内文会的情景："日昨于著作局，见诸著作兢写《双槿树赋》。蓬莱山上，即对神仙；芸香阁前，仍观秘宝。"①

> 《新唐书·李邕列传》：李邕，字泰和，扬州江都人。父善，有雅行……累擢崇贤馆直学士兼沛王侍读，为《文选注》……邕少知名，即冠，见特进李峤，自言"读书未遍，愿一见秘书"。峤曰："秘阁万卷，岂时日能习邪?"邕固请，乃假直秘书。未几辞去，峤惊，试问奥篇隐帙，了辩如响。峤叹曰："子且名家!"②
>
> 颜真卿《赠尚书左仆射博陵崔孝公陋室铭记》："公讳沔，字若冲，博陵安平人……年二十四举乡贡进士……召见前殿拜麟台校书郎……公与江夏李邕友善，为校书郎时，引邕馆于秘阁之下，读书者累年，邕由是才名益盛。"③

考李邕生于上元二年(675 年)，其弱冠之年，为 695 年左右，时李峤在秘书少监任；考崔沔卒于开元二十七年(739 年)，春秋六十七岁，因此其进士登第时间为咸亨年间，而授秘书省校书郎的时间当为武后建周初期，686 至 700 年间，而引李邕秘书省读书则是三人时间重合之时，当为武后载初、天授年间。

开元五年十二月，秘书监马怀素受诏编次秘省图书，因此奏引栎阳尉韦述等二十六于省内分部详录图书，韦述因此得观秘阁："述好谱学，秘阁中见常侍柳冲先撰《姓族系录》二百卷，述于分课之外手自抄录，暮则怀归。如是周岁，写录皆毕，百氏源流，转益

---

① (清)董诰等编：《全唐文》卷 166，上海：上海古籍出版社 1990 年版，第 743 页。

② 《新唐书·李邕列传》(卷 202)。

③ (唐)颜真卿：《颜鲁公集》。

详悉。"①

从《旧唐书》的叙述中，可以了解韦述是在工作之余，抽空去抄写自己所中意的图书，手抄完毕后，同样是偷偷地塞在衣襟之中带出秘书省，这可能就是后世孔乙己所言的"窃书不算偷"的史实来源了，从这个角度来看，秘书省对于读书的出入管理相当的严格。

开元二十八年五月，萧颖士有著名的《赠韦司业书》，最后向韦述提出请求：

> 尝愿得秘书省一官，登蓬莱，阅典籍，冀三四年内，绝笔之秋，使孟浪之谈，一朝见信。宁不知立身有百行、立命非一途，岂必系心翰墨，为将来不朽之事也?②

最晚在天宝元年之前，萧颖士果为秘书省正字，并负责出外搜书，也算得尝所愿。

段成式(803？—863年)，字柯古，临淄人，历任尚书郎、太常少卿等职。初以门荫得授秘书省校书郎，以此机会，"研精苦学，秘阁书籍，披阅皆遍"③；段成式尚记载了同僚讨论情形："予在秘丘，尝见同官说俗说楼罗，因天宝中，进士有东西棚，各有声势，稍伧者多会于酒楼食毕罗，故有此语。予读梁元帝《风人辞》云：'城头网雀，楼罗人着。'则知楼罗之言，起已多时"④。可知当时秘书省内气氛轻松，校书郎在刊正图籍的同时，尚且讨论典故和渊源，与颜师古《匡谬正俗》中所记载的秘书省内刊正文字时的答问形式相同，可知自唐初至晚唐时期，秘书省一直保持着学术讨论的风气。

---

① 《旧唐书·韦述列传》(卷102)。

② (清)董诰等编：《全唐文》卷323，上海：上海古籍出版社1990年版，第1449页。

③ 《旧唐书·段文昌附段成式列传》(卷167)。

④ (唐)段成式撰，上海古籍出版社校点：《酉阳杂俎》，上海：上海古籍出版社2000年版，第741页。

3. 官方编撰

自两汉官藏系统成型之后，鲜有开放之日，但是古代有众多官方修书活动可以被允可利用图书收藏，如律令、类书、史书等图书的编撰活动，这种依托于秘书省进行官方修撰工作，在唐朝依旧如此。

唐武德四年十一月，起居舍人令狐德棻上《请修近代史表》，唐高祖然其奏，并于武德五年十二月下诏修书，同时大肆搜括社会逸书。秘书省内还承担了类书《艺文类聚》的编撰任务，秘书丞令狐德棻同样参与其中，于武德七年九月十七日，由给事中欧阳询上之，成书100卷，引用唐前古书1431种，因此可以说《艺文类聚》的编撰多依赖唐初官藏。

贞观三年闰十月，唐太宗于中书置秘书内省，提供图籍资料的供应，以修梁、陈、北齐、周、隋五代史。当时著作局已罢史职，但是仍然有诸多秘书省、著作局官员参与五代史的修撰，如贞观三年诏内，有秘书丞令狐德棻、秘书郎岑文本修周史，著作郎姚思廉参与梁、陈史，秘书监修隋史，另有秘书省校书郎孙处约、直秘书内省敬播参与修史，因此可以说贞观年间史书的修撰与秘书省存在千丝万缕的联系，更是依托了秘书省的丰富藏书，得以编撰五代史书与《五代史志》。

贞观四年，"太宗以经籍去圣久远，文字讹谬，令(颜)师古于秘书省考定《五经》，师古多所厘正，既成，奏之"①。

贞观五年，魏徵等编撰《群书治要》成，参与者虞世南官著作郎、褚遂良官秘书郎、萧德言官著作佐郎，具任职秘书省，因此这次的编撰活动当在秘书省内进行，并依托于省内图书，采摭成篇。《群书治要序》载具体的成书过程："皇上……爰命臣等，采摭群书，翦截浮放，光昭训典……爰自六经，讫乎诸子，上始古帝，下尽晋年，凡为五帙，合五十卷。"②

① 《旧唐书·颜师古列传》(卷73)。

② (清)董诰等编:《全唐文》卷141，上海：上海古籍出版社1990年版，第629页。

《旧唐书·高士廉列传》："（太宗）诏士廉与御史大夫韦挺、中书侍郎岑文本、礼部侍郎令狐德棻等刊正姓氏，于是普责天下谱牒，仍凭据史传，考其真伪，忠贤者褒进，悖逆者贬黜，撰为《氏族志》。"①根据《旧唐书·韦述列传》可知，秘阁内收藏了大量的谱学图书，因此贞观年间高士廉领撰的《氏族志》参考天下谱牒，所凭借的图书即秘阁自武德五年以来所搜集的天下图书。

永徽四年二月二十四日，长孙无忌有《进五经正义表》："上禀宸旨，傍摭群书，释左氏之膏肓。翦古文之烦乱，探曲台之奥趣，索连山之元言，囊括百家，森罗万有，比之天象，与七政而长悬；方之地轴，将五狱而永久。"叙述了《五经正义》初由国子祭酒孔颖达编撰，后重新刊正的过程，并说明了重新刊正的过程中，参考了秘书省内图籍，以"曲台"、"连山"代指秘阁。

显庆三年十月二日，许敬宗等撰成《文馆词林》，上之。《文馆词林》乃大型诗文总集，共一千卷。选录自汉至唐太宗时之诗文，这样的文选性质的图书，不参考秘书省图书是不可能编撰成功的。高宗时，官方图书编撰活动频繁，并图书卷帙巨大，虽然内府的收藏已经初具规模，由于内府专供御览，高宗时期多数官修书活动所依据的资料，多依赖位于皇城内部的秘书省藏书，《唐会要》卷三六："龙朔元年六月二十六日，许敬宗等撰《累壁》六百三十卷，上之。"②《旧唐书·高宗中宗诸子孝敬皇帝弘列传》："龙朔元年，命中书令、太子宾客许敬宗，侍中兼太子右庶子许圉师，中书侍郎上官仪，太子中舍人杨思俭等于文思殿博彩古今文集，摘其英词丽句，以类相从，名曰《瑶山玉彩》。"③

武后时期官方图书编撰不停，多有延引文学之士为之，如《三教珠英》的编撰始于久视元年，由麟台监张昌宗领衔，延引文学之士李峤、阎朝隐、徐彦伯、薛曜、员半千、魏知古、于季子、王无竞、沈佺期等二十六人同撰于秘书省内，《黄口赞》序曰：

---

① 《旧唐书·高士廉列传》（卷65）。

② 《唐会要·修撰》（卷36）。

③ 《旧唐书·高宗中宗诸子孝敬皇帝弘列传》（卷86）。

> 圣历中，余时任通事舍人，有敕于东观修书。夏日南轩，诸公共见黄口飞落铅椠间。奉宸主簿李崇嗣，命余小竖苍子采花哺之。河东薛曜邀余为赞。①

唐玄宗开元八年，元行冲总领两院事，罢秘书省修书学士，合并两院编撰事，引秘书学士十三人入丽正院修书，“由是秘书省罢撰缉，而学士皆在丽正矣”②。

中唐以来，官方修撰活动鲜有起色，除了例行的实录、律令的修撰外，少有大规模的官方修撰活动，遑论对秘书省图书的利用，唐文宗大和年间，李德裕上《大和新修辩谤略》提及：“臣等顺天聪，缀缉旧典，发东观藏书之室，得元和辨谤之文，辞过万言，书成十卷。”③

唐文宗开成二年十月，郑覃进《石壁九经》一百六十卷，初，文宗崇儒学，“郑覃侍讲禁中，以经籍道丧，屡以为言。诏令秘阁搜访遗文，日令添写”④。从开始的秘书省搜访抄写图书，至后来的《九经》校订，两者之间存在互相促进的联系，因郑覃建议刊正《九经》，进而建议秘阁广搜图书，然后借助这些图书进行经典的校勘活动，形成《石壁九经》，列于太学之中，史称《开成石经》。

唐代的官修图书，包括多次的法律条令的修撰活动，唐代三百年，规模大小不等的立法活动，不下三十次，陈灵海先生在《唐代刑部研究》一书中，将唐代的立法活动分为修律、修令、修格、修式、制敕、立典、修疏、颁例等部分，并分别对唐各个时期的立法活动进行探讨，唐朝共有十次修律活动、七次修令、十五次修格、七次修式、十次修敕、一次立典、一次修疏、三次颁例活动，而本

---

① （唐）沈佺期、（唐）宋之问撰，陶敏、易淑琼校注：《沈佺期宋之问集校注》，北京：中华书局2001年版，第292页。

② 《新唐书·儒学列传中》（卷199）。

③ （清）董诰等编：《全唐文》卷707，上海：上海古籍出版社1990年版，第3218页。

④ 《旧唐书·经籍志上》（卷46）。

书需要指出的是在众多立法活动中秘书省的作用。首先秘书省收藏有刑法图书，以纪律令格式，开元二十七年撰成《唐六典》载秘书省收藏有律本三十五部，七百一十二卷，这部分刑法图籍，必然成为立法工作参考；另外《新唐书·刑法志》载："天下疑狱谳，大理寺不能决，尚书省众议之，录可法者送秘书省。"①可见唐秘书省承当了部分档案馆的功能，成为唐案例库，这些可以为后来法的案例收藏于秘书省中，势必在历次立法活动中扮演重要的角色，日本学者仁井田陞区分唐代律令格式等区别时言："律是一般的刑罚制裁的法律，令则是一般的命令、禁止的法律……违反命令，刑罚就会接踵而来。同时律令都属于根本法，却并非一成不变的法律……式为规定许多与律令相关事项细目的法律"②，从中可以看出唐代的法律体系是一个流动着的生长体，多次的立法活动对其法律形成了补充，而在这种补充过程中，秘书省则提供修订依据——已经成形的判决案例。

---

① 《新唐书·刑法志》(卷56)。

② 转引自陈灵海著：《唐代刑部研究》，北京：法律出版社2010年版，第165页。

第七章

五代秘书省及其藏书研究

作为中晚唐时期地方割据的延续，短暂的五代十国时期承担了过多的传承和转变的职责，仅仅半个世纪的历史区间，连接了唐宋历史，完成了从博大包容的唐文化到以“尽精微”、“致广大”为特征的宋文化的转变①，从国家制度角度来看，五代十国作为唐宋的中间连接点，完成了庞大的制度转型。而国家制度作为社会经济、军事、文化等诸多方面的具象反映，制度与社会之间形成了稳定的影响关系，即所谓的“制度张弛之迹，是非得失之林”②，从上层建筑的构建中，可以反映出当时社会的发展轨迹，反而言之，社会环境的转变同样会在制度层面上留下时代印记，从这个方面来讲，研究五代时期的秘书省制度，对于有效地理解唐宋秘书省制度的传承和转变具有重要的意义。

从历史事实来看，自后梁开平元年(907 年)至周显德六年(959

---

① 方健:《自甘淡泊　潜心宋学——记著名宋史专家邓广铭教授》，载《文史知识》1994 年第 8 期。

② (清)乾隆:《文献通考 · 御序》。

年），五代的历史为53年，总共出现过15个分割势力，其中以北方政权为正朔，十国政权为辅，在十国的区域内，称帝改元者七，而吴越、荆南、楚以五代的年号为纪年，并未实际建国。从五代十国的地理位置和传承关系来看，五代呈现互相交替的状态，而其主要占据着以中原为中心的北方地区，而十国则主要占据着淮南、江南、蜀、闽、岭南等地区。

从这样的疆域和朝代的变幻中，五代十国的重要特征在于乱，欧阳修更是感叹："呜呼，五代之乱，极矣！"①但是不可忽视的是于五代十国的社会动荡与军事割据之中，孕育着变化和发展，正如熊德基先生所说："这个时期正是历史辩证运动的一个转折点，表明中国封建社会正走向一个新的阶段。"②熊先生所提到的"新"在于唐宋社会文化的转变，根据日本学者内藤湖南的观点，唐宋的文化性质存在显著的差异，唐代是中世的结束，宋代是近世的开始，虽然目前史学界对于这样的绝对划分存在疑问，但是众多学者还是认可唐宋两代的众多转变，那么五代作为其间的连接，其过渡性质则不言而喻。《旧五代史·序》则曰：五代"虽值一时风会之衰，体格尚沿于冗弱；而垂千古废兴之迹，异同足备夫参稽"③。作为重要文化政策的藏书建设，研究五代十国时期的秘书省制度，则有利于了解唐宋秘书省制度之间的传承与转变。

一　五代十国官方藏书背景

五代北方政权的频繁更替，53年的时间内5次易姓建国，政权的平均存在时间不超过10年，且在统治期间，多次发生内部势力的军事纷争，有学者根据《资治通鉴》统计，以存在时间最短的后汉政权为例，4年的统治时间内发生军事叛乱12起，平均每年3

---

①　《新五代史·一行传》(卷34)。

②　熊德基：《五代史略·序》，载陶懋炳：《五代史略》，北京：人民出版社1985年版。

③　《旧五代史·进旧五代史表》(附录)。

起，在这样的社会背景中，北方的国家文化建设艰难跋涉。相对来讲，多个势力并存的南方地区，国家文化制度的发展比较充分，其中唐衣冠士族的南迁、统治者的休养生息、经济基础的发展等诸多原因使得南方成为五代十国时期文化发展的重镇，宋朝统一南北之后，从蜀地、南唐、吴越地区斩获丰富官方藏书，在傅璇琮、谢灼华先生看来，五代时期长安、洛阳三百年的藏书中心地位遭到瓦解，中国官藏的中心已经由北方向南方转移。

(一)政治原因

五代十国时期，南北的政权形态与政治文化呈现出两种不同的发展趋势，以五代为代表的武人政治和以南唐、吴越为代表的文人政治的对立构成了这一历史时期重要的政治特征。

以北方的五代政权建立情况来看，全部以武力为主要的倚仗，“自兵乱相乘，王纲大坏，侵欺凌夺，有力者胜”，这样的建国背景造成了绝对的武人政治，在五代的国家统治机构中，武人掌握着行政、财政、人事等权力，文人在这样的“军政府”中，在强势的军人统治夹缝中，艰难求生，苟延残喘，如履薄冰。李唐王朝的政治势力主要由科举进身的士大夫阶层和以门荫获得官职的士族贵胄两种力量构成，后梁太祖朱温为了削弱唐政权基础，自天祐初开始对朝廷内旧有势力进行清洗，“自余或门胄高华，或科第自进，居三省台阁，以名检自处，声迹稍著者，皆指为浮薄，贬逐无虚日，缙绅为之一空”，并有“白马驿之祸”，诛杀清流朝士三十余人，并令所在州县进行驱遣，迫使大批文人士族的南迁避难，从而造成了后梁的武夫临朝、皂隶主政的武人政治局面；但是从另外一方面来讲，后梁对于衣冠士人的驱逐措施，同时也为南方、蜀地的割据势力提供了治国人才，进而形成了南北长久对立的局面。后唐统治者虽然以李唐后裔自居，但其出身少数民族，文化修养低下，如后唐庄宗宠信伶人宦官，滥杀士子，后唐明宗更是以抓阄的形式来决定宰相的人选。后汉高祖认为“朝廷大事不可谋及书生，懦怯误人”，任命枢密使杨邠为中书侍郎兼吏部尚书，此后，“士大夫往往有自汉兴至亡不沾一命者。凡门荫及百司入仕者悉罢之”①。在这样的

① 《资治通鉴·后汉纪三》(卷288)。

执政理念下，国家的图籍建设成为弱势，五代统治者忽视文化礼法而关注军事力量的彰显，因此欧阳修在《新五代史》中言："五代礼乐文章，吾无取焉。"但五代统治并不完全为欧阳修所鄙夷的"乱世"，五代的武夫政治虽然使文人的政治活动空间大大压缩，但是出于巩固统治的需要，"即使在唐末五代最为混乱的政治局面之下，担当各个层次统治权力的职业军将们，事实上都不能无视诸雄对峙的压力以及政权运作的需求，都不会全然排拒文人们作为治事参谋、行政助手的作用"①。

相对于北方政权文士参与勉强而为之，南方诸多政权就比较依赖文人的参与，甚至南唐、吴越等地形成了新型的文人政权，文人参政主政的现象在南方九国中多有显示。

蜀地在五代时期先后存在着王建建立的前蜀以及孟知祥所建立的后蜀两个政权，其中王建、王衍、后蜀后主孟昶均非常重视国家文化的建设，《十国春秋·前蜀·本纪》载："帝虽目不知书，而好与儒生谈论，颇解其理。是时唐衣冠之族多避乱在蜀，帝礼而用焉，使修举政事，故典章文物有唐之遗风。"②在这样的执政背景下，蜀地政权注重图书的编撰和收藏，并形成一定的规模，《玉海》同样载有宋初得蜀地藏书二万三千卷，宋灭后蜀后，太祖赵匡胤命右拾遗孙逢吉前往西川，"取伪蜀法物、图书、经籍、印篆赴阙。至四年五月，逢吉亦伪蜀图书法物来上……图书付史馆……"③

南唐烈祖李昪以唐室后裔自居，接受吴的禅让，建立南唐。虽然其政权仅历三代，时间不足四十年，但是却创造了较为繁荣的文化，这与三代君王均注重教育、文化、图籍建设密切相连。在李昪辅佐吴时，即已经开始形成延引儒士、聚集图书的政治文化理念，

① 邓小南：《走向再造：试谈十世纪前中期的文臣群体》，载《漆侠先生纪念文集》，石家庄：河北大学出版社2002年版。

② 《十国春秋·前蜀一·本纪》(卷35)。

③ 苗书梅等点校：《宋会要辑稿·崇儒》，开封：河南大学出版社2001年版，第231页。

《十国春秋》载："（天祐）九年，时江淮初定，州县吏务赋敛为战守，知诰独褒廉能，课农桑，求遗书，招延宾客，倾身下之。"①受禅之后，更是注重儒士在国家政治中的应用，下诏："前朝失御，四方崛起者众。武人用事，德化壅而不宣，朕甚悼焉。三事大夫其为朕举用儒吏，罢去苛政，与民更始。"②

吴越政权包括杭越两地偏安一隅，建立者钱镠以地方藩镇军事立家，虽无建国改号之事，但据地七十余载，在五代十国中属于最为长命的政权，因此导致其境内少受战乱波及，政治稳定，社会生产发展，文化昌盛，并且图书收藏颇为丰富，后归宋，"两浙钱归朝，遣使收其书籍，悉送馆阁"③。

其余政权，如割据两广的南汉，虽当政者残暴无道，但同样注重延引文士参与政治，因两广岭南之地为唐罪臣的流放之地，其后代多滞留岭南，唐末时期，因其地远位偏，亦有士人选择为避难之所，因此后梁初，时岭南节度使刘隐凭借地理优势，欲裂土自治，因此招引贤士，发展势力，《南汉纪》卷一载："隐复好贤士，是时天下已乱，中朝人士以岭外最远，可以避地，多游焉。唐世名臣谪死南方者往往有子孙，或当时仕宦遭乱不得还者，皆客岭表。王定宝、倪曙、刘浚、李殷衡、周杰、杨洞潜、赵光裔之徒，隐皆招礼之……及岩僭号，为陈吉凶礼法，为国制度，略有次序，皆用此数人。"④

割据福建的闽政权，节度使王审知重视人才，发展文教，搜括图书，笃信佛教，大力延引贤士辅佐，并力行佛经的编撰和传抄，《十国春秋》载："太祖虽起盗贼……酷好礼下士，唐公卿子弟多依以仕宦。又拓四门学以教闽中秀士，招来海中蛮裔商贾，资用以饶。"⑤"（天祐元年）是时，命管内军州搜遗书缮写以上。天祐二年

① 《十国春秋·南唐一·本纪》（卷15）。

② 《十国春秋·南唐一·本纪》（卷15）。

③ （宋）江少虞撰：《宋朝事实类苑》卷31，上海：上海古籍出版社1981年版。

④ （清）吴兰修：《南汉纪》（卷1）。

⑤ 《十国春秋·闽一·世家》（卷90）。

夏四月，王藏佛经于寿山，凡五百四十一函，总五千四十八卷。”①“龙德三年……是岁……王又泥金银万余两，作金银字四藏经各五千四十八卷，旃檀为轴，玉饰诸末，宝髹朱架，纳龙脑其中以灭蠹蟫。”②

（二）社会群体

古代士的阶层作为文献传承的主要履行者，在纷繁复杂的环境中尽可能地进行图籍的搜集、保护、校勘等活动，并通过进谏统治者促使国家进行图书文献的传承活动，因此对于五代时期推动和力行图书收藏活动的社会群体——士子进行大致研究，有助于我们了解这一时期图书的生存环境。

五代十国时期，士的阶层在以武为尊的社会意识中艰难生存，“士之不幸而生其时”。在政权风云变幻的同时，士子为了生存，重新认知先人所倡导的“守道”思想，屈服于社会环境的转变，士风逐渐倾向于现实性和功利性，忠以观念淡薄，“其臣子视事君犹佣者焉，主易则他役，习以为常”，因此五代时期士子的行为备受后世批判，于宋时，欧阳修尚可用春秋笔法婉转地批判，“于此之时，责士以死与必去，则天下为无士矣。然其习俗，遂以苟生不去为当然。至于儒者，以仁义忠信为学，享人之禄，任人之国者，不顾其存亡，皆恬然以苟生为得。非徒不知愧，而反以其得为荣者，可胜数哉”③！其认为在战乱的环境中，对于士子的行为不能过于苛求，五代儒者的行为尚可理解。而清代时期王夫之对于五代时期的士子的批判则是毫不留情了：“士之贱，于此而极”，④ 这样的评价就过于严苛了。在儒学的传统思想中，有所谓的“天地闭，贤人隐”的隐逸思想，五代时期北方的混乱局面造成了大量士人的南迁避世和隐入山林，《旧五代史》载：“时中原多难，文章之士，缩

① 《十国春秋·闽一·世家》(卷90)。
② 《十国春秋·闽一·世家》(卷90)。
③ 《新五代史·死事传》(卷33)。
④ (清)王夫之：《宋论》(卷1)。

影窜迹不自显。”①更多的士子为了生存，在武人政局中艰难求生，模糊了君国的忠贞思想，将更多的视线转移到了繁复的行政事务中，游离于政治核心之外，不参与军国大政的决策，而是在具体的行政事务中阐述自己的观点，进而期望在潜移默化中完善仕途的职能性。如著名政治家冯道，事五朝八姓十一君，为相二十余载，其重要的为官之道则在于趋时附势，圆滑应付，“以持重镇俗为己任”，避免参与军国大事的决策之中。五代政权内的文人官员，正如自然界的生物可以根据外界的条件而发生变异一样，根据其所处的政权特性，适当地调整信仰理念，从严格的忠义守节思想转向“社稷为重”的权变务实思想，虽天子更替，但是五代政权内的文臣改变了死节的做法，更加倾向于务实的为政方针，关注具体行政事务的处理，而游离于诸个政权之外，从微小处改变世界，通过适当地进谏来修正帝王的看法，这样的做法在具体的历史时期，具有一定的积极意义，因此后世诸多学者对于五代文官的批判和鄙夷，未免过于严苛。如果在这样的观点下，来分析五代时期的史料，不难发现五代时期的政权内，文官在国家图籍建设方面发挥了重要的作用。

从文献的传承角度来看，具有一定数量的阅读群体至关重要，五代十国政权内活跃着大量的文人士子，他们虽然在武人政权的夹缝中艰难求存，但是仍然发挥了其特殊的作用，尤其是在促进官方对于图籍的搜括、编撰和传播上，发挥了重要作用，他们或是身体力行，独自进行文献的搜括、校勘、雕印传播，或是上书国主，促使统治者下达关于图籍的诏书，延续了五代时期图书的保存和传播。

虽然北方五代政权由武人建立，但君臣中不乏重视文献之人，如后唐庄宗、后唐明宗、后汉隐帝、后周世宗，均有搜括图书的诏令，其中尤其以后唐时期为代表，不仅任命了专门的进书官、图书搜括使，还有相应的献书奖励措施和图书搜括方式，扩大了图书的搜括范围，从后唐治下的国土范围内拓展到两浙、福建、湖广、蜀

① 《旧五代史·孙骘列传》(卷24)。

地，其图书搜括行为也相当频繁，庄宗同光二年二月、四月，明宗天成元年九月，天成二年七月，长兴二年五月，长兴三年五月、十一月，均有图书搜集的记载，后唐明宗对于图籍作用认识尤为深刻，“教导之本，经籍为宗”，并提倡皇子在名儒的指导下修习经义，“经有君臣父子之道，然须硕儒端士，乃可亲之”①。朝臣中亦有重视收藏图书之人，如后梁魏博节度使罗绍威，“好招延文士，聚书万卷，开学馆，置书楼”；后唐郭崇韬，天祐十九年，“李存审收镇州，遣崇韬阅其府库，或以珍货赂遗，一无所取，但市书籍而已”②，并于同光二年四月上书庄宗，请求下诏奖励献书人；后唐定州节度使王都因后梁灭亡之机，广收图书，“都好聚图书，自常山始破，梁国初平，令人广将金帛收市，以得为务，不责贵贱，书至三万卷，名画乐器各数百，皆四方之精妙者，萃于其府”，并于同光元年献书二百八十六卷；明宗天成中，原前蜀臣庾传美申请前往蜀地搜括唐朝《实录》，充两川图书搜括使，后得九朝《实录》；后汉乾祐年间，礼部郎中司徒诩上书《请采遗书奏》：“臣请国家开献书之路，凡天下文儒，衣冠旧族，有收得三馆亡书，许报馆进纳，据卷帙多少，少则酬之以缗帛，多则酬之以官资。自然五六年间，庶几粗备。”③后周时期窦禹均家族聚书万卷，建立“义塾”，秘书少监许逊因借窦氏书未还而获罪贬官；另外据《中国藏书家通典》④统计，五代政权内藏书家尚有王师范、孙隲、贾馥、田敏、韩恽、赵匡凝、石昂、张昭、张宪、和凝、孙光宪等人。

北方五代政权中需要关注的图籍盛事乃是历后唐、后晋、后汉、后周四代，经22年的九经校勘、雕印之事，后唐长兴三年二月，冯道与宰相李愚奏请校勘、雕印九经，并申明了校勘原因：

---

① 《新五代史·唐明宗家人传》(卷15)。

② 《旧五代史·郭崇韬列传》(卷57)。

③ (清)董诰等编：《全唐文》卷855，上海：上海古籍出版社1990年版。

④ 李玉安、黄正雨著：《中国藏书家通典》，香港：中国国际文化出版社2005年版，第75～84页。

"尝见吴、蜀之人，鬻印板文字，色类绝多，终不及经典。如经典校定，雕摹流行，深益于文教矣！"①《五代会要》、《册府元龟》记载了后唐时期九经的校勘过程：

后唐长兴三年二月……敕：令国子监集博士儒徒，将西京石经本，各以所业本经句度(读)，抄写注出，子(仔)细看读，然后雇召能雕字匠人，各部随秩刻印板，广颁天下。如诸色人要写经书，并须依所印敕本，不得更便(使)杂本交错。②

(后唐长兴三年四月敕)近以遍注石经雕刻印板，委国学每经差知专业博士儒徒五六人勘读并注。今更于朝官内别差五人充详勘官：太子宾客马缟、太常承陈规、祠部员外郎兼太常博士段颙、太常博士路航、屯田员外郎田敏等。朕以正经事大，不同诸书，虽以委国学差官勘注，盖缘文字极多，尚恐偶有差误。马缟以下，皆是硕儒，各专经业，更令详勘，贵必精研。兼宜委国子监于诸色选人中，召能书人谨楷写出，旋付匠人雕刻，每五百纸与减选，所减等第，优于选转官资。③

五代时期九经的刊校出版工作，冯道与田敏始终参与，如后汉、后周时期均有相应的刊校记载：

(乾祐元年)是岁，汉遣国子祭酒田敏使于楚，假道于我……敏以印本《五经》遗王，王谢曰："予之所识，不过《孝经》十八章尔。"④

汉乾祐元年闰五月，国子监奏：见在雕印板九经内，有《周礼》、《仪礼》、《公羊》、《穀梁》四经未有印本，今欲集学官校勘四经文字镂板。从之。

---

① (宋)王钦若等编：《册府元龟》卷608，北京：中华书局1960年版。
② (宋)王溥：《五代会要·经籍》(卷8)。
③ (宋)王钦若等编：《册府元龟》卷608，北京：中华书局1960年版。
④ 《十国春秋·荆南二·世家》(卷101)。

> 周广顺六年六月，尚书左丞兼判国子监事田敏，进印板九经书、五经文字、九经字样各两部，一百三十册。①

后汉时期九经中尚有四经未完成校勘、雕印，其余五经已经形成完善的印本可以馈赠，说明后晋时期校勘雕印工作一直在持续进行，虽无文献可征引证明，但从时间上来看，后唐自长兴三年开始下敕校勘至灭亡仅仅4年时间，完成五经的刊印工作尚存困难；再者，九经刊印工作主要负责人与参与者冯道、田敏等人均任职后晋朝廷，且位列高位学官，如田敏在后晋天福四年被任命为国子祭酒，在人员上保证了九经刊印的持续进行；另从时间上看，乾祐元年乃后汉高祖刘暠建国初期，国子监奏文中所采用的“见在雕印板”一词中，说明后汉国子监的雕印工作处于盘点伊始，这些已有的刻版继承自前代——后晋、后唐时期；况后周广顺六年国子祭酒田敏上书奏折中提及：“臣等自长兴三年，校勘雕印《九经》书籍，经注繁多，年代殊邈，传写纰缪，渐失根源；臣等官守胶庠，职司校订，旁求援据，上备雕镂，幸遇圣朝，克终盛事，播文德于有载，传世教以无穷，谨具陈进。”②可见五代时期这一图书盛事，历经四朝二十二年，终于成事，在这其中，始终参与的冯道、田敏等诸多文官所起的作用巨大，可以说没有他们的坚持，九经的刊印工作不可能在改朝换代的时局下，平稳持续完成，这同样是文人士子在以一种特殊的方式推动着五代时期图书文化事业的进展，五代时期雕版印刷术的推广使用改变了图书的主流形式，使得中国古代图书形式由写本向印本逐渐转化，拓展了知识的传播途径。

相对于北方五代政权图书搜集的可列举性，南方诸多国主均重视国家图书的收聚，如后唐烈祖、元宗、后主，前后蜀国主，吴越国主，闽主等，《宋会要辑稿・崇儒》载：“伪国皆聚图书，惟吴、

---

① （宋）王溥：《五代会要・经籍》（卷8）。

② （宋）王钦若等编：《册府元龟》卷608，北京：中华书局1960年版。

蜀为多，而江南颇精，亦多修述”。南唐三代君王均尽心经营图书事业，《金华子杂记》载：“高祖(李昪)初收金陵，首兴遗教，悬金为购坟典，职吏而写史籍。闻有藏书者，虽寒贱必优辞以假之，或有贽献者，虽浅近必丰厚以答之。时有以学王右军书一轴来献，因偿十余万缯帛副焉。由是六籍臻备，诸史条集，古书名画，辐凑绛帷，俊杰通儒，不远千里，而家至户到，咸慕置书，经籍通开，文武并驾”①；元宗、后主同样注重图书的搜括，宫内藏书逾万卷，其收藏号称天下冠。前蜀国主王建在立国之初的永平元年(911年)，兴建新宫之同时，“集四部书于中”，并于次年“诏中书侍郎、同平章事张格编撰开国以来实录”②；后蜀后主孟昶同样好文，“帝好学为文，皆本于理……常敕史馆集《古今韵会》五百卷”③，并于广政十四年“诏勒诸经于石”④。吴越的钱氏家族中藏书者众多，如钱博瑛、钱文奉、钱惟治、钱俨、钱易、钱昭序、钱弘仪、钱弘仰、钱仁熙、钱侒等人，史称钱氏喜聚书。闽地王审知“(天祐元年)命管内军州搜遗书缮写以上”⑤，形成割据之后，更是大力支持佛经的缮写与传播，“造金银二藏经”，各五千四十八卷，收藏于寿山、定光。

当然除了国主重视图书，臣子亦亲身力行，进行图书的收藏，如前蜀王锴，后蜀毋昭裔，南唐徐铉、徐锴，荆南孙光宪、王惠范等人，尤其是前蜀相王锴，更是上书蜀主王建，引用历史故事，重点申明图籍对于国家兴亡的重要性：“秦灭坟典，以愚黔首，遂使圣人糟粕，扫地都尽；汉承秦弊，下武尊文，萧何入关，唯收图籍，文帝修学校，举贤良，海内晏然，兴崇礼义”⑥，进谏蜀主进行图书搜括；后蜀相毋昭裔“性嗜藏书，酷好古文，精经术。常按

① (五代)刘崇远：《金华子杂记》(卷上)。
② 《十国春秋·前蜀二·本纪下》(卷36)。
③ 《十国春秋·后蜀二·本纪》(卷49)。
④ 《十国春秋·后蜀二·本纪》(卷49)。
⑤ 《十国春秋·闽一·世家》(卷90)。
⑥ 《十国春秋·前蜀七·列传》(卷41)。

雍都旧本九经，命张德钊书之，刻石于成都学宫。蜀土自唐末以来学校废绝，昭裔出私财营学宫，立黉舍，且请后主镂版印九经，由是文学复盛。又令门人句中正、孙逢吉书《文选》、《初学记》、《白氏六帖》，刻版行之……诸书遂大彰于世”①。前后蜀君臣对于图书文化的重视，使得蜀地成为五代十国时期图书保藏活动进行得较为连续的地区。南唐政权内藏书者众，并且注重图书的校勘，对于藏书的性质具有了超越时代的认识。如：

> 鲁崇范，庐陵人……九经子史，广贮一室，皆手自校定。会烈祖初建学校，典籍残阙，下诏旁求郡县，吉州刺史贾皓就取崇范本进之，以私缗偿其直。崇范笑曰：“坟典，天下公器，世乱藏于家，世治藏于国，其实一也。吾非书肆，何酬价为？”②

鲁崇范关于典籍乃“天下公器”藏书思想是值得在中国藏书史上大书特书的一笔，其深刻性在当今仍然值得思考。后唐徐锴任官书府，史称：“久处集贤，书册不去手，非暮不出。少精小学，故所雠书尤审谛……江南藏书之盛为天下冠，锴力居多。”③《续资治通鉴长编》(简称《长编》)中就记载了徐锴校勘事迹：

> 太祖开宝六年四月，卢多逊至江南，得其臣主欢心。及还，舣舟宣化口，使人白国主曰：“朝廷重修天下图经，史馆独阙江东诸州，愿各求一本以归。”国主亟令缮写，命中书舍人徐铉等通夕雠对，送与之，多逊乃发。④

南唐朝廷藏书中经由徐锴校勘者众，即使到了宋代，仍然可以见到其踪影，宋人江少虞《宋朝事实类苑》记载：“宋太祖平江

---

① 《十国春秋·后蜀五·列传》(卷52)。
② 《十国春秋·南唐十五·列传》(卷29)。
③ 《十国春秋·南唐十四·列传》(卷28)。
④ (宋)李焘:《续资治通鉴长编·太祖开宝六年》(卷14)。

南，赐本院书三千卷，皆纸札精妙，多先唐旧书，亦有是徐锴手校者。"①十国内的荆南地区虽未建国，但其藏书亦有值得称道之处，宋时，"乾德元年，平荆南，诏有司尽收高氏图籍，以实三馆"②，另外荆南大臣王惠范、孙光宪私人藏书同样丰富，孙光宪甚至有三年内聚书三万卷的记载，"光宪每患兵戈之际，书籍不备，遇发使诸道，未尝不厚加金帛购求焉，于是三年间致书及三万卷"③，孙光宪尚属有意识的聚书，而王惠范则属于厌倦政治，藏书以赏玩，"高以诲命掌幕中军政，惠范颇以簿书符牒为俗务，但以金帛购古书图画，日披玩焉"④。

（三）社会生产力的发展

文献传承作为文化集合体的一部分，同样受到社会生产力发展的影响，这一点表现在南北发展不均衡的五代十国时期尤其明显，但是从具体的情况来看，这一时期生产力发展对于文献传承的影响有统一亦有区别，统一性表现在图书生产方式的转变对于南北的一致影响，区别在于南北社会生产的发展程度不同使得南北的文献传承呈现出一定的差异性。具体分析表现在：

1. 雕版印刷术的推广应用对五代十国时期文献传承的促进作用

正如诸多研究所指出的那样，诞生于隋唐之际的雕版印刷术，最早用以满足世俗、宗教文化载体的制作，如日历、佛经等，如唐末柳玭记载蜀地见闻："中和三年(883年)癸卯夏，銮舆在蜀之三年也。余为中书舍人，旬休，阅书于重城之东南，其书多阴阳杂记、占梦相宅、九宫五纬之流……率雕板印纸，浸染不可尽晓"，⑤

---

① (宋)江少虞撰：《宋朝事实类苑》卷50，上海：上海古籍出版社1981年版。

② (宋)江少虞撰：《宋朝事实类苑》卷31，上海：上海古籍出版社1981年版。

③ (宋)周羽翀：《三楚新录》(卷3)。

④ 《十国春秋·荆南三·列传》(卷102)。

⑤ (唐)柳玭撰：《柳氏家训》，北京：中华书局1976年版，第588页。

且唐末时期雕版印刷的图书质量不高，学者往往将其排除在收藏阅读的范围之外；而将其广泛应用于经典图书的复制、流通，作为中国古代主流意识图书的重要生产手段，却是在朝代迭兴迭废的五代十国时期，这一图书技术的推广对于中国古代文化传播具有重要的意义，曹之先生总结印刷术发明的意义："印刷术的发明是中华民族对于人类文明进程的划时代贡献……带来无可估量的经济效益和社会效益。就经济效益而言，它解放了生产力……提高了生产效率，缩短了出书周期，加快了知识信息的传播速度；降低了图书成本，减轻了读者的经济负担，扩大了知识信息交流的广度。就社会效益而言，印刷术的出现，使各类图书有更多的机会付梓刊行……它造就的大量图书，促进了公私藏书的发展，对于保存古代文化，发挥了重要作用……"①后唐时期宰相冯道等人所倡导进行的九经刊印工作在整个五代史上意义非常，正如美国学者卡特所评论："冯道的刊印经书，使印刷成为了一种力量"②，从简单意义上来说，五代时期的经书的雕版印刷虽然"不曾使手抄书籍消灭，也不曾改变书籍的形式、内容、材料"，但是"印刷术使得书籍复制的产量增加，因之书籍作为人与人之间的交通工具，更见广泛也更便利"③。总结而言，对于图书收藏，雕版印刷术应用于儒学经典，降低收藏的经济成本，增加了经典图书在社会上的流通数量，改变了以往传统图书的抄写传播模式，从而使得图书收藏从上层精英阶层逐渐流动至社会中产阶层，扩大了藏书的活动空间。自五代以后，图书收藏不再成为少数人的专利，随着雕版印刷术的推广使用，社会上流通的复本量大大增加，从而使得藏书成为简单的事情，有钱即可得，从而使得短短五代时期就出现了可考证的藏书家15位，为唐朝的藏书家的一半之数，其中尚有非官宦出身的藏书

① 曹之著：《中国古籍版本学》，武汉：武汉大学出版社1992年版，第147页。

② ［美］卡特著，吴泽炎译：《中国印刷术的发明和它的西传》，北京：商务印书馆1991年版，第66～67页。

③ ［美］钱存训著：《印刷发明前的中国书和文字记录》，北京：印刷工业出版社1988年版，第131页。

家，如太原王景绝，“家世儒者，不当用材武……天会中还家，时时购四方书抄之，晚年集书数千卷(一作万余卷)”①。这其中不可忽视的就是雕版印刷术对于图书收藏的促进作用，这种作用的发挥同样与技术的推广度有很大区别，而这种区别在五代十国的诸多政权中表现明显。

五代十国政权中，后唐并不是最早进行经典著作雕印的国家，长兴三年二月冯道、李愚奏折中言及雕印原因在于：“尝见吴、蜀之人，鬻印板文字，色类绝多，终不及经典。如经典校定，雕摹流行，深益于文教矣!”②这就说明在吴越、蜀地已经出现了种类众多的雕版印刷品，但缺少统一校勘，因此才奏请后唐明宗进行统一的校定，根据美国学者卡特的分析：“冯道与他同僚所关切的，印刷显然还是末节；它是以副产品的性质跟着来的。他们的全部心思，乃在于校定九经。他们作为中朝的代表，认为这是他们的一种特权，非蜀国伪朝所得篡夺……并且他们的帝国将借以建立一个为后世取范的标准。”③从此可以推断出吴越、蜀地在此之前也进行了文史图书的刊刻，并且发展到了一定的规格，在中原地区已有贩卖行为，冯道等出于一种维护中原王朝正朔的思维定势，上书申请校勘雕印。从这个层面上来看，蜀地、吴越两个地区，雕版印刷的图书的影响远远高于北方地区。

蜀地，自唐末乱离以来，王建据地而立，依靠险要的地理攻守、富庶的四川盆地、大量的避难贵族，形成了富贵艳丽的蜀文化，成为五代乱世中较为殷富的地区。根据史料记载，早在晚唐时期，蜀地已经出现了雕印历书，太和九年(835年)冯宿《请禁印时宪书疏》：“准敕禁断印历日版。剑南两川及淮南道，皆以版印历日鬻于市。”④咸通六年(865年)日本僧人宗睿已经能在市面上购买

---

① 《十国春秋·北汉五·列传》(卷108)。

② (宋)王钦若等编：《册府元龟》卷608，北京：中华书局1960年版。

③ [美]卡特著，吴泽炎译：《中国印刷术的发明和它的西传》，北京：商务印书馆1991年版，第64页。

④ (清)董诰等编：《全唐文》卷624，上海：上海古籍出版社1990年版。

到西川印子《唐韵》、《玉篇》，并带往日本，唐末成都地区已经出现可考的印书坊，说明蜀地在雕版印刷术的推广使用方面一直走在时代的前端，图书雕印技术在蜀地已经形成共识。如后蜀宰相毋昭裔年少贫贱时，曾向友人借书，而他人面有难色，毋昭裔则发誓："他日稍达，愿刻版行之，庶便天下学者。"①姑且不论这则笔记的真假，但是毋昭裔作为贫困少年，已经熟悉刻版印刷图书，以广传播，说明当时蜀地的印刷图书已经遍布。此外尚有数则史料证明蜀地的图书雕版，涉及道书、诗集、文集、历书等，李致忠先生在《五代版印实录与文献纪录》一文中考证翔实，本书就略述不表。

吴越统治者钱氏为王但不称帝，供奉中原，实行灵活的邦交政策，为境内的社会生活生产创造了安稳的发展环境，在五代的乱世中呈现一片繁华。前文中冯道所言的吴蜀之人贩卖印本图书，其中的"吴"所指，"最有可能是泛指太湖周边，包括吴国和吴越国的广大地区"②。学者苏勇强认为吴越之地早于后唐进行文史书籍的刻印，其论据在于引用《十国春秋》、《册府元龟》内记载，吴越王钱镠曾于宝大二年(925 年)冬十月，曾向后唐进贡"九经书史汉唐书四百二十三卷"，苏教授认为此次进贡的图书，以珍贵程度来计，当为雕印本。

南唐于雕版印刷一途，据史载，南唐元宗李璟曾令僧印制雕版《楞严经》，并命左仆射冯延巳为序；后主李煜曾雕刻《史通》与《玉台新咏》等书，相对于吴越、蜀地，关于南唐雕版印刷的记载较少，这与南唐统治者的藏书思想有关，时李氏雅好图书，但是却是着意搜括前朝古书，即手工抄写的图书，其图书搜括的手段亦是"悬金为购坟典，职吏而写史籍"③，南唐三位国主同样善书法，重视搜集钟王墨迹，在这样的收藏心理的支配下，对于图书雕版印刷者必定存有潜在的排斥，认为抄本的价值远远高于印本的价值，

① (清)叶昌炽：《藏书纪事诗 · 毋昭裔守素》(卷 1)。

② 苏勇强：《五代时期吴越国印刷文化传统》，载《深圳大学学报(人文社会科学版)》2008 年第 25 期。

③ (五代)刘崇远：《金华子杂记》(卷下)。

这正是钱存训先生在印刷术的推广时所提到"人性的保守性"，南唐国主的做法正是体现了这样的保守。

2. 国力的差异性对文献传承的影响

五代十国时期，政权兴亡交替，北方战乱连绵，风云激会，南方势力林立，有为政残暴者，纲坏纪乱，乃为中国历史上少有的乱世，半个世纪以来的混乱对社会生产、经济秩序造成了极大的破坏，统治者的仁义道德的缺失造成了五代时期的黑暗，宋文人齐丘言及五代："四海渊黑，中原血红……有生不如无生，为人不若为鬼"①。但是就诸多政权来看，各个政权内社会经济的破坏程度有着很大的区别，其中亦有诸多统治者为了维护政权稳定，采取了若干措施，从总体上来看，五代十国时期北方经济在曲折中往复，南方经济呈现区域性繁荣，南北发展不平衡是这一历史阶段的主要特色。

"仓廪实而知礼节"，文献的传承作为国家文化建设的一部分，从来与富足安稳的国家统治相联系，从经济基础决定上层建筑这一基本原理来说，五代十国时期，各国的图书事业与其社会经济环境有着紧密的联系。

北方五代政权中，后梁承唐末之乱，无暇进行文籍的建设，三馆与秘书省徒有其名而无其职；至后唐，李氏虽为少数民族，却以李唐后裔自诩，注重发展社会生产，尤其后唐明宗在位的八年间，"能力行于王化，政皆中道，时亦小康"，使得后唐政府有精力进行文教建设，因此后唐数次下诏搜书，并令人典校三馆图籍，可以说后唐时期北方经济的恢复为其文教事业的开展提供了较为充足的经济支持。后晋建立者石敬瑭在桑维翰的建议下，"推诚弃怨以抚藩镇，卑辞厚礼以奉契丹，训卒缮兵以修武备，务农桑以实仓廪，通商贾以丰货财"②，并取得了一定的成就，因此才能在天福年间

① 张辉：《五代十国时期黑暗政治述论》，载《中国人民大学学报》1999年第2期。

② 《资治通鉴·后晋纪二》(卷281)。

进行编敕和修撰唐史的工作，与此同时进行图书的购求与征集活动，九经的校勘雕印也在持续进行，这同样需要国力的支持。后汉时期，隐帝根据官员的奏请奖励献书，但成效不明显。后周世宗在北方经济复苏之后，奖励献书，并任命朝官对史馆图书进行勘定，并且效果明显。当然北方的连番军事动乱和频繁的朝代更替，对于图书建设同样有着不良影响，后唐时期，因受到国家财力限制，本计划刊石的九经就改作雕印贩卖了，《册府元龟》载："后唐冯道、李愚重经学，因言汉时崇儒有三字《石经》，唐朝亦于国学刊刻。今朝廷日不暇给，无能别有刊立……如经典校定，雕摹流行，深益于文教矣！"①

南方诸国中，图书事业较为发达的当属前后蜀、南唐、吴越、荆南，俱为统治时间较长，社会环境安稳，经济持续发展的地区，宋人江少虞在宋初从各国所获取的图书数量："乾德元年，平荆南，诏有司尽收高氏图籍，以实三馆。三年九月，命右拾遗孙逢吉往西川取伪蜀法物图籍印篆赴阙，得书万三千卷送三馆。开宝九年，平江南，命太子洗马吕龟祥就金陵籍其图书，得二万卷，悉送史馆。（伪国皆聚典籍，惟吴蜀为多，而江左颇精真，亦多修述。）"②

二　五代秘书省及其藏书研究

短暂的五代作为唐宋两大文化体之间的中间带，扮演了重要的启合转承的角色，"从制度本身来看，五代社会既是唐末弊制演变的结果，也是五代力图改变弊制的产物，因此纠弊兴利使五代社会制度的结构和程序处于比较简单的状态，这种制度本身的问题和五代更迭频繁形成了非常鲜明的对比"③。这种简单的状态表现在五

① （宋）王钦若等编：《册府元龟》卷608，北京：中华书局1960年版。

② （宋）江少虞撰：《宋朝事实类苑》，上海：上海古籍出版社1981年版，第393页。

③ 盛剑锋：《五代典章制度研究》，东北师范大学博士论文，2003年，第1页。

代国家图书文化建设方面，就体现在秘书省与三馆之间的职责归属上，唐代所建立的繁琐多层的国家藏书管理体系，至五代时期变得越发简单，集贤院、弘文馆、史馆三个机构合而为一，并称“三馆”，进行国家藏书的搜集、校勘、管理和利用，而秘书省作为自东汉末设立的图籍管理机构，在五代时期仅仅负责祝文祝板的撰写，五代时期虽然设立有秘书监、秘书少监、秘书监丞、著作郎官、秘书郎、校书郎等秘书省职官，但“官失其职久矣”①，处于一种有其官而不守其事的状态，甚至五代后唐时期，秘书省无省舍、无藏书，处于一种空壳状态。盛建锋在分析五代礼制时认为：“五代介于唐宋之间，其儒学的式微和礼制的不振构成了文化和制度相适应的两大景观……在社会结构发生了剧烈变动的背景下，五代礼制并不是通过制礼作乐的形式来反映的，而直接表现为对唐代礼制存废。”②而五代时期对于国家藏书建设制度同样也是如此，相对于唐代，并没有对原有制度进行修正与完善，而是对唐代的诸多藏书机构进行了职能上的精简，将原来分散在集贤院、弘文馆、皇宫内库、秘书省等诸多机构的藏书职能集中于三馆之中，并且由负责史书修撰的史馆进行专掌，简化了国家藏书制度，通过对集贤院、弘文馆等藏书机构职能的兴废，简化了国家藏书程序。

十国政权中设立秘书省者有吴、南唐、前蜀、后蜀、闽、南汉，其余吴越、楚、荆南未称帝设官，因此可以说诸多政权中称帝者多设有秘书省这一机构，但是因文献无征，对于十国内秘书省的研究仅在本章简单讨论。

(一)五代秘书省职官

宋人认为“五代乱离，事不足法”，因此两部宋人编撰的五代

① 《新五代史·郭崇韬传》(卷24)。

② 盛剑锋：《五代典章制度研究》，东北师范大学博士论文，2003年，第269页。

史书于典制方面少言或者不言，《历代职官表》曰："五代新史阙职官志，旧史虽有之而简陋殊甚，故官制无可考见。"①

1. 秘书监

唐制，秘书监，建制一人，品秩为从三品上，为秘书省长官，五代多承唐制。五代秘书监任职情况见表7-1：

表7-1　　五代秘书监任职情况表

任职者	朝代	年代起止	迁入官职	迁出官职	史料来源
罗周敬	后梁末帝	贞明中	两使留后	光禄卿	《旧五代史》卷九十一
马郁	后唐庄宗	同光年间	检校司空	致仕	《旧五代史》卷七十一
孔循	后唐明宗	天成元年六月—?	枢密使	?	《旧五代史》卷三十六
韩恽	后唐明宗	天成初—?		礼部尚书	《旧五代史》卷九十二
刘岳	后唐明宗	天成三年 长兴二年五月	吏部侍郎	太常卿	《旧五代史》卷三十九，卷四十二
马缟	后唐明宗	长兴二年 五月—八月	?	太子宾客	《旧五代史》卷四十二
卢文纪	后唐明宗	长兴二年八月 长兴三年十一月	太常少卿	工部尚书	《旧五代史》卷四十二，卷四十三
刘赞	后唐明宗	长兴四年四月—十一月	刑部侍郎	流放	《旧五代史》卷四十四

① （清）黄本骥：《历代职官表》（卷5）。

续表

任职者	朝代	年代起止	迁入官职	迁出官职	史料来源
高辂	后唐明宗	？—长兴四年八月？	？	卒	《旧五代史》卷四十四
卢文纪	后唐闵帝	？—应顺元年春正月	？	太常卿	《旧五代史》卷四十五
崔居俭	后唐闵帝	应顺元年 正月—八月	太常卿	工部尚书	《新五代史》卷五十五
杨凝式	后唐末帝	清泰二年 五月—十月	户部侍郎	兵部侍郎	《旧五代史》卷四十七
李专美	后唐末帝	清泰二年十月 天福元年	兵部侍郎	免职	《旧五代史》卷四十七
吕琦	后晋高祖	后晋天福二年正月 天福三年十一月	礼部侍郎	礼部侍郎	《旧五代史》卷七十六，卷七十七
李光廷	后晋高祖	天福七年五月 天福八年三月	左散骑常侍	？	《旧五代史》卷八十
卢重(损)	后晋高祖	天福八年三月	左散骑常侍	致仕	《旧五代史》卷八十一
萧愿	后晋出帝	开运元年六月	右散骑常侍	太子宾客	《旧五代史》卷八十二
张铸	后晋出帝	开运二年 后汉初	考功郎中	右庶子	《全唐文》卷八百六十一
赵上交	后汉高祖 后汉隐帝	后汉乾祐元年正月 后周广顺初	太仆卿	礼部侍郎	《旧五代史》卷一百 《全唐文》卷八百六十一
边光范	后周太祖	后周广顺元年二月？	卫尉卿	御史中丞	《旧五代史》卷一百一十一

从表 7-1 中可以分析五代秘书监的任官迁出途径：

第一，从迁入官职来看，后梁时期少年罗周敬以地方两使留后的身份迁任秘书监一职，并立即改任驸马都尉、光禄卿，明显是政治斗争导致的官职升迁，后梁时期的秘书监任命并未考虑职位本身的任职条件，秘书监在此所起到的作用，仅仅是从地方大吏转向中央闲散官员的过渡职务。后唐时期秘书监的迁入官职多为六部侍郎、太常寺卿，虽然从官品上并未剧烈变化，但这样的迁转在当时被视为贬官，“刘岳，字昭辅，洛阳人也……唐明宗时，为吏部侍郎……宰相冯道，世本田家，状貌质野，朝士多笑其陋……道闻之大怒，徙岳秘书监。其后李愚为相，迁岳太常卿”①。秘书监已经失去了唐朝的清贵地位，朝臣多以就任此职而郁郁不乐，“初，明宗崩，太常卿崔居俭以故事当为礼仪使，居俭辞以祖讳蠡。冯道改居俭秘书监，居俭怏怏失职”②。后晋时期仍然如此，朝官以就任秘书监一职为仕途末路，可见五代时期秘书监已经被完全边缘化；后晋秘书监多由左右散骑常侍迁入，“卢损，其先范阳人也……晋天福中，复为右散骑常侍，转秘书监，大失所望，即拜章辞位，乃授户部尚书致仕”③。

第二，从迁出官职来看，五代时期并无明显的规律，这与具体的任职者存在很大关系，如果任职者似后唐刘岳仅仅以个人过错被贬任秘书监，在其他人的提携下，仍然可以回到政治决策层；但是如果任职者本来年事已高，或是为形式所迫，其迁转命运将不可知。可以说五代时期太常寺卿、礼部侍郎、礼部尚书与秘书监一职之间迁转为多，说明了虽然五代虽处乱世，其任官同样遵循着一定的序列，无奈缺乏更多的史料佐证，仅凭一叶而知秋，虽片面，但亦可成立。

第三，从秘书监一职的任命来看，五代时期已经完全忽略了秘书监一职的学术性质，而仅仅将其作为一个清闲边缘官职，因此秘

---

① 《新五代史·刘岳传》(卷 55)。

② 《新五代史·刘昫传》(卷 55)。

③ 《旧五代史·卢损列传》(卷 128)。

书监的任命或是出于政治需要，或是出于掌权者排斥，再无唐代秘书监任官时的谨慎挑剔。这与五代时期秘书省职责的缺失有着很大的关联，秘书省包括其任官已经完全边缘化，成为冷僻官司。

2. 秘书少监

五代承唐制，于秘书省内设少监，后梁时期任职情况无考，但自后唐庄宗同光元年十一月，“戊申，中书门下上言：‘以朝廷兵革虽宁，支费犹阙，应诸寺监各请置卿、少卿监、祭酒、司业各一员，博士二员，余官并停……’”①。自此后，五代秘书省内设置秘书少监一人。

从五代时期秘书少监的任职情况(见表7-2)来看，更加没有规律可循。以后唐明宗时期秘书少监于峤为例，其任职与流放皆因私人事宜：

表7-2 五代秘书少监任职情况表

任职者	朝代	年代起止	迁入官职	迁出官职	史料来源
梁景	后梁	后梁			《旧五代史》卷九十二
王宗懿	后梁	天复七年?			《十国春秋》卷三十五
温辇	后唐庄宗	?—天成元年之前		太子詹事	《旧五代史》卷三十七
姚顗	后唐庄宗	?—天成元年六月		左散骑常侍	《旧五代史》卷三十六
崔憓	后唐明宗	天成元年七月 天成二年八月		右谏议大夫	《旧五代史》卷三十八

① 《旧五代史·庄宗纪四》(卷30)。

续表

任职者	朝代	年代起止	迁入官职	迁出官职	史料来源
于峤	后唐明宗	天成四年初天成四年十一月		流放	《旧五代史》卷四十
刘颀	后晋高祖	？—天福二年六月		致仕	《旧五代史》卷七十六
赵熙	后晋高祖	天福中—？		右谏议大夫	《旧五代史》卷七十九
边蔚	后晋少帝	？—天福七年七月		右散骑常侍	《旧五代史》卷八十一
段顒	后汉隐帝	？—广顺元年三月	少监致仕	将作监	《旧五代史》卷一百一十一
许逊	后周世宗	显德二年—？			《全唐文》卷八百六十
孙光宪	荆南	后汉、后周之际	？	节度副使	《十国春秋》卷一百〇二

秘书少监于峤者，自庄宗时与(赵)凤俱为翰林学士，而峤亦讦直敢言，与凤素善。及凤已贵，而峤久不迁，自以材名在凤上而不用，因与萧希甫数非斥时政，尤诋訾凤，凤心衔之，未有以发。而峤与邻家争水窦，为安重诲所怒，凤即左迁峤秘书少监。峤因被酒往见凤，凤知其必不逊，乃辞以沐发，峤诟直吏，又溺于从者直卢而去。省吏白凤，峤溺于客次，且诟凤。凤以其事闻，明宗下诏夺峤官，长流武州百姓，又流振武，天下冤之。①

① 《新五代史·赵凤传》(卷28)。

另外五代政权的中央统治力相对较弱，造成了大量地方幕职人员升朝任官，后唐时期就此情形，中书门下上书，专门讨论了幕职胜任朝官时的授官标准：

> 清泰二年八月，中书门下上言："……诸道宾席未曾升朝者……若官……兼大夫、中丞、秘书少监、郎中、员外郎与清资。初任升朝官，检校官至尚书、常侍、秘书监、庶子，升朝便与少卿监……"①

其中就规定了如果诸道幕职人员的寄禄官为秘书少监等，朝官授予清资；如检校官至秘书监，可与少卿监等官职。可见当时秘书监、秘书少监在五代朝廷看来，仅仅是具有一定官品的普通职官，完全忽略其学术性质，对于任官者也仅仅从官阶上来考虑，其学术修养完全排除在考量之外，这样就更加使得秘书省官员处于朝局的边缘，即使国家图籍编撰也少见参与，仅后晋天福六年，秘书少监赵熙参与了《旧唐书》的撰写，这与唐代秘书省官大量参与国家图籍的修撰、搜括等活动形成了鲜明的对比，可以说宋初的秘书省有名无实，其根源应该在于秘书省官职任命的草率和朝廷官制的改变。

3. 著作郎官

五代时期，著作郎官继续在秘书省的管辖之下，掌碑文、祝文、祭文等撰写，并且在秘书省丧失图籍管理的职责情形下，著作郎官的职责成为五代时期秘书省主要的职责所在。

> 张仁愿……梁贞明初，以勋臣之子起家为卫尉寺主簿，改著作佐郎、左赞善大夫……②

---

① 《旧五代史·职官志》(卷149)。
② 《旧五代史·张仁愿列传》(卷93)。

孙晟，本名凤，性阴贼，好奸谋。少为道士……大为时辈所嗤……谒唐庄宗于镇州，授秘书省著作郎。①

李超，长兴时人，官著作郎。②

(后晋开运二年)十月甲子，秘书省著作郎边玗上封事曰……③

剧可久，字尚贤，涿州范阳人。仕后唐，累迁著作郎。入晋历大理卿。④

师颂，大名内黄人。少笃学……五代末官秘书省著作佐郎。⑤

4. 秘书丞 秘书郎 校书郎

秘书丞：唐制设官一名，官品从五品上，于五代历史上搜索，仅一人就任，任期为后唐明宗天成四年八月至长兴元年十二月：

(天成四年)八月辛酉朔，以前清河县令、袭鄘国公、食邑三千户杨仁矩为秘书丞。⑥

秘书郎：唐制，从六品上，定制三人，“分掌四部经籍图书，分判校写功程事”⑦。五代时期任职情况如下：

---

① 《旧五代史·孙晟列传》(卷131)。

② (清)董诰等编：《全唐文》卷865，上海：上海古籍出版社1990年版。

③ 《旧五代史·刑法志》(卷147)。

④ (清)董诰等编：《全唐文》卷861，上海：上海古籍出版社1990年版。

⑤ (清)董诰等编：《全唐文》卷861，上海：上海古籍出版社1990年版。

⑥ 《旧五代史·明宗纪六》(卷40)。

⑦ (唐)杜佑：《通典·职官八》(卷26)。

梁文矩，字德仪，郓州人……梁福王友璋好接宾客，文矩少游其门，初试太子校书，转秘书郎。友璋领郓州，奏为项城令。①

郑韬光，字龙府，洛京河清人也……唐宣宗之外孙……自京兆府参军历秘书郎、集贤校理、太常博士……②

（冯道）亡长子平，自秘书郎授右拾遗、工部度支员外郎……第五子义，自秘书郎改授银青光禄大夫、检校国子祭酒兼御史中丞……③

校书郎（正字）：五代时期秘书省校正仍然是士子起家之良选，以冯道为例，五子中有四子入仕，均以秘书省校正、秘书郎为释褐官："亡长子平，自秘书郎授右拾遗、工部度支员外郎；次子吉，自秘书省校书郎授膳部、金部、职方员外郎、屯田郎中；第三亡子可，自秘书省正字授殿中丞、工部互补员外郎……第五子义，自秘书郎改授银青光禄大夫、检校国子祭酒兼御史中丞……"④五代时期士子及第后，授秘书省校正官者众：

姚顗，字伯真，京兆万年人……梁贞明中，历校书郎、登封令、右补阙、礼部员外郎，召入翰林，累迁至中书舍人。⑤

赵熙，字绩巨……起家授秘书省校书郎，唐天成中，累迁至起居郎。⑥

萧愿，字惟恭……愿弱冠举进士第，解褐授校书郎……历给事中、右常侍、秘书监，改太子宾客。广顺元年春卒。⑦

（桑维翰）开运中，朝廷以（桑维翰）……次子埙为秘书

---

① 《旧五代史·梁文矩列传》（卷92）。
② 《旧五代史·郑韬光列传》（卷92）。
③ 《旧五代史·冯道列传》（卷126）。
④ 《旧五代史·冯道列传》（卷126）。
⑤ 《旧五代史·姚顗列传》（卷92）。
⑥ 《旧五代史·赵熙列传》（卷93）。
⑦ 《旧五代史·萧愿列传》（卷128）。

郎……(桑维翰)乃抗表固让不受。寻改……埙为秘书省正字，议者美之。①

王朴，字文伯，东平人也……汉乾祐中，擢进士第，解褐校书郎……②

沈遘，字期远，睢阳人也……弱冠登进士第，释褐除校书郎……③

扈载，字仲熙，北燕人也。少好学，善属文。广顺初，举进士高第，拜校书郎……④

陶秀实……(晋)起家校书郎，累拜中书舍人。⑤

窦梦徵，同州人，举进士，仕梁历校书郎。⑥

(二)秘书省藏书职责

五代中央官制承接唐代，并继承了自中唐以来的官制演进趋势，其职官的设置与职权的分配随着社会结构的变化而逐渐改变，秘书省作为中央机构，同样经受五代政权与帝权的更迭嬗变的冲击，并且“三馆”的设置，接替秘书省成为国家经籍的管理机构，造成了秘书省职责被分流，在五代时期，秘书省名存职废，逐渐失去了其众多职责，唐秘书省领著作、太史两局，掌邦国经籍之事，国家藏书的搜括、校勘、管理，图书的抄写与出版等活动均由秘书省来负责，而五代时期，国家藏书的职掌由三馆所执行，图书的出版则由国子监进行雕印流通，太史局成为司天台，独立于秘书省之外，秘书省在这个时期，失去了众多职责，唯一可以肯定的是著作

---

① 《旧五代史·桑维翰列传》(卷89)。

② 《旧五代史·王朴列传》(卷128)。

③ 《旧五代史·沈遘列传》(卷131)。

④ 《新五代史·扈载传》(卷31)。

⑤ (清)董诰等编:《全唐文》卷862，上海：上海古籍出版社1990年版。

⑥ (清)董诰等编:《全唐文》卷844，上海：上海古籍出版社1990年版。

郎官所负责的碑文、祝文、祭文的撰写，仍然归秘书省所掌管，如《五代会要》载：

> 周显德五年闰七月，太常寺奏：准敕节文删集见行公事，送中书门下者，谨具如后，每有四季只应诸郊坛庙御署祝版，并是牒三司起请，却于少府监请祝版，差人吏部抄写细名衔，牒秘书省写文，牒阁门进署讫……只应逐年四季，诸州府祭狱镇海渎祝版，当司于进奏院抄写本州细名衔，具录牒秘书省撰文书写，牒阁门进署，分付本州……
>
> 周显德五年闰七月，宗正寺奏：准敕节文，删集见行公事，送中书门下者，谨具如后：……逐季太庙并别庙祠祭祝版，当寺于少府监请领，送秘书省书写讫……①

五代后梁建国伊始，其执政重点在于稳固政权，因此三馆至末帝贞明年间才有数十间狭窄嘈杂的小屋安身，而秘书省相对于三馆来讲，应该处于更加边缘的位置。后又经历了近十年，后梁为后唐庄宗所灭，庄宗进行了多次图书的搜括，在这样的情况下，秘书省仍然寂然无声。仅仅在庄宗同光二年二月下诏求书的制文中，出现了“兰台”的指代：

> 三馆、兰台，藏书之府，动盈万卷，详列九流。爰自乱离，悉多遗逸，须行搜访，以备讨寻，应天下有人能以经史及百家进纳者，所司立等第酬奖。②

而两月后枢密使郭崇韬却将国家购求图书的机构定义为三馆，《请奖献书人奏》：

> 伏以馆司四库藏书，旧日数目至多。自广明年后，流散他

---

① （宋）五溥：《五代会要·太常寺　宗正寺》（卷16）。

② （宋）王钦若等编：《册府元龟》卷50，北京：中华书局1960年版。

> 方。宜示奖酬，俾申搜访。伏乞委中书门下，再行敕命，遍下逐道。或有人家藏，能以经史百家之书进献，数及四百卷已上者，请委馆司点勘，无脱漏于卷轴，无重叠于篇题，比外写札精详，装饰周备，当据部帙闻奏，请量等级除官……①

庄宗认同了郭崇韬的建议，再次下诏求书，直接提出由三馆内史馆负责此次购求经史活动，其原因在于："史馆提举赦书节文购求经史，颇为允当，宜许施行……"②可见当时郭崇韬上书提出"奖励献书"的方式后，庄宗曾令群臣讨论章程，其中以史馆所提的建议最为允当，因此成为这次图书购求活动的主持者。同光年间，担任秘书省秘书监者，最有可能是马郁，《旧五代史》载："马郁，其先范阳人。郁少有警悟，有俊才智数，言辩纵横，下笔成文……郁在武皇幕，累官至检校司空、秘书监。武皇与庄宗礼遇俱厚，给赐优异。"③马郁作为幕职人员，更多地关注策略的谋划，庄宗朝的秘书监任命更倾向于一种贡献的认可，因此同光年间秘书监的任职人选同样也说明了秘书省职责的丧失。自此开始，国家藏书的建设由史馆具体负责，秘书省更加边缘化，成为有名无实的"空中机构"。

至后唐明宗长兴元年十二月，著作郎李超的奏请，让我们了解到秘书省在后唐的际遇，李超《请修秘书监奏》：

> 秘书监空有省名，而无廨署。藏书之府，无屋一间，无书一卷，非人文化成之道。请依六典创修之。④

① （宋）王钦若等编：《册府元龟》卷50，北京：中华书局1960年版。

② （清）董诰等编：《全唐文》卷104，上海：上海古籍出版社1990年版。

③ 《旧五代史·马郁列传》(卷71)。

④ （清）董诰等编：《全唐文》卷865，上海：上海古籍出版社1990年版。

从奏章中可以看出，虽然后唐于经籍建设在五代中值得称道，但是秘书省在经历了同光、天成、长兴年间数次图书购求，未能在国家图书建设中分得一杯羹，仍然是只有职官而无机构，作为名义上的藏书管理机构，没有房子可办公，没有图书可管理，其境遇令人唏嘘。《册府元龟》中同样收录有李超的这条奏议，与其他奏议有皇帝的批复意见不同的是，这条奏议有头无尾。

后晋、后汉缺乏秘书省相应的记载，后周时期秘书省应该有了专门的办公场所，据《五代会要》记载，宗正寺于少府监领庙祠祭祝版后，送往秘书省书写，如无办公场所，何曰送字？

(三)五代藏书聚散

虽然五代时期，秘书省的经籍职责为史馆所执行，但是五代战争频繁，政权更迭，改朝换代，造成了文献传承的不稳定，虽有图书的收聚，但同样有文献的散佚，因此在本章节，笔者将五代的官方图书建设看作一个整体，对其文献的聚散进行概括性分析，以期望能勾勒五代官藏的聚散。

1. 后梁

后梁建立，面对的同样是唐末以来混乱的国内局势，朝外地方藩镇恃强自立，社会生产濒临崩溃，军事、经济问题严重，国家财政难以支撑，甚至连朝内百官俸禄也难以给全，《资治通鉴·后梁纪二》载开平三年正月，“丙申，以用度稍充，初给百官全俸”①。朝内百官不充，典制初创，一方面是因为后梁太祖朱温为了建国，大量诛杀朝内异己，造成昭宗东迁之后，朝廷班行，备员而已；另外，“时中原多难，文章之士，缩影窜迹不自显”②，文人奉行乱世隐的原则，多不愿入仕为官，因此后梁初建，国家建制不充，未遑国家的文籍建设。

---

① 《资治通鉴·后梁纪二》(卷267)。

② 《旧五代史·孙骘列传》(卷24)。

但是从名义上来看，后梁与唐的交替并没有经过激烈的战争，对于唐原有的文籍收藏，后梁应该全盘继承，《旧唐书·经籍志》载："及先朝再幸山南，尚存一万八千卷……及迁都洛阳，又丧其半。"因此可以说后梁自唐朝继承藏书近万卷。同时后梁太祖在征伐异己的同时，将河阳节度使王师范、荆襄节度使赵匡凝两位藏书家所收藏的万余卷图书作为战利品①，收归国有，如此简单叠加，可以算得，后梁国家藏书应有两万余卷。后梁藏书除了继承唐代与征伐所得之外，另外还有个人献书行为，《旧五代史·太祖纪三》载："(开平元年五月)甲午……泉州僧智宣自西域回，进辟支佛骨及梵夹经律。"②后梁藏书疏于管理，其原因在于秘书省秘书监任职于后梁历史上仅有一位记载，即十余岁的罗周敬，短暂就任秘书监之后，即尚后梁普安公主，很快就任光禄卿，而三馆于贞明年间仓促建制，地方狭窄喧闹，甚至不能进行平常的撰修任务，更遑论需要安静广阔的库房进行图书的管理了，因此后梁的图书应该疏于管理，但图书卷数应该存在。后唐灭梁时，百官仓皇，因此地方节度使王都趁机大力购求图书，聚至三万卷，其中很难说没有后梁的官藏，至朝代更换之时，后梁的官方藏书经历了一次隐性的损失。

2. 后唐

于五代政权中，后唐对于国家藏书的建设最为着力，后唐统治者虽出身少数民族，但以李唐后裔自居，并继承了唐朝的文教政策，力图恢复唐制，因此对于官方藏书建设最为关注，甚至在扩展势力谋求立国的同时，也不忘进行图书的购买和收聚。后梁龙德二年(922年)，部将李存审收镇州，命其部下郭崇韬开府库收点战利品，"或以珍货赂遗，一无所取，但市书籍而已"③。

同光元年，李存勖灭后梁，称帝，史称后唐庄宗。后唐庄宗李

① 《旧五代史·赵匡凝列传》载：初，匡凝好聚书，及败，杨师厚获数千卷于第，悉以来献。

② 《旧五代史·太祖纪三》(卷3)。

③ 《旧五代史·郭崇韬列传》(卷57)。

存勖，通晓音律，并粗通《春秋》大义，重视文籍的搜括，于同光二年二月下令："召天下有能以书籍进纳者，各等第酬奖。"①四月枢密使郭崇韬上《请奖献书人奏》，奏请以钱帛官爵来吸引社会献书，因此庄宗再次下诏《授衔书人官敕》：

> 史馆提举赦书节文购求经史，颇为允当，宜许施行。今宜添进纳四百卷已下、三百卷已上，皆成部帙，不是重叠，及纸墨书写精细，已在选门未合格人，一百卷与减一选；无选减数者，注官日优与处分。无官者纳书及三百卷，特授试官。②

后唐庄宗重视国家藏书建设，不惜以官爵来吸引献书，可以说其在位期间，后唐官藏有了充足的发展空间。但是庄宗为政荒唐，最终导致军变，丧生宫中，而其图书收藏同样遭受乱军焚略，损失殆尽，后唐官藏经历了第一次浩劫。

后唐明宗虽目不识丁，但重用儒士，发展文教，重视国家藏书建设，多次进行图书的搜括，其地理范围涉及三川、两浙、福建、湖广等地，任命专门图书搜括使和进书官，进行图书搜集。

天成元年九月庚申，"以都官郎中庾传美充三川搜访图书使"。令其前往三川之地搜括图书，天成二年十二月，庾传美收得唐九朝实录与千余卷图书还朝，诏付史馆收藏。

《册府元龟·学校部·奏议三》载："王骞为刑部郎中，天成二年七月奏请采访图籍。"③

《旧五代史·明宗纪八》载："（长兴二年五月）甲子，都官郎中、知制诰崔棁上言，请搜访宣宗已来野史，以备编修。从之。"④

> 《五代会要·职方》载：长兴三年五月二十三日，尚书吏

① 《旧五代史·庄宗纪五》（卷31）。

② （清）董诰等编：《全唐文》卷104，上海：上海古籍出版社1990年版。

③ （宋）王钦若等编：《册府元龟》卷604，北京：中华书局1960年版。

④ 《旧五代史·明宗纪八》（卷42）。

部侍郎王权奏："伏见诸道州府，每遇闰年，准例送尚书省职方地图者，顷因多事之后，诸道州府，旧本虽存，其间郡邑或迁，馆递曾改，添增镇戍，创造城池，窃恐尚以旧规，录为正本，未专详勘，必有差殊。伏请颁下诸州，其所送职方地图，各令按目下郡县、镇戍、城池、水陆、道路，或经新旧移易者，并须载之于图，其有山岭溪湖、步骑舟揖、各得便于登涉者，亦须备载。奉敕宜令诸道州府据所管州县，先各进图经一本，并须点勘文字，无令差误，所有装写工价，并以州县杂罚钱充，不得配率人户，其间或有古今事迹、地理山川、土地所宜、风俗所尚，皆须备载，不得漏略，限至年终进纳。①

《五代会要·史馆杂录》载：长兴二年……十一月四日，史馆奏：当馆昨为大中已来，迄于天祐四朝实录，尚未纂修，寻具奏闻，谨行购募，敕命虽颁于数月，图书未贡于一编，盖以北土州城，久罹兵火，遂成灭绝，难可访求，窃恐岁月渐深，耳目不接，长为阙典，过在攸司。伏念江表列藩，湘南奥壤，至于闽越，方属勋贤，戈鋋自扰于中原，屏翰悉全于外府，固多群士，富有奇书。其两浙福建湖广，伏乞降诏旨，委各于本道，采访宣宗、懿宗、僖宗、昭宗以上四朝野史，及逐朝日历、除自银台事宜、内外制词、百司沿革簿籍，不限卷数，据有者抄录进上，若民间收得，或隐士撰成，即令各列姓名，请议爵赏。从之。②

后唐闵帝即位之初，就下令废除了后唐明宗时期确定的进书官制度，"闵帝应顺元年正月诏：'进书官刘尝郑州荥阳令、单骧唐州司法参军，今后三馆所阙书并访本添写，其进书官权停'"③。

虽然后唐末帝发动兵变而登基，但未发生大规模的兵祸即已攻克洛阳，因此这次权力的变更并未对后唐图籍搜括产生破坏。末帝

① （宋）王溥：《五代会要·职方》（卷15）。
② （宋）王溥：《五代会要·史馆杂录》（卷18）。
③ （宋）王钦若等编：《册府元龟》卷50，北京：中华书局1960年版。

在位期间虽无图书搜括行为，但是重视诏书奏对等原始政治档案的保存，即位几日，就任命学士录送。

后唐诸帝除了重视社会图书搜括之外，还进行原始档案的保存工作，如庄宗同光二年四月，史馆依唐制奏请朝内诸司报送史馆，涉及六部九寺，庄宗“宣下有司，条件施行”①；明宗天成年二年八月，“史馆修撰赵熙上言：‘应内中公事及诏书奏对，应不到中书者，请委内臣一人抄录，月终送史馆。’诏差枢密直学士录送”②。后唐末帝清泰元年四月庚寅，“史馆奏：‘凡书诏及处分公事、臣下奏议，望令近臣录付当馆。’诏端明殿学士韩昭裔、枢密直学士李专美录送”③。

另外，后唐史馆编撰了《懿祖纪年录》、《太祖纪年录》共二十卷、《庄宗实录》三十卷、《明宗实录》三十卷、《唐功臣列传》三十卷，并大理寺等官员编撰《同光刑律统类》十三卷、《清泰编敕》三十卷等图籍，全部成为三馆图书收藏的来源。另外后唐图书的聚集途径还包括地方官员的进献，如庄宗同光元年十二月，“定州王都进纳唐朝格式律令，凡二百八十六卷”④。同光三年十月，“两淮钱镠、留后钱元瓘、苏州节度使钱元璙，各贡进金银锦绮数千件、御服犀带、九经书史汉唐书共四百二十三卷”⑤。三馆人员的抄写，如后唐闵帝废除进书官制度后，诏令“三馆所阙书并访本添写”⑥，说明当时三馆内有相应的图书抄写吏员，对馆内图书进行复制抄写。

后唐图籍虽然在同光末经历了一次损坏，但是经历了后唐明宗、闵帝、末帝三位帝王的搜括与维持，其官藏应该达到了五代以来新的高度，虽然具体数量不明，但是后唐为五代之中最为重视图书建设的王朝这一说法并无异议。

---

① （宋）王溥：《五代会要·诸司送史馆条例》（卷18）。

② 《旧五代史·明宗纪四》（卷38）。

③ 《旧五代史·末帝纪上》（卷46）。

④ 《旧五代史·刑法志》（卷147）。

⑤ （宋）王钦若等编：《册府元龟》卷169，北京：中华书局1960年版。

⑥ （宋）王钦若等编：《册府元龟》卷50，北京：中华书局1960年版。

3. 后晋

后晋高祖石敬瑭以雁门关以北及幽州之地为代价，借兵契丹，灭唐称帝，改元“天福”。天福元年十一月，“庚辰，望见洛阳烟火相次……辛巳，唐末帝聚其族，与亲将宋审虔等登玄武楼，纵火自焚而死”①。可见后晋代唐，都城洛阳经历了一番兵火，后唐官藏应有所损失，但可能并不是全部。天福六年二月，晋高祖下令撰修唐史，检修国史赵莹于四月奏请进行史书的搜括和资料的搜集：

> 自季朝丧乱，迨五十年，四海沸腾，两都沦覆。竹简漆书之部帙，多已散亡。石渠金马之文章，遂成残缺。今之书府，百无二三。臣等虔奉纶言，俾令撰述。褒贬或从于新意，纂修须按于旧书。既阙简编，先忧漏落。臣今据史馆所阙唐书实录，请下敕购求。
>
> 昔咸通中，宰臣韦保衡与蒋伸、皇甫焕撰武宗、宣宗两朝实录，皆遇国朝多事，或值皇舆播越。虽闻撰述，未见流传。其韦衡裴贽，合有子孙，见居职任。或门生故吏，曾托纂修。或秘藏于士族之家，或韬隐于钜儒之室。圣代方编于旧史，耆年有事于故朝。闻此误论，谅多快惬。况行恩奖，以重购求。请下三京诸道及中外臣寮，凡有将此数朝实录诣阙进纳，请量其文武才能，不拘资地，与除一官。如卷帙不足，据数进纳，亦请不次奖酬，以劝来者。
>
> 自会昌至天复，垂六十年。其初李德裕平上党，著武宗伐叛之书。其后康丞训定徐方，有武宁本末之传。如此色类，记述颇多。复有世积典坟，家传史笔。或收纂当时除目，藏在私居。或采摭近代制书，以为文集。未逢昌运，无以发明。今属搜扬，诚为际会。既伸志业，伫见旌仇。请下中外臣寮，及明儒宿学，有于此六十年内，撰述得传记及中书银台事、史馆日历、制诏册书等，不限年月多少，并许诣阙进纳。如年月稍

① 《旧五代史·高祖纪二》(卷76)。

多，记录详备，请特行简拔，不限资序。①

依据赵莹的统计，天福六年史馆的藏书就唐实录来看，阙武宗、宣宗两朝；就史料来看，自会昌至天复六十余年的历史记载空缺，因此凡是有此六十年的记载的史料，无论是旧有藏书、私人修撰、文集、制书等图书，均在图书搜括范围之内。从赵莹所奏请图书搜括范围来看，后晋史馆至少收藏了除武宗、宣宗两朝之外的唐朝其他实录，其史料收藏包括自初唐、盛唐、中唐、晚唐武宗之前所有记载，虽然赵莹言“今之书府，百无二三”，只是相对于唐朝所产生的浩瀚的史料而言，因此可以判断天福六年史馆内尚有部分图书收藏，只是其覆盖面不全，才有了赵莹的《论修唐史奏》。

虽然不知后晋时期图书搜括的具体措施，但是以后晋用四年时间修撰《旧唐史》二百余卷的史实来看，后晋无疑在天福年间进行了广泛的图书和史料的搜括，史馆藏书经此得到了扩充，因此才能保证《旧唐书》的顺利修撰。

后晋少帝开运三年十二月壬申，“相州节度使张彦泽受契丹命，率先锋二千人，自封丘门斩关而入。癸酉旦，张彦泽顿兵于明德门外，京城大扰……甲戌，张彦泽迁帝与太后及诸宫属于开封府……时移内库至府……”②后张彦泽同样因为其剽掠京城、恣意杀戮的行为而被契丹斩于市，可见后晋的覆灭是彻底性的，其内库的诸多收藏伴随着兵祸丧失殆尽，当然也包括十数年经营的官方藏书。史载，值兵临城下之际，臣民慌乱，宫廷失火，京城中一片混乱，张彦泽纵兵抢掠，晋朝图书难免散失的结局。

4. 后汉

后汉高祖趁着契丹政乱而建国，国祚短暂，仅仅于后汉隐帝乾祐三年，礼部郎中司徒诩上书《请采遗书奏》：“臣请国家开献书之

---

① （清）董诰等编：《全唐文》卷854，上海：上海古籍出版社1990年版。

② 《旧五代史·少帝纪五》（卷85）。

路，凡天下文儒，衣冠旧族，有收得三馆亡书，许报馆进纳，据卷帙多少，少则酬之以缗帛，多则酬之以官资。自然五六年间，庶几粗备。”①是年十一月乙酉，军将弑帝，“周太祖自迎春门入，诸军大掠，烟火四发，翌日至晡方定”②。当时京城在短暂的四年后，再次遭受兵祸，当时情况十分严峻，大臣王殷、郭崇言：“若不止剽掠，比夜化为空城耳。”③可以推测，即使隐帝于乾祐三年进行了图书搜括，在这次兵匪的抢掠中，同样散失殆尽。需要指出的是，后汉时期乾祐元年，自后唐长兴年间开始雕印的九经已经完成了五经，“《周礼》、《仪礼》、《公羊》、《穀梁》四经未有印板”④，国子监请求继续进行雕印，隐帝从之。

5. 后周

后周作为五代最后一个王朝，虽时间短暂，但其不失为一个清明的王朝，太祖郭威上位伊始，即推行德化为先的帝王之道，重视经史的资治作用：

> 广顺元年冬十月己丑朔……诏报曰：“朕生长军戎，勤劳南北，虽用心于《钤》、《匮》，且无暇于《诗》、《书》，世务时艰，粗经阅历，前言往行，未甚讨寻……帝王之道，尽在于兹……所冀出入看读，用为鉴戒。”⑤

后周太祖将集贤院、弘文馆、史馆三馆廨署分离，“（广顺三年）十月敕：入厚载门内向东横街东北屋宇，宜令弘文馆、史馆、集贤三馆，于此分擘廨署”⑥。通过对三馆进行分离，从而对弘文

① （清）董诰等编：《全唐文》卷855，上海：上海古籍出版社1990年版。

② 《旧五代史·隐帝纪下》（卷103）。

③ 《旧五代史·太祖纪一》（卷110）。

④ 《旧五代史·隐帝纪上》（卷101）。

⑤ 《旧五代史·太祖纪三》（卷112）。

⑥ （宋）王钦若等编：《册府元龟》卷14，北京：中华书局1960年版。

馆、集贤院、史馆三个文化机构的职能进行细化，改变了五代以来三馆合一、官职分离的情况。

显德元年正月，后周世宗践祚。世宗在位六年，外事征伐，攻取战胜，“内延儒学文章之士，考制度、修通礼、定正乐、议刑统，其制作之法皆可施于后世”①。后周世宗文武兼略，对于朝廷制度建设同样着意，首先建立了史馆修撰日历制度，“(显德元年冬十月)戊午，监修国史李穀等上言曰：‘窃以自古王者，咸建史官……及近朝……史官唯凭百司报状，馆司但取两省制书，此外虽有访闻，例非端的……此后欲望以咨询之事，裁制之规，别命近臣，旋具抄录，每当修撰日历，即令封付史臣……’”②世宗从之，命令枢密院直学士逐月抄录事件，送付史馆收藏。

其次，重视史书的修撰和史馆内图书的聚集，进行图书搜括，并对在馆图书进行点校：

> (显德三年十二月)癸亥，诏兵部尚书张昭纂修太祖实录及梁均王、唐清泰帝两朝实录。又诏曰：“史馆所少书籍，宜令本馆诸处求访补填，如有收得书籍之家，并许进书人据部帙多少等第，各与恩泽；如是卷帙少者，量给资帛。如馆内已有之书，不在进纳之限。仍委中书门下，于朝官内选差三十人，据见在书籍，各求真本校勘，署校官姓名，逐月具功课申报中书门下。”③

后周图书经过世宗朝的着力搜括，至宋初，继承后周朝官方藏书一万三千余卷，短短六年内图书聚集上万卷，其成果显著。

6. 总结

五代虽处于乱离，各统治者在政权安定后，尚有粉饰太平之

---

① 《新五代史·周本纪第十二》(卷12)。

② 《旧五代史·世宗纪一》(卷114)。

③ 《旧五代史·世宗纪第三》(卷116)。

心，锐意进行图书的搜括、编撰、校勘等文化建设工作，可以说整个五代时期，国家藏书事业跟随政治在曲折中往复发展，几经损坏，几经收聚，散失者众，传世者亦不少，以一种比较直观的曲线图来看五代政权内图书的聚散，可以表达为(见图 7-1)：

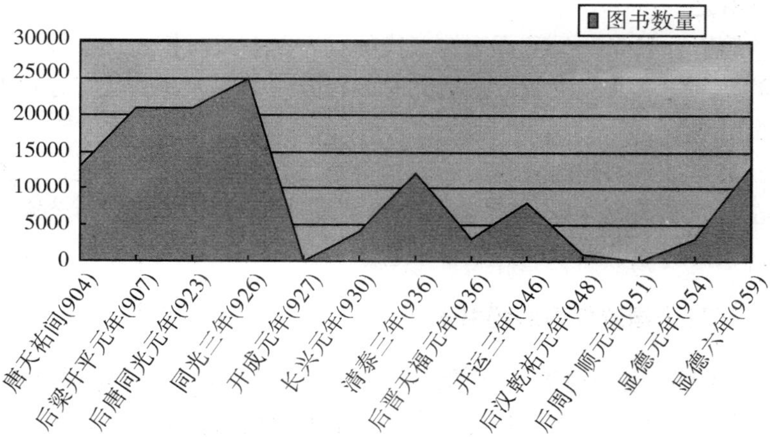

图 7-1　五代官藏聚散趋势图

图 7-1 说明：

第一，列图的目的在于更加直观地反映五代国家图书聚散的大致变化曲线，所采用的数据多为估计数据，无确切史料来源。

第二，上文提及，后梁建国初自唐继承图书分为两大部分：唐秘书省丧乱之后剩余藏书九千余卷和自杨师厚讨伐赵匡凝的战利品图书数千卷；建国后，诛河阳节度使王师范，得其藏书近万卷，因此将后梁开平元年国家藏书定义在两万卷以上。

第三，后唐继承了后梁的藏书，庄宗在位四年，可以称得上锐意经籍，以官爵钱币来吸引社会献书，再者加上其征伐中所获得的图书战利品，因此同光四年的图书称为整个五代国家藏书的定点，达到两万五千余卷。后同光四年四月，军队动乱，弑庄宗，抢掠宫城，因此后唐官方藏书付之一炬，因此后唐开成元年七月，后唐明宗即位时，官方藏书归零。后经历后唐明宗、闵帝、末帝的图书搜括、编撰、抄写，其图书数量有了明显增长，但后唐清泰三年于兵火中又有损失。

第四，后晋图书搜括以天福六年的《旧唐书》编撰为契机，围绕史书的修撰，史馆进行了大规模的图书、史料搜括，其数量有了一定的增长，但却又一次毁于晋末的覆灭中，兵将抢劫有之，契丹掠夺有之。

第五，后汉的兵乱再次给五代的官方藏书致命打击，京城在兵士的动乱中，几成空城，遑论此时的官方藏书，因此五代官方藏书再次归零。

第六，后周统治者建国后，推行德政，重视文化制度建设，因此在后周统治的十年中，官方藏书呈现持续增长的趋势，至宋建国，从后周继承藏书一万三千余卷。

(四)十国政权中的秘书省

“十国”之中建立政权者七：吴、南唐、前蜀、后蜀、南汉、闽、北汉；另外荆南、吴越、楚始终未明确建国，奉中原政权为正朔，因此未有明晰的朝廷职官建设，虽然清人吴任臣《十国春秋·百官表》内认为吴越设置有秘书省，且有秘书监、秘书郎、著作佐郎等职官，但这些职官是中原政权的任命，属于五代政权内的职官序列，因此十国中建立政权的七国中，存在秘书省建制者有吴、南唐、前蜀、后蜀、南汉、闽六国，其具体情况如下(见表7-3)：

表7-3 十国秘书省职官表①

国 名	吴	前 蜀	闽
职官设置	秘书省 监 少监 秘书郎 正字	秘书监 少监	秘书监 秘书郎 校书郎 正字
国名	后蜀	南汉	南唐
职官设置	秘书省 监 秘书郎 校书郎	著作佐郎	秘书省 监 少监 丞 秘书郎 校书郎 正字 著作局郎 佐郎

① 依据《十国春秋·十国百官表》(卷114)绘制。

1. 吴

吴由淮南节度使杨行密所建，918 年杨行密次子杨渭称大吴国王，927 年杨溥称帝，国号“吴”，其朝廷建制多仿唐朝，秘书省亦是如此，职官有秘书监、秘书少监、秘书郎、正字，史籍中记载任职者有：

江梦孙字聿修，浔阳人也……太和中，中书令徐知诰表为秘书郎。①

严续字兴宗，父可求，为吴相。续年十余岁，以父荫补千牛备身，迁秘书郎。②

高越字冲远，少举进士……遂至广陵，吴以为秘书郎。③

萧俨，庐陵人……授秘书省正字。④

乔匡舜字亚元，高邮人……烈祖辅吴，用为秘书省正字。⑤

徐铉字鼎臣，世为会稽人……起家吴校书郎……⑥

2. 南唐

十国内南唐自诩为唐朝后裔，因此其制度继承唐朝者多，是五代十国中继承唐制最为彻底的政权，秘书省内职官有：秘书监、秘书少监、秘书丞、秘书郎、校书郎、正字、著作郎、著作佐郎，虽然南唐的文籍建设成绩斐然，但是秘书省的长官秘书监仍然是一个闲散职官，以南唐名臣韩熙载的经历来看：

---

① 《十国春秋·吴十·列传》(卷 10)。
② 《十国春秋·南唐九·列传》(卷 23)。
③ 《十国春秋·南唐十四·列传》(卷 28)。
④ 《十国春秋·南唐十一·列传》(卷 25)。
⑤ 《十国春秋·南唐十一·列传》(卷 25)。
⑥ 《十国春秋·南唐十四·列传》(卷 28)。

公讳熙载，字叔言，其先南阳人……于时有吴肇基，庶事草创，公以俊迈之气，高视名流……以校书郎释褐，出为滁、和、常三州从事，公亦怡然不以屑意，咏风月游山水而已。中兴受命，上嗣抚军，以公有七子之才，膺四友之拜，征为秘书郎，掌东宫文翰。元宗深器之，及践位，以为虞部员外郎史馆修撰赐绯……上为之晓譬事理，亲加督责，而公犹不胜其忿。尝因对见，声色俱厉，因徙为秘书监。不逾年，复拜吏部侍郎。①

史料中，南唐秘书省任职者众，择而列举：

陈致雍，莆田人，仕闽为太常卿。入南唐，以通礼及第，除博士，迁秘书监致仕。②

贾潭：公讳潭，字孟泽，洛阳人也……烈祖高皇帝受命中兴，不忘旧德，徵拜秘书少监，充仪礼副使，迁中书舍人崇英翰林学士……③

徐锴字楚金，铉之弟也……元宗嗣位，起家秘书郎……未几，贬吴江尉，岁余召还……重忤权要，以秘书郎分司东都……后主立，迁屯田郎、知制诰、集贤殿学士……④

冯延巳，字正中……白衣见烈祖，授秘书郎。⑤

《秘书郎田霖可东都留守巡官制》 敕：某官田霖。朕命爱子，表正东夏。管记之任，樽俎之间，唯才与行，乃可是选。而朕在储贰，则尝知霖。文艺直心，绰有余裕。累参载笔

① （清）董诰等编：《全唐文》卷886，上海：上海古籍出版社1990年版。

② （清）董诰等编：《全唐文》卷872，上海：上海古籍出版社1990年版。

③ （清）董诰等编：《全唐文》卷872，上海：上海古籍出版社1990年版。

④ 《十国春秋·南唐十四·列传》（卷28）。

⑤ 《十国春秋·南唐十二·列传》（卷26）。

之任，近登秘籍之司。列于王官，颇叶时望。故授以留台之职，副兹托乘之求。尔往敬哉，无忝予命。①

《前山阳县尉张师古可秘书省校书郎制》　敕：王者之行庆也，奖能振滞，赦过责功，如斯而已矣。某前为县佐，以公事罢免。而闻其立身修己，有足多者，故从其涤瑕之命，升诸秘籍之司。往服乃官，勿重而悔。②

潘佑，幽州人……中书舍人陈乔、户部侍郎韩熙载交荐于元宗，起家秘书省正字。③

廖居素，将乐人。仕于昇元、保大之时。为人坚正，不为当国者所喜，困校书郎二十年，始得大理司直。④

《冯僩可秘书省正字制》　敕：五品子冯僩，兰台图书之府，起家而预之。自非有才，孰克处此？以尔早服严训，实扬令名。励学检身，如恐不及。成尔嘉器，富我士林。俾授初资，以渐清贯。无忘诗礼之学，以益刊正之勤。可。⑤

(高)远字攸远……烈祖受禅……以远为秘书省正字。保大初，迁校书郎兼太常修撰，遂为太常博士……⑥

3. 后蜀

后蜀后主孟昶好学为文，重视国家的文化建设，秘书省职官有秘书监、秘书郎、校书郎等，见于史籍：

---

① (清)董诰等编：《全唐文》卷880，上海：上海古籍出版社1990年版。

② (清)董诰等编：《全唐文》卷880，上海：上海古籍出版社1990年版。

③ 《十国春秋·南唐十三·列传》(卷27)。

④ 《十国春秋·南唐十三·列传》(卷27)。

⑤ (清)董诰等编：《全唐文》卷879，上海：上海古籍出版社1990年版。

⑥ 《十国春秋·南唐十四·列传》(卷28)。

令狐峤，仕高祖父子，官至秘书监。工吟咏，兼擅敏才，口占诗句，多所嘲谑，好事者时传其诗。①

毋守素字表淳，宰相昭裔子也。弱冠，起家秘书郎，累迁户部员外郎、知制诰……②

（广政十四年）是岁，诏勒诸经于石，秘书郎张绍文写《毛诗》、《仪礼》、《礼记》秘书省校书郎孙朋古写《周礼》，国子博士孙逢吉写《周易》，校书郎周德政写《尚书》，简州平泉令张德昭写《尔雅》，字皆精谨。③

4. 闽

闽地处偏僻，但重视佛教经藏的抄写与传播，多次进行官方的佛经抄写，规模巨大，且经藏装饰华丽，“龙德三年……王又泥金银万余两，作金银字四藏经各五千四十八卷，旃檀为轴，玉饰诸末，宝髹朱架，纳龙脑其中以灭蠹蟫”④。闽虽享国祚短暂，亦有秘书省建制，但见于史籍的仅有两名秘书省校书郎的记载：

永隆五年……六月……校书郎陈光逸直谏，鞭数百，悬颈于树以死。⑤

郑元恭，景宗时官秘书省校书郎。⑥

5. 南汉

南汉地处岭南，唐末岭南节度使刘隐据之，公元917年刘岩称帝，国号“汉”，历三世，存在67年，为宋所灭。南汉政权建制多

① 《十国春秋·后蜀九·列传》（卷56）。
② 《十国春秋·后蜀六·列传》（卷53）。
③ 《十国春秋·后蜀二·本纪》（卷49）。
④ 《十国春秋·闽一·世家》（卷90）。
⑤ 《十国春秋·闽三·本纪》（卷92）。
⑥ 《十国春秋·闽七·列传》（卷96）。

沿袭唐朝，“乾亨四年春三月，帝从兵部侍郎杨洞潜之请，始立学校，置选部，贡举，放进士、明经十余人，如唐故事，岁以为常”①。南汉政权的教育、科举、图籍等政策，多如唐故事，如宫内文房宝玩皆由宫人掌之，“离非女子，后主时宫人。内宫文房宝玩，多归典掌”②。秘书省的建制同样如此，但见于史籍秘书省官员仅有一员：“侯融，事高祖，官著作佐郎。”③可见当时南汉并有集贤御书院，“雷岳，不知何地人……乾和末，历官御书院给事，才名雅为中宗所知。朝廷有大著作，多出其手”④。可知南汉时期，秘书省著作郎官职责为集贤院所兼，因此鲜有秘书省官员的历史活动舞台。

① 《十国春秋·南汉一·本纪》(卷58)。

② 《南汉书·列传一》(卷7)。

③ 《十国春秋·南汉六·列传》(卷63)。

④ 《南汉书·列传七》(卷13)。

第三编
宋元秘书省及其藏书研究

第八章

两宋秘书省及其藏书研究

承接在五代季世之后的宋代，面临着经济、社会、阶层等诸多方面“破而立”的复杂局面，可以说赵宋一代政治体制的展开，均可立足于“革五代之弊”这个基础之上。自中唐经五代至宋初，在政治、经济、文化等方面的承接性导致了宋代基本的政治体制的建立，统治者在面对一个融破坏、杂糅、整合于一体的社会局面时，均采用探索性的发展思路，对统治方式进行探索。邓小南先生在《宋代文官选任制度诸层面》中指出：“宋初政治领袖们对于任官制度的贡献，与其说是创建了一套全新的制度，不如说是在强化中央集权的大背景下，对于二百年间不断变更的任官制度加以整理、改造；而且，当时的设官分职，绝非先规划出蓝图，再广泛推行，恰好相反，是在‘摸着石头过河’的过程中，陆续完成了这样一套体制。”①

① 邓小南著：《宋代文官选任制度诸层面》，石家庄：河北教育出版社1993年版，第1页。

一 宋代官方藏书背景

文献典籍作为宋文化的载体，展现了整个宋朝重文政策的发展，“宋朝以文为治，而书籍一事，尤切用心，历世相承，率加崇尚”①。开国皇帝宋太祖虽出身军旅，但却重视读书，太宗赵匡义继承了太祖关于“文治”的思路，在图籍之事上更进一步发展，极力搜括图书，构建宋朝官方藏书体系，营建三馆，充实秘阁，宋朝曾巩曾系统地评价了太宗的图籍建设成就：

> 三馆之设，盛于开元之世，而衰于唐室之坏。五代高武力，虽存西馆之署，而法度卑矣。宋兴，太祖急于经营，收天下之地，其于文儒之事稍集，然未能备也。太宗始度升龙之右，设署于禁中，收旧府图籍与吴蜀之书，分六库以藏之。又重亡书之购，而间巷山林之藏，稍稍益出，天下图书始复聚，而缙绅之学彬彬矣。悉择当世聪明魁垒之材，处之其中，食于太官，谓之学士。其义非独使之寻文字、窥笔墨也，盖将以观天下之材，而备大臣之选。此天子所以发德音、留圣意也。②

在宋初两位君王的引导下，有宋一代，形成了内外兼顾、诸司并有的中央官方藏书体系，成为整个官方藏书史上的一个高峰。

(一)经济因素

两宋社会经济虽然承支离破碎的五代之后，但经过近三个世纪的发展，仍然取得了令人赞叹的光辉成就，其由人口、资源、财富所构成的综合国力，远远超出了同时期世界上任何一个政权的发展水平，正如黄仁宇所说：“传统中国的物质文明，至宋朝已达到极

---

① (明)邱濬：《大学衍义补·图籍之储》(卷94)。

② (宋)曾巩撰，陈杏珍、晁继周点校：《曾巩集》，北京：中华书局1984年版，第675页。

高峰”，“当日中国是世界上最富裕和最先进的国家”。①

从代表封建国家经济发展的人口数量来看，宋朝的人口户数呈现一种持续增长的状态。从具体的户数来看，宋初建之时，原北周户数加上后期平定各国所囊括的户数，全国总户数为487.32319万户，经过一个半世纪的发展，北宋户数已经增加至2088.2258万户；南宋建立之后，史料中的户数自绍兴二十九年的1109.1885万户，发展至南宋宁宗嘉定十六年，偏安政权内的户数已经达到1267.0801万户。从增长速度上来说，北宋时期的人口持续增长势头递增，从公元960年至1110年的150年的发展中，户数增长了329%，平均每年递增9.76‰；而自英宗治平年间之后，北宋人口的年递增率为11.1‰，远远超过北宋前期。两宋交替之际，人口呈现出剧烈的递减，南宋绍兴末年与北宋大观四年的数据相比，减少了户数979万、46.9%，其原因有二，一战争导致人口的死亡，二疆域的缩小。单就南宋的人口增长速度而言，是远低于北宋的，自绍兴末至嘉定年间，户数只增长了158万户、14.2%，年平均递增2.08‰。②

北宋时期，“农业工具的划时代改进，水利建设的全国性高潮，耕作技术和耕作制度的重大变革，作物品种稳态结构的形成，局部地区(例如长江三角洲和福建沿海)开始突破传统的封闭式结构，以及粮食单位面积产量和农业生产率的明显提高等等，标志着农业生产又走上了一个新的台阶”③。北宋建立之初，宋太宗要求南方各地官员劝导农民种植麦子之类的北方作物，南宋建立之后，南下的北方士大夫习惯面食，促进了南方小麦的种植；同时北宋时期，以水稻生产为核心的精耕细作的耕作制度，迅速得到推广，以劝农为导向的一大批农业技术总结性文籍的出现，标志着宋朝时期

① 黄仁宇著：《赫逊河畔谈中国历史》，北京：三联书店1992年版，第178～179页。

② 陈智超著：《宋史十二讲》，北京：清华大学出版社2010年版，第205～220页。

③ 葛金芳著：《两宋社会经济研究》，天津：天津古籍出版社2010年版，第8页。

的农业生产逐渐开始制度化，农业生产水平获得提高。

与汉唐经济以“自然经济”为主的经济发展模式相比，宋代经济最显著的特色，就在于其商品经济的迅速发展。自晚唐至宋，随着农业生产的发展，粮食剩余量提高，煤的广泛应用，手工业的扩大生产，以及运输行业的勃兴，商品经济在宋朝得到了第二次兴盛机遇。经济作物的广泛种植、都市化进程的加速、商品的构成和商业性质的转折、商业群体的崛起和“谋利”观念的盛行、海外贸易的拓展、纸币的出现和白银的货币化等诸多因素表明，宋代的商品经济十分繁盛，不管是规模还是水平，遥遥领先于当时世界上的任何一个国家和政权。

两宋时期，农业劳动生产率的提高和粮食剩余率的提高，促进了以种植各种经济作物为主的商品性农业生产的发展，为手工业的发展提供了更多的原材料；另外技术的革新和工艺的改进，导致手工业效率的提高；中唐均田制的瓦解，农民对于国家和豪强的依附关系减弱，获得了迁徙和流动的自由，为手工业提供了充足的劳动力，这些因素都为宋朝，特别是南宋时期手工业的发展提供了前提条件。具体到手工业生产的各个行业，与藏书事业相关的造纸行业，其技术有了重大的进步。宋代的纸在唐五代的基础上有了重大的改进，制作技术有了相当的进步，纸张的韧性得到加强，材料来源增多，出现了以产地为分割的名牌纸品，纸张厚薄均匀一致，且纸幅增大，为宋代图书市场的繁盛奠定了基础，同时，印刷术凭借着造纸技术的提高，不仅使得图书的批量刊印与流通成为现实，而且还促使图书刻售业成为宋代新兴的手工业产业，促进了宋代图书事业的发展。

经济文化的积累为北宋文化政策的制定和执行奠定了坚实的物质基础，宋朝生产力的快速发展，促使社会生活诸多方面发生了重大转折，形成了新的社会文化特征，促使了宋朝在统治手段和方式上进行适应当时社会的变革。

（二）政治制度

宋太祖统一了中原地区，结束了半个世纪的割据混乱，并在其后奠定了有宋一代的基本政治制度，确定了崇文的基本国策，并积极发展教育，完善和提升科举取士对于国家官制的补充性作用。

现代政治学认为：利益集团、社会群体的政治地位提高主要体现为对国家政治生活影响能力的增强。这种能力的增强一方面通过社会群体参与政权的机会增加，中国古代的参政途径中能充分发挥文人优势的是科举考试。因此在政治上提高士大夫的地位，首先表现为把科举考试作为选举官僚的最主要正途，通过扩大科举取文士来扩充文臣队伍，扩大文臣在政权中的话语权。宋太祖即位初期，多承唐制，每年科举考试的录取人数并不多，随着“重文”政策的推行，每年科举考试录取的人数逐渐上升，根据张希清教授的统计：北宋 167 年共开科举考试 81 榜，其所取文士：正奏名进士 19628 人，诸科 16772 人，合计共 36400 人，平均每年 218 人。北宋通过特奏名制度取文士 23635 人，平均每年 141 人。加上正奏名进士、诸科，北宋共取士 60035 人，平均每年取士达 360 人。① 伴随着取士人数的增加，宋代的科举制度相对于前代亦有变革，“取士不问家世”，“一切考诸试篇”②的科举制度与行殿试、锁厅试、别头试以及糊名、誊录等方法的推行及完善，为实现科举的公平竞争提供了保障，中下层士人得以通过平等的考试进入仕途，这些士人逐渐成为了北宋士人阶层的主体力量，在北宋政治舞台上发挥着主导作用。宋代的科举制度在宋代政治中发挥了难以估量的巨大影响，一则它与教育体系相辅相成，加快了社会阶层之间的流动性，从而使得宋代社会进入到一个新的时代；二则它为宋代文官系统的出现和文官政治的形成创造了条件，并培育出一个非身份性的士大夫阶层，有学者认为：“宋代是士阶层在中国史上最能自由发挥其文化和政治功能的时代”③；三则不言而喻，科举制度普遍提高了

---

① 张希清：《论宋代科举取士之多与冗官问题》，载《北京大学学报》1987 年第 5 期。

② （宋）李焘：《续资治通鉴长编 · 庆历元年八月》（卷 133）。

③ 余英时著：《朱熹的历史世界（上册）》，北京：三联书店 2004 年版，第 378 页。

宋代士民的文化水准，促进了思想学术与文学艺术等其他文化领域的繁荣，推动了图书收藏、出版等文化事业的发展。

宋朝不仅扩大选择文士的力度，还对所取的文士授官优渥。北宋进士不仅初授官职从优，而且升迁也远较其他方式任官的人快。特别是进士高科出身的，数年入两制，十数年擢升至宰辅的相当普遍。整个北宋的七十一名宰相中，除赵普等四人为开国功臣任宰相外，只有三人不由科举而任宰相，其他六十四名均为进士或制科出身。文士通过科举得到的优待可从宋太宗末年武臣柳开的言语中得知："至于今上，凡八试天下士，获仅五千人，上自中书门下为宰相，下至县邑为簿尉，其间台省郡府公卿大夫，悉见奇能异行，各竞为文武中俊臣，皆上之所取贡举人也。"①仁宗时蔡襄说："今世用人，大率以文词进：大臣，文士也；近侍之臣，文士也；钱谷之司，文士也；边防大帅，文士也；天下转运使，文士也；知州郡，文士也。虽有武臣，盖仅有也。"②

在北宋，士大夫不仅享有从政仕途宽阔、升迁快等特权，还拥有"与帝王共天下"的无比崇高的政治地位，宋太祖更是立下了"不得杀士大夫及上书言事人"的祖训，相对于其他朝代，虽然中国历史王朝的待士政策还是比较正常的，但将其与北宋优待文士的政策相比还存在很大差距，这正反衬了宋代待士之优。因此王夫之才十分羡慕宋朝士大夫所享受的优待，"自太祖勒不杀士大夫之誓，以诏子孙，终宋之世，文臣无欧刀之辟"③。

唐末以来，"君臣上下谓学校为无益，指圣贤为迂阔，视君如弈棋，杀人如刈草，礼仪消亡，风俗大坏"④，北宋承五代丧乱，建国伊始，面临重振教育、恢复儒家伦理纲常的重任，但前代的沉疴、朝廷的积弱、军事的被动，使得宋王朝一直处于一种消极的局

---

① （宋）柳开：《河东先生集》，四部丛刊初编本，第58页。

② （宋）蔡襄：《端明集》。

③ （清）王夫之撰：《宋论》，载《船山全书：第十一册》，长沙：岳麓书社1992年版，第24页。

④ （宋）周必大：《文忠集·东宫故事五》。

面，虽然在建国之初，统治者已经在各个方面显示出崇文重儒的倾向，发布一系列兴学的教育诏令，但是内外交困的形势使得宋初落后的教育形势并未有巨大起色。庆历三年(1043 年)，范仲淹被任命为参知政事，建议仁宗实施兴学，于是仁宗在庆历四年颁布了兴学诏令：

> 州若县皆立学，本道使者选属部官为教授，三年而代；选于吏员不足，取于乡里宿学有道业者，三年无私谴，以名闻。士须在学习业三百日，乃听预秋试；旧尝充试者，百日而止。①

这次诏令开创了宋朝地方教育的新局面，并以此为标志开始了北宋第一次大规模的兴学运动，促进了北宋地方教育的兴盛，如郑獬所言："庆历初，仁宗皇帝欲以人文陶一世，乃下书俾郡邑立学，藩守之臣震慄奔走，以经以度，罔敢不虔。督工伐材，斫之削之，其声肱肱，繇京师而薄四海，于是天下盖多学矣。"②神宗即位之后，王安石开始教育兴学的改革，通过颁布统一教义，改进地方官学，改革学校体制，以教育为先导意图推进整个改革的成功，客观上为北宋教育的长远发展创造了条件，建立了北宋完善的中央加地方的教育体系。教育政策的推行，学校教育的普遍设立，知识分子被重用，刺激了教育事业的勃兴，一方面促进了如律学、算学、医学、画学、武学等专科教育的发展和完备，加强了专门学科领域的深入研究，推动了北宋一代学术文化水平的整体提高。

学者苏勇强曾用一个简单的因果关系链来表达了科举与教育两者共同促进图书文化事业发展之间的联系：

> 社会读书藏书风气、士人和科举地位的提升等(多源头因素影响)→学校数量和学生人数增加→社会书籍需求量增加→

① (宋)李焘：《续资治通鉴长编·仁宗庆历四年三月》(卷 147)。
② (宋)郑獬：《郧溪集·安州重修学记》。

刺激书籍产量提高→刺激先进书籍生产技术的采用(雕版、活字印刷术，譬如木活字、泥活字等)→流通市场的扩大和流通方式多样化→造成社会影响的多样化(包括对文学、艺术、宗教、风俗等的影响)。①

(三)文化因素

柳诒徵先生言："有宋诸帝，崇尚文治，而研穷心性，笃于践履之诸儒，乃勃兴于是时。"②北宋帝王逐步制定了以"重文崇儒"为核心的文化政策，对宋初文化的形成起到良好的导向作用。宋代文化主要具有以下的特征：

第一，多元并存的兼容状态。

文化的兼容来自于政治气氛的宽松，政府的文化政策较为开放，以至于兼容成为宋代士大夫的普遍价值取向，这一点在宋学的开放性和自由度上表现得最为充分，陈寅恪先生将六朝思想与宋朝思想相提并论，认为"六朝及天水一朝思想最为自由"③。这种自由表现在学术上，主要是宋学各派之间的相互认同，以王安石新学与其他学术流派的思想冲突为例，程朱学派虽然对王安石的学说持尖锐的批判态度，甚至不惜人身诬蔑，但仍然承认王安石"终是高于世俗之儒"，朱熹也说"王氏新经尽有好处"，肯定王安石与其学术的可取之处；另外文化的开放性主要表现为宋学对于其他学说的兼收并蓄，如对佛教、道教部分观点进行吸收改造，使其成为宋理学的重要组成部分。

第二，开放批判的创新精神。

以批判怀疑为主的创新精神首先表现在宋代思想领域的疑经精

---

① 苏勇强：《北宋科举教育与书籍刊刻》，载《贵州社会科学》2007 年第 3 期。

② 柳诒徵撰，蔡尚思导读：《中国文化史(上)》，上海：上海古籍出版社 2001 年版，第 570 页。

③ 陈寅恪著：《论再生缘》，载《寒柳堂集》，上海：上海古籍出版社 1980 年版，第 65 页。

神，宋代儒者一反前代的恪守经典的传统，首先对汉唐注疏进行重新的勘定，进而对经典的本身产生怀疑，怀疑对象遍布儒家十三经，由此诞生了一大批具有学术影响力的著作，并出现了百余位知名学者，包括二程、司马光、王安石、三苏、朱熹等人，成为中国思想史上群星璀璨的一页。

宋文化的创新精神还表现在文学领域的推陈出新，紧跟辉煌的唐诗之后，宋代可谓是“开辟真难为”，但是宋代文学家进行大胆的尝试，在诗词、文章等方面取得了不亚于唐代的成果。

第三，积极实用的经世理念。

宋代文化是格调积极的入世文化，讲究履行，注重实用，如在教育领域，其教育内容不仅仅限于传统的以经史子集为主的儒学教育，而扩展到了众多专门学科，诸如医学、算学等学科，在前代的基础上又增加了武学、医学、画学等；在文艺领域，宋代文学具有强烈的政治色彩，“宋诗好议论”，通过诗文来表达士大夫自己的政治主张成为宋代文学的主要特色；在科技领域，解决实际问题成为宋代科技领域的主旋律，并围绕此诞生了众多科技书籍，其中以沈括的《梦溪笔谈》为重要代表，另外还有宋慈的法医学著作《洗冤录》、陈旉的农业著作《农书》，以及叙述建筑工程技艺成果的《营造法式》，均在中国科技史上占据重要的位置。

宋学鲜明地反映了经世理念，以“内圣外王”为内涵的理学，其落脚点最后是在齐家治国平天下之上，众多学者的思想均明确提出“经世致用”的基本原则，强调学术要为现实服务，重视社会实际问题。

按照黄仁宇先生的观点，作为中国历史上一个重要的转折时期，宋代处于中国古代第二帝国(唐宋)的末端，“这时的文化直至20世纪都是中国的典型文化。其中许多东西在以后的一千年中是中国最典型的东西，至少在唐代后期开始萌芽，而在宋代开始繁荣”①。宋代文化在中国文化史上处于承上启下、继往开来的重要

---

① ［美］费正清、赖肖尔著，陈仲丹等译：《中国：传统与变革》，南京：江苏人民出版社1995年版，第119页。

地位，宋代文化，“在中国民族性格与中国实践理性的形成发展中，在中国民族注重气节、重视品德、讲求以理统情、自我节制、发奋立志等建立主体意志结构等方面”①，都起到了重要的积极作用；并且由于印刷术、火药、指南针三者的出现，对世界文化的发展产生了巨大的影响，英国学者培根认为：“这三种发明已经在世界范围内把事物的全部面貌和情况都改变了：第一种是学术方面，第二种是战事方面，第三种在航行方面；并由此又引起难以数计的变化来；竟至任何帝国、任何教派、任何星辰对人类事务的力量和影响都仿佛无过于这些机械性的发现了。”②

（四）士人阶层

士人产生之初是以经世与治学为主要任务，自秦王权逐渐加强，士人经世的任务逐渐演变成以国家官僚的身份参与到统治之中；魏晋时期的黑暗政治更是导致部分士人完全成为国家的代表进行统治，而另外一部分士人则在文艺领域坚持自己的理想；隋唐之际，士人阶层中的政治家和文学家的分化更为明显，但是当经过了五代动荡局面的涤荡，宋代政治、历史、人文等诸多条件相互交融，营造了一个属于士人的朝代，一方面士人作为政治官员，实现自己经世的理念，另外作为学者，他们也同样进行学术研究，开宗立派，著书立说，将士人的主要使命履行得淋漓尽致，王水照先生曾总论宋代士人：“政治家、文章家、经术家三位一体，是宋代‘士大夫之学’的有机构成”③，南宋永嘉学派陈傅良曾这样评述：

> 宋兴，士大夫之学亡虑三变：起建隆至天圣、明道间，一洗五季之陋，知向立矣，而守故蹈常之习未化。范子始与其徒

① 李泽厚著：《中国古代思想史论》，北京：人民出版社1986年版，第256页。

② ［英］培根著，许宝骙译：《新工具》，北京：商务印书馆1984年版，第103页。

③ 王水照著：《宋代文学通论》，开封：河南大学出版社1997年版，第27页。

> 抗之以名节，天下靡然从之，人人耻无以自见也。欧阳子出，而议论文章，粹然尔雅，轶乎魏晋之上。久而周子出，又落其华，一本于六艺，学者、经术遂庶几于三代，何其盛哉！①

五代的武人政治使得唐末士人的知识和能力结构受到严重的挑战，以文学才能而入仕的士人遭遇到了行政能力的考验，在极度重武轻文的政治环境中，唐末士人的性格特质、能力结构等均有着潜移默化的调整，以便适应当时的历史人文环境，一些兼具文学和治事能力的士人崛起，而且在社会的变迁中，家世背景的淡化、行政能力的凸现等诸多因素，使得寒士阶层更多地登上了政治的舞台。北宋建国之初，文臣中虽多数以进士起家，但均出身五代，精通吏道，具备基层执政的经验，正如朱熹所言"国初人才，是五代时已生得了"②，宋建国之初的士大夫，均具有浓重的五代痕迹，但是宋代士大夫真正成长为具有明确的主体意识、道德责任感强烈、兼具文学与政治的新型士大夫群体，与宋朝政治体制的调整、科举教育事业的发达、学术思潮活跃等诸多因素相关联。

赵宋皇室以军事力量取代后周而一统天下，因此在建国之初，执政的重点放在了限制武官的权力之上，因此选择了"与士大夫治天下"的政治策略，将天下治权托付于文臣士大夫，史载："艺祖皇帝用天下之士人，以易武臣之任事者，故本朝以儒立国"③。陈傅良在讨论宋朝祖宗家法时，更将"规模一以经术，事业付之书生"④作为最基本的核心，这一祖宗之法不仅仅是太祖一代的统治立法原则，也不仅仅是宋太宗恪谨奉行，并加以扩充的安邦之术，而是两宋三百年间历代帝王尊崇不辍并不断发展的治国原则。

在崇文重儒的政治氛围中，宋廷改革科举制度，扩大取士规

---

① （宋）陈傅良：《温州淹补学田记》，载《止斋先生文集》，四部丛刊本，卷39。

② （宋）黎靖德：《朱子语类》（卷129）。

③ 《宋史·陈亮列传》（卷436）。

④ （宋）陈傅良：《乾道壬辰进士赐第谢太上皇帝表》，载《止斋先生文集》，四部丛刊本，卷30。

模，拓宽士人仕进道路，并严格保证士人在仕进途径中的优越性，这样的政治诱惑力使得宋朝士大夫对国家政事具有强烈的归属感和责任心，因此他们在承担政治职责时都尽心尽力，也就是说他们在担当官吏身份时有强烈的历史责任感和使命感；同时宽厚待士和抑武崇文的国策使士人有条件对以往文化成果进行全面的继承和深刻的反思，并在文学的领域中不断探索。

从文化的角度来看，五代时期社会的混乱，动摇了士人对于儒学的崇高信仰，宋初所面临的重要任务之一，就是重建统治思想，赵宋王朝所选择的崇儒政策，迎合当时的社会趋势，儒学的复兴使得士人们不再甘于闭门闲作诗赋，而是纷纷著书立说，表达自己的政治理念和学术观点，使得学术思想领域异常活跃。而这种活跃又反过来促进思想、学术等领域的交融激荡，最终形成了"为天地立心，为生民立命，为往圣继绝学，为万世开太平"的士人精神，影响着整个宋代社会的基本舆论导向。

(五)雕版印刷术

宋王朝建立之后，基于唐五代时期对于雕刻工人的培养、印刷技术的提高、造纸行业的扩大等方面，宋代的雕版印刷行业获得了前期的技术和人力、物质的积累；此外，国家的统一，社会环境的安定，经济的复苏发展以及文化事业的复兴，种种因素促使了雕版印刷在宋朝的勃兴，并且雕版印刷的意义不仅仅局限于一种图书印刷技术的改革进步，而且在文化领域更是发挥了巨大的作用。

就雕版印刷本身来说，宋朝的出版行业存在官刻、民刻、坊刻三大系统。官刻系统中，秘书省、崇文院、国子监等中央文化机构积极参与，地方官府同样参与到刻书事业中来，并在一定程度上形成了对中央刻书的补充，形式和内容更加灵活多样。私家刻书自神宗熙宁年间版禁始开之后，进入高速发展阶段，私人出版家出于各种目的，刻印图书，促使了私人出版业的繁盛。就坊刻而言，虽然在唐末已经出现，但是它的真正发展却是在宋朝，北宋的东京、南宋的临安等地，书坊林立，贩卖自身刻印的图书，形成了一个专门以图书刻印经营为业的新兴群体。宋朝的刻书地点，遍布全国，并形成了重要的刻书中心，两宋之际的藏书家叶梦得总结各地刻书时言："今天下印书，以杭州为上，蜀本次之，福建最下。"①宋代的图书刻印内容广泛，经史子集全部囊括，由于科举和教育的发展，以及经世致用思想的影响，经史类图书和医学图书的刻印更加突出。

就印刷术的影响来说，一方面印刷技术的使用，使得图书的生产从缓慢的手工抄写方式变成了较快速度的批量生产模式，提高了图书制作的生产效率，使社会图书的流通量大大增加，提高了官私藏书的容易度。苏轼、叶梦得都曾言雕版印刷技术的使用对于士人藏书理念所带来的改变：

> 余犹见老儒先生，自言其少时，欲求《史记》、《汉书》而不可得。幸而得之，皆手自书，日夜诵读，惟恐不及。近岁，市人转相摹刻诸子、百家之书，日传万纸，学者之于书，多且易致如此。②
>
> 唐以前，凡书籍皆写本，未有模印之法，人以藏书为贵。人不多有，而藏者精于雠对，故往往皆有善本。学者以传录之艰，故其诵读亦精详。五代时，冯道始奏请官镂《六经》板印行。国朝淳化中，复以《史记》、《前后汉》付有司摹印，自是书籍刊镂者益多，士大夫不复以藏书为意。③

雕版印刷的广泛应用，为宋代官府藏书、私人藏书提供了充足的图书来源，并保证了其藏书事业的繁荣。另外一个方面，印刷术的普及，改变了传统的知识交流模式，促使了宋朝文学艺术在体裁上的推陈出新，导致了文学艺术在受众层面上的扩大和传播手段上

---

① （宋）叶梦得撰：《石林燕语》，载《全宋笔记》第二编第十本，郑州：大象出版社 2008 年版，第 115 ~ 116 页。

② （宋）苏轼撰：《苏轼文集》卷 60，北京：中华书局 1986 年版。

③ （宋）叶梦得撰：《石林燕语》，载《全宋笔记》第二编第十本，郑州：大象出版社 2008 年版，第 114 ~ 115 页。

的革新，从而弘扬了宋代文化，诚如日本学者内藤湖南所言："印刷技术的发展对弘扬文化是个巨大推动，随之出现了学问的民众化倾向。"①

二 宋朝秘书省官制沿革

宋代秘书省承五代秘书省的颓废之势，在宋初并未发挥出其职掌"经籍邦国之事"的基本职责，而是仅仅继承了唐代秘书省著作局的职能，成为祭祀祝板的书写单位，仅存职官而无书籍可管理。这种状况一直到元丰年间才得以改观，秘书省代替三馆秘阁成为国家图籍的真正管理者。南宋建炎初年，宋高宗仓促组建政权，秘书省无书可管，官员减半，形同虚设，因此建炎三年四月，高宗诏罢秘书省，原有秘书省承担的撰写任务，分摊给了礼部、太常寺两个机构。绍兴元年，南宋政权逐渐稳定，秘书省复置，从此之后，南宋秘书省作为国家常设机构，职掌图书。

（一）机构设置

唐初秘书省领著作、太史两局，天宝年间太史局独立，之后秘书省仅领著作局，这一局面为北宋初期的秘书省所继承，因秘书省的职事自五代以来被史馆、集贤、昭文三馆所夺，实际上元丰改制前的秘书省仅仅是唐著作局的延续而已。宋代秘书省所统属的机构有所改变，均发生在元丰五年（1082 年）以后，本章节将其分为四种类型：藏书机构、天文历法、修史机构、管理机构、非常设职能机构，遂按史料一一考证如下。

1. 藏书机构

五代虽承唐制，但对唐时期确立官方藏书系统进行了简化，秘书省仅留职官而无职事，图书职责则由三馆之中的"史馆"接任，

---

① ［日］内藤湖南著，夏应元译：《中国史通论》（上），北京：社会科学文献出版社 2004 年版，第 389 页。

五代时期的史馆成为国家实际的图书机构。由于宋朝的建立脱胎于五代的后周政权，因此建国初期，秘书省的设置仍然继承了五代的衰弱状况，无图书可掌，图书被存放在史馆之中。宋太宗即位之后，锐意图籍，筹建三馆，并增设秘阁，使得三馆秘阁成为国家实际上的藏书机构；太宗同时在禁中营建太清阁以替代唐代内库藏书职能，之后相继出现了龙图阁、天章阁、保文阁、显谟阁、徽猷阁、焕章阁等一大批皇家书阁，典藏宋朝诸帝的御制文集、御书、在位期间的祥瑞等宝藏。关于宋初延续三馆的做法，陈乐素先生认为五代时期“乱世无法”，实行三馆合一的藏书制度“固不足怪”，这样的做法导致“唐三馆原制至此尽变，不图宋之竟效之也”，一句“不图”表达了对宋初所延续三馆制度的惊诧和反对。历史事实表明，一直在元丰改制前，三馆秘阁乃是宋朝主要的国家藏书机构，而实际上，昭文、集贤、史馆、秘阁虽各有职官，且藏书内容存在差别，但实际上地理位置却合并在一处，统称“崇文院”，元丰五年之后，以崇文院为秘书省，秘书省完全接收了三馆秘阁的藏书，但三馆秘阁作为秘书省下辖的藏书机构，仍然具有自己鲜明的收藏特色和职官系统，因此将分而述之。

(1)史馆

宋初，史馆是作为国家主要图书修撰和收藏机构而存在的，宋代征战所获得的图书战利品，均入藏史馆中，且太祖御览图书亦向史馆宣索。史馆原位于东京右长庆门东北，仅数间小屋，宋太宗太平兴国三年二月，三馆迁新址，史馆图书位于崇文院之西廊，分经史子集四部分类排列放置，为三馆之中藏书最丰富者。另外史馆中还收集着一些天文、占候、谶纬、方术之类的禁书，并收藏有前代著名书画家的真迹。端拱元年，宋太宗设秘阁于崇文院中，分史馆中禁书五千一十二卷、图画一百四十轴与秘阁。

北宋史馆馆职有监修国史、史馆修撰、判史馆事、直史馆、史馆检讨，除此而外，还有同修国史、史馆祗候、史馆勘书、史馆编修、史馆校勘。这些馆职中，监修国史一般由宰相兼任，判史馆事一职是史馆的实际负责人，总掌史馆之事；而史馆修撰、直史馆、史馆检讨、同修国史、史馆祗候、史馆编修为图书撰修官员，亦由他官兼任；史馆勘书、史馆校勘为图书校勘人员，掌史馆内图书的校勘工作。史馆馆职的选任有不同的标准，《麟台故事》卷一载："史馆旧寓集贤院，监修国史以宰相充……修撰以朝官充，直馆以京朝官充。又有检讨、编修之名，不常置，掌修国史、日历及典图籍之事。判馆事一人，以两省五品以上充。"①

(2)昭文馆

本名弘文馆，建隆二年以犯讳改名昭文馆。宋初与史馆一起位于右长庆门东北小屋内，太平兴国三年二月，同迁入崇文院新址，其原有藏书移入崇文院东廊。昭文馆原属于门下省统辖，进入崇文院后，一同归入崇文院下。

北宋昭文馆馆职有：大学士、学士、直学士、判昭文馆事。昭文馆无职事官，名义长官为昭文馆大学士，孙逢吉《职官分纪》卷一五云："国朝建隆元年，改弘文馆为昭文馆，置大学士，宰相兼领；又置学士，取最上一员判馆事。"②《麟台故事》卷一曰："大学士一人，以宰相充。学士、直学士不常置，直馆以京朝官充……判馆一人，以两省五品以上充。"昭文馆学士职掌，"掌经史子集四库图籍修写校雠之事"③。

(3)集贤院

太平兴国三年二月，集贤院与史馆、昭文馆一起从旧址迁入崇文院新址，其原有藏书移入崇文院南廊。

北宋集贤院馆职有：集贤殿大学士、学士、直学士、集贤殿修撰、直集贤院、集贤校理、判集贤院事。《麟台故事》卷一云："集贤院大学士一人，以宰相充。学士无定员，以给谏卿监以上充；直学士不常置。掌同昭文。判院事一人，以两省五品以上充；或

---

① (宋)程俱撰，张富祥校证：《麟台故事校证》，北京：中华书局2000年版，第226~227页。

② (宋)孙逢吉撰：《职官分纪》，北京：中华书局1988年版，第366页。

③ (宋)程俱撰，张富祥校证：《麟台故事校证》，北京：中华书局2000年版，第226页。

差二人。"①

(4)秘阁

太宗端拱元年(988年)五月，秘阁初建于崇文院之中堂，《宋会要辑稿·职官》云："就崇文院中堂建秘阁，择三馆真本书籍万余卷，及内出古画墨迹，藏其中。凡史馆，先贮天文、占候、谶纬、方术书五千一十二卷，图画百四十轴，尽付秘阁。有晋王羲之、献之、庾亮、萧子云、唐太宗、玄宗、颜真卿、欧阳询、柳公权、怀素、怀仁墨迹，顾恺之画维摩诘像，韩幹马、薛谡鹤、戴菘牛及近代东丹王李赞华千角鹿，西川黄鹰、白兔，亦一时之妙也。"②

秘阁的馆舍曾三次改建，第一次增修是在淳化三年(992年)五月，"先是，度崇文院之中堂为秘阁址，而层构未立，书籍止扃偏厅房内。至是，始命修之"③。淳化三年八月，增修秘阁成，帝作《赞》赐之。同年九月，太宗临幸新秘阁，三馆学士侍从；又召武将态观群书，以知文儒之盛。"帝登阁，观群书齐整，喜谓侍臣曰：'丧乱已来，经籍散失，周孔之教，将坠于地。朕即位之后，多方收拾，抄写购募，今方及数万卷，千古治乱之道，并在其中矣。'即召侍臣，赐坐，命酒三行。仍召三馆学士预坐，日晚还宫。顾昭宣使王继思曰：'尔可召傅潜、戴兴，令至阁下，态观书籍。给御酒，与诸将饮宴。'潜等皆典禁兵，帝欲其知文儒之盛故也。"④秘阁的第二次扩建，在真宗景德四年(1007年)五月，《长编》卷六五"景德四年五月丁酉"条记载："上谓辅臣曰：'国家搜访图书，其数渐广，非时平无事，安能及此也！'乃诏分内藏西库地

① (宋)程俱撰，张富详校证：《麟台故事校证》，北京：中华书局2000年版，第227页。

② (清)徐松辑：《宋会要辑稿·职官》，北京：中华书局1957年版，第2778页。

③ (清)徐松辑：《宋会要辑稿·职官》，北京：中华书局1957年版，第2778页。

④ (清)徐松辑：《宋会要辑稿·职官》，北京：中华书局1957年版，第2778页。

以广秘阁。”第三次增修在徽宗朝初期，《宋会要辑稿·职官》曰：“徽宗即位二年，重修秘阁，崇宁元年成。”秘阁建筑宏伟壮观，《梦溪笔谈》卷二四曰：“内诸司舍屋，唯秘阁最宏壮。阁下穹隆高敞，相传谓之‘木天’。”①

太宗淳化元年(990年)八月二十一日，秘书监李至上书“乞颁明诏，令与三馆并列。至于高下之次，先后之称，亦乞著为定式”。太宗下诏曰：“朕肇兴秘府，典掌群书，仍选名儒入直于内，文籍大备，骤然可观。处中禁以宏开，非外司之为比。自今秘阁宜次三馆……”②秘阁中有馆职直秘阁、秘阁校理、判秘阁事、秘阁检讨、提辖秘阁供御图书等，《麟台故事》卷一曰：“淳化元年诏次三馆。直阁以朝官充，校理以京朝官充。掌缮写秘藏供御典籍图书之事。判阁一人，旧常以丞、郎、学士兼秘书监领阁事，大中祥符九年后以诸司三品、两省五品以上官判。国初又置秘阁校理，通掌阁事，咸平后者皆不领务。”③

北宋三馆秘阁统称为崇文院，太平兴国三年始建于左升龙门东北车府地，大中祥符八年(1015年)四月二十三日夜，荣王宫失火，延燔崇文院，于右掖门外重修崇文外院，天圣年间，重新迁回旧址，元丰五年，官制改革，崇文院改为秘书省，机构遂废。宋崇文院内职官设置与三馆类，《宋史·职官志》载：“天禧初，令(崇文外院)以三馆为额，置检讨、校勘等员。检讨以京朝官充，校勘自京朝、幕职至选人皆得备选。以内侍二人为勾当官，通掌三馆图籍事，孔目官、表奏官、掌舍各一人。又有监书库内侍一人。兼监秘阁图籍孔目官一人。”④

---

① (宋)沈括撰：《梦溪笔谈》，载《全宋笔记》第二编第三本，郑州：大象出版社2008年版。

② (清)徐松辑：《宋会要辑稿·职官》，北京：中华书局1957年版，第2778页。

③ (宋)程俱撰，张富详校证：《麟台故事校证》，北京：中华书局2000年版，第227页。

④ 《宋史·职官志四》(卷164)。

2. 天文历法、修史机构

(1)太史局

宋承唐制，太史局“掌测验天文，考定历法”①，国初并不隶属于秘书省，而是单独成局，局下设“天文院、测验浑仪刻漏所，掌浑仪台昼夜测验辰象”，另外有“钟鼓院，掌文德殿钟鼓楼刻漏进牌之事。印历所，掌雕印历书”。元丰改制后，太史局归秘书省统辖。南宋秘书省重新设置，太史局同样隶属于秘书省。

(2)编修院

宋代的编修院，或是“编修实录院”与“编修国史院”的简称，初设之时，均归史馆统辖，但以兼官充职。天圣年间，改属于门下省。元丰改制后，并归秘书省国史案统辖。南宋秘书省建立之后，与史馆一起并属于秘书省。编修院是为修史而设立的专门机构，主要负责国史、实录、会要、日历等宋代史籍的修撰。编修院作为掌管国史修撰的常设机构，相当于唐代的史馆。北宋后期，改名国史院，改隶门下省。《文献通考》卷一七四载，绍圣二年，国史院重归秘书省统辖。南宋时期，“绍兴十三年，诏编修《神宗宝训》，置国史院于秘书省，书未成而罢局”。根据《南宋馆阁录》载，国史院位于秘书省门内之东，设施有供检库、点检库、修书房、仓史堂、杂务房、装界作、什物库等。

(3)编修天文书所

北宋中期天文书编修机构，存在于元丰元年至元丰六年六月，职官由提举司天监官兼任，元丰五年之后，改属于秘书省。

(4)日历所

北宋中期编修日历机构。编修日历的人物初属于史馆，但因北宋日历的修撰并非常制，因此日历所的工作常有间断。北宋元丰改制后，编修日历的职责归秘书省著作郎官负责，入国史案。“元祐五年，移国史案置局，专掌国史、实录，编修日历，以国史院为名，隶门下省，更不隶秘书省。绍圣二年，诏日历还秘书省。宣和

---

① 《宋史·职官志四》(卷164)。

二年，诏罢在京修书诸局，惟秘书省日历所系元丰国史案，除著作郎官专管修纂日历之事无定员外，其分案编修日历书库官吏，并依元丰法。”①南宋时期，日历所初为修日历所，绍兴元年由秘书省长、贰通行修撰；三年二月，诏日历所著作郎、佐郎各以一员为额；六月，因臣僚认为秘书省权轻，不利于修纂日历，因此诏宰臣兼提举国史，十一月，改名修国史日历所。“绍兴四年五月二十四日，诏国史日历所以史馆为名。五年(八月?)移史馆于(秘书)省之册，别为一所，以增重其事。”②绍兴十年二月二十二日，诏史馆并归秘书省国史案，同年四月，重新置国史日历所，以宰相提领史职，秘书省长贰通与修撰，日历所内官吏均由秘书省吏员充任。《咸淳临安志》卷七“秘书省”条载国史日历所在秘书省内道山堂之东、著作庭东庑。

(5)会要所

全称为“编修国朝会要所”，为北宋后期和南宋编修会要的机构。徽宗元符三年十二月甲辰，诏秘书省修《国朝会要》，因此于秘书省内置局。之后，崇宁五年再次置局，局内有提举(以宰臣充)、详定、参详、编修、检阅文字等职官，均为秘书省属官，与《宋史·职官志》记载相符：

> 以省官通任其事。绍兴九年，诏秘书省官雠校《国朝会要》，逐官添给茶汤钱。乾道四年，诏尚书右仆射陈俊卿兼提举编修《国朝会要》，每遇提举官开院过局，就本省道山堂聚呈文字，提举诸司官、承受官、主管诸司官，并令国史日历所官兼。五年，令本省再加删定，以续修《国朝会要》为名……其后接续修纂，并隶秘书省。③

① 《宋史·职官志四》(卷164)。

② (宋)陈骙，佚名撰：《南宋馆阁录 续录》，北京：中华书局1998年版，第432～433页。

③ 《宋史·职官志四》(卷164)。

《咸淳临安志》卷七“秘书省”条载会要所在秘书省内道山堂之西、著作庭西庑，与日历所对门相望。

3. 管理机构

(1)提举秘书省所

为秘书省高级事务管理机构，存在时间分别在北宋政和七年至宣和七年，南宋绍兴十四年至二十五年、二十七年、宝祐二年至五年、咸淳元年至三年，其初设原因在于管理搜访图书事务以及处理秘书省新增道教事务的需要。政和二年，诏访天下图书；三年，继续下诏访求道教书籍；六年，秘书省增设道教案，处理新访道教图籍之事。七年五月，以侍从官宣和殿学士蔡攸提举秘书省并专门负责道书抄录院的工作，因北宋侍从官的地位较高，官位远远高于秘书省最高长官秘书监，因此为了安置蔡攸，秘书省专置提举秘书省所，并配备一定的官属，此后形成定例。

南宋绍兴十四年，秘书省新省舍建成，秘书少监游操援引旧例，请求置秘书省提举官，因此高宗任命礼部侍郎秦熺提举秘书省，负责图书的搜括工作。因此秘书省内专门设置有提举厅，并有编定书籍官二人，以秘书省校正充。之后绍兴二十七年二月少师孟忠厚担任此官，四月孟致仕后，此官并省去。之后宝祐、咸淳年间，因提举秘书省修国史事务，工部尚书尤焴、端明殿学士陈昉两人就任此官。宋制，秘书省内设置提举秘书省一职时，往往并不任命秘书监一职，而是仅任命少监。

(2)秘书省案

元丰改制之后，秘书省成为执掌国家图书事务部门，原有的管理体系已经不能适应改制后陡然增加的事务，因此秘书省设立四案分管本省事务，后政和中，又因搜访道教图书事，增设道教案。按照《麟台故事》记载：

> 元丰官制行，秘书省分四案：曰国史案，掌编修日历事；曰太史案，掌太史、天文、混仪等事；曰经籍案，掌典籍之事；曰知杂案，掌本省杂事。大概如此。政和中，增置

道教案。①

南宋时期，秘书省内同样设置四案以管理事务，但与北宋设置稍有差别：

> 秘书省知杂案掌行本省官到替、通理迁改关升批书、祠祭差官行事，及人吏迁补应知等杂事。经籍案，掌行秘阁御制御书、图画、经史子集书籍并朝廷检阅典故，及御前取降图画、书籍及修撰祠祭乐章等事。请官撰。祝版案掌行每岁祭天、地、社稷、宗庙及应大、中、小祀祝版，并分撰祝辞以及軷祭文等事。太史案掌行太史局历日、文德殿钟鼓楼、测验混仪刻漏所应官生迁补事……省舍，诸案分掌点检修葺。②

相对于北宋的秘书省案设置，南宋诸案有了些许的变化和进步：

其一，国史案的设置更为曲折，这与南宋的修史制度相联系，高宗绍兴元年，为修《今上皇帝日历》，于秘书省内置修日历所。二年，史馆复置，归秘书省下，于是三年十一月日历所改名修国史日历所，其原因在于秘书省上奏：

> 日历，国史，自祖宗以来系本省史馆掌修，以宰相监修。元丰官制后别置国史院或实录院，而日历归秘书省国史案，其所修日历是史馆旧制。③

之后名字几经改易，绍兴十年二月，诏将修国史之事依照元丰旧制

---

① （宋）程俱撰，张富祥校证：《麟台故事校证》，北京：中华书局2000年版，第92页。

② （宋）陈骙，佚名撰：《南宋馆阁录　续录》，北京：中华书局1998年版，第151～153页。

③ （宋）陈骙，佚名撰：《南宋馆阁录　续录》，北京：中华书局1998年版，第432页。

归秘书省国史案，但是此时秘书省内已无国史案的设置，因此“宰臣秦桧请下有司，讨论史馆建并之制”。礼部提出：史馆机构并不常设，而是“遇修正史即置国史院，遇修实录即置实录院。所有见今史馆官各罢归元来去处”①。绍兴二年二月至四月之间，秘书省内因撰修日历设置国史案，但四月二十八日，负责修撰日历的著作佐郎王扬英上言：“国史案掌修日历，有合取会文字，只以国史案移文，诸处视为不急，不即报应”②。因国史案属于秘书省下管理机构，其官员级别较低，因修纂事宜需要向其他官司申请档案记录时，其他官司均认为其官微言轻，不予理会，因此将修撰日历再次改名国史日历所，由宰臣监修，增加其权重，至此，存在了不到两个月的秘书省国史案再次消失。南宋时期其再次存在的时间是绍兴二十九年八月二十四日：

> 诏史馆修撰、检讨官更不差置。其日历属秘书省国史案，宰相监修国史。其都大提举及承受官并罢，吏人许存留二名充国史案，其余元是秘书省吏人兼管合还本省，更不支添给食钱。③

之后不久，国史案再次被罢，以国史日历所、国史院、实录院等机构继续南宋修撰史书事务，“先是，绍兴三十二年七月，诏国史日历所自三十二年六月十一日起修”④。

其二，增设了祝板案。宋初，秘书省被三馆秘阁分去了图书职责，仅余撰写祝板的职能，《宋会要辑稿·职官》云：“秘书省掌常祀祝板，监阙即以朝官、判秘阁官兼充。”又引《两朝国史志》详细

---

① （宋）陈骙，佚名撰：《南宋馆阁录　续录》，北京：中华书局 1998 年版，第 433～434 页。

② （宋）陈骙，佚名撰：《南宋馆阁录　续录》，北京：中华书局 1998 年版，第 434 页。

③ （宋）陈骙，佚名撰：《南宋馆阁录　续录》，北京：中华书局 1998 年版，第 434 页。

④ （宋）陈骙，佚名撰：《南宋馆阁录　续录》，北京：中华书局 1998 年版，第 197 页。

说明："秘书省判省事一人，以判秘阁官兼。凡邦国经籍图书悉归秘阁，本省惟掌常祭祀祝板而已。"元丰改制以后，经籍之事尽归秘书省负责，祝板祭文的撰写同样继续由秘书省官员负责，秘书省设立分案负责各种事务，但其中并没有设置专案负责祝板文字的撰写，而是由著作郎官负责，《宋会要辑稿·职官》引《神宗正史职官志》载：著作郎、佐郎负责"修时政记，起居注，修纂日历，祭祀祝辞"。渡江之后，南宋政权建立仓促，秘书省无书可掌，因此秘书省被罢，原属于秘书省的祭文祝板撰写工作分与礼部郎官、太常博士撰写。绍兴元年六月十三日，将祭文祝板的撰写任务再次发回秘书省。绍兴二年二月，初置著作官二员。当时的祝板祭文的撰写工作是由秘书省全体官员共同承担，"每遇祠祭，太常寺移文差献官，本省以官序轮差，周而复始"①。之后，秘书省建制逐渐完备，专门设立祝板案管理每年的祝辞祭文的撰写工作，"(省职事官)每月书写祝版，呈省官讫，具奏目进请御名，降出付省，于祀前两日，太常寺供官请领"②。

(3)其他案

南宋乾道以后，秘书省内尚设置有守楷书案、供检案、杂务使臣案、修书案等专门负责某项事务的管理机构。

4. 非常设职能机构

(1)图书补写机构

补写书籍局：元丰五年之前为补写书籍所，始置于熙宁七年，主要任务是抄写求访到书籍，抄写完毕后，送三馆秘阁收藏，设置有补写楷书二十名。元丰五年改隶秘书省，改所谓局，职事、官属不变，元祐二年八月因置校对黄本书籍所而罢局。

补完御前书籍所：为北宋后期图书整理抄写机构，存在时间为

① (宋)陈骙，佚名撰：《南宋馆阁录 续录》，北京：中华书局1998年版，第151页。

② (宋)陈骙，佚名撰：《南宋馆阁录 续录》，北京：中华书局1998年版，第152页。

宣和元年至四年。宣和初，提举秘书省官员建议置补完御前书籍所于秘书省，负责图书的搜访工作，用以校对省内藏书，“以侍从官十人为参详官，余官为校勘官，又进士以白衣充检阅者数人”①。

补完校正御前文籍局：本为补完御前书籍所，宣和四年四月十八日诏：“三馆图书之富，而历岁滋久，简编脱落，字画讹舛……乃命建局，以补缉校正文籍为名，设官综理，募工缮写，一置宣和殿，一置太清楼，一置秘阁，仍俾提举秘书省官兼领其事。”②宣和六年四月，诏殿中监察行户部侍郎王义叔并兼校正御前文集，九月，诏罢校正御前文籍官吏，并归秘书省。

补写所：南宋秘书省内图书抄写机构。绍兴十四年五月二十八日，秘书郎张阐以秘书省新成，援引旧例，请置补写机构，以书写校勘黄本书籍，同日，诏于秘书省内置补写所③。所内置书写楷书二十人，“课程每日书写二千字，遇入冬书写一千五百字，并各置工课手历，每日抄传书勘点检，月终结押”④。

(2)校勘机构

校对黄本书籍所：元祐二年六月，秘书省上言补完校正三馆书籍中应送秘阁收藏的黄本，奏请差补写楷书三十人，手分四人，成立校对黄本书籍所以校对新补写的黄本图书。书籍长官为提举黄本书籍，以翰林学士兼任；职事官为校对黄本书籍，节次增添至五员。该所的成立承接自元祐二年罢局的补写书籍局，绍圣元年四月，诏罢秘书省校对黄本，因此校对书籍所亦罢。《宋会要辑稿·崇儒》载：

---

① 苗书梅等点校：《宋会要辑稿·崇儒》，开封：河南大学出版社 2001 年版，第 226 页。

② 苗书梅等点校：《宋会要辑稿·崇儒》，开封：河南大学出版社 2001 年版，第 226 页。

③ (宋)陈骙，佚名撰：《南宋馆阁录　续录》，北京：中华书局 1998 年版，第 22 页。

④ (宋)陈骙，佚名撰：《南宋馆阁录　续录》，北京：中华书局 1998 年版，第 22 页。

（宣和六年）九月十九日……中书省请并补完校正御前文籍并归秘书省，只用馆职校勘。少监充校勘官，校书郎、正字充初校正官，丞、郎、著作佐郎充覆校正官。①

（3）其他非常设机构

详定编修《九域图志》所：北宋后期《九域图志》的编修机构，《麟台故事》卷二“职掌”载：“崇宁以后，置编修国朝会要所、定九域图志所两局于秘书省……《九域图志》，前朝固尝修订，止就馆阁而不置局。崇宁虽就秘书省，然置局设官，以从官位详定，余官为参详，修书官为编修官、检阅编修。”②宣和二年六月“甲午，罢礼制局并修书五十八所”③，《九域图志》所同时被罢，《九域图志》撰修归秘书省官。

注解《圣济经》所：北宋后期《圣济经》的编写机构，存在于政和八年至宣和二年，似由秘书省管辖，宣和二年六月，并罢。

雕印历书所：北宋后期以及南宋时期太史局辖下的历书印制机构，因此统归秘书省，《宋史·职官志》载：

印历所，掌雕印历书。南渡后，并同隶秘书省，长、贰、丞、郎轮季点检。④

（二）职官设置

宋代秘书省的职官设置复杂，其原因主要在于北宋的秘书省以元丰五年为界，职责、地位等方面发生了重大变化；而南宋秘书省是伴随着政权的成长逐步完善的，其职官的设置也多有变化。另外一个原

① 苗书梅等点校：《宋会要辑稿·崇儒》，开封：河南大学出版社2001年版，第226页。

② （宋）程俱撰，张富祥校证：《麟台故事校证》，北京：中华书局2000年版，第95页。

③ 《宋史·徽宗本纪四》（卷22）。

④ 《宋史·职官志四》（卷164）。

因还有秘书省的隶属机构变化频繁，对于这些机构任职情况难以把握，因此本章节就围绕秘书省的图书职责对其官吏设置进行研究。

1. 官员

(1)秘书监

定员一人，或可空缺。为秘书省长官，常制一人，正四品；宋秘书省亦存在无秘书监任命的存在：

第一种情况：在秘书监缺员的情况下，由判秘阁的官员充任，《宋会要辑稿·职官》载“监阙即以朝官、判秘阁官兼充”。

第二种情况：“秘书监阙，以判秘书省官兼充”①。

第三种情况：两宋时期，在朝廷任命了提举秘书省官的情况下，一般将秘书监一职缺任。

第四种情况：可同时任命两名秘书少监、秘书丞以代替秘书监一职。《麟台故事》卷四“官联”载：“元丰官制秘书监、少监各一人，或少监二人、丞二人、秘书郎二人，通掌省事。”②

元丰改制前，秘书监一职为寄禄官，仅“掌祭祝版、正辞录”，同时与著作局分担常例祭祀的祭文书写，“凡邦国经籍图书，悉归秘阁”。元丰改制以后，秘书监由寄禄官变为职事官，“掌古今经籍图书、国史实录、天文历数之事”③。

北宋时期，按《政和禄格》，“行秘书监职钱四十二贯，守三十八贯，试三十五贯，米、麦各十石”，并有厨食钱十五贯；南宋时期，增加“添给钱十贯”，而厨食钱减少为十二贯。另外还有厅子一名，衣粮亲事官六人，承送六人(南宋时改为三名)作为随从。④

(2)秘书少监

从五品，常制一人，在秘书监阙任的情况下，可任命二人，副

---

① (宋)程俱撰，张富祥校证：《麟台故事校证》，北京：中华书局2000年版，第81页。

② (宋)程俱撰，张富祥校证：《麟台故事校证》，北京：中华书局2000年版，第159页。

③ 《宋史·职官志四》(卷164)。

④ 均参见《麟台故事》卷五，《南宋馆阁录》卷九。

于秘书监职掌秘书省之事，元丰之前，为寄禄官，后为职事官。北宋时期，按《政和禄格》，“行少监职钱三十五贯，守三十二贯，试三十贯，米、麦各七石五斗”，并有厨食钱十五贯；南宋时期，厨食钱减少为十二贯。另外还有厅子一名，衣粮亲事官四人，承送四人(南宋时改为二名)作为随从。

(3)秘书丞

从七品，常制一人，在秘书监阙任的情况下，可任命二人，参领秘书省之事。北宋时期，按《政和禄格》，“行丞职钱三十二贯，守二十二贯，试二十贯(按注释改)”，并有厨食钱九贯；南宋时期，但增加米三石。另外还有厅子一名，衣粮亲事官二人(南宋改为一人)，承送二人(南宋时改为一名)作为随从。

(4)著作郎

一人，北宋宣和年间改为二员，南宋建炎年间著作郎官设置不明，建炎三年四月十三日，罢秘书省，著作郎并罢，出任他官；绍兴二年二月丙戌，设著作郎一员，绍兴五年八月三日，定制二员，隆兴元年五月至八月间，减为一员，其后不定额。《合璧后集》卷三十七“著作郎”条载：“国初以寄禄官，元丰正名，始实有职掌”①，实际上情况并非如此，自宋朝初期，著作郎官就与秘书省官员共同负责常例祭祀的文字撰写工作，如果著作局官阙，这些撰写工作则由秘书丞、郎共同负责。之后，元丰改制，根据《宋会要辑稿·职官》引《神宗正史职官志》，可知著作郎负责“修时政记，起居注，修纂日历，祭祀祝辞”，其职掌剧增。北宋时期，按《政和禄格》，“行著作郎职钱二十五贯，守二十二贯，试二十贯”，并有厨食钱十二贯；南宋时期厨食钱减少为九贯，但增加米三石。另外还有厅子一名，衣粮亲事官二人(南宋改为一人)，承送二人(南宋时改为一名)作为随从。

(5)著作佐郎

定制二人，南宋建炎年间设置不明，建炎三年四月十三日，罢秘书省，著作佐郎并罢，出任他官；后绍兴二年二月丙戌，设一

---

① (宋)谢维新:《合璧后集》(卷37)。

员；四年六月十八日，增置一员，绍兴五年八月三日，定制二员，其后不定额。职掌与著作郎同，但俸禄较少，北宋时期，按《政和禄格》，“行……著作佐郎职钱二十二贯，守二十贯，试十八贯”，并有厨食钱九贯；南宋时期但增加米三石。另外还有厅子一名，衣粮亲事官二人（南宋改为一人），承送二人（南宋时改为一名）作为随从。

（6）秘书郎

二人，南宋建炎年间秘书郎设置不明，建炎三年四月十三日，罢秘书省，秘书郎并罢，出任他官；绍兴四年六月十八日，设一员，绍兴五年八月三日，定制二员。元丰改制之前，在著作郎官阙员的情况下，参与祝板祭文的撰写，元丰改制以后，负责图书的收藏工作，《宋史·职官志》载：“秘书郎二人，掌集贤院、史馆、昭文馆、秘阁图籍，以甲、乙、丙、丁为部，各分其类。”①北宋时期，按《政和禄格》，“行秘书郎……职钱二十二贯，守二十贯，试十八贯”，并有厨食钱九贯；南宋时期但增加米三石。另外还有厅子一名，衣粮亲事官二人（南宋改为一人），承送二人（南宋时改为一名）作为随从。

（7）秘书省校书郎、正字

宋初设校书郎四人，正字二人，北宋宣和年间增为十二人；南宋建炎年间设置不明，绍兴二年二月丙戌，各设两员；五年八月三日，通除十二员；隆兴二年改为四员，二年诏不立额。《宋史·职官志》载校正职责为：“掌校雠典籍，判正讹谬，各以其职隶于长贰”②，而徽宗朝，校正亦负责书库的管理，“（政和）八年四月二十九日，尚书工部员外郎滕康奏：‘……凡四库之书，以校书郎、正字掌之，分总刊正出纳之事。’从之”③。北宋时期，按《政和禄格》，“行校书郎职钱十八贯，守十六贯，试十四贯；行正字职钱

---

①　《宋史·职官志四》（卷164）。

②　《宋史·职官志四》（卷164）。

③　（清）徐松辑：《宋会要辑稿·职官》，北京：中华书局1957年版，第2764页。

十六贯，守十五贯，试十四贯”，并有厨食钱九贯；南宋时期但增加米三石。另外还有厅子一名，衣粮亲事官二人（南宋改为一人），承送二人（南宋时改为一名）作为随从。

2. 吏员设置

宋初，秘书省图书职事为馆阁替代，因此机构内官吏减少，仅有“书令史一人，楷书六人”，元丰改制以后，秘书省不仅接收了三馆秘阁的图书，将其官署亦一并接收，因此官吏充足，形成了明显的两个系统，一是秘书省吏人，一是原馆阁吏员，情况复杂。崇宁年间，以元丰官制参考定秘书省内吏员品阶和员额，《麟台故事》卷四“官联”载：

> 昭文馆孔目官、书库官、头名守当官、史馆孔目官、四库书直官、表奏官、上二名书库官、集贤院孔目官、书库官，为流外从九品。①

由引文可知，元丰以后，北宋秘书省内的集贤院、昭文馆、史馆、秘阁四个藏书机构自成体系，并设立职能相同、品阶相似的吏员来分别进行图书的管理工作，这就对秘书省的吏员统计工作造成困难，且各个书库的吏员升迁途径、俸禄均存在细微的差别，以三馆秘阁中所设立的守阙升迁制度为例：

> 昭文馆守阙五人，据所见阙分两头项迁补出职：一项补正名楷书……自补正名楷书至头名共及二十年出官；一项守当官……自补守当官至孔目官年满出职二十年。史馆守阙五人，据所见阙分两头项迁补出职：一项补正名楷书……自补正名楷书至头名出官共及十九年半；一项补守当官……自补守当官至

① （宋）程俱撰，张富祥校证：《麟台故事校证》，北京：中华书局2000年版，第177页。

> 孔目官年满出职二十年零二个月。集贤院守阙五人，据所见阙分两头项迁补出职：一项补正名楷书……自补正名楷书至头名出官共及十九年零十个月；一项补守当官……自补守当官至孔目官年满出职共二十年。秘阁守阙旧以十人为额，今减作五人为额。据所见阙分两头项迁补出职：一项补正名楷书……自补正名楷书至头名出职共及十九年零三个月；一项补典书……自补典书至孔目官年满出职共十九年零二个月。①

渡江之后，秘书省建制不全，甚至有权停的史实，因此南宋建炎年间秘书省吏员的设置可忽略不计。“绍兴元年四月十四日，诏秘书省权置书库官二人，楷书十人。”②后绍兴三年五月十三日，礼部奏请依照史馆吏额恢复秘书省的吏员设置，因此秘书省才增设了表奏官、孔目官、四库书直官、书直官、书库官、守当官、守阙、正系名等吏员，之后员额多有变化。依照《宋史·职官志》记载秘书省：“吏额：都、副孔目官二人，四库书直官二人，表奏官、书库官各一人，守当官二人，正名楷书五人，守阙一人，正贴司及守阙各六人，监门官一人以武臣充，专知官一人。”③

（三）省舍设置

宋初秘书省承五代势弱之弊，图书职责尽被史馆所夺，虽有“图书之府”之名，却名不副实，处于一种“虽有秘书省职官而无秘书省图籍”④的境地。宋太宗即位后，锐意图籍，于太平兴国年间筹建三馆新址，并增设秘阁、太清楼等藏书机构，使得宋朝藏书地点有了第一次改变，但秘书省仍旧维持原状，并未得到任何改观。

① （宋）程俱撰，张富祥校证：《麟台故事校证》，北京：中华书局2000年版，第177～179页。

② （宋）陈骙，佚名撰：《南宋馆阁录　续录》，北京：中华书局1998年版，第153页。

③ 《宋史·职官志四》（卷164）。

④ （宋）程俱撰，张富祥校证：《麟台故事校证》，北京：中华书局2000年版，第82页。

淳化元年二月二十一日，吏部尚书兼秘书监李至上言请定三馆秘阁次序，并曰："其秘书省既无书籍，原隶京百司，请一如旧制。"同年八月，太宗下诏："自今秘阁，宜次三馆，其秘书省，依旧属京百司。"①此后，三馆秘阁的馆址几经变化，终于在元丰年间成为秘书省的所在地，因此对于北宋的秘书省省舍的探讨，应该从仁宗之后崇文院的再次改址算起。

1. 北宋秘书省省舍的变化

(1)元丰改制前

宋太祖在位期间，虽然在平乱过程中重视接收各国藏书，但对于馆舍的营建并不在意，庋藏图书的史馆委身于汴京城右长庆门东数间小屋内，与集贤院、昭文馆共处其中，环境嘈杂，房屋破旧，"湫隘卑痺，周庐徼道在旁；卫士驺卒喧杂"。宋太宗赵匡义即位之后，幸三馆，惊诧于设施的弊陋，重新营建三馆。

> 太平兴国二年，太宗幸三馆，顾左右曰："是足以蓄天下图书，待天下贤俊邪?"即日诏有司度左升龙门东北车府地为三馆。命内侍督工徒，晨夜兼作。其栋宇之制皆帝所亲授，自举役车架凡再临幸。三年二月丙辰朔成，有司奏功毕，乃下诏曰："国家聿新重构，大集群书，宜锡嘉名，以光策府。其三馆新修书院宜为崇文院。"②

新建成的三馆"栋宇宏大"，环境优美，太宗"又令作园囿，植卉木，引金水河以注焉。西序启便门通乾元殿，以俟临幸"。工程完成之后史馆、集贤院、昭文馆三馆图书尽数迁入其中。那么此时，秘书省在哪里呢？《麟台故事》卷二"职掌"载："秘书省在光化坊，

---

① (宋)江少虞撰：《宋朝事实类苑》，上海：上海古籍出版社1981年版，第390～391页。

② (清)徐松辑：《宋会要辑稿·职官》，北京：中华书局1957年版，第2778页。

隶京百司……所掌祠祭祝版而已，书籍实在三馆秘阁”。据张福祥先生考证，宋时东京内城原分左右各两厢，光化坊在右第一厢(右掖门外)，此厢多官衙禁军营地①，如《玉海》卷一二七记载“都亭驿在光化坊”，秘书省寓居此地，说明宋初将其作为普通的官司来设立，而没有考虑自汉以来所传承的秘书沿革。秘书省明确失去图书职责是在兼秘书监李至为其争取地位之后，《宋会要辑稿·职官》载：“太宗淳化元年八月，诏秘阁次三馆，秘书省仍旧隶京百司。二年二月，诏秘书省著作局掌撰祠祭祝文，今定《正辞录》三卷，令秘书省依此行用。”自太宗淳化之后，秘书省失去了图书的职责，而只是履行原唐秘书省著作局的职能，“自后凡《正辞录》外，有常例祭者，著作局分撰；或在京阙著作局官，亦有秘书丞、郎撰者。真宗景德元年十二月，诏秘书省拣能书人写祝版，委秘书监躬亲点检，方得进御书名”②。引文中出现的“在京阙著作局官”一句，更是说明了当时秘书省官职乃为寄禄官，任秘书省官多他官兼任，或出任地方，这就导致了京城内出现著作郎官阙员的情况，那么祝文的撰写工作暂时由秘书丞、郎担任，而自真宗以后，秘书省全体官员的职责则演变成祭文等文字撰写，图书职责全无。

虽然真宗大中祥符八年(1015年)四月，宫中荣王元俨宫大火，“大火燃烧一日二夜，焚毁屋宇二千间，三馆图书一时俱尽”③，那么在这种情况下，真宗采纳陈彭年的建议，“于右掖门外道北为(崇文)外院”，收藏三馆图书，而秘阁则在原地进行修葺，天禧元年(1017年)八月建成，崇文院被一分为二，外院负责图书的抄写扩充、校勘、雕造印版等工作，内院秘阁则承担了禁中秘书的角色，提供御览图书。这样一来，与秘书省原有的地理位置相联系，崇文外院的选址或与秘书省比邻而居，或是与秘书省隔街相望，那

---

① (宋)程俱撰，张富祥校证：《麟台故事校证》，北京：中华书局2000年版，第82页。

② (清)徐松辑：《宋会要辑稿·职官》，北京：中华书局1957年版，第2778页。

③ (宋)钱惟演：《玉堂逢辰录》(卷1)。

么这个坊区的环境怎么样呢？天圣九年(1031 年)，仁宗听从集贤校理谢绛的建议，以崇文外省“直舍卑喧，民栏业接，大官卫尉，供拟滋削”，非“隆儒育才”之地为原因，于十一月八日“诏徙三馆于崇文院”。由此可知，宋神宗之前，秘书省所在的光化坊内多官司卫尉，且逼近民居，环境并不美好，但是秘书省仍然在此办公百余年，直到元丰改制，诏以崇文院为秘书省，秘书省的硬件设施才得到改观。

(2)元丰改制后

元丰年间，以“董正官制之实”为目的，神宗赵顼大力推行官制改革，下令“凡省、台、寺、监领空名者一切罢去，使各机构有定编、定员和固定的职责”①，在这样的政治改革中，宋代秘书省迎来了自己的春天。元丰五年，诏令以崇文院为秘书省，秘书省统领三馆秘阁，真正成为职掌“邦国经籍”的文化机构。那么秘书省所接手的崇文院的馆舍情况如何呢？《宋代事实类苑》记载了馆舍多次改易的情况：

> 景德四年五月，诏分内藏西库地广秘阁。大中祥符八年……乃以其旧地归内帑。天圣九年十一月，复三馆于崇文院，其直舍未暇增广。至嘉祐四年，差官编校馆阁书，朝廷复以内帑屋十三间还崇文，自后书库直舍方具。元丰五年，改崇文院为秘书省，内帑复请其地。六年十二月，诏以前所得屋十三间归之。哲宗朝，又诏内帑复还秘省，仍以朝服法物库给与之，以充所取之数。本省尚虑它时复有侵紊，则有司复失其所守，奏乞定为永久之制，有诏可之。②

自宋真宗大中祥符崇文院遭火焚烧之后，围绕着原内藏西库之

---

① 《中国大百科全书(中国历史)》，北京：中国大百科全书出版社 1992 年版，第 1454 页。

② (宋)江少虞撰：《宋朝事实类苑》，上海：上海古籍出版社 1981 年版，第 392 页。

地，崇文院，包括后来的秘书省与内帑斗争了近百年，历五帝，最终以秘书省的胜利为结局，但哲宗同时也对内藏库进行了补偿，将原大庆殿中房屋给予了内藏。由此可以看出，秘书省接手崇文院时，其中包括集贤院、昭文馆、史馆三馆图书和秘阁图书，因原崇文院遭遇火灾，三馆外迁，侵占地归还内帑；之后仁宗天圣年间的复建工作过于仓促，使得三馆秘阁的书库直舍狭窄，因此嘉祐四年，编定三馆秘阁图籍时，因新增的编校官无地可处，朝廷又将原属于内藏西库的十三间房屋归于崇文院。元丰改制，原嘉祐年间为编校图书而增加的编校官"皆罢而不置"，在这种情况下，内藏还其房屋的奏请就在情理之中了。之后哲宗"元祐二年，即复置馆职，在省凡二十员"①，秘书省的官员数量在此增多，因此这十三间房屋在此归秘书省，秘书省为了保障自身权益，趁热打铁，要求皇帝定为定制，至此秘书省得到了原三馆秘阁之地，以及原内藏库的十三间房屋。

秘书省此时所占据的地盘，属于大中祥符八年之后重新修葺的三馆秘阁，其建筑如何呢？三馆自大中祥符八年之后暂且寄居在左右掖门之外，仁宗天圣九年迁归崇文院旧地，但由于十数年的内外分割，导致秘阁逐渐成为原崇文院的主要建筑，沈括在《梦溪笔谈》里曾提道："内诸司舍屋，唯秘阁最宏壮。阁下穹隆高敞，相传谓之木天。"②后三馆迁入，重新规划布局，那么就导致了三馆的书库直舍狭窄，不能与旧时相比，这样崇文院官员"以直舍狭隘，数请侵地于内库"的申请就可以理解了。后嘉祐年间，崇文院借着编定图书的契机，重新扩充了地盘，那么扩充后的三馆秘阁如何呢？蔡条的《铁围山笔谈》称三馆秘阁："中更天圣火，后再立，视旧亦甚伟。而秘书省之西，切近大庆殿，故于殿廊辟角门子以相通，遇乘舆出，必繇正寝而前。则秘书省官自角门子入，而班于大

① （宋）程俱撰，张富祥校证：《麟台故事校证》，北京：中华书局2000年，第32页。

② （宋）沈括撰：《梦溪笔谈》，载《全宋笔记》第二编第三本，郑州：大象出版社2008年版。

庆殿下，迓车驾起居，及还内亦如之，可谓清切矣。以是诸学士多得繇角门子至大庆殿，纳凉于殿东偏。”①

政和五年四月八日，宋徽宗往景灵宫朝献的归途中，驾幸秘书省，之后徽宗下诏：

> 延见多士，历览藏书之府，典谟训诰与祖宗遗文皆在，又以馆天下之儒学，而屋室浅狭，上漏旁穿，如不足以容，甚非称太平右文之盛。可令书艺局重行修展。②

当然，对于此项诏令，仔细分析其言语，宋徽宗原意是在秘书省原址上对其进行修缮扩展，并无改变其省舍的意图，但是同年八月，秘书省原址上需要修建明堂，秘书省迁出。《皇宋通鉴长编纪事本末》卷一二五记载：

> (政和五年)八月癸卯，诏修建明堂布高大廷……己酉，诏秘书省移他所，以其地为明堂。杭州观察使陈彦言：“明堂基宜正临丙方稍东，方以据福德之地。”故有是诏。③

因此处于风水方面的考虑，再加上本来秘书省就在修整，因此宋徽宗索性就重修了秘书省，《麟台故事》载：

> 政和中，新作明堂于皇城之东隅……度地于端门之东南，驰道之左，横街之南为秘书省。方栋宇未成，迁秘书省于西府之空位。空位二相属，前位居省官与秘阁之书，古画器物咸在；后位为著作局、编修会要所。宣和三(应为“二”)年，新

① (宋)蔡条撰：《铁围山笔谈》，载《全宋笔记》第三编第八本，郑州：大象出版社2008年版，第160页。

② (清)徐松辑：《宋会要辑稿·职官》，北京：中华书局1957年版，第2778页。

③ (宋)杨仲良：《皇宋通鉴长编纪事本末·明堂》(卷125)。

省成。棂星门东向。在景灵宫东北门少西；殿门南向，中为右文殿。殿之后为道山堂，堂之后为监、少直舍。直舍之后为著作局，局有厅，有直舍、书库、吏舍，周以两庑。右文殿东庑便门之东，秘阁在焉。秘阁之后为提举官厅事，厅事之后为提举官直舍，直舍之后为编修会要所，书局旋罢，不果入。秘阁之南为丞、郎直舍，直舍之南为提举三馆秘阁官厅事，周以四庑，校、正直舍与吏舍、书库在焉。朱碧辉煌，栋宇宏丽，上邻清都，为京城官府之冠。①

从引文中可以看出，秘书省在政和年间至宣和二年之间两次变换省舍，一次是政和五年八月之后，迁出原崇文院旧址，迁往宣德门之东的西府空位，前后两厢，前面为秘书省官员和图书的所在地，后面是著作局和会要所的范围，这个地点仅仅为秘书省暂且安身之地。政和八年正月二十六日，提举秘书省蔡攸请奏扩建秘书省道录院：

踏逐到閶闔门外西排岸司，只有小屋二十余间，及相邻军器所垛木场地步，可修盖提举秘书省左右街道录院。②

宣和二年，秘书省位于端门之外的新省舍成，建筑壮观华丽，且设施完全，尚设置有棋局等休闲设施，“天下曹务罔不张设条，如秘书省号三馆秘阁，实育才也。独不以吏事责，故许置棋局……盖秘书省本优贤俊，宿卫士则虑其终日端闲，俾不生他意。此咸出祖宗之深旨”③。根据东南大学柴洋波硕士的研究，秘书省内分为两处院落，省内主要书库——秘阁位于东院，这个院落东院的房屋

① （宋）程俱撰，张富祥校证：《麟台故事校证》，北京：中华书局2000年版，第34～35页。

② （清）徐松辑：《宋会要辑稿·职官》，北京：中华书局1957年版，第2764页。

③ （宋）蔡条撰：《铁围山笔谈》，载《全宋笔记》第三编第八本，郑州：大象出版社2008年版，第161页。

以秘阁为中心布置，其北有提举官厅事、直舍、编修会要所，其南有直舍、提举三馆秘阁厅事，并有四庑围绕，设置了书库和官员的直舍，东院以藏书为核心进行设置，其间编修所，校正、吏员均集中在此，另外非常设秘书省事务处理官舍亦设置在此，如提举官员；西院中轴线上依次排列的是殿门、右文殿、道山堂、秘书省长官直舍、著作局，属于秘书省的事务处理的院落。自宣和三年至靖康二年，北宋秘书省省舍未有改变。

2. 南宋秘书省省舍变化

靖康二年五月，北宋康王赵构在徽钦二帝被金军俘虏之后，在南京应天府(今河南商丘)即位，年号建炎，建立南宋。建炎元年赵构将“行在”迁往扬州，七月己亥，高宗精简机构，“诏台、省、寺监繁简相兼，学官、馆职减旧制之半”，秘书省职官被精简。建炎二年至三年春，因金军进攻江南，前锋已经到达扬州，宋高宗赵构仓皇南下。三年四月十三日，又因寺、监省并，遂诏秘书省权罢，从而废除了秘书省的建制。绍兴元年二月“丙戌，复置秘书省”①，五月根据秘书少监程俱的奏请，秘书省暂且有了临时的馆舍。之后南宋政权定都临安。

(1)绍兴秘书省省舍

《南宋馆阁录》载：“(绍兴元年二月)秘书省初复。是时，高宗驻跸绍兴府，寓于火珠山巷。绍兴元年五月，秘书少监程俱请以火珠山巷孙氏及吕惟明没官屋二所权置局，从之。”②这样，南宋秘书省首次有了固定的办公场所，是以民宅充纳，两座宅院。

(2)临安秘书省省舍

绍兴二年，南宋政府移驾临安府，秘书省亦随驾。起初，秘书省如在绍兴一样，借居于民宅中，“始寓于宋氏宅”，后再次迁徙至“油车巷东法惠寺”。据《南宋馆阁录》卷一记载法惠寺的格局

---

① 《宋史·高宗本纪三》(卷26)。

② (宋)陈骙，佚名撰：《南宋馆阁录 续录》，北京：中华书局1998年版，第9页。

如下：

> 自寺殿之后，为省中厅三间。厅后主廊一间，堂五间。厅堂两傍，省官分居之。厅前有松柏六株。其南有屋三间，秘阁、三馆书藏焉。东廊前为仓史堂，吏舍次之，省官位又次之。西廊前为吏舍，装界作次之，厨次之，厕又次之。省东为实录院。其外为仪门；中门三间，厅三间，左为承受位，右为检讨位。厅前有井亭，柳六株。有角门通秘书省。后主廊一间，廊后屋三间，两傍为检讨位。后堂五间，两傍为修撰位。堂后有竹二十余竿。厅东为吏舍及主管诸司位，又东有土库三间。①

法惠寺时期的秘书省建筑为以“工”字形为主体建筑的两起院落，其格局与北宋秘书省相似，即事务机构与书库分为两院，实录与修撰同处一个院落，而秘书省官吏与藏书库同在一个院落。秘书省在临安法惠寺住所停留了十余年时间，一直到绍兴十四年新省建成。

(3)临安秘书省新省舍

绍兴十三年十二月癸巳，高宗下诏两浙转运司于清河坊糯米仓巷西、怀庆坊北、通浙坊东兴建秘书省，十四年六月二十二日，秘书省投入使用。这次兴建的秘书省形状狭长，东西三十八步，南北二百步，“宋代一步为五尺，一尺合今约31.6厘米。因此秘书省东西约合今60米，南北约合今316米，占地面积约19000平方米”②。其中包括礼仪建筑、藏书库房、官吏直舍、修史机构、值班处所、办公机关、生活设施等七大部分，殿、堂、舍、阁、亭、廊等各种建筑式样齐全，《续资治通鉴长编》作者李焘言：“六龙驻

① (宋)陈骙，佚名撰：《南宋馆阁录　续录》，北京：中华书局1998年版，第9页。

② 柴洋波：《南宋馆阁建筑研究》，东南大学硕士学位论文，2005年，第33页。

跸临安逾四十年，三省、枢密院制度尚稽复旧，惟三馆、秘阁岿然杰出，非百司比。"①南宋秘书省省舍在之后的岁月中经历了一次大修和一次重建：

> (宋宁宗)嘉定六年(1213年)夏，三馆以积久颓弊，申蒙朝廷降钱，委工部并省长贰计置修盖，以六月十八日兴工，八年七月毕，共约费钱九万余贯，中外一新焉。
>
> (宋理宗)绍定四年(1231年)秋，三馆因居民遗火延燎，仅存著作庭及后园。本省具申朝廷降钱，委转运司、临安府计置建造。以十一月一日兴工，自大门至殿门基址增高二尺，与官路平。绍定五年……十月毕工，共约费钱三十五余贯，中外鼎新，规模一如旧式。②

根据《南宋馆阁录》的记载，南宋秘书省具体的建筑规格和建筑布局十分清晰，按照柴洋波的研究，其基本的布局如下：

第一院落：右文殿门及大门"大门三间七架。门南向，两傍筑短墙，设梐枑。门台左右列绿叉子。门东廊六间五架，监门、直舍、守门执事官房、装界作在焉；门西廊十间五架，点检案、知杂案、经籍案、祝版案、太史案、宿直房在焉。右文殿门三间七架。东西偏门各一间，夹屋各四间，皆五架。东夹屋二间为过廊，二间为仓史、土地堂。西夹屋二间为过廊，二间为工匠房"。

第二、三院落：秘书书库以及右文殿所在，《南宋馆阁录》载："右文殿五间。殿后秘阁五间，高四丈。阁前有拜阁台，接右文殿。台左右有踏道砖路通东西廊，皆有栏楯……东廊凡四十二间，皆七架。大监位之，东一间为光馆库。南一间为诸路解发。次二间，秘书丞居之。又次三间，馆职分居之。次一间，御书石刻。次

---

① (宋)陈骙，佚名撰：《南宋馆阁录 续录》，北京：中华书局1998年版，第3页。

② (宋)陈骙，佚名撰：《南宋馆阁录 续录》，北京：中华书局1998年版，第170~171页。

三间为古器库。库后有土库一间。库前夹廊一间。通秘阁。次三间，馆职分居之。东有瓦凉棚三间。次三间为拜阁待班之所。后有便道通史院。次一间为图画库。图画藏秘阁。次三间为秘阁书库。库前有夹廊一间。通右文殿。次五间为子库。次五间为经库。次一间为潜火司。次一间为国史院夹门。自夹门西折南，接东偏门。西廊凡四十三间，皆七架。少监位之西六间为公厨，次二间为公使库。南一间为补写库。次三间，秘书郎分居之。有瓦凉棚三间。次三间，馆职分居之。有瓦凉棚三间。次一间，御书石刻。次一间为瑞物库。库前夹廊一间。通秘阁。次二间为秘阁书库。次三间，馆职分居之。有瓦凉棚三间。次三间为拜阁待班之所。次三间为印板书库。次一间为提举厅夹门。门东有夹廊一间。通右文殿。次五间为集库。次五间为史库。又二间为碑石库。自碑石库东折南，接西偏门。"

第四院落：主要是道山堂和秘书省官员处舍为主，"阁后道山堂五间，九架。堂前瓦凉棚五间。西有日幄一，冬设春收。堂后轩一间。前黑漆隔六扇，东、西、北三面皆黑漆槛。石渠在秘阁后、道山堂前，长五丈，广一丈五尺。跨渠石桥一。堂东二间，九架，监居之。堂西二间，九架，少监居之"。

第五院落：主要是以著作局、编修会要所和日历所为主要建筑主体。《南宋馆阁志》介绍第五院落的文字摘引如下：

> 编修会要所在少监位之西。北一间为抬盘司。次二间为守阙楷书案。次二间为供检案。次一间为杂物使臣案。次二间为楷书案。又北二间为印书作。又东北五间，七架，为搜访库。
>
> 国史日历所在道山堂之东。北一间为澡圊过道。次一间为仪鸾司。次一间为翰林司。次四间为修书案。中有仪门。又北二间为国史库。次三间，著作郎分居之。次著作之庭三间，七架。西三间，著作佐郎分居之。庭后一间为汗青轩。

除了这些院落之外，汗青轩之后就是秘书省的后花园，园中有人工堆山和水池，围绕山水布置了亭榭类建筑及各种植物花卉。

三 宋秘书省藏书研究

自宋太祖建隆元年(960年)至宋神宗元丰五年(1082年)百余年的时间内，秘书省内并无藏书；但从另外一个方面来看，元丰五年的官制改革，直接将崇文院改为秘书省，自宋朝建立以来的藏书尽数归入秘书省藏书体系之中。综合宋代秘书省藏书的两种情况，本章节对于秘书省藏书与崇文院馆阁藏书之间的处理如下：其一，在涉及藏书的搜集聚散等总体收藏情况时，将两者等同；其二在涉及图书的整理、利用、管理情况时，尽量将秘省藏书与馆阁藏书相互区别，如秘书省继续沿用馆阁的措施与方面，亦可采用关于馆阁的史料进行说明。

(一)秘书省藏书聚散情况

正如历史上其他朝代一样，宋代的官方藏书并不是在一穷二白的基础上建立起来的，而是在继承了前代收藏的基础上，通过各种途径搜集而来：

> 国家用武开基，右文致治。自削平于僭伪，悉收籍其图书，列圣相承，明诏屡下，广行访募，法汉氏之前规，精校遗亡，按开元之旧目，大辟献书之路，明张立赏之科，简编用出于四方，卷帙遂充于三馆，藏书之盛视古为多。①

从引文中可以看出，宋代官藏的聚集途径众多，且具有科学搜集方法，以至于其官方藏书达到了一个前所未有的高度，据《宋史·艺文志》记载，太祖、太宗、真宗三朝有3327部，39142卷；仁、英两朝增加了1472部，8446卷；神、哲、徽、钦四朝，又增加了1906部，26289卷。共计6705部，73877卷。南宋建炎年间，北

---

① 苗书梅等点校：《宋会要辑稿·崇儒》，开封：河南大学出版社2001年版，第252页。

宋藏书散失无遗，但宋高宗赵构“虽处干戈之际，不忘典籍之求”，政局稍安，就下令恢复秘书省，并下诏搜括图书，成绩显著，孝宗时期，王明清记载：“太上驻跸南渡，屡下搜访之诏，献书补官者凡数人。秦熺提举秘书省，奏请命天下专委守臣，又有旨录会稽陆氏所藏书上之。今中秘所藏，亦良备矣。”①孝宗时期继续搜求图书，并形成私人藏书书目、地方藏书书目与中央官藏书目相比较，有针对性地进行图书聚集的制度，宁宗嘉定年间，秘书省藏书已近6万卷，“中秘所藏，视前世独无歉焉，殆且过之”②，正如马端临所言：“自绍兴至嘉定，承平百载，遗书十出八九，著书立言之士又益众，往往多充秘府。”③按照《宋史·艺文志》记载：至理宗朝，秘书省所藏已经达到“大凡为书9819部，119972卷”④，达到了宋朝官藏数量的最高数字，经过了数代努力，南宋“典籍之盛，无愧先朝”⑤，甚至在宋朝当代人著作的搜集方面，其成就还高于北宋。

宋朝所确立的以皇帝为中心的中央集权文官官僚体制，使得皇帝与执政集团之间形成了一种相辅相成的合作关系，二者失去了对抗，确立了两种权力：以高度发达的官僚体制为基础的参政议政权与中央集权的君主一元制为保障的最终裁定权在整个国家中的平衡，因此宋朝数百年少有政变事件的发生，政局平稳。这种平稳的发展使得宋代的官方藏书得到保障，可以说宋朝的秘书省藏书的散佚只存在两种情况：火灾和亡国，因此可以根据史实简单勾画出宋代藏书聚散图，以秘书省(元丰以前为三馆秘阁藏书)为例，如图8-1。

图中数字表示趋势，该图仅仅表示有宋一代秘书省藏书聚散变化的趋势图，其目的在于用图直观地表明变化趋势，其数字的获取是结合具体的史实，根据宋朝图书搜集、进献、编纂、抄写等因素所得到的大致数字。

---

① (宋)王明清撰：《挥麈录》，北京：中华书局1961年版，第9页。

② (宋)陈振孙：《直斋书录解题》(卷8)。

③ (元)马端临：《文献通考·经籍考一》(卷174)。

④ 《宋史·艺文志一》(卷202)。

⑤ (宋)百岁老人袁褧撰：《枫窗小牍》，载《全宋笔记》第四编第五本，郑州：大象出版社2008年版，第235页。

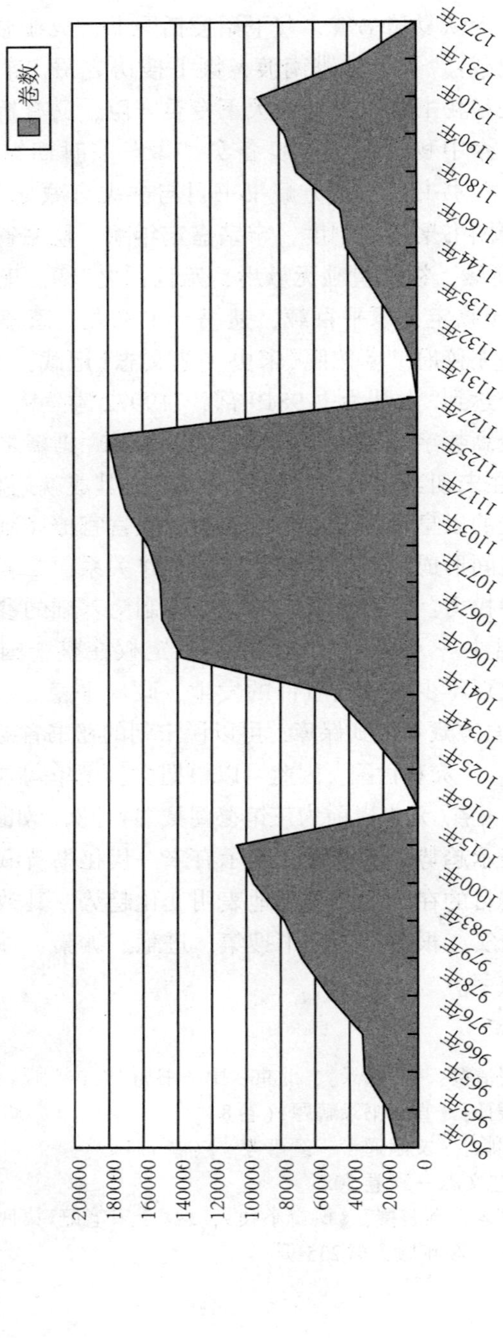

图8-1　宋秘书省藏书总量聚散趋势图

(1)宋代藏书呈现波浪式发展

第一次上升高峰发生在自太祖建隆元年(960年)至太宗太平兴国八年(983年)之间，这段时间内宋朝经过征战，获得了其他战败国的官府藏书，并且积极发布图书购募诏书，臣民献书踊跃，这些因素促使了宋代藏书出现第一次盛况；宋真宗大中祥符八年(1015年)，荣王宫起火，延及馆阁藏书，此次大火，钱惟演《玉堂逢辰录》云："时焚诸库，香闻十余里，秘阁三馆图籍一时俱尽，又火风中有飘书籍至汴水南者。"宋初三帝苦心经营的图籍一时俱尽，表中此年将馆阁藏书清空为零，宋代藏书的第一个波峰波底产生。

宋真宗面对藏书被毁，一方面出太清楼等禁内藏书供三馆秘阁，招募数百名书手，于皇城外重新构建三馆，于原地重修秘阁，并令专人负责图书抄写、刊印工作；另外一方面积极发布图书征集诏书，加大对献书人的奖励，如本年九月七日，知容州毋守素之子克勤，因"表进《文选》、《六帖》、《初学记》印板"而为"奉职"，因此数十年的努力，至仁宗景祐元年(1034年)，根据史料中所记载的可统计数字，宋朝藏书已经恢复至5万卷。后经过宋仁宗、宋神宗、宋哲宗数代努力，以宋仁宗庆历元年(1041年)十月，《崇文总目》的进呈时间为界，当时图书著录单本为30669卷，三馆秘阁藏书数量分别为，昭文馆38291卷，史馆41550卷，集贤院42554卷，秘阁15785卷，总藏书量为138180卷。另外，北宋朝廷多方努力，通过献书、官修、抄写等途径，使得官方的藏书总量在逐渐的恢复中，以抄写为例，宋徽宗崇宁二年五月四日，礼部与户部共同上奏，提及"校秘书省见誊写三馆书籍充秘阁书，至今十七年，装褫成书共二千八十二部"，根据宋朝图书的平均卷数，大概万卷以上。宋代藏书迎来了第二个上升期。

宋钦宗靖康元年(1126年)，金军攻至东京，史称"靖康之难"，在这次事件中，宋徽宗、宋钦宗二帝被俘北上，宗室妃嫔一同被掳，北宋统治覆灭。自靖康元年十一月至靖康二年四月，在这五个月的时间内，东京被掠夺一空，其中北宋的官府藏书更是损失殆尽。根据宋人汪藻所著的《靖康要录笺注》一书，我们来详细分析一下金兵对于北宋图书的掠夺：

(靖康元年十一月)二十八日……然虏间下城焚劫，州北皆黑水兵，尤暴横，绕节制，明达节明宅皆火，太学、律学一空，待漏院、登闻鼓院、枢密院、实录宫窗槛皆决坏。

二十九日……城中军民或诈为金人，纵火劫掠，凡捕千余人，稍止……自后日日有之。①

靖康元年十一月，金军围城，小股势力入城抢劫，“或五七人至数十人潜掳掠而已”，这些兵匪属黑水兵，暴虐无识，在东京内恣意抢掠，任意烧毁，太学、律学、实录院等文化机构的建筑均遭到一定毁坏。此时除了金兵的毁坏，也有部分盗匪在国难当头之际，做起了趁火打劫的勾当，这些混乱因素对国家典籍收藏保护十分不利，对于这样的情况，陈登原先生曾详细论述：

在干戈扰攘之时，国家之统治力，自不免于薄弱，故兵燹最烈之时，即群盗得志之秋。而群盗之行为，较之于正式军队，尤为可怖……独盗匪之来，往往掠戮以示威，纵火以逼人为匪，且了解典籍之能力，益较武将为薄弱，因而典籍之受厄者也愈甚……是则典籍之遭厄于兵匪者，以较政治之厄，有过之无不及焉。②

靖康元年十二月，金兵将领进入东京，开始所谓的议和，十二月初二，宋钦宗奉上降表，金军开出金一百万锭、银一千万锭、帛一千万匹，宋朝君臣为了退兵，按照金人要求大索城内，开封城内一片狼藉。在战争中，金作为少数民族政权，所关注的多为财物奴婢等，但是《三朝北盟会编》引鸿胪寺丞赵子砥《燕云录》载：

---

① (宋)汪藻著，王智勇笺注：《靖康要录笺注》，成都：四川大学出版社2008年版，第1430、1431页。

② 陈登原著：《古今典籍聚散考》，上海：华东师范大学出版社2010年版，第122页。

> 金人既破京城，金帛子女、象马宝贝，尽为攘夺。燕人乃说粘罕曰："今日破国而掠取太甚，天下后世所讥。"于是又取图籍文书与其镂板偕行，其所欲不在是也。当时下鸿胪寺取经板一千七百片，是时子砥为寺丞，使之管押随行。①

十二月二十三日，金人开始关注图书、经籍、印板等物的取索，陈东《靖炎两朝见闻录》载："(靖康元年十二月)二十三日，金人索监书、藏经，如苏黄文及《资治通鉴》之类，皆指名索取。仍移文开封府，令支拨见钱收买。开封府直取于书籍诸铺。"②十二月"二十五日……虏人入国子监取官书，凡王安石说皆弃之"。靖康二年正月，宋钦宗再次前往军营议和，被作为人质扣押：

> (靖康二年正月)二十六日……帝在虏营中，凡数日竟不见。二帅欲有所须，胁帝传旨取之。虏须南郊法驾大驾之属……礼经礼图……乐舞乐图……乐书……秘阁三馆书籍、监本印本、古圣贤图像、明堂辟雍图、皇城宫阙图、四京图、大宋百司并天下州府职贡令、应宋人文集、阴阳医卜之书……内务百司所有，至此殆尽。凡人间有用之物，公私储蓄，取之毕足……后至二月五日，奉旨："鸿胪卿康执权、少卿元当可、寺丞邓肃押道释经板，校书郎刘才邵、傅宿、国子监主簿叶将、博士熊彦时、上官悟等五人押监书印板并馆中图籍送纳，并留营中。"③

正月二十九日，金军又索要朝内大臣及各官司机构的官吏、伎术人员，于是"是日，又取画匠百人……国子监书库官、太常寺官

① (宋)汪藻著，王智勇笺注：《靖康要录笺注》，成都：四川大学出版社2008年版，第1584页。

② (宋)陈东撰：《靖炎两朝见闻录》，载《全宋笔记》第三编第五本，郑州：大象出版社2008年版，第166页。

③ (宋)汪藻著，王智勇笺注：《靖康要录笺注》，成都：四川大学出版社2008年版，第1581～1582页。

吏、秘书省书库官……五寺三监大夫、合台官吏……大内图、夏国图、天下州府、尚书省图、百王、实录宫图、德隆宫图、相国寺图、五岳观图、神霄宫图、天宁寺图、天朝开立登宝位赦书旧本、夏国奏举书本、纸笺、红铜古器二万五千……”①在这批索要官员中，其中秘书省、国子监等文化机构内的书库管理人员包含其中，这就说明当时金人已经准备将原宋官府藏书运往金朝，提前储备管理人员。靖康元年二月，金兵开始收网，检验战利品，根据史料记载：

> （二月）二日，坏司天台浑仪，轮军前。虏图明堂九鼎，观之不取，止索三馆文籍图书、国子监书版……又取太清楼书，皆黄帕牙签，载以太平车，凡百余，皆遣监官交纳于蕃寨。
>
> 七日黎明……巳时，太上皇帝、太上皇后、郓王以下三千余人，诸王妃、公主、都尉等，尽乘车由南薰门出……即集从官以下议于秘书省。
>
> 十四日，金人来取内侍、司天台、僧道、秀才、少府监官吏，及冠子……阴阳、伎术……自此直至二十日方绝，悲哀之状不可言。②

在经历了近两个月的城外索要之后，靖康二年二月，金兵进入京城，以胜利者的姿态再次“刮地皮”，繁华的东京在经历了金朝君臣的残酷掠夺之后，宋朝经营百余年的皇宫大内面临着更加残酷的遭遇：

> （靖康二年二月二十日）虏使人径入内廷，搜取珍宝器皿

---

① （宋）徐梦莘：《三朝北盟会编》（卷87）。

② （宋）汪藻著，王智勇笺注：《靖康要录笺注》，成都：四川大学出版社2008年版，第1603～1604、1619～1621、1661页。

等自五代祖宗以来所蓄，并收江南、浙、蜀所有上皇二十余年所积珠玉……①

宣和殿聚殷、周鼎钟尊爵等数千百种。国破，敌尽取禁中物，其下不禁辛劳，半投之南壁池中。②

至此，金人的掠夺已经接近尾声，靖康二年四月一日，金军退军，携带着大量的金银珠宝、图书字画等战利品，并徽钦二帝、宗室子孙、后宫嫔妃、帝姬宫女、大臣等三千余人，留下一个残破的东京，根据《三朝北盟会编》引《宣和录》载："四月一日，金人去尽……秘阁图书狼藉，泥土中金帛尤多，贱之如粪土，二百年府库蓄积，一旦扫地尽矣。"③宋朝官方藏书再次归零，第二次波底出现。

南宋政权建立之后，宋高宗虽统治无能，但对于国家藏书建设十分在意，曾自矜言："朕虽处干戈之际，不忘典籍之求。"绍兴年间，多次下令进行图书搜集，并制定详细的献书赏格，鼓励臣民献书，任命权臣，负责图书搜访工作，亲自指示对于那些富有藏书的家族要进行劝诱，以名以利，甚至以权劝使他们进献，如曾氏、贺氏、林氏、诸葛氏、陆氏五家献书就将近三万卷，因此王明清曰："太上驻跸南渡，屡下搜访之诏，献书补官者凡数人。秦熺提举秘书省，奏请命天下专委守臣，又有旨录会稽陆氏所藏书上之。今中秘所藏，亦良备矣。"④南宋图书从零开始，数十年间达到如此水平，与宋高宗的重视分不开，宋朝秘书省藏书迎来了第三次发展高峰。

宋高宗之后数位南宋帝王，在政治、军事等方面并无可书之处，但是对国家图书建设却同样支持，《宋史·艺文志》载："自是

---

① (宋)汪藻著，王智勇笺注：《靖康要录笺注》，成都：四川大学出版社 2008 年版，第 1683 页。

② (宋)邵博撰：《邵氏闻见后录》，载《全宋笔记》第四编第六本，郑州：大象出版社 2008 年版，第 189 页。

③ (宋)徐梦莘：《三朝北盟会编》(卷 87)。

④ (宋)王明清撰：《挥麈录》，北京：中华书局 1961 年版，第 9 页。

而后，迄于终祚，国步艰难，军旅之事，日不暇给，而君臣上下，未尝顷刻不以文学为务，大而朝廷，微而草野……有非前代之所及也。”①在依旧重文的思想下，国家图书编撰、抄写等工作虽然因国势衰微有所减少，但宋朝秘书省的藏书总量一直在增加中，至宁宗时，可著录的图书种数达到“九千八百一十九部，十一万九千九百七十二卷”，乃是宋代官方藏书著录数字的顶峰，而这个数字又仅仅是单本数字，如果计算秘书省内副本，其数字将更加惊人。宋孝宗淳熙四年，根据《南宋馆阁录》记载秘书省藏书，秘阁四库有13506卷，御前图书2502卷，四库图书23583卷，续搜访图书23145卷，印本书6098卷，另外算上圣政、日历等国史图书，秘书省藏书总量达到七万卷以上。宋孝宗、宋光宗、宋宁宗在位期间，图书数量继续增长，至宋宁宗嘉定十三年(1220年)，秘书省藏书再次增加了14943卷，加上期间抄写、进献图书，南宋秘书省藏书超过九万卷。那么宋代秘书省藏书第三次厄运，则同样是由火灾引起的：

> (宋理宗)绍定四年(1231年)秋，三馆因居民遗火延燎，仅存著作庭及后园。本省具申朝廷降钱，委转运司、临安府计置建造。以十一月一日兴工，自大门至殿门基址增高二尺，与官路平。绍定五年……十月毕工，共约费钱三十五余贯，中外鼎新，规模一如旧式。②

在这次火灾中，除了著作廷内的藏书可以保全外，其余经史子集四库图书、秘阁图书均毁于火灾之中，虽然不久宋理宗斥资重修了秘书省馆舍，但是其中藏书难以恢复，宋代官府藏书一蹶不振，这种局面一直持续至南宋都城临安为元军攻破，宋代藏书尽为元军所夺，宋代藏书再次归零，此即宋代藏书第三个波浪。

---

① 《宋史·艺文志一》(卷202)。

② (宋)陈骙，佚名撰：《南宋馆阁录 续录》，北京：中华书局1998年版，第170~171页。

(2)宋代藏书单本量与藏书总量的区别

与宋代藏书总量的发展趋势图不同，宋代藏书的单本量总体上处于上升趋势，按照《宋史·艺文志》记载：“始太祖、太宗、真宗三朝，三千三百二十七部，三万九千一百四十二卷。次仁、英两朝，一千四百七十二部，八千四百四十六卷。次神、哲、徽、钦四朝，一千九百六部，二万六千二百八十九卷……最其当时之目，为部六千七百有五，为卷七万三千八百七十有七焉……高宗移跸临安……当时类次书目，得四万四千四百八十六卷。至宁宗时续书目，又得一万四千九百四十三卷……宋旧史，自太祖至宁宗，为书凡四……今删其重复，合为一志，盖以宁宗以后史之所未录者……大凡为书九千八百十九部，十一万九千九百七十二卷云。”①按照宋志的记载，以皇帝为时间，列宋代藏书单本种数的增长趋势(见表8-1，图8-2)。

表8-1　　**宋朝藏书单本数量变化表**

帝王	太祖	真宗	英宗	钦宗	高宗	宁宗	度宗
种数		3327	4774	6680			9819
卷数	12000	39142	47588	73877	44486	59429	119972

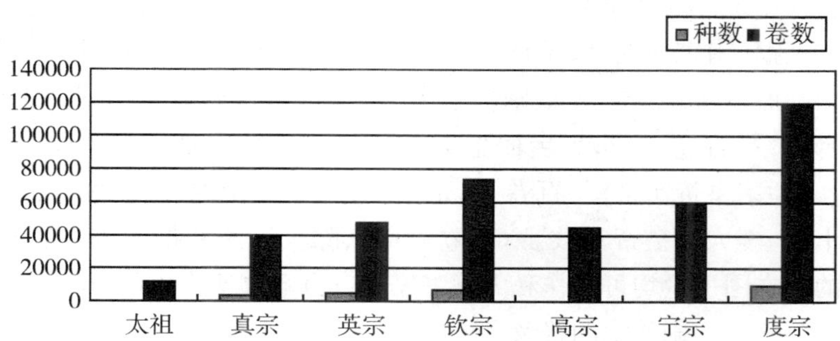

图8-2　宋朝藏书单本图书数量变化图

① 《宋史·艺文志一》(卷202)。

从图 8-2 中可以看出，除了战争因素对宋代藏书单本数量存在影响之外，总体上来说，宋代藏书单本量一直处于增长的状态，其原因有以下几点：

第一，图书收藏范围的变化。

宋初图书收藏的重点是以古书为主，图书征集主要的依据书目是《开元四部书目》和唐史《艺文志》，因此献书者为了获得赏赐，基本上以五代以前的古书为主。宋中期，多有子孙进献父、祖著作获取赏赐，因此为了阻止不肖子孙“狂妄侥求”，朝廷对于进献宋人文集制定了限制，导致宋徽宗宣和年间，秘书省专门奏请搜集宋朝大臣文集：“本朝名臣大抵以文章显，罕得与秘府之藏。盖由自来不曾取索，欲乞下诸路转运司取索建隆以来名臣文集，委所属州府军监缮写，起发赴秘书省，收入帐籍，以垂不朽。”①至南宋以后，虽然仍然关注古书的收藏，可是对于当代著作的进献再无限制，仅仅从秘阁所无的角度按照进献图书的数量进行赏赐，进而导致南宋秘书省宋人著作收藏数量剧增，因此其单本数量相对于北宋时期的书目著录，亦有增长。

第二，私人藏书发挥了巨大的保障作用。

两宋之际，北宋的官方藏书全部为金兵掠去，南宋白手起家，数十年的时间聚集起近四万五千卷图书，私人藏书在其中的作用巨大，仅可统计的数字将近四万卷，绍兴年间官方图书编纂并不频繁，根据《南宋馆阁录》统计，有《重修神宗皇帝实录》二百卷、《皇帝元帅府事实》十卷、《重修哲宗皇帝实录》一百五十卷、《徽宗皇帝御集》一百卷、《皇太后回銮事实》十卷、《神宗皇帝宝训》一百卷、《徽宗皇帝实录》一百卷、《永祐陵迎奉录》十卷、《三朝帝纪》三十卷、《太上皇帝圣政》六十卷，那么除去这些新撰图书，所剩余的单本图书量均可看作私人藏书家对官方藏书所作出的贡献。

第三，印刷技术的普及。

南宋所管辖的地区内，两浙、福建、川蜀等地的雕版印刷事

---

① （清）徐松辑：《宋会要辑稿·职官》，北京：中华书局 1957 年版，第 2764 页。

业发展良好，促使了这一地区的地方藏书和私人藏书事业发达，《挥麈录前录》卷一则关注了这一现象："近年所至郡府多刊文籍，且易得本传录，仕宦稍显者，家必有书数千卷"①，雕版印刷的广泛引用，使得图书数量成倍增长，促进了图书的流通、流传，也为官方藏书提供了丰富的图书来源。

诸多因素包含在一起，使得两宋时期，虽然国家藏书总量经历数次风波，但依靠整个国家自上而下的右文国策，秘书省的藏书在损失之后又得到了快速的恢复，甚至在单本图书的数量和种类上超越了北宋官方藏书，可以说这是在政治、经济、文化、科技等诸多因素共同作用下所产生的结果。

（二）聚集途径

宋朝藏书的聚集途径主要五种：继承，搜集，进献，编撰以及复本的抄印，前四种途径主要增加了官府藏书的种类，而后一种途径主要是扩充了藏书的数量，构建整个官方藏书体系。

1. 继承

宋代建立之时，正如宋高宗所言"承五代之后，文籍缺散"，因此宋太祖赵匡胤、宋太宗赵光义在平定诸国时，重视图籍的收藏，最终形成了宋代官方藏书的基础。从时间来看，宋代承后周而建，与其并列的政权有南唐、荆南、吴越、后蜀、南汉、北汉六个政权，这些政权均被赵氏兄弟南征北战，逐一消灭，当然这些政权内的图书亦被北宋全盘接受：

后周图籍：后周世宗柴荣病逝一年后，公元960年正月初三，殿前都点检赵匡胤利用军情出兵北方，出兵仅四十里，至汴梁郊外陈桥驿，遂有"黄袍加身"事件，赵匡胤随即返回都城，接管了政权，当然也接收了后周藏书，其数量或曰一万三千卷，或曰一万二千卷，放在破旧的书柜中，放置在破旧的小屋里。《宋会要辑稿·

① （宋）王明清撰：《挥麈录》，北京：中华书局1961年版，第12页。

崇儒》载："国初，三馆书裁数柜，计万二千余卷。"①

荆南图籍：乾德元年(963 年)二月，大将慕容延昭平荆南。宋太祖特意下诏收其图籍。"诏有司尽收高氏图书，以充实三馆。"②

后蜀图籍：乾德二年(964 年)十一月，北宋兵分两路入川；三年一月，后蜀投降。"九月，命右拾遗孙逢吉往西川收伪蜀法物、图书、经籍、印纂赴阙。至四年五月，逢吉以伪蜀图书、法物来上……图书付史馆。"③平蜀所收图籍数量，据《麟台故事》卷二云"凡得书万三千卷"。④

南汉图籍：南汉政治混乱，开宝三年(970 年)九月，大将潘美率军南下，次年二月攻至京城，南汉大臣龚澄枢等焚烧宫室与国库，南汉藏书尽毁。

南唐图籍：北宋开宝九年，"江南平，令太子洗马吕龟祥至就金陵籍其图书，得二万余卷，送史馆。伪国皆聚书籍，唯吴、蜀为多，而江左破精，亦多修述"⑤。另，《宋朝事实类苑》载："王师平金陵，得书十余万卷，分配三馆及学士舍人院，其书多雠校精当，编帙全具，与诸国书不类。"⑥马令所撰写的《南唐书·朱弼传》中亦有得书十万卷的记载。

吴越藏书：在北宋的恩威并用下，太宗太平兴国三年(978 年)五月，吴越国王钱俶率众归宋，宋太宗"遣使收其图书籍，悉

---

① 苗书梅等点校：《宋会要辑稿·崇儒》，开封：河南大学出版社 2001 年版，第 231 页。

② 苗书梅等点校：《宋会要辑稿·崇儒》，开封：河南大学出版社 2001 年版，第 231 页。

③ 苗书梅等点校：《宋会要辑稿·崇儒》，开封：河南大学出版社 2001 年版，第 231 页。

④ (宋)程俱撰，张富祥校证：《麟台故事校证》，北京：中华书局 2000 年版，第 251 页。

⑤ 苗书梅等点校：《宋会要辑稿·崇儒》，开封：河南大学出版社 2001 年版，第 232 页。

⑥ (宋)江少虞撰：《宋朝事实类苑》，上海：上海古籍出版社 1981 年版，第 389 页。

送馆阁”①。

福建地区政权藏书：太平兴国三年(978年)，割据漳、泉一带的陈洪归宋，太宗收其图籍。

北汉藏书：太平兴国四年(979年)五月，“太原平，命左赞善大夫雷德源入城点检书籍图画”②。

宋朝建立之后，与其并列的政权内藏书，除了南汉藏书、南唐部分真迹被焚烧之外，其余数国官藏尽数为宋所接收，王明清曰：“国朝承五代抢攘之后，三馆有书仅万二千卷。乾德以后，平诸国，所得浸广”③。宋代的图书从一万余卷的数量发展至太平兴国年间的八万余卷，其降国公藏发挥了巨大的作用。另外根据记载，诸国收藏除了充实馆阁藏书之外，尚有部分藏书被分配在了国子监、翰林院等机构，“太祖平江南，赐本院(翰林院)书三千卷，皆纸札精妙，多先唐旧书，亦有徐铉手校者……太祖平江南，所得图画，赐本院，初有五十余轴，及景德、咸平中……亦令重装背焉”④。

2. 搜集

宋太祖出于为扭转五代重武轻文之弊，削弱军权，提倡“武人”读书，其基本想法是读书实用主义；宋太宗继续太祖的崇文政策，提倡观书明治，有言曰：“朕每日退朝，不废观书，意欲酌先王成败而行之，以尽损益也”⑤。更是提出“夫教化之本，治乱之源，苟非书籍，何以取法”，将图书与国家教化治理进行联系：

---

① (宋)江少虞撰：《宋朝事实类苑》，上海：上海古籍出版社1981年版，第394页。

② 苗书梅等点校：《宋会要辑稿·崇儒》，开封：河南大学出版社2001年版，第233页。

③ (宋)王明清撰：《挥麈录》，北京：中华书局1961年版，第9页。

④ (宋)江少虞撰：《宋朝事实类苑》，上海：上海古籍出版社1981年版，第653页。

⑤ (宋)江少虞撰：《宋朝事实类苑》，上海：上海古籍出版社1981年版，第20页。

淳化三年九月，太宗幸新修秘阁，帝登阁观群书整齐，喜形于色，谓侍臣曰："丧乱以来，经籍散失，周孔之道，将坠于地，朕即位之初，多方收拾，抄写购募，今方及数万卷，千古治乱之道，并在其中矣。"①

自北宋初年至南宋末年，以朝廷为主体的图书搜集诏令，屡见不鲜。以时间顺序记载如下：

宋太祖时期：乾德四年(966 年)：《麟台故事》卷二曰："(乾德)四年下诏募亡书，三礼涉弼、三传彭干、学究朱载等皆诣胭献书，合千二百二十八卷，诏分置书府，弼等并赐以科名；闰八月，诏史馆凡吏民有以书籍来献，当视其篇目馆中所无者收之，献书人送学士院试问吏理，堪任职官者具以名闻。"②

宋太宗时期：太平兴国二年(977 年)：《宋会要辑稿·崇儒》："十月，诏诸州搜访先贤笔迹图书以献。荆湖献晋张芝草书及唐韩幹画马三本；潭州石熙载献唐明皇所书道林寺、王乔观碑；袁州王淤献宋之问所书《龙鸣寺碑》；昇州献晋王羲之、王献之、桓温凡十八家石版书迹；韶州献唐相张九龄画像及《文集》九卷。"③

太平兴国六年(981 年)：《宋会要辑稿·崇儒》："十二月，诏开封府及诸道转运遍下管内州县搜访钟繇墨迹，听于所在进纳，优给缗贯偿之。并下御史台告谕文武臣僚，如有收者，亦令进纳。"④

《宋大诏令集》卷二一九记载了太平兴国六年十二月癸酉访求医书诏："太医之方，以十全为上；神农之药，有三品之差。历代

① (宋)江少虞撰：《宋朝事实类苑》，上海：上海古籍出版社 1981 年版，第 23 页。

② (宋)程俱撰，张富祥校证：《麟台故事校证》，北京：中华书局 2000 年版，第 251 页。

③ 苗书梅等点校：《宋会要辑稿·崇儒》，开封：河南大学出版社 2001 年版，第 232～233 页。

④ 苗书梅等点校：《宋会要辑稿·崇儒》，开封：河南大学出版社 2001 年版，第 233 页。

之议论皇繁，生人之性命攸系，比令编纂，多所胭遗。宜行购募之文，用申康济之意，宜令诸路转运司，遍指挥所管州府，应士庶家有前代医书，并许诣胭进纳。及二百卷已上者，无出身与出身，已任职官者亦与迁转；不及二百卷，优给缗钱偿之。"①

太平兴国九年(984 年)：《宋大诏令集》载正月壬戌《求三馆阙书诏》："国家勤求右道，启迪化源，国典朝章，咸从振举，遗编坠简，宜在访求。致治之先，无以加此。宜令三馆所有书籍，以开元四部书目比较，据见阙者，特行搜访，仍具录所少书，告示中外。若臣僚之家，有三馆阙书，许诣官进纳，及三百卷以上者，与子出身；不及三百卷者，据卷帙优给金帛。如不愿纳官者，借本缮写。"②

端拱二年(989 年)：《混元圣纪》卷九："初，太宗尝访道经，得七千余卷，命散骑常侍徐铉、知制诰王禹偁校正，删去重复，写演送入宫观，止三千三百三十七卷。"③

淳化四年(993 年)四月：参知政事苏易简言："故知制诰赵邻几留心史学……访自唐以及近代将相名贤事迹及家状、行状甚多……望遣直史馆钱熙暂往宋州询问邻几家人，寻检奏御。"太宗批准，"熙还，得邻几所撰补会昌已后日历二十六卷，文集三十四卷，所著《鲰子》一卷，《六帝年略》一卷，《史氏历官志》五卷，及它书又五十余卷来上。皆邻几涂窜笔削之迹也。诏本郡以钱十万赐其家"④。

淳化中：《书史》："太宗皇帝……留意翰墨，润色太平。淳化中，尝借王氏所收书，集入阁帖十卷内……御书题跋三字，以还王氏。"⑤

---

① 《宋大诏令集》，北京：中华书局 1962 年版，第 842 页。

② 《宋大诏令集》，北京：中华书局 1962 年版，第 596 页。

③ 《混元圣纪》，载《道藏》第 553 册，上海：涵芬楼据明正统本影印，1925 年。

④ 苗书梅等点校：《宋会要辑稿・崇儒》，开封：河南大学出版社 2001 年版，第 235 页。

⑤ （宋）米芾撰：《书史》，载《全宋笔记》第二编第四本，郑州：大象出版社 2008 年版，第 229 页。

至道元年(995年)："六月十日，命内品监秘阁三馆书籍裴愈乘传往江南、两浙诸州购募图籍，愿送官者优给其直，不愿者就所在差能书史缮写，以旧本还之，仍斋御书石本所在分赐之。愈还，凡购得古书六十余卷，名画四十五轴，古琴九，王羲之、贝灵该、怀素等墨迹共八本，藏于秘阁。"①

宋真宗时期：咸平四年(1001年)："十月二十七日，诏曰：国家设广内石渠之宇，访羽陵汲家之书，法汉家之前规，购求虽至，验开元之旧目，亡逸尚多。庶坠简以毕臻，更出金而示赏式。广献书之路，且开兴进之门。应中外士庶有收得三馆所少书籍，每纳到一卷给千钱，仰判馆看详，委是所少之书及卷帙别无违碍收纳。其所进书如及三百卷已上，量材试问，与出身酬奖，或不亲儒墨，即与安排。宜令史馆抄出所少书籍名目，于待漏院张挂，及遗牒诸路转运司，严行告示。"②

景德四年(1007年)：九月己卯，"诏群臣家有藏太祖旧实录者，悉上史馆，无得隐匿"③。

大中祥符元年(1008年)：十月，(真宗)诏近臣观书龙图阁，帝曰："朕自幼至今，读经典其间，有听过数四。在东宫时，唯以聚书为急，其间亡逸者多方搜求，颇有所得，今已类成正本，除三馆秘阁外，又于后苑龙图阁各存一本，但恨校对未精，如青宫要纪、继体制民论，此一书二名，并列篇目。盖收书之出，务在数多，不嫌重复，甚无谓也。"④

大中祥符二年(1009年)：二月己酉，校订《道藏》，"钦若总之。删一百二十卷，又求得七百二十七卷，总为目录，诏赐名，圣

---

① 苗书梅等点校：《宋会要辑稿·崇儒》，开封：河南大学出版社2001年版，第235~236页。

② 苗书梅等点校：《宋会要辑稿·崇儒》，开封：河南大学出版社2001年版，第236页。

③ (宋)李焘：《续资治通鉴长编·景德四年四月至是年七月》(卷66)。

④ (宋)江少虞撰：《宋朝事实类苑》，上海：上海古籍出版社1981年版，第25~26页。

制序”①。

大中祥符五年(1012 年)：十一月，真宗内出太宗御集御书三百三十六卷，曰：“太宗嗜学实由天纵，属思援翰，心极精妙。朕孜孜寻访，殆无遗者。四方以朕购求，所纳者甚众，然或因先朝赐其家宝藏，即复付之”②。

大中祥符六年(1013 年)：张君房《云笈七签 · 序》言：“明年(大中祥符六年)冬，就除臣著作佐郎，俾专其事。臣于时尽得所降到道书，并续取到苏州旧道藏经本千余卷，越州、台州旧道藏经本亦各千余卷，及朝廷续降到福建等州道书、明使摩尼经等，与诸道士依三洞纲条、四部录略，品详科格，商较异同，以诠次之，仅能成藏，都卢四千五百六十五卷，起《千字文》‘天’字为函目，终于‘宫’字，号得四百六十六字，且题曰《大宋天宫宝藏》。”③

大中祥符八年(1015 年)：四月，荣王宫起火，延烧至崇文院，三馆秘阁图籍尽毁，真宗下令由翰林学士陈彭年负责重写书籍，“彭年请募人以书籍鬻与官者，验真本酬其直与顾笔工佣等。五百卷以上，优其赐，或艺能可采者，别奏候旨。于是献书者十九人，悉赐出身，及补三班，得万七百五十四卷”④。

天禧元年(1017 年)：十二月，王钦若言：“进纳书籍，元敕以五百卷为数，许与安排。手来进纳并多，书籍繁杂，续更以太清楼所少者五百卷为数，往往伪立名目，妄分卷帙，多是近代人文字，难以分别。今欲别具条贯，精访书籍。”⑤

宋仁宗时期：

景祐元年(1034 年)：《宋会要辑稿 · 崇儒》载：七月二十九

① (宋)王应麟：《玉海 · 祥符〈宝文统录〉》(卷 52)。

② 苗书梅等点校：《宋会要辑稿 · 崇儒》，开封：河南大学出版社 2001 年版，第 319 ~ 320 页。

③ (北宋)张君房：《云笈七签 · 序》。

④ 苗书梅等点校：《宋会要辑稿 · 崇儒》，开封：河南大学出版社 2001 年版，第 236 ~ 237 页。

⑤ 苗书梅等点校：《宋会要辑稿 · 崇儒》，开封：河南大学出版社 2001 年版，第 237 页。

日，“翰林学士张观等建言：‘看详馆阁书籍，内古书或缺少三五卷便成不全部帙，欲据见少卷数晓示，许人诣馆投纳’”。从之。①

嘉祐五年（1060年）：八月壬申，仁宗颁布《求遗书诏》：“……宜开购赏之科，以广献书之路，应中外士庶之家，有收馆阁所阙书籍，许诣官送纳。如及五百卷，当议与文武资内安排；不及五百卷，每卷支绢一匹。令进奏院编牒四京并逐路转运司、指挥辖下州府军监县镇、委自知州通判等，多方采访，如士庶之家，有收藏得上件书籍，及别更有奇书，令具名件卷帙、所撰人姓名年代，逐旋徼连闻奏，内在京者，仰于崇文院投纳，仍令编定所看详，如部帙完全，的非伪滥，即仰开闻奏，当议依诏推恩。”②

嘉祐六年（1061年）：八月，诏三馆、秘阁校宋、齐、梁、陈、后魏、后周、北齐七史，书有不完者访求之。③

宋神宗时期：熙宁七年：六月十六日，监三馆秘阁言：“诏书内求访到书籍，只各一部，并未校正，乞行校正。”④

宋徽宗时期：崇宁元年（1102年）：《铁围山笔谈》载：“及（徽宗）即大位，于是酷意访求天下法书图画……殆至末年，上方所藏率举千计，实熙朝之盛事也。”⑤

崇宁二年（1103年）：五月四日，诏两制、成都府路有民间镂板奇书，令漕司取索，送秘书省。⑥

---

① 苗书梅等点校：《宋会要辑稿·崇儒》，开封：河南大学出版社2001年版，第238页。

② 《宋大诏令集》，北京：中华书局1962年版，第597页。

③ 苗书梅等点校：《宋会要辑稿·崇儒》，开封：河南大学出版社2001年版，第239页。

④ （清）徐松辑：《宋会要辑稿·职官》，北京：中华书局1957年版，第2756页。

⑤ （宋）蔡条撰：《铁围山笔谈》，载《全宋笔记》第三编第八本，郑州：大象出版社2008年版，第220页。

⑥ 苗书梅等点校：《宋会要辑稿·崇儒》，开封：河南大学出版社2001年版，第239页。

崇宁年间：《历世真仙体道通鉴》卷五一载："宋徽宗初，兴道教，诏天下搜访道家遗书，就书艺局令道士校定。"①

大观四年(1110 年)：五月七日，秘书监何志同"谓宜及今有所搜采，视庆历旧录有未备者，颁其名数于天下，选文学博雅之士，求访《总目》之外别有异书，并借传写，或官给笔札即其家传之，就加校定，上之策府"②。徽宗从之。

政和二年(1112 年)：七月十七日，秘书少监赵存诚言："诸州取访遗书，乞委监官总领，庶天下之书悉归秘府。"从之。③

政和三年(1113 年)：《宋史·徽宗本纪》载："十月癸丑，诏天下访求道教仙经。"④

政和四年(1114 年)：八月三十日，徽宗下诏求方书、药法"令天下应有奇方善术，许申纳本州，逐州缴进以闻，称联好生之意。差曾孝忠就提举入内医官编类御前所降方书，差文臣米胧、刘植充检阅官，候逐路进到奇方善术，并送本部编集，俟书成进呈"⑤。

宣和三年(1121 年)：九月二十日，秘书少监翁彦深等奏："契勘三馆秘阁集贤库，唐人文集至多。本朝名臣大抵以文章显，罕得与秘府之藏。盖由自来不曾取索，欲乞下诸路转运司取索建隆以来名臣文集，委所属州府军监缮写，起发赴秘书省，收入帐籍，以垂不朽。"从之。⑥

宣和四年(1122 年)：四月十八日，诏"令郡县谕旨访求，许士民以家藏书所在自陈，不以卷帙多寡，先具篇目申提举秘书省以

---

① 《历世真仙体道通鉴·卷五一》，载《道藏》第 148 册，上海：涵芬楼据明正统本影印，1925 年。

② 苗书梅等点校：《宋会要辑稿·崇儒》，开封：河南大学出版社 2001 年版，第 240 页。

③ 苗书梅等点校：《宋会要辑稿·崇儒》，开封：河南大学出版社 2001 年版，第 240 页。

④ 《宋史·徽宗本纪三》(卷 21)。

⑤ 《宋大诏令集》，北京：中华书局 1962 年版，第 843 页。

⑥ (清)徐松辑：《宋会要辑稿·职官》，北京：中华书局 1957 年版，第 2765 页。

闻，听旨递进。可备收录，当优与支赐。或有所秘未见之书，有足观采，即命以官，议以崇奖，其书录毕给还。若率先奉行，访求最多州县，亦具名闻，庶称朕表章阐绎之意。令礼部疾速遍牒施行"①。五月六日，提举秘书省言："三代以来，古文奇字见于钟鼎铭识，至若记述一时之事，亦著在金石遗刻，愿诏诸路博访。"②从之。宋人笔记多记载宣和年间古器金石的搜访行动：

> 宣和间，内府尚古器。士大夫家所藏三代秦汉遗物，无敢隐者，悉献于上。
>
> 《明皇幸蜀图》，李思训画，藏宗室汝南郡王仲忽家……宣和间，内府求画甚急，以其名不佳，独不敢进。
>
> 颜鲁公真迹，宣和间存者犹可数十本……相继皆入内府，世间无复遗者。③

宣和五年(1123年)：二月二日，提举秘书省言："奉旨搜访士民家藏书籍，悉上送官参校有无，募工缮写，藏之御府。"④

宣和七年(1125年)：四月九日，提举秘书省言："取索到王阐等家藏书，与三馆秘阁见管书目比对到所无书六百五十八部，一千五十一册轴，计二千四百一十七卷，及集秘书省官校勘得并系善本。看详逐人家藏书籍，比前后所进书数稍多。"⑤

宋高宗时期：绍兴元年(1131年)：十一月八日，太常少卿赵

---

① 苗书梅等点校：《宋会要辑稿·崇儒》，开封：河南大学出版社2001年版，第241页。

② (清)徐松辑：《宋会要辑稿·职官》，北京：中华书局1957年版，第2766页。

③ (宋)叶梦得撰：《避暑录话》，载《全宋笔记》第二编第十本，郑州：大象出版社2008年版，第297、316、348页。

④ 苗书梅等点校：《宋会要辑稿·崇儒》，开封：河南大学出版社2001年版，第241页。

⑤ 苗书梅等点校：《宋会要辑稿·崇儒》，开封：河南大学出版社2001年版，第241页。

子昼等言："本寺见阙陈祥道《礼书》……窃虑臣僚之家有誊写本，许令投进，乞依昨进《会要》体例推恩。"①宋高宗诏从。

绍兴二年(1132 年)：二月二日，诏："御前图籍以累经迁徙，三亡殆尽。访闻平江府贺铸家所藏，见行货之于道途，可委守臣尽数收买，秘书省送纳。"②四月十四日，秘书少监王昂上言："本省承节次降下御府书籍四百九十二种，今又有曾收家藏书二千六百七十八卷，未经校正，欲依故例，将降到书籍分定经史子集四库，拨充秘阁专人各行主管。"十月九日，右司谏刘棐建议"诏宣抚处置使司上其(眉州进士杜谔)书各十部"，分藏秘书省、国子监等处，诏可。十一月二十三日，秘书少监洪炎言福州、泉州、严州、太平州等处数家有藏书，建议"下逐州谕令来上"③，诏可。

绍兴三年(1133 年)：正月十二日，宋高宗下诏曰湖州管下林家富有藏书，另外开元寺、天圣寺、报本寺三处也有收藏，"令本州守臣劝诱献纳"。四月二十一日，右司员外郎刘岑言："艰难以来，兵火百变，文书之厄莫甚今日，虽三馆之制具在，而向来之书尽亡。乞诏四方求遗书以实三馆，果得异书且应时用，则酬以厚赏。"④从之。

绍兴五年(1135 年)：闰二月十二日，宋高宗诏史馆、秘书省："四库书籍未备，令下诸路州县学及民间见收藏官书并刊到书板，不以经、史、子、集、小说、异书，仍具目录一本申纳秘书省。"五月三日，诏婺州取索故直龙图阁赵明诚家藏《哲宗皇帝实录》缴进。⑤

---

① 苗书梅等点校：《宋会要辑稿·崇儒》，开封：河南大学出版社 2001 年版，第 243 页。

② 苗书梅等点校：《宋会要辑稿·崇儒》，开封：河南大学出版社 2001 年版，第 244 页。

③ 苗书梅等点校：《宋会要辑稿·崇儒》，开封：河南大学出版社 2001 年版，第 244 页。

④ 苗书梅等点校：《宋会要辑稿·崇儒》，开封：河南大学出版社 2001 年版，第 245 页。

⑤ 苗书梅等点校：《宋会要辑稿·崇儒》，开封：河南大学出版社 2001 年版，第 246 ~ 247 页。

绍兴六年(1136 年)：五月二十八日，诏："史馆见阙元祐七年十一月至十二月，元祐八年一全年实录文字，应臣僚士庶有收藏者，许赴史馆送纳。其先到者，与转一官。如不愿转官或白身人与恩泽一资，仍并与陛擢差遣。"①

绍兴九年(1139 年)：五月四日，史馆上报阙书，并请"委留司于国史院、秘书省等处检寻上件正史，如无正本，但有副本净草，或部秩不全……仍乞下臣僚之家搜访投进"②。从之。八月二十三日，起居舍人王鉌请求下诏秘书省，令其访求《国朝会要》善本，从之。

绍兴十二年(1142 年)：十二月十二日，诏言福州故相余深家藏监本，"委万庭实说谕投进"③。

绍兴十三年(1143 年)：闰四月三日，上宣谕："昨日吴说上殿札子，理会搜求书籍，云湖、台之间寄居士大夫家多有藏书，缘无立定恩赏，人家不肯将出，卿等可令检会太宗朝搜访遗书推赏之制，依倣立定。"七月九日，诏曰："朕虽处干戈之际，不忘典籍之求。每令下于再三，十不得其四五，今幸臻于休息，宜益广于搜寻。夫监司总一路之权，郡守寄千里之重，各谕所部悉上送官。苟多献于遗编，当优加于褒赏。"十二月，诏："绍兴府陆賨家藏书甚多，令本府取目录缴申秘书省，据现阙数许本家投进，仍委帅臣关借誊抄缴奏。陆賨子孙散居他州，令守臣依此施行。"二十五日，转发向子固奏折："比降旨令秘书省以唐《艺文志》及《崇文书目》据所阙者榜之检鼓院，许外路臣庶所藏上项之书献。尚恐远方不知所阙名籍，难于搜访抄录，望下本省以唐《艺文志》及《崇文书目》应所阙之书，注阙字于其下，镂板降付

---

① 苗书梅等点校：《宋会要辑稿·崇儒》，开封：河南大学出版社 2001 年版，第 248 页。

② 苗书梅等点校：《宋会要辑稿·崇儒》，开封：河南大学出版社 2001 年版，第 249 页。

③ 苗书梅等点校：《宋会要辑稿·崇儒》，开封：河南大学出版社 2001 年版，第 250 页。

诸州军照应搜访。”①

绍兴十四年(1144 年)：七月二十九日，宋高宗言：“秘省书籍尚少，宜广求访。”闰十一月七日，提举秘书省秦熺言：“奉诏下诸路搜访遗书及先贤墨迹图画……今措置欲行下逐路专委转运司，逐州军专委知通，广行搜访，仍每季具见行抄录名件申所。”起初，秘书省正字王曮进言说虽然陛下屡次下诏搜访图书，但效果并不明显，其原因在于秘书省所颁布的命令，各地方认为搜书任务并不紧急，也没有赏赐，建议“宜以求书之政令，命以专行，施于四方，皆知有重臣一意总覆，则一卷之书必有受其功者”②，这样地方官员才会踊跃搜访，因此宋高宗委托秦桧之子礼部侍郎秦熺负责搜访图书，并“立赏”以劝公私献书。

绍兴十六年(1146 年)：宋高宗曰：“书籍尚未备，宜有以劝诱之。可令秦熺措置赏格，镂板行下。”八月四日，诏：“闻西蜀藏书甚多，宜委逐路帅臣恪意搜访，仍令提举秘书省每月检举催促。”③

绍兴二十九年(1159 年)：诏：“昨降指挥求访书籍，至今投献尚少。盖监司郡守视为不急，奉行灭裂，可检举申严行下。”十月十二日，宋高宗改变了态度：“秘府求访书籍，近日来者稍多。前日所立赏格，宜更加劝诱，庶几继有来者。”④

宋孝宗时期：乾道七年(1171 年)：国史院在编修《四朝正史》的过程中，需求神宗朝所修正史等四朝档案图书，因此“降到指挥，许令投进”，资州助教杨志发献书得官，国史院进一步建议：“本院窃虑诸路州县臣僚士庶之家有收得上件四朝文字，不知杨志

① 苗书梅等点校：《宋会要辑稿·崇儒》，开封：河南大学出版社 2001 年版，第 251 页。

② 苗书梅等点校：《宋会要辑稿·崇儒》，开封：河南大学出版社 2001 年版，第 252 ~ 253 页。

③ 苗书梅等点校：《宋会要辑稿·崇儒》，开封：河南大学出版社 2001 年版，第 254 页。

④ 苗书梅等点校：《宋会要辑稿·崇儒》，开封：河南大学出版社 2001 年版，第 256 页。

发推恩因依，未肯投献，乞朝廷等降指挥下礼部，将杨志发推恩事理下诸路州军，专委知通，多出文榜晓谕搜访，许令投献，优与推恩。"①十一月二十二日，中书舍人赵雄言临安府李丙家藏丰富，建议前往其家抄写奏上。

淳熙三年（1176 年）：五月九日，礼部侍郎李焘上奏说吏部侍郎徐度撰写《国纪》一百余卷，建议朝廷下令地方前往其家抄录，"从之"。十一月二十四日，参知政事龚茂良上言严州刊印袁枢《资治通鉴纪事》一书，建议搜访，于是"诏本州印十部"以上。②

淳熙六年（1179 年）：六月二十七日，吏部侍郎阎苍舒言："伏见四川州郡藏书最多，皆是边防利害、修城制度、军器法式，专司法令不可悉数，皆三馆所当有……乞下秘书省录见有书目送四川制置司参对四路州军官书目录，如有所阙，即令本司抄写，赴秘书省收藏。"③

淳熙十三年（1186 年）：九月二十五日，秘书郎莫叔光上言："承平滋久，四方之人益以典籍为重。凡缙绅家世所藏善本，监司郡守搜访得之，往往锓板以为官书。乞诏诸路监司、诸郡守臣，各以本路本郡书目解发至秘书省，听本省以《中兴书目》点对。如有未收之书，即下本处取索印本，广秘府之储。"宋孝宗即可诏令秘书省将未收书籍径自关取。④

淳熙十五年（1188 年）：七月十一日，实录院因编撰宋高宗御制，奏请搜访高宗御笔、诗、颂、杂文、注解、经义等，"乞令逐路转运司严切遍下所管州、军、县、镇等处搜访，借本抄录，仍出

① 苗书梅等点校：《宋会要辑稿·崇儒》，开封：河南大学出版社 2001 年版，第 257 页。

② 苗书梅等点校：《宋会要辑稿·崇儒》，开封：河南大学出版社 2001 年版，第 258 页。

③ 苗书梅等点校：《宋会要辑稿·崇儒》，开封：河南大学出版社 2001 年版，第 258 页。

④ 苗书梅等点校：《宋会要辑稿·崇儒》，开封：河南大学出版社 2001 年版，第 259 页。

赏格募人投献"①。

宋光宗时期：淳熙十六年(1189 年)七月十五日，吏部尚书颜师鲁言抚州刊行《祖宗官制旧典》一书，建议"下抚州宣取"②，从之。

宋宁宗时期：嘉定十二年(1219 年)，秘书省言："今来本省自淳熙五年以后，续次搜访书籍，数目亦多"，奏请依照前例编撰馆阁藏书目录，著录淳熙五年(1178 年)后搜访书，凡 752 家，845 部，14943 卷。

从上述所列举的宋朝对于图书搜集诏令。可以总结出宋朝图书搜集的数种方式：

第一，直接下达搜募诏令，并无其他限制，这种搜集诏令仅见于南宋初年，其原因在于靖康之难使得北宋典籍损失殆尽，南宋政权内图书收藏严重缺乏，因此并无其他限制。

第二，下达购募诏令，但是对比已有馆藏，如是朝廷所未有者，给予赏赐。这种搜括诏令，最为常见，自宋太祖乾德年间第一次搜访遗书，直到南宋孝宗末年将秘书省书目与其他书目的对比，都可以看出这种图书搜访方式。

第三，以秘书省为主体，贴出阙书目录，任由私人、地方进献，或派人前往地方搜寻，如宋仁宗景祐元年、宋徽宗大观四年、宋高宗绍兴十三年均是此类搜访途径。

第四，限制图书内容，如道书、特定阶段的史书记载、书画、医书、方书、宋名臣文集、监本、原官府收藏等，多见于因官方修撰而产生的针对性搜书。如宋太宗、宋真宗、宋徽宗、宋高宗、宋孝宗、宋光宗等朝均有此类诏令。

第五，面向特定地方，如宋太宗至道元年面向江南、两浙诸州搜求古书字画，宋真宗面向南方诸州搜访道书，宋徽宗崇宁二年指

---

① 苗书梅等点校：《宋会要辑稿·崇儒》，开封：河南大学出版社 2001 年版，第 259 页。

② 苗书梅等点校：《宋会要辑稿·崇儒》，开封：河南大学出版社 2001 年版，第 260 页。

名成都地区献书，宋高宗绍兴十三年面向湖台地区搜书、绍兴十六年面向西蜀搜访，以及宋孝宗淳熙六年针对四川地区的诏令。

第六，面向特定机构，如中央其他藏书机构，或地方官府藏书，或地方学院藏书，进行图书搜索。如绍兴五年，宋高宗下令诸州县学将藏书目录呈上秘书省、史馆，进行对比；绍兴九年史馆检出阙书，首先请相关部门前往秘书省、国史院等地进行搜寻；宋孝宗淳熙六年、淳熙十三年面向四路州军官藏、诸州官藏所下诏令，均是这种形式的搜访。

第七，面向特定个人、家族进行图书征集活动，如宋太宗淳化五年面向故知制诰赵邻几的藏书征集、宋高宗绍兴二年针对眉州进士杜諤著作的征集，同年十一月二十三日面向福州余深、泉州赵挺之等私人藏书家的图书征集等，此类活动尤其以宋高宗绍兴年间居多，其原因在于靖康之难使得官方藏书遭受了毁灭性打击，而南方私人藏书则因为未受到战火波及而得到保存，因此南宋政府在重建官府藏书时，有针对性地对私人藏书情况进行考察，并专门提出征集命令。

宋代官方图书征集，与隋唐五代时期的图书征集活动相比具有了鲜明的特色：

第一，征集活动频繁，时间跨度大，根据统计，史籍中记载历代宋帝所下达的征书诏令，其次数分别如表 8-2：

表 8-2 **宋代帝王图书征集诏令次数**

帝王	太祖	太宗	真宗	仁宗	神宗	徽宗	高宗	孝宗	光宗	宁宗
次数	1	7	7	3	>1	12	19	7	1	>1

这些统计中尚不包括具体的图书的征集，如宋高宗建炎四年(1130 年)就下令“就苏迟宣取苏轼书”，这些单个图书的索取难以统计，这就导致了这些数字仅能表明大批量的图书搜集，或者有诏令记载的图书搜集活动。从表中可知，宋代帝王中宋高宗下达的图书征集诏令最多，这与当时的历史环境存在紧密联系。从宋代发布

图书征集诏令的时间跨度来看，宋代自宋太祖建隆四年(963 年)至南宋光宗即位之初的淳熙十六年(1189 年)均有诏令发布，其时间跨度二百余年。宋代由于奉行右文政策，宋代帝王同样身体力行，提倡读书，史籍中多有关于宋太祖、宋太宗、宋真宗、宋仁宗、宋徽宗等帝王“好观书”的记载，宋代帝王恪守祖训，一方面提倡读书实用主义，儒学经典、史书、政书等古籍中找寻为政之道，另一方面还通过赐钱物等方式优待献书，建立重书的理念。

第二，宋代图书征集分为被动等待和主动搜访两种态度。宋朝一方面发布诏令，等待臣僚士庶等进献，并对图书进行评估，给予相当的赏赐；一方面主动搜集，或是任命专使前往地方，或是下令地方官府在辖区内进行搜访，也有针对部分丰富藏书地区、家族的直接抄写，如对川蜀地区以及赵邻几、王阐、张宿等所进行的图书取索，都表明了宋朝在图书搜括方面掌握了主动权。

第三，地方政府在图书搜访中发挥了重要作用。不同于唐朝以中央为中心的图书搜访活动，在宋朝，地方政府扮演了更重要的角色。宋太宗大平兴国年间首次启用地方官府进行书法绘画作品的搜访活动，成果显著，《玉海》卷四十三载：“数年之间，献图书于阙下者不可胜计，诸道又募得者数倍”，因此这一方法为后人效仿，宋真宗咸平四年，特别将馆阁阙书书目遣牒诸州转运司，令其张贴于地方，将地方政府纳入到了中央藏书的搜访体系之中。南宋时期，更是继承发展了这一方式，不仅将地方政府的参与度提高，扩展到路、州、县、军、乡、镇各个行政单位，而且为了防止地方官府懈怠图书搜括之事，下令地方任命专门官员负责图书搜罗和抄写工作，将图书搜访作为地方政绩，每季进行申报，按照其缴进的图书，多者进行赏赐，并且在制定赏格时规定，“诸路监司守臣求访到晋、唐真迹及善本书籍”①，可以按照赏格标准进行比类推赏。

第四，征集图书的内容逐渐开放。从宋初将馆阁图书与开元旧目和唐《艺文志》对比进行阙书搜访的行为来看，北宋前期和中期三

---

① 苗书梅等点校：《宋会要辑稿·崇儒》，开封：河南大学出版社 2001 年版，第 254 页。

馆入藏以旧本、写本、名家手迹、古物为主，对于宋人著作并不鼓励。宣和三年，秘书少监翁彦深等建议地方对宋代名臣文集进行搜访，朝廷才逐渐放宽了对当代著作的收藏。南宋之后，北宋官府藏书散佚殆尽，多数前代古书的积累毁于一旦，南宋政府逐渐放宽了对征集图书内容的限制，不再局限于经史子集，凡小说异本均可列目进上，因此短期内南宋官藏快速扩充，“所增多近代编述尔”①。

第五，图书征集针对性增强。宋代直接面向私人藏书家的征集活动屡见不鲜，尤其是南宋，其原因在于北宋靖康之难使得官藏“诸书悉不存”，而私人藏书家或是在南下过程中锐意保护图籍，或是未受战火波及，保存了大量的图书，因此南宋绍兴年间，针对私人藏书的购募活动增多，如平江府贺家、福州余家、泉州赵家、湖州林家、临安陆家等家族均被特指富有藏书，令地方官吏或是劝说进纳，或是就家抄写，其中福州余家更是被两次提起。另外宋朝还面向专门地区、机构进行图书搜访，如宋徽宗令漕司取索成都府镂板奇书，宋高宗令地方官员前往太平州芜湖县寺院、开元寺、天圣寺、报本寺等寺院取索藏书，并下地方县学编写藏书目录进呈，以便于秘书省对比取书。另外川蜀之地、湖台、两浙地区因文化发达，亦常被作为图书搜访重点地区。

第六，图书悬赏标准呈现波浪形发展，宋太祖建国之初为搜集图书，以三百卷为界，进行赏赐，并且凡献书者通吏理均可直接授官；北宋中期，国家图书收藏逐渐增多，赏赐的标准逐渐提高，开始以五百卷为界，并且应是馆阁中所阙古书，对于宋人著述的进献严格限制。南宋初建，国家财政困难，对于献书的赏赐相对于宋徽宗时期略有不同，宋高宗言：“搜访书籍自亦美事。朕遭多难，方右武之时，故(诸葛)行仁之赏不得不薄。太上皇朝承平无事，因人献书而授一京官亦不为过也。”②绍兴中，国家逐渐稳定，宋高宗

① (宋)百岁老人袁褧撰：《枫窗小牍》，载《全宋笔记》第四编第五本，郑州：大象出版社 2008 年版，第 235 页。

② 苗书梅等点校：《宋会要辑稿·崇儒》，开封：河南大学出版社 2001 年版，第 249 页。

就提出，对于搜集图书"当议分等给赏，或命以官，或酬以帛"，并认识到"私家所收书亦甚爱惜，宜立赏以劝之"，于是令提举秘书省秦熺措置赏格，颁印天下，因此南宋政府规定："如投献到晋、唐墨迹真本者，取旨优异推恩，秘阁阙书、善本及二千卷者，有官人与转官，士人与永免文解或免解。不及二千卷以上者，比类增减推赏。"①

第七，明确提出"劝诱"臣民献书的理念。宋高宗为了更快地聚集图书，一方面提高图书赏格，以名利引诱图书进献；一方面针对私人藏书家，令专人前往其家进行"劝诱献纳"，如对湖州管下故执政林摅家藏书，"令本州守臣劝诱献纳"，对福州余家藏书，"委万庭实说谕投进"，陆游《老学庵笔记》中尚记载郡县"劝诱"献书之事：

> 王性之读书，直能五行俱下……既卒，秦熺……手书移郡，将取其所藏书，且许以官。其子仲信名廉清，苦守有学，号泣拒之曰："愿守此书以死，不愿官也。"郡将以祸福诱掖之，皆不听。亦不能夺而止。②

另外，宋廷还将献书得赏者进行宣传，进而"以劝来者"，宋孝宗乾道七年(1171 年)：资州助教杨志发献书得官，国史院进一步建议："本院窃虑诸路州县臣僚士庶之家有收得上件四朝文字，不知杨志发推恩因依，未肯投献，乞朝廷等降指挥下礼部，将杨志发推恩事理下诸路州军，专委知通，多出文榜晓谕搜访，许令投献，优与推恩。"③

第八，图书目录逐渐成为图书搜集的参照之一。宋太宗太平兴

---

① 苗书梅等点校：《宋会要辑稿 · 崇儒》，开封：河南大学出版社 2001 年版，第 254 页。

② (宋)陆游：《老学庵笔记》(卷 2)。

③ 苗书梅等点校：《宋会要辑稿 · 崇儒》，开封：河南大学出版社 2001 年版，第 257 页。

国九年，下令将馆阁见在图书与《开元四部书目》进行对比，从而编录缺少图书，张贴于待漏院，进行针对性图书搜访，后世著录有《秘书省四库阙书目》及《秘书省续编到四库阙书目》，阙书皆著“阙”字其下，是为典型的阙书目录，南宋绍兴十七年(1147 年)，郑樵曾按秘书省所颁阙书目录，集为《求书阙记》七卷及《外记》十卷，徐士龙又有《求书补阙》一卷，这些阙书目录在宋图书搜访中起到了重要作用。另外，宋廷还要求地方政府上呈书目申纳秘书省，方便秘书省进行对比索书，如宋高宗绍兴六年诏令地方县学和私人藏书家进呈书目，宋孝宗淳熙六年、十三年，诏令四川路军、各路各郡将官藏书目送往秘书省，与秘书省《中兴馆阁书目》对比，如有阙书秘书省可直接关文索取，《宋史·艺文志》中著录《川中书籍目录》二卷、《诸州书目》一卷，当为此时编撰。

3. 进献

献书作为官方收藏的重要来源之一，自两汉以来初具气候，献书一方面可以是一种荣誉，曹之教授认为：“‘诏藏’国家有关部门，是一个极高的荣誉，犹今之绘画名作被国家美术馆、博物馆收藏一样。”①另外一方面可以通过献书得到种种优惠，或是官职或是金钱。宋廷推行崇文政策，实行优待奖励政策，号召臣僚士庶进献图书，对于进献图书者，或是给予出身任官资格，或是直接授官，或是升迁，或是单纯的钱财奖励，根据其献书者的具体情况进行赏赐。在宋代的献书活动中，可分为献己书，献他书，献藏书三种情况。宋代为了彰显右文之策，鼓励朝野内外人士进献本人或他人撰写的著作，并将其作为与科举、恩荫并行的选拔人才的政策，对于进献著作的人，官员给予官职提升或是物质奖励，白衣可直接做官，或是免解参加科举，这种鼓励政策促使宋朝三百年中士人献书络绎不绝，《宋会要辑稿·崇儒》的“献书升秩”一章中，记载了自宋太宗太平兴国五年(980 年)至南宋光宗绍熙三年

---

① 曹之著：《中国出版通史·隋唐五代卷》，北京：中国书籍出版社 2008 年版，第 324 页。

(1192年)之间，近两百年的时间跨度内，所进行的约一百五十次献书活动，涉及著作两百余种，主要是经史集等著作，也有部分兵书、天文等图书，其中三分之二属于献已书，三分之一属于献他书，而在这部分中又有部分呈进自家父祖所撰文集。这些著作在呈进以后，经过两制等部门审核评价，分配至馆阁、秘书省或是其他职能部门收藏；但如果其文章不能通过两制审核，其赏赐将会被剥夺，《宋会要辑稿·崇儒》中记载了宋仁宗嘉祐四年(1059年)一次献书活动：

> 八月，殿中丞致仕龙昌期上所注《周易》、《论语》、《孝经》、《道德阴符经》，诏赐五品服、绢百匹，既而翰林学士欧阳修等以为异端害道，不可以推奖，乃夺所赐服而罢遣之。①

由于北宋时期对献书奖励丰厚，导致献书事件频繁，国家不能承担费用，因此出台了部分限制措施。

第一，对于宋人文集进献的限制，宋朝奉行“与士大夫治天下”的理念，其朝廷官员多是文臣，留下著述较多，这就造成了部分人投机取巧，妄求恩泽。宋仁宗康定二年(1041年)八月，下诏：“臣僚子弟进纳家集，须得尽以编录，如或分次重叠投递，苟求恩泽者，仰中书勘会以闻，必行朝典。”②但这种诏令并没有阻止部分人的利欲诱惑，妄编文集，托名父祖，因此庆历八年(1048年)三月，中书建议：“今后丞郎并龙图阁直学士以上薨卒，五年内如有家集，并许亲的子孙投进，当议送两制看详。如文章典雅，为众所推，即具闻奏，特与依例施行，其文集仍乞馆阁。”③这项诏令实际

① 苗书梅等点校：《宋会要辑稿·崇儒》，开封：河南大学出版社2001年版，第275～276页。

② 苗书梅等点校：《宋会要辑稿·崇儒》，开封：河南大学出版社2001年版，第271页。

③ 苗书梅等点校：《宋会要辑稿·崇儒》，开封：河南大学出版社2001年版，第271页。

上阻止了一部分宋人文集的呈献活动，规定到达一定品阶的官员后代在卒后五年之内可以呈献，未在特定的时间内进行呈献，将不予接受，另外还需要对文集内容进行审核，符合标准才给予奖励。至和三年(1056年)九月更是下诏曰："臣僚进家集，自今量与支赐，更不推恩。"①但也有例外，如宰相寇准的文集，嘉祐二年(1057年)五月十六日，国子监博士寇譓进祖宗寇准文集一十卷，诏"以准曾任宰相，文集特送馆阁"②。这一限令至宋徽宗时期才开始被打破，宣和三年(1121年)九月二十日，秘书少监翁彦深等奏："契勘三馆秘阁集贤库，唐人文集至多。本朝名臣大抵以文章显，罕得与秘府之藏。盖由自来不曾取索，欲乞下诸路转运司取索建隆以来名臣文集，委所属州府军监缮写，起发赴秘书省，收入帐籍，以垂不朽。"③至南宋时期，更是开发了这一禁止，使得南宋官藏中宋人著作占据比重较大。

第二，对于诗赋杂文之类的进呈。宋太宗淳化五年(994年)八月甲午，下诏："自今京朝官，不得辄献诗赋杂文，如有时政缺失，民间利济，及直言极谏，许投进。"④这一禁令同样为宋徽宗所废除，崇宁元年(1102年)四月二十九日，礼部上言："本部勘会，令来所乞事，缘《元符令》文系于《元祐敕》内删去'诗赋杂文字札'六字，看详意义已明，近来尚有申乞投进之人。欲乞申明行下，如有进献诗赋杂文字札之人，在外即令所在州军自陈，委本处知通，在即经礼部委国子监长贰取索看详，如实可采，即行保明进纳。"⑤

---

① 苗书梅等点校：《宋会要辑稿·崇儒》，开封：河南大学出版社2001年版，第275页。

② 苗书梅等点校：《宋会要辑稿·崇儒》，开封：河南大学出版社2001年版，第275页。

③ (清)徐松辑：《宋会要辑稿·职官》，北京：中华书局1957年版，第2766页。

④ 《宋大诏令集》，北京：中华书局1962年版，第733页。

⑤ 苗书梅等点校：《宋会要辑稿·崇儒》，开封：河南大学出版社2001年版，第282～283页。

在献书一途中，对于宋代官藏贡献最大的属于献藏书一项，根据《宋会要辑稿》、《建炎以来系年要录》等史籍的记载，北宋时期，见于记载献书五百卷以上者共有七次，累计献书二万三千余卷，而根据《中国藏书通史》统计："有确切记载的藏书家向中央政府主动献书的有六十人次，所献图书四万卷。"①南宋时期，尤其是绍兴年间，较大规模的献书活动就有三十余人次，并且所献的图书数量较多。根据《宋会要辑稿》、《续资治通鉴长编》、《文献通考》为基本史料，列举两宋献书如下：

乾德四年(966 年)，三礼涉弼、三传彭干、学究朱载等皆诣阙献书，合千二百二十八卷，诏分置书府，弼等并赐以科名；

大中祥符八年(1015 年)四月，献书者十九人，悉赐出身及补三班，得 18754 卷；

天禧元年(1017 年)八月，学究刘溥侯、惟哲各献太清楼无本书 500 卷，共 1000 卷；

天禧二年(1018 年)五月，长乐郡主献家藏 800 卷，赐钱 30 万，书藏秘阁；

治平间(1064—1067 年)，成都藏书家郭友直献书千卷，恩授将仕郎；

神宗熙宁七年(1074 年)，郭友直及其子大亨，又献书 3779 卷，其中秘阁所无者 503 卷，神宗亲赐大亨为将作监主簿；

政和年间(1111—1117 年)，诏求道书，归宋燕人、江陵尉田伟上千卷，补三馆之阙；

宣和五年(1123 年)有荣州助教张颐进书 504 卷，其中 221 卷为馆阁所无。开封府进士李东进书 600 卷，其中 162 卷为馆阁缺遗；

宣和七年(1125 年)，收王阐、张宿等家藏书中与三馆秘阁无书者 658 部，1051 册、轴，计 2417 卷；

绍兴元年(1131 年)三月十八日，进士何克忠上《太祖皇帝实

---

① 傅璇琮、谢灼华著：《中国藏书通史》，宁波：宁波出版社 2001 年版，第 317 页。

录》、《国朝宝训》、《名臣列传》；六月十六日，故金吾上将军张林妻王氏以家藏《六朝实录》、《会要》、《国史志》等书二百二十二册来上；处州缙云县若澳巡检唐开上王珪重修国朝《会要》三百卷；黄孟上宋朝实录五百余卷、《天朝南郊卤簿记》十册；

绍兴二年(1132年)二月，故太常少卿曾旼子温夫献累朝典籍二千余卷；闰四月戊午，将仕郎贺廪献书五千卷，诏吏部添差廪监平江府粮料院①；

绍兴三年(1133年)五月，左承奉郎林俨献《实录》、《会要》等古文书籍二千卷；

绍兴五年(1135年)九月四日，大理评事诸葛行仁献《册府元龟》等书，凡万一千五百一十五卷；

绍兴十三年(1143年)，绍兴府录会稽陆宰家所藏书来上，凡万三千卷有奇；

绍兴十四年(1144年)九月二十一日，明州进士陈暘投献书籍七百五十六卷；十一月三日，忠训郎张楍投献书籍五十一种；

南宋渡江以来，官方收藏白手起家，通过诏求、献书等途径，成绩斐然，“四库至四万四千四百八十六卷，较崇文旧目多一万三千八百十七卷”，这些成绩的取得与民众的积极献书是分不开的。当然臣民献书也有自己的顾虑，如《邵氏闻见后录》的作者邵博言：

> 先人在元符年，奏书直宣仁后事……晚著《辨诬》……上圣明元年之二日，诏扬宣仁后之功，削诬谍，下有司索先人《辨诬》。先人即薨，予兄弟追怀迟虑，未敢上。有司急以复命，则奏曰：“与其藏诸名山，为百世未见之书，曷若上于公朝，补一代不刊之史。”诏以《辨诬》秘著作之庭。②

---

① 《皇宋中兴两朝圣政》，北京：图书馆出版社2007年版，第364页。

② (宋)邵博撰：《邵氏闻见后录》，载《全宋笔记》第四编第六本，郑州：大象出版社2008年版，第12页。

另外虽然后世流传的宋人笔记小说众多，但当时朝廷因修史进行图书搜访，所得到的“本朝小说尤少，士大夫纵私有所记，多不肯轻出之”①。

4. 编撰

除了向外界征访图书之外，宋代右文政策所带来的经常性的编撰活动，也是官方藏书主要来源之一。宋代官方修书形式多样，有常设机构，亦有临时设置的书局，尤其是宋徽宗在位期间，“政和、宣和间，朝廷置书局以数十计”。武汉大学霍艳芳博士2008年的硕士论文《宋代官修书研究》，对宋代历朝所修撰的官方修书做出统计，根据其研究成果，统计如表8-3：

表8-3　**宋代历朝官修书统计**

皇帝	在位时间（年）	修书数量	总卷数	内　容
太祖	17	≥15	1000	史书、书目、刑律等
太宗	22	≥12	3500	类书、实录、志书等
真宗	25	≥30		实录、圣政、历书等
仁宗	40	≥40		类书、律历、史书等
英宗	4	4		实录、机要文字、历书
神宗	19	≥20		实录、宝训、律历、编敕等
哲宗	15	≥20		实录、敕、令、格、式等
徽宗	25	≥20		实录、会要、格、式、御集、国史等
高宗	36	≥40		日历、实录、礼、法、格、式等
孝宗	27	≥50		圣政、宝训、玉牒、实录、会要、令、式等
光宗	5	6		圣政、玉牒、会要、历书、日历
宁宗	30	≥60		御集、圣政、玉牒、会要、历书、日历、礼书等
理宗	40	≥40		圣政、玉牒、会要、历书、日历、经武要略等

① （宋）宋弁撰：《曲洧旧闻》，载《全宋笔记》第三编第七本，郑州：大象出版社2008年版，第82页。

根据霍博士的统计，北宋官修书近200种，南宋近400种，两者相比较，南宋在数量上超过北宋，但北宋在单本图书的卷书和质量、影响上超过南宋。宋代的官方史书的修撰成绩斐然，根据《宋史·艺文志》的著录，两宋历朝所修的实录超过3000卷以上，国史近2000卷，会要2700余卷，而宝训和圣政也有1300卷。① 除去这些已经成书的著录图籍，修撰这些图书背后所倚仗的起居注、时政记等文字材料更是浩若烟海，仅南宋四朝所修撰的日历就达到5500余卷，总体上官方修撰的史书达到数万卷，而这些官方修书的修撰成功一方面倚仗两宋馆阁丰富藏书和馆职人员，一方面也成为宋代藏书重要的组成部分，两者相辅相成。

5. 刊印抄写

宋代雕版印刷技术虽然已经成熟，但图书抄写仍然是制作手段之一，因此两宋秘书省中均设置有楷书人员，进行图书的抄写工作，同时一旦遇到大规模的集中性图书校勘工作，还会另外招募工书人进行图书的抄写，因此手工抄写和雕版刻印是宋官方藏书数量增长的两种手段，并行存在，其中以抄写为重点，刻印为辅助。

宋代官方的图书抄写存在多种情况：

其一，出现在图书搜集的过程中，对征集图书的抄写。宋代多个图书征集诏令中，均表达了这样的理念，如果藏书家愿意将图书献上最好，如果实在爱惜图书不愿意献上，或是“就所在差能书吏借本抄写，即时给还”，或是“借本抄写”完毕后，原本归还献书人，如景德年间，“时京师藏书之家，惟故相王溥家为多，每借取传写既毕，即令中使送还”②。宋真宗曾亲口许诺：“臣庶家友聚书者……借本抄填之。”此后这些抄写的方式为历代所用，如宋徽宗大观四年任命文学博雅之士，前往四处求访图书，遇到可采之

① 霍艳芳：《宋代官修书研究》，武汉大学硕士论文，2008年，第37页。

② （宋）程俱撰，张富祥校证：《麟台故事校证》，北京：中华书局2000年版，第259页。

书，“并借传写，或官给笔札即其家传之，就加校定，上之策府”。《南宋馆阁录》记载：“熙宁七年，置补写所，抄写求访到书籍，书写讫，送三馆秘阁。”①南宋绍兴年间，在针对特定藏书家收藏时，同样采取“官给笔札”，“借本抄写”的方法，扩充秘书省藏书，南宋时期由于图书搜括更多地倚赖地方官员，地方官员负责缮写呈上的做法亦存在，如绍兴十五年，提举秘书省秦熺言：如果私人藏书家“不愿投献者，令所在州军借本，专委见任官员一员，依本下所定下册样字体穿传写”，如“官僚藏书之家……逐旋关借……候抄录毕给还”②。同时在绍兴十四年秘书省新省建成之日，秘书郎张阐要求依照北宋旧例，复置补写所，如所请，五月二十八秘书省设立补写所，不仅补写进献图书，还需要书写校勘黄本书籍。

其二，为了保障藏书机制，对复本的抄写。这种抄写乃是秘书省日常的工作之一，如宋哲宗元祐四年五月，秘书省言：“《崇文总目》内书籍，是将四馆分书并合著录，自来逐馆分书多少不等，每处未有全……即自嘉祐中编校后来所写书本，犹未能足数，即今见行添补，欲将秘阁先退下旧白本及诸馆分旧书或兼本者，亦依《崇文总目》编次一本，充史馆收藏，其余接续编次。”③南宋绍兴四年六月二十三日，起居郎常同因秘书省省舍寄居佛寺，有搬迁火灾之忧，建议将搜集到的图书“别录副贰”，并分几处收藏，因此宋高宗下诏：“比搜访到祖宗正史、实录、宝训、会要，令史馆各抄录二本，一本进入，一本付秘书省。”④《宋会要辑稿·职官》记载了宋代图书抄写的工作量与管理方法，“楷书课程：旧制每日书写二千字，遇入冬书写一千五百字，并各置工课手历，每日抄转书

---

① （宋）陈骙，佚名撰：《南宋馆阁录　续录》，北京：中华书局 1998 年版，第 22 页。

② 苗书梅等点校：《宋会要辑稿·崇儒》，开封：河南大学出版社 2001 年版，第 253 页。

③ （清）徐松辑：《宋会要辑稿·职官》，北京：中华书局 1957 年版，第 2759 页。

④ 苗书梅等点校：《宋会要辑稿·崇儒》，开封：河南大学出版社 2001 年版，第 246～247 页。

勘点检，月终结押，长贰一本……合用纸扎等并下杂买务收买”①，这些严格的管理措施保证了秘书省日常的抄写量，如崇宁二年五月四日，礼部与户部共同上奏："校秘书省见誊写三馆书籍充秘阁书，至今十七年，装褫成书共二千八十二部，所誊写者据三馆帐籍，犹有一千二百一十三部及阙卷二百八十九卷未写，元立楷书系三十人，额每月每人支钱三贯五百文，每日写字二千五百；若使工课如限内，即三十人所写，除假外，一年计可写四百有余万字，今一十七年尚未写毕，显是自来点勘疏略致得，因循虚费请受，今来乞立程限。”②

其三，对其他机构藏书的补充抄写。宋代中央官府体系复杂，秘书省内有三馆秘阁书库，省外多个机构内有藏书，如翰林院、国子监、礼部、太常寺、中书省，另外尚有宫内藏书，如太清楼等地，为了增加藏书量，两宋时期，多个机构多有互通有无，相互补充的抄写情形。真宗咸平二年(999 年)闰三月，令三馆写四部书二部，一置后苑太清楼，一置禁中龙图阁；五年(1002 年)，发现仍有二万余卷未抄写，又一次命令重新抄写；至景德元年(1004 年)，黄夷简等上新写御书 24162 卷；嘉祐七年(1062 年)六月，秘阁上书补写御览书籍，先是从欧阳修言，请出太清楼藏书，令抄写补充馆阁藏书，因此诏令龙图、天章、宝文阁、太清楼管勾内臣查检所阙书，募抄工于门下省誊录；哲宗元祐二年秘书省言："昭文馆黄本书籍已编写了当，拨与秘阁收藏，其史馆、集贤院未有上件书籍……阙少名件校对无差，即先补写”③；七年十二月十九日，秘书省获知高丽国献书中有馆阁未收图书，奏请降本抄写，“诏降付秘书省，仍令本省誊写校正二本送尚书省、中书省，及别誊写校正

---

① (清)徐松辑:《宋会要辑稿·职官》，北京：中华书局 1957 年版，第 2768 页。

② (清)徐松辑:《宋会要辑稿·职官》，北京：中华书局 1957 年版，第 2761 页。

③ (清)徐松辑:《宋会要辑稿·职官》，北京：中华书局 1957 年版，第 2758 页。

二本送太清楼天章阁收藏"①；政和四年四月十四日，蔡攸上言秘阁缺少国朝正史实录，奏请前往国史院抄写，"诏令秘书省差人赴国史院书录"；宣和四年(1122 年)，徽宗又令置补辑校正文籍所，募抄工缮写三馆藏书 3 部，分置宣和殿、太清楼、秘阁。同日秘书省则奏请先将三馆秘阁书库的图书进行相互比较，对所缺少之书进行相互的抄写补充。南宋绍兴七年，史馆因图书短缺，奏请与国史院、秘书省诸藏书处搜检抄写。如淳熙五年(1178 年)七月秘书省上《孝宗皇帝会要》，"进册合缮写三本，其一本候进呈毕，合于秘阁安奉；一本恭进德寿宫；一本留中，以备乙览"②。如嘉定元年(1208 年)，取张从祖辑《国朝会要》580 卷，目录 2 卷，"令秘书省取索誊写进呈"，书写装褙完备后，"其副本藏于史库"。

其四，大规模的补充抄写，大中祥符八年(1015 年)四月，荣王宫大火，延及崇文院秘阁藏书。十二月，真宗下令招募抄工二百余人，据太清楼的藏书重新抄写，并置"提举三馆秘阁写校书籍"一职，以副宰相、参知政事任之，下还设不少"写书吏"负责抄写工作。历经 10 年，至天圣三年(1025 年)已抄成 17600 卷；同时五月，翰林院学士陈彭年建议，于右掖门外建崇文外院，别置三馆书库，缺误之书，借太清楼本补写，其抄写、雕印、餐宿均在外院，帝从之。十二月，以太清楼藏书抄写校勘秘阁书籍 12000 卷。仁宗景祐元年(1034 年)，命翰林学士张观，知制诰李淑、宋祁等编四库书，历时三年，编成经、史、子、集手抄本共 20791 卷，并抄有复本若干部。嘉祐四年(1059 年)三月，又因馆阁丢书太多，命陈襄、蔡抗、苏颂、陈绎等据崇文书院总目刊正补写四库书。嘉祐五年(1060 年)冬，抄成黄本 6496 卷，补写白本 2954 卷。南宋馆阁和北宋一样，也很重视抄书，将其作为增加藏书的辅助手段。绍兴十四年(1144 年)五月，新省建成，"诏秘书省复置补写所"，对复

① (清)徐松辑:《宋会要辑稿·职官》，北京：中华书局 1957 年版，第 2761 页。

② (宋)陈骙，佚名撰:《南宋馆阁录 续录》，北京：中华书局 1998 年版，第 197～198 页。

本缺少的图书进行补写，以充实秘阁藏书。宋孝宗淳熙五年七月六日，秘书省言："昨乞将诸库写本书籍，有损蠹残阙者，再校正书写，得昔令开具，合写部帙并约所支书写人食钱数目，申尚书省，今约计合书写五千万字，用钱五千万贯，乞检照前情施行。"从之。①

宋代朝廷凭借自身的财力、物力、人力，刻印了大量的图书，一方面推广了在文化事务的官方意志，与此同时在另一方面也促进了公私藏书事业的发展，为官方的图书收藏提供了更多更好的图书，也为藏书机构提供了更加简易的数量增长方式。据宋人自陈："唐以前，凡书籍皆写本，未有模印之法，人以藏书为贵。人不多有，而藏者精于雠对，故往往皆有善本。学者以传录之艰，故其诵读亦精详。五代时，冯道始奏请官镂《六经》板印行。国朝淳化中，复以《史记》、《前后汉》付有司摹印，自是书籍刊镂者益多，士大夫不复以藏书为意。"②宋代中央刻书机构包括崇文院、国子监、太史局、秘书监等文化机构，另外一些中央政务机构如刑部、礼制局等也刻印与各自有关的典籍，其中最主要的刻书机构是国子监。宋代地方官府机构也参与刻书事业，"举凡官廨、公库、郡斋、书院……无不尽其所能"③，宋代在图书征集时同样关注了地方的刻书事业，要求地方进呈书板、印书等入藏，南宋秘书省中有三间印板书库，专门收藏诸州所进纳的印本图书。

宋初，官方刻印的重点在于佛儒经典，如开宝四年(971 年)所刻印的《大藏经》，另外还有《诗》、《书》、《易》、《仪礼》、《左传》；宋代中期之后，官府刻书的范围逐渐扩大至经史子集四部，尤其是以馆阁藏书为依据，其中有价值的图书也可令机构进行刊印传播，《玉海》卷五二言："自太祖平定四方，天下之书悉归藏

---

① (清)徐松辑：《宋会要辑稿·职官》，北京：中华书局 1957 年版，第 2773 页。

② (宋)叶梦得撰：《石林燕语》，载《全宋笔记》第二编第十本，郑州：大象出版社 2008 年版，第 114～115 页。

③ 张维青、高毅清著：《中国文化史》，济南：山东人民出版社 1998 年版。

室……又经书未有板者，悉令刊刻，由是大备，起秘阁贮之其中。”南宋建立之后，继承了北宋政府的文化政策，绍兴中国家局势稍定，朝廷就开始了刻印经籍的工作，《建炎以来系年要录》卷四：“(绍兴)九年九月，张彦实待制为尚书郎，始请下诸道学取旧监本书籍，镂板颁行”，另外秘书省内同样设置印书作两间，负责省内图书的刊印工作。

宋朝统治者在图书搜集中同样重视印本书的搜集，如熙宁七年六月二十日，监三馆秘阁三奏请“应街市镂板文字，供录一本看详。有可留者，各印四本送逐馆，合用纸墨、工食钱，依例下度支支”①，开始重视民间刻书对藏书的补充作用，与此诏令相似的是徽宗崇宁二年，下诏“两制、成都府路有民间镂板奇书，令漕司取索，送秘书省”②；大观四年五月七日，秘书监何志同奏请搜访图书，同时建议：“更有诸处印本及学者自著之书，臣僚私家文集，愿得藏之秘府者，皆许。本省移文所属印造取索”③，诏可，各地方官府刻印也进入到了秘书省视线中。同时也以刊印作为扩充数量的手段，宋哲宗元祐元年四月二日，秘书省言：“三馆秘阁内有系国子监印本书籍，乞今后有阙卷蠹坏者，并令补印，及有新印书籍，亦牒本送逐馆收藏。”④元祐二年六月，秘书省更是奏请：“合要印本书，下国子监用黄纸印造；元系诸州军印本，许从本省牒户部下本处印造。”⑤大观五年，提举秘书省蔡攸明确提出馆阁藏书“内有印版者，即补印，更不抄写。如此不惟减省功力，庶免重

① (清)徐松辑：《宋会要辑稿·职官》，北京：中华书局1957年版，第2756页。

② 苗书梅等点校：《宋会要辑稿·崇儒》，开封：河南大学出版社2001年版，第239页。

③ (清)徐松辑：《宋会要辑稿·职官》，北京：中华书局1957年版，第2762页。

④ (清)徐松辑：《宋会要辑稿·职官》，北京：中华书局1957年版，第2757页。

⑤ (清)徐松辑：《宋会要辑稿·职官》，北京：中华书局1957年版，第2757页。

复”。自此之后，宋代官方刻印图书如当今的“缴送制度”一样，成为官府藏书主要的来源和补充手段之一。

南宋时期，地方刻印较为发达，因此绍兴五年闰二月十二日，宋高宗诏史馆、秘书省：“四库书籍未备，令下诸路州县学及民间见收藏官书并刊到书板，不以经、史、子、集、小说、异书，仍具目录一本申纳秘书省。”①绍兴十四年三月二十九日，宋高宗再次下诏：“诸州军应有开板书籍，并用黄纸印造一部，发赴秘书省。”②淳熙十三年，秘书郎上奏言：“凡缙绅家世所藏善本，监司郡守搜访得之，往往锓板以为官书。乞诏诸路监司、诸郡守臣，各以本路本郡书目解发至秘书省，听本省以《中兴书目》点对。如有未收之书，即下本处取索印本，广秘府之储。”宋孝宗即可诏令秘书省将未收书籍径自关取。③ 可见南宋时期，地方刊印图书成为秘书省藏书重要来源之一，据《南宋馆阁录》记载：秘书省内专门设有“印板书库”，专门收藏地方所进呈的刊印图书，孝宗之前其中收藏有“诸州印板书六千九十八卷，一千七百二十一册”④，并专门三间房屋，规模较大。秘书省作为南宋中央官府修书机构之一，设置有印书作，专门管理刊印事宜，如“淳熙五年(1178 年)九月十四日，有旨，秘书省见印到《中兴馆阁书目》，内将二十部进入，余给赐前日赴坐官每员一部”⑤。同时秘书省还收藏有图书印板，“《太平广记》乐府版共五千片、新刻《馆阁录》版一百五十四片、《中兴书

① 苗书梅等点校：《宋会要辑稿·崇儒》，开封：河南大学出版社 2001 年版，第 247 页。

② (清)徐松辑：《宋会要辑稿·职官》，北京：中华书局 1957 年版，第 2768 页。

③ 苗书梅等点校：《宋会要辑稿·崇儒》，开封：河南大学出版社 2001 年版，第 259 页。

④ (宋)陈骙，佚名撰：《南宋馆阁录 续录》，北京：中华书局 1998 年版，第 24 页。

⑤ (宋)陈骙，佚名撰：《南宋馆阁录 续录》，北京：中华书局 1998 年版，第 222 页。

目》版一千五百八十片藏焉”①。

(三)聚集内容

正如唐代秘书省的藏品一样，宋代秘书省随着历史脚步的前进，其收藏范围宜加宽广，三馆内仅有藏书万余卷，并收藏在书柜中，保存并不完善。经历了宋太祖、宋太宗两任帝王的锐意搜访，三馆秘阁内藏书丰富，至元祐六年时，馆阁藏书内容已经不仅仅限于经典图书，“悉聚天下之术，上自文籍之初，六经传记百家之说、翰林子墨之文章，下至医卜禁呪、神仙黄老、浮屠异域之言，靡所不有”②，已经逐步开始收藏笔记小说。宋代秘书省除去逐渐开放的图书内容范围之外，且还有其他书画作品收藏，根据《宋会要辑稿·职官》记载：“太宗端拱元年五月诏：就崇文院中堂建秘阁，择三馆真本书籍万余卷，及内出古画墨迹，藏其中。凡史馆，先贮天文、占候、谶纬、方术书五千一十二卷，图画百四十轴，尽付秘阁。有晋王羲之、献之、庾亮、萧子云、唐太宗、玄宗、颜真卿、欧阳询、柳公权、怀素、怀仁墨迹，顾恺之画维摩诘像，韩幹马、薛谡鹤、戴嵩牛及近代东丹王李赞华千角鹿，西川黄鹰、白兔，亦一时之妙也。”③宋太宗雅号书学，即位之初就两次下诏搜访先贤笔迹图书，成果斐然，因此馆阁收藏更加广泛；同时为了迎合太宗的爱好，臣僚亦有进献书画名迹：

太平兴国二年，“荆湖献晋张芝草书及唐韩幹画马三本；潭州石熙载献唐明皇所书《道林寺王乔观碑》；袁州王澣献宋之问所书《龙鸣寺碑》；升州献晋王羲之、王献之、桓温二十八家石版书迹”；太平兴国六年，“镇国军节度使钱惟演以钟繇、王

① (宋)陈骙，佚名撰：《南宋馆阁录　续录》，北京：中华书局1998年版，第13页。

② (宋)赵汝愚编：《宋朝诸臣奏议》，上海：上海古籍出版社1999年版，第653页。

③ (清)徐松辑：《宋会要辑稿·职官》，北京：中华书局1957年版，第2778页。

羲之、唐明皇墨迹凡七轴献”；雍熙二年三月，“殿直潘昭庆以褚遂良、欧阳询、虞世南墨迹三十本来献”；至道元年(995年)，监秘阁三馆书籍裴愈前往江南搜访图书，“凡购得古书六十余卷，名画四十五轴，古琴九，王羲之、具灵该、怀素等墨迹共八本，藏于秘阁”;① 另外《玉壶清话》载：“李留台建中以书学名家，手写《忠恕汉简集》以进，皆蝌蚪文字。太宗深悼惜之，诏付秘阁。”②

经过太宗一朝的发展，馆阁收藏范围亦加广阔，古琴等实物开始进入到收藏范围之中，更遑论前代书画等真迹。宋敏求《春明退朝录》载：“秘府书画，予尽得观之。二王真迹内三两卷，有陶毂尚书跋尾者，尤奇。其画梁令瓒《二十八宿真形图》，李思训著色山水，韩滉水牛，东丹王千角鹿，其江南徐熙、唐希雅、蜀黄筌父子画笔甚多。”③另外元符二年六月二十四日，大理少卿刘赓“乞将官制敕令格式颂三馆秘阁收藏”④，诏可，档案文书也被纳入宋代馆阁收藏的范围，政和五年四月八日，宋徽宗驾幸秘书省，下诏曰：“延见多士，历览藏书之府，典谟训诰与祖宗遗文皆在，又以馆天下之儒学，而屋室浅狭，上漏旁穿，如不足以容，甚非称太平右文之盛。可令书艺局重行修展。”⑤可见宋徽宗在位期间，“典谟训诰”等档案资料已经成为秘书省收藏的主要组成部分。宋徽宗在位期间，雅号书画古器，从秘书省奏请，搜访钟鼎古器、金石遗刻，秘府内收藏颇多，《左朝奉郎行秘书省秘书郎赠左朝请郎黄公

---

① 苗书梅等点校：《宋会要辑稿·崇儒》，开封：河南大学出版社 2001年版，第 232～234 页。

② (宋)释文莹撰：《玉壶清话》，载《全宋笔记》第一编第六本，郑州：大象出版社 2008 年版，第 105 页。

③ (宋)宋敏求撰：《春明退朝录》，载《全宋笔记》第一编第六本，郑州：大象出版社 2008 年版，第 284 页。

④ (清)徐松辑：《宋会要辑稿·职官》，北京：中华书局 1957 年版，第 2761 页。

⑤ (清)徐松辑：《宋会要辑稿·职官》，北京：中华书局 1957 年版，第 2764 页。

墓志铭》载：

> 公讳伯思，字长睿父，姓黄氏……除秘书省校书郎，既入馆，纵观册府藏书，雅惬所好，耽玩至忘寝食，再迁秘书郎，在馆逾再考……实政和八年二月二十六日，享年四十……在馆阁时，当天下承平无事，诏讲明前世典章文物，修舆地图，集鼎彝古器，考订真赝。公以素学以闻，议论发明居多。所著《古器说》，凡四百二十六篇……皆藏之御府，副在有司。①

其余宋人笔记中亦有关于秘书省内收藏三代古器的记载："宣和间，内府尚古器。士大夫家所藏三代秦汉遗物，无敢隐者，悉献于上。"②北宋宣和年间，秘书省重建，暂且迁移至西府，资料显示"秘阁之书，古画器物"等均被全部转移，这就说明当时的秘书省的收藏内容，经过了百余年的扩充，范围较广，主要以图书为主，古器、古琴、金石、瑞物、印板等实物为辅，同时收藏一些皇帝手迹、诏书、祝辞、碑文等档案资料，另外还包括一些名人绘画、书法真迹，按照《南宋馆阁续录》记载，南宋秘书省内分门别类设置各种收藏库，以储存不同的内容。按照《南宋馆阁续录》记载，除去图书，秘书省另外收藏有：

> 名贤墨迹八十九轴，朝廷续行降付，并《前录》所载旧藏一百二十六轴、一册……古器四十，朝廷续行降付，并《前录》所载旧藏四百十八……图书一百八十七轴，朝廷续行降付，并《前录》所载旧藏九百十一轴、二册……淳熙秘阁续法帖十卷，七十三段……东坡墨竹屏一……群玉堂法帖十卷，共

① （宋）黄伯思撰：《东观余论》，载《全宋笔记》第三编第四本，郑州：大象出版社2008年版，第164～168页。

② （宋）叶梦得撰：《避暑录话》，载《全宋笔记》第二编第十本，郑州：大象出版社2008年版，第297页。

> 一百四十一段……以上碑刻，原系安边所申发朝廷，嘉定元年承朝廷降下，三年以著廷东廊屋三间为库置架设之……韩魏公帖，四十三段，在碑石库……续藏古器(笔者统计嘉定年间续降古器八十二)……①

根据南宋秘书省建筑格局，可以看出，除了收藏这些书画、古器、碑石、屏风等实物的图画库、古器库、御书石刻库、秘阁书库、碑石库之外，秘书省还设置有瑞物库收藏各地呈现的祥瑞之物，拜阁待班之所藏历次曝书会所产生的石刻，印书作收藏秘书省雕印的图书印板等物，专门收藏日历、时政纪、起居注等历史档案文字，值得一提的是南宋所收藏帝王手迹和会要、日历等历史档案资料，根据《南宋馆阁录》卷三“储藏”中记录所藏御札 607 轴，35 册，5 道；太上皇帝圣政 61 册；日历 1100 册；《南宋馆阁续录》卷三“储藏”中记载秘书省收藏自孝宗至当时当政皇帝会要共 583 册(孝宗皇帝会要 368 册、光宗皇帝会要 100 册、当政皇帝会要 115 册)，日历 2810 册(孝宗皇帝日历 2000 册、光宗皇帝日历 300 册、当政皇帝日历 510 册)，圣政 80 册(孝宗皇帝圣政 50 册、光宗皇帝圣政 30 册)。可见两宋秘书省机构所承担的不仅仅是收藏图书之责任，更是承担了档案库、博物馆的部分职能。

(四)秘书省藏书整理

1. 图书校勘

北宋官方藏书汇集了后周、荆南、后蜀、南唐、吴越以及后汉诸国的藏书，又经过历朝帝王反复下诏募求，广集民间佚书，经过持续的缮写校雠，形成了一个相当完备的典籍资料库。同时，随着雕版印刷技术的盛行，馆阁也成为国家整理颁印图书典籍的重要部

---

① (宋)陈骙，佚名撰：《南宋馆阁录 续录》，北京：中华书局 1998 年版，第 175～191 页。

门之一，馆阁校勘成为图书定本确立的手段。正是由于北宋馆阁的图书典籍整理正处于图书流通方式产生重大变化、文化中心逐渐向民间转移的历史转捩点上，因而不仅在校勘的学术发展中占有一席之地，也构成了我国古代由专门的国家藏书机构主持典籍整理的最后一个巅峰。在宋朝这个时期，由朝廷组织，以馆阁人员为主要力量，以馆阁藏书为主要资料，对我国的历代正史、重要诸子书以及医药等方面的重要典籍进行了全面校勘，并刊印颁行，在我国古代典籍的演化过程中，宋代馆阁的书籍校刻，可谓是继西汉刘向父子校理宫廷藏书之后对重要古籍的又一次定型。

(1)北宋秘书省校勘工作

北宋三馆秘阁藏书初建之时，已经同步进行了图书的校勘工作，《宋会要辑稿·崇儒》勘书部分开篇曰："太祖太宗朝收伪国图籍实馆阁，以三馆直馆官或京朝官校勘，并题名卷末。"北宋馆阁的校勘形式继承了唐官方校勘卷末题名的方法，并且在神宗元丰以前，进行过多次馆阁校勘活动，见表 8-4。

神宗元丰五年改制，秘书省取代崇文院，三馆秘阁事务全部由秘书省职官接手，包括图书校勘。改制之初，职事官帖职全部被取消，秘书省校正成为负责图书校勘的专职人员，但在实际工作中却不止于此，往往会专设机构，如校对黄本书籍等。馆职元祐以后逐渐被恢复，其间几经波折。自神宗至钦宗，秘书省领导了数次图书校勘活动：

哲宗元祐元年(1086 年)：三月十九日，宰臣司马光言："秘书省校书郎黄庭坚好学有文，欲令与范祖禹及男康同校定《资治通鉴》。"并从之。①

元祐二年(1087 年)：秘书省上言："见今秘阁黄本亦多有阙，有旨令先将定本补足阙少名件，校对无差，即先补写……乞在省官与供职校理分校……内馆阁无本及不堪者，许于龙图、天章、宝文阁、太清楼及诸官司关借。"八月，宋哲宗下令取消神宗熙宁七年

① 苗书梅等点校：《宋会要辑稿·崇儒》，开封：河南大学出版社 2001 年版，第 223 页。

表 8-4 北宋元丰以前馆阁校勘表

时间	校勘人员	校勘目的	校勘成果	资料来源
太宗雍熙三年(986年)	右散骑常侍徐铉等	清除《说文解字》中妄改,增加新字	令国子监雕印	《说文解字》序
淳化五年(994年)	秘阁校理杜镐等	校勘《史记》《汉书》《后汉书》	刻板于杭州	《玉海》卷四五
真宗咸平元年(998年)	直史馆陈尧佐等	校勘《史记》	校定新本,并录差误文字五卷	《麟台故事》卷二
	直秘阁刁衎等	校勘《汉书》《后汉书》	校定新本,并录差误文字六卷	《麟台故事》卷二
咸平二年(999年)至景德元年(1004年)	前大名府陶县尉陈恕等十七人于崇文院校勘	校勘以备藏于太清楼	校勘新写御书24162卷	《麟台故事》卷二
咸平三年(1000年)	直秘阁黄夷简等	校勘《三国志》《晋书》《唐书》	咸平五年送国子监刊印	《麟台故事》卷二
咸平四年(1001年)	杜镐等九位馆阁人员	校定《周礼》《仪礼》《公羊》《穀梁传》《孝经》《论语》《尔雅》七经疏义	凡一百六十五卷,模印颁行	《麟台故事》卷二

续表

时间	校勘人员	校勘目的	校勘成果	资料来源
咸平六年(1003年)	秘阁校理杜镐等	校勘《老子》	六月并释文一卷刊刻	《宋会要辑稿·崇儒》四之二
景德元年(1004年)	秘阁校理杜镐等	校勘《庄子》	并释文三卷国子监刊刻	《宋会要辑稿·崇儒》四之三
景德四年(1007年)	殿中丞邱雍，龙图阁待制陈彭年	增补修订《切韵》	崇文院雕印	《玉海》卷四五
景德四年(1007年)	三馆秘阁校理人员	校勘《文苑英华》	有摹版，但毁于火灾	《玉海》卷五四
	馆阁人员	勘修四方郡县所上图经	校定为一千五百六十六卷	《直斋书录解题》卷八
景德中	直史馆路振等	校勘《列子》	雕版颁行	《玉海》卷五五
大中祥符六年(1013年)	翰林学士陈彭年等	校勘修订《玉篇》	天禧四年刻板成	《玉海》卷四五

续表

时间	校勘人员	校勘目的	校勘成果	资料来源
真宗大中祥符八年(1015年)至仁宗天圣三年(1025年)	翰林学士陈彭年等	补写馆阁藏书	抄写校勘秘阁书籍17600卷	《宋会要辑稿·崇儒》
天禧四年(1020年)	馆阁人员	《四时纂要》《齐民要术》	天圣年间刊行	《宋会要辑稿·崇儒》四之五
天圣二年(1024年)	直史馆张观等	校勘《南史》、《北史》、《隋书》	国子监刊印	《麟台故事》卷二
天圣四年(1026年)	集贤校理王举正等	校勘《黄帝内经素问》、《巢氏诸病源候论》、《难经》		《宋会要辑稿·崇儒》四之六
天圣年间	三馆秘阁人员	校李善注《文选》	三馆刊印	《麟台故事》卷二
仁宗景祐元年(1034年)至庆历元年(1041年)	翰林学士张观、知制诰李淑、宋祁	编排馆阁书籍,编制书目	上新校经史书8246,新校子集书12000余卷	《玉海》卷五二
景祐三年(1036年)	秘书丞余靖等	重勘《史记》《汉书》《后汉书》	改旧摹板,完成《三史刊误》四十五卷	《玉海》卷四三

续表

时间	校勘人员	校勘目的	校勘成果	资料来源
景祐三年(1036年)至治平二年(1065)年	国子监、两制、馆阁	《法言注》《法言音义》	雕版印行	《玉海》卷五五
仁宗嘉祐二年(1057年)至英宗治平年间	馆阁内设校正医书局,馆阁人员充	《神农本草》《黄帝内经素问》《上伤寒论》等十部医书	依次刊印	《麟台故事》卷三
仁宗嘉祐四年(1059年)至神宗熙宁八年(1075年)	令蔡抗、陈襄、苏颂、陈绎分别负责三馆秘阁图书编订	编订馆阁书籍	嘉祐六年新写黄本书6496卷,白本1954卷;熙宁七年写黄本书10659卷、印4734卷	《玉海》卷五二
嘉祐六年(1061年)	曾巩等人	校勘《宋书》、《南齐书》《梁书》《陈书》《魏书》《周书》《北齐书》	摹刻印行	《麟台故事》卷二
熙宁十年(1077年)至元丰元年(1078年)	刘挚等	校勘《唐六典》	镂板于禁中	《玉海》卷五一

所设置的补写所，将校勘抄写工作合并进行，并沿用“每日校对书籍功册页背面二十一纸”的校勘任务规定。

元祐五年(1090年)：十二月，殿中侍御史岑象求上言：“秘书省多务燕闲，少亲雠校”，因此宋哲宗再次重申校雠日课，并规定月终具奏、降付考功。

元祐六年(1091年)：二月，规定“兼他局官并间日入馆，遇入馆日并依条校对”，六月，提举黄本苏轼请求，入伏之后秘书省校勘功课减半，过伏后恢复，诏可。闰八月，因补写秘阁黄本，秘书监王钦臣等人请求委派真靖大师陈景元校黄本道书，“令秘书省具道书目录，付陈景元据目录于《道藏》取索，先校成定本，供秘书省委本省官员对校”。范祖禹提出反对意见：“今馆阁聚天下贤才，宜有详见洽闻之士博极群书，乃陈景元先取《道藏》之书校成定本，供秘书省委本省官对校，皆取正于景元，不亦损朝廷之体、羞当世之士乎……它日僧校释书、医官校医书、阴阳卜相之人校伎术，其余各委本色，皆可用此为例?”①

元祐年间：秘书监王钦若上言将高丽进献图书内的《黄帝针经》九卷刊刻颁布天下，于是有旨，令秘书省选奏通晓医书官三两员校对，及本省详定讫，雕印刊行。

徽宗政和七年：八月，宣和殿大学士蔡攸言“《亢桑子》、《文子》未闻颁行，乞取其书，于秘书省精加雠定，列于国子学之籍，与庄、列并行”，从之。

宣和年间：提举秘书省官员建议：“置补完御前书籍所于秘书省，稍访求天下图书以资校对”，因此任命侍从官十人为参详官，其他官员为校勘官，又有白衣进士数名充任检阅，进行校勘工作。六年，中书省请求将补完校正御前文籍所归并到秘书省，只用馆职人员校勘，秘书少监充任校勘官，校正充任初校正官，秘书丞、秘书郎、著作佐郎充覆校官。从之。

(2)南宋秘书省校勘工作

---

① (宋)赵汝愚编：《宋朝诸臣奏议》，上海：上海古籍出版社1999年版，第653页。

南宋渡江之后，继承了北宋馆阁校勘的传统，据《宋史·职官志》载："渡江后，制作未遑。绍兴元年，始诏置秘书省……自是采求缺文，补缀漏逸，四库书略备。"根据学者汝企和先生的统计，南宋政府校勘 12 次：

第一次始于绍兴元年(1131 年)："七月七日，监行左都进奏院章傚上欧阳修纂《太常因革礼》一百卷，诏降付太常寺，仍令秘书省逐旋借本校勘抄录，藏于本省。"①

第二次始于绍兴二年(1132 年)：四月十四日，秘书少监王昂言："本省承节次降下御府书籍四百九十二种，今又有曾旼家藏书二千六百七十八卷，未经校正，欲依故例，将降到书籍分定经、史、子、集四库拨充秘阁，专人各行主管，置进帐、副帐、门牌库经一本，仍分官日校二十一板，于卷尾亲书臣某校讫字。置课程簿，每月结押，旬申本省照会，遇入伏，传宣住校。内有损坏脱落、大段错谬、不堪批凿者，许将别本参考，重行补写。所有造帐簿纸并装背物料等，及校书朱、红、雌黄、纸札、笔，欲从本省遇合用报户部下左藏库支供。"诏可。其后逐旋以馆职雠校到书籍，本省缴进焉。②

第三次始于绍兴三年(1133 年)：七月六日，秘书少监曾统等言："伏闻前任本省官洪楫有《神宗皇帝朱墨本实录》，神宗、哲宗《两朝国史》，《哲宗实录》，国朝典章故事文字，望取索名件，官给纸札，借本缮写各一部。仍选差官校对，赴本省收藏。"③至同年七月十三日，诏："昨曾统所进《神宗皇帝实录》脱落不同，又九卷不载旧史，付史馆再加研考，仍专令胡理、李弥正等校勘。"④

---

① 苗书梅等点校：《宋会要辑稿·崇儒》，开封：河南大学出版社 2001 年版，第 286 页。

② 苗书梅等点校：《宋会要辑稿·崇儒》，开封：河南大学出版社 2001 年版，第 228 页。

③ 苗书梅等点校：《宋会要辑稿·崇儒》，开封：河南大学出版社 2001 年版，第 246 页。

④ 苗书梅等点校：《宋会要辑稿·崇儒》，开封：河南大学出版社 2001 年版，第 229 页。

第四次，绍兴六年(1136年)：“先是，上遣中使持(崔)子方《春秋解》，命学士朱震校正。”①

第五次在绍兴九年(1139年)：八月二十三日，起居舍人王鈇言：“窃见《国朝会要》备载祖宗以来良法美意……比经兵火之余，公私所藏类皆散逸，深虑岁月既久，寖成湮坠，望诏秘书省，令访求善本，精加挑校。”②下诏则在同年九月“四日，诏秘书省官雠校《国朝会要》，逐官每月添给茶汤钱二十贯文”③。

第六次在绍兴十四年(1144年)五月：“二十八日，秘书省复置补写所，以秘阁成，书写校勘黄本书籍也。”④

第七次，(绍兴)二十七年(1157年)八月：昭庆军永宣致仕王继先上《重加校定大观证类本草》书，诏令秘书省官修润讫，付国子监刊行。初，以《本草》之书经注异同，治说讹舛，令(王)继先辟御医张考直、柴源、高绍功检阅校勘。继先言：“……乃至旁搜方书，钩探经典，续历世之或胭，释古今之重疑，目曰《绍兴校定经史证类备急本草》……依前三十二卷，及新添《释音》一卷。”于是秘书省官修润共成五册，并元本三十二卷，通三十八册上焉。⑤

第八次则在孝宗年间：“淳熙《礼部韵略》五卷。元年，国子监言：‘前后有增改删削及多差外。’诏(秘书省)校正刊行。”⑥

第九次为乾道七年：“十一月二十八日，诏秘书省修写太祖、

① (宋)李心传撰：《建炎以来系年要录·绍兴六年八月辛丑》，载《景印文渊阁四库全书》卷104，台北：台湾“商务印书馆”1986年版。

② 苗书梅等点校：《宋会要辑稿·崇儒》，开封：河南大学出版社2001年版，第249~259页。

③ (清)徐松辑：《宋会要辑稿·职官》，北京：中华书局1957年版，第2768页。

④ (清)徐松辑：《宋会要辑稿·职官》，北京：中华书局1957年版，第2768页。

⑤ 苗书梅等点校：《宋会要辑稿·崇儒》，开封：河南大学出版社2001年版，第229页。

⑥ (宋)王应麟撰：《玉海·景德新定韵略》卷45，南京：江苏古籍出版社1987年版。

太宗、仁宗、英宗、神宗、哲宗皇帝实录，精加雠校，逐旋进呈。”①

第十次，淳熙四年(1177 年)：先是，临安书坊有所谓《圣宋文海》者……(淳熙四年十一月，吕)祖谦得旨校正，盖上意令校雠差误而已，甫数日，上乃命(知临安府赵)磻老与临安教官二员同校正，则上意犹如初也。时祖谦已诵言皆当大去取，其实欲自为一书，非复如上命。

第十一次，淳熙五年(1178 年)：“七月六日，秘书省言：‘昨乞将诸库写本书籍，有损蠹残缺者，再校正书写……今约计合书写五千万字，用钱五千贯，省乞检照前请施行。’从之”。②

第十二次，淳熙八年：校著名的《文苑英华》：“孝宗以秘阁本多并误，命周必大校雄以进。淳熙八年正月二十二日，以一百十册藏秘阁。”

(3)宋秘书省校勘特点

对于宋代藏书机构所主导的图书校勘活动，根据张富祥先生的看法，可以分为“藏书校”、“刻书校”、“学术校”三种并立的系统，在这三个系统中，又可以从藏书机构的校勘工作方式来分为数个层面，第一层面属于履行藏书机构的常规校勘任务的活动，通常由机构职官来进行，其主要特点是连续性和日常性；第二种层面针对藏书的缺损散失等情况进行集中的校勘活动，或是出于帝王的某种需要，所进行的校勘活动，这种校勘往往需要任命专门的校勘人员，校勘活动具有一定的程序规范，这一层面的校勘活动是宋朝官方校勘活动的主要组成部分。另外北宋校勘活动还有针对专门书籍所进行的校勘，其目的在于提供书籍定本，通常为后期的雕印工作做前期准备。那么从这三个层面上分别对宋朝秘书省的校勘活动进行分析，可以看出：

---

① 苗书梅等点校：《宋会要辑稿·崇儒》，开封：河南大学出版社 2001 年版，第 230 页。

② (清)徐松辑：《宋会要辑稿·职官》，北京：中华书局 1957 年版，第 2773 页。

第一，日常校勘。

元丰改制之前，馆阁藏书的日常校勘均由吏人承担，或另外任命，三馆秘阁馆职人员并不直接参与校雠。如仁宗嘉祐二年，欧阳修上《乞写秘阁书令馆职校雠札子》："馆阁校雠之官员数甚多……并各无书校对，既无职事，因此多不入馆……今馆宇阒然，尘埃满席，有同废局"，这一情况持续至元丰年间，秘阁校理苏棁上言："每岁崇文楷书补写四库书，只令吏人比校，或至差误，乞应在馆诸官点检校定"，因此神宗下令崇文院勘会四馆各库书籍。元丰改制以后，官职与职事相统一，如校正人员负责图书的校雠勘误，但哲宗元祐元年，司马光仍有"校书郎黄庭坚好学有文，即日在省别无职事"的说法，徽宗宣和年间仍然专置补完御前书籍所负责图书的搜访校勘工作，这一状况持续至北宋末年，宣和六年，中书省奏请由秘书省官员进行校勘，专门的校勘官员大量被罢除。秘书省日常校雠工作逐渐步入制度化，发展至南宋，开始有了校雠式的记载。

唐代秘书省官制较之宋代秘书省，其职官设置与职责相关联，但是宋代这一状况却时有改变，因此导致在日常工作上虽然能够继承唐朝制度，在执行上却存在偏差。如唐朝存在秘书省式校雠："旧本书，有注解多者，长功日十纸，中功日九纸，短功日八纸，错少加二纸，无注又加二纸，再校各加初校三纸，其正字刊正各校三纸"①，宋真宗大中祥符年间因馆阁图书被焚，因此翰林学士陈彭年建议在抄写校对过程中，"其校勘计课，用秘书省式"，馆阁校勘人员开始有了校雠日课制度，但实施不久，就因职官设置原因，被废止不用。《宋代事实类苑》记载："旧制，每日校对书籍功，册页背面二十一纸，三馆都监于每月终，具逐员功课闻奏。自嘉祐中置编校，此制遂废。"②元祐五年(1090年)十二月，殿中侍

---

① (清)徐松辑：《宋会要辑稿·职官》，北京：中华书局1957年版，第2760页。

② (宋)江少虞撰：《宋朝事实类苑》，上海：上海古籍出版社1981年版，第398页。

御史岑象求因“秘书省多务燕闲，少亲雠校”，奏请秘书省内设置校雠之课，因此“每员复命校册页背面二十一纸”，月终具奏、降付考功，为了更好地管理校雠考课工作，哲宗专门委任一名内臣大使进行管理。六年六月，宋哲宗进一步规定入伏减半的校雠功课，秘书省日常校雠的规则自此开始逐步完善。宋徽宗政和四年，龙图阁大学士蔡攸重申确定秘书省校课之制：“本省官校勘书籍，令长贰总领，丞、秘书郎、著作郎、著作佐郎、校收郎、正字每员日校书籍册叶背面二十一纸，以经史子集次序成部分校，仍逐官各置课程簿，一面将校过书籍上簿，十日一次，具校书籍名件叶数申省，抄上课程簿，委长贰点检，至月终类聚，申尚书省。今点检本省虽有都课程簿，从来不曾抄转，如此无由关防校过功课，今欲乞令秘书省依已降指挥，在省各印给课程簿一面，经籍按季专差人吏掌管，据在省官每旬具校过书籍名件、页数申省，抄上都课程簿，委长贰点检，至月攒类都数，申尚书省。所有课程簿如不抄转，其掌管人吏从杖一百，科罪官员，具名申尚书省。仍需御史台及季点官取索点检。”①至此秘书省严格了日常的校雠工作，南宋时期同样继承了这样的工作量的规定，“日校二十一版，于卷尾亲书‘臣某校讫’，置课程，每月结押，旬申本省照会。遇入伏，传宣住校”②。

需要注意的是，宋朝校雠日课的提出，均与当时大量图书搜访、抄写任务相关联，秘书省内除校正之外，著作郎官、秘书丞均有自身职责，并不专任校勘工作，因此这就导致了对秘书省正常时期校勘工作难以判定，但是宋人的笔记小说中多有关秘书省校勘工作情况的记载，节录如下：

反映秘书省校勘人员失误者：

《宋朝事实类苑》：唐玄宗改尚书古文作今字，学者始不

---

① （清）徐松辑：《宋会要辑稿·职官》，北京：中华书局 1957 年版，第 2760 页。

② （宋）陈骙，佚名撰：《南宋馆阁录　续录》，北京：中华书局 1998 年版，第 21 页。

识古文。予见秘阁学士校书，有乩，古字以墨点其处，曰疑。①

《梦溪笔谈》：旧校书官多不恤职事，但取旧书以墨漫一字，复注旧字于其侧以为日课。自置编校局，只得以朱围之，仍于卷末书校官姓名。②

《枫窗小牍》载：余从祖姑婿陈从易，得与太清楼校勘。天圣三年六月，陈以《十代兴亡论》妄加涂窜，同官皆降职。③唐玄宗改尚书古文作今字，学者始不识古文。予见秘阁学士校书，有乩，古字以墨点其处，曰疑。

余家藏《春秋繁露》，中缺两纸，比从藏书家借对，缺纸亦然，即馆阁订本亦复尔尔。不知当时校勘受赏银绢者，得无愧乎？④

反映秘书省校正人员校勘程序者：

《东观余论》：校定《焦赣易林》序：承议郎、行秘书省校书郎臣黄某所雠校中，焦延寿《易林》定著十六篇……校雠已定……可缮写。校定《师春书》序：承议郎、行秘书省校书郎臣黄某所雠校中，《师春》五篇以相校，除重复，定著三篇……可缮写。⑤

---

① （宋）江少虞撰：《宋朝事实类苑》，上海：上海古籍出版社 1981 年版，第 772 页。

② （宋）沈括撰：《梦溪笔谈》，载《全宋笔记》第二编第三本，郑州：大象出版社 2008 年版，第 89 页。

③ （宋）百岁老人袁褧撰：《枫窗小牍》，载《全宋笔记》第四编第五本，郑州：大象出版社 2008 年版，第 234 页。

④ （宋）百岁老人袁褧撰：《枫窗小牍》，载《全宋笔记》第四编第五本，郑州：大象出版社 2008 年版，第 238 页。

⑤ （宋）黄伯思撰：《东观余论》，载《全宋笔记》第三编第四本，郑州：大象出版社 2008 年版，第 153 ~ 157 页。

反映校勘工作艰难者：

《梦溪笔谈》：嘉祐中，置编校官八员，杂雠四馆书，给吏百人……校雠累年，仅能终昭文一馆之书而罢。①

可以看出，虽然两宋时期，逐步完善了秘书省内校雠制度，但秘书省内校勘工作的完成情况却存在纰漏，甚至存在任意妄为的情况，遭到后人责备，绍圣三年，有官员提出按照《唐六典》考功的标准之中的“雠校精审、明于刊定，为校正之最”，作为宋代校正人员的考课标准，考察校正人员的履职情况，但其他官员认为：“馆职每日校对书籍，已有条制……其考功自来别无行遣，显属繁冗”，朝廷并没有批准这一奏请，这就导致了校正工作没有合适的标准进行审核，仅以数量为判断标准，出现部分校勘人员“字非讹舛而妄涂窜以为日课”，导致宋朝秘书省内日常校勘成果遭后人诟病。

《南宋馆阁录》记载了绍兴六年（1136年）由史馆修撰范冲、秘书省少监吴表臣共同参定的秘书省图书校雠式：

诸字有误者，以雌黄涂讫，别书。或多字，以雌黄圈之；少者，于字侧添入。或字侧不容注者，即用朱圈，仍于本行上下空纸上标写。倒置，于两字间书乙字。

诸点语断处，以侧为正；其有人名、地名、物名等合细分者，即于中间细点。

诸点发字，本处注释有音者，即以朱抹出，仍点发。其无音而经传子史音同，有可参照者，亦行点发。或字有分明，如传记之传，为邮传之传，又为传习之传……之类，虽本处无音，亦便行点发。

点有差误，即行改正，即以雌黄盖朱点，应黄点处并不

---

① （宋）沈括撰：《梦溪笔谈》，载《全宋笔记》第二编第三本，郑州：大象出版社2008年版，第13页。

为点。

点校讫，每册末书“臣某校正”。

所校书，每校一部了毕，即旋申尚书省。①

根据《南宋馆阁录》记载，这篇校雠式刊刻成牌，竖立在馆职人员所居住的房间前。在这篇校雠式中，详细规定了秘书省校勘所采用的格式和原则，主要包括：校改格式和符号；断句所用标记和标点的原则；点发，即声调标注的格式和原则，除去生僻字之外，还主要针对了一字多音进行了举例说明；校勘失误的改正方法；校勘完毕的步骤。校雠式历来得到较高的评价，从秘书省实际校勘工作的角度来看，校勘式对于具体校勘活动的规范性做出了很明确的限定，从中我们可以清楚地了解南宋初期秘书省面对大量的臣僚献书，为了图书收藏而进行的统一格式工作，这也说明了南宋秘书省的日常校勘逐渐步入正轨，并有章可循，这相对于北宋的秘书省校勘来说，取得了重大的进步。

第二，集中校勘。

集中校勘主要针对因馆阁藏书存在残损缺逸，或者为完善官方藏书体系而特别组织的，其中缮写补充工作占据了巨大的比重，如哲宗元祐二年，徽宗崇宁年间、大观年间、宣和年间，以及南宋对地方献书的校正。这类校勘工作主要包括校勘定本、缮写、校对等几个程序，对于校勘人员，校勘程序等都有着详细规定。北宋欧阳修曾详细说明了此类校勘活动的程序：“许从本阁选请在院馆职官员，先将《秘阁书目》与《崇文总目》点对，内有见阙书籍，即于三馆取索，先校定，然后抄写成书，仍差初、覆校官刊正，装裱”，哲宗元祐年间，秘书省对于三馆秘阁书库的图书进行补写，所采用的就是此种程序。但是由于此类校勘工作的目的在于补充藏书，其落脚点在抄写而不在校勘，就导致了此类集中性的校勘任务完成情况并不理想，以宋敏求的观察：“今三馆秘阁各有四部书，分经史

① （宋）陈骙，佚名撰：《南宋馆阁录　续录》，北京：中华书局 1998 年版，第 23 页。

子集，其书类多讹舛，虽累加校正，而尚无善本。盖校雠之时，论者以逐馆几四万卷，卷数即多，难为精密，务在速毕，则每秩只用元写本一再校而已，更无兼本照对，故藏书虽多，而未及前代也。”集中性的校勘工作往往因为涉及校勘图书量过大，而导致校勘工作流于形式、浅尝辄止，虽然在历次集中校勘时，馆职官员的奏议中往往包含着许多有益的建议，参与校勘的人员也不乏具有校勘观念和良好的学术意识的人才，但是由于工程过于巨大，而帝王又急于看到成果，如果图书的抄写校勘过于缓慢，就会导致其他言官的攻击，甚至以停止钱粮的供应相威胁，因此这就导致了两宋时期，虽然秘书省内进行了多次集中校勘，仍然不能令后人满意的历史事实。

第三，专书校勘。

宋代秘书省在进行藏书校勘的同时，还承担了部分为统一学术、减少书籍讹谬给教育文化造成负面影响的专书校勘，这类校勘的主要目的在于确定图书定本，进行刊印推广，如对经书、史书的校勘，以及医书、农书的校勘。北宋时期，这种校勘活动较为常见（见前文列举），到了南宋时期，这种专书校勘就变得稀少，仅有秘书少监周必大校雠阁本《文苑英华》可称为此类专书校勘，其余均为满足秘省藏书而进行的校勘。

从校勘角度来看，专书校勘的人员多具有严谨的校勘理念，采用多种方法对图书进行校勘，如孙朴《书阁本战国策后》云：

> 臣自元祐元年十二月入馆，即取曾巩三次所校定本，及苏颂、钱藻等不足本，又借刘敞手校书肆印卖本参考。比巩所校补去是正凡三百五十四字。八年，再用诸本及集贤院新本校，又得一百九十六字，并五百五十签。遂为定本，可以修写黄本入秘阁。集贤本最脱漏，然亦间得一两字。癸酉岁臣朴校定。右十一月十六日书阁本后。①

① 《战国策》附录，上海：上海古籍出版社1985年点校本。

孙朴从元祐元年十二月入馆校勘《战国策》，一直持续到元祐八年，历经七年终成定本，工作态度严谨，且博采众书。即便面对经过曾巩三次所校之定本，孙朴仍然参比诸本仔细校勘，所用校本有曾巩定本，苏颂、钱藻等人的不足本，刘敞手校书肆印卖本，集贤院新本等，并列出诸本的缺点和可采之处，北宋馆阁文人严谨的校勘治学态度由此可知。

2. 图书编目

古代藏书机构中，编目作为图书整理工作的重要步骤之一，尤其得到重视，自刘向父子编校汉室藏书，编制《别录》、《七略》以来，古代官方藏书机构的编目成为必需的工作内容，宋朝亦不例外。宋朝的目录编撰工作相对于前代，更加具有连贯性和针对性，以秘书省和非秘书省主持编目为区分，罗列宋代所编撰的官方图书目录。

(1)非秘书省主持编撰目录

这一编目活动一方面从时间上来看，基本可定义为宋神宗元丰以前；从目录的著录内容来说，单个藏书机构的目录均可视为非秘书省编目。

①史馆书目

乾德史馆书目：《玉海》卷五二引《国史志》云："乾德六年，《史馆新定书目》四卷"，具体著录书籍总数不详。《郡斋读书志》卷九著录"《大宋史馆书目》一卷"，云："右皇朝史馆书。总计一万五千一百四十二卷。"从著录的图书数量来看，两者编撰时间相差不会太远。

皇祐史馆书目：宋人章如愚《群书考索》卷一八载："《史馆新定书目》，不知作者。载皇祐史馆所藏书，其目分经、史、子、集四部，总一万四千四百九卷。"①

郑樵《通志·艺文略第四》著录《史馆书目》二卷，云"张方平撰"。著录图籍卷数不详。

① （宋）章如愚：《群书考索》。

②秘阁书目

章如愚《群书考索》卷一八曰："《皇朝秘阁书目》，不知作者，以类分二十九门，总六千七百九卷。"《玉海》卷五二引《中兴书目》云："《皇朝秘阁书目》一卷，十九门，六千七百九卷，不知作者。"

《遂初堂书目》同时著录有《皇祐秘阁书目》和《秘阁四库书目》，郑樵《通志·艺文略第四》著录"《秘阁四库书》，十卷"。

③龙图阁书目

景德龙图阁书目，《玉海》卷一五云："景德二年《龙图阁书目》，地理四百二十一卷。"《玉海》卷四七曰："景德二年《龙图阁书目》，编年一千一十三卷。"可知景德二年编制成了《龙图阁书目》，卷数不详。《宋史·艺文志》著录了杜镐《龙图阁书目》七卷。

④太清楼书目

太清楼四部书目，《宋史》卷二〇四著录《太清楼书目》四卷，咸平五年(1002年)，令刘均、聂震等编撰《太清楼书目》，至景德元年(1004年)编成，凡4卷。

⑤玉宸殿书目

景德四年(1007年)，编成《玉宸殿书目》4卷。

⑥国子监书目：宋神宗熙宁七年(1074)编有《国子监书目》一卷。

⑦专门书目

a. 禁书目录：宝元二年(1039年)三月，学士院奉诏编禁书目录1卷，凡阴阳之书，除了《孙子》、《吴子》，历代史《天文》、《律历》、《五行》志并《通典》所引诸家兵法外，其余悉为禁书。

b. 搜访目录：嘉祐四年(1059年)，命蔡抗、苏颂、陈绎等编求访所遗书目；嘉祐六年(1061年)，编《嘉祐搜访阙书目》1卷，首载仁宗求遗书诏书；《郡斋读书志》卷九著录《艺文志见阙目录》一卷，"右《唐书艺文志》，近因朝廷募遗书，刻牍布告境内"，下注"书府所阙，俾之访求"。

c. 馆阁总目：咸平年间所编之《馆阁图籍目录》。《玉海》卷五二载："咸平元年十一月，以三馆、秘阁书籍，岁久不治，诏朱昂、杜镐与刘承硅整比，著为目录……三年二月丙午，昂以司封郎中加吏部，镐以校理为直秘阁，赐金紫。昂等受诏编《馆阁图籍目录》，至是奏御，故奖之。"朱昂等在咸平元年十一月受诏编目，三年二月完成奏上，至于卷数则不详，但从编目名称可知，此目录是包括咸平三年二月前三馆和秘阁书籍的总目。

d. 崇文总目：《宋朝事实类苑》卷三一引《蓬山志》云："景祐初年，诏群儒即书府尽启先帝所藏校定条目……讨论撰次，其伪滥者删去之，遗缺者补缉之。摘其重复，刊其讹并，集其书之总数，凡三万六百六十九卷。以类分门，为目成六十七卷。"①这次编目工作历时七年，始于景祐元年闰六月辛酉，完成于庆历元年十二月己丑，参与者众多，《长编》卷一三四有详细记载：提举修《总目》官有资政殿学士礼部侍郎张观，右谏议大夫宋庠，翰林学士兼龙图阁学士兵部员外郎知制诰判集贤院王尧臣，翰林学士兼侍读学士起复兵部郎中知制诰判昭文馆聂冠卿，兵部员外郎知制诰郭稹；编修官有太常博士直集贤院吕公绰，殿中压天章阁侍讲史馆检讨王洙；馆阁校勘有殿中丛刁约，太子中允欧阳修，著作佐郎杨仪，大理评事陆经；管勾三馆、秘阁有内殿承制王从礼，入内供奉官裴滋，高班杨安显。编撰体例是"仿《开元四部录》，约《国史艺文志》，著为目录"，全书叙录 1 卷，共收书 3445 种，30669 卷，按经史子集四部分类，经部 9 类，史部 13 类，子部 20 类、集部 3 类，共 45 类。类下有类序，每书后均撰有提要，可惜南宋后被删，只存书目。《四库全书总目》评曰："今观其书，载籍浩繁，抵牾诚所难保。然数千年著作之目，总汇于斯。百世而下，藉以验存佚、辨真赝、核同异，固不失为册府之骊渊、艺林之玉圃也。"②

(2)秘书省主持编撰目录

宋哲宗元祐二年(1087 年)编有《秘阁书目》；《玉海》卷五二"元祐秘阁书目"条引《会要》云："元祐二年六月八日，秘书省言秘

---

① (宋)江少虞撰：《宋朝事实类苑》，上海：上海古籍出版社 1981 年版，第 394 页。

② 《四库全书总目》卷 85，北京：中华书局 1965 年版。

写秘阁黄本，以《崇文总目》比校，别造书目。”

《政和秘书总目》：政和七年（1117 年）十一月，校书郎孙觌言：“神宗皇帝以崇文院为秘书省，厘正官名，独四库书尚循崇文旧目。顷因臣僚建言访求遗书，今累年所得，《总目》之外，已数百家，几万余卷。乞依景祐故事，诏秘书省官以所访遗书讨论撰次，增入《总目》，合为一书。乞别制美名，以更崇文之号。”孙觌建议得到徽宗采纳，“乃命觌及著作佐郎倪涛，校书郎汪藻、刘彦通撰次，名曰《秘书总目》”。《秘书总目》是在《崇文总目》的基础上增订而成，其体例主要依照《崇文总目》，因此《四库全书总目·崇文总目提要》曰：“徽宗时因改是书曰《秘书总目》。然自南宋以来，诸书援引，仍谓之《崇文总目》，从其朔也。”

秘书省书目：《玉海》卷五二引《中兴书目》曰：“《秘书省书目》二卷，凡一万四千九百余卷。”

秘书省四库阙书目：《玉海》卷五二载：“绍兴初，再改定《崇文总目》，秘省续编四库阙书。”《直斋书录解题》卷八著录：“《秘书省四库阙书目》一卷，亦绍兴改定，其阙者，注‘阙’字于逐书之下。”①

《中兴馆阁书目》：孝宗淳熙三年（1176 年）十月，秘书少监陈骙等人以“中兴以来，馆阁藏书，前后搜访，部帙渐广，循习之久，未曾类次书目，致有残缺、重复，多所讹舛”，请求准照《崇文总目》体例，编撰书目，宋孝宗“就令馆职编撰”。淳熙五年（1178 年）三月，成书 70 卷，序例 1 卷，定名为《中兴馆阁书目》，《书目》沿用 4 分法，内容分为 52 门，计经部 11、史部 16、子部 21、集部 4，共著录存书 44486 卷，较北宋《崇文总目》多 13817 卷。

《中兴馆阁续书目》：宁宗嘉定十二年（1219 年），秘书省以“今来本省自淳熙五年以后，续次搜访书籍，数目亦多”，奏请依照前例编撰馆阁藏书目录，随即，秘书丞张攀等领旨续书目，于翌年四月编成进上，定名为《中兴馆阁续书目》。该书目著录淳熙五

① （宋）陈振孙：《直斋书录解题》。

年(1178年)后搜访书，凡752家，845部，14943卷。

馆阁藏品目录：淳熙四年(1177年)及嘉定三年(1210年)，馆阁两次清理所藏，并分别编定《馆阁录》及《馆阁续录》，其中均载有秘阁及四库等所藏书籍、图画、古器等目录。合两录所载，计有：《御制御札》，一千二百五十九轴，四十六册，五道；《圣政》，一百三十一册，《日历》，三千八百一十二册；《会要》，七百八十三册；皇帝画像，四百六十九轴；历代先贤墨迹，二百一十五轴，一册；历代画家图画，一千零九十三轴，二册；古器，五百四十一件；题名等碑刻，一百一十段、座；法帖石刻，三百一十四段。嘉定以前馆阁所藏，此为总括。

(五)秘书省藏书利用

殿阁藏书、馆阁藏书、官司藏书，三大部分构成了宋代官方藏书体系，其职能各有侧重，但馆阁藏书作为其中的主力，所面向的服务对象和所提供的服务内容较为广阔，图书利用率相对于其他两个系统，也较高，因此可分为四个方面来探讨宋代馆阁、秘书省藏书的利用情况。

1. 阅览与借书

宋代官方藏书的开放程度，较之前代，已经有了很大的提高，不仅仅存在面向朝官的阅览活动，更是允许部分官员进行借书活动。

(1)阅览

宋代秘书省所提供的阅览活动，可分为御览、职官阅览和外臣阅览三种情况。

第一，御览。

宋代官方明确提出，藏书的目的在于提供资治参考，“广收典籍，所以备人君览观而化成天下”①，因此宋太宗在太平兴国年间

① (清)徐松辑：《宋会要辑稿·职官》，北京：中华书局1957年版，第2765页。

兴建崇文院时，就重视馆址的选择，“度左升门北军府地为三馆”，并在馆阁西面开设边门，通向大内，以便临幸观书，“西序启便门通乾元殿，以俟临幸”。崇文院建成之后，宋太宗见于史册记载的有两次观书活动，一次在太平兴国三年，三馆成，太宗幸三馆以观书，并赐名“崇文院”；一次为淳化三年，增修秘阁成，太宗幸新修秘阁：

> 淳化三年九月，太宗幸新修秘阁，帝登阁观群书整齐，喜形于色，谓侍臣曰：“丧乱以来，经籍散失，周孔之道，将坠于地，朕即位之初，多方收拾，抄写购募，今方及数万卷，千古治乱之道，并在其中矣。”①

之后，真宗也曾多次临幸崇文院，或是检阅新修图书，或是临幸观书：

> 真宗幸崇文院，阅新编君臣事迹，问杨亿修纂条例。真宗曰：“著书难事，非精敏详实，后无取信。”②
>
> 咸平二年七月甲辰，幸国子监，还幸崇文院阅群书，命从官纵览。③
>
> 咸平五年七月，幸秘阁阅群书……④

大中祥符八年，崇文院因火灾延及，秘阁原地修复，而三馆图书则移至宫外，因地理位置较远，帝王减少临幸次数，天圣八年有

---

① （宋）江少虞撰：《宋朝事实类苑》，上海：上海古籍出版社1981年版，第23页。

② （宋）江少虞撰：《宋朝事实类苑》，上海：上海古籍出版社1981年版，第31页。

③ （宋）程俱撰，张富祥校证：《麟台故事校证》，北京：中华书局2000年版，第42页。

④ （宋）程俱撰，张富祥校证：《麟台故事校证》，北京：中华书局2000年版，第200页。

直集贤院谢绛因此奏请曰："太宗肇修三馆，更立秘阁于升龙门左……二圣因数临幸，亲加劳问；递宿广内，有不时之召。人人力道术，究艺文，知天子尊礼甚勤，而名臣高位睬此其选也。往者延播之后，简编略尽，访求典籍，是正疑文，而笔工筌集，有司引两省故事，别创外馆，以从缮写考校之便。然直舍卑喧，民栏丛接，大官卫尉，供拟滋削，非先朝所以隆儒育才之本意。愿开内馆，以恢景德之制。"①因此天圣九年，崇文院重新筹建于旧址，而这次同样注意与禁内进出的方便，"中更天圣火，后再立，视旧亦甚伟。而秘书省之西，切近大庆殿，故于殿廊辟角门子以相通，遇乘舆出，必繇正寝而前。则秘书省官自角门子入，而班于大庆殿下，迓车驾起居，及还内亦如之，可谓清切矣。以是诸学士多得繇角门子至大庆殿，纳凉于殿东偏"②。禁中与崇文院之间如此之方便，导致政和年间徽宗临幸秘书省，却找不到合适的章程，因前代帝王均轻车简从自禁内直接前往观书，未曾有正式临幸的章程，"先是，有司下尚书礼部取幸秘书省、太学仪注，而幸秘书省独无有，盖自祖宗朝崇文院在禁中，实天子图书之府，从容临幸，跬步可及，不与他司比，仪卫侍从取具临时可也"③。徽宗朝，有记载的秘书省临幸有两次，一次政和五年四月八日，临幸原崇文院旧址，"历览藏书之府，典谟训诰与祖宗遗文皆在"，下诏书艺局修葺扩展；一次宣和四年三月二日，临幸秘书省新舍。④ 南宋诸帝亦有驾幸秘书省观书的记载：

绍兴十四年七月九日，秘书少监游操等上表，请车驾幸秘

① （宋）程俱撰，张富祥校证：《麟台故事校证》，北京：中华书局2000年版，第30～31页。

② （宋）蔡绦撰：《铁围山笔谈》，载《全宋笔记》第三编第八本，郑州：大象出版社2008年版，第160页。

③ （宋）程俱撰，张富祥校证：《麟台故事校证》，北京：中华书局2000年版，第207页。

④ （清）徐松辑：《宋会要辑稿·职官》，北京：中华书局1957年版，第2765页。

书省。二十七日，车驾幸秘书省。①

淳熙五年九月(一日)，诏十二日车驾幸秘书省，遵依太宗皇帝典故……②

帝王亲自前往馆阁进行观书活动，更加具有象征意义，而平时帝王使用馆阁藏书，多采用内使取索的方式，如太祖取索三馆书籍，“上(太祖)好读书，每遣使取书史馆”③，宋徽宗元符年间宣索秘书省书画事，陈师锡专门有札《上徽宗论宣取画图》，认为取索书画虽可以赏心悦目，但无益于社稷治理，对徽宗的书画爱好进行规劝：“臣伏闻今月八日有圣旨宣取秘书省画图进览。格入神妙，可以阅目，非有补于盛德。”④为了管理皇帝的宣索图书，秘书省内专门设置经籍案，管理“御前取降图画、书籍”⑤。南宋皇帝取索秘书省图书，具有一套繁杂的程序，根据《西湖老人繁胜录》“或遇进书”条记载：

五府隔夜观书，次日习仪。夜自秘书省前烧杌盆，密布到内前，至五更引迎，前用香案、彩亭、法物、仪仗，红纱栀子行灯二百盏，两行列亲从两侍中道数十，朱红盒盛书在内，用销金龙图袱盖，百官从行，五府在后，入内进呈，圣上观看毕，午后方回秘省奉安。⑥

---

① (宋)陈骙，佚名撰：《南宋馆阁录 续录》，北京：中华书局 1998 年版，第 61 页。

② (宋)陈骙，佚名撰：《南宋馆阁录 续录》，北京：中华书局 1998 年版，第 61 页。

③ 《宋史·卢多逊列传》(卷 264)。

④ (宋)赵汝愚编：《宋朝诸臣奏议》，上海：上海古籍出版社 1999 年版，第 59 页。

⑤ (宋)陈骙，佚名撰：《南宋馆阁录 续录》，北京：中华书局 1998 年版，第 151 页。

⑥ 王国平主编：《西湖老人繁胜录》，载《西湖文献集成》第二册，杭州：杭州出版社 2004 年版，第 13 页。

如皇帝取索图书，秘书省需要提前一天做准备，当天五更就需要迎接内使，并设香案、仪仗，而内使则需要出动数十人，以朱红色的盒子盛装，黄色销金龙图布覆盖，百官从行迎送，程序繁杂如此，隆重如此，并不利于皇帝取阅秘书省藏书，因此秘书省的藏书并不时常供御览，而皇帝御览图书多存放于宫中殿阁。

第二，任职阅览。

就两宋的馆阁制度来说，最重要的就是“储才育才”的作用得到了充分的发挥，宋人对于此项功能亦心中了然：

> 范仲淹云：“国家开文馆，延天下英才，使之直秘庭，览群书，以待顾问，以养器业，为大用之备。”①
>
> 王珪《秘书郎冯京可直集贤院著作郎沈遘可集贤校理制》云：“国家辟册书之府，固尝宠延天下豪英之士，以典校虚其中，所以广儒术而养国器也。”②

作为宋代主要的官方藏书机构，在宋代统治者的心目中最终目的并不在于收聚保藏图书，而是为了“资治”，因此养育在其中的馆职，通过阅读大量馆阁藏书，以备顾问侍从，涵养器业，成为国之大用。宋人汪藻曾言：“祖宗辟三馆，而侈以承明著作之庭，分图书为四部，而详及于《凡将》、《急就》之学。于此聚当时能言之士，使之读平生未见之书。岂专求简编之断残，将因至簪缨之远大。”③这可谓宋代馆阁政策的最好注脚。

宋代官员就任馆职、省官以后，职事也相对清闲，正如真宗所说：“图书之府，清净无事，可以养性。”④甚至可以进行下棋等休

---

① （宋）李焘：《续资治通鉴长编·庆历三年九月丁卯》（卷143）。

② （宋）王珪撰：《华阳集》，载《景印文渊阁四库全书》卷34，台北：台湾“商务印书馆”1985年版。

③ （宋）汪藻撰：《浮溪集·谢馆职启》，载《景印文渊阁四库全书》卷23，台北：台湾“商务印书馆”1985年版。

④ （宋）李焘：《续资治通鉴长编·记咸平二年真宗慰问杨徽之语》（卷44）。

闲活动，“天下曹务罔不张设条，如秘书省号三馆秘阁，实育才也。独不以吏事责，故许置棋局……盖秘书省本优贤俊……俾不生他意。此咸出祖宗之深旨”①。馆阁学士在闲暇之余，往往纵观馆阁藏书，过着“晓趋蓬阁暮还家，坐览图书见海涯”的逍遥生活，宋敏求曾自矜曰：“秘府书画，予尽得观之。”②

> 大参陈彭年……凡有问无不知者……上因问：“墨智、墨允是何人？”彭年曰：“伯夷、叔齐也。”上问：“见何书？”曰：“《春秋少阳》。”即令秘阁取此书，既至，彭年令于第几板寻检，果得之。③

陈彭年对于秘阁藏书及典藏布局如此之熟悉，非常年浸淫其中不能如此。宋人笔记中多有“官中秘”见图书的记载，如邵博曰：“予官中秘时……因以予旧见伊川从弟颖出伊川之书数轴。”④宋馆阁人员更有借助馆阁任职的机会，抄录图书以充实私家藏书者：

> 《京氏律历》一卷，虞翻为之解，其书难存，学者罕究。公（王洙）自秘府传其书，究习遂通，屡以占卦，甚效。⑤
>
> 祖父（苏颂之）在馆阁九年，家贫俸薄，不暇募傭书传写秘阁书籍，每日记二千言，归即书于方册，家中藏书数万卷，

---

① （宋）蔡条撰：《铁围山笔谈》，载《全宋笔记》第三编第八本，郑州：大象出版社2008年版，第161页。

② （宋）宋敏求撰：《春明退朝录》，载《全宋笔记》第一编第六本，郑州：大象出版社2008年版，第284页。

③ 《道山清话》，载《全宋笔记》第二编第一本，郑州：大象出版社2008年版，第113页。

④ （宋）邵博撰：《邵氏闻见后录》，载《全宋笔记》第四编第六本，郑州：大象出版社2008年版，第36页。

⑤ （宋）王钦臣撰：《王氏谈录》，载《全宋笔记》第一编第十本，郑州：大象出版社2008年版，第162页。

秘阁所传者居多。①

除了日常的阅读活动，宋朝还有专令三馆学士观书的记载：

淳化二年七月，幸崇文院，召秘书监杨徽之、集贤院学士钱若水等开书库，遍阅群书，登秘阁，观太宗御制书墨迹……②

六月，命内供奉官蓝敏正斋御草书五轴藏秘阁，史馆修撰张佖直秘阁，朱昂率三馆之士登阁以观之，信神笔也。③

当然并不是所有的图书都对任职人员开放，嘉祐以前，秘书省内并不收藏宋朝国史、起居、日历等史书，后从史馆修撰欧阳修之请，开始有了国史图书，但仍然不足，大观年间仍然是“本朝正史独缺”的状况。政和四年，从提举秘书省蔡攸之请，秘书省内国史、实录收藏完备，但“仍不许本省官及诸处关借抄录，虽暴晒点校，亦不得辄将擎下阁”④，对宋朝国史记录严格把控，不许官员随意查看。南宋秘书省内设置国史库两间收藏日历、起居注、时政记等宋朝文字档案资料，但在门前竖有“非本所官吏如辄入，准漏泄法”⑤的牌子，严格他人进入阅读。

宋代馆职人员通过阅读大量的藏书，参与国家典制的议论，如《麟台故事》载：“祖宗时，有大典礼政事，讲究因革，则三馆之

① （宋）苏象先撰：《丞相魏公谭训》，载《全宋笔记》第三编第三本，郑州：大象出版社2008年版，第60页。

② （清）徐松辑：《宋会要辑稿·职官》，北京：中华书局1957年版，第2780页。

③ （宋）江少虞撰：《宋朝事实类苑》，上海：上海古籍出版社1981年版，第23页。

④ （清）徐松辑：《宋会要辑稿·职官》，北京：中华书局1957年版，第2762页。

⑤ （宋）陈骙，佚名撰：《南宋馆阁录　续录》，北京：中华书局1998年版，第14页。

士，必令预议……崇文院简册之府，而又国史典掌在焉。合群英之意，考古今之宜，则其施于政事，典礼必不诡于经理矣。”①南宋时期，继承了藏书机构参与典制讨论的故事，《南宋馆阁录》中记载了隆兴、乾道、淳熙年间，秘书省参与典故讨论的故实，其中讨论议题涉及官制、礼制、科举等方面。

第三，外官阅览。

宋代官员各有职责，因此时常前去馆阁阅览藏书并非常制，但可以肯定地说，宋太宗之前，馆阁藏书的开放度并不高，非馆职人员如想阅读，多通过非正式手段，如卢多逊，“上(太祖)好读书，每遣使取书史馆，多逊预戒吏令遽白所取书目，多逊必通夕阅览以待问”②。宋太宗即位，大崇文教，兴建三馆秘阁，因此大臣对于藏书亦有向往：

> 兴国中，太宗建秘阁，选三馆书以实焉，命参政李至峤掌。一日，李昉、宋琪、徐铉三学士叩新阁求书以观，至性畏慎，拒曰：“扃钥诚某所掌，签函巾幂严秘难启，奈诸君非所职，窃窥不便。”三人者笑谓至曰：“请无虑，主上文明，吾辈苟以观书得罪，不犹愈他咎乎?”因强拉秘钥启窥。至密遣阁吏闻奏，上知之，亟走就阁赐饮，仍令尽出图籍古画，赐昉等纵观，昉上言：请升秘阁于三馆址次。从之。③

引文中可以看出，李至以李昉等人非馆职人员拒绝他们入库阅读，而李昉三人强行抢过钥匙入内，太宗闻之，急忙前往馆阁，与李昉三人共同观书，并在其后，短暂开放馆阁藏书，令两制、御史、三馆学士等官员观书馆阁。自后，每帝王临幸藏书机构，令外臣前往

---

① (宋)程俱撰，张富祥校证：《麟台故事校证》，北京：中华书局2000年版，第144页。

② (宋)李焘：《续资治通鉴长编·开宝元年四月丙子》(卷9)。

③ (宋)释文莹撰：《玉壶清话》，载《全宋笔记》第一编第六本，郑州：大象出版社2008年版，第88~89页。

观书，成为惯例，为宋历朝遵循。如哲宗元祐四年四月二十四日，“太师文彦博与宰相执政官同至秘阁观书”①，皇帝、太皇太后均派专人赐宴赐物，犒劳儒士。

宋代非馆职人员各有职责，因此阅览馆阁藏书的机会，并不多见除去诏令观书之外，另外一个机会就是每年馆阁所举行的曝书会，在秘书曝书这段时间内，除了朝廷规定的谏官、御史及待制以上官员可参与之外，馆阁任职人员可邀请他人入馆观书，如梅尧臣有诗《二十四日江邻几邀观三馆书画录其所见》：“五月秘府始曝书，一日江君来约予。”②关于秘书省曝书制度，后面将专章论述，不再多言。

(2)借书

此外，宋代官方藏书利用进步的一大标志就是面向臣僚的借阅行为的允许，关于馆阁图书借出的行为，应早于真宗咸平之年，太宗时期曾任吏部侍郎兼秘书监李至有诗《再献五章奉资一笑》其四曰：“而今秘阁古难如，何含梁元十万余。无本尽从三馆借，有签重遣八分书。”在这首与李昉的和诗中，作为职掌秘阁的官员李至做出了邀请，如果有合适的理由尽可以从三馆借书，但因为这种借阅不易判定是三馆秘阁之间的官借，还是李至的私人邀请，所以罗列如此，以资讨论。可以推测是臣僚借书发生在《宋会要辑稿·职官》记载的咸平二年(999 年)之前：

> 帝谓宰臣曰：“近闻图书之府，甚不整齐，假借之余，散失尤多，兼雠校不精，传闻差误。自今差官校勘及掌书史，卿等严行约束，杜绝因循。”(薛)昂等上言：“四部书为朝臣所借者凡四百六十卷。”诏除诸王官给本抄写外，余并督还之。③

---

① (清)徐松辑：《宋会要辑稿·职官》，北京：中华书局 1957 年版，第 2759 页。

② 朱东润校注：《梅尧臣集编年校注》，上海：上海古籍出版社 2006 年版，第 676 ~ 677 页。

③ (清)徐松辑：《宋会要辑稿·职官》，北京：中华书局 1957 年版，第 2780 页。

宋代馆阁藏书可以提供借阅，且借阅对象广泛，政府之司各官员和皇家贵胄均可以各种借口借阅。宋代前期，并未建立完备的借阅制度，导致"借出书籍亡失已多"，因此嘉祐四年(1059 年)右正言吴及曰："近古用内臣监馆阁书库，借出书籍亡失已多……其私借出和借之者并以法坐之。"①吴及因内臣提举负责书库藏书，管理不太严格，导致馆阁藏书借出之后亡失太多，奏请加强书库管理，并对私自借出书籍的行为进行惩罚。从引文中可以看，宋代馆阁藏书仁宗嘉祐之前仍然允许大臣借阅，但是限制私自通过人情借出。除了管理方面的问题，图书装帧与借书风气也是当时藏书借出之后散佚过多的原因。宋代初期，馆阁藏书用纸与民间藏书并无区别，因此借出之后，容易隐匿不还，《宋朝事实类苑》曰："今三馆秘阁，凡四处藏书，然同在崇文院，其间官书，多为人盗窃，士大夫家往往得之。"因此为了防止为人盗去，加强馆阁藏书的标识，宋仁宗令人专门"置编校官八员，校雠四馆书，给吏百人，悉以黄纸为大册写之，自此私家不敢辄藏"②。用潢过的黄纸抄写馆阁藏书，并在形制上大过普通图书，用以区别国家藏书与私人藏书，通过这种手段杜绝借而不还的现象。其实，从社会风气来说，宋人流行借书不还的风气，不以为耻反而为荣的思想特别严重，宋人赵令畤《侯鲭录》卷七载：

> 比来士大夫借人之书，不录不读不还，便为己有，又欲使人无本。颍州一士子，《九经》各有数十部，皆有题记，自谓借诸人之书不还者，每炫本多，余不欲言，未尝不归戒儿曹也。③

---

① 苗书梅等点校：《宋会要辑稿·崇儒》，开封：河南大学出版社 2001 年版，第 219 页。

② (宋)江少虞撰：《宋朝事实类苑》，上海：上海古籍出版社 1981 年版，第 400～401 页。

③ (宋)赵令畤撰：《侯鲭录》，载《全宋笔记》第二编第六本，郑州：大象出版社 2008 年版，第 252 页。

可见宋人对于借书不还之事，态度十分开朗，并不强烈谴责，在这样的社会风气中，借书不还并不是什么大的问题，反而是风雅之事，就导致了宋代馆阁藏书借与朝官不还的状况。宋中期以来，借阅制度逐渐完善，馆阁内专门设置借本书库供官员借出，并随时根据搜括图书进行填补，以备借阅，神宗熙宁七年六月二十二日，监三馆秘阁言："求访到书籍，只个一部……将上件书，抄写四部，均送逐馆……欲将借本书库原书籍，添入经史子集书数，足备借阅"①。元丰元年，因制编校所，馆阁藏书借与勘校抄写，出现图书流失现象，因此命令崇文院勘会四馆书籍，馆阁人员奏请："昨因置编校所，逐馆出借书籍，供应校证，多拘收不到……欲乞校勘官只许将已写未装及蛀虫书看校，不许带出"，宋神宗予以批准。哲宗时期，馆阁藏书借出管理更加严格，元祐四年五月，秘书省奏请集贤昭文书库内，"集贤一本充诸处借取外，其余更不得借出"②。徽宗在位期间，秘书省借出图书散佚情况更加严重，政和四年(1114 年)措置点检秘书省官言："三馆秘阁自崇宁四年借出书籍未还者，四千三百二十八册，久不拘收"，因此徽宗加强了秘书省的管理，"诏自今省官取借书籍，并申本省长、二判状权借，依限拘收"③，严格馆阁借书，借书者须在秘书省最高长官处"登记"，建立图书借阅簿历，按照借阅登记日期并且要按时归还。同年七月二十六日，提举秘书省蔡攸奏请增加秘书省守门官吏和书库管理，以加强对秘书省书库的管理，其奏曰："契勘秘书省大门，旧条差皇城司亲事官节级一名、长行五人把门……常是填补不足。今来已降指挥，书籍等出入并监门具单子，搜检出出入等若差人不足，即为虚文而已，乞添节级一名、长行三人，内二名识字，分两

① (清)徐松辑：《宋会要辑稿·职官》，北京：中华书局 1957 年版，第 2756 页。

② (清)徐松辑：《宋会要辑稿·职官》，北京：中华书局 1957 年版，第 2759 页。

③ (宋)程俱撰，张富祥校证：《麟台故事校证》，北京：中华书局 2000 年版，第 275～276 页。

番把门搜检……契勘三馆书籍库，系应奉掌管承受御前并朝廷取降书画、古器、瑞物等，及诸处关借书籍并系库子管勾，今来止有库子三人，欲乞昭文、史馆、集贤院、秘阁，每馆各以库子二人为额”，宋神宗批准了蔡攸奏请，秘书省的书库和大门的管理更加严格，图书出入书库、大门，需要具备单子才能出入，并委托识字看门官进行查对，以防止图书流失现象。

南宋时期，图书借阅管理更加严厉，甚至禁止图书借出行为。绍兴元年(1131 年)四月十四日，“诏秘阁书除供禁中外，并不许本省官及诸处关借，虽奉特旨，亦不许关借”①，起初只是秘阁书库图书禁止借阅，之后借阅限制更加广泛，绍兴十三年二月一日，“诏秘书省依故事，四库书籍各轮本省官二员执掌，不许借出”②，虽然诏令严厉，但仍有借书现象存在，并且仍有借而不还的现象。嘉泰四年(1204 年)十月，著作佐郎曾从龙上札子曰：

> 绍兴初，尝因儒臣奏请，严借书之禁，绍兴间又尝申训之，今具存也。然循习已久，士大夫视为文具，宛转而求借者甚众，久暇不归，恶知非有或遭遗漏，书不复存。此其事若缓而不切，然所关于国家文物者甚大，不可不为之虑也。盖今馆阁之所藏，较之《崇文总目》虽亦粗备，而昔之所有、今之所无者亦什之二三。纵未暇下求遗书之诏，独可不严藏书之禁乎？臣愚欲望圣慈申严旧制，除本省官关就省中校勘外，并不许借出；如辄借出，以违制论。仍令本省长、贰轮委以次官，不时点视，如点阁之法。

宋宁宗同意了曾从龙的奏折，“诏每月轮本省官一员点视书籍”③。

---

① (清)徐松辑：《宋会要辑稿·职官》，北京：中华书局 1957 年版，第 2767 页。

② (清)徐松辑：《宋会要辑稿·职官》，北京：中华书局 1957 年版，第 2768 页。

③ (宋)陈骙，佚名撰：《南宋馆阁录 续录》，北京：中华书局 1998 年版，第 175 页。

但是至理宗时，朝政混乱，影响到了秘书省的图书管理，根据秘书监叶禾的奏折：

> 曩者监臣有请严借书之禁，以防篇帙之散失；详印记之文，以为图书之辨证；模式样于册，以虞器物之换易。条束具存，足为永便。然人情积玩，欺伪易生……近之大夫，至有借出馆书携而去国者，是久假不归，恶知其非有也；有人所未见之书，私印其本，刊售于外者，是以秘府之文为市井货鬻之利也。臣奉职之初，肃恭点阅，及往诸库检视，类皆因循弛慢，荡无缄鐍，而启闭出入，一付吏手……臣已将阁库所储，据籍排整，分入厨匣，仍恐防严未至，并与封钥收掌外，欲望陛下申严旧制，行下本省，非系省官，毋得借书。许从监、少置簿，有欲关文籍为检阅校正等用，即先批簿，以凭请取。俟还本库，随与点收。或借出已久，亦需检举，以察隐逸。①

宋理宗批准秘书监叶禾的奏请，只允许秘书省内官员因公务借书，其他一并不可，并且鼓励他人检举借书未还者。

值得注意的是，南宋秘书监叶禾的奏请中，提到秘书省为了严格借书行为的两项举措，一是"详印记之文，以为图书之辨证"，宋朝中秘藏书除了纸张、形制上与普通图书迥异之外，尚会在图书末尾加盖长文大印，一方面提醒此书为借阅官书，需要按时归还，另外一方面提醒借书人爱惜图书不能损坏，如有损坏，书库监掌者不许收入书库。如《大易粹言》册末纸背有印记："国子监崇文阁官书，借读者必须爱护，损坏阙污，典掌者不许收受。"大字本《资治通鉴》第六卷前，也有印记："关借官书，常加爱护，亦士大夫百行之一也。仍令司书明白登簿，一日一点，勿致久假。或损坏丢失，依理追偿。收匿者闻公议罚。"另外就是设立借阅书簿，《南宋

---

① （宋）陈骙，佚名撰：《南宋馆阁录 续录》，北京：中华书局 1998 年版，第 190～191 页。

馆阁录》载南宋秘书省内簿书时，其中有“诸库关书簿，省官取索书籍签押，库子掌之”①，自理宗之后，此类簿书归秘书监、秘书少监执掌，以确定图书出纳情况。

虽然两宋时期，秘书省图书存在借书现象，但具体的借书人难以查询，宋人张邦基《墨庄漫录》卷六载：

> 文潞公为相日，赴秘书省曝书宴，令堂吏视阁下芸草，乃公往守蜀日以此草寄植馆中也。因问芸辟蠹出何书？一坐默然。苏子容对以鱼豢《典略》，公甚喜，即借以归。②

此条为明确记载的外臣借阅秘书省图书行为，发生在宋仁宗皇祐年间。

在官方图书外借方面，宋代尚存在一种特殊情况，即自熙宁七年(1074年)起，馆阁臣言：“如遇殿试，即馆阁供书入殿”③，同年六月二十日，监三馆秘阁上奏加强秘书省借书行为的管理，“科场借书、外面无本，方许于馆阁权借，如遇殿试科场，即馆阁一面供书入殿”④。南宋时期，秘书省继续承担殿试供书的任务，绍兴二年，权秘书少监王昂上奏：“殿试举人，其合用入殿供应书籍，自来本省都监司排辨，本司行下国子监关借。若不系监书，依条不行取索。”⑤

---

① (宋)陈骙，佚名撰：《南宋馆阁录　续录》，北京：中华书局1998年版，第156页。

② (宋)张邦基撰：《墨庄漫录》，载《全宋笔记》第三编第九本，郑州：大象出版社2008年版，第79页。

③ (宋)陈骙，佚名撰：《南宋馆阁录　续录》，北京：中华书局1998年版，第66页。

④ (清)徐松辑：《宋会要辑稿·职官》，北京：中华书局1957年版，第2756页。

⑤ (宋)陈骙，佚名撰：《南宋馆阁录　续录》，北京：中华书局1998年版，第66页。

2. 编纂

傅璇琮先生认为："利用馆阁藏书，编纂校正图书、编修史书与作为馆阁大臣参加预集重大典礼政事之议的参考书，是馆阁图书最主要的用途。"①宋代馆阁修书现象频繁，官修图书的内容、数量等远远超乎前朝，涵盖了经史子集四个大部，其中以史书、宋代四大书的编纂最为出名。

(1)国史修撰

宋代重视国史的修撰，建立了一套以馆阁为主导的完善的修史机构，元丰以前，崇文院史馆承担了大部分史书的修撰任务。宋代国史主要的体例有起居注、时政记、日历、会要、实录、正史等，这些繁简不一，体例不同的宋代国史，其修纂活动环环相扣，根据《宋史·汪藻列传》解释："书榻前议论之词，则有时政记；录柱下见闻之实，则有起居注；类而次之，谓之日历；修而成之，谓之实录。"日历是按照起居注、时政记等按照月日编撰的一朝皇帝史书，实录则是每一皇帝编年体史书，正史是在实录的基础上编撰而成的史书，正是因为这样的紧密联系，宋代史书的编撰离不开藏书机构的大力支持。

宋代政府建立之初，沿袭五代修史制度，史馆依旧负责国史的修撰，太宗朝屡次修史都不能令皇帝满意，宋真宗有感于此，在诏修《太宗实录》时，命集贤院学士钱若水专修，以诸王赐食厅为修撰之所，既不隶史馆，亦不让史馆人员参与，甚至监修国史吕端也被排除在修史之外。从此以后，史馆的修史之责逐渐被临时设立的修史机构所代替，修实录称"实录院"，修国史称"修国史院"。初，国史修成之后，只收藏入禁中书库，馆阁内并不收藏，"以本朝正史进入禁中而焚其草，今史院惟守空司而已"，嘉祐四年九月，欧阳修为史馆修撰，奏请自龙图阁别写一本入史馆收藏，宋仁宗虽然认同，但史馆中的国史收藏仍然不全。宋徽宗大观三年正月，仍有

① 傅璇琮、谢灼华主编：《中国藏书通史》，宁波：宁波出版社 2002 年版，第 337 页。

“册府聚古今图书，九流百家莫不咸在，而本朝正史独缺”①的奏折，之后，政和年间蔡攸再次奏请补充秘书省内国史的收藏，至此，秘书省内才具有完备的史书收藏，那么在这样的资料保障下，宋代馆阁所负责的史书修撰如何进行呢？

从机构上来看，秘书省自元丰以后设置“国史案”，掌修日历，原先负责修撰史书的日历所、国史院、实录院等修书机构，与秘书省之间几经离合，关系复杂。比如元丰四年，编修国史院并归史馆，元丰五年，史馆并属秘书省国史案，但元祐五年，诏令移国史案于门下后省左谏议左正言位设局，隶门下省，专修国史、实录、日历，重新恢复了元丰以前的旧制。绍圣二年再次将国史院归入秘书省。元符二年二月十二日，诏就秘书省置局编修国朝会要。南宋以后，国史、实录的修撰均在秘书省内设局，秘书省并收藏有国朝文书档案以供修纂。

从人员上来看，秘书省官在崇宁以后参与国史修撰。南宋乾道四年，秘书少监汪大猷等进言，“乞就本省道山堂，充聚集文字位次，其合排办亦不别差诸司官，止就委国史日历所”，五年四月二日，汪大猷再次“乞许本省重照实录旧书，再加删定”，可知南宋时期，秘书省官全面参与了国史的撰修之中，势必可以利用秘书省内藏书进行辅助，或者以秘书省的名义移文他司取索档案，淳熙三年，秘书少监陈骙奏请“乞立限行下诸处，诏限三日回报”，以规范因编修史书而造成的文书拖沓现象。

宋朝国史编修丰富，以实录为例，《宋史·艺文志》著录了自《太祖实录》至《理宗实录》有十七部二千二百五十卷又六百八十九次，除此之外，尚有圣政、日历、会要等体例，以《南宋馆阁录》和《南宋馆阁续录》所记载的秘书省储藏，其中收藏有高宗、孝宗、光宗、宁宗《圣政》一百三十一册、《日历》三千八百一十二册、《会要》七百八十三册，共四千七百二十六策，可见宋代当代官修的史书数量之巨大。而这些海量的史书的修撰，离不开秘书省藏书的

---

① （清）徐松辑：《宋会要辑稿·职官》，北京：中华书局1957年版，第2761页。

利用。

(2)宋代四大书的编修

宋初所撰修的《文苑英华》、《太平广记》、《太平御览》、《册府元龟》四大书，既是宋初帝王右文崇儒的辉煌业绩，又是宋代藏书丰富的真实体现，明人胡应麟《读〈太平御览〉三书》虽对其中的三大书编纂进行了评判，但仍然肯定其保存资料之功绩："宋初辑三大类书，《御览》之庞绩，《英华》之芜冗，《广记》之怪诞，皆艺林所厌薄，而不知其功于载籍者不鲜也。非《御览》，西京以迄六代诸史乘煨烬矣；非《英华》，典午以迄三唐诸文赋烟埃矣；非《广记》，汲冢以迄五朝诸小说乌有矣。余每薄太宗之凉德，至读三书，则斧声烛影之疑辄姑举而置之，乃《广记》之胪列详明，纪例精密，灼然必传，又当议于二典之外者也。"①虽然宋初四大书的编撰体例并不完美，编撰过程略显仓促，但其保存文献的重要价值则是世人公认。

《太平御览》的修撰：据《玉海》卷五四引《实录》云："太平兴国二年三月戊寅，诏翰林学士李昉、扈蒙，左补阙知制诰李穆，太子少詹事汤悦，太子率更令徐铉，太子中允张洎，左补阙李克勤，右拾遗宋白，太子中允陈鄂，光禄寺丞徐用宾，太府寺丞吴淑，国子寺丞舒雅，少府监丞吕文仲、阮思道等，同以前代《修文御览》、《艺文类聚》、《文思博要》及诸书，分门编为一千卷。(八年)十二月庚子书成，凡五十四门。"宋太宗赐名《太平御览》，该书搜罗广博，引征宏富，经典正史、稗官杂说、天地时序、人事治道、职官兵刑、礼乐文学、道释休咎、日用舟车、果蔬竹木、虫穿鳞介、神鬼妖异、资产珍宝，等等，应有尽有，引用文献根据李裕民先生的考证，达到一千五百九十一种。这些大量被引用的文献，均出自于北宋的馆阁藏书。

《太平广记》修撰："兴国二年三月，诏昉等取野史小说集为五百卷。三年八月书成，号曰《太平广记》……二书所命官皆同，唯

① (明)胡应麟撰：《少室山房集》，载《景印文渊阁四库全书》卷104，台北：台湾"商务印书馆"1986年版。

克勤、用宾、思道改他官，续命太子中允王克正、董淳、直史馆赵邻几预焉。”历时一年有余，全书五百卷，根据邓嗣禹先生的考证，引用图书四百七十五种。

《文苑英华》的修撰：《宋会要辑稿·崇儒》云：“太平兴国七年九月，命翰林学士承旨李昉，学士扈蒙，直学士院徐铉，中书舍人宋白，知制诰贾黄中、吕蒙正、李至，司封员外郎李穆，库部员外郎杨徽之，监察御史李范，秘书压杨砺，著作佐郎吴淑、吕文仲、胡汀，著作佐郎直史馆战贻庆，国子监丞杜镐，将作监丞舒雅，阅前代文集，撮其精要，以类分之，为千卷。雍熙三年十二月书成，号曰《文苑英华》。”《文苑英华》本身“并不是一部撷取英华的选本”，学界仍然对其保存了大量的唐代文献评价很高，全书共收录梁、陈、隋、唐二千二百余人的诗文、策论、公牒等二万余篇。

《册府元龟》的修撰：《麟台故事》卷二云：“景德二年九月，命刑部侍郎资政殿学士王钦若、右司谏知制诰杨亿修《历代君臣事迹》。钦若等奏请以太仆少卿直秘阁钱惟演、都官郎中直秘阁龙图阁待制杜镐，驾部员外郎直秘阁刁衎，户部员外郎直集贤院李维，右正言秘阁校理龙图阁待制戚纶，太常博士直史馆王希逸，秘书丞直史馆陈彭年、姜屿，太子右赞善大夫宋贻序，著作佐郎直史馆陈越同编修……凡九年，至大中祥符六年成一千卷上之。总三十一部，部有总序；一千一百四门，门有小类；外《目录》、《音义》各十卷。上览久之，赐名《册府元龟》。”据史料记载，此书的编修、校勘、审查颇为严格，但是后期影响反不及前三大书，其原因在于其史料选择面过于狭窄，“然开卷皆常目所见，无罕觀异闻，不为艺家所重”①。其原因在于《册府元龟》的编撰目的在于“存君臣鉴戒，所以经史之外，异端小说咸所不取”，导致后人对其保存文献价值并不认同，但是黄永年先生仍然将其认定为“最为充盈的唐史史料库”。从《册府元龟》的书名来看，“意为书府中可

① （宋）百岁老人袁褧撰：《枫窗小牍》，载《全宋笔记》第四编第五本，郑州：大象出版社2008年版，第235页。

借鉴之事”①，明显地说明其编撰过程中馆阁藏书所起到的重要作用。

宋初四大书的编撰，从其引用文献的数量来看，如果不是依托于搜罗广泛的馆阁藏书，是无法在短时间内成书流传的，因此宋代官方藏书的利用同样体现在宋朝官修书的繁盛之上。

3. 定本

宋代雕版印刷术的盛行加快了知识的传播速度，因此也提升了图书校勘工作的重要性，仁宗景祐二年，朝臣上言：“前代经史，皆以纸素传写，虽有舛误，然尚可参雠。至五代，官始用墨版摹印六经，诚欲一其文字，使学者不惑。至太宗朝又摹印司马迁、班固、范晔诸史，与六经皆传。于是世之写本悉不用。然墨版讹驳，初不是正，而后学者更无他本可以刊验。”②可以说雕版印刷在传播上又存在一定的缺陷，由于其采用的刻板统一，因此如果在刻印之前，校勘不精，就会导致以讹传讹的现象，宋人邵博记载：

> 苏仲虎言：有以澄心纸求东坡书者，令仲虎取京师印本《东坡集》诵其中诗，即书之，至“边城岁末多风雪，强压香醪与君别”，东坡阁笔怒目仲虎云：“汝便道香醪。”仲虎惊惧，久之，方觉印本误以“春醪”为“香醪”也。③

因此可以说宋代馆阁所面对的定本的任务，是为了减少书籍讹舛而造成的负面影响，是社会文化发展到一定时期所赋予的特殊任务。

在这项任务中，馆阁藏书扮演了重要的角色，景祐年间，秘书

---

① 曹之：《宋代“四大书”编纂考》，载《山东图书馆季刊》1995 年第 4 期。

② （宋）程俱撰，张富祥校证：《麟台故事校证》，北京：中华书局 2000 年版，第 70 页。

③ （宋）邵博撰：《邵氏闻见后录》，载《全宋笔记》第四编第六本，郑州：大象出版社 2008 年版，第 133 页。

丞余靖奏《汉书》官书存在差舛，因此诏令余靖等人“尽取秘阁古本校对”，此中古本乃指太宗之前所流传的《前汉书》手抄版本；另外还“悉取三馆诸本及先儒注解、训传、六经、小说、字林、说文之类数百家之书，以相参校”，后经过余靖等人努力，上《汉书刊误》三十卷，其中《汉书》增七百四十一字，损二百一十二字，改正一千三百三字；《后汉书》增五百一十二字，损一百四十三字，改正四百一十一字，“订正增删颇多，尤为精备”。

经过馆阁人员进行校勘的图书版本，具有较高的权威性，或称“阁本”，宋人对于经过国家馆阁认定的图籍具有很高的信仰，“前世法书名画，有藏之秘阁者，谓之阁本。流俗看画，但云阁本则翕然称善”①。因此馆阁校勘的定本，影响较为广泛，自南宋以及后代在翻刻相应的图书时，均采用馆阁校订图书作为首要选择，以馆阁所校订的《神农本草》、《黄帝内经素问》、《上伤寒论》等十部医书流传情况为例，南宋中期，仍然是“大凡医书之行于世，皆仁庙朝所校定也”②的情况。可以说：“大量重要典籍经过馆阁的校勘之后，刻板印行并广泛流传，从而成为有影响的定本，这也可以说是宋代馆阁在文化学术方面最重要的贡献”③，也是宋代馆阁藏书最具有深远意义的应用。

4. 馆阁读书

范祖禹云：“臣窃惟祖宗置三馆秘阁以待天下贤材，公卿侍从皆由此出，不专为聚书设；校理、校勘之职，亦非专为校书也。”馆阁承担了储备、涵育、输送人才的重要职能，虽然在藏书史的研究中，馆阁的重要作用是收藏图书，而在宋人眼中，馆阁最重要的在于其中所任职的人，由进士高第荐试馆职，由馆职选任两制词臣

---

① （宋）方勺撰：《泊宅编》，载《全宋笔记》第二编第八本，郑州：大象出版社2008年版，第182页。

② （宋）陈振孙：《直斋书录解题》（卷13）。

③ 李更著：《宋代馆阁校勘研究》，南京：凤凰出版社2006年版，第119页。

(翰林学士与知制诰)，由两制拔擢辅相，是宋代文士最荣显的进身途径。在宋代，馆职是文章词学之士向辅相侍从地位攀升的必备的资格证书，因此宋代馆阁中出现了一种特殊的形式——“馆阁读书”。

馆阁读书的途径有三种，“或上书自陈，或英妙被选，或宰执子弟”，可以说这三种途径的要求均比较高，咸平二年(999 年)，秘书省正字邵焕请求于秘阁读书，真宗允许，但这种允许是建立在邵焕本人亦是官员的基础上。最早出现的非白衣馆阁读书实例乃是真宗朝晏殊：

> 景德初，抚州进士晏殊年十四，特召试诗、赋各一首，乃赐进士出身。后二日，复召试诗、赋、论三题于殿中，移晷而就。上益嘉之，以示辅臣及两制、馆阁考卷官，擢为秘书省正字。赐袍笏，令阅书于秘阁，就直馆陈彭年温习，以其年少，虑性或迁染故也。①

可以看出真宗之所以令晏殊馆阁读书，是有惜才爱才之意，令馆职人员对其进行引导，利用馆阁藏书，使其成长更加顺利，乃是真宗临时权宜之策，考《宋会要辑稿·选举》，此事发生在景德二年五月。同年翰林学士杨徽之逝世，年八十，赠兵部侍郎，真宗降恩其外孙宋绶、侄孙杨偃集，宋绶年十五，十月，召试中书，“帝嘉其敏赡，并命迁秩，仍令绶读书于秘阁”②。自真宗以后，馆阁读书逐渐发展成一种制度，或是降恩于高官子弟，或是从他官之请。《宋会要辑稿·职官》载天圣四年(1026 年)五月，枢密副使尚书左丞张士逊言：“臣男大理评事友直幼亲笔墨，望令于秘阁校勘。”宋仁宗以馆阁的设置乃是待天下英俊，非请可授，于是只是

---

① (宋)程俱撰，张富祥校证：《麟台故事校证》，北京：中华书局 2000 年版，第 121 页。

② (清)徐松辑：《宋会要辑稿·选举》，北京：中华书局 1957 年版，第 2766 页。

诏令张友直于馆阁读书，并进一步下令馆阁校勘更不得添置，可以看出宋仁宗在位期间的馆阁读书，乃是对高官子弟的恩赏。天圣九年(1031 年)，龙图阁学士马季良之子马直方、翰林学士盛度之子申甫因各自的父亲所请，得以馆阁读书。两年后，即明道二年(1033 年)正月二十日，光禄寺丞盛申甫、马直方上言，于馆阁读书多年，请求宋仁宗授予其馆阁帖职待遇，宋仁宗再次重申了馆职的任命并非所请，只是令馆阁供给日食，年满三年后按照惯例参加考试得任馆职校勘，并同时下令不许再置馆阁读书的员额，但是这项诏令在同年六月被宋仁宗自己破坏。六月二十一日，宰臣李迪上言："婿著作佐郎张充，乞于馆阁读书。"宋仁宗似乎还记得四月前的诏令，因此"诏特许之，不得为例"①。十年后，即庆历三年(1043 年)，宋仁宗彻底终止了馆阁读书的惯例，《宋会要辑稿·职官》载："十一月十九日，诏自今见任前任两府及大两省已上官不得陈乞子弟亲戚馆职并读书之类"②，可见宋仁宗时，只有曾任或在任的两府及两省以上官员才可以请求其子弟亲戚入馆读书，而他官则不可，而宋仁宗对这种门荫特权并不认同："图书之府，所以待贤隽而备讨论也。比来公卿之族多以恩泽为请，殆非详慎之意。"③

宋仁宗庆历年间"馆阁读书"被废止后，再次出现于南宋孝宗淳熙二年(1175 年)，"十一月十一日，诏抚州童子王克勤赐童子出身，授从事郎，秘书省读书"④。秘书省因此"奏请给、厅从，既而吏、兵部勘当，除本身合得请给外，佣募兵士比正字减半"⑤。

---

① (清)徐松辑：《宋会要辑稿·选举》，北京：中华书局 1957 年版，第 2766 页。

② (清)徐松辑：《宋会要辑稿·职官》，北京：中华书局 1957 年版，第 2780 页。

③ (宋)程俱撰，张富祥校证：《麟台故事校证》，北京：中华书局 2000 年版，第 122 页。

④ (清)徐松辑：《宋会要辑稿·职官》，北京：中华书局 1957 年版，第 2773 页。

⑤ (宋)陈骙，佚名撰：《南宋馆阁录　续录》，北京：中华书局 1998 年版，第 72 页。

嘉定十六年(1223年),"诏陆九渊之子持之、沈焕之子省曾,令赴秘书省读书"。秘书省奏请依照王克勤旧例供与给几,这种奏请说明南宋时期,秘书省读书之事并不常见。

(六)秘书省藏书管理

宋代藏书经过各种途径进入收藏机构之后,便面临着管理体制的问题,如果这个体制完善,则图书保存情况良好,但如若存在遗漏,那么这些藏书就会经历"隐形"流失。本小节将从秘书省图书管理、书库管理、机构管理三个层面来讨论宋朝秘书省的管理问题。

1. 图书管理

于图书管理一节,以藏书机构的图书为主体,对其形制、保藏等因素进行考证,主要关注宋代藏书的装订、缮写、防蠹等情况。

(1)形制

在讨论宋代官方藏书的形制时,主要包括官藏图书的装订形式、缮写字体、采用纸张等众多实体因素。

宋初,雕版印刷技术并不流行,虽然五代后唐长兴三年(932年)已经开始雕印九经,但宋建国时,国子监所收印板不足四千片,众多学者仍然采用手抄的形式收藏图书,苏轼曾言:"余犹见老儒先生,自言其少时,欲求《史记》、《汉书》而不可得。幸而得之,皆手自书,日夜诵读,惟恐不及。"①按照曹之先生的计算,苏轼所遇到的这位老先生所言抄写图书时期,当在宋太宗雍熙年间②,因此宋初,抄写仍然是图书的主要复制方式,卷轴装,或者从卷轴装发展而来的旋风装组成了整个宋初图书收藏的装订形制。而宋初官方图书多来源于各国旧藏,因此在形制上仍然为卷轴形式。

---

① (宋)苏轼撰:《苏轼文集》卷60,北京:中华书局1986年版。

② 曹之著:《中国古籍版本学》,武汉:武汉大学出版社1992年版,第179页。

宋太宗兴建三馆秘阁，“尽迁西馆之书”，太平兴国年间的图书形制仍然沿袭宋初卷轴装，太平兴国三年二月，三馆成，宋太宗请南唐后主李煜、南汉后主刘鋹纵观图书，曾对李煜言：“闻卿在江南好读书，此中简策多卿旧物，近犹读书否?”说明太平兴国年间的三馆收藏应多为五代旧藏，以卷轴为主。太宗即位之后，官方刻书机构国子监刻印经史著作，适合印本图书的装订形式——蝴蝶装开始逐渐流行推广，至真宗时期，馆阁藏品，除书画之外，藏书已经逐渐向册页装转变，尤其是大中祥符八年，馆阁藏书重新抄写，册页装以此为契机成为宋代馆阁藏书的主要装订形式，如：

> 大参陈彭年……凡有问无不知者……上因问：“墨智、墨允是何人?”彭年曰：“伯夷、叔齐也。”上问：“见何书?”曰：“《春秋少阳》。”即令秘阁取此书，既至，彭年令于第几板寻检，果得之。①

引文中图书检索使用“板”这一量词，说明这本书已经是册页装订的格式。神宗元丰初，崇文院重申借书条例，言“许将已写未装及蛀虫书看校”，说明宋代馆阁藏书虽然仍然以抄写方式来增加数量，但已经完全采用了先写后装的册页装订形式，因此在计算图书数量的时，多以部、卷分开计算。

北宋馆阁重视图书装订，当时盛行册页装的最初形式——蝴蝶装，即将一页一页的单页装订成册，每一个书页，由书口向内对折，然后利用黏合剂将每一书页的背面中缝黏合，并在一张裹被纸上，然后再装上硬纸或者绫锦裱背作为封面，起到标识和保护的作用，正如《明史·艺文志》所言：“文渊阁藏皆宋元所遗，无不精美，装用倒折，四周外向，此即蝴蝶装也。”蝴蝶装的图书可以在书架上直立，类同于现代图书排架方式，但是书口向下，书背向上，书根向外，或有书名卷数标示在书根上，便于查检。蝴蝶装因

---

① 《道山清话》，载《全宋笔记》第二编第一本，郑州：大象出版社 2008 年版，第 113 页。

各书页黏合而成，因此对黏合所使用的糨糊，也十分讲究，如明代张懋修《谈乘》记载："古法用楮树叶、飞面、白芨末三物调和如糊，粘接纸缝，如胶漆之坚。"①学者张萱曾言："今秘阁所藏宋版诸书，谓之蝴蝶装，其糊经百年不脱落，足见其牢靠。"②

宋人张邦基曾记载北宋馆阁藏书的黄本、白本均采用黏合的蝴蝶装订形式，叶梦得大观年间所见昭文馆书库图书也为册页形式：

> 王洙原叔内翰尝云："作书册，粘叶为上。久脱烂，苟不逸去，寻其次第，足可抄录……"予尝见旧三馆黄本书及白本书，皆作粘叶，上下栏界皆界出于纸叶。③
>
> 大观间三馆曝书，昭文库壁间有弊篋，置书数十册，蠹烂几不可读。④

宋神宗元丰末年，司马光编撰《资治通鉴》进呈，所采用的形式仍然是蝴蝶装："元丰末，司马文正《资治通鉴》成，进御……罢朝，中使以其书至政事，每叶缝合以睿思殿宝章。睿思殿，上禁中观书之地也。"⑤至宋徽宗时，册页装已经完全占据了宋代藏书市场，即使是臣民献书，所献图书亦是采用册页装订形式：

> 予所见藏书之富者，莫如南都王仲至侍郎家……闻之其子彦朝云，其先人每得一书，必以废纸草传之，每册不过三四十叶，恐其厚而易坏也。此本专以借人及子弟观之。又别写一

① 曹之著：《中国古籍版本学》，武汉：武汉大学出版社1992年版，第478页。

② （明）张萱：《疑耀》（卷5）。

③ （宋）张邦基撰：《墨庄漫录》，载《全宋笔记》第三编第九本，郑州：大象出版社2008年版，第57页。

④ （宋）叶梦得撰：《避暑录话》，载《全宋笔记》第二编第十本，郑州：大象出版社2008年版，第332页。

⑤ （宋）邵博撰：《邵氏闻见后录》，载《全宋笔记》第四编第六本，郑州：大象出版社2008年版，第150页。

本，尤精好，以绢素背之，号“镇库书”……才五千余卷……宣和中，御前置局求书，时彦朝已卒，其子问以镇库本献，诏特补承务郎。①

可以总结，北宋馆阁藏书发展至真宗朝，册页装订形式已经开始代替卷轴形式或者旋风装，但卷轴形式依然存在于日常生活之中，“陈彭年字永年……一旦遽卒，真宗急遣中人诣其家，取平生编著，但破箧中得二十余轴，人不能辨，唯起居院吏赵亨能辨之。上召亨补三班吏，令重写之”②。而发展至神宗、徽宗时，藏书均已采用册页装订，哲宗元祐年间，秘书省补写三馆秘阁图书时，同时申请用料中就有“装背绫绢之类”，职官中已经出现专门负责图书装订的“装界作”，北宋时设置十员，而南宋减为三员；民间藏书者也因印刷技术的普及，逐渐接受了册页装订，只是书画作品仍然使用卷轴的形式，如：

太宗善草、隶、行、八分、篆、飞白六体……而草书尤奇绝。今上悉赂求编次，凡三十余卷，以于阗玉水晶檀香为轴，青紫绫摽文锦条，黄绡帕，金漆柜，作龙图阁于含元殿之西南隅以藏之。③

予官中秘时……因以予旧见伊川从弟颍出伊川之书数轴……④

南宋时期，秘书省藏书均已采用册页的装订形式，因此《南宋

① （宋）徐度撰：《却扫录》，载《全宋笔记》第三编第十本，郑州：大象出版社2008年版，第175页。

② （宋）释文莹撰：《玉壶清话》，载《全宋笔记》第一编第六本，郑州：大象出版社2008年版，第131页。

③ （宋）江少虞撰：《宋朝事实类苑》，上海：上海古籍出版社1981年版，第29页。

④ （宋）邵博撰：《邵氏闻见后录》，载《全宋笔记》第四编第六本，郑州：大象出版社2008年版，第36页。

馆阁录》著录秘书省藏书数字时，以册、卷分开书写，如“四库书经史子集二万三千五百八十三卷，六千五百十二册”，只是书画作品采用卷轴的装订形式，这样的册页卷轴组合一直持续至南宋末年，德祐元年(1275年)秋天，藏书家周密因入秘书省观字画：“画皆以鸾雀绫、象轴为饰，有御题者，则加以金花绫。”①

正如前章北宋官藏的来源所论述，北宋馆阁藏书数量的增加一方面依靠臣民献书、官方修撰等途径增加单本数量，一方面也要依靠图书缮写、刻印来增加副本量。宋代馆阁、秘省图书缮写乃是其机构职责之一，日常抄写利用机构内原有的楷书人员，如遇集中抄写任务还需要招募社会书手进行抄写计酬，“课程每日书写2000字，遇入冬书写工1500字，并各置工课手历，每日抄传书勘点检，月终结押”。宋朝官方的抄写图书不仅在工作量上有要求，而且还具有严格的抄写形式，如南宋绍兴十五年闰十一月七日，提举秘书省秦熺言：“奉诏下诸路搜访遗书及先贤墨迹字画……不愿投献者，令所在州军借本，专委见任官一名，依本下所定下册样字体传写”②，可以了解宋代抄书进献需按照中央所定下的图书版式、字体进行抄写，这样在呈进时，才免于两道手续。同时，宋代避讳现象严重，除了君主本人名字需要避讳，其祖先七世也同样需要避讳，根据洪迈《容斋三笔》记载：

> 本朝尚文之习大盛，故礼官讨论，每欲其多，庙讳遂有五十字者。举场试卷，小涉疑似，士人辄不敢用，一或犯之，往往暗行黜落。③

宋代避讳严重的现象势必会影响到秘书省图书的抄写条例，以

---

① (宋)周密撰：《齐东野语》，北京：中华书局1983年版，第173页。

② 苗书梅等点校：《宋会要辑稿·崇儒》，开封：河南大学出版社2001年版，第253页。

③ (宋)洪迈：《容斋三笔》(卷11)。

流传至今的南宋秘阁抄本《洪范政鉴》为例，“此书遇树、竖、顼、玮、桓、构、雊、彀、慎等字，均缺笔避讳”①，这说明历代秘书省在进行图书抄写时，其抄写手必须严格按照新增的避讳字眼进行回避，这同样是宋代官方图书抄写的条例。

宋代图书材料讲究，为后人所称道，如明代学者高濂说：“宋人之书，纸坚刻软，字画如写，格用单边，间多讳字。用墨稀薄，虽著水湿燥无湮迹，开卷一种书香，自生异味。”②这种评价尚且是宋代流传至明代的普通图书，那么更加讲究官方藏书的材料使用将会更加精细。

从纸张的使用来看，宋代的造纸技术得到进一步完善，纸张更为细薄坚韧，造纸原料更为广泛，开始用树皮造纸、竹子造纸，树皮纸、竹纸逐渐成为宋代图书的主要图书载体。宋代官府每年接受地方贡纸数量巨大，大部分纸均来自南方诸州，如张剑光根据《太平寰宇记》、《元丰九域志》的内容，编出北宋江南各地土贡纸张的情况。引用如表8-5③：

表8-5 **北宋江南各地土贡纸张**

州名	杭州	越州	夔州	衢州	温州	歙州	池州
纸张	藤纸		藤纸		蜀纸	硾纸	
数量	1000张	1000张	500张	500张	500张	1000张	1000张

除了南方进献的纸张，北方诸州亦生产进贡的纸张，如欧阳修《笔说》记载：“今河中府纸，唯供公家及馆阁写官书而。”④河中府

---

① 李致忠：《南宋内府写本〈洪范政鉴〉影印序》，载《文献》2002年第3期。

② （明）高濂：《遵生八笺》，明万历十五年刻本。

③ 苏勇强：《五代南方造纸业与北宋“开宝藏”雕印》，载《深圳大学学报（人文社会科学版）》2010年第2期。

④ （宋）欧阳修撰：《笔说》，载《全宋笔记》第一编第五本，郑州：大象出版社2008年版，第215页。

属北宋陕西路管辖，因此属于北方，北宋馆阁抄书书写用纸多采用河中府贡纸，后靖康年间，金人占据河中，南宋偏安一方，官书多采用南方生产的树皮纸，如南宋秘阁抄本《洪范政鉴》就采用楮皮纸，“厚如贝叶，平如玉版”。两宋官府图书抄写刻印用纸多有讲究，多由左藏库直接供应，如宋哲宗元祐二年六月八日，秘书省奏请将三馆秘阁藏书与“《崇文总目》比较，无、缺少书，即别造帐目，合用黄白池纸，及装背绫绢之类，依料次下合属库，务供送内”①；南宋时期，秘书省所用物料，同样由左藏库支供，绍兴二年四月，秘书少监奏请看叫书籍，“所有进帐簿纸并装背等物料，及校书朱红、雌黄、纸札，欲从本省，遇合用，报户部下左藏库支用”②。绍兴十四年，秘书省上札子：“补写所合用行遣纸札，乞就本省大历内每季批勘歙表纸小抄五百，连纸三百，应副本所行遣等使用。”③从上可知，两宋官方藏书用纸有三：一是河中府进贡的纸张，二是安徽歙州进贡的歙纸，三是池州所进贡的池纸。除了贡纸之外，秘书省还可以采用采购的方式取得，如《南宋馆阁录》记载：“黄纸并装褫物料等物，并杂买务收买。”④

关于两宋官府藏书用纸除了从地域进贡的方面来鉴别外，还可以从其他方面来进行讨论，如根据讲究纸张华丽时，可以采用南唐所采用的“澄心堂纸”或者“薛涛笺”，北宋秘书省校书郎黄伯思言：“《淳化法帖》中，有南唐人一手伪帖颇多……今秘阁有数匣尚存，皆澄心堂纸书”⑤；南宋百岁老人袁褧言“余尝见内库书《金楼

① （清）徐松辑：《宋会要辑稿·职官》，北京：中华书局1957年版，第2758页。

② （宋）陈骙，佚名撰：《南宋馆阁录 续录》，北京：中华书局1998年版，第21页。

③ （宋）陈骙，佚名撰：《南宋馆阁录 续录》，北京：中华书局1998年版，第155页。

④ （宋）陈骙，佚名撰：《南宋馆阁录 续录》，北京：中华书局1998年版，第24页。

⑤ （宋）黄伯思撰：《东观余论》，载《全宋笔记》第三编第四本，郑州：大象出版社2008年版，第51页。

子》……书卷皆薛涛纸所抄”①。从防止蠹坏的角度来看，宋代馆阁，尤其是秘阁书库中，多采用黄纸进行图书抄写，如《宋会要辑稿·崇儒》中的“先是白本书，岁久多蠹，又多散佚。即置官校正补写，易认黄纸，以绝蠹败”，以黄纸代替白纸书写馆阁藏书开始于嘉祐年间，一方面防止虫蠹，一方面标识官府藏书，防止偷盗。两宋秘书省除了抄写图书时用黄纸，在国子监、诸州印本书呈上时，也特别注明使用黄纸刊印，如元祐二年秘书省言：“秘阁黄本内有印本者，印补充……合要印本书，下国子监用黄纸印造”②；绍兴十四年三月二十九日，宋高宗诏令：“诸州军应有开板书籍，并用黄纸印造一部，发赴秘书省”③。叶德辉《书林清话》(卷6)记载，在宋版《春秋经传集解》书末有木戳文曰：“淳熙三年(1176年)四月十七日……秦玉桢等奏闻……《春秋左传》、《国语》、《史记》等书，多为蠹鱼伤牍，未敢备进上览。奉敕用枣木、椒纸各造十部。四年(1177年)九月进览”。这里说的椒纸，是用蜀椒的果实水浸液处理过的纸，有杀虫作用。

从装背的材料来看，宋朝秘书省藏书多用绫绢等材料装背，如《南宋馆阁录》记载：“旧制，秘阁书用蘖黄纸栏界书写，用黄绫一样装背，碧绫面签，黄绢垂签”④，那么这些物料正如宋哲宗元祐二年秘书省所奏请的“装背绫绢之类”相符合，合用黄绫、碧绫、黄绢等布匹。另外，秘书省校勘用墨乃是专供的朱红、雌黄两种墨，其中朱红墨用以圈画改正文字，雌黄用以涂抹误字、多字等校勘内容。用雌黄作墨，乃是专供馆阁校雠图书使用，宋沈括曾专门研究校书用料：

---

① (宋)百岁老人袁褧撰：《枫窗小牍》，载《全宋笔记》第四编第五本，郑州：大象出版社2008年版，第222~223页。

② (清)徐松辑：《宋会要辑稿·职官》，北京：中华书局1957年版，第2758页。

③ (清)徐松辑：《宋会要辑稿·职官》，北京：中华书局1957年版，第2768页。

④ (宋)陈骙，佚名撰：《南宋馆阁录 续录》，北京：中华书局1998年版，第25页。

馆阁新书净本有误书处，以雌黄涂之。尝校改字之法：刮洗则伤纸，纸贴则易脱，粉涂而字不没，涂数遍方能漫灭。唯雌黄一漫则灭，仍久而不脱。①

再者馆阁图书多用黄纸书写，以雌黄修改，颜色类似，简易美观。《南宋馆阁录》载："朱黄墨，秘书省、史院每上、下半年，三馆各分送供雠校。"②所谓黄墨，就是将雌黄入墨，专做校书之用，宋王钦臣言："雌黄为墨，校书甚良"③。

(2)防蠹

总结古代图书防蠹情况，一是通过纸张潢制来防止蠹虫败坏，如姚宽《西溪夜话》言：

唐秘书省有熟纸匠十人，装潢匠六人。潢……《释名》曰："染纸也"。《齐民要术》有装潢纸法，云："浸蘖汁入潢，凡潢纸灭白便是，染则年久色暗，盖染黄也"。后有雌黄治书法云："潢讫治者佳，先治，入潢则动。"《要术》，后魏贾思勰撰。则古用黄纸写书久矣。写讫入潢，辟蠹也。④

宋代馆阁藏书的纸张亦是采用经过潢制的黄纸，另外亦在收藏器皿中放置药物进行防蠹，如芸草，沈括《梦溪笔谈》载：

古人藏书辟蠹用芸。芸，香草也。今人谓之"七里香"者

---

① (宋)沈括撰：《梦溪笔谈》，载《全宋笔记》第二编第三本，郑州：大象出版社2008年版，第12页。

② (宋)陈骙，佚名撰：《南宋馆阁录 续录》，北京：中华书局1998年版，第72页。

③ (宋)王钦臣撰：《王氏谈录》，载《全宋笔记》第一编第十本，郑州：大象出版社2008年版，第18页。

④ (宋)姚宽撰：《西溪夜话》，载《全宋笔记》第四编第一本，郑州：大象出版社2008年版，第70页。

是也……予判昭文馆时，曾得数株于潞公家，移植于秘阁后，今不复有存者。①

可以看出，宋代馆阁已经不采用防治药物来防止蠹虫，那么第三种方式，则是馆阁所常用的，即经常晾晒图书，苏轼言“三馆曝书防蠹毁”，宋朝馆阁曝书之时，同时举行宴会，宴请馆职人员和高级官僚，展示收藏，即宋朝馆阁的曝书会。

曝书传统，古已有之，但是作为官方藏书机构的日常活动，记载于典籍，似乎只有宋代才开始明确起来。北宋明确记载最早的馆阁曝书活动，发生在太宗雍熙年间。“雍熙中，(邢)昺献《礼选》二十卷，上尝因内阁曝书，览而称善，召昺同观，作《礼选赞》赐之。”②之后北宋的曝书活动逐渐频繁。

太宗时期馆阁存在曝书活动，宋人郭若虚《图画见闻志》卷一曰：“端拱元年，以崇文院之中堂置秘阁……淳化中，阁成……秘阁每岁因暑伏曝熨，近侍暨馆阁诸公张筵，纵观图典之盛，无替天禄、石渠妙楷宝迹矣”。与此记载类似的是《宋会要辑稿·职官》：“(淳化元年)八月一日，李至请右仆射李昉……等诣阁关御书图籍，帝知之，即诏内品裴愈就赐御筵，出书籍令纵观……二日，又召权御史中丞王化基及三馆学士纵观，赐筵如前。”这次秘阁观书事件类似于后世的曝书集会。

仁宗皇祐年间，秘书省曝书活动已经形成定制，宋人张邦基《墨庄漫录》卷六载：

文潞公为相日，赴秘书省曝书宴，令堂吏视阁下芸草，乃公往守蜀日以此草寄植馆中也。因问芸辟蠹出何书？一坐默

---

① (宋)沈括撰：《梦溪笔谈》，载《全宋笔记》第二编第三本，郑州：大象出版社 2008 年版，第 12 ~ 13 页。

② (宋)李焘：《续资治通鉴长编·大中祥符三年六月辛未》(卷 73)。

然。苏子容对以鱼豢《典略》，公甚喜，即借以归。①

皇祐五年(1053年)，梅尧臣受馆阁学士江邻几之邀，参与馆阁曝书会，得以观三馆书画，有诗记之。《二十四日江邻几邀观三馆书画，录其所见》："五月秘府始曝书，一日江君来约予，世间难有古画笔，可往共观临石渠。"②《宋朝事实类苑》卷三一引《蓬山志》曰："嘉祐七年三月，复讲之后，虽罢宴，岁命中使，赐牡丹法酒于阁下。秘书省所藏书画，岁一曝之，自五月一日始，至八月罢。是月，诏尚书、侍郎、学士、待制、御史中丞、开封尹、殿中监、大夫司成两省官暨馆职，宴于阁下，陈图书古器纵阅之，题名于榜而去。凡酒醴膳羞之事，有司供之，仍赐钱百缗，以佐其费。"③

神宗时期，秘书省继续进行曝书活动，《宋会要辑稿·职官》十八之二引《神宗正史·职官志》云："秘书省……岁于仲夏曝书，则给酒食费，谏官、御史及待制以上官毕赴。"④元丰元年(1078年)，龙图阁直学士宋敏求参与了馆中曝书会，有诗记事，苏颂、王硅、刘放等均有和诗。苏颂诗题为《和宋次道戊午岁馆中曝书画》，王珪诗题为《依韵和宋次道龙图馆阁暴书》。元丰五年，官制改革，以崇文院为秘书省，曝书传统被继承，《文献通考》云："元丰三年废馆职，以崇文院为秘书省，岁于仲夏曝书，谏官、御史及待制以上官毕赴。梅尧臣有《二十四日观三馆书》诗，起句云：'五月秘府始曝书。'其时日可考而知也"⑤。《铁围山笔谈》记载了元丰

① (宋)张邦基撰：《墨庄漫录》，载《全宋笔记》第三编第九本，郑州：大象出版社2008年版，第79页。

② 朱东润校注：《梅尧臣集编年校注》，上海：上海古籍出版社2006年版，第676～677页。

③ (宋)江少虞撰：《宋朝事实类苑》，上海：上海古籍出版社1981年版，第399～400页。

④ (清)徐松辑：《宋会要辑稿·职官》，北京：中华书局1957年版，第2755页。

⑤ 朱东润校注：《梅尧臣集编年校注》，上海：上海古籍出版社2006年版，第676～677页。

年间，秘书省曝书会诸参见官员的位次问题：

> 秘书省岁曝书则有会，号曰“曝书会”。侍从皆集，以爵为位叙。元丰中，鲁公为中书舍人，叔父文正公为给事中，时青琐班在紫薇上，文正公谓：“馆阁曝书会，非朝廷燕设也，愿以兄弟为次。”遂坐鲁公下。是后成故事，世以为荣。①

神宗朝与哲宗元祐之前曝书会因费用问题，暂时停办，但值得肯定的是，秘书省依旧进行着曝书活动。元祐四年(1089年)五月，秘书省因曝书月开始之前，奏请恢复曝书会，“馆阁久例，于曝书月分，有饮食聚会及请召两制以上官。昨因住支公使钱，后来累年废罢，乞今后每年许于曝书月分聚食一次。仍乞请尚书、学士、侍郎、待制至两省，依太常观乐近例，令所司移具变料赴省，仍约旧例，量破钱相兼支用。有旨并依，仍特支钱一百贯文相兼支用”②。这种奏请与前文所引史实有着密切联系，之前的四月二十四日，太师文彦博与宰相执政官前往秘阁观书，设宴犒赏馆阁内儒士，皇帝与太皇太后均有赏赐，在这样缓和的气氛中，秘书省趁机要求恢复曝书会的活动。元祐七年(1092年)，孔武仲参与了馆阁曝书会，赋诗《壬申仲秋与东观曝书之会谨赋五言四韵律诗一首》云：“琅函窥一一，金钥发重重。四库传观喜，惟应吏困供。”③

徽宗时期，曝书会的活动继续开展，如董逌就参加了崇宁三年(1104年)曝书活动，并在著作《广川画跋》卷一记载了所见，“秘阁藏《封禅图》旧矣。崇宁三年曝书石渠，发仓出之，盖大中祥符元年章圣皇帝有事于泰山者也”④。北宋大藏书家叶梦得云：“往

---

① (宋)蔡条撰：《铁围山笔谈》，载《全宋笔记》第三编第八本，郑州：大象出版社2008年版，第165页。

② (清)徐松辑：《宋会要辑稿·职官》，北京：中华书局1957年版，第2759页。

③ (宋)孔文仲、孔武仲、孔平仲：《清江三孔集》，《四库全书》文渊阁本，卷10。

④ (宋)董逌：《广川画跋》(卷1)。

承平时，三馆岁曝书，吾每预其间。”“村校中教小儿诵诗，多有‘心为明时尽，君门尚不容。田园迷径路，归去欲何从’一篇。初不知谁作，大观间三馆曝书，昭文库壁间有弊箧，置书数十册，蠹烂几不可读。发其一，曰《玉堂新集》，载此篇，乃幽求咏怀作也。”①徽宗时期秘书省曝书会活动不仅参与人数多，且规模加大，“大观元年八月，请于朝，又增赐四百缗。宴日，仍遣中使以御酒、化成殿果子赐在省官，最为盛集，前此未有”②。

南宋时期，曝书活动年或有之，但曝书会却始于绍兴十三年，《宋史》卷一六四云：“(绍兴)十三年，诏复每岁曝书会。”绍兴十四年，根据秘书郎张阐的申请，规定了曝书时间，陈骙《南宋馆阁录》卷三载：“(绍兴)十四年五月七日，秘书郎张阐言：‘本省年例，入夏暴晒书籍，自五月一日为始，至七月一日止。’从之。”③从史实记载上来看，南宋秘书省的曝书会多发生在七月、八月、九月，而曝书活动则在七月之前结束。之后淳熙六年，固定曝书会的时间为每年的七月七日，之后淳熙十年、十四年两年因干旱少雨免于集会，十五年因日期在高宗皇帝服制之内请免，其余年份七月七日均有曝书会活动。

南宋时期，曝书会的费用一般由国家拨给，活动则由临安府安排，“绍兴十三年七月，诏秘书省依麟台故事，每岁曝书会令临安府排办……每岁降钱三百贯付临安府排办，从知府王唤之请也”④。同时也有秘书省自行筹办，如绍兴二十九年，本年赐钱一千贯，“付本省自行排办”，另外三省官厨送二百贯钱并糕点食料，两浙转运司计划设置碑石刻石记载参会者名臣。可以说南宋曝书会盛

① (宋)叶梦得撰：《避暑录话》，载《全宋笔记》第二编第十本，郑州：大象出版社2008年版，第332页。

② (宋)江少虞撰：《宋朝事实类苑》，上海：上海古籍出版社1981年版，第399~400页。

③ (宋)陈骙，佚名撰：《南宋馆阁录 续录》，北京：中华书局1998年版，第22页。

④ (宋)陈骙，佚名撰：《南宋馆阁录 续录》，北京：中华书局1998年版，第68页。

大，按照《南宋馆阁录》卷六载：“（绍兴）二十九年闰六月：是日，秘阁下设方桌，列御书、图画。东壁第一行古器，第二、第三行图画，第四行名贤墨迹；西壁亦如之。东南壁设祖宗御书；西南壁亦如之。御屏后设古器、琴、砚，道山堂并后轩，著庭皆设图画。开经史子集库、续搜访库，分吏人守视。早食五品，午会茶菜，晚食七品。分送书籍《太平广记》、《春秋左氏传》各一部，《秘阁》、《石渠碑》二本，不至者亦送。两浙转运司计置碑石，刊预会者名衔”①。参与年度曝书的官员，不仅有图籍字画、古器、琴、砚台等可以观赏，还可以得到秘书省赠送的图书、拓本，以绍兴二十九年为例，仅一部《太平广记》就有五百卷，南宋秘书省的曝书会已经不仅仅是一种晒书活动，而是成为展现国家文治成就的盛会。

根据南宋秘书省曝书会与会惯例，参与者均可以将名衔刊于碑石，藏于秘书省拜阁待班之所，根据《南宋馆阁录》卷三记载：“（绍兴）十六年七月、十七年七月、十八年七月、二十九年七月、三十年八月，已上在东廊拜阁待班所；绍兴十四年八月、十五年七月、二十六年九月、二十七年八月、二十八年八月，已上皆在西廊拜阁待班所”②。淳熙以来曝书题名，《南宋馆阁续录》卷三载：“淳熙五年九月、六年九月、七年七月、八年七月，庆元二年七月，以上在东廊拜阁待班所。淳熙九年七月、十一年七月、十二年七月，绍熙元年七月、三年七月、四年七月，庆元四年七月、五年七月，开禧元年七月，以上在西廊拜阁待班所”③。

根据史料，分析宋曝书会与宋曝书活动，可以看出：

第一，两者之间存在联系，但又有分别，从频率上来看，秘书省等藏书机构的曝书活动岁岁进行，但曝书会并非如此，集会或因费用、政治情况而停办。从时间上来看，北宋藏书机构的曝书会与

---

① （宋）陈骙，佚名撰：《南宋馆阁录　续录》，北京：中华书局 1998 年版，第 68～69 页。

② （宋）陈骙，佚名撰：《南宋馆阁录　续录》，北京：中华书局 1998 年版，第 25 页。

③ （宋）陈骙，佚名撰：《南宋馆阁录　续录》，北京：中华书局 1998 年版，第 190～191 页。

曝书活动同时进行，而南宋曝书会则是在曝书活动结束之后，更应该说是藏书展示会。

第二，参与者众多，“自大学士至直秘阁、自六曹尚书御史中丞至正言及本省正字已上及旧系馆职并行在贴职官并预坐”，根据李昌宪《宋代文官帖职制度》对《宋史》列传神宗以前宰执出身者统计，自馆职出任宰执出身者太祖朝占20%、太宗朝占50%、真宗朝占48%、仁宗朝占70%、英宗朝占67%、神宗朝占85%。侍从官馆职出身者太祖朝占44%、太宗朝占42%、真宗朝占58%、仁宗朝占71%、英宗朝占85%、神宗朝占77%，可以说宋代一半以上高级官员均出身馆职，按照可参与曝书会的规定，省高级官员、在任馆职、曾任馆职均可参与，这样涵盖的人数就非常多了。但这只对高级官员来说，对于藏书机构的底层人员，参与这样的盛会还存在困难，如刘挚《忠肃集》卷一八《秘阁曝书画次韵宋次道》：“独怜典校来空久，始得今年盛事陪”①。

第三，曝书会设主席，通常是秘书监、少监作为聚会主持者。淳熙九年(1182年)七月，秘书丞蒋维周等上言秘书省内暂缺秘书监、少监任职，请求曾任秘书监的吏部尚书郑丙主持曝书会，而郑丙则言：“今来虽时暂阙官，自有丞、郎、著、佐系秘书省官，合以次主席”②。因此淳熙九年的曝书会由秘书丞蒋维周主持。淳熙十三年(1186年)秘书监沈揆有疾在朝假，亦诏以秘书丞为主席。可知南宋时曝书会常以秘书监或少监为主席，阙官时则以秘书丞代之；如果秘书丞亦阙，就由秘书郎主持，而并非按次由著作郎主持：

> 庆元二年七月五日，秘书郎费士寅等申：“照会本省曝书会，从来监、少主持，淳熙九年阙监、少，得旨，令秘书丞主

① (宋)刘挚撰，裴汝诚、陈晓平点校：《忠肃集》，北京：中华书局2001年版，第421页。

② (宋)陈骙，佚名撰：《南宋馆阁录　续录》，北京：中华书局1998年版，第224页。

> 持。今来秘书丞邵康见在朝假，本省以次系著作郎颜棫，所有今次主席，乞朝廷指挥施行”。承批送，照绍熙四年例，以秘书郎主之。①

第四，秘书省曝书活动与文学创作联系颇多。馆阁的曝书活动，词臣侍从、馆阁文人等均可以参与，观书赏画，大饱眼福；诗酒宴会，酣畅淋漓；赏赐题名，其乐融融，因此产生了许多围绕曝书活动的文学创作。如元丰元年宋敏求参与了曝书会，有诗记事，苏颂、王珪、刘攽等均有和诗，元祐七年孔武仲参与了秘书省曝书会，赋诗一首，张耒、黄裳、秦观、蒋之奇均有次韵之作，南宋周紫芝亦有《秘阁曝书两首》记载秘书省曝书会的情形。

2. 书库管理

两宋秘书省的管理措施表述最为清楚地莫过于，宋徽宗政和年间提举秘书省的数次奏折，在书库管理方面，政和四年四月十四日，蔡攸言：

> 契勘秘书省所隶昭文、史馆、集贤、秘阁所管职事，关防书籍之类，各有奉行条令。自来并修入秘书省法，本省从来不曾釐析，亦不曾誊下诸处致防检用，显未允当。欲乞令秘书省将昭文、史馆、集贤、秘阁合用条令，抄录成册，颁降逐处，遵守施行。②

关于蔡攸所提到的秘书省法、奉行条令等秘书省书库管理制度，因文献散佚，无法了解，但可以知道的是，北宋秘书省书库的管理有章可依，制度严明，并且形成文字条文，只可惜现在资料散

---

① （宋）陈骙，佚名撰：《南宋馆阁录　续录》，北京：中华书局1998年版，第225页。

② （清）徐松辑：《宋会要辑稿·职官》，北京：中华书局1957年版，第2762页。

佚，无从得知。但是散见于诸多记载中的只言片语，仍有涉及秘书省书库管理者，列罗至此，以供参考。

(1)书库分配

宋代藏书经过各种途径聚集至藏书机构，就面临着如何分配的问题。宋太祖时，馆阁建设零乱破旧，搜访图书以及征战而来的战利品、献书，大部分归入史馆之中，如乾德三年后蜀图书一万三千卷、开宝九年南唐图书二万余卷，均明确送入史馆收藏，但并不是没有分配制度，如国初继承后周藏书时，三馆均有图籍，“三馆书裁数柜，计万二千余卷”，太祖乾德四年(966年)闰八月，下诏购募民间亡书，虽然有言“先令史馆点检，须是馆中所阙即与收纳”，但所有搜集而来的图书并不是全部放置在史馆之中，而是“分置馆阁”①，开始了各处分配。太宗太平兴国年间，兴建馆阁新址，赐名“崇文院”，令史馆、集贤、昭文尽迁入其中，但仍然采取三馆分置的原则，“(崇文院)既成，尽迁西馆之书分为两廊贮之，以东廊为昭文馆书库，南廊为集贤院书库，西廊八经史子集四部为史馆书库，凡六库书籍正副本，仅八万卷”②。三馆虽同处一院，但在书库设置上，依然分而置之。自太平兴国三年以后，宋太宗又获得吴越、北汉、福建等五代政权的藏书，加上屡次下诏购募，“数年间充韧书府”，因此太宗端拱元年(988年)五月，于崇文院中堂建秘阁，开始了第一次图书大分配，“择三馆真本书籍万余卷，及内出古画墨迹，藏其中。凡史馆，先贮天文、占候、谶纬、方术书五千一十二卷，图画百四十轴，尽付秘阁。有晋王羲之、献之、庾亮、萧子云、唐太宗、玄宗、颜真卿、欧阳询、柳公权、怀素、怀仁墨迹，顾恺之画维摩诘像，韩幹马、薛谡鹤、戴崧牛及近代东丹王李赞华千角鹿，西川黄鹰、白兔，亦一时之妙也”③。分配给秘

---

① 苗书梅等点校：《宋会要辑稿·崇儒》，开封：河南大学出版社2001年版，第232页。

② (清)徐松辑：《宋会要辑稿·职官》，北京：中华书局1957年版，第2779页。

③ (清)徐松辑：《宋会要辑稿·职官》，北京：中华书局1957年版，第2778页。

阁的藏品包括原三馆藏书中的正本，其中包括宋代明令禁止传播收藏的天文、占候、谶纬、方术图书，还有从宫中内出的古画墨迹，因此秘阁与其他三馆职能不同，虽位在三馆之下，但藏品质量绝对高于三馆，秘阁建成之后，太宗就任命官员专门管理，秘阁主要功能被定义为："藏奇书，总群经之博要，资乙夜之观览"，收藏真本、善本等奇书以供御览。

秘阁建成之后，成为贵重书画藏品的主要收藏地，《宋朝事实类苑》卷二载："太宗尝酷爱宫调中十小调子……命近臣十人各探一调，撰一辞……藏秘府不得见。太宗善飞白……以数十轴藏于秘府。上尝作弈棊三势……为图藏于秘阁。六月，命内供奉官蓝敏正斋御草书五轴藏秘阁"①。至道元年，内侍裴愈前往江南两浙购募图书，"凡购得古书六十余卷，名画四十五轴，古琴九，王羲之、贝灵该、怀素等墨迹共八本，藏于秘阁"②。而三馆则是主要的图书搜括收藏地，"令三馆所有书籍，以《开元四部书目》比较，据见阙者，特行搜访，仍具录所少书，告示中外"③。

真宗大中祥符三年，"十二月十六日，内出南阳郡王惟吉书迹七卷并目录并御制序送秘阁，惟吉子守节又献其父真草书千字文石本，诏付史馆"④。真宗初期对于入藏三馆秘阁的藏品具有一定的区分标准，即使是同一人的作品，也不一定存放于相同的书库之中，但馆阁书籍始终处于同一屋檐之下。大中祥符八年的大火，使得馆阁书库之间首次分离，根据翰林学士陈彭年的建议，"据秘阁旧定屋数重修，奉安太宗圣容、御书、供御书籍、天文、图画，四廊并充书库及史馆日历库，直馆、校理宿直；校勘、抄书籍、雕造

① (宋)江少虞撰：《宋朝事实类苑》，上海：上海古籍出版社 1981 年版，第 21～23 页。

② 苗书梅等点校：《宋会要辑稿·崇儒》，开封：河南大学出版社 2001 年版，第 235～236 页。

③ 苗书梅等点校：《宋会要辑稿·崇儒》，开封：河南大学出版社 2001 年版，第 234 页。

④ (清)徐松辑：《宋会要辑稿·帝系》，北京：中华书局 1957 年版，第 94 页。

印板，并就外院。其外院即于左右掖门外近便处修盖，别置三馆书籍库。其三馆书籍名目，候将来分擘正副本，取便安置”。因此真宗一方面出太清楼图书供陈彭年提举抄写，当时太清楼藏四部书三万三千七百二十五卷，另外一方面再次面向社会购募图书，得献书一万七百五十四卷，这些图书经过抄写充三馆秘阁图书。而此时秘阁一方面接收太宗、真宗等御制图书，一方面接收陈彭年所抄写的图书入藏。至仁宗景祐元年(1034 年)至庆历元年(1041 年)《崇文书目》编纂时，馆阁书库中藏书重新丰盈，根据统计，“昭文馆三万八千二百九十一卷，史馆四万一千五百五十卷，集贤院四万二千五百五十四卷，其间杂伪国及籍没之书，卷帙不等，仍多复本，岁久所蠹。秘阁一万五千七百八十五卷，借黄本书，编帙整齐，以备进御”。北宋馆阁藏书自大中祥符年间大火焚尽，至庆历年间发展至 138180 卷的收藏规模，增长速度可谓惊人，其中《崇文总目》删除重复，著录单本书为三万六百六十九卷，对比之前的太清楼图书单本量，且无多少增加，但其复本量的抄写速度仍值得赞叹。

真宗时期，出太清楼藏书为底本补充抄写三馆秘阁藏书，仁宗天圣三年(1025 年)，抄写完毕，原应送回太清楼收藏，可图书经过多人抄写，“多有污损，遂令留为三馆正本，别写送太清楼”①。神宗熙宁七年馆阁置编校所，同年六月二十二日，监三馆秘阁言：“求访到书籍只各一部……仍差见补写楷书二十人，将上件书抄写四部，均送逐馆……欲将借本书库原书添入经史子集书数，足备及准阅览”，此次搜访图书开始于仁宗嘉祐五年(1060 年)，搜访到图书各抄四部，分别补充三馆秘阁。

神宗元丰以后，崇文院改为秘书省，三馆秘阁藏书开始互相流动，如哲宗元祐二年六月八日，秘书省言：“昭文馆黄本书籍，已编写了当，拨与秘阁收藏。其史馆、集贤院未有上件书籍，秘阁定本内名件及卷帙多阙，见今秘阁黄本亦多有阙，有旨令先将定本补足，阙少名件校对无差，即先补写……仍乞将《崇文总目》比较，

---

① 苗书梅等点校：《宋会要辑稿·崇儒》，开封：河南大学出版社 2001 年版，第 217 页。

无、缺、少书，别造帐目……馆阁无本及不堪者，许于龙图、天章、宝文阁、太清楼及诸官司关借”①；元祐四年五月，秘书省言：“《崇文总目》内书籍是将四馆分书并合著录，自来逐馆分书多少不等，每处未有全，依得《总目》内数目者，今既先用黄本书一本充秘阁收藏，即自嘉祐中编校所来所写书本，尚未能足数，即今见行填补，欲将秘阁先退下旧白本及诸馆分旧书或兼本者，依《崇文总目》编次一本充史馆收藏，其余接续编次……又江南、西川、荆南、两浙等书，并是太祖初平潜伪收取入馆，可惜散失将尽，今欲不拘全与不全，并于下库收贮，内有唐朝零碎旧书，仍乞别藏秘阁，又近世书并家集等多是一时献到，送付秘阁，乞别作一帐收系，内有名贤著述亦别誊写，其余即于空闲库分收管”②。哲宗元祐年间，对三馆秘阁书库藏书进行了重新分配，将原昭文馆的黄本书归入秘阁，并对秘阁黄本按照《崇文总目》著录图书进行补写刊印，无本者或关借于其他图书机构，或下诸州搜访。之后，又将秘阁退出的白本书籍及各书库旧书、重复著录书总归入史馆，其余书库陆续补充。另外对原太祖年间以及近年来搜访图书进行处理，唐版图书归入秘阁，宋人著述和文集也同时收入秘阁，并别造一账簿进行登记，其中如有名家著述，抄写分藏于三馆，其余收藏于空闲库闲置。

自哲宗元祐元年开始的秘阁图书补充计划，进行到徽宗崇宁二年，十七年内补写图书二千八十二部，另外还有一千二百一十三部没有书写；政和四年，蔡攸建议下诏国史院，抄写国史实录，补充秘阁收藏。同日再次上奏：“契勘秘书省，见补完三馆秘阁书记，原得朝旨，先自昭文馆为始，续补秘阁，等臣看详所补书籍，合先将诸库所有门类考校，少剩相补外，据所阙数补完，如昭文馆经史库阙书，而集贤院经史库有二部，及可互相补完，更不须书写。今

① (清)徐松辑：《宋会要辑稿·职官》，北京：中华书局1957年版，第2758页。

② (清)徐松辑：《宋会要辑稿·职官》，北京：中华书局1957年版，第2759页。

相度欲乞委秘书省先将三馆秘阁诸库帐内部秩考校多寡，除留一部收藏本馆外，余均以次阙书馆分互相补填讫，其尚有阙数，即依已降朝旨，先自昭文馆为始续补，以次馆分。”①可以说徽宗时期，三馆秘阁已经完全成为秘书省内书库名字，在蔡攸的建议中，将三馆图书重新打乱分配，多退少补，之后再按照昭文馆、秘阁、集贤院、史馆的次序对照书目进行刊印抄写补充。如果按照这样的情况，北宋末年的秘书省已经无论书库的分配问题了，史馆、集贤院、昭文馆、秘阁已经失去了特色，除秘阁国史实录等图书之外，其余书库所收藏的图书均将统一。

南宋秘书省内书库设置简单明了，绍兴元年至绍兴十四年之前，统一分为经史子集四库，新省舍投入使用以后，秘书省内书库区分明显，如秘阁分为东西两库，内收藏御札、圣政、日历、会要等国史，经史子集四部图书正本；其余四库收藏秘书省经史子集四库图书；印板书库收藏诸州呈进的印本书，续搜访书库收藏自皇帝在位年间新搜访图书，经处理后归入四库收藏；图画库藏图画，古器库收藏古器，碑石库收藏碑刻，国史日历所藏起居注、时政记、日历等档案文字，外人禁止进入，各书库职能明确，无需刻意分配。

对比两宋时期的图书搜访，明显分为两个阶段，以徽宗大观年间为界，北宋时期，图书搜括，均以书目为基准，或是《开元四部总目》，或是《唐书·艺文志》，或是《崇文总目》，对于宋人著述多有排斥，其图书搜访的目的在于填补，而不是扩充。徽宗大观四年，秘书监何志同建议搜访《崇文总目》以外图书，之后宋徽宗的图书搜访眼界开阔，定义为“未见之书”，并与民间藏书收藏进行对比，搜罗宋人文集藏入秘书省。之后南宋高宗的图书搜访建立在一穷二白的基础上，更是灵活多变，以扩充为目的，不拘经史子集，凡小说异书，秘书省所无者，均可进上，这样的搜访方式，使得南宋藏书在三十余年的时间内达到四万四千四百八十六卷，较崇文旧目多一万三千八百一十七卷，成绩斐然。

---

① （清）徐松辑：《宋会要辑稿·职官》，北京：中华书局 1957 年版，第 2762 页。

（2）书库出纳

宋朝书库的出纳管理分为两个阶段，一是崇文馆馆阁阶段，一是秘书省职官阶段，两者之间既相互联系又相互区别。

北宋元丰以前，馆阁藏书的管理较为复杂，人们过多地关注馆职的设置，而对于馆阁内具体的图书管理人员却没有过多的关注，考察其书库官员设置，《宋史·职官志》载："天禧初，令以三馆为额，置检讨、校勘等员。检讨以京朝官充，校勘自京朝、幕职至选人皆得备选。以内侍二人为勾当官，通掌三馆图籍事，孔目官、表奏官、掌舍各一人。又有监书库内侍一人。兼监秘阁图籍孔目官一人……（秘阁）直阁、校理通掌阁事，掌缮写秘阁所藏。供御人、装裁匠十二人"①。北宋对于馆职的看重，超乎馆职本身的职责，因此在很长一段时间内，馆职"职业简清，宠光优渥。米盐细务，不至于耳目"，它的设置也亦非专为馆阁藏书的职能而设，藏书更多地为馆职的成长而服务，那么馆阁藏书的管理就委托于内臣了。太宗端拱元年五月设置秘阁，同时设置直秘阁、校理，以吏部尚书兼秘书监李至管理秘阁藏书，掌管秘阁钥匙，同年八月，太宗又任命内品裴愈监秘阁图书。起初，秘阁内事务均由兼秘书监李至处理，裴愈并不参与，自八月以后，太宗下令："本阁小事一面奏取旨，余皆（李）至专决焉"。内官裴愈通过奏御，参与到秘阁的具体事务之中，因此秘阁上言："见管供御书籍及点检、抄写、封锁库门、出纳公事，今乞委直阁宋泌、校理杜镐与裴愈共同勾当，今后直馆、校理及监图书官，内有差出，即令递相交割，其阁常以最上一员相承勾当，永为定式"②。真宗咸平以后，直阁校理"不领事务"，具体的事务由内侍带领孔目官进行书库管理。天禧五年，"命内殿崇班皇甫继明同勾当三馆秘阁公事。先是，刘崇超在馆止云监三馆书籍、秘阁图书"，并不参与具体事务管理，仁宗天圣五年，改只任命一名监三馆秘阁。那么以内臣充具体书库事务管理的

① 《宋史·职官志四》（卷164）。

② （清）徐松辑：《宋会要辑稿·职官》，北京：中华书局1957年版，第2778页。

效果如何，当时人奏章中多有表露：

> 胡宿《论差三馆都监不合辟奏》："臣伏以三馆图书之府，朝廷育材之地，用内臣为都监典领事务……亦未周知其履行。今后三馆都监有缺，欲乞朝廷精择其人以充。"①
>
> 嘉祐四年(1059年)右正言吴及曰："近古用内臣监馆阁书库，借出书籍亡失已多……其私借出和借之者并以法坐之。"②

虽然内臣管理馆阁具体事务颇受馆职诟病，咸平年间，真宗也曾采纳直史馆谢泌的建议，依照唐制，任命馆职分领四库，但馆职本身设置的复杂性和名誉性，又导致其不能参与长期具体的馆阁事务管理，因此馆阁藏书在内臣的负责下，由书库吏员进行管理，同样也有籍帐等文书记载书库的图书出纳等事宜，因此元丰以前数次编目、图书补写、校勘工作才有籍可循，有目可查，这说明内臣管理虽然并不严整，但仍然按照惯例进行了必要的分工。

元丰改制以后，秘书省设置经籍案，掌典籍之事，秘书郎、校书郎连同都孔目官、孔目官、四库书直官、书库官、库子等吏员共同管理书库，南宋秘书省同样设置经籍案管理图书之事，其吏员也延续宋徽宗时期的设置，只不过在人数上有所减少。宋代书库管理的吏员设置存在孔目官、书直官、书库、表奏、守当官数个层次，三馆秘阁四个书库在具体的设置上略有差别，《麟台故事》载：

> 昭文馆孔目官一人，书库官一人，守当官三人，楷书五人；史馆孔目官一人，四库书直官一人，表奏官一人，书库官四人，守当官三人，楷书十三人，大中祥符中又置写日历楷书二人；集贤院孔目官一人，表奏官一人，掌舍一人；秘阁典书

---

① (宋)胡宿：《文恭集》。

② 苗书梅等点校：《宋会要辑稿·崇儒》，开封：河南大学出版社2001年版，第219页。

三人，楷书七人，写御书十人，装裁匠十二人；秘书省书令史一人，楷书六人。①

书库的孔目官掌管书库内书目的更新与管理，而书库官，即库子，乃是两宋秘书省书库的具体直接的管理人员，“掌管承受御前并朝廷取降书画、古器、瑞物等及诸处关借书籍”，政和四年七月，提举秘书省蔡攸奏：“今来止有库子三人，显见勾当不前及请给微薄，自来少有愿就之人，欲乞昭文、史馆、集贤院、秘阁每馆各以库子二人为额，并委三馆秘阁依条招收，分送逐馆库袛，应其请给比附大官局库子则例支破”②。政和以前，三馆秘阁四个书库只有库子三人总体负责图书的出纳管理，三馆各有一人，而秘阁只有典书，且俸禄微薄，少有人去应聘，因此蔡攸奏请增加秘书省内书库库子的待遇，比照尚书省、中书省架阁库库子的待遇进行招募，并委托各书库自行召任，每馆定额两人。馆阁改制以后，设置经籍案总体负责省内图书收藏，由秘书郎二人总掌，之后政和八年四月二十九日，尚书工部员外郎滕康奏：“乞秘阁四部之书以秘书郎掌之，列史馆于左，以法东观，凡四库之书，以校书郎正字掌之，分总刊正出纳之事。”③宋徽宗同意以秘书郎两员执掌秘阁书库，校书郎六员、正字四员参与到史馆书库的具体管理之中，不仅负责书库内图书的勘正工作，另外还提掌书库图书的出纳。南宋时期，绍兴初期，秘书省校书郎正字退出了书库的管理，“经史子集四库、续搜访经史子集四库、秘阁上下库、御制御札名贤墨迹图书库、古器库、印板书库、印板库、碑石库，各以省吏分掌”④。秘

① （宋）程俱撰，张富祥校证：《麟台故事校证》，北京：中华书局2000年版，第169页。

② （清）徐松辑：《宋会要辑稿·职官》，北京：中华书局1957年版，第2763页。

③ （清）徐松辑：《宋会要辑稿·职官》，北京：中华书局1957年版，第2764页。

④ （宋）陈骙，佚名撰：《南宋馆阁录　续录》，北京：中华书局1998年版，第153页。

书省内总体设置都孔目官、孔目官、四库书直官、书直官、表奏官、书库官、守当官等吏员，并且秘书省在绍兴三年申请省内掌管书籍的吏员，不许自诸处抽差，并严格履行离职交接手续，保障书库管理的连续性："乞自今后将本省主行案及掌管书籍之人，并不许诸处抽差。如坐一切违逆，须得发遣，并许奏知不行。如虽奉特旨发遣，亦须候交割后方许离省，仍不得带行请给，不理在省月日"①。同时为了防止监守自盗，淳熙三年，秘书少监陈骙等上言为了防止库子私自移易关借，省内别置公使库，"于本省有官职掌内选差一名兼充监库，每日轮差库子、军员各一人在库宿直"。绍兴十三年，为了加强书库图书的出借管理，"二月一日，诏秘书省依故事，四库书籍各轮本省官二员掌管"②，秘书省官员再次参与到书库的管理之中。

秘书省的书库出纳均有不同的簿历进行记载，绍兴二年四月，秘书少监王昂申请校正书籍，"欲依旧例，分库拨充秘阁，专人各行主管。置进账簿、库牌经"，进账簿记载各库图书进入情况，而库牌经则是按照各图书所夹的字号牌子，记录图书在库情况和排架情况。秘书省十四年新址投入使用以后，省内机构并立，因此除了各书库已有的出纳、在库记载的簿历，另外还有，诸如供校御前书簿，该簿由省官掌管，请校正御前书签押，而经籍案总体执掌；诸库关书簿，省官因抄写、校勘图书提取书库图书的进出记录，需要在此簿历上签押，该簿由负责各书库的库子执掌。③ 庆元五年，秘书监杨王休为了防止秘阁图画被人改易，申请"本省编定目本，赴都堂请印，几他日可以稽考"④，建立书画目录，同时对古器进行

---

① (宋)陈骙，佚名撰：《南宋馆阁录　续录》，北京：中华书局1998年版，第155页。

② (清)徐松辑：《宋会要辑稿·职官》，北京：中华书局1957年版，第2768页。

③ (宋)陈骙，佚名撰：《南宋馆阁录　续录》，北京：中华书局1998年版，第155～156页。

④ (宋)陈骙，佚名撰：《南宋馆阁录　续录》，北京：中华书局1998年版，第180页。

造册，并描述收藏的具体样制、大小、高广等特征，藏于其他书库，防止名贵书画古器被人置换。

两宋时期，书库的管理情况总体情况如何呢？北宋大观四年(1110年)，秘书监何志同点检秘书省藏书，以《崇文总目》为本，“按籍而求之，十才六七，号为全本者不过二万余卷，而脱简断编亡散阙逸之数浸多”①，可见当时书库管理并不严格，导致如此状况的出现。宣和年间，秘书省新省舍投入使用，书库的管理状况并不尽如人意，宣和四年(1122年)四月十八日，宋徽宗下诏：“三馆图书之富，而历岁滋久，简编脱落，字画讹并，较其卷秩，尚多逸遗”②。大观年间，藏书家叶梦得曾参与秘书省曝书会，尚见到藏书虫蠹不可阅读，“大观间三馆曝书，昭文库壁间有弊箧，置书数十册，蠹烂几不可读”③。南宋绍定元年秘书监叶禾所奏，秘书省书库的出纳多由吏员掌管。“人情积玩，欺伪易生”④，导致书库图书散佚，可以说虽制度可靠，但执行并不严格。南宋末，藏书家周密得以观看秘阁书画点检，所见的秘阁书库内所收藏的字画，“防闲虽甚严，而往往以伪易真”，“通阅一百六十余卷，绝品不满十焉”，其中多数平常，甚至“有甚谬者”⑤，可见南宋秘书省的秘阁书库管理并不严格，漏洞百出，所以使得书画真品被改易，秘阁尚且如此，更遑论其他书库了。

(3)书库排架

隋唐以来，图书四部分类法逐渐流行，官方书目的编撰也多依四部进行编撰，因此宋承唐制，在馆阁藏书的排架上同样采用四部

① 苗书梅等点校：《宋会要辑稿·崇儒》，开封：河南大学出版社2001年版，第240页。

② 苗书梅等点校：《宋会要辑稿·崇儒》，开封：河南大学出版社2001年版，第226页。

③ (宋)叶梦得撰：《避暑录话》，载《全宋笔记》第二编第十本，郑州：大象出版社2008年版，第332页。

④ (宋)陈骙，佚名撰：《南宋馆阁录　续录》，北京：中华书局1998年版，第192页。

⑤ (宋)周密撰：《齐东野语》，北京：中华书局1983年版，第173页。

分类。太宗太平兴国三年，三馆兴建完毕，史馆图书分“经史子集四部”排列于崇文院西廊，与集贤院、昭文馆同时总共六个书库，“凡六库图书皆以类相从”，此类当与众书目中四部之下所设置的子类相符合。同年，“两浙钱俶归朝，遣使收其书籍送馆阁，用雕木为架，以青线帕幕之。简册之府，翕然一变矣”①。宋太祖时，所继承的后周三馆藏书仅万余卷，安放在狭小逼仄的数十间小屋内，因此“三馆书裁数柜”②，使用书柜进行盛放，至宋太宗兴建三馆以后，三馆书库的空间被拓展，且收藏丰富，加上吴越献书，因此下诏改变图书的收藏方式，从封闭式的书柜转为更加开放式的书架，并装饰以雕花，覆盖青帕，防止灰尘，典藏措施良好。不仅馆阁使用书架典藏，禁中殿阁藏书同样如此，并且具有纪念意义的图书以函锁放，如龙图阁：

> 太宗尝幸龙图阁阅书，指西北架一添函，上亲自署钥者，谓学士陈尧咨曰：“此田锡章疏也。”已而，怆然久之。③

应该补充的是，此时馆阁藏书的主要形制仍然为卷轴，因此淳化三年九月，新修秘阁成，“帝登阁，观群书齐整”的情形才可以发生。新修成的秘阁同样适用四部分类的方式，因为它的主要藏品来源于三馆的正本，和史馆原来收藏的天文、占候、谶纬、方术等禁书，另外还有自宫中所出的书画百余轴，自后秘阁的收藏亦加复杂，比如御制图书，国史实录等，这些图书均会打破正常的图书排架顺序，如宋太宗原御制御书等均藏于秘阁，应单列于前，另外国史实录等图书的摆放顺序，同样没有按照四部大类的顺序进行架次

---

① （清）徐松辑：《宋会要辑稿·职官》，北京：中华书局1957年版，第2779页。

② 苗书梅等点校：《宋会要辑稿·崇儒》，开封：河南大学出版社2001年版，第231页。

③ （宋）夷门君玉撰：《国老谈苑》，载《全宋笔记》第二编第二本，郑州：大象出版社2008年版，第176页。

排列，而是“具列于图书之首”①。北宋馆阁的藏书除了特例之外，均按照一定条目收藏，因此景祐初年编撰《崇文总目》时，所采用的方式为：“诏群儒即书府尽启先帝所藏校定条目……讨论撰次，其伪滥者删去之，遗缺者补缉之。摘其重复，刊其讹并，集其书之总数，凡三万六百六十九卷。以类分门，为目成六十七卷”②。《崇文总目》分为四部，之下分为四十五类，其中经部九类、史部十三类、子部二十类、集部三类。从此可以看出虽然唐宋之间四部分类的方法相承，可是在具体类目的设置上，存在部分差别，表现在排架方式上，就是佛道图书纳入子部收藏，不再单列。宋代馆阁藏书经过真宗、仁宗两朝辛苦缮写补充，其图书形制已经逐渐转变为册页装订方式，但仍然采用架构式的典藏方式。

南宋绍兴十四年，新建秘书省省舍，其中诸多设施重新设置，因此其典藏方式发生了巨大改变，其一就是盛放藏书的器具从书架转变为书柜，而且排架方式根据书库设置的不同也有转变，按照《南宋馆阁录》与《南宋馆阁续录》的记载，参考傅璇琮、谢灼华先生的研究成果，将南宋秘书省的书库排架方式列于下表，见表8-6：

表8-6　　**南宋秘书省书库排架方式表**

名称	面积	位置	藏品	排架方式
秘阁	5间	右文殿后	圣政、会要、日历，御制御札等	木雕朱漆殿上安放
道山堂	5间	秘阁后	秘阁、四库书目	抹绿厨
古器库	3间	东廊	古器	设绿厨三、木架六安放古器
图画库	1间	东廊	图画藏秘阁	

① （清）徐松辑：《宋会要辑稿·职官》，北京：中华书局1957年版，第2761页。

② （宋）江少虞撰：《宋朝事实类苑》，上海：上海古籍出版社1981年版，第394～395页。

续表

名称	面积	位置	藏品	排架方式
秘阁书库	3间	东廊	图书，字画及御前书	绿厨八藏书
秘书子库	5间	东廊	子部图书	绿厨七
秘书经库	5间	东廊	经部图书	绿厨七
秘阁书库	2间	西廊	图书，字画御前书	绿厨八藏书
印本书库	3间	西廊	诸州印本书	绿厨七藏印本书
秘书集库	5间	西廊	集部图书	绿厨七
秘书史库	5间	西廊	史部图书	绿厨七
碑石库	2间	西廊	碑石	置架
印板库	2间	西廊	印板	
续搜访四部书库	5间	西廊	搜访图书	
国史库	2间	西廊	日历、时政记、起居注等文字	禁止他人辄入
著作之庭	1间	西廊	著作庭藏书目录	金漆书柜一

秘阁书库内图书，按照旧制，因其包含御前供御图书，其装帧与摆放多有讲究，《南宋馆阁录》记载："秘阁书用蘗黄纸栏界书写，用黄绫一样装背，碧绫面签，黄绢垂签，编排成秩，及用黄罗夹複檀香字号牌子，入柜安顿。"①入柜安放的图书根据其夹带的字号牌子进行登记，形成库牌经，秘书省其他四部书库同样设置有这样的排架登记簿历，但可能所收藏的图书装帧、用料并未如秘阁图书般讲究。而位于右文殿后的秘阁内因收藏圣政、日历等书，以及书画真品，别有摆架方式，《南宋馆阁录》记载秘阁内设置木雕朱漆殿安放日历等书，根据考证，该木雕类似于宗教建筑中的"壁

① （宋）陈骙，佚名撰：《南宋馆阁录　续录》，北京：中华书局1998年版，第25页。

藏”，只不过“壁藏”的方式是封闭式的，而秘阁的图书则是开放式的，根据南宋末年藏书家周密的见闻，“秘阁两旁皆列龛，藏先朝会要及御书画”，对于书画真品收藏方式，“别有朱漆巨匣五十余，皆古今法书名画也”，朱匣按照“千字文”的顺序进行排放，周密当天“仅阅秋收冬余四匣画”，其中每匣大概安放四十轴真迹，共一百六十余轴，装帧华丽，“画皆以鸾雀绫、象轴为饰，有御题者，则加以金花绫。每卷表里皆有尚书省印”①。

南宋秘书省四库藏书，除了采用绿厨进行收藏外，尚有书匣，因此绍定三年秘书监叶禾为了防止图书流失，可以采取措施，“将阁库所储，据籍排整，分入厨匣，仍恐防严未至，并与封钥收掌外”②。南宋秘书省内同样编撰有书目著录藏书，即淳熙五年由秘书少监陈骙等编撰的《中兴馆阁书目》七十卷和嘉定十三年由秘书丞张攀等编撰的《中兴馆阁续书目》三十卷，书中按照四部五十二小类进行著录，较之北宋分类体系更加细致，经部增加两类，史部增加三类，子部与集部均增加一类，正如马端临所言：“盖自绍兴至嘉定承平百载，遗书十出八九，著书立言之士又益众”，导致南宋秘书省藏书排架分类又有扩充。

南宋宁宗之后，秘书省书库藏书日常管理严格，具有严格的点检制度，每月存在旬检，将藏品与簿历进行对照，重新收藏，藏书家周密即因“秘书丞黄恮汝以蓬省旬点”③，邀请进入秘书省观看秘阁书画。《南宋馆阁续录》卷三记载：

> （庆元六年）三月，秘书丞邵文炳等札子：“契勘本省秘阁上安奉圣政、日历、会要，宝藏御前图画、御制御札等，事体至重，欲每月轮本省官一员上阁点检，周而复始。”诏从之。④

---

① （宋）周密撰：《齐东野语》，北京：中华书局1983年版，第173页。

② （宋）陈骙，佚名撰：《南宋馆阁录　续录》，北京：中华书局1998年版，第192页。

③ （宋）周密撰：《齐东野语》，北京：中华书局1983年版，第173页。

④ （宋）陈骙，佚名撰：《南宋馆阁录　续录》，北京：中华书局1998年版，第174页。

之后，嘉泰四年十月，为了严格藏书出借，著作佐郎曾从龙上札子：

> 绍兴初，尝因儒臣奏请，严借书之禁，绍兴间又尝申训之，今具存也。然循习已久，士大夫视为文具，宛转而求借者甚众，久暇不归，恶知非有或遭遗漏，书不复存。此其事若缓而不切，然所关于国家文物者甚大，不可不为之虑也。盖今馆阁之所藏，较之《崇文总目》虽亦粗备，而昔之所有、今之所无者亦什之二三。纵未暇下求遗书之诏，独可不严藏书之禁乎？臣愚欲望圣慈申严旧制，除本省官关就省中校勘外，并不许借出；如辄借出，以违制论。仍令本省长、贰轮委以次官，不时点视，如点阁之法。

宋宁宗同意了曾从龙的奏折，“诏每月轮本省官一员点视书籍”。①

官方藏书机构使用藏书印进行标示的历史由来已久，两宋秘书省内同样存在藏书印，且用途各有不同，如前文中提到，北宋官藏上钤有提醒人们爱惜藏书按时归还的借书印，另外也有标示所有的秘书省印，如庆元五年十一月秘书监杨王休札子：“契勘本省见有图画，并准御前降下收藏，其间有用御宝者，固已昭垂，内有不曾用印记者，其数颇多，窃虑久后有换易之弊。欲乞从朝廷指挥，许令本省编定目本，赴都堂请印，庶几他日可以稽考。”之后嘉定三年六月，朝廷下令：“并用堂印毕，仍于画背用秘书省印为识。”②宋秘书省藏书印形制不可考，但宋代馆阁书画印存在记载，米芾《书史》：

---

① （宋）陈骙，佚名撰：《南宋馆阁录 续录》，北京：中华书局 1998 年版，第 175 页。

② （宋）陈骙，佚名撰：《南宋馆阁录 续录》，北京：中华书局 1998 年版，第 188 页。

> 我太宗秘阁图书之印，不满二寸，圈文皆细，上阁图书字印依然。仁宗后印，经院赐经用上阁图书，字大如䶮文，若施于书画，占纸素字画多，有损于书帖。近三馆秘阁之印，文虽细，圈乃䶮如半指，亦印损书画也。①

(4)秘书省门禁

北宋馆阁位于禁中，因此门禁由皇城司专门派遣军员负责，原有节级一名、长行五人负责“把门并投下文字，及提举洒熄火”，另外还有掌管巡宿的军员十五人。后秘书省严格门禁，加强秘书省图书出入管理，因此看管人手不足，经蔡攸政和年间奏请：“常是填补不足。今来已降指挥，书籍等出入并监门具单子，搜检出出入等若差人不足，即为虚文而已，乞添节级一名、长行三人，内二名识字，分两番把门搜检”②，另外增加巡视兵员五人，这样秘书省内负责安全的军员达到三十人，因此宣和二年，秘书省搬迁新省时，徽宗从秘书省官之请，派遣三十人前往负责警戒。宣和七年，秘书省申奏③，原来秘书省监门官多为兼职，并非专官，因此时常出差到外，导致秘书省出入勾当不能专一，秘书省唯恐有所遗漏，因此奏请添加两名监门使臣，并由秘书省内小吏充当，二月十七日，降旨转专任监门官两员负责秘书省的门禁。之后，负责秘书省门禁管理的军员或有减少，因此南宋绍兴元年秘书省复置，当时奏请：“本省旧有把门亲事官五人。内节级一名，长行四人：内识字一名充抄上，搜检二名，诸案投送文字一名，同节级、抄上搜检把门。下皇城司差，半年一替……今下皇城司，只差二人”。从宣和年间至靖康年间，秘书省内掌管门禁官员或有减员一半的处置，因此秘书省绍兴元年的奏请才能够合理。绍兴元年秘书省复置时，借

---

① （宋）米芾撰：《书史》，载《全宋笔记》第二编第四本，郑州：大象出版社2008年版，第259页。

② （清）徐松辑：《宋会要辑稿·职官》，北京：中华书局1957年版，第2763页。

③ （清）徐松辑：《宋会要辑稿·职官》，北京：中华书局1957年版，第2766页。

住于民宅之中，藏品稀少，因此两员兵员足够。绍兴十四年，新省建成，皇城司派遣七人前去把门。

北宋馆阁的位置敏感，因此先期馆阁人士前往办公时，需要下马步行，《宋朝事实类苑》卷二十七“步行学士”条：

> 天圣中，选人为馆职，始欧阳永叔、黄鉴辈，皆自左掖门下马入馆，当时谓之步行学士。嘉祐中，于崇文院置总校局，校官皆许乘马至院门，其后中书五房置习学公事官，亦缘例乘马赴局。①

南宋时，秘书省内收藏国史、日历，门禁甚严格，《南宋馆阁录》载：

> 日历所、会要所、国史院准敕：“辄入，流三千里。凡所见闻，因而漏泄，并当军令。凡投下文字及纳帖子整会事节人，并于所门外计会，把门人转入系整会文字；如呼叫，听入。”
>
> 国史院申明：“辄入本院及泄露，虽有断罪，未有告赏之法。”有旨，立赏钱三百贯。②

可见南宋时期，秘书省内所设置的国史院等史书编撰处所，门禁更为严格，如无告而入，则会获罪，并给告发者赏钱，鼓励相互监督，如果有正常的手续会见，需要在所门外进行见面，而不能无故入所。相对来说，秘书省大门的门禁比较宽松，如南宋末年，藏书家周密就跟随秘书丞进入秘书省观看字画，只是在右文殿前行礼而已。

---

① (宋)江少虞撰：《宋朝事实类苑》，上海：上海古籍出版社 1981 年版，第 336 页。

② (宋)陈骙，佚名撰：《南宋馆阁录　续录》，北京：中华书局 1998 年版，第 70 页。

(5)秘书省火禁

宋代馆阁火禁甚严，在非常时期，宿直人士甚至不能在藏书处所使用蜡烛等明火，但火禁并不始于宋代，程大昌《程氏考古编》言："唐左藏令，凡藏院之内，禁人燃火。则今左藏火禁，唐有之矣。"①但火禁制度的严格执行，确是发生在宋代，但是恰具讽刺意味的是，宋代的官方藏书厄运，除了战争因素，就是毁于火灾，令人深思。

从馆阁建筑的防火设置来看，北宋馆阁初期选址于禁中，因禁中火禁按照皇城法，管理甚为严格，在一定程度上保障馆阁用火的安全；另外崇文院"作园囿，植卉木，引金水河以注焉"，既有美观之意，又可以防火。南宋秘书省的建设更加重视防火，首先在建筑设计上，秘书省外围建有土库，秘书省内部古器库后亦设置有土库一间，国史院廊外也有土库三间，嘉泰二年六月，在提举厅北再次设置土库两间，所谓土库，就是指墙壁外以泥土护之，以利于防火，古代库房多用此办法进行火灾隔离。在设计布局上，南宋秘书省主体建筑道山堂前、秘阁后，设置石渠，长五丈，宽一丈五尺，其中注水，并种植荷莲，阁前设置水渠则是始自汉代石渠阁的做法，是我国藏书建筑的传统之一，主要是为了防火之用；省内右文殿左右也分别设置有小池塘进行防火。在殿阁建筑的四周种植冬青、桃树等，下植草坪，既能美化环境，又能间隔房屋，起到防止大火蔓延的作用。另外秘书省外围特意留出空地，与其他建筑相隔离，以防止火灾蔓延，北宋徽宗政和年间，秘书省新省即将建成，五年十一月七日，提举秘书省蔡攸奏："兼契勘新省东墙外逼近居民，昨系左藏库曰，已有开封府立定民间失火条令，仍乞依旧实行"②，所谓依旧，就是按照禁中防火条例，更加严格建筑的空地保障。绍兴十四年，秘书省新馆舍即将建成，四月二十九日，秘书

① (宋)程大昌撰：《程氏考古编》，载《全宋笔记》第四编第十本，郑州：大象出版社2008年版，第89页。

② (清)徐松辑：《宋会要辑稿・职官》，北京：中华书局1957年版，第2763页。

省上札子言："新省围墙外，见今各有空地。窃虑官私各有侵占，欲各量五步充巡道，以御火灾"①。并且在省门外两侧构建短墙，设梐枑、杈子、植株，以隔离秘书省与其他官司距离，防止火灾蔓延。嘉泰二年(1202年)六月，秘书省因受到其他建筑火灾的波及，再次增加了防火措施，如原来秘书省西部空地多为民居侵占，因此奏请不许再建，并在"省西北墙外添筑外墙一重，并置铺屋巡逻"②；之后嘉泰六年(1206年)十一月，原秘书省"墙外旧为民居私盖浮屋"，全部拆除，并在东西拦马墙外各设置杈子一带，并种植十二株槐树，隔离秘书省与其他民居之间距离。

从防火设施设置来看，北宋的防火统一由侍卫步军负责，秘书省内并不备有专门的设施进行防火，而是通过步军进行委派；南宋时期，防火工作虽然同样属于委派，可在馆舍设计的时候，已经将防火设施设计在其中，如设计专门的潜火司库房，于省舍东西偏门外设存放防火器材，"潜火大桶二十，小桶三十八，㭎栳杓百柄，铁搭钩儿，麻索二"。除了专门防火器材，秘书省内各殿门前还设置有缸、桶等物储水，如右文殿左右各列朱漆大水桶十个，秘阁左右列水缸八座，国史院周围环置水缸七座，平时储水防火。同时还改易建筑材料，比如将省内木制桥改为石桥防止火烧。

从防火人员的设置上，北宋秘书省内设置潜火兵士二百人，清卫指挥兵士一百人，如宣和二年九月十三日，秘书省启奏："今来新省已成，未有巡防洒熄兵级，乞下侍卫步军差拨防守"。差与三十人；南宋绍兴十四年，临安府、殿前步军司拨给秘书省"潜火军兵六十六人、看管殿阁军员六人"③，少于北宋时期的建置。淳熙十二年，宝莲山居民区起火，秘书省发押报往殿前司官兵营寨，但是因为距离较远，等官兵赶到之时，火已经燃烧完毕，秘书省言秘

---

① (宋)陈骙，佚名撰：《南宋馆阁录 续录》，北京：中华书局1998年版，第10页。

② (宋)陈骙，佚名撰：《南宋馆阁录 续录》，北京：中华书局1998年版，第169页。

③ (宋)陈骙，佚名撰：《南宋馆阁录 续录》，北京：中华书局1998年版，第157页。

阁书库保存祖宗御制会要、日历等宝藏，不能稍有闪失，因此奏请派员长驻秘书省防火，“正月六日，诏步军司自今，如有不测遗漏逼近秘书省去处，于比近营寨差救火官兵一百人前去防护，候殿前司官兵到来，却行交替”①。宋孝宗下令为了更好地保护秘书省藏品免于火灾，若秘书省临近位置发生火灾，于秘书省就近营寨差人前去救火防护，等距离较远的殿前司救火人员赶到之后，再行交接手续。嘉定三年，将原属于潜火司的房间，让与一间给更鼓房，消防人员的空间进一步被侵占。

从管理制度上来看，两宋火禁甚为严格。真宗大中祥符馆阁火灾之前，有多名学士宿直在馆阁之中，以备咨询，王禹偁《馆中春值偶题》言：“春风老尽诗情淡，翻卷青编独绕廊”。该诗写于端拱元年(988年)王禹偁初除直史馆后不久，提到宿直时观看馆内书籍，说明当时允许留有火烛，且《宋朝事实类苑》记载，真宗令馆阁学士寓直于秘阁内，“日给尚食珍膳，夜则迭宿，令监馆阁书籍”，白天供给饮食，应设有炉火。大中祥符八年(1015年)，荣王宫火，“自三鼓至翌日亭午乃止，延烧内藏、左藏、朝元门、崇文院、秘阁”②，真宗下诏罪己，因此“宫城内申严火禁甚峻”③，当时正值崇文院重建之时，因此翰林学士陈彭年奏请依照唐制于宫外设置崇文外院，容纳三馆书库，秘阁原地恢复，依然作为直馆、校理宿直之所，因此大中祥符之后，秘阁馆员宿直严格按照火禁执行，无炉火，无照明设备，至明道二年(1033年)十二月癸卯，“诏崇文院旧有火禁，自今遇馆阁宿直听留”④。元丰二年，馆阁宿直，值冬月假休期间诏许给火，“十一月十六日，集贤校理王子韶言：

---

① (清)徐松辑：《宋会要辑稿·职官》，北京：中华书局1957年版，第2776页。

② (宋)李焘：《续资治通鉴长编·大中祥符八年正月至十年六月》(卷84)。

③ (宋)孙逢吉撰：《职官分纪》，北京：中华书局1988年版，第364页。

④ (宋)李焘：《续资治通鉴长编·明道二年八月至是年十二月》(卷113)。

‘阁宿官遇假日不许设火，亦无灯烛。缘旧日遇假，多寡豁宿。近来不许豁宿，冬月寒冷，宿直不便。乞依班房例，虽遇假休，量与给火。’从之”①。在严明火禁的同时，馆阁内设置亲事官节级一名、长行五人掌管门禁、火禁，负责洒熄火烛，后政和四年，从蔡攸的要求，增加节级一名、长行三人，加强秘书省安全管理。政和五年八月，秘书省改建，暂时移往他所，秘书省官上书讨论火禁事宜：

> 契勘秘书省奉御笔迁移于新左藏库，本省见权寓西府空位。缘秘书省旧在皇城内，其火禁并依皇城司法令，既迁出，未有法禁，今欲乞在省官，冬月温砚火，每一直舍及聚厅处各共设一炉，翰林司一炉，其厨内造食火，食毕先次洒熄，直宿官许存留灯火，并置历轮差当日直宿人吏与打火亲事官监视取火及照管洒熄……如允所请，将来迁入新省，亦乞依次施行。②

当时宋徽宗的诏令是，虽然秘书省迁出禁中，但火禁依然按照皇城法执行。迁入新省后，秘书省官于宣和二年九月立即申请“下侍卫步军差拨防守”，以掌管巡防洒熄之事，诏令派遣三十人前往。

南宋绍兴十四年，秘书省新省成，秘书郎张阐言：“本省自来火禁，并依皇城法，遇有合用火烛去处，守门亲事官一名专掌押火洒熄。除官员值舍并厨司、翰林司、监门职级房存留火烛，遇官员上马，主管火烛亲事官监视洒熄，其余去处并不得存留”③。诏依此办理。绍兴十五年，“诏人吏宿房并门首遇夜听留灯火”，增加

① （清）徐松辑：《宋会要辑稿·职官》，北京：中华书局1957年版，第2757页。

② （清）徐松辑：《宋会要辑稿·职官》，北京：中华书局1957年版，第2758页。

③ （宋）陈骙，佚名撰：《南宋馆阁录 续录》，北京：中华书局1998年版，第70页。

了吏员宿直和秘书省大门的灯火设施。淳熙十二年更是定下权宜之策，避免秘书省周围起火时，因殿前司营寨较远，舍近求远的求救贻误救灾时机，允许秘书省就近差救火人员一百员，前去防护。

从惩罚措施来看，秘书省的图籍珍宝和皇帝御书、御制，大多是国家级珍宝，非同一般。因此采用“重法”，比普通地方惩处要重得多。如《宋刑统》规定，官衙仓库内不得燃点火烛，徒一年；失火者徒二年，如纵火烧毁官衙或廨舍，流放二千里。但秘书省防火法律要按“内廷”（皇宫）重法惩处，以蔡攸宣和年间所奏请的条例而言：

> 若不应存留而辄存留者，徒二年；因而遗漏者，流三千；虽应存留而提防不严致遗漏者，亦同打火掌管人同罪，当宿官吏专副巡防人减二等，虽落宿与宿同；事理重者奏裁。①

条例中言，如果是没有按照规定多留存火种，判徒二年，如果因此导致火灾，流放三千里；如果是可以留存的火种因为疏忽导致火灾，与纵火同罪，流放三年，其他同时值宿的人也要获罪，即使请假没有宿直，也要论罪，如果情形严重者，还要奏请圣裁。

两宋时期，虽然有层层的防护措施，秘书省还是遭遇了两次严重的火灾，一次是大中祥符八年，荣王宫起火，延烧三馆秘阁、内藏、左藏等机构，钱惟演《玉堂逢辰录》云：“时焚诸库，香闻十余里，秘阁三馆图籍一时俱尽，又火风中有飘书籍至汴水南者”。宋初三帝苦心经营的图籍一时俱尽。因这次火灾并非馆阁人员失误造成，因此宋真宗仅仅象征性惩罚了馆阁人员，《宋大诏令集》记载了大中祥符八年四月癸酉《判馆阁左藏等库官典罚铜诏》：

> 而中秘图书之府，崇文典籍之司，洎乎宫禁之间，帑库所在，延燔遽及，莫克于保完，官守攸分，宜惩于旷慢……各罚

① （清）徐松辑：《宋会要辑稿·职官》，北京：中华书局1957年版，第2758页。

铜四十斤，职掌专典各罚二十斤。①

一次是绍定三年秋，“三馆因居民遗火延燎，禁存著作庭及后院”②。南宋秘书省内秘阁四库、续搜访四库、四部书库均被焚烧，损失惨痛。虽然在此之前，秘书省再三将省舍与其他建筑相隔离，避免火灾，但由于临安由地方城市升级为都城，用地十分紧张，人烟稠密，建筑布局混乱，秘书省周围甚至存在违章搭建的“浮屋”，根据统计，南宋定都杭州的一百四十五年中，城内发生大小火灾达一百多次，延烧数千上万户也达十多次。甚至在绍定之前，秘书省就曾经因为周围民居起火受到波及，但可能损失并不严重，因此嘉泰年间，秘书省不仅“添筑外墙一重”，种植槐树，设置杈子隔离，并在此设置专视消防的“铺屋”，由铺兵巡逻、值班，密切注意墙外火情。但看来严密的防护总是会因为意外的原因而遭遇灾祸，宋代两次藏书之厄，是天灾，还是人祸难以判断，但总是制度难以预料和挽救的损失，因此，藏书机构的防火措施，不仅要严于内，更要防于外，宋秘书省两次火灾均是自外而内的烧灼，这与省内严格执行的火禁政策形成鲜明的对比。

① 《宋大诏令集》，北京：中华书局1962年版，第759页。

② （宋）陈骙，佚名撰：《南宋馆阁录 续录》，北京：中华书局1998年版，第170页。

第九章

元朝秘书监研究

元朝的历史存在两种理解方式，一种指公元1271年以“元”为国号至1368年灭亡为止，因此存在“元朝享国不及百年”的历史说辞；另一种则是指自成吉思汗公元1206年建立大蒙古国(蒙语称为Yeke Mongghol Ulus)至1368年被明所灭为止，元朝的历史共延续了162年。本书所论述的元朝，取前一种说法，其原因在于本文的主要研究对象——秘书监，初次出现在元朝的时间是世祖至元九年(1272年)末，位于其国号改“元”之后。

一　元代官府藏书背景

元代，虽然由蒙古族建立，但总的来说，其政治、文化、经济，都延续了前代的模式，因此元代具有中原王朝的特点，尤其是忽必烈行汉法，建立封建王朝官制，“以国朝之成法，援唐宋之故典，参辽金之遗制，设官分职，立政安民，成一代王法”①，这一

① (元)郝经:《陵川集·立政议》(卷32)。

措施使得元代区别于其前身——草原游牧政权大蒙古国，成为中国历代王朝中的一个环节。但是由于蒙古统治者，其根深蒂固的民族心理，与封建王朝统治之间的差距，导致了元朝呈现明显的二元性特征，这一特征在政治、文化、经济等领域多有展现，也影响了元代官府藏书的建设，使得元代官府藏书并没有继承宋代完善的藏书机制，具有独特的存在模式，藏书数量的剧增、职官设置的任意性和管理制度的不完善等种种特点构成了元代官府藏书的特征，这一状况的出现，与元代政治、经济、文化等方面的发展具有紧密的联系。

（一）疆域统一

建立元朝的蒙古族祖先，远可追溯到魏晋南北朝时期，与鲜卑、契丹原属于同一语族的室韦部落。漫长的历史中，这一部落逐渐分裂，其中一部蒙兀室韦，趁着回鹘政权的崩溃，进入到漠北草原，来源于“Mongghol”译音的“蒙古”一词，逐渐成为这些西迁部落的名称。公元 12 世纪，蒙古贵族之间进行着无休止的掠夺与兼并，蒙古部铁木真逐一扫平漠北各部，于公元 1206 年春，称号“成吉思汗”，建立了大蒙古国，成吉思汗号召：“天下土地之广大，河水众多，你们尽可以各自去扩大营盘，占领国土”①。在成吉思汗的领导下，蒙古“重新确立了训言、札撒（Jasaq）和古来的体例”，开始了疯狂的对外扩张之路。在这些征战之中，蒙古军队以一往无前、不惜一切代价的坚韧精神，几乎征服当时世界所有的文明。但这些征服并不顺利，蒙古人的统一过程，时间之长，战争之曲折、激烈、复杂，在历史上也不多见，统一战争持续进行了 70 余年，元朝建立前的成吉思汗、蒙哥汗均殒灭于征战之中，若非蒙古这一游牧民族的经济体制决定了其根深蒂固的扩张，艰难的统一必定无法完成，这正是历史的偶然性与必然性的统一之处。

---

① 《元朝秘史》（第 225 节）。

元朝的统一结束了我国历史上长期分裂的局面，标志着中国历史进入到了一个新的历史阶段。统一之后的元朝所拥有的疆域超过了中国历史上的任何朝代，《元史·地理志》载："自封建变为郡县，有天下者，汉、隋、唐、宋为盛，然幅员之广，咸不逮元……其地北逾阴山，西极流沙，东尽辽左，南越海表。"①广阔的疆域为元代文化的发展提供了广阔的发展空间，也在一定程度上丰富了藏书事业，使得元代官府藏书呈现与前代不同的特色。

(二)文化融合

广袤的元朝疆域内，活跃着众多语言繁杂，信仰各异的族群，学者称其为："中国史上最具世界性及族群文化多元性的时代"②。以汉族为主体的中华民族在经过了数千年的漫长历史之后，来到了元朝这样一个由少数民族蒙古族所统治的、统一的多民族的大政权内。元代的统一打开了游牧民族与中原农耕民族关系的新篇章，元朝作为蒙古征服世界的产物，其统治性质与统治方式与以往的汉族政权存在明显的差异，这就造就了元朝文化的多元性，同中许异，异中求同的方针政策促使了纷繁复杂的多族群文化之间合理并存。大一统的政权内容纳了各种类型的文化，学者这样描述元代族群文化纷繁复杂："其中有包括阿拉伯人和波斯穆斯林在内的宗教团体，有从帕米尔东部来的不久前皈依伊斯兰教的人群，有从内亚—地中海东部来的聂思脱里和罗马天主教徒(也里可温)，有摩尼教徒，有犹太人，有各种非汉人的佛教徒，还有西伯利亚和东亚的各种萨满教信仰者"③。恩格斯认为，不同文明的交锋，落后文明在军事上征服先进文明的同时，征服者在文化上"绝大多数"被征服者所征服。汉族文化在与其他族群文化交往的过程中，相互沟通磨

① 《元史·地理志一》(卷58)。

② 萧启庆著：《元代的族群文化与科举》，台北：台湾联经出版公司2008年版，第1页。

③ ［德］傅海波、［英］崔瑞德主编：《剑桥中国辽西夏金元史》，北京：中国社会科学出版社1998年版，第646～647页。

合，最终形成了以中原传统文化为主的多民族文化共同发展的元代文化。

在这种文化交融与磨合的过程中，真正意义上的文化统合并没有出现。地理意义上的统一与文化上的统合虽然存在一定的联系，统一为统合的先决条件，但统合却是更深层次的交融，这一层次的实现与国家统治领域内的国民构成、统治阶层的政策与背景均具有亲密的联系，元代相对于其他朝代，虽然在地理区域之间的统合得到了加强，但是在文化、政治等层面的统合却相对较弱。元朝的建立，根源于蒙古民族掠夺财富的强烈欲望和征服新土的宗教狂热，虽然对宋的战争被史学界定义为封建王朝的统一战争，但是元朝本身并不是纯粹的中原封建王朝，而且具有鲜明的两面性，这就导致了在文化领域，实行多元的文化政策，而不是积极加以统合，其目的在于保持蒙古民族的特权。

蒙古民族在实现了跨越社会形态的发展之后，建立了强大的王朝统治，但在文化上，蒙古文化与其统治的各民族文化之间，存在巨大的差异，并且相对落后。这种状况就导致了元朝的文化融合“是以蒙古、色目的汉化为先决条件……其中蒙古人文化落后，色目人的文化虽然较高，却甚分歧，对汉文化皆不可能产生重大影响。双方汉化的可能不大”①。蒙古作为统治阶层，其是否汉化对于整个王朝的文化融合至关重要。对于这个问题，多数学者已经给出了结论，建立征服王朝的各民族中，蒙古族与汉族之间的文化差距最为巨大，其汉化程度也最浅。造成这种历史状况的原因有二：一方面，蒙古文化过于落后，因此无法将自身的文化进行推广，强迫汉族等接受本民族的文化，从而从政治上推动文化的统合；另外一方面，蒙古人存在强大的征服心理，他们在多年的军事征讨中所建立的民族认同感，并没有随着元代政权的建立而消失，相反却转化为高高在上的征服者的心态，俯视治下众生，虽然已经失去了游

① 萧启庆著：《元朝的统一和统合：以汉地江南为中心》，载《中国古代史研究 导引》，南京：南京大学出版社 2011 年版，第 385 页。

牧文化的根基，但却没有放下征服者的姿态，“自以为右族身贵，视南人为奴隶”，这就导致了蒙古族不可能实现完全汉化。元朝的文化统合脚步止于区域性的整合，如汉地、江南地区之间的文化交融，但却没有真正意义上完成文化形态统一，这一历史事实也影响到了元代官府藏书体系，造成了其官府藏书的建设与管理，与其他汉族政权相比，仅存其形，而未得其实。

（三）统治方式的转变与冲突

从元代统治方式来看，蒙古民族虽然经历了多次转变，但“显然未能迈越‘统合的门槛’”①，统合虽然作为一个相对性的名词，没有绝对性的统合政权的出现，但元朝的统合，相对于其他王朝，存在太多的局限性。自从蒙古人以强大的军事力量登上世界舞台之后，蒙古高原以前所未有的规模与其他社会文明相接触，原本的单一的社会结构被改变，蒙古统治者在历史的偶然与必然之中进行着统治方式的调整。

自 13 世纪初，蒙古完成了攻夏伐金的军事占领后，对其占领的区域，并无完备的统治计划，而是将其作为掠夺劳动力和财富的来源地而已，因此往往采取竭泽而渔的剥削方式，使得汉地的经济遭受严重的打击。公元 1259 年，忽必烈以汉地经济、政治、军事力量为支撑，夺得汗位，建立元朝，开始有计划地改变统治方式，采取前代中原王朝的典章制度和统治经验，建立中央集权模式的官僚机构，《元史·百官志》曰：“世祖即位，登用老成，大新制作，立朝仪，造都邑，遂命刘秉忠、许衡酌古今之宜，定内外之官。”②在文化上推崇儒学，经济上开始重视农业生产，为元代奠定了汉式王朝的统治方式。世祖之后的成宗、武宗延续了这样的统治方式，最终使得元朝进化为封建王朝。但需要强调的是，元世祖所推行的

---

① 萧启庆著：《元朝的统一和统合：以汉地江南为中心》，载《中国古代史研究　导引》，南京：南京大学出版社 2011 年版，第 388 页。

② 《元史·百官志一》（卷 85）。

"汉法"并不彻底，蒙古贵族在完成了统治方式的转变，大体建立了前代中原王朝的典章制度之后，迅速转向了保守统治，贯彻汉法的政治革新渐渐趋于停顿。这就导致了元朝始终没有转变为纯粹的中原王朝，而是带有明显的二元性特征，这种状况的出现存在多种原因，最重要的在于蒙古统治阶层的固守，导致了元一代，"汉法"与"蒙古法"两种统治理念方式之间的冲突始终不断。忽必烈实行汉法，具有强烈的历史偶然性，按照台湾学者萧启庆先生的观点："若非忽必烈早年与汉地渊源甚深，而于其兄蒙哥在宪宗九年暴卒四川时正统军鄂州前线，他便不会以汉地为基地，与以蒙古为大本营的其弟阿里不哥对抗，并利用汉地优势人力物力，击败后者，夺得汗位，元朝之立国中原便不致发生。又若阿里不哥得胜，大蒙古国更必以草原为中心"①。虽然历史允许假设，但毕竟根据史实，忽必烈在中原即位的现实，使得他不得不选择转变，适应汉地形势采用汉制，但其蒙古大汗的身份，又使得其必须承担蒙古民族根深蒂固的扩张、征服、共享的使命，导致治理国家的出发点，并不是以中原皇帝为主，而是自蒙古大汗的立场，捍卫蒙古贵族的特权，这就造成了蒙古统治者在两种统治方式相异之时，多数选择"蒙古法"的历史根源，同时也是元英宗被弑的"南坡之变"发生的基本背景。终元一代，蒙古统治者虽然承认汉法，但也保留蒙古旧制，而在两者存在冲突时，蒙古法因为拥有国家机器，在多数时期占据上风，这就导致了元代统治意识形态的不统一，影响到元代经济、政治、文化政策的制定。

(四)士人阶层的下沉

元代社会阶层最终的变化之一，则是表现为士人阶层地位的下降，并由此引起士人的危机感和对政治权力的疏离成为元朝士子最重要的特征。从根本上说，这是蒙元统治者实行的政治文化

---

① 萧启庆：《元朝的统一和统合：以汉地江南为中心》，载《中国古代史研究导引》，南京：南京大学出版社2011年版，第375页。

政策带来的必然后果。在传统汉文化的政治文化环境中，儒士掌握文化权力，赋予政治权力文化合法性，并通过科举进入政治权力的核心层。但是信奉萨满教的蒙古贵族只是将儒家作为一种普通的宗教信仰来对待，“儒家思想遂从‘道’的地位转变为‘教’的一种”，并且位于佛教、道教之下，按照蒙古体例：“三教里，释迦牟尼佛系当中间里安置，老君底、孔夫子底像左右安置，自来如此”①。

忽必烈建国之后，虽然开始正式的尊儒崇学，但是佛、道两教的地位也同时得到提升，继续高于儒学。元代的科举时存时废，士子失去了持续的入仕途径，参与政治的机会大大减少，这样使得儒士的地位更加边缘化。在用人政策上，蒙古统治者奉行实用主义原则，并没有官吏分途的概念，相反认为官、吏之间“靡有轻贱贵重之殊，今之官即昔之吏，今之吏即昔之官”②，因此元代官员“自至元以下，始浸用吏。虽执政大臣，亦以吏为之……而中州之士见用者遂浸寡”③。元朝儒士丧失了绵延千余年的优势地位，在入仕的道路上，与粗通文墨的胥吏站到了同一起跑线上，丧失了传统的优先权，导致儒士的社会地位一再下降，甚至有“九儒十丐……介乎娼之下、丐之上者，今之儒也”之类的愤激说法，这当然是心理极度失落之下的极端之语。在元代的统治理念中，汉文化只是大蒙古帝国治下多种文化中的一种，与佛、道等思想学说一样，并不占优势地位，这样，儒家经典丧失政治权力的解释权，这就造成汉人儒士文化上的危机感和心理上的失落感，因此才会有这样的极端说法存在。元代“四等人”的民族等级制度，增加了儒家士人出仕难度。“元代中期共有品官二万二千四百九十人，其中 30. 45% 为蒙古、色目人，69. 55% 为汉人、南人……根据估计，蒙古、色目人仅占总户数之 3%，汉人为 15%，而南人多达 82%。可见各族群

① 蔡美彪编：《元代白话碑集录》，北京：科学出版社 1955 年版。

② （元）吴澄：《吴文正公集 · 赠何仲德序》（卷 14）。

③ （元）余阙：《青阳集 · 杨君显民诗集序》（卷 4）。

出仕的机率的大小相差甚大。”①这其中，南人，尤其是南方士人的出仕更加困难，因此元朝士人多行优游风雅的生活风尚，流连诗歌，超越于政权之外，这就导致了元朝政权内士人的影响力大大下降，也影响到了历代士人所关注的藏书事业的进展，导致元朝官府藏书的外强中干。

(五)出版产业的兴盛

元代的出版事业，不仅没有出现大的倒退，相反，在某些方面还存在巨大的改进和创新，可以说，元代的图书出版“与宋代一起代表了中国雕版印刷史上的古典时代，为其鼎盛时期；代表了活字印刷的古典时代，为其奠基时期，承先启后，直接开启了后来活字印刷的先河”②。这与元代统治者所实行的众多政策以及当时的社会环境具有紧密的联系。

虽然在蒙古贵族金戈铁马的征服中，西夏、金、宋政权内的文化事业遭到了严重的破坏，但也有地方的文化事业得以保存，甚至有些地方还得到了进一步的发展。以山西平阳为例，自宋代起，山西地区的雕版印刷业始具规模；自金以来，平阳便已书坊萃集，刻书事业兴盛发达，成为北方地区雕版印刷的主要中心。元太宗八年(1236 年)夏六月，耶律楚材请立编修所于燕京，经籍所于平阳，编集经史，特召儒士梁陟充任长官，王万庆、赵著副之，“以开文治”。平阳经籍所是主管出版经史书籍的专门机关，其设置不仅对平阳雕版印刷事业的恢复发展产生很大影响，另外还进一步影响北方腹里地区的雕版印刷行业，其中一个重要的标志就是大蒙古国时期的《道藏》刊印工程的完成。除了北方地区的出版业得到恢复之外，南宋旧有辖区内的两浙、闽地、江西、江苏、徽州、荆湖、广南等地的

---

① 萧启庆：《元朝的统一和统合：以汉地江南为中心》，载《中国古代史研究导引》，南京：南京大学出版社 2011 年版，第 373～374 页。

② 田建平著：《元代出版史》序，石家庄：河北人民出版社 2003 年版。

出版行业，在元军攻占之后，多数继续发展，并且在元代时期产业规模也有所恢复。

元代建国之后，社会总体平稳，地方官署延续了宋代传统，多以刻书为政绩执行，再加上士人阶层的下沉，奉行“讲学著书传道自尊”，私人编撰和出版活动繁盛，导致出版行业异常繁盛，元人袁桷《清容居士集·袁氏旧书目序》说：“国家承平，四方无兵革之虞，多用文儒为牧守，公私间暇，鲜享澧会寮属，以校雠刻书为美绩。至于细民，亦皆转相模锓以取衣食”①。另外元代中央多途径的官方刻书行为，也促进了元代地方出版行业的兴盛。元代的官方刻书除了设置相应的中央出版机构进行刻印之外，尚存两种地方官刻方式，如叶德辉《书林清话》中载：“元时官刻之书，多由中书省江浙等路有钱粮学校赡学田款内开支。有径由各省守镇分司呈请本道肃政廉访使行文本路总管府事下儒学者。有由中书省所属呈请奉准施行，展转经翰林国史院礼部详议照准行文各路者”②。

蒙古族“旧制，凡攻城邑……既克，必杀之”，但各地屠城，“唯匠得免”，特别重视匠户的搜罗，如公元1236年灭金，刮中原民匠72万户；1279年灭南宋，又刮籍人匠42万户；1284年再次刮籍江南诸路匠户。在这些优待措施中，从事出版刻印的工匠幸存下来，并构成了初步的人才和技术基础，为元代出版技术的发明与进步提供了有利的职业环境。“中国出版业发展到元代，无论是出于大量书籍的需要，还是出于出版技术继续有所发展的趋向，都要求在宋代已经广为使用的雕版印刷术在纯技术方面再向前发展，有所发明，以进一步提高出版图书的实效，提高单位时间内的劳动生产率，并降低或避免雕版印刷术的一些与生俱来的

---

① (元)袁桷撰：《清容居士集·袁氏旧书目序》，北京：北京图书馆出版社2006年版，第11页。

② (清)叶德辉著：《书林清话附书林余话》，长沙：岳麓书社1999年版，第146页。

技术上的局限性。”①可见，印刷术在元代的高度发展是必然的，是形势所趋的。

从考古成就上来看，1941 年发现的一部元顺帝后至元六年(1340 年)庚辰，湖北江陵中兴路资福寺无闻和尚套印的朱、墨二色《金刚般若波罗蜜经注解》是我国目前现存最早的木刻套印本，同时也是世界上最早的套印本，曹之先生对于这件文物有这样的看法：“虽然不是严格意义上的套印，但它开了套色印刷的先河，可以看作是套版印刷的初级阶段”②。说明了元代已经出现了套印技术，标志着雕版印刷的重大进步，在印刷史上有着重要意义。在我国印刷史上，除雕版印刷为主流外，又辅以活字印刷，而在各种活字印刷中，又以木活字最为流行。元代最值得称道、影响最为深远的还是木活字印书。元成宗大德年间(1297—1307 年)，著名农学家王祯时任宣州族德县尹，他的著作《农书》因字数太多，难以刊版，因而准备用木活字印书，书中附录“造活字印书法”，记录了这项创造的工艺流程。其主要创新有二：一是用竹片嵌夹进木活字之间，这就是后来铅印中夹铅条的始祖；二是创制出“转轮排字架”，分格贮字，转轮检字，这一技术早于现代印刷技术的铅字检字架，并且在某些方面有过之而无不及。

元代政府对于有利于维护其统治地位、能够推进社会进步等内容的图书，都会采取鼓励出版的方式，如政体教化类、农业科技类、历书三类图书，均是元代鼓励出版的范畴。蒙古族作为少数民族入主中原，历代统治者都很重视对政体教化类书籍出版的管理，以期在思想上统治他们的臣民。《续文献通考·经籍》中也有记载：

仁宗延祐四年(1317 年)四月以《大学衍义》译国语。先是

---

① 田建平著：《元代出版史》，石家庄：河北人民出版社 2003 年版，第 293 页。

② 曹之著：《中国印刷术的起源》，武汉：武汉大学出版社 1994 年版，第 514 页。

帝为太子时，有进《大学衍义》者，命詹事王约等节而译之，帝曰："治天下此一书足矣。"因命与图像《孝经》、《列女传》并刊赐臣下。至是翰林学士承旨和搭拉都里默色、刘庚等译《大学衍义》以进。帝复令翰林学士阿林特穆尔译以国语。五年(1318 年)八月，复以江浙省所印《大学衍义》五十部赐朝臣。①

蒙古族在统治初期，强制推行牧区的生产方式，变农田为牧场，使农业生产遭到严重破坏，元世祖即位之初，"首诏天下，国以民为本，民以衣食为本，衣食以农桑为本。于是颁《农桑辑要》之书于民，俾民崇本抑末"，设置司农司专管农业生产。元代统治者考虑到"田里之人虽能勤身从事，而播殖之宜、蚕燥之节，或未得其术，则力劳而功寡，获约而不丰矣。于是便遍求古今所有农家之书，披阅参考，删其繁要，摭其切要，纂成一书目曰《农桑辑要》凡七卷，镂为版本，进呈毕将以颁布天下"②。《农桑辑要》作为我国古代第一部官修农书，先后共刻印五次：初刻于世祖至元十年(1273 年)，再刻于仁宗延祐元年(1314 年)，三印于仁宗延祐二年(1315 年)，四印于英宗至治二年(1322 年)，五印于文宗至顺三年(1332 年)，累计五次印刷总数约 2.5 万部，这在中国刻书史上是少见的。除《农桑辑要》之外，元代还多次刻印过许多农业类书籍。另外为了辅助农业生产，元代还重视历书的编撰和刊印工作，强调历书的及时准确，元代郭守敬所编撰的《授时历》乃是我国古代最卓越的一部历法，另外元代统治者为了避免贻误农时，提前历书进御的时间，并采用多地同时刊印的方式，保证历书的准确及时，根据《续资治通鉴》记载：

(至正二十七年十一月)是日，冬至，吴太史院进戊申岁

① (明)王圻：《续文献通考·经籍》(卷 141)。

② 《农桑辑要·原序》。

《大统历》。王谓院使刘基曰："古者以季冬颁来岁之历，似为太迟，今于冬至亦未宜，明年以后，皆以十月朔进。"初，《戊申历》成，将刊布，基与其属高翼以录本进，王览之，谓基曰："此众人为之乎？"对曰："是臣二人详定。"王曰："天象之行有迟速，古今历法有疏密，苟不得其要，不能无差。春秋时，郑国一辞命，必草创、讨论、修饰、润色，然后用之，故少有缺失。辞命尚如此，而况于造历乎？公等须各尽心，务求至当。"基等乃以所录再详校而后刊之。①

元代统治者出身草原，并没有继承中原王朝文化专制思想，文化领域的统治较为宽松，基本上不以文字疑似之事治罪于人，有学者研究表明，元诗中多有体现"怀宋"思想的语句，并未遭到查禁问罪，这就说明元代对于文人的创作，是宽容放任的。元代出版虽有避讳的规定，但执行并不严格，"至于元朝，起自漠北，风俗浑厚质朴，并无所讳，君臣往往同名。后来虽有讳法之行，不过临文略缺点画而已，然亦不甚以为意也，初不害其为尊，以至士大夫间，此礼亦不甚讲"②。这种宽松的政治氛围为元代的出版营造了充分的发展环境，也促进了元代出版事业的勃兴，据清钱大昕《补元史艺文志》统计，"元代刻印、流通的图书，经部为八百零四种，史部为四百七十七种，子部为七百六十三种，集部为一千零九十八种，共三千一百四十二种"，对于不足百年历史的元代，有如此数量的图书传播于世，实在是盛况可观。繁盛的元代出版为官方藏书提供了充足的图书来源，以至于元代一次图书征集数量就达到30万卷。

① （清）毕沅著：《续资治通鉴》，北京：中华书局1964年版，第6004～6005页。

② （明）叶子奇撰：《草木子·杂制篇》，北京：中华书局1959年版，第59页。

二　元代秘书监职官建制

《元史·百官志》载:“元太祖起自朔土，统有其众，部落野处，非有城郭之制，国俗淳厚，非有庶事之繁，惟以万户统军旅，以断事官治政刑，任用者不过一二亲贵重臣耳。”①蒙古征战的主要目的在于掠夺，官制仍然一片混乱。太宗窝阔台即位之后，采用原金人耶律楚材的建议，开始对蒙古官制进行改进，但仍然具有很大的随意性。公元1260年，忽必烈即位，他听取了身边的汉族士大夫的进言，仿照汉式王朝的中央集权政治，很快就建立了中央和地方的行政机构，此后蒙古官制日渐完善。《元史·百官志》载:“世祖即位，登用老成，大新制作，立朝仪，造都邑，遂命刘秉忠、许衡酌古今之宜，定内外之官。其总政务者曰中书省，秉兵柄者曰枢密院，司黜陟者曰御史台。体统既立，其次在内者，则有寺，有监，有卫，有府；在外者，则有行省，有行台，有宣慰司，有廉访司。其牧民者，则曰路，曰府，曰州，曰县。官有常职，位有常员，其长则蒙古人为之，而汉人、南人贰焉。于是一代之制始备，百年之间，子孙有所凭藉矣。”②世祖忽必烈要建立的元朝统治机制，既不是完全抛弃蒙古旧制，也不是全盘照抄中原传统王朝的成法，而是合二为一，把元朝的统治制度建成一个蒙古旧制与中原汉族封建制度相结合的统一体，这种两源性同时也影响到元代秘书监的建制，元代秘书监内除了设置秘书监、少监、丞、秘书郎、著作郎官、校书郎等原有职官外，还增加了秘书卿、秘书太监等官职，并且设置了多种吏员，并出现了蒙古必阇赤、回回令史、怯里马赤、译史等具有元代特色的职位。

(一)元代秘书监官吏建制

在历代的秘书省职官建制研究中，笔者多关注官员的建制，如

---

① 《元史·百官志一》(卷85)。
② 《元史·百官志一》(卷85)。

监、郎、著作、校正等，对于吏员的设置多略去不表，其原因在于中国古代的吏，就中国古代封建社会的一般情况而论，与官相比，无品无权，政治地位和经济待遇很低，且仕进机会较少。但是元代官制与其他诸代不同，吏成为官制的重要组成部分，以一种引人注目的"形象"出现在当时的政治、社会舞台上，其地位升高，权力扩大，尤其突出的是，吏员出职任官几乎成为元代主要的入仕途径，因此元人曰："我元有天下，所与共治，出刀笔吏十九。"①因此在讨论元代秘书监的建制时，也必须讨论秘书监内部分吏的设置。

元人王士点、商企翁所著《秘书监志》一书，修撰于元顺帝至正初年(1341—1370 年)，其中卷一、九、十、十一对元朝秘书监设立以来的职官建置沿革作了详备的记述，根据其记载，列元代秘书监官吏设置员额沿革表(见表 9-1、表 9-2)，元代秘书监官员品阶变化表(见表 9-3)：

表 9-1　　元代秘书监官员设置员额沿革表

员额 官员 / 时间	卿	监	太监	少监	监丞	著作郎	佐郎	秘书郎	校书郎
至元九年	0	2	0	2	0	0	0	0	0
至元十四年	0	2	0	2	0	0	0	1	0
至元十五年	0	2	0	2	0	0	0	2	1
至元十六年	0	2	0	2	1	1	1	2	1
至元十七年	0	2	0	2	1	1	1	2	1
至元十八年	0	3	0	4	1	1	1	2	1
至元十九年	0	3	0	4	1	2	1	2	1

① 《全元文·善余堂记》(卷 925)。

续表

官员 / 员额 / 时间	卿	监	太监	少监	监丞	著作郎	佐郎	秘书郎	校书郎
至元二十年	0	3	0	5	1	2	1	2	1
至元二十二年	0	3	0	5	1	2	1	2	2
至元二十三年	0	3	0	6	1	2	1	2	2
至元二十四年	0	3	0	6	1	2	2	2	2
至元二十五年	0	3	0	6	3	2	2	2	2
大德五年	0	4	0	6	3	2	2	2	2
大德七年	0	4	0	6	3	2	2	2	2
至大二年	0	4	0	4	2	2	2	2	2
至大四年	5	0	0	6	3	2	2	2	2
延祐元年	6	0	2	2	2	2	2	2	2

关于表 9-1 需要说明的是：

第一，秘书监与秘书卿之间的替代关系，按照《秘书监志》记载："至大四年二月十七日，舍里伯赤彻里奉圣旨：'秘书监改做秘书卿'"①。秘书卿阶品与秘书监相同，但五员秘书卿内，二员为中官，并不食俸。

第二，除了表中所列的秘书监官员种类外，《秘书监志》卷九"题名"中还记载了另外两种任职方式：知秘书监事与行秘书监事。其中忻州人张易在至元十三年三月以枢密副使知秘书监事，大德十一年四月初七，岳铉以昭文馆大学士、正奉大夫知秘书监事，至大

① （元）王士点、商企翁撰，高荣盛点校：《秘书监志》，杭州：浙江古籍出版社 1992 年版，第 21 页。

元年闰十一月初五，“依大德十年员数落知秘书监”①，至大三年正月十三日，香山大司徒对也奴侍御启：“从在前薛禅皇帝有时分，秘书监里岳学士为天文禁书上头为头儿管著行来。如今见喫著昭文馆大学士俸钱多年也，因分拣上头，秘书监里不曾入去画字有。他不管呵，不中的一般有”②。因此皇太子下令岳铉依旧以知秘书监的身份为秘书监的长官，仁宗皇庆元年二月八日，加领太史院司天台事。行秘书监事的任职者有至元年间以集贤院大学士、中奉大夫行秘书监事的札马剌丁，札马剌丁在至元十年曾以秘书监的身份上奏排列同任秘书监一职的焦友直的位次，之后应胜任集贤院大学士，继续以行秘书监事的身份管理秘书监内事；大德元年八月十二日赡思丁自太中大夫升任秘书监一职，大德五年以集贤大学士、中奉大夫行秘书监提调回回司天台事。

表 9-2 元代秘书监吏员设置员额沿革表

吏员 / 员额 / 时间	经历	提控案牍	知事	典簿	管勾	辨验书画直长	令史	译史	蒙古必阇赤	回回令史	知印	怯里马赤	奏差	典书	典史
至元九年	0	0	0	0	0	0	2	0	0	0	0	0	2	2	0
至元十五年	0	0	0	0	0	0	2	0	0	0	0	0	2	2	0
至元十六年	1	0	0	0	1	0	2	0	0	0	0	0	2	2	0
至元十七年	1	1	0	0	1	0	2	0	0	0	0	0	2	2	0
至元十八年	1	1	0	0	1	0	2	0	0	0	0	0	2	2	0
至元十九年	1	1	0	0	1	0	2	0	0	0	0	0	2	2	0
至元二十年	1	1	0	0	1	0	2	0	0	0	0	0	2	2	0

① (元)王士点、商企翁撰，高荣盛点校：《秘书监志》，杭州：浙江古籍出版社 1992 年版，第 31 页。

② (元)王士点、商企翁撰，高荣盛点校：《秘书监志》，杭州：浙江古籍出版社 1992 年版，第 31 ~ 32 页。

续表

吏员 员额 时间	经历	提控案牍	知事	典簿	管勾	辨验书画直长	令史	译史	蒙古比阇赤	回回令史	知印	怯里马赤	奏差	典书	典史
至元二十二年	1	1	0	0	1	0	2	1	1	1	0	0	2	2	0
至元二十三年	1	1	0	0	1	0	2	1	1	1	0	0	2	2	0
至元二十四年	0	1	0	0	1	0	3	1	1	1	0	1	2	2	0
至元二十五年	0	1	0	0	1	1	3	1	1	1	0	1	2	2	0
大德五年		0	1	0	1	1	3	1	1	1	0	1	2	2	0
大德七年			1	0	1	1	3	?	1	1	1		2	1	
大德九年			0	1	1	1	3	1	1	1	0	1	2	2	0
元贞二年				1	1	1	3	1	1	1	1	1	2	2	0
至大元年				1	1	1	3	1	1	1	2	1	2	2	1
至大二年				1		1	3		1	1	2		2	2	1
至顺年间				1	1	1	3	1	1	1	2	1	2	0	1

关于表 9-2 需要说明的是：

第一，提控案牍、知事、典簿三个职位之间存在替代关系，提控案牍一职设置于至元十七年十一月，员额一人；大德五年五月，提控案牍改为知事，品阶从八品，同样设一人；大德十年七月知事改为典簿，升阶为从七品，同样设置一人。

第二，回回令史的设置需要特别注意，根据《秘书监志》卷一“设吏属”记载，回回令史的设置时间为至元二十三年八月二十一日，设一员，阿里担任；但根据同书卷十一“回回令史”的“题名”记载，早在至元十年十一月，即秘书监建立初期，沙不丁就曾担任回回令史，但任职关系应属于中书省，因此其名下标出“至元十四年受中书吏部札付”，这与元朝地域太大，民族众多，语言成分复杂的背景分不开，这种情况下统治机器的正常运转离不开各民族的办事人员的参与，但起初秘书监内并不设置回回令史，而是只有令史来负责监内公务，且多由汉族人士担任，这样与其他衙门进行公务往来时往往不便利，这就导致了借调事情的发生，直到至元末，秘书监内才开始奏请专设回回令史和蒙古比阇赤职位。

第三，秘书监内废止的吏的职位有经历和典书。经历属于明确记载被废止的职位，存在时间为至元十六年到二十四年，共有申杰、马谅、郝景三人任职，其中申杰由秘书监令史直接升任，任期较长约四年，马谅、郝景的任期均为两年。相对来说，典书并没有被废止的记载，典书属于秘书监建立之初就设置的吏员，设二人，高于至大元年设置的典史①，但是典书的任职记录止步于元文宗至顺四年(1333 年)，而其他职位的题名记载则最晚可以记录到元顺帝至正二十七年(1367 年)，因此可以初步判断，典书由于职责与典史相近，都是负责衙门文书、档案、表册等收取、发送、启缄、保管等项工作的吏员，因此可能被省却。

从表 9-3 可以看出，秘书监内官吏自设立后，在元世祖在位末年的大德年间，其品阶存在一次大的提升，秘书监自从三品升至正三品，少监自正五品升为正四品，监丞自正六品升为从五品，知事、典簿也提升了一个品阶，从八品升为从七品。

表 9-3 **元代秘书监官员品阶变化表**

官员	监(卿)	太监	少监	监丞	著作郎	佐郎	秘书郎	校书郎	知事	典簿
至元九年	从三品		正五品							
至元十四年							正七品			
至元十五年						正七品		正八品		

① 《秘书监志》卷十一载典书任职者：刘文义，致和元年九月初一日参，由典史转。这一史料说明典书可由典史转任，根据惯例，当位高于典史。

续表

官员	监(卿)	太监	少监	监丞	著作郎	佐郎	秘书郎	校书郎	知事	典簿
至元十六年				正六品	从六品					
大德五年									从八品	
大德九年	正三品		正四品	从五品						从七品
至大四年										
延祐元年		从三品								

(二)元秘书监官吏的任职

自魏晋南北朝以来，中原封建政权内官与吏之间存在非常严格界限，吏无品无权，政治地位和社会地位非常低下，多属流外杂职，一般不能为官。金朝时由吏入官成为经常性的选官制度，元朝继承了金朝选官制度，进一步完善壮大了吏员出职制度。元朝之所以实行吏员出职制度，有其内在的原因和现实的合理性。13 世纪初，蒙古族攻金，随着战事的进展，大批土地和人口被蒙古族夺取，源自朔漠的蒙古贵族并不精通国家治理，因此多采用“拿来主义”，在金朝覆灭之后，继续采用金朝的典章制度，并且在执行过程中，逐步完善，形成吏员出职制度。元朝完善政权官制以后，一系列的行政事务接踵而来，事繁任重，这些任务依靠单薄的蒙古人、色目人是不能完成的，因此元朝统治者只有借助汉人的力量进行管理。同时蒙古贵族还需要保持自己的特权地位，给予汉人的地位不能太高，这样大量的汉人吏员被纳入到政府的官职体系之中，“吏之取效，捷于儒之致用”，这样的任官方式更符合蒙古统治阶层的预期，因此面对越来越高施行科举呼声，元朝统治者多不以为然，“自国家混一以来，凡言科举者，闻者莫不笑其迂阔以为不急之务”①，其原因在于大量的吏员充斥了元代官衙，元代并不是特别依赖儒士的参政议政。

元代的仕进制度，总体上来说，具有严重的民族歧视政策，因采用汉法而具有中原特色，又因保留旧制而具有蒙古传统。元代入仕，首论社会出身，即所谓的“根脚”。元制：中枢省府台部的高级官员，乃至地方上府州县的长官，皆由皇帝任命勋臣、名门以及儒吏出身且品资相当者担任，而所谓的勋臣名门，多是蒙古贵族和部分色目人，其中怯薛入仕在元代职官制度中占有极重要的位置，怯薛乃是指禁卫之臣，起源于草原部落贵族亲兵，既是大汗的护卫又是大中军，既照料大汗家务又协助处理国家军政要务，后逐渐发展为宫廷军事官僚集团。怯薛一直是元朝高级军政官员的最主要来源，元代官员从来也以怯薛出身最为高贵，怯薛出职也多占据中书省、枢密院和行省的要职。据萧启庆先生统计，《元史》中记载曾任怯薛中必阇赤、宝儿赤、速占儿赤者 26 人，其中 3 人初次出仕即阶正、从二品，18 人在三品至五品之间，5 人品阶不明。最后有 21 人入官为一至三品。这是一般的怯薛成员。至于四怯薛长，其出职一般是一品官。而元朝一般官员的任命，都要经过中书省或吏部，官职出任起点较低，根据资历和表现等，并有迁转的固定途径，区别于怯薛入仕的优待。除了在入仕初期，汉族官员处于明显的劣势地位，在任职的路途中，汉人也颇受排挤。元朝官制，一贯坚持“长则蒙古人为之，而汉人、南人贰焉”的原则，即使在秘书监这类的文化机构之中，这种原则也始终坚持着，明人叶子奇有“天下治平之时，台省要官皆北人为之，汉人、南人万中无一二”之叹，相对于蒙古人、色目人官场任职的顺利，汉人、南人举步维艰。

基于以上两种元朝职官制度的特点，我们结合《秘书监志》的记载，分析一下元代秘书监内官吏的任职情况。

---

① 《全元文·议科举》(卷 382)。

1. 任职人员民族分析

元政府设立秘书监，其职亦承历代政府“待遇儒臣”之意，“无倥偬之务，简牍希阔，公会有期，郎吏陟降，堂序进退、揖诺，礼容甚都。凡器用简札，饮食之需，趋走之徒毕具。朝廷所有优待文臣者周矣”①。《秘书监志》的作者王士点明确提出，元代秘书监职官“协恭寅畏，为中朝之清选”②，故“其监承皆用大臣奏荐，选世家名臣子弟为之”。虽然如此，元代秘书监内职官的人选仍然民族成分复杂，按照《秘书监志》卷九至卷十一的“题名”记载，本书分别分析各个官职的民族成分。

(1)秘书监

本部分的秘书监，包括元代五种秘书监的职官形式：知秘书监事、行秘书监事、秘书监、秘书卿、秘书太监，这五种职官虽然名称、任职途径、履职形式多有区别，但同样作为秘书监机构的长官而出现的，因此可合并统计。《秘书监志》卷九“题名”中记载了元代自世祖至元十年(1273 年)至顺帝至正二十五年(1365 年)共九十二年的时间段内，五种秘书监长官的任职人数共 120 人，其中知秘书监事、行秘书监事各两人，秘书卿六十二人，秘书监二十五人，秘书太监二十九人。在这些任职人员中，两名行秘书监事任职者为汉族，两名知秘书监事任职者为蒙古族，基本平分秋色。在至元年间到至大年间的秘书监任职人员中，14 名汉族人士，11 名蒙古、色目人士，其中至元二十四年秘书监海薛(也可翻译为“爱薛”)乃是法兰克(Farang，主要指整个通行基督教公教的欧洲地区)人。至大以后的秘书卿任职人员中，有 22 人汉族官员，另外 40 名秘书监多为蒙古族以及回回人、高昌人、畏兀氏等组成的色目人。而延祐元年以后出现的 29 名秘书太监的任职中，则只有 6 人为汉族，其

① (元)王士点、商企翁撰，高荣盛点校：《秘书监志》，杭州：浙江古籍出版社 1992 年版，第 58 页。

② (元)王士点、商企翁撰，高荣盛点校：《秘书监志》，杭州：浙江古籍出版社 1992 年版，第 159 页。

余24人均为蒙古、色目人，列表统计如下(见表9-4)：

表9-4 元代秘书监任职人员民族分析表

官职	总人数	蒙古族		汉族		其他民族	
		人数	百分比	人数	百分比	人数	百分比
行秘书监事	2	0	0	2	100%	0	0
知秘书监事	2	2	100%	0	0	0	0
秘书监	25	9	36%	14	56%	2	8%
秘书卿	62	29	47%	22	35%	11	18%
秘书太监	29	18	62%	6	21%	5	17%
总体	120	58	48%	44	37%	18	15%

表9-4中的数据直观地表明，元代秘书监长官的任职人员中，除了在秘书监职官时期，汉族人士略微高于蒙古、色目等民族任职比例之外，其他时期，蒙古族在秘书卿、太监两个职位的任职比例远远高于汉族人士，更不用提加上色目人等其他民族了。

总体上来看，元代秘书监任职中，蒙古族占据最高比例，数据表示一半以上的秘书监长官职位由蒙古族自己承担，其中甚至有子继父业者，如元统二年赡思丁之子布八代其父就任秘书卿；另外还有并不负责具体事务者，仅吃秘书监的俸禄者，皇庆元年十一月，也可怯薛等人奏："上位可怜见，忙古歹的孩儿阿里做秘书郎者么道有来……父子两个衙门里画字勾当呵，体面不相似一般有。上位可怜见呵，忙古歹不画字，交他孩儿阿里真不之任……怎生？"圣旨回复："忙古歹老也有本事的人有，休画字，依旧吃秘书卿俸禄，提调阴阳勾当者。"①元代用人制度存在"学者不必用，用者不必学"、"惟论根脚"两种原则，其根本目的在于保持蒙古民族征服者的优越感。

① (元)王士点、商企翁撰，高荣盛点校：《秘书监志》，杭州：浙江古籍出版社1992年版，第46～47页。

关于汉族人士在秘书监任职中的比例，除了秘书监职官时期超过半数之外，其他时期始终在三分之一左右的份额徘徊，其原因在于元世祖在入主中原之初，积极进取，以政治家的胸襟容纳各族人士，采取“以夏变夷”的方针，在任命官员的问题上也没有过分强调蒙古主义，而是看一个人的实际能力，这种理念就造成了汉族人士在秘书监这一文化机构的任职比例的增加，甚至有汉族人士位于蒙古族之上的史实：

> 至元十年九月十八日，秘书监扎马剌丁……奏：“皇帝委付奴婢与焦大夫（笔者注：焦友直）一处秘书监里勾当来有……兼自焦大夫比奴婢先出气力多年，合在上头。”奉圣旨：“是有，先出气力来底做长者。”①

但至秘书卿职官时期，汉族人士作为秘书监长官的比例开始下降，其原因在于元代的官制已经定型，施行明显的民族区别政策，导致汉族人士的比例下降，且地位遭到质疑，如延祐元年七月初四日，曲出太保、也里牙国公奏：“苫（赡）思丁学士从世祖皇帝时分行来。今后秘书监里秦学士（笔者注：秦国瑞）为头，苫（赡）思丁为第二，画字呵，怎生？”②从入职秘书监的时间来看，秦国瑞自大德十一年（1307 年）四月就任秘书监，而三年后，即至大三年（1310 年）九月，赡思丁以集贤大学士提调回回司天台事，按照任职时间、资历等，秦国瑞均可列位其上，但也里牙国公对此提出异议的根据则是由于赡思丁的出身，说明元朝中期，蒙古第一的任职心理已经深入人心。

有元一代，秘书监任职中，色目人始终占据着一定的份额，约在五分之一上下。色目人乃是位于元朝“四等人制”中的第二等，

---

① （元）王士点、商企翁撰，高荣盛点校：《秘书监志》，杭州：浙江古籍出版社 1992 年版，第 31 页。

② （元）王士点、商企翁撰，高荣盛点校：《秘书监志》，杭州：浙江古籍出版社 1992 年版，第 31 页。

元成宗大德四年(1300年)八月十八日，中书省奉圣旨规定“色目人比汉人优一等”。据陶宗仪的《辍耕录》记载，色目人中包括钦察、唐兀、阿速、图八、康里、畏兀儿、回回、乃蛮、乞失迷儿等三十一种民族，从地理区域来看，主要指原居西域包括今西藏及欧洲的多个民族。与其他民族相比，元朝境内色目人政治、社会地位略受蒙古统治者的重视，其原因还在于他们在文化上更接近于蒙古人，并且在一定程度上充当了蒙古人的第一代文化导师，蒙古文字甚至是基于畏兀儿文字而形成的，在军事行动中，色目人也扮演了重要的角色。因此按照元朝统治者朴素的政治逻辑，对待被征服国家或民族，即谁先服从蒙古贵族的统治，谁就受优待；反之，则受冷落，自大蒙古国初建时期就跟随蒙古的色目人，就成为元朝准统治民族。另外，色目人的文化状态、文明程度，相对于蒙古族来说，部分民族较为先进，如畏兀儿人塔塔统阿就在成吉思汗的授意下，创制了蒙古文字。基于多种理由，元代秘书监长官的任命中，色目人始终占据一定的位置，是具有深刻的政治、文化等原因的。

(2)秘书少监

元世祖至元九年十一月，秘书监初建之时，秘书监、少监是仅有的两个官职，少监设两员，正五品，后来至元十八年、二十年、二十三年分别添设少监职位，并在大德年间升阶为正四品。元代秘书少监员额最多时，同时任职人员达到六名。根据《秘书监志》记载：元代秘书少监可查人数九十四人，其民族成分分析如表9-5：

表9-5 **元代秘书少监任职人员民族成分分析表**

官职	总人数	蒙古族		汉族		其他民族	
		人数	百分比	人数	百分比	人数	百分比
秘书少监	94	30	32%	61	65%	3	3%

表9-5中所反映的数据乃是元朝至元十年(1273年)至顺帝至正二十七年(1367年)共九十四年间元代秘书少监一职的任职情况，从各民族任职所占比例来看，汉族人士出任秘书少监的人数大大增

加，竟占据整个元朝的三分之二，这与前面所提到的元朝官制有着密切的关系，“其长则蒙古人为之，而汉人、南人贰焉”，秘书监作为职掌图书的机构，文化色彩较为浓厚，因此启用文化修养较高的汉族人士充当副手，则是公务处理的需要，同时也符合元代任官的原则。

(3)秘书监丞　著作郎官　秘书郎　校书郎

元代秘书监的职官设置存在一个过程，至元九年秘书监刚成立之时，并无丞郎职官，之后，至元十五年至二十五年之间，逐渐增设添加秘书监内职官，元代秘书监的职官设置逐渐与前代相接近，建制在至元末年已经初具规模。根据《秘书监志》卷九、卷十的记载，统计元代秘书监内丞郎官职的民族成分如表 9-6：

表 9-6　　元代秘书监内丞郎官职的民族成分分析表

官职	总人数	蒙古族		汉族		其他民族	
		人数	百分比	人数	百分比	人数	百分比
秘书监丞	61	24	39%	34	56%	3	5%
著作郎	39	3	8%	31	79%	5	13%
著作佐郎	43	3	7%	36	84%	4	9%
秘书郎	73	11	15%	59	81%	3	4%
校书郎①	44	4	9%	37	84%	3	7%
总体	260	45	17%	197	76%	18	7%

注：①《秘书监志》卷十“校书郎”题名记载后空缺十行，应缺少十人左右的任职记载；

②表内所统计的数据，时间起止、跨度不一，多根据各官职设置的时间开始，截至元顺帝时期，秘书监丞的时间段为：至元十六年(1279 年)—至正二十六年(1366 年)，共八十七年的时间跨度；著作郎的时间段为：至元十五年(1278 年)—顺帝至元四年(1338 年)，共六十年的时间跨度；著作佐郎的时间段为：至元十五年(1278 年)—顺帝至元六年(1340 年)，共六十八年的时间跨度；秘书郎的时间段为：至元十四年(1277 年)—至正二十四(1364 年)，共八十七年的时间跨度；校书郎的时间段为：至元十五年(1278 年)—顺帝至元六年(1346 年)，共六十八年的时间跨度。

表9-6中统计数据表明，元代秘书监内丞郎的职位多为汉族人士所占据，整个元朝四分之三的秘书丞、郎官员由汉人担任；而蒙古族的名额则不到五分之一，甚至在著作郎官的任职上，蒙古族任职不到十分之一，并且出现蒙古进士，如延祐五年，赐进士出身的蒙古人著作郎忽都达儿，泰定元年以辛酉状元身份就任著作郎的蒙古人达普华；以色目人为代表的其他民族任职，则更加稀少，总体上落于十分之一以下，且多以天文知识跻身于内，或是以科举进士入仕，如，泰定元年赐进士出身的忙古台人完迮不花、也里可温人雅古均以承事郎的上著作佐郎，另外还有秘书郎逊都思人那木罕，校书郎庚午进士唐兀人美里吉台、癸酉进士回回人穆古必立等人，说明元代后期，科举制度的实行对文化机构的任职也产生了一些影响，其他民族人士通过科举进入仕途开始成为一种普遍现象，这一变化同样也反映在了秘书监内丞郎的任职上。

(4)秘书监内吏员任职分析

元代吏员的名目多达数十种，广泛设置在中央和地方各级行政机构中，秘书监内主要设置提控案牍(知事、典簿)、管勾、编验书画直长、令史、回回令史、蒙古必阇赤、译史、知印、奏差、典书、典吏等职位，其中，提控案牍、知事、典簿三种职位相互承接，且分别为从八品、从七品的官阶，严格意义上并不算为吏员，但为了与前代秘书监职官相承接，故放置于秘书监吏员中进行统计。在元代的任官体制中，官吏之间的区分并不严格，吏员经过一定的程序后，可从吏职出任为有品级的官职，在秘书监内可以出职的吏员包括必阇赤、令史、译史、知印、奏差、典吏六种。元代的吏员出职制度规定较为明朗，吏员任职满一定时间就可以出职为官，但由于吏员一般没有品级，其地位和待遇是和其所处的衙门地位的高低联系在一起的，衙门的品阶高，吏员的地位就高，这就导致了吏员出职的复杂性。如路总管府、廉访司的吏员考满出职通常为九品；宣慰司吏员出职一般为八品或九品；行省吏员出职一般为六品或七品；在中央，六部吏员出职七、八品不等；中书省吏员考满最高可达六品。中央和地方，上级和下级，吏员出职的高低差别是很大的。元代秘书监作为文化机构，在中央机构中的位置并不拔尖，因此吏员的出职应该按照常制来进行，元代至元二十八年(1291 年)元朝颁布了《至元新格》曰“吏员须以九十月方得出职”，规定了出职的时间；并规定“吏员出身者，秩止四品”，限定了吏员任职的上限。元代秘书监内吏员众多，按照《秘书监志》的记载，对其民族分析如表 9-7：

表 9-7 元秘书监吏员民族成分分析表

官职	总人数	蒙古族		汉族		其他民族	
		人数	百分比	人数	百分比	人数	百分比
提控案牍(知事、典簿)	42	5	12%	36	86%	1	2%
管勾	28	2	7%	24	86%	2	7%
编验书画直长	24	4	17%	19	79%	1	4%
令史	38	1	2.6%	37	97.4%	0	0
回回令史	13	0	0	0	0	13	100%
译史(蒙古必阇赤、怯里马赤)	25	12	48%	12	48%	2	4%
知印	18	5	28%	13	72%	0	0
奏差	32	5	16%	25	78%	2	6%
典书	34	0	0	34	100%	0	0
典吏	24	0	0	24	100%	0	0
总计	278	34	12%	224	81%	21	7%

注：表中回回令史、奏差因文本散佚，并未能完全统计。

表 9-7 中的数据表明，元代秘书监吏员的任职，除了负责文字翻译和口头翻译的译员之外，汉族人士呈现压倒式的比例，包括蒙古族在内的其他民族所占据比例不到五分之一，造成这一现象的原因有二：其一，蒙古和色目人出仕途径多以怯薛、荫叙为主，同时还有科举、贡举等途径，元代政策多向蒙古、色目人倾斜，因此他

们不必依靠吏员出职入仕，因此所占比例较少；秘书监作为执掌文籍的机构，官司地位并不显要，即使蒙古、色目人通过吏员入仕，也多选择中书省等职要部门。其二，元朝由吏入官制度的建立，几乎取代了科举取士之制，制度的改变导致时尚的变化，元代的汉族儒士不得不改弦更张，通过各种渠道，进入吏职，然后出仕，汉儒成为吏员的主要来源。汉族儒士自来有着“内圣外王”的入世理念，对于“学而优则仕”有着非同一般的执著，因此在元代科举不兴的历史现状下，不少汉人转而通过从吏员的途径进入仕途，这就造成了元代秘书监内吏员中，汉族人士占据大多数的史实。

2. 职责分析

《秘书监志》卷九明确提出，秘书监的职官设置源自“周之外史”，乃是“职掌坟典秘书之官”，发展至元朝，其职责依然是“收古今之图籍，贮之秘府”，乃是“奉藏之官”①。

(1)秘书监内官员

元代秘书监内承前朝旧制，陆续设立监、少监、监丞、著作郎、著作佐郎、秘书郎、校书郎等职位，各官职的职责基本与前代同，如秘书监官总掌秘书监，其基本的职责是：“储国史，正仪度，颁经籍”，同时兼领司天台和兴文署两个机构，负责天文历象、雕印书籍；少监副之。秘书监丞设立于至元二十五年，设置缘由在于秘书省内回回文书的管理：

> 至元二十五年七月初九日，尚书省奏：“年时忽都鲁于孙、岳提点两个奏：秘书监回回每阴阳不理会得的人每俺根底管者有，已后阴阳文书每失散了呵，俺怕的奏有，么道奏呵。扎马剌丁汉儿阴阳人根底体管者么道，交出去了来。昨前又教奏了：秘书监入去来，他又回回阴阳文书提调的伴当么道，和他一处行的赡思丁根底索有。俺商量得：赡思丁根底教做监

① (元)王士点、商企翁撰，高荣盛点校：《秘书监志》，杭州：浙江古籍出版社1992年版，第159页。

丞，汉儿阴阳文殊根底提调岳提点根底教做秘书监，蛮子阴阳人陈春官根底教做少监，委付了这两个根底。在前管着的勾当根前依旧委付了这两个根底，在前管着的勾当根前依旧教管着。”①

秘书郎的设置同样出于管理秘书监内文书的需要，后来则主要负责图书的呈御览、图书数量统计、书库管理等职，同时还与校书郎、著作郎一起参与了校勘《至元大一统志》的工作，并具体负责了进御本的缮写工作。而秘书监内的著作郎官初期主要在秘书监的领导下，进行《至元大一统志》的编撰，“大德二年二月初五日，据著作郎呈，奉秘府指挥，编类云南甘肃地理图册”②，并在《至元大一统志》的进呈初期对底本进行了校勘。校书郎的工作与前代类似，多负责元代秘书监内图书的校勘、文字刊正工作，“元贞二年六月十六日，本监照得：近为秘书监造到书画等文册三扇，送校书郎校勘”③。

(2)秘书监吏员职责

元代的吏员按照其职责可以分为四种，秘书监内均有设置，分而论之：

第一类，案牍吏员。“案牍者，纪事代言立政而已。”案牍是包括衙门一切公务内容的公文、表册、档案等衙门事务的吏员。主要包括：令史(设置在中央各官署)、书吏(设置在路、府、州、县和录事司中)、司吏(设置在肃政廉访司中)、必阇赤(分为蒙古必阇赤和回回必阇赤，其职责和令史近似，设置在中书省、御史台和六部中)。秘书监内设置有令史、蒙古必阇赤、回回令史三种案牍吏员，负责秘书监内公文的处理，蒙古必阇赤、回回令史则分别针对

① (元)王士点、商企翁撰，高荣盛点校：《秘书监志》，杭州：浙江古籍出版社1992年版，第23～24页。

② (元)王士点、商企翁撰，高荣盛点校：《秘书监志》，杭州：浙江古籍出版社1992年版，第82页。

③ (元)王士点、商企翁撰，高荣盛点校：《秘书监志》，杭州：浙江古籍出版社1992年版，第87页。

蒙古语境和回回语境的公文处理事务。秘书监建立初期，官吏设置简单，仅监、少监、令史、典书、奏差，因此令史承担了部分秘书官员的职责：

> 至元十二年十一月十三日……奉圣旨："将去秘书监里与秘书一处放着，交令史每写见数目者。"①

秘书监内职官逐步完善之后，令史的职责逐渐专一，成为专门负责公文事务的吏员。

第二类，翻译吏员。元朝地域太大，民族众多，语言成分复杂。这种情况下统治机器的正常运转离不开翻译吏员。秘书监内同样设置有翻译人员，包括负责文字翻译的译史和蒙古必阇赤，以及负责口头翻译的"怯里马赤"，或曰"通事"。译史最早设置于至元二十二年，汉族刘渐担任。元初，多种语言的并存和共用，导致沟通不畅，因此翻译人员应运而生，特别是蒙古统治者多不通汉语及其他语言文字，不得不依赖翻译人员，元代加意培养翻译人员，设立专门学校，如蒙古国子学、蒙古字学、回回国子学，对各族人民进行语言培训。元代以前的王朝，翻译人员多被边缘化，而"元朝译制人员则有不恶的政治前途"，因此不少人经此途进入仕途，元人有言："元制，蒙古字学视儒学出身为优。器局疏通之士，多由此进"②。元代后期，随着各族之间交往的增多，语言隔阂开始改变，各官司中翻译人员的设置不再十分必要，译史等翻译人员"所用之时常少，而无用之时多"，翻译人员的作用逐渐降低。

第三类，传达吏员，元朝政府中担任上传下达职责的吏职。元朝秘书监设置之初，设置有负责传达文书命令的奏差两名，这一吏员一直存在，但地位不高。

第四类，其他具体事务吏员。秘书监内设置有：知印，是掌管

---

① （元）王士点、商企翁撰，高荣盛点校：《秘书监志》，杭州：浙江古籍出版社1992年版，第69页。

② （明）徐一夔：《始丰稿·国子助教李君墓志铭》（卷13）。

衙门印章、印信的吏员；典吏，是负责衙门文书、档案、表册等收取、发送、启缄、保管等项工作的吏员。提控案牍—知事—典簿：负责提调图书字画裱褙。

三　元代秘书监藏书

13世纪，蒙古以其强大的铁骑兵团先后踏平西夏、金、大理、南宋，远征西欧，横扫中亚，建立起一个横跨亚欧大陆的世界性的帝国。蒙古族统一的过程，是金戈铁马、弯刀强弓的血腥征服过程，挟持着武力而来的蒙古人自身文明程度落后于被征服地区，草原文化中务实的作风使得蒙古统治者并没有认识到文化典籍的重要性，因此大蒙古国的铁骑征战的过程，也是当地文明被毁灭的过程，蒙古初期的战争多以掠夺人口、金帛、牛羊为主，其占领的城池“屋庐尽毁”，在这样的“覆巢之下，岂有完卵”？蒙古人以“战胜敌人，将他们连根铲除，夺取他们所有的一切”为终极信念，“他们征服并毁掉了途中的一切城市和地区”，以显示他们纵横天下的武力。蒙古攻城，凡遇抵抗，城破后，尽屠城中居民，掠尽财物之后，尚要放火纵烧，这样的清壁措施之下，可以想象哪里有图书生存的空间？之后即位的窝阔台汗重用金人耶律楚材，灭金以后，逐步完善国家制度，文化建设逐渐提上大蒙古国的建设日程。在中书令耶律楚材的提倡下，太宗六年，在围攻金都城汴京时，废“凡攻城邑，敌以矢石相加者，即为拒命，既克，必杀之”之旧制，在一定程度上维护了原金朝的文化设施。太宗五年，于燕京宣圣庙设立国子学，贵臣子弟入学受业学习语言；八年，“复修孔子庙及司天台。夏六月……耶律楚材请立编修所于燕京，经籍所于平阳，编集经史，召儒士梁陟充长官，以王万庆、赵著副之”①。这些措施均表明，在四处征战的过程中，蒙古统治者逐渐认识到了武力征服的不足之处，而开始转向文治。之后的元世祖忽必烈更是将“汉法”与“国朝成法”相结合，采取附会汉法的文治原则，以一种开放性

① 《元史·太宗本纪》(卷2)。

兼容并蓄的做法构建元朝文治政策，在这种开放的发展环境中，元代图书事业也由此发展起来。

元代的官府藏书体系建立，不同于中原王朝，元代统治者对文化典籍的认识，存在一个渐进的历史过程。太宗八年(1236年)夏六月，在耶律楚材的建议下，于燕京设立编修所，于平阳设置经籍所，分别负责编修、雕印经籍，并承担大蒙古国时期的官方图书收藏任务，令汉族儒士执掌。至元三年，元世祖忽必烈营建中都(燕京)，欲定都于此，因此位于山西平阳的经籍所迁往中都旧城城内；至元四年(1267年)，将编修所、经籍所名义上合并，改名宏文院，由马天诏知院事。至元九年二月，中都新城营建完毕，忽必烈命名为大都，原中都旧城依旧使用，但同时也诏令修建中书省署于大都新城之内，开始了官署的搬迁工作；同年十一月，置秘书监，“掌历代图籍，并阴阳禁书”，至元十一年，诏令于大都新城内营建秘书监官廨。元中央官府藏书机构，除了秘书监之外，还有兴文署、奎章阁、翰林国史院、国子监、艺文监等，这些机构设置时间不一，隶属关系多有变化，且其图书收藏职责与刊印、翻译、编撰工作相互交织，难以明确区分。

(一)元代藏书机构

兴文署：初次出现于至元十一年(1274年)，《秘书监志》载：“至元十一年十一月初七日，太保大司农奏过事内一件：兴文署掌雕印文书，交署秘书监”①。但兴文署建立绝对在此之前。至元十三年(1276年)并入翰林院，至元二十四年(1287年)，改属集贤院，至元二十七年(1290年)正月癸酉，“复立兴文署，掌经籍板及江南学田钱谷”②。《元史·百官志》载：“秩从六品。署令一员，以翰林修撰兼之。署丞一员，以翰林应奉兼之。至治二年罢，置典簿一员，从七品，掌提调诸生饮膳，与凡文牍簿书之事。仍置典吏

---

① (元)王士点、商企翁撰，高荣盛点校：《秘书监志》，杭州：浙江古籍出版社1992年版，第131页。

② 《元史·世祖本纪》(卷16)。

一人。"①之后兴文署又因雕印职责增加了校理四员、楷书一员、掌纪一员、雕字匠花名计四十名、作头一名、匠三十九名、印匠十六名。至元二十七年复立之后，兴文署成为元代主要官方刻书机构，兴文署本《资治通鉴》王磐序云："(朝廷)于京师创立兴文署，署置令、丞并校理四员，咸给禄廪，召集良工剡刻诸经子史版本，颁布天下，以《资治通鉴》为起端之首"②。

奎章阁：元代宫廷藏书刻书之所，设置过程较为复杂，与元明宗和世(㻋)、文宗图帖睦尔之间的皇位更迭有着紧密联系。致和元年(1328 年)七月，泰定帝上都去世，八月，大都政变，大臣燕铁木儿迎武宗次子图帖睦尔为帝，九月即位，是为文宗，改元天历，是年末，文宗宣称要让位其兄和世(㻋)，于是天历二年正月，和世(㻋)即位于漠北和宁之北，是为明宗，文宗被立为皇太子。《元史·明宗本纪》载：

> 天历二年正月……乙酉，撒迪等至，入见帝于行幄，以文宗命劝进。丙戌，帝即位于和宁之北……是月……(明宗)遣撒迪等还京师，帝命之曰："朕弟曩尝览观书史，迩者得无废乎？听政之暇，宜亲贤士大夫，讲论史籍，以知古今治乱得失。卿等至京师，当以朕意谕之"③。

等使者回京后，时为皇太子的文宗"立奎章阁学士院于京师，遣人以除目来奏"，这一举措从权谋角度来理解，何尝不是韬光养晦之策。同年八月，明宗暴卒，文宗即位。因此从根源上来说，奎章阁乃是文宗所立，位于大都西宫兴圣殿西廊，分南、中、北三间，职官包括大学士五员、侍书学士二员、承制学士二员、供奉学士两员等，并有知印、译史、典书等吏员。奎章阁设立的目的，按

① 《元史·百官志三》(卷 87)。

② (元)王士点、商企翁撰，高荣盛点校：《秘书监志》，杭州：浙江古籍出版社 1992 年版，第 21 页。

③ 《元史·明宗本纪》(卷 31)。

照文宗的说法：

> 昔我祖宗睿知聪明，其于致理之道，自然生知。朕以统绪所传，实在眇躬，夙夜忧惧，自惟早岁跋涉艰阻，视我祖宗，既乏生知之明，于国家治体，岂能周知？故立奎章阁，置学士员，日以祖宗明训、古昔治乱得失陈说于前，使朕乐于听闻。①

文宗时期，奎章阁不仅承担着藏书职责，而且还有编辑、翻译、校勘、出版的任务，如《经世大典》的编撰、蒙古文《贞观政要》的翻译和出版等。文宗之后即位顺宗，乃明宗长子，即位掌权之后，于后至元六年(1340年)十二月“戊子，罢天历以后增设太禧宗禋等院及奎章阁”②。但经过奎章阁大学士巙巙进言：“民有千金之产，犹设家塾延馆客，岂有堂堂天朝，富有四海，一学房不能容耶?”③因此顺帝改奎章阁为宣文阁，艺文监为崇文监，存设如初。

艺文监：文宗天历二年八月己亥，复即位于上都大安阁，“乙巳，立艺文监，秩从三品，隶奎章阁学士院；又立艺林库、广成局，皆隶艺文监”④。其中艺林库职掌图书收藏，广成局负责传刻经籍和印造，其职官设置如《元史·百官志》所载：

> 艺文监，秩从三品。天历二年置，专以国语敷译儒书，及儒书之合校雠者俾兼治之。大监检校书籍事二员，从三品；少监同检校书籍事二员，从四品；监丞参检校书籍事二员，从五品；典簿一员，照磨一员，令史四人，译史一人，怯里马赤一人，奏差二人，典吏三人。监书博士，秩正五品。天历二年始

① 《元史·文宗本纪三》(卷34)。
② 《元史·顺宗本纪三》(卷40)。
③ 《元史·巙巙列传》(卷143)。
④ 《元史·文宗本纪二》(卷33)。

置。品定书画，择朝臣之博识者为之。博士二员，正五品；书吏一人。

艺林库，秩从六品。提点一员，从六品；大使一员，副使一员，正七品；库子二人，本把二人。掌藏贮书籍。天历二年始置。

广成局，秩七品，掌传刻经籍及印造之事。天历二年始置。大使一员，从七品；副使一员，正八品；直长二人，正九品；司吏二人。①

从艺文监的机构、职官设置来看，艺文监承担了元朝内府藏书管理、图书编撰、刻印等职责。顺帝即位之后，废置奎章阁及其下属机构艺文监，后在大臣巎巎劝说下，对此藏书机构进行了恢复，但至元六年十二月，改艺文监为崇文监。至正元年三月，令翰林国史院领之。

虽然元代多个机构内收藏有图书，但元代官府的主要藏书机构仍然是秘书监，秘书监自元世祖至元九年建立之后，负责职掌“历代图籍并阴阳禁书”，履行“储国史，正仪度，颁经籍”的文化职责，成为元代中央官府负责图书收藏、管理的职能部门。

（二）秘书监藏书来源

作为以武力征服为主要凭借而建立的王朝，元朝官方藏书的来源与其他中原王朝存在一些差别，主要表现在其大部分图书来源于前代旧藏，及其他属国的进献，唐宋王朝中臣民的主动进献则比较稀少，元当代图书的收藏多依赖元朝官府的主动搜括。

1．金、宋旧藏

蒙古军队初期的征伐，奉行征服掠夺的原则，夏、金城池被攻破后，蒙古将领往往“孥人妻女，取货财，杀人盈市”，主要原因在于蒙古族崇尚军事力量，文明程度较低，将图籍视为累赘。公元

① 《元史·百官志二》（卷88）。

1218年，成吉思汗得原辽朝宗室人物耶律楚材，此人“博及群书，拔笔为文，若宿构者”，“凡星历、医卜、杂算、内算、音律、儒释、异国之书，无不通究”，虽然耶律楚材学识渊博，但成吉思汗所关注的仅仅是他的医术和占卜，因此并不受重用。公元1226年冬，“从下灵武，诸将争取子女金帛，楚材独收遗书及大黄药材”①。后窝阔台即位，重用耶律楚材，开始关注文治，并在进攻金都城汴京时，放弃屠城的想法。但是由于蒙古军队长期围攻汴京，城中处于战时状况，蒙古军队进入之后，虽未行杀戮，但汴京已是“满城萧然，死者相枕”的死城，金哀宗仓皇逃走，“金西面元帅崔立杀留守完颜奴申、完颜习捏阿不，以南京降”②。史籍中记载崔立献上金后妃、宗室、宝器，但未提及藏书，可能在战乱中，藏书已经毁灭殆尽。虽然如此，元代秘书监内尚收藏有金朝藏书，《秘书监志》内记载至正二年五月，秘书监丞王奉议道关的奏折，其中有“本监所藏，俱系金宋流传及四方购纳古书名画”，可见元代确实收有金代藏书，但史籍失之记载。

元初秘书监的大部分收藏，则是来源于南宋的官藏，包括地方官藏和中央官藏。元军队中开始搜集宋朝藏书者乃是太宗时期，时任军前行中书省事的杨惟中，太宗八年随皇子阔端攻宋，“克宋枣阳、光化等军，光隋、郢、复等州及襄阳、德安府。凡得名士数十人，收伊、洛诸书送燕都”③。元世祖即位之后，设置儒户，并开始重视图书编撰，“选儒士编修国史，译写经书，起馆舍，给俸以赡之”。至元十一年，忽必烈委任伯颜为统帅，率军十万人南下伐宋。蒙古军队沿汉水而下，相继占领安庆、池州等地，至元十二年二月，与宋军大战于池州丁家洲：

> 大军次丁家洲，战船蔽江而下。宋贾似道分遣步帅孙虎臣及督府节制军马苏刘义，集兵船于江之南北岸……战船二千五

① 《元史·耶律楚材列传》(卷146)。

② 《元史·太宗本纪》(卷2)。

③ 《元史·杨惟中列传》(卷146)。

> 百余艘，横亘江中……翌日，伯颜命左右翼万户率骑兵，夹岸而进，继命举巨炮击之……宋兵遂大溃……追杀百五十里，得船二千余艘，及军资器仗、督府图籍符印，似道东走扬州。①

经此一战，南宋失去了有力的抵抗力量，蒙古军队乘机占领了建康、镇江、常州等地。同年七月，"癸未，诏遣使江南，搜访儒、医、僧、道、阴阳人等"。九月，"丙申，以玉昔帖木儿为御史大夫。括江南诸郡书版及临安秘书省《乾坤宝典》等书"。此时的元大都中秘书监已经建立，已经有专门的职官关心南宋的藏书，因此《秘书监志》记载：

> 至元十二年九月二十九日，皇城暖殿里，右侍奉御忽都于思作怯里马赤、秘书监焦秘监、赵侍郎一同奏："临安秘书监内有乾坤宝典并阴阳一切禁书及本监应收经籍图书书画等物，不教失落见数呵，怎生?"圣旨："伯颜行道将去者。"又奏："江南诸郡多有经史书籍文板，都叫收拾见数，不教失散呵，怎生?"奉圣旨："您问了归附官员呵，伯颜行道将去者。"②

至元十二年，蒙古兵分三路，取临安、湖南、江西，十三年正月三军会师，"乙酉，师次临安北十五里……丙戌，伯颜下令禁军士入城，违者以军法从事。遣吕文焕赍黄榜安谕临安中外军民，俾按堵如故"。《元史·唵木海列传》同样记载蒙古军队轻装入临安，"同忙古歹等八人率甲三百入宋宫，取传国宝。宋太后请解兵延见内殿，期明日奉宝乞降，至期，果遣贾余庆等奉宝至军前"③。由史料综合可知，元军进攻临安的军事行动较为从容，在临安附近并没有进行大规模的军事行动，因此南宋的中央藏书并没有遭遇兵

① 《元史·世祖本纪五》(卷8)。

② (元)王士点、商企翁撰，高荣盛点校：《秘书监志》，杭州：浙江古籍出版社1992年版，第100页。

③ 《元史·唵木海列传》(卷122)。

火，保存良好。二月，“庚子，宋主㬎率文武百僚诣祥曦殿，望阙上表，乞为藩辅……是日，宋文武百司出临安府，诣行中书省，各以其职来见。行省承制以临安为两浙大都督府，都督忙古带、范文虎入城视事。辛丑，伯颜令张惠、阿剌罕、董文炳、左右司官石天麟、杨晦等入城，取军民钱谷之数，阅实仓库，收百官诰命符印，悉罢宋官府，散免侍卫禁军”。至此南宋都城临安陷落，伯颜和平接收南宋府仓，并颁布元世祖诏令安抚临安军民：

> 间者行中书省右丞相伯颜遣使来奏，宋母后、幼主暨诸大臣百官，已于正月十八日赍玺绶奉表降附。朕惟自古降王必有朝觐之礼，已遣使特往迎致。尔等各守职业，其勿妄生疑畏……百官有司、诸王邸第、三学、寺、监、秘省、史馆及禁卫诸司，各宜安居……秘书省图书，太常寺祭器、乐器、法服、乐工、卤簿、仪卫，宗正谱牒，天文地理图册，凡典故文字，并户口版籍，尽仰收拾。前代圣贤之后，高尚儒、医、僧、道、卜筮，通晓天文历数，并山林隐逸名士，仰所在官司，具以名闻。名山大川，寺观庙宇，并前代名人遗迹，不许拆毁。①

这条诏令明确保护南宋官方诸司所收藏的图书，并进行搜访名士，保护临安的建筑古迹。至于南宋的官方图书的接管，一方面“伯颜就遣宋内侍王埜入宫，收宋国衮冕、圭璧、符玺及宫中图籍、宝玩、车辂、辇乘、卤簿、麾仗等物”；另外一方面元世祖派户部尚书麦归、秘书监焦友直前往临安，处理临安事宜。秘书监焦友直至临安后，继续搜访城中散佚的秘书省藏书，并接管了伯颜令下接收的南宋官藏，“伯颜入临安，遣郎中孟祺籍宋太庙四祖殿，景灵宫礼乐器、册宝暨郊天仪仗，及秘书省、国子监、国史院、学士院、太常寺图书祭器乐器等物”。也许是图书接收任务繁重，“三月丁卯，命枢密副使张易兼知秘书监事”②。十月丁亥，已经

---

① 《元史·世祖本纪六》(卷9)。

② 《元史·世祖本纪六》(卷9)。

从秘书监改任两浙宣抚使焦友直“以临安经籍、图画、阴阳秘书来上”，次年六月，秘书监内官员奏请将图书运往大都：“咱使的焦尚书江南收拾秘书省文字去来，听得收拾聚也，教尽数起将来呵”①。因此元世祖令枢密院移文南省，将这次搜集的图书进呈运来。至元十三年十二月，这批图书抵达大都中书省内。因此枢密副使兼知秘书监事张易奏请入秘书监内收藏：

> 至元十三年十二月，今有枢密副使兼知秘书监事说道：……见今焦尚书收拾到经籍书画等物，解发南省，已运到中书省也。所据前项焦尚书收拾到一切经史子集禁书典故文字及书画纸笔墨砚等物，俱是秘书监合行收掌。当月初十日，枢密副使兼知秘书监事说道：近奉都堂钧旨，该钦奉圣旨，教于大都万亿库内分拣到秘书监合收经籍图画等物，可用站车一十辆般运，赴监收贮。②

至此，南宋藏书尽为元朝所得，“(伯颜)遣郎中孟祺籍宋秘书省国子监国史院学士院图书，由海道舟运至大都”，首先到中书省，然后秘书监接管收藏，纳入到元朝秘书监的藏书体系之中，历时近两年。《秘书监志》载：

> 至元十四年正月二十二日，张左丞奏：“先奉圣旨，教张平章俺两个分间江南起将来底文书去来。据经史子集、典故文字、阴阳禁书、书画宋神容，俱系秘书监合行收掌。如别衙门遇有合检阅书籍，立收附于秘书监关取，用毕却行还监呵，怎生?”③

---

① (元)王士点、商企翁撰，高荣盛点校：《秘书监志》，杭州：浙江古籍出版社1992年版，第100页。

② (元)王士点、商企翁撰，高荣盛点校：《秘书监志》，杭州：浙江古籍出版社1992年版，第100～101页。

③ (元)王士点、商企翁撰，高荣盛点校：《秘书监志》，杭州：浙江古籍出版社1992年版，第109页。

关于南宋与元朝两个政权之间的图书顺利移接，除了元朝秘书监职官自身的努力之外，元朝攻宋将领伯颜在保护图籍方面功不可没，由于伯颜采取了合理的接收措施，才使得图书这样易损物品得以完好保存，以至于明朝接收元朝藏书时，其中多数宋本保存良好。另外，伯颜还命童文炳收得宋史及各种注记5000余册，归之国史院。童文炳认为："国可灭，史不可没。宋十六主，有天下三百余年，其太史所记，具在史馆，宜悉收以备典礼。"①

元朝自南宋手中除了接收了官方藏书之外，对于南宋秘书省、国子监等官司内收藏的印板也陆续运至大都，并由兴文署掌管，至元十五年夏四月"庚辰，以许衡言，遣使至杭州等处取在官书籍版刻至京师"②。钱大昕《补元史艺文志》载："世祖用许衡言，遣使取杭州在官书籍板，及江西诸郡书板，立兴文署以掌之。"③

2. 政府征集

元代政府所施行的图书征集行为记载较少，可以考证的有以下情形：

(1)出版管理过程中的样本呈送

《补元史艺文志》记载元世祖忽必烈规定："诸路儒生著述，辄由本路官呈进，下翰林看详，可传者命各行省，檄所在儒学及书院，以系官钱刊行。"④元朝为了加强对图书出版的管理，因此规定欲出版的儒生著述必须首先由诸路长官将稿本呈送，翰林国史院审核通过后，然后下令诸路官学和书院，由政府付费出版。一般在允许出版后，那些呈送的稿本并不返还，那么在一定程度上就成为元代官府藏书的一部分了，但这些稿本的收藏地点，并不可考，因负责审查的翰林院同样拥有自己的藏书。

---

① 《元史·童文炳列传》(卷156)。

② 《元史·世祖本纪七》(卷10)。

③ (清)钱大昕撰：《补元史艺文志》，北京：中华书局1985年版，第1页。

④ (清)钱大昕撰：《补元史艺文志》，北京：中华书局1985年版，第2页。

（2）购求天下图书

秘书监至元九年末初成立时，并没有多少藏书，因此秘书少监赵秉温按照以往王朝的惯例，奏请购募天下图书。《元史·赵瑨列传》记载：至元八年，赵秉温"授秘书少监，购求天下秘书"，结合《秘书监志》的记载，赵秉温于至元十年十月以中顺大夫就任秘书少监，《元史》中时间记载有误，但事件应该存在。因至正二年秘书监内官员在谈及秘书监书库收藏时，说道"本监所藏，俱系金宋流传及四方购纳古书名画"，可见元代秘书监确实存在图书的购募行为，但限于史料的缺少，无法展开论述。成宗大德十一年（1307年）五月"甲申，武宗即位。六月癸巳，诏立帝为皇太子，受金宝。遣使四方，旁求经籍，识以玉刻印章，命近侍掌之"。仁宗为太子时，就曾遣使前往地方求募典籍，并雕刻藏书印，令东宫侍从专门管理，至大四年二月初五日，在仁宗登基为帝之前，将所有的东宫典籍移交与秘书监内收藏。

（3）因编撰图书而展开的图书搜访

这种情况在元代较为常见，元代在修撰《大一统志》、宋史、辽史、金史等图书时，都有针对性的图书搜集行为，《大一统志》：至元二十二年七月，天下一统，为了彰显蒙古的征服成就，元世祖令秘书监修《地理志》。后秘书监札马剌丁建议修撰天下一统的地理志书，"为书以明一统"。《大一统志·序》记载：

> 至元二十三年岁在丙戌，江南平而四海一者十年矣。集贤大学士中奉大夫行秘书监事札玛里鼎上言：今尺地一民，尽入版籍，以为书以明一统。世皇嘉纳，命札玛里鼎洎奉直大夫、秘书少监虞应龙等，搜集为志。二十八年辛卯书成，凡七百五十五卷，名曰《大一统志》，藏之秘府。①

根据曹之先生的考证，《大一统志》的编修"始于至元二十三年（1286年），终于至元二十八年（1291年），历时6年。预修者有札

① （元）许有壬：《至正集》（卷35）。

玛里鼎、虞应龙、方平、宗应星、朱孟犀、管本孙、朱谦、崔文质、余世昌、汪世荣、高季材、于天瑞、赵孟节、周世忠、刘晋等"①。由于这次编修的原则在于"稽考古今图书，凭准今日事迹，一一重加编类"，因此秘书监要进行《大一统志》的修撰，首先必须进行古今地理图书的征集。根据《秘书监志》的记载，《大一统志》的修撰步骤如下，首先由中书省发文，进行地理图书的征集，"随处城子里头有的地理图子文字每将收拾将来者"，并且各地按照一定规格编写，其内容是关于"古今书史传记所载天下地理建置郡县沿革事迹源泉山川人物及圣贤赋咏等分类编述"，合成图册，之后汇总至秘书监内，由编写秀才"将省部发到的随路文册与古书相参，依式类成荒稿"，之后将初稿交于秘书监内官员进行"研穷参照"，最后经过"博学洽文耆儒宿德润色，删定成书"，著作郎、秘书郎、校书郎等仔细校勘之后缮写进呈。由《大一统志》的编撰过程可知，地理图书的重新搜集乃是编撰实施的重要前提和步骤，因元朝所收藏的前代遗留"郡邑图志，俱各不完"，因此负责编撰工作的秘书监上报中书省，由中书省下令中央各机构并地方诸路，"遍行取勘"地理图籍，其中《秘书监志》就曾记载了《大一统志》编撰过程中图书搜集的事例：

至元二十三年三月，秘书监扎马剌丁等人奏："在先汉儿田地些小有来，那地里的文字册子四五十册有来。如今日头出来处、日头没处都是咱这每的，有的图子有也者，那远的他每怎生般理会的？回回图子我根底有，都总占一个图子呵，怎生？"同年八月二十九日，秘书监又奏："除将已发到路分文字见行照勘外，有下项未到去处并边远国土，本监先为不知各各名号，已曾具呈，乞早将边远国土名号及行下未曾报到图册去处，早为发到，以凭编类"②。

---

① 曹之：《元代官修书考略》，载《山东图书馆季刊》1998 年第 1 期。

② (元)王士点、商企翁撰，高荣盛点校：《秘书监志》，杭州：浙江古籍出版社 1992 年版，第 73～74 页。

至元二十四年正月，秘书监奏："今湖南道宣尉司应付站船二支，装载统同志文书，诚恐前途水路不通，乞照依中书省咨文，应付铺马二匹，行移前路官司，应付人夫车子般载事"。二月十六日，"奉秘书监台旨，福建道骗海行船回回每有知海道回回文剌那麻，具呈中书省，行下合属取索者"。"剌那麻"乃是波斯文"rahnama"的音译，指航海图。

元代秘书监这次《大一统志》的编撰，主要依靠各地自行编修的图册，然后经过润色加工而成，这些自行编修的图册主要来源于各地搜括的图书、文书等资料编撰而成，后人研究《大一统志》所征引的资料，发现"凡大江以南各行省，大半取于《舆地纪胜》和宋、元旧志，北方诸省，则取材于《元和郡县图志》、《太平寰宇记》和金、元旧志居多"①，具有很高的文献保存价值。

《宋史》、《辽史》和《金史》：元代官修三史经历了一个漫长的过程，"世祖皇帝时，即取江南，大臣有奏言，国可灭，其史不可灭。上甚善之，命史官修辽、宋、金史，时未遑也"②。仁宗时在此下诏修宋、辽、金三史，依旧因材料和体例问题未能成事，"延祐中，有旨修辽、宋、金史，至今十余年间，未遑有笔录者，良以旧史多阙帙"③。英宗至治年间，右丞相拜住"欲撰述宋、辽、金史"，委托翰林国史院检阅官袁桷拟定条陈，于是有《修辽宋金史搜访遗书条列事状》，袁桷强调自己"生长南方，辽、金旧事，鲜所知闻。中原诸老，家有其书，必能搜罗会稡，以成信史"，因此在文书中提出了19条建议，以第六条为例：

> 徽钦围城受辱，北行遭幽，正史不载，所有杂书野史可备编纂，今具于后：《三朝北盟会编》、《靖康传信录》、《孤臣泣血录》、《靖康草史》、《靖康奉使》、《靖康遗录》、《裔夷谋复录》、《陷燕记》、《南归录》、《靖康录》、《犯阙录》、《伪楚

① 赵万里著：《元一统志·前言》，北京：中华书局1966年版。
② （元）虞集：《道园学古录·送墨庄刘叔熙远游序》（卷32）。
③ （元）虞集：《道园学古录·孟同知墓志铭跋》（卷12）。

> 录》、《松汉记闻》、《伪齐录》、《起戎录》、《痛愤录》、《建炎复辟记》、《己酉航海记》、《建炎扈从录》、《中兴遗史》。①

其余诸条，还涉及了宋代礼乐、翰林、地志、官制等问题，开列搜访书目129种，对于修史工作的前期图书搜访颇有帮助，但不久后，“南坡之变”发生，英宗和拜住被杀，修史之事不了了之，关于图书的搜访工作也没有了下文。

元顺帝时期，脱脱任中书右丞相，修史之事再次提上日程，至正三年三月，设局修史。据中华书局本《辽史》所附《修三史诏》：

> 交翰林国史院分局纂修、职专其事。集贤、秘书、崇文并内外诸衙门里，著文学博雅、才德修洁，堪充的人每斟酌区用……这三国实录、野史、传记、碑文、行实，多散在四方，交行省及各处正官提调，多方购求，许诸人呈献，量给价直，咨达省部，送付史馆，以备采择。②

可见元代秘书监同样参与了这次图书的撰修工作，在资料搜集的开始阶段，献书者非常少，因此元代官府主动出击，派专人前往地方进行图书购求，如危素曾被派往河南、江浙、江西等地进行图书搜访，据其《说学斋稿·史馆购书目录序》：“至正三年，诏修辽、金、宋史，遣使旁午，购求遗书，而书之送官者甚少。素以庸陋，备数史馆，中书复命往河南、江浙、江西，素承命恪共，不遑宁处，谕以皇上仁明，锐志删述，于是藏书之家稍以其书来献，驿送使馆。既采择其要者书诸策矣，暇日因发故椟，录其目藏焉。其间宋东都盛时所写之书，世无它本者，今亦有之”。当时松江人庄肃家藏万卷，危素就专门前往其家中进行藏书选购，一次得图书

① （元）袁桷撰：《清容居士集·修辽宋金史搜访遗书条列事状》，北京：北京图书馆出版社2006年版。

② 《辽史·修三史诏》（附录）。

500 余卷，另外元顺帝还委派司书官到东南地区搜求私藏图书，四五年间，就收得遗书 30 多万卷。这次图书搜访成果突出，以宋史资料为例，“宋故史记载详备，今史氏势不得尽削，而野史、笔记当参证者不可胜数”。

(4)大臣搜访图书进呈

元代除了以朝廷为主的图书搜访活动，还存在以官员搜访图书进献的例子。如蒙古攻破金朝都城汴京之后，顺天府汉军首领张柔“独入史馆，取金实录并秘府图书”①，收藏于家，后元世祖中统初，送入史馆；忽必烈的长子真金在至元年间就曾购得南方藏书，东宫的书库官刘容“奉旨使江西，抚慰新附之民……使还，惟载书籍数车，献之皇太子”②。这些藏书中部分后被东宫赞善王恂的后人进献给朝廷，纳入秘书监内。湖南宪使卢挚收得江南诸郡四库精善本书，运往大都进呈。

3. 元朝编印图书

元代自忽必烈中统二年七月，设置翰林国史院，撰修国史并辽金史书：

> 癸亥，初立翰林国史院。王鹗请修辽、金二史，又言：“……今宜除拜学士院官，作养人才。乞以右丞相史天泽监修国史，左丞相耶律铸、平章政事王文统监修《辽》、《金史》，仍采访遗事。”并从之。③

元代的官修图书主要集中在正史、编年、政书、志书、农书、译书等方面，其中政书、史书的编撰最具代表性。元代官修政书有《至元新格》、《元典章》、《大元通制》、《经世大典》、《至正条格》、《吴律令》、《律令直解》等，史书有《宋史》、《辽史》和《金

① (元)苏天爵：《滋溪文稿·三史质疑》(卷 25)。
② 《元史·刘容列传》(卷 134)。
③ 《元史·世祖本纪一》(卷 4)。

史》三部正史，并17部实录，还有一部《蒙古秘史》；元代志书最著名的就是《元一统志》，至元二十八年修成时七百五十五卷、四百八十三册，大德七年扩容为一千卷，另外元朝还组织修撰了一大批地方志书，如徐硕《至元嘉禾志》、袁桷《延祐四明志》、张铉《至正金陵新志》等。蒙古族人进入中原广大汉族地区，因语言不同，翻译的需要极为迫切，元朝官方翻译的图书甚多，其中汉语、蒙语、藏文、回回文等语言之间翻译为多数，按照张秀峰、王义民两位学者的统计，元代由汉文译成蒙古文的书籍：世祖至元六年，《通鉴节要》；至元二十三年，《太祖累朝实录》；成宗元贞二年，《太宗、宪宗、世祖实录》；泰定帝元年，《列圣制诏》及《大元通制》；三年，《皇图大训》；四年，《世祖圣训》；武宗皇庆元年，《贞观政要》；仁宗延祐元年，《资治通鉴》；延祐四年，《大学衍义》；武宗大德十一年，《孝经》等。另外，据《秘书监志》卷七“回回书籍”条所载：“至元十年(1273年)十月，北司天台申：本台合用文书经计经书二百四十二部”①。这些书包括了古希腊和阿拉伯的天文、历算、占卜、医药、地理、物理、化学，以及文学和史学著作。

元代官府图书刻印由于官府重视，并提供了充足的经费，导致元代中央、地方图书刻印事业的繁荣，在地方，“几乎路路有刻书，府府有刻书，州州、县县亦有刻书，大江南北，黄河上下，版刻并盛，印刷出版行业蔚然成风，实往昔所未有”②。在中央，元朝还设立了广成局、兴文署、翰林院、艺文监、太医院、国子监、太史院印历局、司农司等一系列图书编纂和出版机构，进行图书的刊印，并注重搜访原宋朝书板以收藏刊印，以司农司为例，从至元十年(1273年)到至顺三年(1332年)曾先后五次刻印《农桑辑要》，总计2.5万部，这些图书在社会上流传，无形中就促进了文化事业

---

① (元)王士点、商企翁撰，高荣盛点校：《秘书监志》，杭州：浙江古籍出版社1992年版，第129页。

② 田建平著：《元代出版史》，石家庄：河北人民出版社2003年版，第24页。

的发展。这些刻印的图书一方面丰富了元代图书市场，促进了社会知识交流；一方面也充实了私人藏书和官方藏书，为元代藏书事业提供了源源不断的图书源流。

4. 臣民献书

元代时期臣民献书活动并不活跃，尤其是私人藏书家对于献书活动更不热衷，但也存在相关记载。

仁宗延祐二年(1315 年)，忽必烈时期皇太子真金所使用过的图书、亲笔字迹、砚台等，被赞善王恂的后代进呈，其中包括“裕宗皇帝小时候节读的文书、写来的字，更使来的一个玉砚、一个风字砚”，这些图书文物当时由赞善王恂收藏，之后流传，但是“如今他的孩儿说不是他每合收的”，因此进献朝廷，仁宗诏令：“都教秘书监里好生收拾着”①。这部分图书一直保存在秘书监内，元顺帝至正元年九月二十二日，曾下诏取索，“裕宗皇帝读的文书，写来的仿书，秘书监里收拾者有，你去取将来者”。因此秘书监朵儿只班率全体秘书职官进献，两日后，重新归入秘书监收藏。这部分藏品包括：《论语》七册，大小不同；《小学》二册，《周易》一册，《孝经》一册，《仿书》一卷，《唐鉴》六册，《大学衍义节略》一卷册，《尚书政要》一册，唐太宗《帝范》一册，《孝经》卷子一册，匣子一个内大红销金袱儿一个，盛《青宫要略》一册；另外再加上两个砚台，这些就是王恂后人所进献的全部。

延祐六年，斡赤丞相奏：“翰林国史院编修官曾巽申小名的秀才将他自做到《大驾卤簿图》二轴、书十册，上位根底呈献过”。仁宗诏令：“与秘书监谭秘卿将往秘书监里好生收拾者，后头用著去有。”②

至大四年春正月庚辰，武宗崩。三月庚寅，皇太子爱育黎拔力

① (元)王士点、商企翁撰，高荣盛点校：《秘书监志》，杭州：浙江古籍出版社 1992 年版，第 93 页。

② (元)王士点、商企翁撰，高荣盛点校：《秘书监志》，杭州：浙江古籍出版社 1992 年版，第 2971 页。

八达即位，是为仁宗。在此期间，二月五日，还是皇太子身份的仁宗诏令将自己收藏图书交与秘书监收藏，此举意图如何，无需关注，仁宗交付秘书监的这批藏书数量不少，应该是其多年的收藏，根据《秘书监志》的记载：

> 至大四年二月初六日，有速古儿赤贵僧、只纳失里校书、焦校书赴监传，奉皇太子令旨，二(月)初五日，八海怯薛……特奉皇太子令旨："把我看得文书都教般将秘书监里去者"。敬此。与盛少监、王少监一同交割到书籍六百四十四部，计六千六百九十八册，内七部纸褙计二百七十一册，乞照详事。得此。施行间，今准礼部关，奉中书省札付詹事院呈，太子校书呈，照得元收管书籍图画，内除节次敬奉令旨："应有的图画并手卷都与哈海赤司徒者，其余的文书尽数交割与秘书监家好生收拾者，休教损坏了"。敬此。今将给赐各官并交割与秘书监书籍各各数目，就取到秘书库收管，缴连开呈。①

清代赵翼论："元诸帝多不习汉文。"这种说法有其片面之处，元代后期诸帝，对中原传统文化有着浓厚的兴趣，仁宗就是其中最具代表性的一位。元仁宗作为忽必烈长子真金的孙子，在成宗去世之后，发动政变，拥护兄长武宗海山上位，自己以皇太子的身份入主东宫。元仁宗"通达儒术，妙悟释典"，重视儒学典籍的翻译和收藏，"在东宫时，贤能材艺之士，固已尽在其左右"，仁宗认为"修身治国，儒道为切"。"儒者可尚，以能维持三纲五常之道也。"仁宗为太子期间就重视儒家经籍的搜访和保存，并下令翻译并刊行《大学衍义》、《列女传》等书，并命集贤学士赵孟頫绘图嘉禾，"藏诸秘书"。

元顺帝时期，因修三朝史，诏购求遗书于天下，但"而书之送

① (元)王士点、商企翁撰，高荣盛点校：《秘书监志》，杭州：浙江古籍出版社1992年版，第94～95页。

官者甚少”，因此派遣史官危素前往江南搜书，危素积极宣传元顺帝的文化政策，“谕以皇上仁明，锐志删述，于是藏书之家稍以其书来献”，一个“稍”字仍旧说明了元代私人藏书家献书行为的谨慎。在这次搜访行为中，庄肃家族作为重点搜集的对象，危素专门前往，庄肃的家人怕图谶识兵类图书违犯禁令，将大部分藏书进行焚毁，因此危素此行仅得书五百余卷，但也有踊跃献书者，如李时中子李敏出父所藏宋逸史上千卷进献，这样四五年间，图书征集数量达到了30万余卷，成果斐然。

5. 西方汗国及外国邻邦进呈的图书

元朝疆域广阔，陆路、海路交通均很发达，中外文化交流非常频繁。中国的先进文化在向国外传播的同时，西方的科技文化知识也开始传入中国。至元八年(1271年)，元朝设立回回司天台官属，以著名星象学者札马剌丁为提点。1273年，回回、汉儿两个司天台合并为一台，归秘书监管理，司天台的图书仪器也顺势由秘书省接管。《秘书监志》记载当时司天台内多收藏有境外流传而来的回回书籍，总计：

经书四百四十二部；本台见合用经书一百九十五部；兀忽烈的《四擘算法段数》十五部；罕里速窟允《解算法段目》三部；撒唯那罕答昔牙《诸般算法段目并仪式》十七部；麦者思的《造司天仪式》十五部；阿堪《诀断诸般灾福》□部；蓝木立《占卜法度》□部；麻塔合立《灾福正义》□部；海牙剔《穷历法数》七部；呵些必牙《诸般算法》八部；积尺《诸家历》四十八部；速瓦里可法乞必《星纂》四部；撒那的阿速忒《造浑仪香漏》八部；撒非那《诸船法度纂要》十二部；提点官《家内诸般合使用文书》四十七部；亦乞昔儿《烧丹炉》八部；忒毕《医经》十三部；艾竭马答《论说有无源流》十部；帖里黑《总年号国名》三部；密阿《辨认风水》二部；福剌散《相书》一部；者瓦希剌《别认宝具》五部；黑牙里《造香漏并诸般机巧》二部；蚍艾立《诗》一

部；兀速剌八丁窟勒《小浑天图》。①

元代司天台所收藏上列著作中，天文历学书籍 7 种 96 部，数学书籍 4 种 47 部，占星占卜书 6 种若干部，医经 1 种 13 部，炼丹、堪舆、哲学、史学、诗学、辨别珍宝的技术书各 1 种各若干部，并有天文图等图书，这些图书翻译过来就是古希腊的《欧几里得几何学》、托勒密《天文学大成》、《占卜必读》、《星象答问汇编》、《宇宙论哲学》、《世界史》、《幽言宝鉴》、《占金术》、《相术》、《医典》、《宝石的识别》等书籍，均为波斯文书写，为原版书籍，可能属于进贡图书，也有学者认为乃秘书监爱薛搜罗之功，"爱薛东来献技时，随身携带一些外文书是合乎情理的。他 1283 年出使伊利汗和 1285 年出使罗马，又为他提供了一次搜集西方图书的机会。秘书监里的外文书至少有一部分是爱薛带来的，这样的判断是近乎实际的"②。

(三)秘书监藏品内容

在关于元代官方出版机构的界定时，陈红彦有这样的论述："由于封建社会行政、事业、企业、手工业往往隶属合一，所以职掌难分，刻书机构、刻书管理机构以及推行的管理政策，往往与中央、地方的行政机关融为一体"③。元代秘书监也有模糊的职责确定，它不仅仅作为一个藏书机构而存在，而且统辖司天台、兴文署负责天文、图书出版方面的事务，并在一定程度上承担了档案馆和博物馆、艺术馆的职能，收藏有政府公文档案、笔墨纸砚等文化用品、印章等宝物、书法绘画真迹等，其收藏内容十分丰富。元代的秘书监一度失去独立地位，在至元十八年与集贤院、司天台、太史

① (元)王士点、商企翁撰，高荣盛点校：《秘书监志》，杭州：浙江古籍出版社 1992 年版，第 129～130 页。

② 羽离子：《元秘书监——法兰克人爱薛》，载《图书馆杂志》1989 年第 4 期。

③ 陈红彦著：《元本》，南京：江苏古籍出版社 2002 年版，第 9 页。

院进行合并，同归翰林国史院的领导，这种情况的出现源于蒙古贵族对于国家统治方式的探索，三年后，这种合并被取消，“至元十九年六月二十五日……革罢司徒府、农政院等衙门……将本府应有合交付翰林院等各衙门者，就便交割，合缴呈者送省”①。重生之后的秘书监失去了图书出版的职能，只有“印造每年历日事务拨付秘书监亲管”，秘书监成为单纯的收藏部门。至元二十三年，元世祖下令秘书监负责撰修《地理志》，这一工作逐渐扩大，逐步演变成历时十余年的庞大修撰计划，这使得秘书监的工作任务再次赠加，其职责变得更加模糊庞大，《秘书监志·秘书库》开篇有言：“世皇既命官以职其扃鐍缄縢之事。而后列圣之宸翰纂述之纪，志天下坟典、古今载记，所以供万机之暇者，靡不备具。虽图像、碑志、方技、术数之流，毕不分类”②，这样的秘书监职责定位虽不全面，但也表达了足够的信息，元代秘书监作为一个包罗万象的宝库，搜括有各种藏品，以显其富。总结起来，秘书监的藏品可分为以下几个方面：

1. 图书

从文化氛围来看，蒙元王朝的文化呈现出兼容、开放的特性，图书上“避讳”制度宽松，文化禁锢制度较少，不以文问罪，明确提出宗教信仰自由，这些特征的形成主要得益于元代北方少数民族伦理道德的影响和文化政策的宽松，进而“使得社会思想能够较多地摆脱传统规范的束缚”，元代文化获得了充足的发展空间，陈垣先生是这样评价的：“以论元朝，为时不过百年……若由汉高、唐太论起，而截至汉唐得国之百年，以及由清世祖论起，而截至乾隆二十年以前，而不计乾隆二十年以后，则汉、唐、清学术之盛，岂过元时”！元代文化的繁荣带来了图书编撰出版事业的勃兴，进而

① （元）王士点、商企翁撰，高荣盛点校：《秘书监志》，杭州：浙江古籍出版社1992年版，第30页。

② （元）王士点、商企翁撰，高荣盛点校：《秘书监志》，杭州：浙江古籍出版社1992年版，第92页。

导致元代秘书监内藏书内容的丰富、数量的增长。

(1)藏书内容

元代秘书监藏书的内容丰富，收书范围非常广泛，包括："古代的各种历史记载，各种汉文及回回文(阿拉伯文)历书。古代各种记述地理沿革、水道、关隘、名胜、古迹、物产、民风等内容的地理书、地方志，及蒙古西征时从阿拉伯带回的大量回回地志。元朝列帝的著述、圣训，各种科学技术方面的著作，以及各种法帖，字画，图像，碑志，释、道二教书，等等。可以说是网罗四部，不遗释、道"①。至元十三年，秘书监官员在申请对南宋藏书进行保护时，言"经史子集、典故文字、阴阳禁书、书画宋神容，俱系秘书监合行收掌"，可以说元朝对于图书收藏的定义较为宽泛，这一点相比于中原王朝对于图书收藏限于经史子集的做法，较为进步。《秘书监志》卷五"秘书库"条，记载了元代秘书库内所收藏的图书，其中就有裕庙书籍、仁庙书籍、英庙御览、东宿官书籍、官司寇像、名臣像、子昂千文、卤簿图书、职贡图、大一统志、省库书籍、江南图书、江南秘省文字、阴阳文书等内容，可谓包罗万象，甚至还收藏有回回图书，其中不乏天文、数学、矿产、机械、化学、医学、巫术风水相书等领域的图书。

(2)藏书数量

元代秘书监的官廨多次迁居，"库无定所，题目简秩，宁无紊乱"，一直没有完备的收藏目录，直到元顺帝至正二年五月，秘书监丞王道呈文："古之书库，亦各有目，图书亦各看题，所以谨贮藏而便披玩也"，建议对秘书库内的藏品进行"编类成号，置簿缮写"，这项工作虽然进行，但仍然不完备，因此《秘书监志》中仅仅罗列了秘书监内藏书的数量，而无具体的书的名称、作者、卷数等图书信息，元代秘书监内编目工作十分欠缺。根据《秘书监志》记载至正二年的统计表示，元代秘书监内图书数量如表 9-8 所示。

---

① 任继愈主编：《中国藏书楼》，沈阳：辽宁人民出版社 2001 年版，第 845 页。

表 9-8 元代秘书监内图书数量统计表

数量 次序 \ 分类		经	史	子	集	类书	小学	志书[①]	医书	阴阳	农	兵	释道	总计
在库书	部	121	79		57				14	8			303	582
	册	1023	1724		1724				171	152			402	5196
先次送	部	6	4		2									12
	册	113	75		290									478
后次发	部	244	132	112	463									951
	册	2145	1843	712	5924									10624
续发	部	166	46	26	120	96	68	33	51	15	12	5	3	641
	册	1946	1270	73	2053	931	228	330	461	130	37	21	22	7502
总计	部	537	261	138	642	96	68	33	65	23	12	5	333	2186
	册	5227	4912	785	9991	931	228	330	632	282	37	21	424	23800

注:①志书的数量存在明显错误,因《大一统志》多次被提到存放在秘书监内,只此一书至少有四百八十三册,但至元年间统计的志书总体数量仍然少于单本图书,数据错误。

表9-8中的数据表明元代秘书监内图书在至正二年时，单本达到2186部、23800册，其中集部图书最多，占据图书单本总量的42%，然后依次为经部22%、史部21.6%、类书4%、子部3%、医书2.655%，其余小学、志书、阴阳、农、兵等其余占到秘书监内藏书总量的5%以下。

2. 书法字画

元代秘书监内接收了南宋秘书省藏书，其中包含有为数众多的书法和绘画作品，再者加上元代统治者的搜括，秘书监内书画作品收藏也达到了一定的数量。其中书法真迹除了优秀书法作品之外，尚包括部分元代统治者的手迹，属档案资料；绘画作品中除去优秀的绘画真迹之外，也包括历代帝皇像，如宋代皇帝御容等外，还有历朝和本朝的名臣画像，如“贾似道真容二轴”、“鲁司寇石碑像”、元名臣刘太保等30人画像，以及“随朝百司衙门事务图”等；另外也有往来元朝的各地使臣画像：

> 大德四年(1300年)七月十六日，准中书礼部关，奉中书省札付来呈秘书监关，前平滦路盐司副使唐文质呈：历代远方珍异者多矣，切以官姓名图画至今，后世传之，以为盛事。圣朝自韧业以来，积有年矣，名臣烈士，尤盛于前代，俱未见于图画。文质不避僭越之罪，愿尽平生之学，画远方职贡之图及名臣之像，藏诸秘府，以传永久……得此，议得依准唐文质所言图画，候有成效至日闻奏，依上施行。
>
> 大德五年(1301年)七月初九日，准礼部关来文：……本部照得：凡诸国朝贡使者，虽是经由行省，必须到都，于会同馆安下。除已令本馆将已起见在使客，询问本国国主姓名、土地广狭、城邑名号、至都里路、风俗衣服、贡献物品、珍禽异兽，具报本部，移关贵监，以备标录。其使客形状、衣冠令唐

文质就往本馆摹写，关请照验。①

另外秘书监内还有至治三年太常丞孔子五十四代孙孔思逮所献鲁司寇石碑像、赵子昂书写的千字文十七卷、翰林编修曾巽所献的《大驾卤簿图》等元人进献字画作品，元代帝王“四方购纳古书名画”，字画收藏丰富。元顺帝爱好法书，时常“摘取秘府所藏古今图书及历代名人法书”，以供其为政之暇练习书法，“一日，取僧智永《千字文》墨迹一本，上自临摹”。② 根据《秘书监志》至正二年的统计，秘书省内共藏有书法绘画作品数量如下：法帖 43 部、227 册，书画 2008 轴；法书 482 轴；法书：83 轴；手卷 399 卷（内府取 35 卷；今在库 364 卷）；名画 1556 轴；名画 1155 轴（内府取 83 轴；今在库 1072 轴）；手卷 371 卷（内府取 30 卷；今在库 237 卷）；看册 7 帙。③

3. 档案公文

元代秘书监内收藏的档案公文可以分为以下几种：

（1）皇帝和皇太子学习、书写的文书

如延祐二年（1315 年）集贤院奏禀仁宗皇帝：“裕宗皇帝小时节读的文书、写来的字……王赞善收拾著来。如今他的孩儿说不是他每合收的，将来呈献过。”仁宗皇帝批下圣旨：“都教秘书监里好生收拾着。”泰定二年（1325 年）太子谕德世门里、詹事赞善马学士奏曰：“裕宗皇帝写来的仿书并读来的文书，又仁宗皇帝东宫收拾来的文书在秘书监里有。”

（2）阴阳文书

阴阳文书主要是观测研究天文和占卜形成的文件材料，它不仅

---

①　（元）王士点、商企翁撰，高荣盛点校：《秘书监志》，杭州：浙江古籍出版社 1992 年版，第 97～98 页。

②　（元）李士瞻：《经济文集》（卷 4）。

③　（元）王士点、商企翁撰，高荣盛点校：《秘书监志》，杭州：浙江古籍出版社 1992 年版，第 113 页。

是研究天文历法的主要依据，而且也是政府重大决策活动的直接历史记录。建立元朝的蒙古族，原是文化较落后的游牧民族，对于占卜和巫术特别看重，政府的一些重大活动，特别是军事行动等，都要事先占卜，并把管天文和管占卜的职能合在一起，从事这方面工作的人称为阴阳人，形成的文字材料就叫阴阳文书。秘书监内保存的阴阳文书密级较高，寻常人不许查看，“秘书监官人每说那文书是上位合看的文书”，并设置有专门的书柜进行收纳，至元十一年(1274 年)，即设秘书监的第三年，秘书监奏：“见收阴阳禁书并一切回回文字，除钦依外，即目多有收到文书，未曾制造书柜，恐经夏润虫鼠损坏，今拟用红油大竖柜六个，内各置抽匣三层，锁钥全”①，用于存放阴阳文书等材料。

(3)政府公文

至元三十年四月十三日，秘书监奉中书省奏事：“省里文书多聚有聚德缘故，官里根底近行的二品衙门里官人每与六部不行移文书有。俺根底与文书，俺转与六部文书有。为那上头，往来迟误著勾当有，今后这衙门留步交行移呵”。这说明自至元年间开始，秘书监内已经开始收藏中书六部之间的公文档案。延祐七年，为了更好地管理中书省架阁库内的文卷簿籍等收藏，秘书监内官员与架阁官员共同分拣整理，“于内除必合存留”的文书档案，“外据其余诸物，行下省架阁库，依数交付秘书监，就便差人关领，依例收贮”②。

(4)表、签文书

表和签都是文书的种类。表是元朝臣僚上奏给皇帝和皇太后的文书；签是臣僚上奏给皇太子和皇后的文书。表、签文书是元代朝廷举行重大庆典时，限五品以上官员上奏进贺用的。元代的表、签文书全部收藏在秘书监里，《秘书监志》内全文收录了表、签文书48 件，从内容看，有贺圣寿的，如《天寿节贺表》；有贺登基的，

---

① (元)王士点、商企翁撰，高荣盛点校：《秘书监志》，杭州：浙江古籍出版社 1992 年版，第 102 页。

② (元)王士点、商企翁撰，高荣盛点校：《秘书监志》，杭州：浙江古籍出版社 1992 年版，第 99 页。

如《登极贺表》；有贺受册、封尊号的，如《皇太子受册贺签》、《贺皇太后受尊号表》；还有贺正旦的《正旦贺表》。祝贺的对象主要是皇帝、皇太后、皇后、皇太子等，使用范围很窄，但装裱精良，堪称元代档案精品。

4. 实物收藏

元代秘书监不仅仅承担了现代图书馆、艺术馆、档案馆的收藏职责，更是具备一定的博物馆的宝物收藏功能，除去珍贵的书画作品外，秘书监内还收藏有笔墨纸砚印章等与图籍有关的实物。

至元十三年，秘书监官在定义机构收藏范围时，就认为“书画笔墨纸砚等物，俱是秘书监合行收掌”。

大德三年三月，地方官员万户府备移剌重喜进呈玉印一颗，“令匠人辨验得上项玉印一颗，系汉家篆文内府图书之印……送礼部行移秘书监收讫”。

至治元年，秘书监官奉圣旨：“三颗玉宝，一颗象牙宝，分付与秘书监里教收拾者”①。

延祐二年，得元裕宗用过的两端砚台，一位玉砚，一为风字砚。

延祐七年，秘书监自中书省架阁库内接收了“玉图书印儿一个、盛玉图书木盒儿一个”。

另外秘书监内还收藏有司天台交付的多个天文仪器，如阿剌的杀密剌测太阳晷影一个，牙秃鲁小浑仪一个，拍儿可儿谭定方圆尺一个。

(四)秘书监藏书整理活动和管理措施

1. 藏书整理

元代秘书监内图书的整理主要关注两个方面图书校勘和图书

① (元)王士点、商企翁撰，高荣盛点校：《秘书监志》，杭州：浙江古籍出版社 1992 年版，第 101 页。

编目。

元代由于蒙古政权的特殊背景，虽然在文治政策的推动下，文化图籍的地位有所上升，并设立了专门的图书管理机构秘书监，但元政府自始至终都没有专门组织过大规模的文献校勘活动，落实到秘书监这一机构，唯一可提及的校勘活动就是秘书监在编纂《大一统志》过程以及后来针对此书的校勘。《秘书监志·纂修》记载：

> 大德四年四月十二日，据秘书郎呈，近蒙秘府指挥，编类到《至元大一统志》书四百八十三册，计七百八十七卷，仰子细校勘，若有差讹，就为改正。仍标出差讹卷目呈监。蒙此，校勘间又奉监官台旨，与著作郎赵从仕一同校勘……中间差讹字样，已行改正，别无合标出卷目。今将元关出《大一统志》书四百八十三册随呈缴纳，还库收纳。
>
> 大德五年七月初二日……据著作郎赵玠呈……续有辽阳、云南远方报到沿革及各处州县，多有分拨陆改不同去处，除将《至元大一统志》重行校勘，添改沿革外，须选拣通儒能书人员，通行写静进本，以备御览，实为重事。①

在第二次校勘的过程中，不仅仅对《至元大一统志》进行了扩容，而且还对其图书进行了文字对校。根据著作郎赵从仕奏请，将原收藏在中书兵部的另外一部《大一统志》关借，因“中间多有不同，必须发下互相参考，庶得归一成书”②。因此秘书监将兵部所收藏的《大一统志》与秘府收藏本进行“互相参考检照”，校勘完毕后送还兵部。

但是完全否认秘书监内图书校勘活动的存在也不客观的，《秘书监志》记载元代秘书监至元十二年以后纸札用量的增加，之前，

---

① (元)王士点、商企翁撰，高荣盛点校：《秘书监志》，杭州：浙江古籍出版社1992年版，第85~86页。

② (元)王士点、商企翁撰，高荣盛点校：《秘书监志》，杭州：浙江古籍出版社1992年版，第98~99页。

秘书监内每月用“夹纸五十张、绵纸一百张、检纸五十张、印色心红一两”，至元十三年以后，纸张的用量开始增多，“中书省送：议得秘书监呈，整理秘书渐多，元关纸札不敷……拟自至元十三年正月为始，约量添支夹绵纸各五十张”，发展到至元十五年正月，秘书监内每月的用纸已经增加到“夹纸三百张、绵纸四百五十张、检纸一百五十张、印色心红三两”，其图书整理的纸张和印色增加了近五倍，其原因在于秘书监内在至元十三年后接收了大量南宋藏书，秘书监虽没有大规模地对图书进行校勘整理，但在日常业务中，图书整理活动也会增加，就导致了纸张开支的增加，这一现象从侧面反映了秘书监内也有日常的图书整理活动，或由校书郎、秘书郎负责。“元贞二年六月十六日，本监照得：近为秘书监造到书画等文册三扇，送校书郎校勘”①，这就是秘书监内日常校勘的明确记载了。

元代秘书监内并不存在严格意义的图书编目活动，但存在秘书库图书的著录簿子。元代秘书监建立初期，“库无定所”，秘书监官署数次搬迁，书库难以管理，更遑论编目工作了。同时也因职官的建制处于逐步完善之中，因此对于图书编目工作没有注重，尤其是至元十三年前后，秘书监内大量接收宋代藏书，但秘书监内仍然只有监官，至元十四年后才逐渐增设了秘书郎、校书郎、著作郎官，因此无暇进行繁复的图书编目工作。一直到元顺帝至正二年，五月，秘书监丞王道深感整理编目之重要，遂呈文曰：“古之书库，亦各有目，图书亦各看题，所以谨贮藏而便披玩也。伏睹本监所藏，俱系金宋流传及四方购纳古书名画，不为少矣，专以只备御览也。然至元迄今，库无定数，题目简秩，宁无紊乱？若不欲为，将经史子集及历代图书随时分科，品类成号，倘时奉旨，庶乎供奉有伦，因得尽其职也”。因此经批准，王监丞组织秘书库人员“合无行下秘书库，依上编类成号，置簿缮写”②。但是这次图书整理

① （元）王士点、商企翁撰，高荣盛点校：《秘书监志》，杭州：浙江古籍出版社1992年版，第87页。

② （元）王士点、商企翁撰，高荣盛点校：《秘书监志》，杭州：浙江古籍出版社1992年版，第109～110页。

并不是严格的编目行为，只是秘书库内藏品的登记，因此可以看出，图书著录仅有数量，而无具体的图书信息，并且分类体系并不严格，经史子集四部分类法与其下位类的类目，类书、小学、志书、医书、阴阳书、农书、兵书、释道书等并列存在，并且还有法帖这一内容形式的类别，《秘书监志》所记载内容只能算作元代至正年间秘书监书库的藏书流通书目，并不是科学的目录编造。

2. 藏书管理

相对于萧条的藏书整理活动，元代秘书监内的藏书管理工作十分出色，主要包括图书裱褙、图书典藏、图书曝晒等，这或许与蒙古民族“务施实德，不尚虚文”的务实精神有关，蒙古族以游牧起家，具有严格的财产和领地意识，因此元代统治者将秘书监内藏品作为财产的一部分，也执行严格的管理措施。

(1)图书裱褙

元代秘书监重视图书的裱褙。首先表现在裱褙的工匠上，蒙古向来重视匠人的保护，在早期征战中，凡屠杀中，只有工匠可以免死。至元十三年底，南宋图书经由海路运往大都，秘书监自中书省接收点检之后，次年正月奉诏“秘书监里有损坏了底文书书画，都批掠地好者”，并从杭州寻觅好的装裱匠人，如大德五年(1301年)，“差官前到杭州取发芝并匠人陆德祥等共五名，驰驿前来秘书监裱褙书画勾当”。秘书监内装裱匠人计有焦庆安、赵德秀、张柏松、王芝、冯斌、尤诚、陆德祥等人，待遇丰厚，每月白米三斗，白面十五斤，钞一两五钱，并有夏衣、冬衣可以提供。此外，秘书监内装裱材料讲究，如珍贵书画则采用内府库提供的玉轴头，如普通图书则是按照册页的形式进行装订，书皮采用黄、蓝、白、皂四色绫，其中并有上等红绫，另外还有黄、蓝、白、皂四色绢；纸张采用夹纸、绵纸；裱糊用料来讲，仅面糊一项，就极其复杂。不同的图书用不同的用料配方，例如：裱纸用黄腊、明胶、白矾、白芨、藜蒌、皂角、茅香、藿香调面糊，而裱续绢只用黄腊、白矾、藜蒌、茅香调面糊，所用调料相差一半。即使同一调料，在调不同面糊时，用量也不全相同。不仅用料讲究，并且供应量大，以至元十四年的图书字画的装裱来说，秘书监内需要装裱图书六千七百六十二册，仅上等红绫一项总共需要八千零七十二尺，更遑论其他诸色绢绫、纸张了。除了这些，元代秘书监的书画装裱还十分讲究，于工匠、用料、书法方面都有说法，如大德四年的书画装订，“杭州铺马里取好匠人，都裱褙得完备者。合用底纸绫子教将作院官人每根底应付上用绫者。批掠底完备时，教留守司官人每上等不油底江南好木头做匣子者，别个底做漆匣子收拾者……太府监里有底玉轴头，少底添与者……所有签贴，合委请字画精妙之人题写”①。于签贴的书写方面，仁宗延祐年间更是奢侈，竟然下令：“秘书监里有的字画，无签贴的教赵子昂都写了者么道”②。元代秘书监内设置有专供工匠装裱字画的油漆大案，并时常进行维护，元贞三年就曾因装裱案儿的油漆脱落，秘书监照会中书工部，重新订做。元代秘书监内还专门设置官吏进行书画裱褙的管理，大德以前为提控案牍负责，之后设知事，接替负责秘书监内图书裱褙事宜。

(2)图书典藏

元代时期，图书已经进入了册页时代，因此多采用书柜进行收藏。至元十一年正月，秘书监成立一年有余，“见收得阴阳禁书并一切回回文字。除钦依外，即目多有收到文书，未曾制造书柜，恐经夏润虫鼠损坏，今拟用红油大竖柜六个，内各置抽匣三层，锁钥全，常川收顿秘书相应”③。因秘书监内尚收藏有卷轴装的书画作品，因此并不单有书柜收藏，同时还有数家，如天历二年十一月二十六日，秘书监谭学士、秘书卿穆薛飞特奉圣旨：“秘书监书画好生收拾者。少的厨柜架子，您行与工部文书，教添造者”④。

---

① (元)王士点、商企翁撰，高荣盛点校：《秘书监志》，杭州：浙江古籍出版社 1992 年版，第 107～108 页。

② (元)王士点、商企翁撰，高荣盛点校：《秘书监志》，杭州：浙江古籍出版社 1992 年版，第 104 页。

③ (元)王士点、商企翁撰，高荣盛点校：《秘书监志》，杭州：浙江古籍出版社 1992 年版，第 102 页。

④ (元)王士点、商企翁撰，高荣盛点校：《秘书监志》，杭州：浙江古籍出版社 1992 年版，第 108 页。

元代实行两都制，以元世祖即位的开平为上都，原燕京为大都，元朝皇帝每年四月至八九月至上都避暑，其余时间待在大都。前往上都的几个月时间内，各中央机构派少量官员扈从，秘书监也不例外，“车驾岁清暑上京，丞相率百官各奉职分司扈从，秘府亦佩分监印，辇图籍在行间，所以供考文、备御览者”①。每年前往上都避暑之前，秘书监就会按照帝王取索的书单将图书扈从，并派专人进行关押，为了更好地保护图书，秘书监向有司取索柳条箱子、苇席、绳索、包装纸等物，捆扎打包好图书，用站车进行运输。

(3)图书曝晒

为了防止图书资料的虫蛀霉烂，秘书监建立了定期曝晒制度。秘书监创建之初，首先以定制红漆书柜进行防潮，然后详细规定图书曝晒制度，至元十五年(1278 年)五月一日，秘书监照得：“本监应有书画图籍等物，须要依时正官监视，子细点检曝晒，不致虫伤浥变损坏。外据回回文书就便北台内，令兀都蛮一同检觑曝晒”②。这一制度始终为秘书监内坚持，并且元朝秘书监还规定，“如遇阴雨，点视疏漏，常例舒展曝晒”。这一制度的重申就已经是仁宗延祐五年了，说明曝晒图书已经成为秘书监的日常工作了，相对于宋朝秘书省集中的晒书活动，元朝依时令的晒书行为更加务实。

(五)秘书监藏书利用

官府图书的利用，无外乎借阅和图书编撰，元代秘书监藏书也无外乎这些途径，但是元代秘书监内关于图书借阅的规定值得关注。

1. 阅览

历代秘书监的服务对象都是以皇帝为主，元代也不例外，秘书

---

① (元)王士点、商企翁撰，高荣盛点校：《秘书监志》，杭州：浙江古籍出版社 1992 年版，第 56 页。

② (元)王士点、商企翁撰，高荣盛点校：《秘书监志》，杭州：浙江古籍出版社 1992 年版，第 108～109 页。

监官明确提出“本监所藏，专以只备御览也”①，元代皇帝也会根据自己的爱好，取索秘书藏品，如元顺宗因爱好法书，就在为政之暇，“摘取秘府所藏古今图书及历代名人法书，时赐评题……一日，取僧智永《千字文》墨迹一本，上自临摹”②。至正元年九月二十二日，元顺宗下令：“裕宗皇帝读的文书，写来的仿书，秘书监里收拾者有，你去取将来者”。当日巳时，秘书监朵儿只班率全体秘书职官进献，两日后申时，重新归入秘书监收藏。这部分藏品包括：《论语》七册，大小不同；《小学》二册，《周易》一册，《孝经》一册，《仿书》一卷，《唐鉴》六册，《大学衍义节略》一卷册，《尚书政要》一册，唐太宗《帝范》一册，《孝经》卷子一册，匣子一个内大红销金袱儿一个，盛《青宫要略》一册。元代的两都制，元代帝王每年北上避暑，秘书监也要扈从，并根据皇帝“合用书籍”打包北上，如大德五年携带《（阙名）》一百三十九册、《通鉴》六百九十册、《太平御览》一百五十册、《通典》二十册；大德七年携带《太平御览》、《通典》、《事类文集》、《播芳》四部图书，仁宗延祐二年携带《通鉴》、《播芳》、《太平御览》、《春秋》、《周礼》、《礼记》、《通典》、《尚书》各一部。

除了皇帝，秘书监官也可以凭借职务之便，进行图书的阅览，如翰林国史院编修官袁桷家富藏书，其《袁氏旧书目序》云：“《袁氏旧书目》者，目袁氏旧书之存于今者也……后官中都，凡二十五年，乃务置书，以偿宿昔所志。其世所未有，则从中秘及故家传录以归，于是书始备矣”。仁宗时期画家王振鹏，“尝为《大明宫图》以献，世称为绝。延祐中得官，稍迁秘书监典簿，得一遍观古图书，其识更进”③。

2. 借阅

元代秘书监图书除了提供御览之外，还面向整个朝廷机构提供

---

① （元）王士点、商企翁撰，高荣盛点校：《秘书监志》，杭州：浙江古籍出版社1992年版，第109页。

② （元）李士瞻：《经济文集》（卷4）。

③ （元）虞集：《道园学古录·王知州墓志铭》。

官借。如至元十四年(1277 年)正月二十二日，张左承奏："先奉圣旨，教张平章俺两个分间江南起将来底文书去来。据经史子集、典故文字、阴阳禁书、书画宋神容，俱系秘书监合行收掌。如别衙门遇有合检阅书籍，立收附于秘书监关取，用毕却行还监呵。"①另外《秘书监志》中还记载了皇太子的借阅行为：

> 延祐五年十一月三十日，秃满迭儿詹事、李家奴中议两个奏："皇太子坐了位次呵，合看前代帝王治天下的文书，世祖皇帝教窦太师等秀才每于尚书里拣择出来的帝王治天下紧要的文书，又裕宗皇帝读来的文书并写的仿书灯，又皇帝……译写的《大学衍义》，唐太宗《帝范》，合教太子根底放著看觑……闲便时看呵。"
>
> 泰定二年十二月二十五日，有太子赞善马伯庸对监官赵秘卿、李少监、虞少监、伯忽监丞等传……"裕宗皇帝写来的仿书并读来的文书，又仁宗皇帝东宫收拾来的文书在秘书监里有。"奉圣旨："取将来者。"②

3. 图书编撰

元代秘书监藏书用以辅助图书撰修，最著名的莫过于《大一统志》，它直接由秘书监职官担任编撰人员，因此秘府收藏的利用毋庸置疑。但其他官修书，如《宋史》、《辽史》、《金史》等图书的撰修应该也可利用秘书监藏书，虽无直接记载，但也有蛛丝马迹可以寻觅：文宗至顺二年四月，"戊辰，奎章阁以纂修《经世大典》，请从翰林国史院取《脱卜赤颜》一书以纪太祖以来事迹，诏以命翰林

① (元)王士点、商企翁撰，高荣盛点校：《秘书监志》，杭州：浙江古籍出版社 1992 年版，第 109 页。

② (元)王士点、商企翁撰，高荣盛点校：《秘书监志》，杭州：浙江古籍出版社 1992 年版，第 95 ~ 96 页。

学士承旨押不花、塔失海牙”①。从这一事例中可以看出，元代官方修书，可以申请取阅藏书机构图书，虽然翰林国史院以“《脱卜赤颜》事关秘禁，非可令外人传写”的理由拒绝，但如果没有涉及机密，其他机构应该会借出图书以供官方修书活动。

4. 藏书利用规定

元代秘书监内藏书虽然开放程度较高，明确供应中央机构和皇室成员使用，但仍然有明确的管理措施。

治安措施加强：秘书监初设时并无守兵，随着阴阳文书的增多，才把武装守卫的事，提上议事日程。大德元年(1297 年)，秘书监呈书中书省：“自至元十年设立秘书监，置库收掌应有禁书阴阳文字，为无处军著守，恐致疏虞。拟拨守护处军三名”。四月二十三日，“蒙拨到处军二名，常川守护”②。

内容限制：元代秘书监内明确规定御览禁秘之书不能随意阅览，如至大二年十二月，秘书监奏：“本监照得《宝元天人详异》、《宋天文》全部即系天子亲览禁秘之书，非余者所当观览”，即使在校勘过程中遇到阴阳图书，校勘人员也要回避，不能继续校勘，如元贞二年校书郎校勘书画，“得除阴阳禁书封记，未敢牵点外……拟将阴阳禁书候公监官还监日牵点”，可见元朝对于阴阳禁书的阅读管理十分严格，只有到达一定官阶才能阅览。

手续限制：至元十六年三月二十四日，秘书监官共同讨论，得出结论：“本监见收字书画，非奉圣旨及上位不得出监”，严格图书借出管理；仁宗延祐五年三月初九日，秘书监再次加强图书出纳的管理，“秘书库所藏御览图籍、禁秘天文、历代法书名画，谅为不轻。近年以来，凡遇出纳，秘书郎等自行开封，尚蒙上位不测取索书画失误未便。今后移请监官一员，不妨本职，逐月轮流提调……及出纳书画不测之事，直日秘书郎等计会提调府亲诣府库，

---

① 《元史·文宗本纪四》(卷 35)。

② (元)王士点、商企翁撰，高荣盛点校：《秘书监志》，杭州：浙江古籍出版社 1992 年版，第 66 页。

用心监视，一同开封，毋致似前违错”①。为了防止图书出纳时单人操作的错误和谋私，秘书监确立了监官轮流负责提调，遇调阅图书，两人共同开封的制度，保障了图书出纳的谨慎。

① （元）王士点、商企翁撰，高荣盛点校：《秘书监志》，杭州：浙江古籍出版社1992年版，第109页。

尾　声

公元1368年，朱元璋的大明北伐军占领元首都，由于在明军到达之前，元顺帝已带着太子往逃上都去，因此，大都没有发生攻守战，基本上属于和平接管。据史书记载："洪武元年……八月庚午，徐达等兵至元都……封库府图籍宝物，令指挥张胜以兵千人守宫殿门，宫人妃主，皆令其宦者护视。禁士卒毋侵暴，吏民安堵，市肆不移。"①时明王朝已建都于南京，元秘书监藏书又被押送南京，大将军徐达，"尽收奎章崇文秘书图籍，及太常法服、祭器、仪象、版籍。归之于南"②。为了更好地管理这批图籍，明朝按照仿照唐宋元旧制，设弘文馆、秘书监，专司收藏和整理典籍，洪武三年(1370年)三月，置秘书监，"秩正六品，除监丞一人，直长二人，寻定设令一人，丞、直长各二人，掌内府书籍"③。因此这批

① (清)夏燮:《明通鉴》(卷1)。

② 《明史·艺文志·补编·附编》，北京：商务印书馆1956年版，第3页。

③ 《明史·职官志二》(卷73)。

元代官府藏书由秘书监负责管理，《明史》记："明太祖定元都，大将军收图籍致之南京，复诏求四方遗书，设秘书监丞，寻改翰林典籍以掌之"①。因丞相胡惟庸谋反案件的发生，导致了朱元璋对明廷官职的改革。洪武十三年(1380 年)七月，朱元璋下令裁撤了中书省、丞相等职位，同时也将有一千二百余年的秘书监一职彻底罢黜："并其任于翰林院，设典籍二员，掌凡国家所有古今经籍图书之在文渊阁者"②。明朝因元制，设秘书监为藏书管理机构，职官建制仓促之间并不完全，又因其他因素，废置机构职官。至此，秘书监走完其历史旅程，终结在政治斗争的余波之中。秘书监的取消，虽然是明代职官制度改革的一个缩影，但是对明代文化事业的管理，尤其是图书事业的发展，起不到任何积极的作用，反而使得国家藏书事业严重地倒退。自从秘书监一职被撤销以后，明代宫廷藏书就一直处于无人专管的状态，藏书具体日常事务日渐混乱。珍贵书籍被盗窃和私自借书不还的现象，日甚一日，国有资产流失日益严重，甚至包括管理藏书的大臣在内，也参与了盗书活动。宫廷藏书损失严重，官府图书馆只重收集，不重视校订、编目和保管工作。

① 《明史·艺文志一》(卷 96)。

② (明)陈子龙等编：《皇明经世文编·访求遗书疏》，卷 76，上海：上海古籍出版社 1996 年版。

主要参考文献

古代典籍

[汉]班固撰；[唐]颜师古注. 汉书[M]. 二十四史简体字版. 北京：中华书局，2000.

[汉]班固撰；[清]王先谦补注. 汉书补注[M]. 北京：书目文献出版社，1995.

[晋]陈寿撰；[南朝宋]裴松之注. 三国志[M]. 二十四史简体字版. 北京：中华书局，2000.

[南朝宋]范晔撰；[唐]李贤等注. 后汉书[M]. 二十四史简体字版. 北京：中华书局，2000.

[唐]房玄龄等撰. 晋书[M]. 二十四史简体字版. 北京：中华书局，2000.

[梁]沈约撰. 宋书[M]. 二十四史简体字版. 北京：中华书局，2000.

[梁]萧子显撰. 南齐书[M]. 二十四史简体字版. 北京：中华书局，2000.

[唐]姚思廉撰. 梁书[M]. 二十四史简体字版. 北京：中华书局，2000.

[梁]沈约撰. 宋书[M]. 二十四史简体字版. 北京：中华书局，2000.

[唐]姚思廉撰. 陈书[M]. 二十四史简体字版. 北京：中华书局，2000.

[唐]李延寿撰. 南史[M]. 二十四史简体字版. 北京：中华书局，2000.

[北齐]魏收撰. 魏书[M]. 二十四史简体字版. 北京：中华书局，2000.

[唐]李百药撰. 北齐书[M]. 二十四史简体字版. 北京：中华书局，2000.

[唐]令狐德棻撰. 周书[M]. 二十四史简体字版. 北京：中华书局，2000.

[唐]李延寿撰. 北史[M]. 二十四史简体字版. 北京：中华书局，2000.

[唐]魏徵等撰. 隋书[M]. 二十四史简体字版. 北京：中华书局，2000.

[后晋]刘昫等撰. 旧唐书[M]. 二十四史简体字版. 北京：中华书局，2000.

[宋]欧阳修，宋祁撰. 新唐书[M]. 二十四史简体字版. 北京：中华书局，2000.

[宋]薛居正撰. 旧五代史[M]. 二十四史简体字版. 北京：中华书局，2000.

[宋]欧阳修撰. 新五代史[M]. 二十四史简体字版. 北京：中华书局，2000.

[元]脱脱等撰. 宋史[M]. 二十四史简体字版. 北京：中华书局，2000.

[明]宋濂等撰. 元史[M]. 二十四史简体字版. 北京：中华书局，2000.

[元]脱脱等撰. 辽史[M]. 二十四史简体字版. 北京：中华

书局，2000.

[清]张廷玉等撰．明史[M]．二十四史简体字版．北京：中华书局，2000.

[宋]司马光编著；[元]胡三省音注．资治通鉴[M]．北京：中华书局，1956.

[宋]李焘撰．续资治通鉴长编[M]．北京：中华书局，2004.

[清]毕沅撰．续资治通鉴[M]．上海：上海古籍出版社，1987.

[宋]王应麟撰．玉海[M]．南京：江苏古籍出版社，1987.

[梁]萧统编；[唐]李善注．文选[M]．北京：中华书局，1977.

[唐]杜佑撰．通典[M]．北京：中华书局，1984.

[唐]徐坚撰．初学记[M]．北京：中华书局，1962.

[唐]欧阳询撰．艺文类聚[M]．上海：上海古籍出版社，1982.

[唐]刘知幾撰；[清]浦起龙通释．史通通释[M]．上海：上海古籍出版社，2009.

[唐]李林甫等撰，陈仲夫点校．唐六典[M]．北京：中华书局，1992.

[清]孙楷撰；徐复订补．秦会要订补[M]．北京：中华书局，1959.

[清]钱仪吉撰．三国会要[M]．上海：上海古籍出版社，1991.

[五代]王溥撰．唐会要[M]．北京：中华书局，1955.

[五代]王溥撰．五代会要[M]．北京：中华书局，1956.

[清]徐松辑．宋会要辑稿[M]．北京：中华书局，1957.

[宋]王钦若等编．册府元龟[M]．北京：中华书局，1960.

[宋]孙逢吉撰．职官分纪[M]．北京：中华书局，1988.

[清]严可均编．全上古三代秦汉三国六朝文[M]．北京：中华书局，1965.

[清]严可均辑．全后魏文[M]．北京：商务印书馆，1999.

[清]董诰等编. 全唐文[M]. 上海：上海古籍出版社，1990.

[清]彭定求编. 全唐诗[M]. 北京，中华书局，1960.

[五代]王定保. 唐摭言[M]. 上海：上海古籍出版社，1978.

[唐]杜宝撰；辛德勇辑校. 大业杂记辑校[M]. 西安：三秦出版社，2006.

[唐]张彦远著. 法书要录[M]. 上海：上海人民美术出版社，1986.

[宋]陈骙，佚名撰. 南宋馆阁录　续录[M]. 北京：中华书局，1998.

[宋]江少虞撰. 宋朝事实类苑[M]. 上海：上海古籍出版社，1981.

[宋]程俱撰；张富祥校证. 麟台故事校证[M]. 北京：中华书局，2000.

[宋]叶梦得撰. 石林燕语[M]. 全宋笔记第二编第十本[C]. 郑州：大象出版社，2008.

[宋]沈括撰. 梦溪笔谈[M]. 全宋笔记第二编第三本[C]. 郑州：大象出版社，2008.

[宋]蔡条撰. 铁围山笔谈[M]. 全宋笔记第三编第八本[C]. 郑州：大象出版社，2008.

[宋]百岁老人袁褧撰. 枫窗小牍[M]. 全宋笔记第四编第五本[C]. 郑州：大象出版社，2008.

[宋]米芾撰. 书史[M]. 全宋笔记第二编第四本[C]. 郑州：大象出版社，2008.

[宋]叶梦得撰. 避暑录话[M]. 全宋笔记第二编第十本[C]. 郑州：大象出版社，2008.

[元]王士点，商企翁撰；高荣盛点校. 秘书监志[M]. 杭州：浙江古籍出版社，1992.

[宋]周密著；高心露，高虎子点校. 齐东野语[M]. 济南：齐鲁书社，2007.

宋大诏令集[M]. 北京：中华书局，1962.

近人著作

罗宗强著．魏晋南北朝文学思想史［M］．北京：中华书局，1996.

周少川等著．中国出版通史（魏晋南北朝卷）［M］．北京：中国书籍出版社，2008.

中国大百科全书［M］．北京：中国大百科全书出版社，1998.

潘吉星著．中国造纸技术史稿［M］．北京：文物出版社，1979.

毛汉光著．中国中古社会史论［M］．上海：上海书店出版社，2002.

张帆著．中国古代简史［M］．北京：北京大学出版社，2001.

李泽厚著．美的历程［M］．天津：天津社会科学出版社，2002.

傅璇琮，谢灼华主编．中国藏书通史［M］．宁波：宁波出版社，2002.

陈寅恪著．金明馆丛稿初编［M］．上海：上海古籍出版社，1980.

陈寅恪著．金明馆丛稿二编［M］．上海：上海古籍出版社，1980.

陈寅恪著．魏晋南北朝史讲演录［M］．合肥：黄山书社，1999.

陈寅恪著．隋唐制度渊源略论稿［M］．北京：中华书局，1963.

周建江著．北朝文学史［M］．北京：中国社会科学出版社，1997.

钱志熙著．魏晋南北朝诗歌史述［M］．北京：北京大学出版社，2005.

叶适著．习学纪言序目［M］．北京：中华书局，1978.

余英时著．士与中国文化［M］．上海：上海人民出版社，

1987.

曹之著. 中国出版通史(隋唐五代卷)[M]. 北京: 中国书籍出版社, 2008.

曹之著. 中国古籍版本学[M]. 武汉: 武汉大学出版社, 1992.

毛汉光著. 中国中古社会史论[M]. 上海: 上海书店, 2002.

唐长孺著. 魏晋南北朝隋唐史三论[M]. 武汉: 武汉大学出版社, 1993.

陈登原著. 古今典籍聚散考[M]. 上海: 上海书店, 1983.

吴刚主编. 全唐文补遗·第三辑[M]. 西安: 三秦出版社, 1994.

陈彬龢, 查猛济著. 中国书史[M]. 上海: 商务印书馆, 1935.

邱陵编著. 书籍装帧艺术简史[M]. 哈尔滨: 黑龙江人民出版社, 1984: 21.

李致忠, 周少川, 张木早著. 中华文化通志·典籍志[M]. 上海: 上海人民出版社, 1998.

孙国栋著. 唐代中央重要文官迁转途径研究[M]. 上海: 上海古籍出版社, 2009.

苗书梅等点校. 宋会要辑稿·崇儒[M]. 开封: 河南大学出版社, 2001.

柳诒徵撰; 蔡尚思导读. 中国文化史[M]. 上海: 上海古籍出版社, 2001.

田建平著. 元代出版史[M]. 石家庄: 河北人民出版社, 2003.

陈高华等著. 元代文化史[M]. 广州: 广东教育出版社, 2009.

任继愈著. 中国藏书楼[M]. 沈阳: 辽宁人民出版社, 2001.

陈灵海著. 唐代刑部研究[M]. 北京: 法律出版社, 2010.

孙国栋著．从《梦游录》看唐代文人迁官的最优途径[A]．唐宋史论丛[C]．上海：上海古籍出版社，2010.

[日]内藤湖南著；夏应元译．中国史通论(上)[M]．北京：社会科学文献出版社，2004.

[日]松见弘道著；黄宗种等译．中国图书与图书馆[M]．北京：书目文献出版社，1995.

[英]崔瑞德编；中国社会科学历史研究所西方汉学研究课题组译．剑桥中国隋唐史[M]．北京：中国社会科学出版社，1990.

[英]崔瑞德编．剑桥中国隋唐史[M]．北京：中国社会科学出版社，1990.